# RULES AND JUDGMENTS

*Application and Expansion of*
*Judicial Interpretation of*
*Construction Projects under the Civil Code*

# 规则与裁判

## 民法典下建设工程
## 司法解释适用与拓展

高印立 著

法律出版社
LAW PRESS·CHINA
北京

**图书在版编目(CIP)数据**

规则与裁判：民法典下建设工程司法解释适用与拓展／高印立著. --北京：法律出版社，2021
ISBN 978－7－5197－5754－0

Ⅰ. ①规… Ⅱ. ①高… Ⅲ. ①建筑法－研究－中国
Ⅳ. ①D922.297.4

中国版本图书馆 CIP 数据核字(2021)第 142864 号

**规则与裁判**
——民法典下建设工程司法解释适用与拓展
**GUIZE YU CAIPAN**
—MINFADIAN XIA JIANSHE GONGCHENG SIFA JIESHI SHIYONG YU TUOZHAN

高印立 著

责任编辑 慕雪丹 章 雯
装帧设计 马 帅

**出版发行** 法律出版社
**编辑统筹** 法商出版分社
**责任校对** 赵明霞
**责任印制** 胡晓雅
**经　　销** 新华书店

**开本** 710 毫米×1000 毫米 1/16
**印张** 30.75 **字数** 530 千
**版本** 2021 年 9 月第 1 版
**印次** 2021 年 9 月第 1 次印刷
**印刷** 永清县金鑫印刷有限公司

地址：北京市丰台区莲花池西里 7 号(100073)
网址：www.lawpress.com.cn
投稿邮箱：info@lawpress.com.cn
举报盗版邮箱：jbwq@lawpress.com.cn

销售电话：010－83938349
客服电话：010－83938350
咨询电话：010－63939796



**书号**：ISBN 978－7－5197－5754－0　　**定价**：118.00 元
凡购买本社图书，如有印装错误，我社负责退换。电话：010－83938349

# 序

江平在《沉浮与枯荣:八十自述》中讲道:“这是一个讲究利益与娱乐的时代。在利益面前,理想主义者的初衷逐渐迷失。在利益面前牺牲品格和原则,似乎是迫不得已的选择。”即使如此,也有众多的坚守者,啥都不为,啥也不求,只为初衷、信念、兴趣、爱好在坚守着,印立即是如此。印立是好友,是个书生。我喜欢书生,相对纯净,不过分世俗,也不人云亦云,尚能独立思考。法律人需要保有书生情怀,不管办过多少案件,见过多少世事,尚能内心清净,保有良知和爱心,凡是讲个理,用法律诠释公众认知的公正,为法律赢得公信。

记得立法机关领导讲课时说道,法律精神从来就与公众认知是一致的,如果某个案件的裁判结果公众不认可,一定是法官对相关法律规定理解错了,而非法律规定本身存在问题。讲话提及的法律精神与公众认知从来都是一致的,法律的权威源于公众的认可,即庙堂之上的法律思维、法律意识、法律精神、法律技术等与人民群众朴素的正义观向来是一致的。司法机关、仲裁机构的职责在于用裁判文书诠释法律蕴含的、公众认知的道理,即老百姓认的理。印立是北京仲裁委员会具有公信力的仲裁员,名校名师的工程专业硕士,又取得民商法学硕士学位,长期从事工程科研、工程管理、工程法律工作,又有国家一级注册结构工程师资格,属工程法律领域难得的复合型人才。

本书很多创新点源于工程法律实践,对工程法律建设具有指导作用。像取得建设用地规划许可、但尚未取得建设工程规划许可的建筑物性质;未取得海域使用权证的围填海港口码头疏浚工程的合同效力;索赔期限的性质及“合理抗辩”的适用情形;施工合同本诉与反诉的类型化分析;缺陷责任期与工程保修期的异同;多份合同无效,交叉履行时应当如何结算工程款;诉前共同委托工程造价咨询,事后一方不认可的举证责任;固定总价合同中的鉴定问题;工程质量鉴定中的技术标准适用;结合《民法典》的规定,对实际施工人代位行使优先受偿权的阐明;分部分项工程的优先受偿权;发包人非工程建设项目权利人情形下的优先受偿权;新司法解释下优先受偿权行使期限起算时间的类型化分析等。这些创新点都是长期困扰工程法律实践的难点热点问题。解决真问题,才是真学问。本书突出问题导向,立足建筑市场尚不规范的现实情况,结合建筑业改革创新规划,运用法律思维法律意识,为解决工程纠纷实务中的疑难复杂问题提供了解题的路径和方法,是一本深入浅出、紧扣实务的好书。期盼印立有更多的大作问世。

本书通篇蕴含着规则意识、法治精神,旨在引导建筑业公开平等有序竞争,重塑市场主体的法治信仰,用法律手段防范经营风险,相信必将为规范建筑市场竞争秩序起到积极的推动作用。值本书付梓之际,聊书数语,妄称序,实为学习体会,推介给大家。

最高人民检察院检察委员会委员

最高人民检察院第六检察厅厅长

2021 年 1 月 23 日

# 前　言

2018 年 12 月，最高人民法院颁布了《最高人民法院关于审理建设工程施工合同纠纷案件适用法律问题的解释（二）》。该司法解释对“黑白合同”的认定、无效合同下的损失赔偿、索赔期限的效力、实际施工人的代位权、建设工程价款优先受偿权、鉴定以及反诉与抗辩的处理等问题均做了具体规定。

然而，实践中的建设工程案件十分复杂，个案之间差异很大，上述司法解释的一般规定很难覆盖到案件的各个方面，如何在个案中适用上述司法解释也存在不同的理解。同时，法律条文从来都不是完美的，对上述司法解释的探讨、争鸣，对推动工程法律理论和实践的发展也具有重要价值。以上思考即是本书写作的初衷。

在本书基本完成之际，为落实《民法典》的实施，最高人民法院将《最高人民法院关于审理建设工程施工合同纠纷案件适用法律问题的解释》与《最高人民法院关于审理建设工程施工合同纠纷案件适用法律问题的解释（二）》合并、修改后，于 2020 年 12 月 29 日出台了《最高人民法院关于审理建设工程施工合同纠纷案件适用法律问题的解释（一）》，原司法解释均被废止。新的司法解释对原司法解释的实质性修改主要有两条：一条是建设工程价款优先受偿权的行使期限；另一条是装饰装修工程价款优先受偿权的行使条件，而其他条款并无实质性变化。由于第一部建设工程施工合同司法解释出台至今也有十六年之久，无论是法律界还是工程界，对其规定均已较为熟悉。因此，本书仍立足于对现行司法解释中 2018 年以来新增加和修改的条款进行解读和讨论。虽然在形式上存在条文号不连续的“美中不足”，但这并不影响本书的完整性和可读性。

纵观本书内容，其具有以下几个方面的特点：

1. 立足于《民法典》及工程法律的理论和实践，以【条文主旨】和【条文精解】的方式对司法解释条文进行详细解读。

2. 对司法解释条文的分析并不局限于解释论的视角，而是从应然的角度对司法解释规定的全面性、妥当性及有关疑难问题进行研究、探讨和拓展，这部分内容多体现在【深度研讨】中。

3. 在【实务判例】中列出了与条文相关的真实案例。此类案例均经过作者的精心缩编，既尊重案件事实，又短小精悍，增强了本书的可读性。同时，对于作者有不同观点的判例，增加了【判例点评】的内容。

4. 本书内容具有多个创新点。如：未取得海域使用权证的围填海工程的合同效力；索赔期限的性质及“合理抗辩”的适用情形；工程合同本诉与反诉的类型化分析；工程案件中鉴定之举证责任的类型化分析；多份合同无效情形下交叉履行时的工程款结算；《民法典》下实际施工人的代位权；新司法解释下优先受偿权行使期限起算时间的类型化分析；工程价款优先受偿权与其他权利的顺位梳理等。本书写作期间，作者在《北京仲裁》《商事仲裁与调解》等刊物上发表学术论文多篇。

在本书写作过程中，得到了北京采安律师事务所同事们的大力支持：管理合伙人叶万和律师鼎力相助；石伟博士是本书内容的第一个读者，并提出了许多有益的建议；高建超律师对有关举证责任的内容提出了富有价值的意见；李佳蓉律师、王成岳律师对本书内容进行了校对。此外，厦门大学的博士生洪菡珑同学为本书检索了部分案例，特此致谢！

本书的出版，还得益于法律出版社法商分社薛晗社长的支持和帮助，慕雪丹、章雯编辑的专业、细心也令人印象深刻。

敬请读者注意的是，目前司法实践中对许多工程法律问题的认定和处理并不统一，书中许多结论也仅代表作者的个人观点。随着工程法律理论和实践的不断发展，对各种法律问题的认识还会不断深化，一些观点还可能需要进行补充、完善甚至修正。同时，由于建设工程案件的复杂性，在具体案件中对某一法律问题的认定，还须结合案情具体分析才能得出正确的结论。

尽管作者做出了很大努力，但因学识和经验所限，本书不当之处仍在所难免，敬请读者朋友们批评指正。

高印立

2021 年 4 月

# 本书引用各类法律文本缩略用语索引

## 一、法律

| 全　称 | 简　称 |
| --- | --- |
| 《中华人民共和国民法典》 | 《民法典》 |
| 《中华人民共和国民法总则》(已废止) | 《民法总则》 |
| 《中华人民共和国合同法》(已废止) | 《合同法》 |
| 《中华人民共和国侵权责任法》(已废止) | 《侵权责任法》 |
| 《中华人民共和国物权法》(已废止) | 《物权法》 |
| 《中华人民共和国建筑法》(2019 年修正) | 《建筑法》 |
| 《中华人民共和国招标投标法》(2017 年修正) | 《招标投标法》 |
| 《中华人民共和国城乡规划法》(2019 年修正) | 《城乡规划法》 |
| 《中华人民共和国土地管理法》(2019 年修正) | 《土地管理法》 |
| 《中华人民共和国民事诉讼法》(2017 年修正) | 《民事诉讼法》 |
| 《中华人民共和国税收征收管理法》(2015 年修正) | 《税收征收管理法》 |
| 《中华人民共和国劳动法》 | 《劳动法》 |
| 《中华人民共和国劳动合同法》 | 《劳动合同法》 |
| 《中华人民共和国消费者权益保护法》 | 《消费者权益保护法》 |
| 《中华人民共和国审计法》(2006 年修正) | 《审计法》 |
| 《中华人民共和国标准化法》(1989 年施行) | 原《标准化法》 |
| 《中华人民共和国标准化法》(2017 年修订) | 《标准化法》(2017 年修订) |
| 《中华人民共和国产品质量法》(2018 年修正) | 《产品质量法》(2018 年修正) |
| 《中华人民共和国计量法》(2018 年修正) | 《计量法》 |
| 《中华人民共和国人民防空法》(2009 年修正) | 《人民防空法》 |
| 《中华人民共和国城市房地产管理法》(2019 年修正) | 《城市房地产管理法》 |

续表

| 全　称 | 简　称 |
| --- | --- |
| 《中华人民共和国海商法》 | 《海商法》 |
| 《中华人民共和国民用航空法》(2018 年修正) | 《民用航空法》 |
| 《中华人民共和国企业破产法》 | 《企业破产法》 |
| 《中华人民共和国海域使用管理法》 | 《海域使用管理法》 |

## 二、行政法规、部门规章

| 全　称 | 简　称 |
| --- | --- |
| 《中华人民共和国招标投标法实施条例》(2019 年修订) | 《招标投标法实施条例》 |
| 《中华人民共和国审计法实施条例》(2010 年修订) | 《审计法实施条例》 |
| 《中华人民共和国标准化法实施条例》 | 《标准化法实施条例》 |
| 《中华人民共和国认证认可条例》(2020 年修订) | 《认证认可条例》 |
| 《建设工程质量管理条例》(2019 年修订) | 《建设工程质量管理条例》 |
| 《建筑工程施工许可管理办法》(2018 年修正) | 《施工许可管理办法》 |
| 《房屋建筑和市政基础设施工程施工招标投标管理办法》(2019 年修正) | 《房建和市政工程施工招投标管理办法》(2019 年修正) |
| 《房屋建筑和市政基础设施工程施工招标投标管理办法》(2001 年实施) | 《房建和市政工程施工招投标管理办法》(2001 年实施) |
| 《工程造价咨询企业管理办法》(住房和城乡建设部令第 50 号) | 《工程造价咨询企业管理办法》 |
| 《住宅室内装饰装修管理办法》(建设部令第 110 号) | 《住宅室内装修办法》 |
| 《检验检测机构资质认定管理办法》(国家质量监督检验检疫总局令第 163 号) | 原《检验检测机构资质认定管理办法》 |
| 《检验检测机构资质认定管理办法》(根据国家市场监督管理总局令第 38 号修改) | 《检验检测机构资质认定管理办法》(2021 年修改) |
| 《建筑工程施工发包与承包计价管理办法》(2013 年发布) | 《施工计价管理办法》 |
| 《建设工程施工发包与承包价格管理暂行规定》(建标〔1999〕1 号) | 《施工计价管理暂行规定》 |

## 三、司法解释、法院裁判指导文件

| 全　称 | 简　称 |
| --- | --- |
| 《最高人民法院关于民事诉讼证据的若干规定》(法释〔2001〕33号) | 《民事诉讼证据规定》(2001年发布) |
| 《最高人民法院关于民事诉讼证据的若干规定》(法释〔2019〕19号) | 《民事诉讼证据规定》(2019年修正) |
| 《最高人民法院关于人民法院办理执行异议和复议案件若干问题的规定》(法释〔2020〕21号) | 《执行异议和复议规定》 |
| 《最高人民法院关于审理建设工程施工合同纠纷案件适用法律问题的解释》(法释〔2004〕14号)(已废止) | 《建设工程司法解释》 |
| 《最高人民法院关于审理建设工程施工合同纠纷案件适用法律问题的解释(二)》(法释〔2018〕20号)(已废止) | 《建设工程司法解释(二)》 |
| 《最高人民法院关于审理建设工程施工合同纠纷案件适用法律问题的解释(一)》(法释〔2020〕25号) | 《新建设工程司法解释(一)》 |
| 《最高人民法院关于审理买卖合同纠纷案件适用法律问题的解释》(法释〔2020〕7号) | 《买卖合同司法解释》 |
| 《最高人民法院关于适用〈中华人民共和国民事诉讼法〉的解释》(法释〔2020〕20号) | 《民事诉讼法司法解释》 |
| 《最高人民法院关于适用〈中华人民共和国合同法〉若干问题的解释(一)》(法释〔1999〕19号)(已废止) | 《合同法司法解释(一)》 |
| 《最高人民法院关于适用〈中华人民共和国合同法〉若干问题的解释(二)》(法释〔2009〕5号)(已废止) | 《合同法司法解释(二)》 |
| 《最高人民法院关于适用〈中华人民共和国民法典〉物权编的解释(一)》(法释〔2020〕24号) | 《民法典物权编司法解释(一)》 |
| 《最高人民法院关于适用〈中华人民共和国民法典〉有关担保制度的解释》(法释〔2020〕28号) | 《民法典担保制度司法解释》 |
| 《最高人民法院关于审理涉及国有土地使用权合同纠纷案件适用法律问题的解释》(法释〔2020〕17号,2020年修正) | 《国有土地使用权司法解释》 |
| 《最高人民法院关于审理企业破产案件若干问题的规定》(法释〔2002〕23号) | 《企业破产案件若干规定》 |
| 《最高人民法院关于审理企业破产案件确定管理人报酬的规定》(法释〔2007〕9号) | 《企业破产案件管理人报酬规定》 |

续表

| 全　称 | 简　称 |
| --- | --- |
| 《最高人民法院关于建设工程价款优先受偿权问题的批复》(法释〔2002〕16 号)(已废止) | 《优先受偿权问题的批复》 |
| 《最高人民法院关于适用〈中华人民共和国企业破产法〉若干问题的规定(二)》(法释〔2020〕18 号) | 《企业破产法司法解释(二)》 |
| 《最高人民法院关于适用〈中华人民共和国仲裁法〉若干问题的解释》(法释〔2006〕7 号) | 《仲裁法司法解释》 |
| 《最高人民法院关于当前形势下审理民商事合同纠纷案件若干问题的指导意见》(法发〔2009〕40 号) | 《民商事合同纠纷指导意见》 |
| 《最高人民法院关于装修装饰工程款是否享有合同法第二百八十六条规定的优先受偿权的函复》(〔2004〕民一他字第 14 号) | 《最高院装饰装修工程款优先权函复》 |
| 《最高人民法院关于〈城市房地产抵押管理办法〉在建工程抵押规定与上位法是否冲突问题的答复》(〔2012〕行他字第 8 号) | 《最高院关于〈城市房地产抵押管理办法〉在建工程抵押规定与上位法是否冲突的答复》 |
| 《最高人民法院关于人民法院民事执行中查封、扣押、冻结财产的规定》(法释〔2020〕21 号,2020 年修正) | 《最高院关于查封、扣押、冻结财产的规定》 |
| 《最高人民法院关于正确适用〈中华人民共和国合同法〉若干问题的解释(二)服务党和国家的工作大局的通知》(法〔2009〕165 号) | 《正确适用合同法司法解释(二)服务工作大局的通知》 |
| 《全国民事审判工作会议纪要》(法办〔2011〕442 号) | 《2011 年全国审判会议纪要》 |
| 《第八次全国法院民事商事审判工作会议(民事部分)纪要》(法〔2016〕399 号) | 《八民会议纪要》 |
| 《全国法院民商事审判工作会议纪要》(法〔2019〕254 号) | 《九民会议纪要》 |
| 《北京市高级人民法院关于审理建设工程施工合同纠纷案件若干疑难问题的解答》(京高法发〔2012〕245 号) | 《北京高院关于施工合同纠纷问题的解答》 |
| 《上海市高级人民法院民事诉讼释明指南》 | 《上海高院民事诉讼释明指南》 |
| 《重庆市高级人民法院关于建设工程造价鉴定若干问题的解答》(渝高法〔2016〕260 号) | 《重庆高院关于工程造价鉴定问题的解答》 |
| 《河北省高级人民法院建设工程施工合同案件审理指南》(冀高法〔2018〕44 号) | 《河北高院施工合同案件审理指南》 |

续表

| 全　称 | 简　称 |
|---|---|
| 《广东省高级人民法院关于审理建设工程合同纠纷案件疑难问题的解答》(粤高法〔2017〕151号) | 《广东高院关于建设工程合同纠纷问题的解答》 |
| 《广东省高级人民法院关于审理建设工程施工合同纠纷案件若干问题的指导意见》(粤高法发〔2011〕37号) | 《广东高院关于施工合同纠纷问题的意见》 |
| 《广东省高级人民法院关于在审判工作中如何适用〈合同法〉第286条的指导意见》(粤高法〔2004〕2号) | 《广东高院关于适用〈合同法〉第286条意见》 |
| 《广东省高级人民法院关于民商事审判适用代位权制度若干问题的指导意见》(粤高法〔2003〕200号) | 《广东高院关于代位权的指导意见》 |
| 《浙江省高级人民法院关于规范民商事案件中法官释明的若干规定(试行)》 | 《浙江高院关于规范民商事案件法官释明的规定(试行)》 |
| 《浙江省高级人民法院民事审判第一庭关于审理建设工程施工合同纠纷案件若干疑难问题的解答》(浙法民一(2012)3号) | 《浙江高院民一庭关于施工合同纠纷问题的解答》 |
| 《江苏省高级人民法院关于审理建设工程施工合同纠纷案件若干问题的解答》(〔2018〕3号) | 《江苏高院关于施工合同纠纷问题的解答》 |
| 《江苏省高级人民法院执行异议及执行异议之诉案件审理指南(二)》(江苏省高级人民法院审判委员会纪要〔2019〕1号) | 《江苏高院执行异议及执行异议之诉案件审理指南(二)》 |
| 《江苏省高级人民法院建设工程施工合同案件审理指南》(2010年实施) | 《江苏高院施工合同案件审理指南》 |
| 《江苏省高级人民法院建设工程施工合同纠纷案件委托鉴定工作指南》(江苏省高级人民法院审判委员会纪要〔2019〕5号) | 《江苏高院施工合同案件委托鉴定指南》 |
| 《江苏省高级人民法院民一庭建设工程施工合同纠纷案件司法鉴定操作规程》(2015年12月21日) | 《江苏高院民一庭施工合同案件鉴定规程》 |
| 《福建省高级人民法院关于审理建设工程施工合同纠纷案件疑难问题的解答》 | 《福建高院关于施工合同纠纷问题的解答》 |
| 《四川省高级人民法院关于审理建设工程施工合同纠纷案件若干疑难问题的解答》(川高法民一〔2015〕3号) | 《四川高院关于施工合同纠纷问题的解答》 |
| 《安徽省高级人民法院关于审理建设工程施工合同纠纷案件适用法律问题的指导意见》(2009年实施) | 《安徽高院关于施工合同纠纷问题的意见》 |

续表

| 全　称 | 简　称 |
| --- | --- |
| 《安徽省高级人民法院关于审理建设工程施工合同纠纷案件适用法律问题的指导意见(二)》(2014 年实施) | 《安徽高院关于施工合同纠纷问题的意见(二)》 |
| 《深圳市中级人民法院关于建设工程合同若干问题的指导意见》(2010 年修订) | 《深圳中院关于建设工程合同问题的意见》 |
| 《山东省高级人民法院关于审理建设工程施工合同纠纷案件若干问题的解答》(2020 年 11 月) | 《山东高院关于施工合同问题的解答》 |
| 《山东省高级人民法院民一庭关于审理建设工程施工合同纠纷案件若干问题的解答》(2020 年 8 月) | 《山东高院民一庭关于施工合同问题的解答》 |

## 四、部门规章、地方规范性文件

| 全　称 | 简　称 |
| --- | --- |
| 《家庭居室装饰装修管理试行办法》(建建〔1997〕92 号) | 《家居装修试行办法》 |
| 《建筑安装工程费用项目组成》(建标〔2013〕44 号) | 《建筑安装工程费用组成》 |
| 《建设工程造价鉴定规范》(GB/T 51262－2017) | 《工程造价鉴定规范》 |
| 《建设工程价款结算暂行办法》(财建〔2004〕369 号) | 《工程价款结算暂行办法》 |
| 《建设工程质量保证金管理办法》(建质〔2017〕138 号) | 《工程质保金管理办法》 |
| 《房屋建筑和市政基础设施工程竣工验收规定》(建质〔2013〕171 号) | 《房建和市政工程竣工验收规定》 |
| 《公路工程设计施工总承包管理办法》(交通运输部令 2015 年第 10 号) | 《公路工程设计施工总承包管理办法》 |
| 《房屋建筑和市政基础设施项目工程总承包管理办法》(建市规〔2019〕12 号) | 《房建和市政工程总承包管理办法》 |
| 《吉林省建设工程竣工结算备案管理暂行办法》(吉建造〔2014〕16 号) | 《吉林竣工结算备案暂行办法》 |
| 《海域使用权管理规定》(国海发〔2006〕27 号) | 《海域使用权管理规定》 |

## 五、其他

| 全　称 | 简　称 |
| --- | --- |
| 《全国人民代表大会常务委员会关于司法鉴定管理问题的决定》(2015 年修正) | 《全国人大关于司法鉴定管理问题的决定》 |

续表

| 全　称 | 简　称 |
| --- | --- |
| 《中华人民共和国标准施工招标文件》(2007 年版) | 《标准施工招标文件》(2007 年版) |
| 《中华人民共和国标准设计施工总承包招标文件》(2012 年版) | 《标准设计施工总承包招标文件》(2012 年版) |
| 《房屋建筑和市政工程标准施工招标文件》(2010 年版) | 《房建和市政工程标准施工招标文件》(2010 年版) |
| 《建设工程工程量清单计价规范》(GB 50500－2013) | 《2013 版清单计价规范》 |
| 《建设工程施工合同(示范文本)》(GF－2017－0201) | 《2017 版施工合同示范文本》 |
| 《建设工程施工合同(示范文本)》(GF－1999－0201) | 《1999 版施工合同示范文本》 |
| FIDIC《施工合同条件》(1999 年版) | 《FIDIC 施工合同条件》(1999 版) |
| FIDIC《设计采购施工(EPC)/交钥匙工程合同条件》 | 《EPC/交钥匙工程合同条件》 |

# 目　　录

当事人对建设工程开工日期有争议的，人民法院应当分别按照以下情形予以认定：

（一）开工日期为发包人或者监理人发出的开工通知载明的开工日期；开工通知发出后，尚不具备开工条件的，以开工条件具备的时间为开工日期；因承包人原因导致开工时间推迟的，以开工通知载明的时间为开工日期。

（二）承包人经发包人同意已经实际进场施工的，以实际进场施工时间为开工日期。

（三）发包人或者监理人未发出开工通知，亦无相关证据证明实际开工日期的，应当综合考虑开工报告、合同、施工许可证、竣工验收报告或者竣工验收备案表等载明的时间，并结合是否具备开工条件的事实，认定开工日期。



当事人约定顺延工期应当经发包人或者监理人签证等方式确认，承包人虽未取得工期顺延的确认，但能够证明在合同约定的期限内向发包人或者监理人申请过工期顺延且顺延事由符合合同约定，承包人以此为由主张工期顺延的，人民法院应予支持。

有下列情形之一，承包人请求发包人返还工程质量保证金的，人民法院应予支持：

（一）当事人约定的工程质量保证金返还期限届满；

（二）当事人未约定工程质量保证金返还期限的，自建设工程通过竣工验收之日起满二年；

（三）因发包人原因建设工程未按约定期限进行竣工验收的，自承包人提交工程竣工验收报告九十日后当事人约定的工程质量保证金返还期限届满；当事人未约定工程质量保证金返还期限的，自承包人提交工程竣工验收报告九十日后起满二年。

发包人返还工程质量保证金后，不影响承包人根据合同约定或者法律规定履行工程保修义务。



当事人签订的建设工程施工合同与招标文件、投标文件、中标通知书载明的工程范围、建设工期、工程质量、工程价款不一致，一方当事人请求将招标文件、投标文件、中标通知书作为结算工程价款的依据的，人民法院应予支持。



发包人将依法不属于必须招标的建设工程进行招标后，与承包人另行订立的建设工程施工合同背离中标合同的实质性内容，当事人请求以中标合同作为结算建设工程价款依据的，人民法院应予支持，但发包人与承包人因客观情况发生了在招标投标时难以预见的变化而另行订立建设工程施工合同的除外。



当事人就同一建设工程订立的数份建设工程施工合同均无效，但建设工程质量合格，一方当事人请求参照实际履行的合同关于工程价款的约定折价补偿承包人的，人民法院应予支持。

实际履行的合同难以确定，当事人请求参照最后签订的合同关于工程价款的约定折价补偿承包人的，人民法院应予支持。

当事人对工程造价、质量、修复费用等专门性问题有争议，人民法院认为需要鉴定的，应当向负有举证责任的当事人释明。当事人经释明未申请鉴定，虽申请鉴定但未支付鉴定费用或者拒不提供相关材料的，应当承担举证不能的法律后果。

一审诉讼中负有举证责任的当事人未申请鉴定，虽申请鉴定但未支付鉴定费用或者拒不提供相关材料，二审诉讼中申请鉴定，人民法院认为确有必要的，应当依照民事诉讼法第一百七十条第一款第三项的规定处理。



人民法院准许当事人的鉴定申请后，应当根据当事人申请及查明案件事实的需要，确定委托鉴定的事项、范围、鉴定期限等，并组织当事人对争议的鉴定材料进行质证。

实际施工人以转包人、违法分包人为被告起诉的，人民法院应当依法受理。

实际施工人以发包人为被告主张权利的，人民法院应当追加转包人或者违法分包人为本案第三人，在查明发包人欠付转包人或者违法分包人建设工程价款的数额后，判决发包人在欠付建设工程价款范围内对实际施工人承担责任。



实际施工人依据民法典第五百三十五条规定，以转包人或者违法分包人怠于向发包人行使到期债权或者与该债权有关的从权利，影响其到期债权实现，提起代位权诉讼的，人民法院应予支持。

**第二条 【背离中标合同实质性内容的判断标准】**

招标人和中标人另行签订的建设工程施工合同约定的工程范围、建设工期、工程质量、工程价款等实质性内容,与中标合同不一致,一方当事人请求按照中标合同确定权利义务的,人民法院应予支持。

招标人和中标人在中标合同之外就明显高于市场价格购买承建房产、无偿建设住房配套设施、让利、向建设单位捐赠财物等另行签订合同,变相降低工程价款,一方当事人以该合同背离中标合同实质性内容为由请求确认无效的,人民法院应予支持。

## 条文主旨

本条明确了中标合同的实质性内容,并规定当事人应当按照中标合同确定权利义务。

## 条文精解

### 一、中标合同的概念

根据《招标投标法》第46条的规定,所谓中标合同应当是招标人和中标人按照招标文件和中标人的投标文件所订立的合同。该规定强调的是中标合同内容与招标文件及中标人的投标文件的一致性。只有招标人和中标人订立的书面合同与双方在招标投标过程中达成一致的实质性内容相符合,该书面合同方可称为"中标合同"。而《招标投标法》所要求订立的书面合同,仅仅是将招标投标文件的规定、条件和条款以书面合同的形式固定下来,招标文件和投标文件是该合同的依据。[①]

有观点认为,由于招标文件不是要约,不构成合同的一部分,其不能作为确定当事人权利义务的依据。笔者认为,由于投标人在投标文件中对招标文件的实质性内容均进行了响应,因此,将投标文件已经响应的招标文件内容作为合同内容是合适的。比如,《标准施工招标文件》(2007年版)和2010年6月9日施行的《房建

---

① 国家计委政策法规司、国务院法制办财政金融法制司编著:《〈中华人民共和国招标投标法〉释义》,中国计划出版社1999年版,第91页。

和市政工程标准施工招标文件》(2010 年版),均将合同条款中规定的双方权利义务与工程质量、技术标准、工期等并列为响应性评审标准,并明确规定投标文件不符合响应性评审标准中任何一项的,作废标处理。《标准施工招标文件》(2007 年版)在第三章"评标办法"(经评审的最低投标价法)中列明了响应性评审的内容和评审标准,如表 1 所示:

**表 1 《标准施工招标文件》(2007 年版)中的响应性评审标准**

| 条款号 | | 评审因素 | 评审标准 |
|---|---|---|---|
| 2.1.3 | 响应性评审标准 | 投标内容 | 符合第二章"投标人须知"第 1.3.1 项规定 |
| | | 工期 | 符合第二章"投标人须知"第 1.3.2 项规定 |
| | | 工程质量 | 符合第二章"投标人须知"第 1.3.3 项规定 |
| | | 投标有效期 | 符合第二章"投标人须知"第 3.3.1 项规定 |
| | | 投标保证金 | 符合第二章"投标人须知"第 3.4.1 项规定 |
| | | 权利义务 | 符合第四章"合同条款及格式"规定① |
| | | 已标价工程量清单 | 符合第五章"工程量清单"给出的范围及数量 |
| | | 技术标准和要求 | 符合第七章"技术标准和要求"规定 |

《房建和市政工程标准施工招标文件》(2010 年版)中的附表 A-4 列明了响应性评审的具体内容,包括投标内容、工期、工程质量、投标有效期、投标保证金、权利义务、已标价工程量清单、技术标准和要求等。同时,《房建和市政工程标准施工招标文件》(2010 年版)中的格式投标函中更是明确将投标函附录中列明的预付款额度、质量保证金额度、履约担保金额、逾期竣工违约金及最高限额等作为投标函的组成部分。投标人一旦响应,将对其具有约束力。《房建和市政工程标准施工招标文件》(2010 年版)中的格式投标函附录内容如下:

**投标函附录**

工程名称:______________(项目名称)____标段

| 序号 | 条款内容 | 合同条款号 | 约定内容 | 备注 |
|---|---|---|---|---|
| 1 | 项目经理 | 1.1.2.4 | 姓名:__________ | |

① 该章"合同条款及格式"的合同通用条款部分包含了建设工程施工合同的全部内容,专用合同条款则由招标人具体拟定。

续表

| 序号 | 条款内容 | 合同条款号 | 约定内容 | 备注 |
| --- | --- | --- | --- | --- |
| 2 | 工期 | 1.1.4.3 | ________日历天 | |
| 3 | 缺陷责任期 | 1.1.4.5 | | |
| 4 | 承包人履约担保金额 | 4.2 | | |
| 5 | 分包 | 4.3.4 | 见分包项目情况表 | |
| 6 | 逾期竣工违约金 | 11.5 | ________元/天 | |
| 7 | 逾期竣工违约金最高限额 | 11.5 | ________ | |
| 8 | 质量标准 | 13.1 | | |
| 9 | 价格调整的差额计算 | 16.1.1 | 见价格指数权重表 | |
| 10 | 预付款额度 | 17.2.1 | | |
| 11 | 预付款保函金额 | 17.2.2 | | |
| 12 | 质量保证金扣留百分比 | 17.4.1 | | |
| …… | …… | | | |

备注:投标人在响应招标文件中规定的实质性要求和条件的基础上,可做出其他有利于招标人的承诺。此类承诺可在本表中予以补充填写。

综上所述,招标人和中标人在招标投标过程中达成一致的内容即为原始的中标合同,它是双方签订中标的书面合同的渊源。更进一步讲,若招标人和中标人在中标通知书发出后订立的书面合同,背离了招投标过程中双方明确达成一致的实质性内容,则该书面合同不能作为确定当事人权利义务的依据。

## 二、中标合同的实质性内容

本条第1款将中标合同的“实质性内容”确定为工程范围、建设工期、工程质量和工程价款等。笔者认为,所谓“实质性内容”,应当是指在招标投标过程中可能对中标结果产生实质性影响的内容,本条第1款所规定的内容均是建设工程合同中必须包括的实质性内容。《八民会议纪要》第31条将实质性内容确定为工期、工程价款和工程项目性质,而工程项目性质主要包括工程质量及工程用途。[①] 在工程规模、结构型式未改变的情况下,若只有工程用途发生变化,一般不会对中标结果产

① 杜万华主编:《〈第八次全国法院民事商事审判工作会议(民事部分)纪要〉理解与适用》,人民法院出版社2017年版,第481页。

生实质性影响，而由于工程规模、结构型式的变化大多会影响工程价款，故工程规模、结构型式的变化可以纳入工程价款范畴予以考量。因此，工程项目性质并非中标合同独立的实质性内容。同时，由于工程承包范围的变化可能会对工程价款、工期及承包人的利润产生直接影响，其应当属于可能影响中标结果的实质性内容。因此，本款将工程范围纳入实质性内容有一定合理性。当然，工程范围的变化是否一定会导致“黑白合同”问题，值得进一步讨论，具体详见本条【深度研讨】部分的相关内容。

在招标文件的响应性内容中，除上述实质性内容之外，工程款的支付时间也可能会对潜在投标人产生影响。比如，在前期工程款支付非常滞后，对承包人垫资能力要求较高的条件下，有的潜在投标人有可能直接放弃参与投标。试想，如果在此情况下，承包人在中标后又与发包人协商，将支付时间变更为对承包人更有利的方式，那么，招标文件显然是排斥了部分潜在投标人，最终可能会对中标结果产生影响。从这个意义来看，“实质性内容”的认定并不局限于工程范围、工程价款、质量标准和工期，在某些情况下还可能包括工程款的支付时间等内容。此外，“工程范围、建设工期、工程质量、工程价款等实质性内容”中的“等”字也给了代理人和裁判者一定的解释空间。①

在“中国房地产开发集团哈尔滨有限公司与江苏省苏中建设集团股份有限公司建设工程施工合同纠纷案”中，备案的三标段、四标段《施工合同》签订于 2013 年 11 月 1 日。其中三标段《施工合同》约定，工程竣工时间为 2013 年 11 月 15 日，工程价款为暂定价 148,874,850.00 元，采用可调价格方式确定合同价款，执行现行黑龙江省计价依据及有关计价规定；付款方式为：发包人在开工前 5 日内支付合同价款 25% 的工程预付款，按形象进度拨付进度款，竣工结算完成后 15 日内支付完质量保证金以外的所有款项。四标段《施工合同》约定的工程竣工时间为 2013 年 9 月 15 日，工程价款为 1,764,600.28 元，付款方式与三标段《施工合同》一致。而 2013 年 11 月 26 日签订的《施工协议》系针对涉案同一工程项目另行签订的协议，没有经过备案，付款方式改为“主体结构十五层以下暂不付款”。最高人民法院认为，《施工协议》约定的竣工时间早于协议签订时间，并不真实，且《施工协议》将付款方式改为“主体结构十五层以下暂不付款”，亦即主体结构十五层以下由承包人

---

① 根据《现代汉语词典》的解释，“等”可以表示列举未尽，如北京、天津等地；也可以表示列举后煞尾，如长江、黄河、黑龙江、珠江等四大河流。参见中国社会科学院语言研究所词典编辑室编：《现代汉语词典》，商务印书馆 1989 年版，第 227 页。

垫资施工,改变了备案合同关于发包人支付预付款和进度款的约定,明显加重了承包人的义务,对承包人的利益影响较大。因此,该《施工协议》属于与备案合同实质性内容相矛盾的"黑合同"。① 当然,该案支付时间的变化仅加重了承包人的义务,并不存在排斥潜在投标人和损害第三方利益的问题,也不会影响中标结果。因此,笔者认为,上述《施工协议》被认定为"黑合同",可能是法院对《施工协议》不真实和付款方式变化综合考量的结果。

需要注意的是,在目前的招标文件备案过程中,建设行政主管部门大多对招标文件的内容进行较为严格的实质审查。在某些地区,不允许招标人设置按工程形象进度付款的合同条款,而是要求根据完成的工程量按月付款,其初衷可能是避免垫资施工,但由此可能会导致当事人不得不另行签订补充协议,重新约定支付方式。对于此类情形,笔者认为不宜按"黑白合同"处理。

## 三、"黑合同"的效力

本条第 2 款仅规定变相降低工程价款的合同无效,但未直接规定与中标合同不一致的"黑合同"的效力。实践中,对此存在不同观点。有学者认为,"黑白合同"只有效力高低的区别,而不涉及合同的无效。② 而《江苏高院施工合同案件审理指南》则认为,"黑合同"应属无效合同。③ 笔者认为,根据本条第 1 款的规定,当事人另行签订的建设工程施工合同与中标合同的实质性内容不一致的,应当按照中标合同确定权利义务,这实际上是否定了"黑合同"的效力。以下从两个方面分别进行讨论。

### (一)基于意思表示的讨论

"黑白合同"一词最早见于 2003 年 10 月 27 日全国人大常委会副委员长李铁映所作的《全国人大常委会执法检查组关于检查〈中华人民共和国建筑法〉实施情况的报告》。该报告指出,"建设单位与招标单位或招标代理机构串通,搞虚假招标,

---

① 参见最高人民法院(2017)最高法民终 437 号民事判决书。

② 参见朱树英:《因违法招投标导致施工合同无效与黑白合同的区别及应注意的法律问题》,载《建筑经济》2010 年第 11 期。

③ 《江苏高院施工合同案件审理指南》第 3 条第 1 款规定:"若强制招标工程虽然通过招标程序,但是双方签订了黑白合同,则无论黑合同签署在白合同之前还是之后都属无效。"第 3 条第 2 款规定:"如果备案和未备案的两份施工合同在建设工期、施工质量、计价方式等方面发生变化,当无疑义属于实质性内容的变化,未备案的合同应属于无效的黑合同。"

明招暗定,签订'黑白合同'的问题相当突出。所谓'黑合同',就是建设单位在工程招标投标过程中,除了公开签订的合同外,又私下与中标单位签订合同,强迫中标单位垫资带资承包、压低工程款等。'黑合同'违反了《招标投标法》、《合同法》和《建筑法》的有关规定,极易造成建筑工程质量隐患,既损害施工方的利益,最终也损害建设方的利益"。

实务中,当事人就中标合同之外另行订立合同时,经常会约定中标合同仅作为备案使用,另行订立的合同作为双方结算的依据。从学理上看,在构成"黑白合同"的情形下,双方当事人就"白合同"达成的合意并非真意,属虚伪表示,而"黑合同"则为当事人隐藏的真实意思表示,属隐藏行为。根据《民法典》第 146 条的规定,以虚假的意思表示实施的民事法律行为无效。可见,从意思表示的角度分析,"白合同"因未体现当事人的真实意思表示而无效,而"黑合同"是否有效,则应依法律行为的一般规定和《民法典》合同编的有关规定判断。[①] 因此,从意思表示的角度分析,"黑合同"并不当然无效。

### (二)基于我国法律强制性规定的讨论

司法解释强调当事人应当遵守中标合同的约定,直接源于《招标投标法》第 46 条关于"招标人和中标人不得再行订立背离合同实质性内容的其他协议"的规定。而根据《民法典》第 153 条的规定,只有违反法律、行政法规的效力性强制性规定才导致合同无效。[②]因此,认定"黑合同"效力的关键,就在于判断《招标投标法》第 46 条关于禁止签订"黑合同"的强制性规定是否为效力性强制性规定。而判断一项强制性规定是否为效力性强制性规定,相应违法行为的法律后果是一个重要标准。对此,笔者以改变工程价款为例进行分析。

第一,"黑合同"可能损害承包人的利益。若当事人在"黑合同"中降低了工程价款,显然损害了承包人的利益。

第二,"黑合同"可能损害其他投标人的利益。具体来说,对于采用综合评估法进行评标的招投标活动,由于评标基准价的确定需要计算全部或部分投标人报价的算术平均值,因此,任何投标人的报价变化均可能影响评标基准价,从而可能影

---

① 参见李宇:《民法总则要义:规范释论与判解集注》,法律出版社 2017 年版,第 536 页。

② 《民法典》第 153 条第 1 款规定:"违反法律、行政法规的强制性规定的民事法律行为无效。但是,该强制性规定不导致该民事法律行为无效的除外。"

响中标结果。[①] 对于采用经评审的最低投标价法进行评标的招投标活动，若当事人在“黑合同”增加了工程价款，显然会影响中标结果，损害其他投标人的利益；若当事人在“黑合同”中降低了工程价款，由于该评标办法也要经过综合评估法要求的合理性评审，而合理性评审又往往会涉及全部或部分投标人报价的算术平均值或部分指标的算术平均值，[②]因此，该情形也可能影响中标结果，从而损害其他投标人的利益。

第三，“黑合同”损害了社会经济秩序，从而损害了社会公共利益。当事人采用招投标这一订立合同的方式，而又擅自改变中标结果，违反了诚实信用原则，扰乱了正常的招投标秩序。“黑合同”的出现，“使得《招标投标法》的目的荡然无存而徒具形式。同时也违反了反不正当竞争法，是一种不正当的竞争手段”，其“本质上不是损害合同相对人的利益，而是损害其他投标人的利益，破坏了正常的市场竞争秩序，进而加剧了建筑市场的不规范行为，使《招标投标法》归于无用”。[③] 显然，“黑合同”扰乱了社会经济秩序。在我国，一般认为，损害社会公共利益实质上是违反了公共道德，破坏了社会经济秩序和生活秩序。[④]

由此可见，“黑合同”可能损害承包人及其他投标人的利益，且扰乱了社会经济秩序，损害了社会公共利益。根据《民法典》第 153 条第 2 款的规定，违背公序良俗的民事法律行为无效。公序良俗即公共秩序和善良风俗，依学者通说，所谓“社会公共利益”及“社会公德”在性质和作用上与公序良俗原则相当，“社会公共利益”相

---

① 比如，《山西省房屋建筑和市政基础设施工程施工评标办法》（晋建市字〔2017〕83 号）规定了三种评标基准价的方法：（1）评标基准价 = 施工组织设计评分第一的投标报价 ×15% + 施工组织设计评分第二的投标报价 ×10% + 资信评分第一的投标报价 ×15% + 资信评分第二的投标报价 ×5% + 其他合成范围内所有投标报价的算术平均值 ×55%（先评审技术标和资信标，并列的报价低的排序在前）。（2）评标基准价 = 最高投标限价 × 权重 + 合成范围内随机抽取 9 家投标报价（不足的全部抽取）中去掉一个最高投标报价和一个最低投标报价的算术平均值 × 权重。其中，权重为最高投标限价占 70%、60%、50%，有效投标报价的算术平均值占 30%、40%、50%。参与评标基准价合成的投标报价家数和权重现场由评标委员会代表随机抽取确定。（3）评标基准价 = 合成范围内随机抽取 9 家投标报价（不足的全部抽取）中去掉一个最高投标报价和一个最低投标报价的算术平均值。而投标报价得分 = 55 – ｜投标人报价 – 评标基准价｜/评标基准价 ×100。

② 比如，《山西省房屋建筑和市政基础设施工程施工评标办法》（晋建市字〔2017〕83 号）规定：“当投标人≥5 家时，去掉投标报价总价最高的 20% 家数（四舍五入取整）和最低的 20% 家（四舍五入取整）后进行算术平均；当投标人 <5 家时，则全部投标报价总价进行算术平均。算术平均值下浮一定比例作为参加评标基准价合成和评标的合理最低价。房屋建筑工程下浮范围为 3% ~6%，市政工程下浮范围为 3% ~8%。招标人可以在招标文件中明确下浮率，也可以在开标时随机抽取（下浮率取整）。”

③ 参见万静：《建筑工程“黑白合同”的效力之辩》，载《法制日报》2005 年 7 月 19 日，第 10 版。

④ 参见胡康生主编：《中华人民共和国合同法释义》，法律出版社 2009 年版，第 92 页。

当于“公共秩序”,“社会公德”相当于“善良风俗”。[①] 也有观点认为,“社会公共利益”的表述不足以涵盖“国家利益”,为使概念更为周延,用传统民法上的“公序良俗”代替了“社会公共利益”。[②] 但无论怎样,违反社会公共利益是认定合同无效的一个重要标准。[③]《民商事合同纠纷指导意见》即规定:“如果强制性规范规制的是合同行为本身即只要该合同行为发生即绝对地损害国家利益或者社会公共利益的,人民法院应当认定合同无效。”

通过上述分析,笔者认为,当事人另行订立的背离中标合同实质性内容的“黑合同”,应认定为无效。在“中国房地产开发集团哈尔滨有限公司与江苏省苏中建设集团股份有限公司建设工程施工合同纠纷案”中,最高人民法院即认为:“一审判决认定该《施工协议》属于与备案合同实质性内容矛盾的黑合同,违反《中华人民共和国招标投标法》第四十六条第一款的强制性规定而应认定为无效,并无不当。”[④]

## 四、本条第2款规定了变相变更合同价款约定的效力

根据本条第2款的规定,当事人另行签订合同时,不直接变更中标合同工程价款条款,而是以明显高于市场价格购买承建房产、无偿建设住房配套设施、直接让利、向发包人捐赠财物等内容的,相当于变相降低了工程价款,则该变相降低工程价款的约定无效。

关于何为“明显高于市场价格”,本条未作明确规定。《合同法司法解释(二)》第19条第2款曾规定:“转让价格达不到交易时交易地的指导价或者市场交易价百分之七十的,一般可以视为明显不合理的低价;对转让价格高于当地指导价或者市场交易价百分之三十的,一般可以视为明显不合理的高价。”笔者认为,虽然该司法解释已于2021年1月1日废止,但废止的主要原因应当是《民法典》的施行和《合同法》的废止。最高人民法院在制定《民法典》相关司法解释时有可能继续沿用该规定。在这种情况下,此种规定可以作为认定“明显高于市场价格”的参考标准。

---

① 参见梁慧星:《民法总论》(第3版),法律出版社2007年版,第49页。

② 参见最高人民法院民事审判第二庭编著:《〈全国法院民商事审判工作会议纪要〉理解与适用》,人民法院出版社2019年版,第252页。

③ 参见王利明:《合同法研究》(第1卷),中国人民大学出版社2002年版,第658页。

④ 参见最高人民法院(2017)最高法民终437号民事判决书。

## 深度研讨

### 一、工程范围变化时的处理

工程范围的变化并非一定会构成对中标合同实质性内容的背离，这需要结合具体情况进行具体分析。

#### （一）工程范围的变化导致原中标价的组成发生变化

如果因工程范围的变化（包括工程的增加和减少）导致原中标价的组成发生变化，实质上发生变化的是工程价款。因此，此种工程范围的变化构成对中标合同实质性内容的背离。对于“黑合同”中与中标合同所约定价格不同的项目，应当按照中标合同的约定进行结算。

对于中标合同中没有对应价格的增项，由于“黑合同”无效，故可根据《民法典》第793条关于“建设工程施工合同无效，但是建设工程经验收合格的，可以参照合同关于工程价款的约定折价补偿承包人”的规定，参照“黑合同”约定的价格计算。同样，由于工程范围发生变化，工期也可能随之进行调整。因此，工期也宜参照“黑合同”的约定确定。对于支付时间，涉及增项部分价款的，宜参照“黑合同”的约定支付。

#### （二）工程范围中增减的项目不能单独发包

如果工程范围中增减的项目不能单独发包，如装饰装修工程，则即使原中标价的组成未发生变化，但由于各分部分项工程的利润率不同，其增减可能会影响各个投标人的报价，从而影响中标结果。因此，此种变化构成实质性内容的背离，此时应当按照中标合同的价格和实际完成的工程量进行结算。同样，对于工程工期和中标合同中没有对应价格的增项，宜参照“黑合同”的约定确定。对于支付时间，涉及增减项部分价款的，宜参照“黑合同”的约定支付。

#### （三）工程范围中增加的项目可以单独发包

如果工程范围中增加的项目可以单独发包，如室外工程，且原中标价的组成亦未发生任何变化，则此种情形不应影响中标结果。此时的问题并非“黑白合同”问题，而是是否应当通过招标程序发包的问题。因此，此种变化不应构成对中标合同实质性内容的背离，增加的项目应当按照或参照另行签订的合同确定当事人的权利义务。

## 二、现场签证中涉及“黑合同”内容的处理

根据《2013 版清单计价规范》的定义，现场签证是指发包人现场代表（或其授权的监理人、工程造价咨询人）与承包人现场代表就施工过程中涉及的责任事件所作的签认证明。现场签证一般主要为承发包双方或其代理人就洽商变更、零星项目、工程量或合同价款增减、各种费用承担、工期调整等事项达成一致的证明性文件。

实践中，如果当事人在现场签证中明确，签证内容的价格执行“黑合同”约定的有关条款，或在“黑合同”约定的基础上浮动一定的比例，那么，此类签证的内容能否作为结算的依据呢？

笔者认为，承发包双方或其代理人签认的现场签证，是双方协商一致的结果，具有合同性质。《工程价款结算暂行办法》第 14 条第 6 款规定：“发包人要求承包人完成合同以外零星项目，承包人应在接受发包人要求的 7 天内就用工数量和单价、机械台班数量和单价、使用材料和金额等向发包人提出施工签证，发包人签证后施工，如发包人未签证，承包人施工后发生争议的，责任由承包人自负。”《2013 版清单计价规范》第 9. 14. 1 项规定：“承包人应发包人要求完成合同以外的零星项目、非承包人责任事件等工作的，发包人应及时以书面形式向承包人发出指令，并应提供所需的相关资料；承包人在收到指令后，应及时向发包人提出现场签证要求。”可见，经承发包双方确认的现场签证具有补充协议的性质，更确切地说，是对原有基础合同的补充或变更，对当事人具有约束力。而现场签证中关于价格执行“黑合同”约定或在其约定基础上调整的内容，虽涉及对“黑合同”相应条款的引用，但相应条款的内容已构成现场签证的组成部分，其是当事人根据合同履行实际情况的变化而协商一致的结果，并非当事人对中标结果实质性内容的改变。因此，现场签证中的上述内容应当作为当事人结算的依据。

## 三、当事人对“黑合同”约定合意变更的处理

如果“黑合同”是当事人实际履行的建设工程施工合同，在当事人履行合同的过程中，就有可能根据工程实施的情况对“黑合同”的约定进行变更，如对计价依据和计价方法、工期、风险范围以及人工、材料、机械费用的调整等。那么，此类变更是否可以作为当事人结算的依据呢？

笔者认为，对于上述情形下当事人合意变更的认定，不宜一概而论，需要根据

具体情形进行判断。一般来说,对于具有变更事由的此类变更,如技术标准的修订,外部环境、地质条件及市场价格的变化,工程规划和规模的调整,因发包人导致的工程迟延等,宜认定为当事人因客观情况变化签订的协议,可以作为结算的依据;而对于没有任何客观事由的此类变更,结合其变更的时间和背景,可以认定为是对“黑合同”直接补充的内容的,则不宜将其作为工程结算的依据。

## 实务判例

### 【判例一】关于工程价款结算依据的认定①

2010年10月26日,海南永泰公司作为招标人,向包括江西汉威公司在内的三家施工单位发出五指山居二期工程《投标邀请书》。《投标邀请书》载明:该工程由3幢商住楼组成,总建筑面积17,476.43平方米;计划工期300日历天;工程概算总造价25,533,303.32元;招标范围为施工图纸范围内的土建、水电安装工程。

2010年11月19日,海南永泰公司发出《中标通知书》,确定江西汉威公司为中标单位,中标承包价25,495,005.36元。建设内容及规模由3幢商住楼组成,总建筑面积17,476.43平方米,中标承包浮动率-0.15%,②中标工期300日历天,工程质量达到国家施工验收规范合格标准。《中标通知书》未列明工程范围。

2010年11月26日,陈某贵以江西汉威公司名义与海南永泰公司签订《工程施工合同》,约定海南永泰公司将该工程土建和水电消防工程发包给江西汉威公司施工,建筑面积约18,000平方米,工程价款25,495,005.36元。合同约定:(1)工程承包采用固定总价(含税)方式、按图纸标注的建筑面积计算,土建工程和水电、消防部分共按1398元/平方米毛坯房综合单价包干;(2)施工范围为施工图(会审后)所含有的土建、水电、消防范围内(除道路工程、园林绿化、电梯设备、变压器、2号楼桩基础外),2号楼地下室部分按2600元/平方米另计;(3)承包方式为包工、包料;(4)付款方式为按月完成工程量的80%支付月工程进度款。

上述工程主要由陈某贵作为实际施工人进行施工,江西汉威公司在陈某贵撤离后,负责施工了一小部分。海南永泰公司分别于2012年2月20日组织对1号

① 参见海南省高级人民法院(2019)琼民终392号民事判决书。

② 指中标承包价25,495,005.36元在工程概算总造价25,533,303.32元基础上浮动-0.15%。——笔者注

楼、3号楼进行竣工验收,同年8月16日组织对2号楼进行竣工验收。结论为工程质量合格,通过验收。

江西汉威公司向法院提起诉讼,请求判令海南永泰公司支付工程价款及利息。

经法院审理查明,陈某贵以江西汉威公司名义与海南永泰公司签订载明日期为2010年11月29日的《图纸会审确认书》,用以确认水电、消防工程为工程增加项目,并另外结算。《图纸会审确认书》上手写内容为"变更确认:双方考虑到2010年11月26日签订的《工程施工合同》由乙方全垫资至主体封顶,预算报价和投标未含水电、消防,而原合同固定单价中含水电、消防,为了保证工程质量、并综合考虑建筑成本,在原签合同固定单价的基础上,对五指山居二期工程1#、2#、3#楼的水电、消防作如下变更:一、双方同意五指山居二期工程1#、2#、3#楼的水电、消防变更为增加项目。按2005年海南省综合定额取费结算,人工工资和建材按市场信息价取费执行。二、原签合同按图纸标注的建筑面积约18,000平方米,在工程完工时经丈量按实际面积结算。三、付款方式:按原合同执行。本确认书与原前合同具有同等法律效力。双方签字盖章生效。"海南永泰公司认为,《图纸会审确认书》上的手写内容系伪造,但对其代表签名及公章的真实性没有异议。

庭审中,一审法院委托鉴定机构对涉案工程造价及《图纸会审确认书》上手写内容的形成时间进行了鉴定。

关于涉案工程的造价,鉴定机构出具了两份选择性鉴定意见:(1)按照《工程施工合同》约定计价方式(包含水电、消防工程;按图纸标注面积)计算的工程造价为27,825,075.26元;(2)按照《工程施工合同》约定计价方式(不包含水电、消防工程),并结合《图纸会审确认书》变更确认的计价方式(包含水电、消防工程;按丈量的实际面积)计算的工程造价为35,165,208.57元。

关于《图纸会审确认书》中手写内容的形成时间,《司法鉴定意见书》认为,其手写字迹的形成时间应为2012年10月前后。

江西汉威公司认为,应以《中标通知书》《图纸会审确认书》作为参照结算工程价款的依据。海南永泰公司则认为,应以《工程施工合同》作为参照结算工程价款的依据。

一审法院对本案的意见如下:

1. 关于《工程施工合同》的效力。涉案工程经招标投标,江西汉威公司中标后,《工程施工合同》实际上是陈某贵借用江西汉威公司资质,以江西汉威公司的名义与海南永泰公司签订。陈某贵作为实际施工人完成了涉案工程大部分施工并通过个人账户收取了大部分工程价款。因陈某贵个人并不具备从事建筑活动应当具备的资质条件,依照《建设工程司法解释》第 1 条的规定,①《工程施工合同》为无效合同。

2. 关于《图纸会审确认书》的效力。经法院委托作出的鉴定意见认为,该《图纸会审确认书》内容的字迹为 2012 年 10 月后书写。但因《图纸会审确认书》中有双方代表人签名并加盖公章,且海南永泰公司对其代表签名及公章真实性没有异议。因此,无论《图纸会审确认书》中的内容形成时间是 2010 年还是 2012 年,在双方当事人代表签名且海南永泰公司盖章的情况下,其对海南永泰公司具有约束力。在无相反证据的情况下,《图纸会审确认书》应当视为双方对于涉案工程另行签订的补充协议。基于前述陈某贵个人并不具备从事建筑活动应当具备的资质条件等事实和理由,补充协议亦无效。

3. 关于工程价款的结算依据。《建设工程司法解释(二)》第 10 条规定:"当事人签订的建设工程施工合同与招标文件、投标文件、中标通知书载明的工程范围、建设工期、工程质量、工程价款不一致,一方当事人请求将招标文件、投标文件、中标通知书作为结算工程价款的依据的,人民法院应予支持。"②江西汉威公司明确要求,确定工程单价应当以中标通知书为准,又因中标通知书没有注明包括水电、消防工程,且水电、消防工程已实际施工,故水电、消防工程应当作为工程增加项目,单独按前述补充协议(《图纸会审确认书》)进行结算。即涉案工程造价应当按照《中标通知书》约定的计价方式(不包含水电、消防工程),结合变更确认的计价方式作出认定。

关于本案工程价款的结算,二审法院意见如下:

第一,《建设工程司法解释(二)》第 10 条明确了招标投标文件与建设工程合同在实质性条款不一致时的处理规则。海南永泰公司发出《中标通知书》作出确认江西汉威公司为中标人的承诺,双方依照法律规定签订书面《工程施工合同》,建设工程施工合同关系已成立,且符合法律关于订立建设工程施工合同的形式要求。江西汉威公司仅以《中标通知书》与《工程施工合同》载明的工程范围不一致,请求将《中标通知书》《图纸会审确认书》作为参照结算工程价款的依据,不符合中标通知

① 《建设工程司法解释》废止后,《新建设工程司法解释(一)》第 1 条作了类似的规定。

② 《建设工程司法解释(二)》废止后,《新建设工程司法解释(一)》第 22 条作了相同的规定。

书在招标投标活动中属于承诺的法律属性，亦不符合《合同法》第30条的规定。①

第二，虽然海南永泰公司根据鉴定机构作出的《司法鉴定意见书》，主张《图纸会审确认书》载明的内容是江西汉威公司、陈某贵事后在海南永泰公司交予已加盖公章和签字的空白《图纸会审确认书》填写，但海南永泰公司作为具有完全民事行为能力的市场主体，且长期从事经济活动，具有丰富商业经验，在加盖公章和签字时明知《图纸会审确认书》内容空白，应当知道交予空白《图纸会审确认书》的后果。海南永泰公司该交予空白《图纸会审确认书》的行为，应当视为海南永泰公司对涉案工程图纸会审事项给予江西汉威公司无限授权，对《图纸会审确认书》中载明的关于涉案工程图纸会审事项均予认可，故《图纸会审确认书》所载关于涉案工程图纸会审事项，对海南永泰公司具有拘束力。但《图纸会审确认书》所载涉案工程增加、另行约定结算方法等内容不属于图纸会审事项，对海南永泰公司不能产生因交予空白《图纸会审确认书》而产生无限授权的拘束力，亦不能证明双方就涉案工程增加、另行约定结算方法等内容达成了一致。

第三，《建设工程司法解释（二）》第1条第1款及《建设工程司法解释》第21条明确了工程范围、工程价款均为建设工程施工合同的实质性内容，当事人就工程范围、工程价款与备案合同、中标合同不一致的主张，不能得到支持。本案中，《图纸会审确认书》涉及将水电、消防作为增加工程范围，以及另行约定结算方法等均属对合同实质性内容的改变，据此增加的工程价款占《工程施工合同》约定工程价款比例过大，且未经备案，其所载手写字迹内容形成于海南永泰公司组织竣工验收之后。故江西汉威公司请求以《图纸会审确认书》作为参照结算工程价款的依据，不符合上述规定。

第四，《工程施工合同》载明的工程范围包括土建、水电、消防施工，《中标通知书》未载明工程范围。鉴定机构作出的鉴定意见参照《工程施工合同》约定的工程范围、约定的固定总价（含税）方式和图纸标注的建筑面积，根据一审法院委托以《工程施工合同》、以《工程施工合同》结合《图纸会审确认书》分别对涉案工程总价作出两项鉴定意见。该两项鉴定意见均已将水电、消防部分计入工程造价。基于前述关于《中标通知书》《图纸会审确认书》不能作为参照结算工程价款依据的分析，

① 《合同法》第30条规定："承诺的内容应当与要约的内容一致。受要约人对要约的内容作出实质性变更的，为新要约。有关合同标的、数量、质量、价款或者报酬、履行期限、履行地点和方式、违约责任和解决争议方法等的变更，是对要约内容的实质性变更。"《民法典》第488条也有相同的规定。——笔者注

应当采信以《工程施工合同》作出的涉案工程造价鉴定意见。

一审判决以《图纸会审确认书》经双方盖章签字,认定非图纸会审的内容为双方对涉案工程另行签订了补充协议,属事实认定错误;仅以《中标通知书》未载明工程范围,认定《工程施工合同》与《中标通知书》存在不一致,适用《建设工程司法解释(二)》第10条的规定,属适用法律错误。本院予以纠正。因此,涉案工程的工程价款应为27,825,075.26元。

**【判例点评】**

根据本案判决书对案件事实的描述,笔者尚难以掌握案件事实的全部细节,特别是有关招标文件预算书的范围、投标报价的范围以及《工程施工合同》的固定价范围等。为便于分析,笔者基于部分事实的假设就如下问题进行讨论。

第一,若招标范围及投标报价均未含水电、消防工程,则结算依据是招投标文件及《中标通知书》还是《工程施工合同》?

由本案案情可知,《中标通知书》和《工程施工合同》所载工程价款是一致的,如果二者均为固定总价,且结算方法也相同,则二者在工程价款、工期和质量标准上并无差别。二者的区别仅在于工程范围发生了变化,《工程施工合同》的工程范围增加了水电、消防工程,但中标价的组成并未发生变化。由于水电、消防工程不能单独发包,考虑到各分部分项工程的利润率不同,该工程范围的增加可能会影响各个投标人的投标报价,从而影响中标结果。因此,此种变化构成了对中标结果实质性内容的背离,根据《建设工程司法解释(二)》第10条的规定,[①]应当将招标文件、投标文件及《中标通知书》作为结算工程价款的依据。

对于增加的水电、消防工程来说,由于投标文件及《中标通知书》中并无相应的价格和结算方法,其仅在《工程施工合同》中进行了约定,因此,参照《建设工程司法解释》第2条关于"建设工程施工合同无效,但建设工程经竣工验收合格,承包人请求参照合同约定支付工程价款的,应予支持"的规定,[②]宜参照《工程施工合同》的相应约定来确定水电、消防工程的价款。

第二,若双方于2010年11月29日签订的《图纸会审确认书》所载手写内容真实有效,如何确定结算依据?

本案中,如果双方签署的《图纸会审确认书》所载手写内容的形成时间是2010

① 《建设工程司法解释(二)》废止后,《新建设工程司法解释(一)》第22条作了同样的规定。

② 《建设工程司法解释》废止后,可参照《民法典》第793条的规定。

年 11 月 29 日，且真实有效，则由该确认书的手写内容可知，涉案工程的结算方法发生了变化，即水电、消防工程结算由《工程施工合同》约定的“按 1398 元/平方米毛坯房综合单价包干”，变更为“按 2005 年海南省综合定额取费结算，人工工资和建材按市场信息价取费执行”；面积确定由《工程施工合同》约定的“按图纸标注的建筑面积计算”，变更为“在工程完工时经丈量按实际面积结算”。由此可见，《图纸会审确认书》所载的手写内容就构成了与《工程施工合同》的约定内容不同的补充协议。

由于《图纸会审确认书》这一补充协议对《工程施工合同》约定的结算方法进行了变更，从而导致工程结算价款也会发生变化，因此，需要结合招投标文件和《中标通知书》、《工程施工合同》以及《图纸会审确认书》，针对不同的工程范围分别进行分析。

1. 关于招投标文件及《中标通知书》涵盖的水电、消防之外的工程结算

首先，因招投标文件及《中标通知书》规定了固定总价，故固定总价范围内（如对应的建筑面积）的工程价款应当按该固定总价确定。

其次，对于超出固定总价对应范围之外的部分，根据《建设工程司法解释（二）》第 10 条的规定，应当按照招投标文件及《中标通知书》确定。如果招投标文件及《中标通知书》未作规定，由于可以推知《工程施工合同》系基本根据中标结果签订，则根据《建设工程司法解释（二）》第 1 条的规定，[①]应当按照《工程施工合同》的约定确定双方的权利义务。比如，土建工程和水电、消防部分综合单价按 1398 元/平方米，2 号楼地下室部分按 2600 元/平方米等；结算时，建筑面积也应按《工程施工合同》约定的“图纸标注的建筑面积”计算，而非按《图纸会审确认书》约定的“经丈量按实际面积结算”。

2. 关于水电、消防工程结算

如前所述，因招投标文件及《中标通知书》均未包含水电、消防这一工程范围，故《工程施工合同》就上述工程的增加及《图纸会审确认书》对上述工程的补充约定均背离了招标投标的实质性内容。但由于招投标文件及《中标通知书》中均未涉及水电、消防工程的价款结算内容，结合本书关于“黑合同”无效的观点，笔者认为，可以参照《建设工程司法解释（二）》第 11 条规定的精神，[②]参照实际履行的合同进行结算。在无相反证据证明的情况下，因《图纸会审确认书》签订在后，可以认定其为

---

① 《建设工程司法解释（二）》废止后，《新建设工程司法解释（一）》第 2 条作了同样的规定。

② 《建设工程司法解释（二）》废止后，《新建设工程司法解释（一）》第 24 条作了类似的规定。

实际履行的合同，因此，水电、消防工程应当按照《图纸会审确认书》约定的内容进行结算。

### 【判例二】对中标合同细化的补充协议不应认定为“黑合同”①

2013年2月8日，为建设金沙县某社区安置房建设项目，金沙县政府授权金沙县房管局作为项目业主与天誉合公司签订了《金沙县某社区安置房建设项目BT模式投资建设合同》，约定由天誉合公司负责该项目建设管理等一切事务，天誉合公司以公开招标的方式确定施工单位以承建该项目。后国贸公司经公开招投标程序中标，取得施工单位资格。

2013年1月16日，天誉合公司作为发包人，国贸公司作为承包人签订了2份《建设工程施工合同》，其中1份《建设工程施工合同》约定的工程名称为“金沙县2012年某社区安置房项目一标段（东区）”，另1份《建设工程施工合同》约定的工程名称为“金沙县2012年某社区安置房项目二标段（西区）”。2份《建设工程施工合同》除工程名称、工程承包范围以及暂定的工程总价款有区别外，其余内容均一致。合同约定：回报率为建安工程项目投资的1%；另计取建安工程项目投资造价1%的管理费。工程项目总投资＝建安工程项目投资（工程总造价）＋（资金占用费＋回报率＋管理费）×1.0341，工程项目总投资下浮后作为乙方最终结算总价，下浮比例双方另行协商。同时，合同还约定了工程款支付方式及违约责任。

同日，天誉合公司与国贸公司另签订1份《补充协议》，约定：天誉合公司借资给国贸公司；工程最终价款为按经审计的工程项目总投资下浮6%。

上述工程于2013年3月1日开工，其第一个、第二个、第三个5万平方米工程分别于2014年1月26日、2014年8月29日、2015年2月11日竣工验收合格。

国贸公司向法院提起诉讼，请求判令：天誉合公司向其支付工程项目总投资款，并支付违约金；金沙县政府对天誉合公司上述债务在其欠付工程款范围内承担连带清偿责任。

国贸公司认为，涉案工程价款应当以备案登记的《建设工程施工合同》约定为准，而《补充协议》未经备案登记、变相降低工程价款，应为无效。因此，涉案工程价款不应下浮6%。

天誉合公司辩称，《补充协议》是《建设工程施工合同》的组成部分，是双方真实

---

① 参见最高人民法院（2019）最高法民终583号民事判决书。

意思表示，合法有效，不存在对《建设工程施工合同》的背离或实质性变更，下浮部分的金额是天誉合公司正常的项目管理成本和经营利润的体现。

金沙县政府辩称，金沙县政府并非涉案施工合同的当事人，与本案无关联，发包人系天誉合公司，本案不存在转包人、违法分包人。根据合同相对性原理，国贸公司主张金沙县政府在欠付工程款范围内承担连带清偿责任于法无据。

一审法院的裁判意见如下：

1. 国贸公司与天誉合公司签订的2份《建设工程施工合同》系经过招投标程序签订，合同内容不违反相关法律及行政法规的规定，合法有效。

2. 关于《补充协议》的效力问题。

第一，根据《必须招标的工程项目规定》(国家发展和改革委员会令第16号)、《必须招标的基础设施和公用事业项目范围规定》(发改法规规〔2018〕843号)，涉案工程项目并不在上述规定的必须招标的工程的范围内，当事人签订经备案的合同后，另行签订补充协议，只要补充协议的内容意思表示真实，不违反法律行政法规的效力性强制性规定，均为有效协议。

第二，2份《建设工程施工合同》均约定："工程项目总投资下浮后作为乙方最终结算总价，下浮比例双方另行协商。"《补充协议》关于工程项目总投资下浮6%的约定与2份《建设工程施工合同》的约定相衔接和呼应，是对2份《建设工程施工合同》的补充和完善，且并未约定与2份《建设工程施工合同》实质性抵触的内容。《补充协议》系双方真实意思表示，不违反法律、行政法规的效力性强制性规定，因此，《补充协议》合法有效。

3. 关于金沙县政府是否承担清偿责任的问题。金沙县政府与天誉合公司签订《金沙县某社区安置房建设项目BT模式投资建设合同》，但该合同与国贸公司与天誉合公司之间签订的施工合同的合同主体不同，金沙县人民政府并非案涉施工合同的当事人，其与本案并无关联。《建设工程司法解释》第26条规定："实际施工人以转包人、违法分包人为被告起诉的，人民法院应当依法受理。实际施工人以发包人为被告主张权利的，人民法院可以追加转包人或者违法分包人为本案当事人。发包人只在欠付工程价款范围内对实际施工人承担责任。"①本案中，发包人系天誉合公司，不存在转包人、违法分包人，故上述规定并不能适用于本案。因此，国贸公司只能向其合同的相对人天誉合公司主张权利。

---

① 《建设工程司法解释》废止后，《新建设工程司法解释(一)》第43条作了类似的规定。

二审法院的裁判意见如下：

1. 关于涉案工程价款应否按照《补充协议》约定下浮6%。根据《建设工程司法解释(二)》第1条第1款的规定，以招投标形式签订的建设工程施工合同，当事人不得再行签订另外的施工合同或者补充协议变相压低工程价款以损害承包方的合法权益。[①] 如果当事人之间另行签订的施工合同关于工程价款的约定与中标合同约定不一致的，一方当事人请求按照中标合同确定权利义务的，人民法院应予支持。本案中，《补充协议》中所约定的涉案工程价款下浮6%并非对中标合同作出了实质性变更或变相降低了工程价款。

首先，天誉合公司与国贸公司签订的2份《建设工程施工合同》(含东区和西区)均约定："工程项目总投资下浮后作为乙方最终结算总价，下浮比例双方另行协商。"这表明双方对工程价款下浮具有合意，且该合意不违背法律法规的强制性规定，应属有效。同日，天誉合公司与国贸公司签订的《补充协议》将下浮比例予以明确，符合法律规定和双方的合同约定。

其次，《补充协议》关于工程项目总投资下浮6%的约定与2份《建设工程施工合同》的约定相衔接和呼应，是对《建设工程施工合同》的补充和完善，且并未与中标合同有实质性抵触的内容，《补充协议》系双方真实意思表示，不违反法律、行政法规的效力性规定，故《补充协议》合法有效，双方均应受其约束，并按《补充协议》约定来确定案涉工程的最终结算价款。

因此，一审法院对案涉工程结算价款的认定，并无不当。

2. 关于金沙县政府应否承担支付责任。《建设工程司法解释》第26条规定的立法本意是保护广大农民工权益，同时考虑到当前建筑市场的客观情况和建筑行业的发展，从而突破了合同相对性原则。本案中，国贸公司与天誉合公司签订的《建设工程施工合同》系有效合同，金沙县政府并非案涉合同的当事人，上述规定在本案中并无适用的余地。因此，一审法院认定国贸公司不能突破合同相对性主张金沙县政府承担责任并无不当。

## 【判例三】合同实质性内容不一致的，按照中标合同的约定确定当事人的权利义务[②]

2013年5月23日，明胜公司向建设公司发出《中标通知书》，告知其中标了某

---

① 《建设工程司法解释(二)》废止后，《新建设工程司法解释(一)》第2条作了同样的规定。

② 参见江苏省常州市中级人民法院(2019)苏04民终2428号民事判决书。

地块开发项目(以下简称涉案工程),中标价5833.2081万元,中标工期542天,中标质量标准为合格。随后,明胜公司作为发包人、建设公司作为承包人,签订《建筑工程施工合同》,并提交建设管理部门备案。该合同约定,工期为542天,质量标准为合格,合同价款5833.21万元。工程款(进度款)支付方式为:工程进度款按每月完工工程量的50%支付;单位工程竣工验收付至合同价款的70%,余款待审计审定后1年内付至审定价的95%;余款为质量保修金,待保修期满2周内结清。合同附件《工程质量保修书》对质量保修金支付也作了约定:工程质量保修金为工程结算审定价的5%;竣工验收满2年返还60%,其余在保修期5年满14天付清。

2013年5月30日,明胜公司与建设公司就涉案工程又签订《建设工程施工合同补充协议》1份。该补充协议约定,合同总工期总日历天数为360天,质量标准合格,合同价款5986.0181万元(暂定价,工程尾款按竣工结算审定额进行调整支付)。合同价款支付方式为:竣工结算审定后,2个月内支付到总结算价款的95%;保修期满2年后返还2%;满3年后返还2%;满5年后返还1%。

2014年10月20日,明胜公司出具《竣工验收报告》,载明公司对工程组织了竣工验收,并形成竣工验收意见,结论为合格。建设管理部门备案《单位工程竣工验收证明书》载明,验收日期2014年12月31日,开、竣工日期分别为2013年7月1日和2014年10月20日。

建设公司向法院提起诉讼,请求判令明胜公司支付质保金及逾期付款利息。明胜公司提起反诉,请求判令建设公司赔偿因工程延期给其造成的损失。

本案中,以哪份合同作为确定当事人权利义务的依据成为争议焦点之一。

法院认为:明胜公司与建设公司就涉案工程通过招投标程序确定建设公司为中标单位,明胜公司向建设公司发出中标通知书,随后双方根据招投标结果签订了《建筑工程施工合同》并备案。2013年5月30日,双方再次签订《建设工程施工合同补充协议》。该补充协议约定的建设工期、工程质量、工程价款等实质性内容与中标合同不一致。根据《建设工程司法解释(二)》第1条第1款的规定,出现此情形时,应当依据中标合同即《建筑工程施工合同》作为本案结算工程价款的依据。

根据上述分析,法院按《建筑工程施工合同》载明的工期,将涉案工程的工期确定为542天。工程的开工日期为2013年7月1日,而《竣工验收报告》和建设管理部门备案的《单位工程竣工验收证明书》载明的竣工日期均为2014年10月20日,但城建档案备案注明的验收日期为2014年12月31日。结合上述证据,认定竣工日期为2014年10月20日。可见,涉案工程的工期并未超过中标合同约定的工程工期。为此,明胜公司反诉要求建设公司支付工程延期造成的损失,没有事实依据,不予支持。

同时,《建筑工程施工合同》及附件《工程质量保修书》约定:竣工验收时,支付至合同价款的70%,余款待审计后1年内付至审定价的95%,余款5%为质保金,验收合格满2年质保期返还60%,即总价的3%,其余2%在保修期5年满14天付清。法院依照上述约定,认定了明胜公司应当支付的逾期付款利息。

## 【判例四】法院认定"黑合同"无效①

2013年10月26日,政通公司(承包方)与万基威公司(发包方)签订1份《建筑安装工程施工承包合同》,约定政通公司承包万基威公司的"云海花都小区"工程项目,工程总造价约5000万元,工程期限为360天。同时,合同约定:承包方同意借款500万元给发包方,作为发包方前期报建费用,工程竣工并经相关政府部门验收后,甲方同意以乙方所完成工程总价款加借款上浮8%作为工程总价进行结算,所有室外配套工程项目另行结算不计上浮点。

2013年10月28日,万基威公司向政通公司出具借款条,借到政通公司500万元,此款用于"云海花都小区"工程项目报建规划费用。

2014年4月3日,政通公司收到《中标通知书》,确定其为"云海花都小区"工程项目的中标人,中标价为51,496,778.41元,中标下浮率为0.48%,工期为400日历天,工程质量要求符合工程施工质量验收规范标准。

2014年5月3日,政通公司(承包人)与万基威公司、案外人柏某锋(发包人)签订《云海花都工程建设工程施工合同》,合同工期总日历天数400天,工程质量标准为合格,合同价款为人民币51,496,778.41元。

2014年10月31日,万基威公司向政通公司发出通知,通知政通公司于2014年11月1日进场施工。

2014年11月3日,政通公司(乙方)与万基威公司(甲方)就双方2013年10月26日签订的《建筑安装工程施工承包合同》所涉事宜订立《补充合同》,约定双方同意按2013年10月26日签订的《建筑安装工程施工承包合同》和本补充合同作为决算依据。

2016年1月7日,政通公司停工。1月底,政通公司撤出施工现场。

---

① 参见海南省高级人民法院(2019)琼民终250号民事判决书。

因上述工程结算未果，政通公司遂向法院提起诉讼。诉讼中，双方于2014年5月3日签订的《云海花都工程建设工程施工合同》及2013年10月26日签订的《建筑安装工程施工承包合同》、2014年11月3日签订的《补充合同》是否有效成为争议焦点之一。

法院经审理认为：根据《建设工程司法解释》第1条第3项的规定，建设工程施工合同具有建设工程必须进行招标而未招标或者中标无效的情形，[①]应当根据《合同法》第52条第5项的规定，[②]认定无效。根据《招标投标法》第3条的规定，涉案的“云海花都小区”工程项目是必须招标的建设工程。因此，本案双方当事人在该工程项目还未经过招标时即于2013年10月26日签订的《建筑安装工程施工承包合同》为无效合同。双方于2014年5月3日签订的《云海花都工程建设工程施工合同》，系双方经过招标、投标程序签订的经过备案的中标合同，为有效合同，当事人均应依约履行。双方于2014年11月3日签订的《补充合同》是对2013年10月26日签订的《建筑安装工程施工承包合同》的补充，该合同对中标合同的实质性条款进行了修改，因此，亦应认定为无效合同。

① 《建设工程司法解释》废止后，《新建设工程司法解释（一）》第1条作了类似的规定。

② 《合同法》第52条规定：“有下列情形之一的，合同无效：……（五）违反法律、行政法规的强制性规定。”《民法典》第153条也作了类似的规定：“违反法律、行政法规的强制性规定的民事法律行为无效。但是，该强制性规定不导致该民事法律行为无效的除外。”

**第三条 【未取得建设工程规划审批手续签订合同的效力】**

当事人以发包人未取得建设工程规划许可证等规划审批手续为由，请求确认建设工程施工合同无效的，人民法院应予支持，但发包人在起诉前取得建设工程规划许可证等规划审批手续的除外。

发包人能够办理审批手续而未办理，并以未办理审批手续为由请求确认建设工程施工合同无效的，人民法院不予支持。

## 条文主旨

本条对建设工程规划许可证对建设工程施工合同效力的影响作出了规定。

## 条文精解

### 一、规划审批手续对建设工程施工合同效力的影响

本条第1款规定了建设工程规划许可证等规划审批手续对建设施工合同效力的影响。在实践中，建设单位在申办建设工程规划许可证之前，需要获得建设用地规划许可证。因此，本款所提及的“规划审批手续”自然也包括建设用地规划许可证。

#### （一）建设用地规划许可证

建设用地规划许可证是经城市规划行政主管部门依法确认其建设项目位置和用地范围的法律凭证，其记载了用地单位、用地项目名称、用地位置、用地性质、用地面积和建设规模，并载明了用地范围、规划条件附图或附件等信息。根据《城乡规划法》的规定，以出让方式取得国有土地使用权的建设项目和在城市、镇规划区内以划拨方式取得国有土地使用权的建设项目，建设单位应当取得建设用地规划许可证。建设用地规划许可应当以控制性详细规划为依据。控制性详细规划的基本内容包括：（1）土地使用性质及其兼容性等用地功能控制要求；（2）容积率、建筑高度、建筑密度、绿地率等用地指标；（3）基础设施、公共服务设施、公共安全设施的用

地规模、范围及具体控制要求;(4)地下管线控制要求;(5)基础设施用地的控制界线(黄线)、各类绿地范围的控制线(绿线)、历史文化街区和历史建筑的保护范围界线(紫线)、地表水体保护和控制的地域界线(蓝线)等"四线"及控制要求。对于划拨的土地,建设用地规划许可主要审查建设用地的位置、面积和允许建设的范围是否符合控制性详细规划的要求。对于出让的土地,则需要取得有关城乡规划主管部门确定的规划条件,并作为国有土地使用权出让合同的组成部分。规划条件包括地块面积、土地使用性质、容积率、建筑密度、建筑高度、停车泊位、主要出入口、绿地比例、须配置的公共设施、工程设施、建筑界线、开发期限等。在签订国有土地使用权出让合同后,建设单位应当持建设项目的批准、核准、备案文件和国有土地使用权出让合同申领建设用地规划许可证。由此可见,对于出让的土地来说,国有土地使用权证与建设用地规划许可证的申领手续存在重合。

### (二)建设工程规划许可证

建设工程规划许可证是城市规划行政主管部门依法核发的有关建设工程的法律凭证,其记载了建设单位、建设项目名称、所在位置、建筑面积、建设工程总平面图以及经批准的设计文件信息。根据《城乡规划法》第40条的规定,在城市、镇规划区内进行建筑物、构筑物、道路、管线和其他工程建设的,建设单位或者个人应当向城市、县人民政府城乡规划主管部门或者省、自治区、直辖市人民政府确定的镇人民政府申请办理建设工程规划许可证。建设工程规划许可主要根据设计方案审查建设工程各项指标是否符合控制性详细规划和规划条件,包括:建设项目的性质、建筑密度和高度、容积率、绿化率等是否符合城乡规划的要求;建筑间距、停车位数量、公共服务设施等是否符合有关法律、法规和标准规范的要求等。建设工程规划许可证是办理施工许可证、竣工验收备案和房屋权属证书的法定条件。

由建设用地规划许可证和建设工程规划许可证的办理要求和审查内容可知,《城乡规划法》作出上述规定主要是为了保证工程项目的建设符合城乡总体规划,其最终目的是保证工程项目的建设符合社会公共利益,符合国家的发展要求。因此,建设工程项目未取得建设用地规划许可证和建设工程规划许可证,违反了法律的强制性要求,并且这种强制性要求应当是效力性的。在这种情况下,建设工程施工合同的标的物属于违法建筑,建设工程施工合同也将因此而无效。由于建设单位取得建设用地规划许可证是申办建设工程规划许可证的前提条件,未取得建设用地规划许可证,必然就不可能取得建设工程规划许可证,故本条仅规定了建设工程规划许可证。

## 二、违法建筑的划分和合同效力补正

关于违法建筑,学界有“程序违法”和“实质违法”的区分。所谓程序违法的违法建筑,是未根据我国有关法律法规的规定获得相应许可就进行了建设,但在违法建筑建设过程中或建成后可以通过申请获得审批,而使违法建筑转成合法建筑;所谓实质违法的违法建筑,是该违法建筑的建设不可能获得相应的许可,当然也不能通过事后程序的补救使其转成合法建筑。① 对于程序违法的违法建筑,应允许对建设工程施工合同的效力进行补正。《城乡规划法》第 64 条也提出了“尚可采取改正措施消除对规划实施的影响”和“无法采取改正措施消除对规划实施的影响”两种定性结果,并规定了“限期改正”和“限期拆除”的处理措施。实践中,不同地区对此所采取的标准并不相同。有的地区在认定时,既考虑实体的因素(违法建筑是否符合控制性详细规划和规划条件等实体要求),又考虑程序性因素(违法建筑是否办理了一定的规划审批手续),违反程序也可能被认定为“无法采取改正措施消除对规划实施的影响”,如北京、广州、武汉等。而许多城市则认为,只要违法建筑在实体上符合城乡规划,就不属于“无法采取改正措施消除对规划实施的影响”,程序上可以补正。②

本条第 1 款关于“发包人在起诉前取得建设工程规划许可证等规划审批手续的除外”的规定,即对“尚可采取改正措施消除对规划实施的影响”情形下无效合同的效力补正。

## 三、发包人迟延办理规划审批手续的后果

发包人是办理建设工程各种规划审批手续的义务主体,其能够办理审批手续而未办理的,违反了诚实信用原则,根据《民法典》第 159 条的规定,③应当视为审批手续已经办理,即建设工程施工合同有效。本条第 2 款对此作了规定。

---

① 参见崔俊贵、白晨航:《违法建筑的权利归属及买卖合同的效力》,载《法学杂志》2013 年第 6 期。

② 参见吴明场:《关于对违法建设定性问题的比较分析》,载《城市规划》2014 年第 5 期。

③ 《民法典》第 159 条规定:“附条件的民事法律行为,当事人为自己的利益不正当地阻止条件成就的,视为条件已经成就;不正当地促成条件成就的,视为条件不成就。”

## 深度研讨

### 一、“程序违法”情形下的合同效力讨论

关于“程序违法”情形下的合同效力，有以下两个问题值得进一步讨论：

1. 若建设工程取得了建设用地规划许可证，尚未取得建设工程规划许可证，则相应的建设工程施工合同是否一定无效？

笔者认为，对于上述情形一律认定建设工程施工合同无效似乎过于苛刻。该问题的讨论涉及建设用地规划许可和建设工程规划许可的关系问题。

建设用地规划许可和建设工程规划许可均以控制性详细规划为依据，其审查内容也存在重合，均涉及土地使用性质和使用强度的控制指标、道路和工程管线控制性位置以及空间环境控制等内容，只是二者的侧重点有所不同。建设用地规划许可主要从土地使用和周边环境控制的角度进行审查，更注重审查建设项目整体是否符合控制性详细规划；而建设工程规划许可则从设计方案入手，审查具体设计方案是否符合控制性详细规划和规划条件，其更注重拟建工程的符合性。从这个意义来看，在建设工程的规划审批中，建设用地规划许可则是更为关键的一步。在有证据证明有关政府和规划部门继续推进建设工程的审批程序且建设工程也未违反规划条件的情况下，仅以工程的设计文件尚未经过程序性审批为由认定建设工程施工合同无效，有值得进一步讨论的余地。

在“山西长实房地产开发集团有限公司等与江苏南通六建建设集团有限公司建设工程合同纠纷案”中，针对涉案工程取得了《建设用地批准书》和《建设用地规划许可证》，但尚未取得《建设工程规划许可证》的情况，最高人民法院结合政府部门多次要求发包人补办审批手续的事实，最终未否定涉案建设工程施工合同的效力。①

2. 对于因未取得规划审批手续而无效的合同，补正效力的截止时间该如何确定？

本条第1款将无效合同的效力补正截止时间确定为“起诉前”，这在一定程度上有利于实现案件的及时审结。但是，在实践中，程序违法的建筑并不鲜见，其中不乏是某些政策下特事特办的项目，如果一律将效力补正截止时间规定在“起诉前”，给予合同效力补正的时间稍嫌不足；将效力补正截止时间延至“一审法庭辩论终结

① 参见最高人民法院（2014）民一终字第181号民事判决书。

前”似乎更合适。这一截止时间点,既给予当事人更长的补正合同效力的时间,也不会增加法院审判工作的不确定性,从而更有利于从根本上解决问题。

## 二、未取得国有土地使用权证对建设工程施工合同效力的影响

笔者认为,建设单位在国有土地上进行工程建设是一种行使使用权的行为,并非行使处分权的行为。所谓使用权是指依照物的性质和用途加以利用,从而实现权利人利益的权能,而处分权是指所有人变更、消灭其物或对物的权利的权能。[①]故不能根据《合同法》第 51 条的规定认为,建设单位未取得土地使用权证而签订的建设工程施工合同属于效力待定合同。[②] 当然,《民法典》删除了《合同法》中的上述规定,因此,《民法典》施行后,上述观点也就没有法律依据了。同时,根据《土地管理法》第 77 条的规定,[③]处理非法占用土地上的新建建筑物分为两种情形:对于违反土地利用总体规划擅自将农用地改为建设用地的,限期拆除,恢复土地原状;对于符合土地利用总体规划的,没收在非法占用的土地上新建的建筑物和其他设施,可以并处罚款。可见,是否享有土地使用权只涉及地上建筑物的权利归属问题,其并非判断建筑物是否为违法建筑的标准。

需要注意的是,根据《城乡规划法》第 40 条的规定,申请办理建设工程规划许可证,应当提交使用土地的有关证明文件、建设工程设计方案等材料。因此,在未取得国有土地使用权的情况下,工程项目一般不可能取得建设工程规划许可证。

## 三、未取得海域使用权证对围填海工程施工合同效力的影响

在围填海工程项目中,围填海工程施工前,土地尚未形成,不存在按照《城乡规划法》的规定办理建设工程规划许可证的条件,但这并不意味着围填海工程项目不需要经过审批。根据《海域使用管理法》第 3 条的规定,围填海工程项目施工前,应

---

① 参见张俊浩主编:《民法学原理》,中国政法大学出版社 2000 年版,第 426 ~ 427 页。

② 《合同法》第 51 条规定:“无处分权的人处分他人财产,经权利人追认或者无处分权的人订立合同后取得处分权的,该合同有效。”

③ 《土地管理法》第 77 条规定:“未经批准或者采取欺骗手段骗取批准,非法占用土地的,由县级以上人民政府自然资源主管部门责令退还非法占用的土地,对违反土地利用总体规划擅自将农用地改为建设用地的,限期拆除在非法占用的土地上新建的建筑物和其他设施,恢复土地原状,对符合土地利用总体规划的,没收在非法占用的土地上新建的建筑物和其他设施,可以并处罚款;对非法占用土地单位的直接负责的主管人员和其他直接责任人员,依法给予处分;构成犯罪的,依法追究刑事责任。”

当取得用海审批,依法取得海域使用权。①

关于未取得海域使用权证对围填海工程施工合同效力的影响,在司法实践中存在不同观点。有观点认为,未取得海域使用权进行围填海工程建设与未取得建设工程规划许可证进行工程建设的性质一样,均属违反法律强制性规定的情形,法律后果也类似,故未取得海域使用权证的,相应围填海工程施工合同无效。也有观点认为,海域使用权证是海洋行政主管部门为加强海域使用管理所实施的一种行政许可,《海域使用管理法》第 3 条第 2 款、第 42 条等均为管理性强制性规定,而非效力性强制性规定,违反该规定并不导致相应的围填海工程施工合同无效。②

笔者对此分析如下:

第一,海域使用权涉及国家利益和社会公共利益。根据《海域使用管理法》第 4 条、第 11 条的规定,海域使用必须符合海洋功能区划,而海洋功能区划的编制涉及生态环境保护、海域可持续利用、海洋经济发展、海上交通安全以及国防安全等事关国家利益和社会公共利益的事项。③ 因此,在海域使用权审批过程中,是否符合海洋功能区划、是否影响国防安全和海上交通安全都是审查的重要内容。

第二,海域使用权证的取得受多种因素影响。除前述第一项所述事关国家利益和社会公共利益的事项外,能否取得海域使用权还需要审查有无权属争议。④ 同时,根据《海域使用权管理规定》第 34 条的规定,围填海工程取得海域使用权证还应按规定签订海域使用权出让合同,缴纳海域使用金。因此,能否取得海域使用权证并非仅由是否符合国家利益和社会公共利益这一项标准所决定,申请海域存在

---

① 《海域使用管理法》第 3 条第 2 款规定:"单位和个人使用海域,必须依法取得海域使用权。"第 42 条规定:"未经批准或者骗取批准,非法占用海域的,责令退还非法占用的海域,恢复海域原状,没收违法所得,并处非法占用海域期间内该海域面积应缴纳的海域使用金五倍以上十五倍以下的罚款;对未经批准或者骗取批准,进行围海、填海活动的,并处非法占用海域期间内该海域面积应缴纳的海域使用金十倍以上二十倍以下的罚款。"

② 参见中华人民共和国海口海事法院:《海口海事法院海事审判白皮书(2016 - 2018)》,2019 年 6 月。

③ 《海域使用管理法》第 11 条规定:"海洋功能区划按照下列原则编制:(一)按照海域的区位、自然资源和自然环境等自然属性,科学确定海域功能;(二)根据经济和社会发展的需要,统筹安排各有关行业用海;(三)保护和改善生态环境,保障海域可持续利用,促进海洋经济的发展;(四)保障海上交通安全;(五)保障国防安全,保证军事用海需要。"

④ 《海域使用权管理规定》第 22 条规定:"审核机关对下列事项进行审查:(一)申请、受理和审查是否符合规定程序和要求;(二)是否符合海洋功能区划和相关规划;(三)是否符合国家有关产业政策;(四)是否影响国防安全和海上交通安全;(五)申请海域是否计划设置其他海域使用权;(六)申请海域是否存在管辖异议;(七)海域使用论证结论是否切实可行;(八)申请海域界址、面积是否清楚,有无权属争议;对符合条件的,提请同级人民政府批准;不符合条件的,依法告知申请人。"

权属争议、未缴纳海域使用金均可能造成围填海工程不能取得海域使用权证。

第三,与陆地上新建工程须取得的建设工程规划许可证和土地使用权证类比,海域使用权证兼有规划许可证和使用权证的功能。就《海域使用管理法》第 3 条第 2 款的规定而言,在涉及国家利益和社会公共利益时,该款规定就具有效力性强制的特征;对于其他情形,该款规定则具有管理性强制的特征。因此,不能简单地将《海域使用管理法》第 3 条第 2 款划归效力性强制性规定或管理性强制性规定。

综上所述,笔者认为,未取得海域使用权证不必然表明围填海工程建设违反了国家利益或社会公共利益,相应的围填海工程施工合同也并非必然无效。如果海域申请系因违反海洋功能区划等涉及国家利益或社会公共利益事项而未批准,则相应的工程施工合同应认定无效;如果有证据证明海域申请并不违反海洋功能区划,也不影响国防安全和海上交通安全等涉及国家利益或社会公共利益的事项(比如已经获得海洋主管部门的用海规划审批),但仅因有关当事人未缴纳海域使用金导致项目未取得海域使用权证的,相应的工程施工合同应当有效。在某人工填岛建设工程施工合同纠纷案中,法院即认为该工程不因未取得海域使用权证而无效。①

## 实务判例

### 【判例】合同主体变更后取得建设工程规划许可证的合同效力认定②

2015 年 5 月,某县政府同意福佑公司为 5D 文化主题公园项目(以下简称 5D 项目)的业主单位。同年 6 月 10 日,福瑞公司与一建公司签订《工程总承包施工协议书》,合同约定一建公司承包 5D 项目改造工程。

2015 年 8 月 1 日,发包人福佑公司、福瑞公司与承包人一建公司签订《建设工程总承包合同》,合同约定由一建公司承包 5D 项目改造工程。

2015 年 7 月 16 日,一建公司与福佑公司、福瑞公司就 5D 项目签订《协议书》,约定一建公司于 2015 年 8 月 8 日前向福佑公司、福瑞公司指定账户缴纳工程保证金 300 万元。

---

① 参见海南省高级人民法院(2019)琼民终 126 号民事判决书。

② 参见重庆市高级人民法院(2019)渝民终 356 号民事判决书。

2015年12月10日，一建公司与福佑公司、福瑞公司签订《〈工程总承包施工协议书〉补充协议》，约定福佑公司、福瑞公司未按《工程总承包施工协议书》约定支付工程进度款的违约责任。

2017年1月23日，县政府与园林公司、福佑公司签订《三方协议》，载明：县政府同意将福佑公司在《5D投资协议》项下的全部权利义务转让给园林公司；园林公司与福佑公司的关系由双方自行协商。

2017年1月24日，福佑公司、一建公司、吴某全、园林公司四方签订《四方协议》，约定：解除2015年8月1日福佑公司与一建公司签订的《建设工程总承包合同》，解除一建公司与吴某全签订的《建设工程内部承包合同》；福佑公司、一建公司之间就5D项目的全部施工合同中福佑公司的支付义务，由园林公司代为履行，履行总金额以福佑公司、一建公司、园林公司三方确认的金额为准。

后一建公司向法院提起诉讼，请求判令园林公司、福佑公司和福瑞公司共同支付欠付的工程款。庭审中，当事人之间就涉案合同的效力产生争议。

一审法院认为，一建公司与福佑公司、福瑞公司就5D项目签订《工程总承包施工协议书》《〈工程总承包施工协议书〉补充协议》等合同时，虽然没有取得涉案工程的建设工程规划许可证，但园林公司签订《四方协议》接收工程项目后，已经取得建设工程规划许可证，导致合同无效的因素已经排除。因此，一建公司与福佑公司、福瑞公司就5D项目签订的施工合同有效。

二审法院认为：福佑公司未举证证明，在其将其在《5D投资协议》中的权利义务转让给园林公司之前取得了案涉项目的建设工程规划许可证等规划审批手续，故其作为发包人与一建公司签订的《建设工程总承包合同》(2015年8月1日)无效；福瑞公司亦未举证证明其取得了案涉项目的建设工程规划许可证等规划审批手续，故其作为发包人与一建公司签订的《工程总承包施工协议书》(2015年6月10日)无效；福瑞公司、福佑公司与一建公司签订的《协议书》(2015年7月16日)系各方关于缴纳5D项目保证金的约定，因前述建设工程施工合同无效，故该《协议书》亦无效；福瑞公司、福佑公司与一建公司的《〈工程总承包施工协议书〉补充协议》(2015年12月10日)系《工程总承包施工协议书》(2015年6月10日)的补充协议，主要对违约责任进行了约定，因主合同无效，故该补充协议亦无效。

关于园林公司已经取得建设工程规划许可证的事实，二审法院认为：园林公司从福佑公司处受让《5D投资协议》中的权利义务，成为5D项目新业主后，取得的建设工程规划许可证只影响该公司对外发包的建设工程施工合同的效力。而福佑公司并非该建设工程规划许可的业主单位,园林公司亦非福佑公司、福瑞公司及一建公司签订的前述合同的当事人,前述合同的效力与园林公司是否对其开发项目取得建设工程规划许可证无关联性。

**第六条 【合同无效损失赔偿的认定】**

建设工程施工合同无效，一方当事人请求对方赔偿损失的，应当就对方过错、损失大小、过错与损失之间的因果关系承担举证责任。

损失大小无法确定，一方当事人请求参照合同约定的质量标准、建设工期、工程价款支付时间等内容确定损失大小的，人民法院可以结合双方过错程度、过错与损失之间的因果关系等因素作出裁判。

## 条文主旨

本条对合同无效情形下当事人请求赔偿损失的认定作了规定。

## 条文精解

### 一、合同无效的缔约过失责任

与本条规定密切相关的法律条文是《民法典》第157条。《民法典》第157条规定："民事法律行为无效、被撤销或者确定不发生效力后，行为人因该行为取得的财产，应当予以返还；不能返还或者没有必要返还的，应当折价补偿。有过错的一方应当赔偿对方由此所受到的损失；各方都有过错的，应当各自承担相应的责任。法律另有规定的，依照其规定。"

本条第1款对主张损害赔偿的当事人的举证责任进行了规定，在建设工程施工合同无效的情况下，一方当事人请求对方赔偿损失的，应当就对方过错、损失大小、过错与损失之间的因果关系承担举证责任。

需要说明的是，根据传统理论，当事人对于合同无效所承担的责任为缔约过失责任。一般认为，缔约过失责任的成立，需要具备以下要件：(1)缔约人一方违反先合同义务，先合同义务以诚实信用原则为基础；(2)相对人受有损失，该损失为信赖利益的损失，而非履行利益的损失；(3)违反先合同义务与该损失之间有因果联系；(4)违反先合同义务者有过错。这里的过错是对形成合同无效、被撤销、不被追认、不成立的原因的过错。[①] 在缔约过失的理论框架下，在合同被确认无效后，凡是因合同无效而给当事人造成的损失，主观上有故意或者过失的当事人都应当赔偿对方的财产损失。[②]

由此可见，《民法典》第157条所规定的"过错"指的是订立合同过程中导致合同无效的过错；"损失"指的是因合同无效造成的损失。在理论研究和司法实践中，当事人"过错"所导致的"损失"的范围大多限于缔约费用、准备履行合同的费用支出，以及丧失与第三人订约机会等的信赖利益损失。[③]

## 二、关于本条中"过错"与"损失"的解释

在建设工程领域，合同无效是一个常见的问题。导致建设工程合同无效的原因有多种，诸如承包人无相应资质、应当招标而未招标或中标无效、标的违法等。在合同无效且合同没有履行的情况下，基于缔约过失责任来判断合同无效所导致的损失是相对容易的，一般包括上文提及的缔约费用、准备履行合同的费用支出等。理论界和实务界对此类损失的争议较少。

值得进一步讨论的问题是，对于双方已经履行的无效合同，当工程存在质量不合格、工期延误等问题时，由此导致的损失该如何认定？

笔者认为，无论是基于缔约过失理论，还是依据《民法典》第157条，对于解决上述问题都尚显不足。

第一，对于导致合同无效的中标违法、违反招标投标程序性规定等行为，显然与承包人工期延误、质量缺陷等无因果联系。即使承包人无法定资质，但其仍有可能保质按期完工；有资质的承包人也有可能因自身原因导致质量不合格或逾期完工，从而给发包人造成损失。

第二，法律对建设工程合同的效力作否定性评价，其目的在于保证工程质量，维护正常的市场竞争秩序，最终保护社会公共利益，而非在于保护当事人一方的利益免受损害。因此，合同无效与质量缺陷、工期延误之间并无法律上的因果关系。当事人导致合同无效的过错并不必然导致质量缺陷或工期延误，该过错与质量缺陷或工期延误所造成损失之间亦不必然有法律上的因果关系。

第三，承包人造成质量缺陷或工期延误的行为并非发生在合同订立过程中，而

① 参见崔建远主编：《合同法》（第5版），法律出版社2010年版，第123页。

② 参见胡康生主编：《中华人民共和国合同法释义》，法律出版社2009年版，第107页。

③ 参见崔建远主编：《合同法》（第5版），法律出版社2010年版，第124页。

是发生在合同履行过程中。所产生的损失亦不是缔约费用、准备履行的费用支出及丧失与第三人订约机会等的信赖利益损失，而是包括发包人财产利益受损、所得利益减少及对第三人违约造成的损失等。在此种情况下，如果要求有过错的一方仅向另一方赔偿缔约费用、准备履行的费用等损失，显然不能完全补偿另一方所遭受的损失。

笔者认为，在合同被确认无效且当事人一方在履行合同过程中的确存在过错的情况下，应将该损失纳入合同无效过错赔偿范围，否则与“有损失有救济”的原则相悖。[①] 根据民法的公平原则，对无效建设工程合同中已完成工程建设的承包人进行补偿，应当保证承、发包人利益的平衡，即参照合同约定确定补偿价款应当存在一个前提——工程在合理期限内完工并质量合格；若因承包人原因导致工程质量缺陷或未在合理期限内完工，可以视为对发包人应当享有利益的减损，其造成的损失可以与参照合同约定确定的工程价款相抵。[②] 损失的承担应当主要以当事人在履行合同中的过错为依据。同时，从本条的文字表述可以看出，本条不但适用于合同无效且未履行的情形，而且适用于无效合同已经履行的情形。因此，为了解决无效建设工程施工合同履行后的损失赔偿问题，应将本条规定的“过错”和“损失”范围扩张至合同履行过程中，即将从合同订立阶段的“过错”和“损失”扩张至合同履行阶段的“过错”和“损失”。

### 三、参照合同约定确定损失时应注意的问题

在合同无效的情况下，由于当事人不能直接援引合同的违约责任条款来主张赔偿，因此，损失大小的确定往往存在困难。而且，在没有工程质量、工期和支付时间作为参照标准的情况下，工程质量是否存在缺陷、工期是否延误、进度款支付是否及时等事项均难以证明。因此，规定相应的参照标准就十分必要。

在实践中，参照合同约定来确定损失，是一种合理且可行的方式。但需要注意以下问题：

第一，确定损失所参照的工程质量和工期等合同约定均不得违反法律、法规的效力性强制性规定。最高人民法院《八民会议纪要》规定，当事人违反工程建设强

---

① 参见最高人民法院民事审判第一庭编：《民事审判指导与参考》（总第 53 辑），人民法院出版社 2013 年版，第 149 ~ 151 页。

② 参见高印立编著：《建设工程施工合同法律实务与解析》（第 2 版），中国建筑工业出版社 2018 年版，第 50 页。

制性标准,任意压缩合理工期、降低工程质量标准的约定,应认定无效。因此,合同约定的质量标准低于工程建设强制性标准的,应当参照有关强制性标准的规定确定质量标准;合同工期属于任意压缩合理工期的,应当结合工程实际情况并参考有关工期定额确定工期标准。

第二,按照本条规定的精神,在确定损失赔偿时,参照合同约定的内容可能不会仅限于本条所规定的质量、工期和价款支付时间,其他可能对损失赔偿的主张构成影响的合同约定都可能会被纳入"参照"范围之内,如图纸的提供时间、场地交付时间、停水停电的影响等。

第三,由于合同无效,合同中约定的损失计算方法不宜直接作为认定损失数额的依据,而应当主要结合当事人的证据来确定实际损失的大小。当然,在当事人均无证据证明实际发生的损失时,也有法院参考合同约定认定了损失金额。在"杭州建工集团有限责任公司与阜阳巨川房地产开发有限公司建设工程施工合同纠纷案"中,最高人民法院基于一审法院关于工期逾期 232 天的认定及当事人"工期每逾期一天承担 2000 元违约金"的约定,认为:"由于违约金具有填补损失的功能,本案确实存在逾期竣工的事实,双方当事人均未提交充分有效的证据证明按 46.4 万元标准计算杭州建工公司逾期竣工造成的损失明显不当。故本院认定杭州建工公司应当赔偿阜阳巨川公司逾期竣工造成的损失 46.4 万元。"①

## 深度研讨

根据本条的规定,人民法院可以结合双方过错程度、过错与损失之间的因果关系等因素对损失大小作出裁判,但并未规定裁判的原则。因此,对于当事人过错程度的认定,应基于个案的特定情况进行具体分析。

1. 对于施工合同无效且未实际履行的情形,当事人应当按照对造成合同无效的过错程度来分担损失。举例而言,一般可以认为,应当招标而未招标导致合同无效的,发包人的过错相对较大;无资质或超越资质承揽工程的,承包人的过错相对较大等。此时,合同无效的损失包括直接损失和间接损失。直接损失主要包括:为签订合同而支出的交通费、咨询费、差旅费、招标投标等合理费用;为施工准备支付的人员、设备进出场费用、临时设施搭建费用以及由此产生的利息,等等。间接损失包

① 参见最高人民法院(2019)最高法民终 523 号民事判决书。(2000 元/天 × 232 天 = 464,000 元。——笔者注)

括丧失与第三人另订合同的机会所产生的损失等。

2. 对于施工合同无效但已实际履行的情形，当事人则应当主要按照履行中的过错来分担损失。一般来说，承包人应当对工程质量缺陷承担过错责任；因勘察、设计缺陷导致工程质量缺陷的，发包人应当承担过错责任；发包人提供设备、材料或指定分包工程的，其应对因设备、材料缺陷或专业分包工程缺陷造成的损失承担过错责任，但承包人未尽到进场检验、材料复试等义务的，也应按照过错分担损失；对于未经竣工验收而擅自使用的，应结合《新建设工程司法解释（一）》第 14 条的规定及质量缺陷的性质综合判断。

3. 对于工程延误的责任认定较为复杂，需要考虑合同履行过程中的施工条件变化、图纸变更情况以及当事人的协助义务、工程款支付、行政干预（如环保措施、行政执法等）、自然条件等因素对工期的影响来综合判断。其中，对于因工程未取得施工许可导致停工的，承包人也应承担一定的过错责任。

4. 关于当事人订立合同时的过错与履行中的损失是否必然没有因果关系，笔者认为，尚不能一概而论。比如，对于发包人"明知"挂靠行为甚至主动安排挂靠事宜的情形，根据《新建设工程司法解释（一）》第 1 条第 1 款第 2 项的规定，施工合同无效，发包人除对合同无效应承担过错责任外，发包人的"明知"甚至"选定"行为对于质量不合格或工期延误损失的发生也具有一定的过错，因此，在认定质量不合格或工期延误损失时，还宜考虑发包人上述过错的影响。具体论述详见本书对《新建设工程司法解释（一）》第 7 条的精解和研讨。

## 实务判例

### 【判例一】法院认为实际施工人的停工损失并非承包人的过错所致，故驳回其诉讼请求[①]

2009 年 10 月 10 日，航三公司与庄河土储签订建设工程施工合同，约定由航三公司承包金港湾填海造地工程，工程内容为填海约 7200 亩，防潮堤 6030 米，合同价款为 4.57 亿元。2010 年 2 月 9 日，航三公司与长兴公司签订了金港湾填海造地工程施工合同，约定航三公司将其承包的金港湾填海造地工程施工交由长兴公司完成，工程内容为填海约 7200 亩，防潮堤 6030 米，合同价款为 4.31 亿元。另查明，长

① 参见辽宁省高级人民法院（2019）辽民终 10 号民事判决书。

兴公司未取得相关施工资质。

该工程实际于2009年10月7日正式开工建设。但自2010年4月8日起,因村民多次到施工现场阻挠施工,致使工程一直无法正常施工并多次停工。2011年1月14日,航三公司通知长兴公司,因庄河土储未能解决海洋村征地问题,航三公司决定解除与庄河土储的施工合同,并要求长兴公司自通知之日起停止案涉工程的施工。

2014年1月28日,庄河政府与航三公司、长兴公司签订了协议书,约定:尽快对案涉工程进行决算,解除庄河土储与航三公司的施工合同,在航三公司、长兴公司不追究停工损失及索赔的基础上,庄河政府承诺决算时可按相关规定考虑财务成本(利息);航三公司承诺不追究因停工待料、百姓阻挠施工等原因造成的经济损失,为弥补长兴公司的经济损失,同意其依法参与航三公司承建的庄河港口建设部分工程施工,工程量可参照金港湾填海造地工程中标价4.57亿元计算;长兴公司同意解除其与航三公司的施工合同并配合决算,同意航三公司对该工程不追究任何违约责任和各种经济损失。

2016年,航三公司与长兴公司就原施工合同签订了补充协议,确定了双方的最终结算总价款,并约定,航三公司完全履行2014年1月28日所签订的三方协议后,长兴公司承诺就该工程不以任何理由向航三公司提出任何索赔及费用的增加。

后长兴公司提起诉讼,请求判令航三公司赔偿其停工损失5251万元。

一审法院认为:第一,没有资质的实际施工人借用有资质的建筑施工企业名义签订的建设工程施工合同以及承包人非法转包的建设工程施工合同均属于无效合同。本案中,航三公司、庄河土储间的施工合同与航三公司、长兴公司间的施工合同工程内容完全一致,因长兴公司未取得相关施工资质,且庄河土储也自始清楚实际施工人是长兴公司而非与其签订合同的航三公司,该两份合同签订的目的正是让没有资质的长兴公司借用航三公司的资质对案涉工程进行施工,因此,该两份合同均属于无效合同。第二,长兴公司所主张的停工损失系庄河政府的原因致使长兴公司所调配的车辆、人员长期停工待命所致,航三公司对该损失的产生既无侵权行为也无违约行为,其并非该部分损失的赔偿主体。第三,虽然航三公司在三方协议中承诺同意长兴公司依法参与航三公司承建的庄河港口建设部分工程施工以弥补其经济损失,但长兴公司并未取得相关的施工资质,其参与庄河港口建设工程的条件并不成就。第四,三方协议所约定的仅是航三公司同意长兴公司依法参与工程建设,并未约定航三公司不履行即应赔偿长兴公司停工损失的法律后果,即使长兴公司取得了相关施工资质,根据三方协议的约定,其亦只能要求航三公司履行同意其参与工程建设的义务,并不当然有权向航三公司主张停工损失,且长兴公司亦未提供相关证据证明航三公司有向其赔偿停工损失的义务。因此,一审法院对长兴公司的相关诉讼请求不予支持。

二审法院认为:《建设工程司法解释(二)》第3条规定,建设工程施工合同无效,一方当事人请求对方赔偿损失的,应当就对方过错、损失大小、过错与损失之间的因果关系承担举证责任。[①] 据此,长兴公司要求航三公司承担相关停工损失,应当首先证明航三公司对损失的产生存在过错、过错与损失之间存在因果关系。而从签订、履行合同以及三方协议的表述中可以认定,长兴公司的停工损失并非航三公司所致,与航三公司无关,故长兴公司即使发生停工损失,航三公司依法也不应承担长兴公司停工损失的赔偿责任。此外,尽管在三方协议中,航三公司同意长兴公司参与其承建的庄河港口建设部分工程,但联系协议中的上下文和已认定的事实可以确定,上述约定是附前提条件的,即航三公司取得庄河港口建设项目并且该项目的取得与长兴公司有关。因长兴公司未能举证证明这种前提条件已经成就,故其应当承担不利的法律后果。综上,二审法院驳回上诉,维持原判。

### 【判例二】施工合同无效,但对存在因果关系的损失予以酌情支持[②]

2007年8月23日,汇华公司(业主方)、长工公司(总承包人)及何某(承包人)三方签订了一份《内部承包合同》,约定以长工公司为总承包单位,承包某住宅小区项目,工程采用包工包料按实结算的承包方式,总承包单位向承包人收取的管理费不得超过工程结算总造价的1%。

涉案工程在2012年8月13日竣工验收合格。但何某未向汇华公司提交工程资料,也未向档案机关提交任何工程资料。涉案小区未向有关部门进行竣工验收备案。

何某向法院提起诉讼,请求判令汇华公司与长工公司连带支付何某工程款2858万元。汇华公司提起反诉,请求判决何某办理涉案工程项目的竣工验收备案工作,并承担延期办理给汇华公司造成的损失150万元。

一审法院认为:首先,汇华公司、长工公司及何某三方就涉案工程签订的《内部承包合同》因何某系个人,未取得建筑施工企业资质,且其亦非汇华公司或长工公

① 《建设工程司法解释(二)》废止后,《新建设工程司法解释(一)》第6条作出了相同的规定。

② 参见湖南省高级人民法院(2018)湘民终914号民事判决书。

司的员工,因此涉案合同无效。但涉案项目已竣工验收合格,因此,依照《建设工程司法解释》第 2 条关于“建设工程施工合同无效,但建设工程经竣工验收合格,承包人请求参照合同约定支付工程价款的,应予支持”之规定,[①]何某有权要求参照合同约定支付工程价款。其次,虽然何某迟延交付工程资料导致涉案工程竣工验收备案推迟,从而对涉案工程的房屋办证造成影响,但房屋产权证的办理需要多种条件,汇华公司并未提供充分证据证明工程竣工验收备案迟延对其逾期办证的影响程度,同时,汇华公司亦未提供相应证据证明其已向购房户实际支付了逾期办证违约金,因此,对汇华公司关于支付延期办理竣工验收备案手续所导致损失的请求不予支持。汇华公司如有相应证据可就此另行依法主张权利。

二审期间,汇华公司提交了 98 份民事判决书,拟证明因何某未提交工程资料导致汇华公司延期办证产生的损失 46 万元,何某应对此承担责任。二审法院组织当事人对上述证据进行了质证。

二审法院认为:本案案涉合同系无效合同,二审中,汇华公司提供了 98 份判决书,证明其承担延期办证的违约责任系何某拒不交付工程资料、延期办理竣工验收备案所致。而办理工程竣工验收备案系办理房屋产权证的前置程序,从汇华公司二审提供的证据来看,汇华公司因延期办证承担了向业主支付违约金共计 46 万元的责任,虽然办理房屋产权证的条件不是单一的,但何某作为提交工程资料的义务人,其怠于交付工程资料的行为在一定程度上必然会影响汇华公司办理产权证明,二者之间存在因果关系。因此,根据《建设工程司法解释(二)》第 3 条的规定,[②]酌情认定由何某赔偿汇华公司延期为购房者办理房产证而产生的违约损失 20 万元。

## 【判例三】无效施工合同的工期逾期损失认定[③]

杭州建工公司经由招投标程序,被确定为阜阳巨川公司开发的“巨川金宝汇 B 地块工程”(以下简称涉案工程)的中标施工单位。后阜阳巨川公司(发包人)与杭州建工公司(承包人)签订《建设工程施工合同》(载明的签订时间为 2014 年 5 月 22 日)及《补充协议》(未载明签订时间),由阜阳巨川公司将涉案工程发包给杭州建工公司承建。《建设工程施工合同》约定的合同价格形式为按定额计价。阜阳巨川公

---

① 《建设工程司法解释》废止后,《民法典》第 793 条及《新建设工程司法解释(一)》第 24 条均作了类似的规定。

② 《建设工程司法解释(二)》废止后,《新建设工程司法解释(一)》第 6 条作了同样的规定。

③ 参见最高人民法院(2019)最高法民终 523 号民事判决书。

司的代表为韦某林。

《补充协议》第2条约定，合同工期为24个月，国家法定节假日工期顺延，具体开、竣工日期以开、竣工报告为准；第5条第2项约定，杭州建工公司在工程竣工后1个月内向阜阳巨川公司提交工程结算，阜阳巨川公司应在收到杭州建工公司提交的竣工结算后2个月内提交给第三方审核，并完成竣工结算的核对工作，逾期则视作阜阳巨川公司批准了杭州建工公司提交的竣工结算并以此为依据结算；第7条（违约责任）第1项约定，协议签订后阜阳巨川公司无正当理由不得再与其他施工单位签订本工程的施工承包协议，杭州建工公司需严格履行本协议约定的施工义务，如任何一方违约按《合同法》的有关规定执行，并承担守约方500万元违约金；第7条（违约责任）第3项约定，本工程如因杭州建工公司不能按时开工或竣工，杭州建工公司每天承担2000元违约金。

2014年10月9日，阜阳巨川公司出具《法定代表人授权书》，载明：兹授权我单位韦某林担任巨川金宝汇广场B地块工程的建设单位项目负责人，对该工程项目的建设工作实施组织管理，依据国家有关法律法规及标准规范履行职责，并依法对设计使用年限内的工程质量承担相应终身责任，本授权书自授权之日起生效。

涉案工程开工日期为2014年7月1日，竣工日期为2017年8月9日。

2017年9月6日，杭州建工公司向阜阳巨川公司报送涉案工程《工程结算书》。当日，阜阳巨川公司的韦某林对《工程结算书》予以签收。《工程结算书》载明涉案工程造价合计139,723,301.81元。

杭州建工公司向法院提起诉讼，其中包括请求判令阜阳巨川公司支付工程款85,004,051.81元及资金占用损失。阜阳巨川公司提起反诉，其中一项为请求判令杭州建工公司支付合同违约金572万元。

本案中，《建设工程施工合同》及《补充协议》的效力、结算价款数额及杭州建工公司的工期逾期责任认定成为争议焦点。

对此，一审法院的裁判意见如下：

1. 关于合同效力。经由招投标程序，阜阳巨川公司将其开发的涉案工程发包给杭州建工公司承建，双方就涉案工程签订的《建设工程施工合同》《补充协议》是双方的真实意思表示，且不违反法律法规的强制性规定，应属合法有效。

2. 关于工程造价。杭州建工公司于2017年9月6日向阜阳巨川公司报送《工程结算书》，当日阜阳巨川公司授权的涉案工程项目负责人韦某林予以签收。但阜阳巨川公司在收到该《工程结算书》后2个月内既未提出异议，亦未将《工程结算书》提交给第三方审核，更未在2个月内完成竣工结算的核对工作。因此，依照《建设工程司法解释》第20条“当事人约定，发包人收到竣工结算文件后，在约定期限内不予答复，视为认可竣工结算文件的，按照约定处理。承包人请求按照竣工结算文件结算工程价款的，应予支持”的规定，[①]应视为阜阳巨川公司认可杭州建工公司报送的《工程结算书》，故涉案工程造价应为139,723,301.81元。

3. 关于杭州建工公司应支付的工期违约金。《补充协议》第7条第1项虽约定，杭州建工公司需严格履行协议约定的义务，如违约应承担500万元违约金，但对杭州建工公司在何种情形下承担此巨额违约金约定不明。对于工期违约责任，《补充协议》第7条第3项则给予了具体明确的约定。对于工期违约而言，第3项的特别约定应优于第1项的一般约定，故对于工期违约，应适用《补充协议》第7条第3项的约定。经分析，法院认定杭州建工公司逾期竣工的时间应为232天，因此，杭州建工公司应支付的逾期竣工违约金为464,000元(2000元×232天)。

二审期间，阜阳巨川公司向法院提交了其与杭州建工公司于2012年10月19日签订的《建设工程总承包协议》一份，证明涉案巨川金宝汇B地块在内的“巨川新世界”A、B、C、D四个地块工程均由杭州建工公司施工。杭州建工公司认可该证据的真实性。

二审法院的裁判意见如下:

1. 关于合同效力。阜阳巨川公司在涉案工程进行招标投标之前，与杭州建工公司签订《建设工程总承包协议》。在招标投标之后，双方当事人又依据招标投标文件签订了《建设工程施工合同》《补充协议》。经审理查明，《建设工程施工合同》《补充协议》约定的涉案工程的工程地点与《建设工程总承包协议》的约定一致，工程范围包含在《建设工程总承包协议》约定的工程范围内；关于工程质量，《建设工程总承包协议》《补充协议》约定为“合格标准，争创市优”，《建设工程施工合同》约定为“合格标准”；关于取费标准，《建设工程总承包协议》约定土建综合取费22%，涉案工程中标通知书载明为“中标价款的22%”，《补充协议》约定“建筑工程综合取费22%”。由此表明，双方当事人在招标投标前就涉案工程的实质性内容进行了谈判。双方当事人在招标投标前签订的《建设工程总承包协议》与中标文件、招标投标后签订的《建设工程施工合同》《补充协议》在承包范围、工程质量、取费标准等实质性内容上的约定亦基本一致。故双方当事人在招标投标前就涉案工程实质性

① 《建设工程司法解释》废止后，《新建设工程司法解释(一)》第21条作了相同的规定。

内容进行谈判的行为影响中标结果。且双方当事人均认可,涉案工程在签订合同时属于必须招投标的工程。依照《招标投标法》第 43 条、第 55 条、《建设工程司法解释》第 1 条第 3 项的规定,涉案工程中标无效,①故《建设工程总承包协议》《建设工程施工合同》《补充协议》亦无效。

2. 关于《工程结算书》能否作为认定涉案工程价款的依据。建设工程施工合同无效,但经竣工验收合格的,双方当事人有权自愿进行结算。根据阜阳巨川公司出具的《法定代表人授权书》,韦某林有权代表其处理涉案工程项目事宜。杭州建工公司于 2017 年 9 月 6 日向阜阳巨川公司报送《工程结算书》,当日韦某林在该《工程结算书》上签字确认。由于韦某林是阜阳巨川公司特别授权的负责涉案工程的项目负责人,其在《工程结算书》上签字确认的行为对阜阳巨川公司发生法律效力。综合全案证据来看,一审判决将《工程结算书》作为认定涉案工程价款的依据并无不当。

3. 关于杭州建工公司是否承担违约金和赔偿损失责任。一审判决依据《补充协议》的约定和工期延误情况,计算杭州建工公司应承担逾期竣工违约金为 46.4 万元。涉案建设工程施工合同无效,当事人不应当再承担违约责任。故一审判决杭州建工公司承担逾期竣工违约金责任不当,应予纠正。阜阳巨川公司关于杭州建工公司应承担 500 万元违约金责任的上诉请求与其关于涉案建设工程施工合同无效的主张相矛盾,缺乏事实依据,本院不予支持。根据《建设工程司法解释(二)》第 3 条的规定,虽然涉案建设工程施工合同无效,当事人仍然有权请求相对人承担赔偿损失的责任。② 根据一审查明事实,扣除法定节假日等合理期限后,杭州建工公司仍逾期竣工 232 天。

一审中,阜阳巨川公司基于对涉案建设工程施工合同有效的认识,起诉请求杭州建工公司支付合同违约金 572 万元。本院根据查明的事实认定涉案建设工程施工合同无效,从减少当事人诉累、有效解决纠纷的角度,对于因工期延误造成的损失一并处理。由于违约金具有填补损失的功能,本案确实存在逾期竣工的事实,双方当事人均未提交充分有效的证据证明按 46.4 万元标准计算杭州建工公司逾期竣工造成的损失明显不当。故本院认定杭州建工公司应当赔偿阜阳巨川公司逾期竣工造成的损失 46.4 万元。

---

① 《建设工程司法解释》废止后,《新建设工程司法解释(一)》第 1 条作了类似的规定。

② 《建设工程司法解释(二)》废止后,《新建设工程司法解释(一)》第 6 条作了同样的规定。

**第七条 【出借与借用资质的责任承担】**

缺乏资质的单位或者个人借用有资质的建筑施工企业名义签订建设工程施工合同,发包人请求出借方与借用方对建设工程质量不合格等因出借资质造成的损失承担连带赔偿责任的,人民法院应予支持。

## 条文主旨

本条对挂靠人(借用方)和被挂靠人(出借方)对发包人承担连带责任的情形作了规定。

## 条文精解

### 一、本条规定的必要性

在实践中,借用资质的挂靠人一般是资质低或无资质的企业,其整体实力和支付能力一般远远低于被挂靠人(资质高的企业)。在此情况下,发包人完全可以基于合同关系向实力更强的被挂靠人来主张损失赔偿,以实现其权利救济。因此,有观点认为,本条所规定的连带责任似无必要。

笔者认为,本条对于挂靠人和被挂靠人在特定情形下承担连带责任的规定还是有必要的,理由如下:

第一,在我国当前的市场环境下,挂靠现象依然层出不穷。要求被挂靠人和挂靠人承担连带责任,会对挂靠人和被挂靠人形成一定的威慑,对挂靠行为起到一定程度的遏制作用。

第二,随着建设主体信用体系的不断完善,有些具有资质的企业因存在不良信用记录或被暂扣安全生产许可证等原因,在一定时期或某些区域内不能承接工程项目。在此种情形下,该等企业可能借用同等资质企业的名义承接工程项目,“同等资质”借用就成为可能。在这种情况下,要求具有同等资质、具有相当实力的挂靠人和被挂靠人承担连带责任,更有利于保障发包人的权益。

第三,连带责任的规定也有利于被挂靠人在承担责任后向挂靠人追偿损失,在一定程度上减少被挂靠人的损失,毕竟被挂靠人不是工程质量等损失的直接责任人。

## 二、关于“损失”的范围

本条与《建筑法》第66条的规定密切相关。《建筑法》第66条规定:“建筑施工企业转让、出借资质证书或者以其他方式允许他人以本企业的名义承揽工程的,责令改正,没收违法所得,并处罚款,可以责令停业整顿,降低资质等级;情节严重的,吊销资质证书。对因该项承揽工程不符合规定的质量标准造成的损失,建筑施工企业与使用本企业名义的单位或者个人承担连带赔偿责任。”

需要说明的是,挂靠人和被挂靠人在《建筑法》第66条项下的连带责任仅限于工程质量不合格所造成的损失。本条规定则对“损失”范围进行了扩张。按照汉语的文义和习惯,本条中“等因出借资质造成的损失”字样应表示列举未尽。因此,按照本条的规定,除质量问题造成的损失外,对于因出借资质给发包人造成的其他损失,如工期延误损失等,被挂靠人与挂靠人也应承担连带赔偿责任。

此外,需要注意的是,本条规定的仅是挂靠人与被挂靠人对建设工程质量不合格等因出借资质造成的损失承担连带赔偿责任,并非对挂靠人对外欠付的工程价款、违约责任或缔约过失责任等承担连带责任。

## 三、被挂靠人对挂靠人对外欠付款项的责任承担

关于被挂靠人对挂靠人的对外欠款如何承担责任,实践中存在争议。

在“南通三星建筑有限公司与肖某网、朱某新等劳务合同纠纷案”中,法院认为:根据《建设工程司法解释(二)》第4条的规定,[①]挂靠人和被挂靠人承担连带赔偿责任的法理基础是共同侵权,而根据《侵权责任法》(已失效)第8条的规定,二人以上共同实施侵权行为,造成他人损害的,应当承担连带责任;本案中根据查明事实,南通三星建筑有限公司出借资质给朱某新,原审法院因此根据肖某网与朱某新的结算,依法判决由南通三星建筑有限公司对朱某新的给付责任承担连带责任,符合法律规定。[②]

在“张某牯、廖某敏建设工程施工合同纠纷案”中,法院则认为:在借用资质签订建设工程施工合同的情况下,挂靠人与被挂靠人对“建设工程质量不合格”等因

---

① 《建设工程司法解释(二)》废止后,《新建设工程司法解释(一)》第7条作了同样的规定。

② 参见江苏省南通市中级人民法院(2019)苏06民终1521号民事判决书。

出借资质造成的损失承担连带责任；而本案挂靠人欠付的工程款本息并不属于被挂靠方应当承担连带责任的情形；并且，债权人也不能证明挂靠人和被挂靠人之间存在表见代理关系。因此，被挂靠人不需要承担连带责任。① 最高人民法院在"陕西隆兴建筑工程劳务有限责任公司、陕西建工安装集团有限公司建设工程施工合同纠纷案"中也认为，挂靠与被挂靠关系的存在，并不使挂靠人的债权人可以突破合同相对性，向被挂靠人主张权利。②

笔者认为，由被挂靠人对挂靠人的对外商事行为承担连带责任的主要观点，可能源于《民事诉讼法司法解释》第 54 条的规定。该条规定："以挂靠形式从事民事活动，当事人请求由挂靠人和被挂靠人依法承担民事责任的，该挂靠人和被挂靠人为共同诉讼人。"此外，《民法典》第 167 条的规定也可能是一个理由。③

笔者认为，上述理由并不成立，具体分析如下：

第一，《民事诉讼法司法解释》第 54 条规定的是诉讼程序问题，而不是实体问题。承担连带责任的主体是必要的共同诉讼人，但共同诉讼人并不一定要承担连带责任。《民事诉讼法》设立共同诉讼人制度，不是要共同诉讼人必须共同承担责任，而是使必须共同参加诉讼的人都参加到诉讼中，以有利于人民法院查明案件的全部事实，正确、彻底地解决当事人之间的纠纷。

第二，连带责任的承担必须依据法律的规定或当事人的约定。《民法典》第 178 条第 3 款明确规定："连带责任，由法律规定或者当事人约定。"没有法律明确规定或者当事人的约定，不得扩大连带责任的适用范围。

第三，《建筑法》第 66 条、第 67 条规定的连带责任，是由挂靠人和被挂靠人对"工程不符合规定的质量标准"造成的损失承担连带责任，本条也仅将挂靠人和被挂靠人的连带责任扩张至"因出借资质造成的损失"。上述规定是明确的，并不适用于挂靠人对外欠付工程款的责任承担。而且，挂靠人借用被挂靠人资质的目的在于承接工程，但对其他商事主体来说，挂靠人并无借名的必要，未必均掩盖其挂靠行为，被挂靠人也不一定存在基于共同欺诈的协助行为。因此，第三方明知其挂靠人身份仍愿意与其从事交易，说明相对人愿意承担相应的风险，由被挂靠人承担连带责任不但加重了被挂靠人的责任，对第三方商事主体来说也有过度保护、"越

---

① 参见江西省高级人民法院(2020)赣民申 409 号民事裁定书。

② 参见最高人民法院(2018)最高法民再 297 号民事判决书。

③ 《民法典》第 167 条规定："代理人知道或者应当知道代理事项违法仍然实施代理行为，或者被代理人知道或者应当知道代理人的代理行为违法未作反对表示的，被代理人和代理人应当承担连带责任。"

组代庖”之嫌。

在“晋中银行股份有限公司、赵某华建设工程施工合同纠纷案”中，最高人民法院认为，挂靠人以被挂靠人名义对外签订合同的效力，应根据合同相对人是否善意、在签订协议时是否知道挂靠事实来作出认定。[①] 具体而言，如果相对人不知晓挂靠事实，有理由相信挂靠人就是或代表被挂靠人，则应优先保护善意相对人，双方所签订合同直接约束善意相对人和被挂靠人，该合同并不属于无效合同；如果相对人在签订合同时知道挂靠事实，即相对人与挂靠人、被挂靠人通谋作出虚假意思表示，则当事人签订的合同属于无效合同。

第四，《民法典》第 167 条的规定适用于代理行为本身违法的情形。对于挂靠人来说，虽然其与被挂靠人之间的挂靠合同违反法律规定，但在挂靠人以被挂靠人名义从事的对外商事行为本身，如与相对人订立的买卖合同等，并不当然违法，除非其所订立合同本身在内容上具有违法性。也就是说，挂靠人的代理行为并不会因其与被挂靠人之间的基础关系违反法律规定而当然具有违法性。因此，不能以《民法典》第 167 条的规定作为挂靠人和被挂靠人承担连带责任的依据。

笔者认为，挂靠人对外欠款等商事行为的责任认定，对于符合表见代理构成要件的行为，应当依法由被挂靠人承担责任。表见代理是《民法典》明确规定的法律制度，其价值在于维护市场的交易秩序和交易安全。挂靠人这一特殊主体是由于挂靠人和被挂靠人的违法行为而产生的，在挂靠人的行为构成表见代理的情况下，被挂靠人往往对其代理行为的发生也是有过错的，至少是有可归责性的。因此，在挂靠人的行为构成表见代理的情况下，让被挂靠人承担责任既符合法律规定，又符合法律的公平原则。当然，被挂靠人承担责任后，可以向挂靠人进行追偿。

综上所述，挂靠人对外欠款等商事行为的责任认定，应当区分不同情形分别进行判断：对于挂靠人以自己名义对外交易的行为以及以被挂靠人名义但不能构成表见代理的行为，应当由挂靠人自己承担责任；对于符合表见代理构成要件的行为，应当依法由被挂靠人承担责任。

## 深度研讨

### 一、“损失”的证明责任

实践中需要解决的问题是，如何认定损失是因出借资质造成的？进一步讲，即

① 参见最高人民法院（2019）最高法民申 1861 号民事裁定书。

如何分配“损失”与出借资质之因果关系的证明责任？

《最高人民法院建设工程施工合同司法解释（二）理解与适用》一书认为：“司法实践中，发包人只需证明损失的存在以及挂靠人借用资质的事实即完成初步证明责任，如果挂靠人否认损失的产生与借用资质有关，则举证责任发生转移，应由责任人证明损失是由其他原因产生，而非借用资质。”[①]该书没有对质量损失的举证责任与工期延误等损失的举证责任进行区分，而仅是笼统地认为，发包人只要举证证明存在借用资质的事实，即完成了关于质量损失、工期延误损失等的初步举证责任。

对于工程质量不合格造成的损失，因有《建筑法》第66条的规定可以援引，如果发包人能够提供借用资质的证据，即完成了初步的举证义务，挂靠人未提供反证或反证不能证明损失系其他原因造成的，挂靠人和被挂靠人应就质量损失承担连带责任。

然而，值得进一步讨论的问题是，对于因工期延误等原因造成的损失，《建筑法》并未进行明文规定，举证责任应该如何分配？发包人是否应承担不同的举证责任？

在目前建筑业企业资质管理的框架下，资质在某种程度上仍代表着一种“行为能力”，而且挂靠经营扰乱了建筑市场的正常秩序，严重影响了建设工程的质量。因此，推定因工期延误等导致的损失与挂靠关系之间存在因果关系具有一定的合理性。但笔者认为，实践中还需考虑特殊情形，否则有可能以偏概全。比如，在“同等资质”挂靠的情形下，由于挂靠人和被挂靠人的资质级别是相同的，挂靠关系的存在并不能直接推定出其与工期延误等导致的损失存在因果关系。在此种情形下，仅用存在挂靠关系的事实来完成工期延误等损失的举证责任不尽合理。此时，发包人除证明存在挂靠关系外，还应举证证明工期延误等损失与借用资质之间存在因果关系。

挂靠人和被挂靠人欲证明损失与借用资质没有因果关系的，可以从以下几个方面来举证：

1. 该损失并非因工程质量不合格或工期延误等原因造成；

2. 工程质量不合格或工期延误等并非挂靠人和被挂靠人原因造成；

3. 挂靠人具备或已经取得涉案工程所需的相应资质；

---

① 最高人民法院民事审判第一庭编著：《最高人民法院建设工程施工合同司法解释（二）理解与适用》，人民法院出版社2019年版，第114页。

4. 挂靠人已经完成的其他工程未出现质量不合格、工期延误等问题。

需要说明的是,上述第 4 项并不能直接证明挂靠人具备相应的施工能力,但可以作为辅助证据,因为工程质量和履约能力的稳定性也是判断其施工能力的一个因素。

## 二、发包人的过错责任

实践中,某些发包人在订立合同时"明知"甚至直接选定挂靠人和被挂靠人,并安排挂靠人借用被挂靠人名义与其签订建设工程施工合同。在该种情形下,发包人对于质量、工期损失等是否也应承担相应的责任?

关于发包人对此应承担的责任,《最高人民法院建设工程施工合同司法解释(二)理解与适用》一书认为:"发包人'明知'的过错应仅及于承担合同无效的过错责任,不应扩展至其后因挂靠人或被挂靠人合同履行不当的责任。"①笔者认为,将发包人的过错仅限定于承担合同无效责任的观点值得商榷,具体分析如下:

第一,在实践中,发包人"明知"存在挂靠关系的情况仍然默许其存在,发包人可能与挂靠人存在利害关系,并可能从挂靠行为中获益。在发包人直接选定挂靠人和被挂靠人的情况下,这种利害关系就更显而易见。尤其是在"明知"挂靠人无相应资质的情况下,发包人应当对质量问题或工期延误的发生有所预见,其对相应损失的产生也具有过错。因此,在上述情形下,要求发包人承担合同履行过程中的质量损失、工期延误损失等具有合理性。

第二,在挂靠关系与质量不合格或工期延误等损失存在因果关系的前提下,对于发包人直接选定挂靠人和被挂靠人的情形,发包人的这种"选定"行为与质量不合格或工期延误损失的发生也具有因果关系。因此,在认定质量不合格或工期延误损失时,还宜考虑发包人上述过错的影响,由发包人按照其过错程度承担相应的损失。

① 最高人民法院民事审判第一庭编著:《最高人民法院建设工程施工合同司法解释(二)理解与适用》,人民法院出版社 2019 年版,第 115 页。

## 实务判例

### 【判例一】挂靠人和被挂靠人就工程质量的整改费用和损失向发包人承担连带责任[①]

2015年12月9日，乙方黄某君借用宏升公司资质与甲方鑫达公司签订《桥梁施工劳务承包协议》，约定鑫达公司将国道某段范围内桥梁工程的劳务分包给黄某君。该协议约定："乙方施工质量不符合要求或延误工期，乙方采取措施，应予以返工、整改，并承担由此带来的一切经济损失，造成甲方损失的，乙方应当予以赔偿。"合同签订后，黄某君组织工人进场施工。

2016年4月17日，鑫达公司与黄某君签订《桥梁施工劳务补充协议》，约定解除《桥梁施工劳务承包协议》中桥梁钻孔灌注桩部分的劳务承包，桥梁钻孔灌注桩以外的劳务承包仍沿用原合同条款，由黄某君进行施工。

工程完工后，鑫达公司以劳务分包在施工期间存在质量问题未整改为由，将黄某君和宏升公司诉至法院，请求判令其支付桥梁整改费用并赔偿损失。

一审法院认为：从《桥梁施工劳务补充协议》可以看出，鑫达公司认可《桥梁施工劳务承包协议》的相对人系黄某君，而非宏升公司，宏升公司申请出庭的证人也证实施工人员系由黄某君组织，劳务工资由黄某君发放，不知道宏升公司。因此，依照《建设工程司法解释》第1条第2项的规定，《桥梁施工劳务承包协议》无效。[②]

关于原告主张的整改费用及损失，一审法院认为：黄某君作为实际劳务分包人，只提供劳务，《桥梁施工劳务承包协议》也明确约定劳务承包人员要服从原告方的管理，被告申请出庭的证人也证实了劳务施工现场由原告方的管理人员及技术人员指挥、管理，原告方现场人员如何要求，劳务人员就如何施工。原告所提交的证据也不能证明质量问题系被告宏升公司、黄某君的原因所造成，依照《民事诉讼法》第64条第1款、《民事诉讼法司法解释》第90条的规定，原告应承担举证不能的不利后果。因此，判决驳回鑫达公司的诉讼请求。

二审审理过程中，鑫达公司补充提交了证据。二审法院经审理查明，涉案工程范围内，存在预制梁板预埋件、小箱梁实际长度及梁端横隔板位置不符合设计要求等质量问题。对于出现上述问题，由于黄某君未按鑫达公司要求进行整改，鑫达公

---

① 参见四川省凉山彝族自治州中级人民法院(2019)川34民终1385号民事判决书。

② 《建设工程司法解释》废止后，《新建设工程司法解释(一)》第1条作了类似的规定。

司自行进行了整改。2018年2月13日，黄某君向鑫达公司出具《承诺书》，内容为：本人代表宏升公司及本人，承诺将无条件配合贵公司处理桥梁整改事宜。

2018年1月20日，黄某君在涉案工程项目部向鑫达公司财务部出具的函件上签字，认可整改费用。

2018年10月15日，黄某君再次出具《承诺书》，内容为：对于某墩柱偏差超出设计要求，被评为不合格工程的问题，由我本人负责后续处理，并承诺处理该事件的全部费用及其他事宜均由本人全部承担。

二审法院认为：宏升公司与鑫达公司签订的《桥梁施工劳务承包协议》虽名为劳务承包，但实际内容为工程转包。① 根据《建设工程司法解释》第4条的规定，该劳务承包协议无效。②

关于鑫达公司主张的整改费用及损失，二审法院认为：依据《桥梁施工劳务承包协议》的约定，黄某君施工质量不符合要求或延误工期，其应采取措施予以返工、整改，并承担由此带来的一切经济损失，造成鑫达公司损失的，黄某君应当予以赔偿。因此，涉案工程出现质量问题，黄某君具有返工、整改义务，并承担损失。由于黄某君未进行整改，鑫达公司代其整改后，向黄某君主张整改费用及损失符合合同约定及法律规定。③ 黄某君出具的《承诺书》也表明，其愿意承担相关整改费用。同时，因宏升公司与黄某君系挂靠关系，根据《建筑法》第66条及《建设工程司法解释（二）》第4条的规定，④宏升公司应就上述整改费及损失向鑫达公司承担连带责任。⑤

综上所述，二审判决撤销一审判决，由黄某君向鑫达公司支付整改费用及罚款损失，宏升公司对上述费用及损失承担连带责任。

---

① 因材料所限，仅根据该判决书所述案情，尚不能得出《桥梁施工劳务承包协议》项下的劳务分包实质为转包的结论。——笔者注

② 《建设工程司法解释》废止后，《新建设工程司法解释（一）》第1条作了类似的规定。

③ 笔者认为，因法院认定《桥梁施工劳务承包协议》无效，故针对质量责任的承担，不宜强调合同约定，更多地适用法律规定进行说理似更妥当。

④ 《建筑法》第66条规定："建筑施工企业转让、出借资质证书或者以其他方式允许他人以本企业的名义承揽工程的，责令改正，没收违法所得，并处罚款，可以责令停业整顿，降低资质等级；情节严重的，吊销资质证书。对因该项承揽工程不符合规定的质量标准造成的损失，建筑施工企业与使用本企业名义的单位或者个人承担连带赔偿责任。"——笔者注

⑤ 《建设工程司法解释（二）》废止后，《新建设工程司法解释（一）》第7条作了相同的规定。

## 【判例二】发包人主张挂靠人和被挂靠人对工期逾期损失承担连带责任，法院未予支持[①]

2016年8月17日，宏泰公司委托航宇公司（甲方）与蒲新公司（乙方）签订某国际住宅小区1号、2号、3号、5号楼及部分车库工程（以下简称涉案工程）劳务清包合同。工程内容为施工图纸所含的内容（土建、装饰），承包方式为大清包，承包单价按每平方米单价计算。总工期为400日历天。同时，合同约定了工期违约责任：由于乙方原因，工程不能按合同规定工期竣工，每延期一天乙方按其相应延期楼号合同总金额的1‰向甲方支付违约金。甲乙双方在合同上加盖公章，喻某在乙方处签名。同日，航宇公司与喻某代表的蒲新公司签订《补充协议》，其中第6条约定，宏泰公司与蒲新公司签订的劳务合同由航宇公司负责履行。

在劳务合同履行过程中，航宇公司直接向蒲新公司支付工程款，并下达了设计变更、施工变更方案、技术交底等指令。2018年7月20日，涉案工程经过竣工验收。工程竣工验收报告显示，实际开工日期为2016年8月7日，竣工日期为2018年6月30日。涉案工程决算工程款为19，412，560元。

航宇公司向法院提起诉讼，请求判令蒲新公司、喻某赔偿逾期完工损失5，454，929.36元。

另查明，蒲新公司是建筑劳务分包企业，不具有建筑工程的施工资质，蒲新公司、喻某自认，喻某是借用蒲新公司资质承包涉案工程。

一审法院的裁判意见如下：

1.关于原告的诉讼主体资格。航宇公司作为宏泰公司的代理人签订合同，但在《补充协议》中约定，宏泰公司与蒲新公司签订的劳务合同由航宇公司负责履行，且在劳务合同实际履行过程中，航宇公司亦直接履行了向蒲新公司发放工程款、下达设计变更、施工变更方案、技术交底等相对方义务。现其认为蒲新公司的行为给其造成损失，损害了其合法权益，对涉案权益有直接利害关系，作为原告提起诉讼，符合法律规定，原告主体适格。

2.关于劳务合同的效力。航宇公司将涉案工程分包给蒲新公司，属违法分包，蒲新公司是劳务施工企业，承包内容亦超出其资质范围。同时，喻某是借用蒲新公司资质承包涉案工程，因此，该劳务合同为无效合同。

---

① 参见河南省开封市中级人民法院（2019）豫02民终2847号民事判决书。

3. 关于航宇公司的损失。法院经审理认定，蒲新公司、喻某的逾期完工天数为135天。依照《建设工程司法解释(二)》第3条的规定，建设工程施工合同无效，一方当事人请求对方赔偿损失的，应当就对方过错、损失大小、过错与损失之间的因果关系承担举证责任。[①] 损失大小无法确定，一方当事人请求参照合同约定的质量标准、建设工期、工程价款支付时间的因果关系等因素作出裁判。双方在劳务合同约定的"每延期一天乙方按其相应延期楼号合同总金额的1‰向甲方支付违约金"的约定，符合双方可预见损失的心理价值预期，亦契合双方真实意思的表示，故参照该违约金条款，结合航宇公司明知实际施工人喻某借用蒲新公司资质，并超越资质承揽涉案工程及支解工程进行发包，应承担主要过错责任，喻某亦存在一定过错，同时，考虑到航宇公司多次变更设计及施工方案，工期亦应相应顺延的因素，一审法院酌定，对航宇公司的损失，喻某承担20%的赔偿责任，蒲新公司承担连带责任。航宇公司的损失为524,139.12(19,412,560元×1‰/天×135天×20%)元。

综上所述，判决喻某赔偿航宇公司损失524,139.12元，蒲新公司承担连带赔偿责任。

二审法院的裁判意见如下：

1. 关于航宇公司的损失。考虑到交叉、配合施工及维修问题，认定涉案工程逾期天数为89天。因合同无效，且双方均有过错，一审法院参照双方违约金条款，结合航宇公司明知实际施工人喻某借用蒲新公司资质并超越资质承揽涉案工程及支解工程进行发包的实际情况，酌定双方承担责任比例并无不当。故航宇公司的损失为345,543.57(19,412,560元×1‰/天×89天×20%)元。

2. 关于蒲新公司应否承担责任。《建设工程司法解释(二)》第4条规定，借用资质不合法，在出借资质情形下，对建设工程质量不合格等造成的损失，出借资质单位与借用资质单位或个人应承担连带赔偿责任。虽然喻某借用蒲新公司承接工程不合法，但其所实际施工工程已经竣工验收合格，对非因质量不合格造成的损失，航宇公司要求出借资质的蒲新公司与借用人喻某承担连带责任没有法律依据，不应支持。一审法院适用法律不当，本院予以纠正。

综上，判决撤销一审判决，喻某赔偿航宇公司损失345,543.57元，并驳回了航宇公司对蒲新公司的诉讼请求。

---

① 《建设工程司法解释(二)》废止后，《新建设工程司法解释(一)》第6条作了同样的规定。

## 【判例三】挂靠人和被挂靠人对发包人超付工程款的返还不承担连带责任[①]

2012年,信德华公司(承包人)与中冶集团项目经理部(发包人)就某彩板工程签订《工程分包合同》。合同约定:"分包工程结算必须经发包人审计部门(或发包人委托的中介结构)审计认可后方可作为工程最终财务决算的依据,进行尾款支付。"徐某奎以信德华公司的委托代理人身份在该合同上签字。

2017年8月28日,信德华公司与中冶集团项目经理部签订了《结算书》,确认上述工程已竣工,结算金额为1,224,239元。

中冶集团向法院提起诉讼,请求判令信德华公司、徐某奎返还超付的工程款376,160.89元,并称涉案工程由徐某奎负责施工,是实际施工人,对工程具有绝对的控制权。信德华公司与徐某奎在庭审中均认可,徐某奎是借用信德华公司资质承揽涉案工程。

一审法院认为:《工程分包合同》明确约定,分包工程结算必须经发包人审计部门(或发包人委托的中介结构)审计认可后方可作为工程最终财务决算的依据,进行尾款支付。该约定对双方当事人均具有法律约束力。2017年8月28日签订的《结算书》也明确,涉案工程价款的最终结算值须以中冶集团有关审计部门作出的结算复审报告中的结算数据为准。现中冶集团主张依据《结算书》确定的结算价款为最终结算值,明显与双方最终达成的结算约定不符。而中冶集团迄今未提供其审计部门作出的"结算复审报告",故《结算书》不能作为涉案工程最终结算的依据。依照《民事诉讼法司法解释》第90条的规定,中冶集团应当承担举证不能的法律后果,其主张信德华公司、徐某奎返还多付工程款的理由不能成立,本院不予支持。因此,判决驳回了中冶集团的全部诉讼请求。

二审法院认为:《工程分包合同》系徐某奎借用信德华公司的名义与中冶集团签订,根据《建设工程司法解释》第1条的规定,该合同属无效合同。[②] 故合同中约定的"工程结算必须经发包人审计部门审计认可后方可作为工程最终财务决算的依据,进行尾款支付"条款属无效条款,不能约束中冶集团。庭审中,中冶集团及徐某奎均认可《结算书》系双方对分包合同内工程价款进行的结算,故《结算书》可以作为涉案工程的结算依据。经庭审查明,中冶集团以银行承兑汇票方式向信德华

---

① 参见四川省内江市中级人民法院(2019)川10民终721号民事判决书。

② 《建设工程司法解释》废止后,《新建设工程司法解释(一)》第1条作了类似的规定。

公司支付了工程款156万元。因涉案工程价款为1,224,239元,故根据《民法总则》(已失效)第122条"因他人没有法律根据,取得不当利益,受损失的人有权请求其返还不当利益"的规定,信德华公司负有返还335,761元的义务。

关于徐某奎对信德华公司的返还义务应否承担连带清偿责任,二审法院认为,中冶集团并未举证证明其在本案中遭受的损失是因出借资质造成的损失,根据《建设工程司法解释(二)》第4条的规定,[1]中冶集团要求徐某奎承担连带责任不符合法律规定,本院不予支持。因此,二审法院撤销了一审判决,判决由信德华公司向中冶集团返还款项335,761元,并驳回了中冶集团的其他诉讼请求。

### 【判例四】一审法院判决,挂靠人和被挂靠人对因工期延误给发包人造成的损失承担连带责任[2]

范某中等8人系某工会俱乐部职工宿舍住户,因其所住房屋年久失修、住房条件恶劣等原因,产生了拆迁还建的想法。因8人有土地使用权证,故该拆迁还建工程由8原告作为建设单位集资建房,其他住户没有参与。2011年10月15日,该工程取得了《建设工程规划许可证》。

2012年5月31日,范某中等8人出具委托书,授权叶某作为其代表与湖南三建签订《建筑安装工程承包合同》,赵某阳以项目经理名义在合同上签字。承包范围为同馨联建房1号、2号住宅楼,包括施工图纸的全部土建、主体工程、水电安装工程(以下简称涉案工程)。

2012年9月10日,为保证工程正常进行,进度如期完工,叶某与赵某阳等签订《协议》1份,约定了1号、2号楼各层的封顶时间及付款方式。

2013年3月8日,因承包方未按合同约定履行合同影响了工程进度,经双方协商,叶某与赵某阳签订《补充协议》,调整了付款金额和时间,并明确因承包方未按进度施工,导致了发包方的利益损失。

2013年4月15日,因承包方对工程仍没有实质性的进展,范某中等8人由叶某向湖南三建送达通知书,要求终止《建筑安装工程承包合同》及其补充协议,并要求其承担违约责任并赔偿损失。

2013年5月9日,经湖南三建协调,叶某与赵某阳再次签订《工程施工补充协议》,湖南三建特派员陈某作为证明人在该协议上签字。协议约定,双方同意于

---

① 《建设工程司法解释(二)》废止后,《新建设工程司法解释(一)》第7条作了同样的规定。

② 参见湖北省荆州市中级人民法院(2019)鄂10民终849号民事判决书。

2013年5月12日准时开工,按时完成工程总承包的收尾工作,并对付款方式进行了约定。同时约定,如违反此协议,则按每日2000元补偿对方。该协议签订后,因承包方并未按期进场复工,协议未履行。

为保证工程顺利完工通过验收,涉案未完工的工程由他人代为施工。

2014年8月20日,范某中等8人向法院提起诉讼,请求判令湖南三建、赵某阳共同赔偿其经济损失114万元,二被告互负连带清偿责任。

一审法院查明,赵某阳系挂靠被告湖南三建承揽涉案工程。

一审法院的裁判意见如下:

1. 关于合同效力。被告赵某阳系本案涉案工程的实际施工人,其系借用湖南三建的资质签订建设工程施工合同,根据《建设工程司法解释》第1条的规定,《建筑安装工程承包合同》无效。①

2. 关于原告的损失认定。因被告赵某阳未按期完工,造成工期延误,工程重复建设,导致建设成本增加,因原、被告双方对原告代为完工部分实际造价、至今仍未施工部分的造价、有关建设工程的工程量及面积存在争议,故委托鉴定机构对有关专门问题予以鉴定,原告代为完工部分、尚未完工部分工程鉴定造价与合同约定的造价之间的差额、原告预先支付的鉴定费即为原告的损失。根据鉴定报告及施工合同约定的造价及该院查明的事实,原告的相关损失认定为929,965.88元。

3. 关于原告与被告赵某阳的责任承担。2013年3月8日签订的《补充协议》上明确注明,因承包方未按进度施工,导致发包方的利益损失,且原告方均按期支付工程款,而被告却没有按期施工,造成涉案工程竣工日期不断延误,建筑工程重复施工,成本上升,造价增加。故被告赵某阳因资金不足拖延施工,是造成原告方损失的根本原因。而原告方明知被告赵某阳系无资质的个人,借用其他单位的资质,仍与其签订合同。因其选任无资质的个人赵某阳,而不是有资质、财力雄厚的单位,客观上增加了工程延误的风险,存在一定的过失。综合本案情况,酌定原告方与被告赵某阳损失承担比例为2∶8。

4. 关于被告湖南三建的责任承担。被告赵某阳系无建筑施工资质的个人,借用被告湖南三建的资质与原告方签订建设工程施工合同,因资金不足等原因造成工程至今未竣工,工期延误,工程造价增加,共计造成原告损失929,965.88元,根据《建设工程司法解释(二)》第4条的规定及原、被告双方的过错,被告湖南三建应与

① 《建设工程司法解释》废止后,《新建设工程司法解释(一)》第1条作了类似的规定。

赵某阳对该损失的80%即743,972.70元承担连带赔偿责任。[①] 因原告尚欠被告赵某阳的工程款为538,029.54元,故被告赵某阳还应赔偿原告的损失为205,943.16(743,972.70－538,029.54)元,被告湖南三建对该款项承担连带赔偿责任。

二审法院认为:赵某阳是涉案工程的实际施工人,系借用湖南三建的资质与叶某签订《建筑安装工程承包合同》,该合同因违反法律强制性规定,应属无效。原告无商品房开发资质,从事商品房开发经营活动违法,同时,其选择无资质的赵某阳作为涉案工程的实际施工人,存在一定的过错。而赵某阳借用湖南三建的资质,未按进度要求施工,亦存在一定的过错。因此,原告与赵某阳均存在一定的过错,且过错相当,一审酌定原告与赵某阳损失承担比例为2∶8不当,本院确定损失承担比例为5∶5为宜。同时,二审法院认为,原告欠付涉案工程款的数额大于赵某阳应承担的损失数额,故对原告的诉讼请求不予支持。因此,判决撤销一审判决,驳回了原告的全部诉讼请求。

## 【判例五】被挂靠人向发包人承担损失后,有权就挂靠人应承担的部分向其追偿[②]

2012年10月17日,荣翔公司与罗某平签订了《工程项目经济责任承包合同》,约定罗某平承包荣翔公司承建的"人民医院门诊综合大楼平基土石方工程"(以下简称涉案工程)。同日,罗某平向荣翔公司出具《承诺书》1份,承诺项目所签订的施工合同中的一切条款,施工中出现的一切工程质量、保修和施工中发生的安全事故及经济损失和相关责任,施工中发生的一切债权债务均由罗某平承担;罗某平按合同价款1.5%向荣翔公司上交管理费。

2012年10月31日,荣翔公司与工程发包方人民医院、渝高公司签订了《施工合同》,之后罗某平实际施工了涉案工程。

2013年2月3日,涉案工程发生基坑边坡滑塌的施工事故。发包方人民医院、渝高公司就此向荣翔公司提起诉讼,诉讼过程中,法院冻结荣翔公司账户存款3,000,000元。该案经法院终审判决,荣翔公司承担30%的赔偿责任,共计3,311,927.90元。诉讼中,罗某平支付恒庆律师事务所律师费60,000元。荣翔公司支付鉴定费150,000元、二审诉讼费19,611.97元,另支付振雄律师事务所律师费300,000元。荣翔公司因该案被法院分别执行款项3,000,000元、3,386,666.75

① 《建设工程司法解释(二)》废止后,《新建设工程司法解释(一)》第7条作了同样的规定。

② 参见江西省景德镇市中级人民法院(2019)赣02民终564号民事判决书。

元。另查明,2013 年 1 月 7 日,该项目发生工伤事故。2016 年 9 月,荣翔公司被法院执行工伤赔偿款 202,940 元、诉讼费 2940 元,共计 205,880 元。

荣翔公司向法院提起诉讼,请求判决被告罗某平承担原告损失共计 4,062,158.72 元,并赔偿原告因第三方诉讼保全 3,000,000 元的损失(从法院保全之日 2014 年 11 月 3 日开始至付清期间的银行利息)。

一审法院认为:被告罗某平以原告荣翔公司的名义承建涉案工程,属挂靠行为,双方签订的《工程项目经济责任承包合同》因违反了法律禁止性规定,为无效合同。但罗某平是涉案工程的实际施工人,依据《建设工程司法解释》第 26 条“实际施工人以转包人、违法分包人为被告起诉的,人民法院应当依法受理”的规定,①罗某平作为工程项目的实际施工人有向荣翔公司主张工程款的权利,同时根据权利义务相一致性,罗某平也应承担建设该工程项目的各类风险。罗某平向荣翔公司出具的《承诺书》虽然对外无效,但依据诚实信用原则,对双方仍应具有约束力,荣翔公司因该工程承担、垫付的合理损失,罗某平应予返还。

关于具体损失的承担,一审法院具体分析如下:

1. 关于赔偿款。原告荣翔公司被执行扣划的 3,386,666.75 元、205,880 元分别为生效裁判文书确认的工程边坡滑塌事故赔偿款和工伤事故赔偿款。这些款项均为建设涉案工程所发生,而荣翔公司并未实际参与该工程的施工,对欠款的产生并无过错,作为实际施工人的罗某平应予偿还。

2. 关于律师费、鉴定费及诉讼费。荣翔公司聘请振雄律师事务所律师的费用 300,000 元,被告罗某平不知情,且双方此前经协商已聘请了恒庆律师事务所律师作为代理人,罗某平也支付了 60,000 元律师费,故该笔 300,000 元律师费的发生不具必要性,应由荣翔公司自行承担;荣翔公司支付的 150,000 元鉴定费,法院的终审判决中确认由荣翔公司承担 30%,即 45,000 万元,罗某平应予偿还;荣翔公司支付的二审上诉费 19,611.97 元,罗某平明确反对上诉,二审的审理结果也未支持荣翔公司上诉理由,该笔费用不具合理性,由荣翔公司自行承担。

由上,被告罗某平应偿还原告荣翔公司的代偿款为 3,386,666.75 + 205,880 + 45,000 = 3,637,546.75(元)。

3. 关于存款冻结的损失。荣翔公司账户的 3,000,000 元存款被冻结,必然增加荣翔公司的企业资金运营成本,该冻结因工程质量产生,作为实际施工人罗某平应

① 《建设工程司法解释》废止后,《新建设工程司法解释(一)》第 43 条作了类似的规定。

予赔偿，该损失以银行机构一年期存款基准利率与贷款基准利率的利率差计算较为合理，因各时间段基准利率变动，一审法院酌定按年利率3%计算。

综上，判决被告罗某平偿还原告荣翔公司代付款3,637,546.75元，同时赔偿荣翔公司利息损失（以年利率3%计算，自2014年11月3日起按本金3,000,000元计算至实际清偿之日）。

罗某平不服一审判决，提起上诉。二审法院具体意见如下：

1. 罗某平与荣翔公司签订的《工程项目经济责任承包合同》违反了法律禁止性规定，属无效合同。在合同无效的基础上，应当依照《合同法》第58条和《民法总则》第157条的规定进行处理，即通过判断双方是否存在过错，进行各自应承担责任份额的界定。①

2. 罗某平明知自身不具备承建建筑工程资质，明知法律禁止在建设工程中采用挂靠借用资质的方式承建工程，却仍然试图通过与荣翔公司签订承包合同借用其资质进行工程承建，其主观上存在过错，应当对其所承建工程中所造成的损失承担直接责任。荣翔公司作为具备资质的建筑企业，应明知法律禁止企业出借资质给第三方进行承揽施工，其出借资质允许他人以其名义承揽工程，对建筑市场秩序造成一定的影响，对承包合同的订立、履行均存在一定过错，对罗某平承建工程造成的损失亦应承担一定责任。虽然罗某平向荣翔公司出具《承诺书》，承诺施工中一切安全事故及经济损失和相关责任均由其承担，但该份承诺并不能免除荣翔公司因其过错而应承担的责任。否则，将助长建筑市场上有资质企业出借资质的不良风气，有违社会公序良俗。

3. 根据《建设工程司法解释（二）》第4条的规定，当借用资质的实际施工人在施工中造成损失的，权利人可以请求实际施工人或被挂靠人（出借资质企业）承担赔偿责任，被挂靠企业在履行赔偿责任后，可依据双方的过错程度向实际施工人进行追偿。② 本案中，荣翔公司因罗某平承建的工程出现事故而承担了赔偿责任后，可就相应损失中罗某平应承担部分向其进行追偿。

---

① 《合同法》第58条规定："合同无效或者被撤销后，因该合同取得的财产，应当予以返还；不能返还或者没有必要返还的，应当折价补偿。有过错的一方应当赔偿对方因此所受到的损失，双方都有过错的，应当各自承担相应的责任。"《民法总则》第157条规定："民事法律行为无效、被撤销或者确定不发生效力后，行为人因该行为取得的财产，应当予以返还；不能返还或者没有必要返还的，应当折价补偿。有过错的一方应当赔偿对方由此所受到的损失；各方都有过错的，应当各自承担相应的责任。法律另有规定的，依照其规定。"《民法典》第157条对此作了与《民法总则》第157条相同的规定。

② 《建设工程司法解释（二）》废止后，《新建设工程司法解释（一）》第7条作了同样的规定。

4. 关于损失的金额界定。荣翔公司被法院执行扣划的3,386,666.75元、205,880元分别为生效裁判文书确认的工程边坡滑塌事故赔偿款和工伤事故赔偿款,上诉两笔款项应计入施工工程造成的损失中;荣翔公司另行聘请的振雄律师事务所律师并未与罗某平进行协商,且此前双方已经协商聘请了恒庆律师事务所律师作为代理人,故荣翔公司后续的聘请律师行为不具必要性,该笔费用不应计入损失中;双方协商聘请律师的60,000元,应当计入损失费用中;法院判决确认荣翔公司承担鉴定费的30%,即45,000元,该笔费用亦应计入损失;荣翔公司在罗某平明确反对上诉,且上诉未获支持的情况下,荣翔公司支付的二审上诉费19,611.97元不具合理性,不应纳入该工程损失。综上所述,上述损失共计3,697,546.75(3,386,666.75+205,880+60,000+45,000)元,其中罗某平实际支付60,000元,荣翔公司实际支付3,637,546.75元。

鉴于罗某平与荣翔公司就签订承包合同(实质为挂靠协议)借用资质承建工程均存在过错,本院酌定双方的过错程度8:2,即罗某平应当就承建工程所造成的损失承担80%(3,697,546.75元×80%=2,958,037.4元),荣翔公司应当承担损失的20%(3,697,546.75元×20%=739,509.35元)。因此荣翔公司可向罗某平追偿2,898,037.4(3,637,546.75-739,509.35)元。

5. 关于荣翔公司被冻结的3,000,000元存款是否应纳入损失。企业被冻结金额较大的银行存款,必然会对企业资金运营成本造成影响。该成本的增加是否应纳入损失中计算,应当判断荣翔公司作为被挂靠企业是否具备主观过错从而导致财产保全的产生。本案中,财产保全是在因罗某平所承建工程造成事故导致的诉讼过程中进行,而非在生效判决执行阶段进行的冻结,荣翔公司主观上不具备恶意,故因财产保全导致的企业运营成本增加应当纳入损失计算。因该增加成本难以明确,一审法院以银行机构一年期存款基准利率与贷款基准利率的利率差计算,酌定按年利率3%计算并无不当。罗某平应当承担上述损失的80%,荣翔公司承担20%。

综上,二审法院判决撤销一审判决,判决罗某平偿还荣翔公司代付款2,898,037.4元,并赔偿荣翔公司利息损失的80%(以年利率3%计算,自2014年11月3日起按本金3,000,000元计算至实际清偿之日)。

## 【判例六】挂靠人与被挂靠人对外商事行为的责任承担①

2014年,泰晟建筑公司中标镇政府公租房工程。2014年7月28日,泰晟建筑公司(甲方)与高某(乙方)签订了《项目工程内部经营承包合同》,约定:"甲方为加强内部管理,根据国家项目经理负责制并结合企业实际,将该工程的经营管理按项目管理法承包给乙方,乙方以个人资产进行风险抵押承包,实行单独核算,自负盈亏。"

2014年8月1日,高某又将该工程的劳务部分分包给了阳某喜,并签订了《劳务分包合同》。阳某喜按照合同约定进行了施工。该工程于2015年6月竣工。

2018年3月2日,高某给阳某喜出具了欠条,主要内容为:"本人高某,2015年泰晟建筑公司修建镇政府公租房,结算后下欠阳某喜人工费110,000元整,欠款人高某。"高某在该欠条上签字并捺印。

阳某喜向法院提起诉讼,请求判令泰晟建筑公司、高某连带向阳某喜支付劳务费110,000元及利息。

庭审中,泰晟建筑公司承认高某系借用其资质,双方为挂靠经营的关系。

一审法院认为:承包人非法转包、违法分包建设工程或者没有资质的实际施工人借用有资质的建筑施工企业名义与他人签订建设工程施工合同的行为无效。但涉案工程已经竣工验收合格,阳某喜作为案涉工程的劳务承包人,有权请求给付涉案工程的劳务价款。因泰晟建筑公司、高某之间系挂靠经营关系,故应承担连带付款责任。因此,判决高某、泰晟建筑公司连带向阳某喜给付欠款110,000元及利息。

二审法院认为:泰晟建筑公司中标涉案工程后,以内部挂靠的方式将该工程转包给高某,高某将工程劳务部分分包给阳某喜。工程完工后,阳某喜与高某进行了结算,高某欠付阳某喜人工费110,000元。现阳某喜向泰晟建筑公司主张该欠付的110,000元人工费,但其并未举出充分证据证明高某的行为系代表泰晟建筑公司履行职务的行为,也未举出充分证据证明高某的行为在客观上形成具有代理权的表象,阳某喜应自行承担举证不能的不利后果。

关于阳某喜所称"根据《建设工程司法解释(二)》第4条的规定,本案已经突破合同相对性原则,泰晟建筑公司应当承担支付义务"的意见,二审法院认为,《建设工程司法解释(二)》第4条适用的情形是发包人请求实际施工人和被挂靠人承担

---

① 参见四川省南充市中级人民法院(2019)川13民终2973号民事判决书。

工程质量责任,不适用于本案的情形,一审判决泰晟建筑公司承担连带付款责任不当,本院依法予以纠正。因此,判决撤销一审判决,由高某向阳某喜给付欠款110,000元及利息,驳回了阳某喜的其他诉讼请求。

**第八条 【实际开工日期的认定】**

当事人对建设工程开工日期有争议的，人民法院应当分别按照以下情形予以认定：

（一）开工日期为发包人或者监理人发出的开工通知载明的开工日期；开工通知发出后，尚不具备开工条件的，以开工条件具备的时间为开工日期；因承包人原因导致开工时间推迟的，以开工通知载明的时间为开工日期。

（二）承包人经发包人同意已经实际进场施工的，以实际进场施工时间为开工日期。

（三）发包人或者监理人未发出开工通知，亦无相关证据证明实际开工日期的，应当综合考虑开工报告、合同、施工许可证、竣工验收报告或者竣工验收备案表等载明的时间，并结合是否具备开工条件的事实，认定开工日期。

## 条文主旨

本条对开工日期的认定作了规定。

## 条文精解

### 一、关于记载开工日期的文件及其证明力

本条提及的可能载明开工日期的文件包括开工通知、开工报告、合同、施工许可证、竣工验收报告、竣工验收备案表等。在实践中，上述文件的内涵和文件所载明的开工日期的证明力有所不同。具体说明如下：

（一）开工通知

实践中常用的示范合同文本一般以开工通知载明的开工日期作为工程开工日期。

表2 常用示范合同开工日期规定

| 序号 | 示范合同 | 条款号 | 内容 |
|---|---|---|---|
| 1 | 《FIDIC 施工合同条件》(1999 版) | 1.1.3.2;8.1 | 开工日期即为工程师通知工程开工的日期 |
| 2 | 《2017 版施工合同示范文本》 | 1.1.4.1;7.3.2 | 实际开工日期是指监理人按照第7.3.2项〔开工通知〕约定发出的符合法律规定的开工通知中载明的开工日期 |
| 3 | 《标准施工招标文件》(2007 年版) | 1.1.4.2;11.1 | 开工日期是指监理人按第11.1款发出的开工通知中写明的开工日期 |

不同于合同协议书中约定的计划开工日期,上述条款中规定的开工通知所载明的开工日期指的是实际开工日期。

如果当事人采用上述示范文本,或者未采用示范文本但约定以开工通知作为实际开工日期,或者发包人、监理人以开工通知的形式批准承包人的开工申请的,开工通知即反映了当事人的合意。因此,当事人就开工日期发生争议时,应当以开工通知所载明的开工日期作为建设工程的开工日期。

(二)开工报告

开工报告一般表现为开工报审表的形式,是承包人在开工前向发包人上报的申请开工的文件。该文件中所载开工日期应当为承包人申请开工的日期。

一般情况下,为提高施工效率,承包人会希望开工前的施工条件准备得更加充分,而不是在施工条件不充分的条件下匆忙开工。但是,一旦完成施工准备,承包人又会积极促成早日开工,以免造成窝工。发包人则会力主尽早开工,以实现自身更大的利益。而监理人需要审查承包人报送的开工报审表及相关资料,确认具备开工条件的方可签发开工通知。在此种情况下,开工报告的申报虽然仅是承包人的单方行为,但其很可能会被发包人和监理人批准,甚至在申报前三方已经口头达成了一致。当然,某些情况下,发包人也可能要求承包人将其申报的开工日期提前,双方及监理人可能会就此重新进行协调,由承包人重新申报开工报审表。而且,通常来说,即使承包人、监理人同意将开工日期提前,其与开工报告所载明的开工日期也不会相差很大。

因此,在无开工通知证明开工日期的情况下,开工报告中所载开工日期具有较高的证明力。

（三）合同协议书

正式的建设工程施工合同一般包括合同协议书、专用合同条款、通用合同条款等内容。当事人通常在建设工程施工合同的合同协议书中约定开工日期。

虽然合同协议书一般在合同中处于最优先的地位，但由于在签订合同时具体的工程开工时间尚不明确，当事人在合同协议书中约定的开工日期大多是预估的、计划性的。

《2017版施工合同示范文本》第1.1.4.1目规定，开工日期包括计划开工日期和实际开工日期；计划开工日期是指合同协议书约定的开工日期。

由此可见，虽然合同协议书中约定的开工日期是合同当事人意思表示一致的结果，但由于其计划性，不宜将其作为确定开工日期的直接依据。

（四）施工许可证

一般来说，施工许可证中载明的开工日期与发包人在《施工许可证申请表》中所填写的内容一致。①

理论上，建设行政主管部门（发证机关）可在审批前到施工场地进行现场踏勘，但在实践中，现场踏勘、核实工作存在很多困难。在此种情况下，《施工许可证申请表》中填写的开工日期可能具有一定的随意性。对于按规定程序办理施工许可证的工程，该日期可能具有预估的特征，不一定符合工程现场实际情况；对于在实际开工后办理施工许可证的工程，该日期可能会晚于工程实际开工日期，以满足行政管理的要求。

从意思表示的角度来看，施工许可证中载明的开工日期往往不能反映合同当事人的合意。由此可见，施工许可证中载明的开工日期不宜作为确定开工日期的直接依据。

（五）竣工验收记录表

竣工验收记录表中载明的开工日期是各方对工程实际开工日期的事后记载。但需要注意的是，在竣工验收过程中，相对于开工日期等程序事项，各方更关注的是工程的实体质量。换言之，虽然勘察、设计、施工、监理和建设单位会在竣工验收

① 在北京市，办理房屋建筑工程施工许可证时，并不要求填写工程的开、竣工日期，只要求填写工期天数，施工许可证上也没有工程开、竣工日期，只有工期天数。

记录表上签字确认，但各当事方一般更注重对工程实体质量的检查，对表格具体内容，尤其是开、竣工日期则往往不太重视，实践中也常常有不填写竣工验收日期的情形发生。在此种情况下，如果竣工验收记录表的填表人所填写的开工日期不够准确或对其存在错误理解，则该表中载明的开工日期与工程的实际开工日期可能存在出入。

笔者认为，在既无开工通知也无开工报告的情况下，竣工验收记录表中载明的开工日期具有一定的证明力，但其能否作为确定工程实际开工日期的依据，需要结合其他证据进行综合判断。

（六）竣工验收备案表

竣工验收备案表是发包人向建设行政主管部门进行竣工验收备案时提交的表格。

有观点认为，鉴于竣工验收备案表是向行政机关出具的，因此证明力较强。[①]但笔者认为，由于涉及行政部门的监管，竣工验收备案表中载明的开工日期不一定能反映工程的实际开工情况。特别是在工程未取得施工许可证即开工的情况下，发包人出于种种考虑，在该表中填写的开工日期可能会与施工许可证办理的日期保持协调，而与工程实际开工日期并不一致。在此种情况下，竣工验收备案表的证明力可能还要弱于竣工验收记录表。因此，不宜仅因竣工验收备案表是向行政机关出具的材料就认为其证明力较高，还应综合考量其他证据材料进行判断。

## 二、关于开工日期认定的典型问题分析

（一）未取得施工许可证条件下的开工日期认定

《施工许可管理办法》第3条规定："本办法规定应当申请领取施工许可证的建筑工程未取得施工许可证的，一律不得开工。"值得探讨的问题是，建设工程在未取得施工许可证即开工的情况下，开工日期应如何认定？

笔者认为，司法实践中确定开工时间的目的在于确定工程的实际工期，从而判断工程是否在约定的工期内完工。开工日期和实际工期本质上是一个事实认定问题，并不涉及价值判断，因此，工程是否取得施工许可不应影响当事人约定的工程

① 参见最高人民法院民事审判第一庭编著：《最高人民法院建设工程施工合同司法解释（二）理解与适用》，人民法院出版社2019年版，第132页。

开工日期或者实际开工日期。

值得注意的是，根据《2017版施工合同示范文本》第1.1.4.1目、第7.3.2项的规定，开工通知的发出应以发包人取得施工许可为前提条件。[①] 笔者认为，该示范文本一旦被当事人采用，即成为约束当事人（私主体）的合同，而上述条款在开工通知的定义中附加了过多的行政监管色彩，并不妥当。相比之下，《标准施工招标文件》（2007年版）的规定更为合理。[②]

同时，施工许可证也不应因建设行政主管部门的签发而当然具有更高的证明力。如前所述，由于施工许可证中载明的开工日期往往不能反映合同当事人的合意，也不一定能够反映工程现场的实际状况，因此，其不宜作为确定开工日期的直接依据。当然，在无相关证据证明实际开工日期的情况下，施工许可证可以作为确定开工日期的参考因素。

### （二）承包人提前进场施工时开工日期的认定

本条第2项规定："承包人经发包人同意已经实际进场施工的，以实际进场施工时间为开工日期。"对于该规定，以下几个问题值得进一步讨论：

第一，实践中，承包人一般会在开工通知所载明的开工日期之前提前进场，以便进行临时设施的搭建、水准点和坐标点交接等施工准备工作。在当事人严格按照法定建设程序取得施工许可的情况下，如果有证据证明承包人经发包人同意在开工通知所载开工日期之前进行了实际施工，可以认为，双方合意变更了工程的开工日期。此种情况下，应当以承包人实际施工的日期作为工程的实际开工日期。

第二，实际施工日期与开工通知所载开工日期不一致，大多出现在发包人未取得施工许可证却要求承包人提前施工的情形中。具体而言，为规避自身责任，在发包人取得施工许可证之前，监理人往往不会签发书面的开工通知，于是就产生了实际施工日期与开工通知所载开工日期不一致的问题。许多工程是在施工期间才取

---

① 《2017版施工合同示范文本》第1.1.4.1目规定，实际开工日期是指监理人按照第7.3.2项〔开工通知〕约定发出的符合法律规定的开工通知中载明的开工日期；第7.3.2项规定，发包人应按照法律规定获得工程施工所需的许可。

② 《标准施工招标文件》（2007年版）第1.1.4.2目规定，开工日期是指监理人按第11.1款发出的开工通知中写明的开工日期。第11.1.1项规定："监理人应在开工日期7天前向承包人发出开工通知。监理人在发出开工通知前应获得发包人同意。工期自监理人发出的开工通知中载明的开工日期起计算。承包人应在开工日期后尽快施工。"第11.1.2项规定："承包人应按第10.1款约定的合同进度计划，向监理人提交工程开工报审表，经监理人审批后执行。开工报审表应详细说明按合同进度计划正常施工所需的施工道路、临时设施、材料设备、施工人员等施工组织措施的落实情况以及工程的进度安排。"

得施工许可证的。监理人在取得施工许可证后签发的开工通知，既不能反映工程的实际状况，也不是合同当事人的真实意思表示，其目的仅在于规避行政监管，进而使开工通知所载时间和施工许可证所载时间保持协调。因此，在这种情况下，应当以承包人实际施工的时间作为工程的实际开工日期。

第三，如前所述，由于承包人一般会在开工通知所载明的开工日期之前提前进场进行施工准备，故本条中的“实际进场施工时间”不是承包人“实际进场”的时间，而应指其“实际施工”的时间。

需要注意的是，由于当事人对实际施工时间往往并无具体约定，而施工准备和实际施工又是一个连续的过程，因此，确定承包人的实际施工时间也存在一定的困难。对于施工总承包工程，可以将工程定位测量的开始时间确定为开始施工的时间；对于专业工程，可以将相应工程的定位测量开始时间确定为其开始施工的时间，等等。一般来说，临时设施搭建、设备调试、水准点、坐标点交接、图纸会审、施工组织设计编制与报审、施工界面的交接等，均是施工准备的一部分。当然，由于合同约定、工程类型、现场施工条件和施工顺序的不同，实际施工时间的确定也会有所不同，需要结合具体个案的实际情况进行判断。

## 深度研讨

在实践中，开工条件的具备一般主要包括以下几个方面：(1)建筑工程施工许可证已经领取；(2)设计交底和图纸会审已完成；(3)施工组织设计已经发包人或监理人审核确认；(4)施工单位现场质量、安全生产管理体系已建立，管理及施工人员已到位；(5)施工机械具备使用条件，主要工程材料已落实；(6)进场道路及水、电、通信等已满足开工要求，等等。

如前所述，在当事人约定以开工通知作为实际开工日期或发包人、监理人以开工通知的形式批准承包人的开工申请的，开工通知即反映了当事人的合意。除非当事人就此重新达成一致，因施工许可证、设计图纸、施工现场、“人材机”准备等未达到开工条件的，不应影响开工通知的效力。因此，在开工通知发出后，尚不具备上述开工条件的，开工日期仍应以开工通知为准，非归责一方有权依据此开工日期向对方主张工期及费用的索赔。

然而，根据本条第1项的规定，开工通知发出后，尚不具备开工条件的，以开工条件具备的时间为开工日期。该项规定可能会导致以下问题：

第一，该项规定可能导致承包人无法主张窝工损失。如果承包人按照开工通知的要求进场并完成施工准备之后，因发包人原因导致不具备开工条件，承包人就会发生窝工损失。若以具备开工条件的时间为开工日期，则不会发生工期索赔的问题。具体而言，对于此类窝工损失，承包人难以向发包人索赔。因此，本条第 1 项的规定直接“代替”当事人对工期进行了顺延，表面上似乎是保护了承包人的利益，[①]而实际上却可能会导致承包人失去索赔工期损失的理由。

第二，该项规定脱离了国际惯例。在国际工程中，一般以开工通知载明的开工日期作为工程开工日期。因开工条件等因素导致工程未能按时开工的，工程开工日期并不随之变化，当事人可以通过工期索赔的方式来解决工期顺延和费用索赔问题。这在国际工程界几乎成为一种行业惯例。本条规定未能与国际接轨，对我国承包商在“走出去”过程中更好地适应国际规则是不利的。

## 实务判例

### 【判例一】开工后办理施工许可证对工期逾期责任认定的影响[②]

2016 年 5 月 26 日，滕泰公司与欣海公司就某厂区签订了《一期工程施工合同》。该合同约定，由滕泰公司承建该厂区建设工程，合同总价款 2388.6 万元，开工日期为 2016 年 6 月 1 日，竣工日期为 2017 年 6 月 1 日。合同约定的工程款支付办法为：至 2016 年 7 月 30 日，计量的工程量完成超过合同总工程量的 70%，报验合格后 10 天内，甲方（欣海公司）支付合同总价款的 30%；至 2016 年 11 月 30 日，乙方（滕泰公司）完成的全部工程量经甲方审核通过作为本次结算的依据，核定通过后 10 日内，甲方支付到核定工程款的 70%（包含已支付的工程款）。同时，合同约定了甲方不按约付款和因乙方原因导致工程逾期的违约责任。合同签订后，滕泰公司对厂区一期工程进行了建设施工，但工程未全部完成，至今未进行竣工验收。

后滕泰公司向法院提起诉讼，请求判决欣海公司向其支付工程款 1300 万元、违约金 130 万元，并赔偿其窝工、误工损失 50 万元。欣海公司提起反诉，请求判决解除《一期工程施工合同》，并判决滕泰公司依约支付延期完工的违约金 238.86 万

① 《最高人民法院建设工程施工合同司法解释（二）理解与适用》一书认为：“考虑到实践中可能发生发包人或监理人发出开工通知而实际施工条件并不具备的情形，为维护承包人利益，司法解释规定这种情况以开工条件具备的日期为实际开工日期。”参见最高人民法院民事审判第一庭编著：《最高人民法院建设工程施工合同司法解释（二）理解与适用》，人民法院出版社 2019 年版，第 124 页。

② 参见甘肃省高级人民法院（2019）甘民终 289 号民事判决书。

元。庭审中,工程逾期的责任认定成为争议焦点之一。

一审法院认为,虽然滕泰公司提出其未能按期完工系欣海公司未能及时取得用地规划许可、工程规划许可等所导致,但滕泰公司在签订涉案合同后即开始施工,且其未能提供因没有相关建筑证书而被有关部门责令停工的证据,故滕泰公司的该抗辩理由不能成立。同时,根据合同约定,至2016年7月30日,滕泰公司完成超过合同总工程量的70%,报验合格后10天内,欣海公司支付合同总价款的30%。但经鉴定,滕泰公司已完工程价款为905.16万元,合同总价款为2388.6万元,已完工程量未达到工程总量的70%,故滕泰公司既未按照合同约定的期限完工,也未按照合同约定的期限在首笔工程款支付时达到合同约定的工程量,应承担违约责任。

二审审理期间,滕泰公司提交《催办通知书》3份(分别形成于2016年8月8日、2016年8月9日、2016年8月8日)、《建设工程停止施工通知书》1份(形成于2016年9月7日),以证明欣海公司因没有办理建设工程规划许可证、建设工程开工许可证而被政府部门停工,导致上诉人无法施工。滕泰公司认为,涉案合同关于工期及工程进度的约定因违反建筑管理相关法律强制性规定无效,涉案开工日期应当自欣海公司办理完毕规划许可证和开工许可证开始计算。欣海公司经质证认为,《催办通知书》内容是催办工程安全备案,证明施工单位没有按照相关安全规定施工,与滕泰公司欲证明的事项没有关联性,而且反证了未按时办理开工证没有影响施工。而《建设工程停止施工通知书》中停工的6项内容均要求滕泰公司按安全要求组织施工,与开工许可证没有关系。同时,欣海公司提交了市产业园管委会出具的《证明》,证明未因欣海公司手续问题要求企业停工。

二审法院查明,案涉工程建设用地规划许可证于2015年11月15日取得,建设工程规划许可证于2016年1月21日取得,建筑工程施工许可证于2017年4月27日取得。

二审法院认为,由于本案不存在违反法律禁止性规定导致合同无效的情形,故滕泰公司主张工期及工期进度的合同约定无效理由缺乏法律依据。关于滕泰公司开工日期如何认定的问题,二审法院认为,庭审中双方均认可滕泰公司于2016年6月1日准时入场。根据《建设工程司法解释(二)》第5条的规定,①承包人经发包人同意已经实际进场施工的,以实际进场施工时间为开工日期。因此,本案开工日期应当认定为2016年6月1日。而欣海公司提交的《证明》明确,未因欣海公司手续

① 《建设工程司法解释(二)》废止后,《新建设工程司法解释(一)》第8条作了相同的规定。

问题要求企业停工,庭审中滕泰公司亦认可停工后尚有零星施工,且其提供的窝工损失证据中,部分租赁费确认单的费用截止日为2016年9月6日,与2016年9月7日下发的《建设工程停止施工通知书》不相吻合,故现有证据不能充分证明滕泰公司2016年9月的停工是因欣海公司未能按时办理施工许可证造成。而且,滕泰公司在取得施工许可证后亦未就复工事宜与欣海公司协商,在停工之前,滕泰公司施工进度也严重延迟,欣海公司也不存在付款迟延的事实。因此,滕泰公司存在主要违约行为,应承担相应违约责任。

## 【判例二】开工日期的确定[①]

2010年10月30日、2011年3月4日光远公司经招投标,分别中标了明瑞达公司开发的某职业学院住宅一标段、二标段和三标段的工程。2010年11月15日,光远公司与明瑞达公司就一标段签订《建设工程施工合同》,合同约定的开工日期为2010年11月20日,竣工日期为2011年10月15日,合同工期总日历天数330天。

2011年3月4日,光远公司与明瑞达公司又就二标段、三标段工程分别签订两份《建设工程施工合同》,合同约定的开工日期均为2011年3月20日,竣工日期均为2012年2月13日,合同工期总日历天数330天。

光远公司向一审法院提起诉讼,请求判令明瑞达公司支付欠付工程款及逾期付款利息。明瑞达公司提出反诉,请求判令光远公司支付因工程逾期给明瑞达公司造成的损失478.04万元。

本案中,光远公司是否应当承担工期逾期的违约责任成为争议焦点之一。

一审法院认为:从现有证据材料及查明的事实看,本案所涉工程在施工过程中,存在工程设计变更、工程量增减、甲供材料不及时、工程施工管理不规范影响工程进度等情况。由于光远公司未依合同约定向明瑞达公司及监理公司提出工期延误或顺延的相关材料,也没有提交充分的证据证明工期延长已经过监理公司及明瑞达公司的相应认可,故其对本案工程逾期存在一定的违约行为。而明瑞达公司则未按《建设工程施工合同》的约定及时向光远公司提供甲供材料,也未按约定的时间节点支付相应的工程进度款,其行为也存在违约,应承担相应的违约责任。根据《合同法》第120条的规定,双方均存在违约的情况下,相应损失应各自承担。[②]明瑞达公司提出的上述主张及反诉请求证据不充分,理由不能成立,不予支持。因

---

① 参见云南省高级人民法院(2019)云民终10号民事判决书。

② 《合同法》废止后,《民法典》第592条作了类似的规定。

此,一审判决驳回明瑞达公司的反诉请求。

二审法院经审理另确认:涉案工程施工期间,监理月报载明:因图纸和混凝土原因导致工期延误共计 50 天;因钢筋、混凝土和人员原因导致工期延误共计 80 天。明瑞达公司自 2011 年 3 月 11 日至 2013 年 1 月 17 日,共向光远公司发出因停水、停电要求停工的通知书共 12 次,涉及停工天数 33 天。

二审法院认定如下:

第一,关于合同工期问题,涉案工程分别针对三个标段签订了《建设工程施工合同》,针对一标段签订的合同约定的工期为 330 天,针对二、三标段签订的合同约定的工期为 330 天,由于各个标段由光远公司下属不同工程处负责施工,开工时间各不相同,且各工程处所施工范围不能以各标段的工程内容进行区分和对应,故应当将工期相加,视为涉案工程的合同工期,即涉案工程的合同工期为 660 天。①

第二,关于实际工期问题,《建设工程司法解释(二)》第 5 条规定:"当事人对建设工程开工日期有争议的,人民法院应当分别按照以下情形予以认定:(一)开工日期为发包人或者监理人发出的开工通知载明的开工日期;开工通知发出后,尚不具备开工条件的,以开工条件具备的时间为开工日期;因承包人原因导致开工时间推迟的,以开工通知载明的时间为开工日期。(二)承包人经发包人同意已经实际进场施工的,以实际进场施工时间为开工日期。(三)发包人或者监理人未发出开工通知,亦无相关证据证明实际开工日期的,应当综合考虑开工报告、合同、施工许可证、竣工验收报告或者竣工验收备案表等载明的时间,并结合是否具备开工条件的事实,认定开工日期。"本案中,发包人和监理方未发出过开工通知,而《建设工程竣工验收备案表》所载明的开工日期(2010 年 11 月 15 日)却早于合同约定的最早开工时间(2010 年 11 月 20 日),结合光远公司向明瑞达公司发出的《开工报告》,以及涉案工程确实存在多标段、多栋号工程的开工时间不尽一致,及光远公司提交的证据中所反映出的进场后图纸未交底、甲供材料不到位等开工条件不具备的情况,本院结合第一份施工签证形成的时间和光远公司的自认,认定涉案工程的实际开工时间为 2011 年 1 月 19 日。至涉案工程全部竣工验收之日(2014 年 9 月 29 日),涉案工程实际施工 1345 天。

第三,从光远公司就工期问题提交的反驳证据分析,涉及工程设计变更的证据仅能证明在合同履行的过程中确实发生了设计变更的事实,但并不能证明发包人

---

① 笔者认为,660 天可能是法院酌定的一个结果。

或监理方同意因设计变更而顺延工期。

第四，监理月报中，因发包人图纸和混凝土原因导致工期延误50天，应由发包人承担责任；因钢筋、砼、人员原因导致工期延误80天，应由发包人和承包人各承担工期延误40天的责任；明瑞达公司向光远公司发出因停水、停电通知停工的通知书共12次，合计33天，此停工非因承包人原因导致，应当从实际工期中扣除，其余通知均为光远公司向下属工程处发出，相关报告也不能证明明瑞达公司同意工期顺延的事实。

综上，二审法院认定光远公司存在工期延误562天（实际工期1345天－合同工期660天－发包人原因停工90天－停水停电原因停工33天）的违约事实，因此，酌情认定光远公司应承担的工期违约导致的损失为100万元。

**第十条 【工期顺延的认定】**

当事人约定顺延工期应当经发包人或者监理人签证等方式确认,承包人虽未取得工期顺延的确认,但能够证明在合同约定的期限内向发包人或者监理人申请过工期顺延且顺延事由符合合同约定,承包人以此为由主张工期顺延的,人民法院应予支持。

当事人约定承包人未在约定期限内提出工期顺延申请视为工期不顺延的,按照约定处理,但发包人在约定期限后同意工期顺延或者承包人提出合理抗辩的除外。

## 条文主旨

本条对工期顺延的认定作了规定。第 1 款对无工期签证情形下工期顺延的认定作了规定;第 2 款则明确了索赔条款的效力,并规定了承包人提出合理抗辩的例外情形。

## 条文精解

### 一、无签证情形下的工期顺延问题

工程签证是指发包人或承发包双方及其代理人,就施工过程中涉及的影响当事人权利义务的事件所作的签认证明。[①]《2013 版清单计价规范》对现场签证所作的定义为:"发包人现场代表(或其授权的监理人、工程造价咨询人)与承包人现场代表就施工过程中涉及的责任事件所作的签认证明。"根据工程签证的内容及其目的,可以将其分为费用签证、工期签证、工程量签证和综合签证。本条第 1 款所称的签证可以理解为工期签证。

然而,工期签证并非承包人顺延工期的唯一依据,当事人在建设工程合同中一般均会对工期顺延的事由进行约定。以《2017 版施工合同示范文本》为例,关于承包人可以要求工期顺延的合同条款总结如表 3 所示:

① 参见高印立编著:《建设工程施工合同法律实务与解析》(第 2 版),中国建筑工业出版社 2018 年版,第 228 页。

**表3 《2017版施工合同示范文本》有关承包人可以要求工期顺延的条款**

| 序号 | 条款 | 条款内容 |
|---|---|---|
| 1 | 1.6.1 图纸的提供和交底 | 因发包人未按合同约定提供图纸导致承包人费用增加和(或)工期延误的,按照第7.5.1项〔因发包人原因导致工期延误〕约定办理 |
| 2 | 1.7 联络 | 发包人和承包人应当及时签收另一方送达至送达地点和指定接收人的来往信函。拒不签收的,由此增加的费用和(或)延误的工期由拒绝接受一方承担 |
| 3 | 1.9 化石、文物 | 发包人、监理人和承包人应按有关政府行政管理部门要求采取妥善的保护措施,由此增加的费用和(或)延误的工期由发包人承担 |
| 4 | 1.10.2 场外交通 | 场外交通设施无法满足工程施工需要的,由发包人负责完善并承担相关费用 |
| 5 | 2.1 许可或批准 | 因发包人原因未能及时办理完毕前述许可、批准或备案,由发包人承担由此增加的费用和(或)延误的工期,并支付承包人合理的利润 |
| 6 | 2.4.4 逾期提供的责任 | 因发包人原因未能按合同约定及时向承包人提供施工现场、施工条件、基础资料的,由发包人承担由此增加的费用和(或)延误的工期 |
| 7 | 5.1.2 | 因发包人原因造成工程质量未达到合同约定标准的,由发包人承担由此增加的费用和(或)延误的工期,并支付承包人合理的利润 |
| 8 | 5.2.3 监理人的质量检查和检验 | 监理人的检查和检验影响施工正常进行的……经检查检验合格的,由此增加的费用和(或)延误的工期由发包人承担 |
| 9 | 5.3.3 重新检查 | 经检查证明工程质量符合合同要求的,由发包人承担由此增加的费用和(或)延误的工期,并支付承包人合理的利润…… |
| 10 | 5.4 不合格工程的处理 | 由此增加的费用和(或)延误的工期由发包人承担,并支付承包人合理的利润 |
| 11 | 7.3.2 开工通知 | 因发包人原因造成监理人未能在计划开工日期之日起90天内发出开工通知的,承包人有权提出价格调整要求,或者解除合同。发包人应当承担由此增加的费用和(或)延误的工期,并向承包人支付合理利润 |

续表

| 序号 | 条款 | 条款内容 |
|---|---|---|
| 12 | 7.5.1 因发包人原因导致工期延误 | 在合同履行过程中，因下列情况导致工期延误和(或)费用增加的，由发包人承担由此延误的工期和(或)增加的费用，且发包人应支付承包人合理的利润：<br>(1)发包人未能按合同约定提供图纸或所提供图纸不符合合同约定的；<br>(2)发包人未能按合同约定提供施工现场、施工条件、基础资料、许可、批准等开工条件的；<br>(3)发包人提供的测量基准点、基准线和水准点及其书面资料存在错误或疏漏的；<br>(4)发包人未能在计划开工日期之日起7天内同意下达开工通知的；<br>(5)发包人未能按合同约定日期支付工程预付款、进度款或竣工结算款的；<br>(6)监理人未按合同约定发出指示、批准等文件的；<br>(7)专用合同条款中约定的其他情形 |
| 13 | 7.6 不利物质条件 | 承包人因采取合理措施而增加的费用和(或)延误的工期由发包人承担 |
| 14 | 7.7 异常恶劣的气候条件 | 承包人因采取合理措施而增加的费用和(或)延误的工期由发包人承担 |
| 15 | 7.8.1 发包人原因引起的暂停施工 | 发包人应承担由此增加的费用和(或)延误的工期，并支付承包人合理的利润 |
| 16 | 8.5.3 | 发包人提供的材料或工程设备不符合合同要求的，承包人有权拒绝，并可要求发包人更换，由此增加的费用和(或)延误的工期由发包人承担，并支付承包人合理的利润 |
| 17 | 9.3.3 材料、设备和工程的检验和试验 | 监理人对承包人的试验和检验结果有异议的，或为查清承包人试验和检验成果的可靠性要求承包人重新试验和检验的，可由监理人与承包人共同进行……重新试验和检验结果证明该项材料、工程设备和工程符合合同要求的，由此增加的费用和(或)延误的工期由发包人承担 |
| 18 | 10.6 变更引起的工期调整 | 因变更引起工期变化的，合同当事人均可要求调整合同工期，由合同当事人按照第4.4款〔商定或确定〕并参考工程所在地的工期定额标准确定增减工期天数 |

续表

| 序号 | 条款 | 条款内容 |
| --- | --- | --- |
| 19 | 10.7.3 | 因发包人原因导致暂估价合同订立和履行迟延的，由此增加的费用和（或）延误的工期由发包人承担，并支付承包人合理的利润…… |
| 20 | 11.2 法律变化引起的调整 | 基准日期后，因法律变化造成工期延误时，工期应予以顺延 |
| 21 | 13.3.1 试车程序 | 监理人不能按时参加试车，应在试车前24小时以书面形式向承包人提出延期要求，但延期不能超过48小时，由此导致工期延误的，工期应予以顺延 |
| 22 | 13.3.2 试车中的责任 | 因设计原因导致试车达不到验收要求，发包人应要求设计人修改设计，承包人按修改后的设计重新安装。发包人承担修改设计、拆除及重新安装的全部费用，工期相应顺延 |
| 23 | 13.4.2 | 发包人要求在工程竣工前交付单位工程，由此导致承包人费用增加和（或）工期延误的，由发包人承担由此增加的费用和（或）延误的工期，并支付承包人合理的利润 |
| 24 | 17.3.2 | ……（4）因不可抗力影响承包人履行合同约定的义务，已经引起或将引起工期延误的，应当顺延工期，由此导致承包人停工的费用损失由发包人和承包人合理分担，停工期间必须支付的工人工资由发包人承担…… |

根据表3中的内容可知，如果有证据证明发生了合同约定的工期顺延事由，该事由与工期延长有因果关系，且承包人未放弃索赔权利的，工期应当顺延。

对于本条第1款，有以下两个问题值得讨论：

第一，发生了符合合同约定的可延长工期的事由，承包人主张工期顺延的理由是否就一定成立？

笔者认为，本条第1款关于"能够证明在合同约定的期限内向发包人或者监理人申请过工期顺延且顺延事由符合合同约定，承包人以此为由主张工期顺延的，人民法院应予支持"的规定，似不够严密。原因在于，建设工程施工进度路径存在关键线路和非关键线路之别，在不同路径上发生延误的后果不同。所谓"关键线路"是指在建设工程施工进度网络计划中，自始至终全由关键工作组成的线路。关键工作即是指如果其受到了延误,将会导致工程最终竣工日期的延误,工程“时差”为零。[1] 也就是说,关键线路上工作的延误必然会导致工程竣工日期的延误。而发生在非关键线路上的延误,当延误时间没有超过“时差”时,则不会造成总工期的延长。由此可见,即使发生了合同约定的工期顺延事由,但若该事由影响的工作发生在非关键线路上,则不一定会导致总工期的延长。

此外,发包人迟延支付工程款是否一定会导致工期延长,也需要具体问题具体分析。在发包人仅拖延支付少量比例的工程款或无证据证明迟延付款影响工程正常进度的情况下,承包人要求顺延工期的理由也不充分。在此种情况下,承包人要求顺延工期的,裁判者还应当查明符合合同约定的工期顺延事由是否实际导致了工期的延长。当然,评估工期延误的原因和各种事由对工期的影响,是一项非常复杂的工作,往往需要进行工期鉴定才能确定。

需要注意的是,工期鉴定并非在任何情况下都是必要的。如果工期延误的原因较为简单,其对工期的影响通过一般常识和经验即可判断,则无须进行工期鉴定。否则,会导致裁判成本的增加和效率的降低,未必能取得好的效果。比如,因发包人原因导致的全部工程停工,或发包人未按约提供施工条件、设计图纸导致承包人关键工作不能实施的,承包人可就工期进行索赔,竣工日期应当顺延。当然,考虑到承包人停工后复工所导致的施工效率降低等因素,需要顺延的时间应当适当多于停止施工的时间。对此,法官、仲裁员可以行使自由裁量权予以解决。此外,较为完整的工程进度计划资料、实际进度记录和事件影响记录也是工期鉴定的必备材料。若无该等相关材料,则难以实施工期鉴定。在不具备工期鉴定条件时,可以通过专家辅助人制度予以解决。

第二,若所发生的影响工期的事由在合同中并无约定,当事人是否有权进行工期索赔?

鉴于实际施工的复杂性,要求当事人在合同中事无巨细地约定影响工期的事由是不现实的。换言之,施工过程中可能会出现合同中没有约定的导致工期延误的情形。比如,因重污染天气、周边居民干扰、高考、国家重大活动(国庆节、“两会”、重大国际活动)等导致的停工,因技术方案变化导致的施工功效降低,等等。

在合同没有明确约定的情况下,虽然上述事由并不足以构成工期顺延的充分理由,但毫无疑问,其有导致工期延误的可能。因此,若当事人基于合同没有约定的

---

① 在建设工程领域,所谓“时差”,是指在进度计划中,工作最早开始日期和最晚开始日期,或者最早结束日期和最晚结束日期之间的时间差。

相关事由及工期延误的证据进行工期索赔,裁判者不宜以合同未约定为由直接认定工期不予顺延,而应结合具体案情进行分析判断。

## 二、索赔期限的性质

除当事人在建设工程合同中约定的索赔期限外,FIDIC 出版的合同条件、我国有关部门制定的标准合同文件和示范文本中也有关于索赔期限的规定。

《EPC/交钥匙工程合同条件》第 20.1 款规定:"如果承包商认为,根据本条件任何条款或与合同有关的其他文件,他有权得到竣工时间的任何延长期和(或)任何追加款,承包商应向雇主发出通知,说明引起索赔的事件或情况。该通知应尽快在承包商察觉或应已察觉该事件或情况后 28 天内发出。如果承包商未能在上述 28 天期限内发出索赔通知,则竣工时间不得延长,承包商应无权获得追加付款,而雇主应免除有关该索赔的全部责任。"

《标准施工招标文件》(2007 年版)第 23.1 款、《2017 版施工合同示范文本》第 19.1 款均规定:"根据合同约定,承包人认为有权得到追加付款和(或)延长工期的,应按以下程序向发包人提出索赔:(1)承包人应在知道或应当知道索赔事件发生后 28 天内,向监理人递交索赔意向通知书,并说明发生索赔事件的事由。承包人未在前述 28 天内发出索赔意向通知书的,丧失要求追加付款和(或)延长工期的权利……"

关于该类索赔期限的性质,理论和实践中存在诸多争议,主要有除斥期间说、诉讼时效说和权利失效期间说等观点。笔者认为,索赔期限不同于上述期间和制度,理由分述如下:

### (一)索赔期限不同于除斥期间

除斥期间是法律直接规定或当事人依法确定的权利预定存续期间,因该期间经过而发生权利消灭的法律效果。通说认为,除斥期间适用于形成权,如撤销权、解除权、终止权等。[①] 从《民法典》第 199 条的规定也可以看出,其列举的除斥期间适用的权利类型也均属形成权范畴。[②] 索赔期限是指在承包人知道或应当知道索赔

① 参见龙卫球:《民法总论》,中国法制出版社 2002 年版,第 638 页。

② 《民法典》第 199 条规定:"法律规定或者当事人约定的撤销权、解除权等权利的存续期间,除法律另有规定外,自权利人知道或者应当知道权利产生之日起计算,不适用有关诉讼时效中止、中断和延长的规定。存续期间届满,撤销权、解除权等权利消灭。"

事件发生后的一定期间内，未向约定主体递交索赔通知，从而使发包人免责或承包人丧失索赔权利。由于建设工程合同中的索赔是指发包人或承包人基于合同约定或有关法律规定的某一事由所享有的补救请求权。因此，索赔期限的适用客体为请求权。由此可见，索赔期限在性质上不是除斥期间。

（二）索赔期限不同于诉讼时效

首先，建设工程合同中所约定的承包人就索赔事件的通知是一种合同义务。具体而言，索赔事件的发生对于当事人权利义务的影响具有不确定性，甚至在发生诸如恶劣天气、不可抗力等事件后，发包人并不一定了解事件的具体情况，也就对该事件是否构成对工期和费用的影响、影响程度如何无法进行准确判断。因此，及时告知索赔事件也是对发包人利益的保护。同时，发包人了解事件的详细情况也有利于避免损失的进一步扩大。澳大利亚新南威尔士州最高法院在“詹宁思建设有限公司诉伯特公司案”中判决索赔通知义务是承包人应遵守的一项严格义务。[①]此外，澳大利亚南澳大利亚州最高法院在“欧盘特装饰服务公司诉汉森公司案”中也判决，对索赔通知义务条款的遵守是强制的，并且是先决条件（condition precedent）。[②] 然而，诉讼时效所要求的债权人向债务人行使请求权是一种权利，而非履行义务。

其次，由于因索赔事件引起的当事人权利义务关系变化不确定，在索赔事件所导致的后果（比如发包人赔偿承包人损失）被确定之前，原有的合同关系并未发生新的变化。当事人对索赔期限进行限制，其目的在于维持原有的合同关系和状态；进一步讲，如果承包人没有在索赔期限内提出索赔，其可能丧失索赔的权利，进而使双方保持在原合同下的状态（比如发包人在合同项下的付款义务并不会加重）。因此，限制索赔期限旨在维持原有事实状态，这与诉讼时效的维护新事实状态、限定原有事实状态的权利功能不合。[③]

（三）索赔期限不同于权利失效期间

《最高人民法院建设工程施工合同司法解释（二）理解与适用》一书认为：“索赔

---

① See Jennings Construction Ltd. v. QH&M Birt Pty Ltd. [1986] 8 NSWLR 18.

② See Opat Decorating Service (Aust) Pty Ltd. v. Hansen Yuncken (SA) Pty Ltd. (1995) 11 BCL 360.

③ 参见高印立编著：《建设工程施工合同法律实务与解析》（第2版），中国建筑工业出版社2018年版，第233～235页。

期限与权利失效制度的法律后果相似,即承包人在约定时间内未申请工期顺延,则丧失申请工期顺延的权利,在适用时,可参照权利失效制度的第三个要件进行衡量,承包人不申请工期顺延是否足以使发包人相信承包人不再主张权利,如果承包人事后还主张工期顺延是否有违诚信原则。"①可见,该观点认为,索赔期限可参照适用权利失效制度。

笔者认为,索赔期限与权利失效期间存在区别,不宜将二者等同视之,理由如下:

第一,二者的确定性不同。权利失效期间"既无法律之明定,又无确定期间长短之一定标准,而完全委诸个案法官基于待决案情之自由裁量",因此,权利失效期间不是一个预先确定的期间。② 索赔期限是当事人之间通过建设工程施工合同明确约定的准确期间,比如 28 天。因此,权利失效期间和索赔期限的确定性并不相同。

第二,二者的理论基础不同。权利失效期间是基于诚信原则,而索赔期限是基于当事人的约定。卡尔·拉伦茨教授曾指出,权利失效问题上具有决定意义的不是时间的经过,也不仅仅是权利人的不作为,而是权利人的不作为或积极的作为所引起的义务人对权利人的信赖,也即相信权利人不再行使自己的权利。③ 在此意义上,权利失效制度的理论基础是诚信原则而非当事人的约定。进一步讲,权利失效期间为"相当期间",其并非事先确定的特点,也迎合了裁判者基于诚信原则的自由裁量权。与之不同,索赔期限为当事人所事先约定,其时间的经过往往对索赔结果会起到关键的作用。同时,一般为 28 天的索赔期限也无法满足"相当期间"的基本要求。④

第三,二者的制度逻辑不同。权利人不行使权利,一般不能解释为抛弃权利的"沉默"意思表示。其原因在于,沉默原则上不具有任何法律效果,不能作为任何责任事由出现,其是一个法律上的纯然无价值或者零价值状态。⑤ 在此意义上,权利

① 权利失效制度的第三个要件是,如果允许权利人再行使权利,会违反诚实信用原则,使当事人间利益严重失衡。参见最高人民法院民事审判第一庭编著:《最高人民法院建设工程施工合同司法解释(二)理解与适用》,人民法院出版社 2019 年版,第 141 页。

② 参见王洪平:《论权利失效规则及其法典化》,载《法学论坛》2015 年第 2 期。

③ 参见[德]卡尔·拉伦茨:《德国民法通论》(上册),王晓晔等译,法律出版社 2003 年版,第 310 页。

④ 参见陈涛:《施工合同索赔期限的法律效力辨析——基于"2013 版示范文本"之"索赔"条款的不同理解》,载《建筑经济》2016 年第 7 期。

⑤ 参见杜景林:《民商事往来中沉默的法律责任》,载《法学》2014 年第 2 期。

失效并非基于法律行为，而是基于诚信原则。[①] 然而，索赔期限条款在建设工程施工合同中的一般表述为，如果承包人不在若干天内提交索赔通知，则其丧失要求追加付款和（或）延长工期的权利。由此可见，索赔期限条款是当事人放弃权利的明示意思表示。因此，二者的制度逻辑明显不同。

第四，二者的制度宗旨不同。权利失效制度的目的在于禁止"权利人"的权利滥用，以保护"义务人"的正常合理期待。因此，权利失效制度构成要件中的"使当事人间利益严重失衡"是指"义务人"的利益受到了损害。基于依权利失效制度的上述宗旨，在承包人的索赔期限条款中，"权利人"是指在索赔期限内不行使权利者，即承包人，而"义务人"则为发包人。因此，适用索赔期限条款的要件应当是发包人的利益受到了损害，该条款是为了保护发包人的利益。然而，根据最高人民法院的说明，制定本条第 2 款"但书"的宗旨是为了保护承包人的利益，而非发包人的利益，[②]这与权利失效制度的宗旨并不一致。

近年来，也有学者提出了第四类期间——或有期间。所谓或有期间，即决定当事人能否获得特定类型请求权的期间。一旦当事人在或有期间内依据法律的规定或者当事人之间的约定为一定的行为，其即可获得相应类型的请求权。一旦当事人在或有期间内未依据法律的规定或者当事人之间的约定为一定行为，其即不能获得相应类型的请求权。[③]

笔者认为，我国法律尚未对或有期间作出明确规定，其仅限于学理的讨论。同时，由于现实世界复杂多样，法律上的几个抽象概念很难完全覆盖现实中的具体问题，让当事人在法律允许的范围内创设属于他们的"法律"也许是较好的选择。在建设工程合同中，当事人约定的索赔期限条款已经约定了期限经过的法律效果，并不依赖于法律的规定。因此，笔者倾向于认为，索赔期限在性质上是一种当事人约定的独立期间。

---

① 参见王泽鉴：《民法学说与判例研究》（第 1 册），中国政法大学出版社 2005 年版，第 293 ~ 294 页。

② 最高人民法院民事审判第一庭介绍："最终经讨论认为实践中工期顺延的情况十分复杂，住建部关于'仅以合同即判定承包人丧失工期顺延的权利，有违公平原则'的观点是合理的。承包人有正当理由顺延工期的，应当允许。因此，本条在第 2 款的'但书'中增加了'发包人在约定期限后同意工期顺延或者承包人提出合理抗辩的除外'这一内容。"参见最高人民法院民事审判第一庭编著：《最高人民法院建设工程施工合同司法解释（二）理解与适用》，人民法院出版社 2019 年版，第 138 页。

③ 参见王轶：《诉讼时效制度三论》，载《法律适用》2008 年第 11 期；王轶：《民法总则之期间立法研究》，载《法学家》2016 年第 5 期。

## 三、索赔期限条款的效力

关于索赔期限条款的效力，笔者从该条款的性质、目的及国外司法实践等方面进行分析。

### （一）索赔期限属于当事人约定的独立期间

如前所述，索赔期限既不同于诉讼时效期间和除斥期间，也不同于权利失效期间，其属于当事人约定的独立期间。关于索赔期限条款的约定不违反我国法律、行政法规的效力性强制性规定，不涉及社会公共利益，应当是合法有效的。

### （二）索赔期限条款有利于承包人和发包人及时保存和固定证据

实践中，在索赔事件发生后，承包人不能仅依据证人证言向发包人进行索赔，必须通过证据（比如同期记录①）来支持其索赔主张。证据的及时固定和保存可以较为准确地评估事件的影响程度，及时确认责任归属，进而尽快推进工程项目的有序实施。基于同样的逻辑，索赔期限条款也有利于发包人及时固定证据。

### （三）索赔期限条款具有警示发包人的功能

在合同履行过程中，在因发包人变更或作出其他指令导致工期延长或费用增加时，承包人在索赔期限内发出索赔通知，可以及时提醒发包人反思变更或作出有关指令的经济性和必要性，进而使发包人有机会撤回相关指令，并减少其可能的损失。

### （四）索赔期限条款具有维护合同顺利履行的功能

举例而言，在合同履行过程中，当发生可能引起工期顺延的事件时，如果承包人没有在索赔期限内提交索赔通知，发包人可能会认为承包人不要求顺延工期，从而保持工程项目按原计划完工的预期；若承包人实际上并未按合同工期完工，则可能对发包人的项目建设计划产生较大的影响，使其无法及时采取措施减少工期逾

---

① “同期记录”，是指作为索赔依据的事项发生时，由承包商或业主制作，或为承包商或业主准备的记录。同期记录的内容主要包括：事件发生时及过程中现场实际状况的照片、录像、工程验收记录、气象资料、施工日志、材料设备采购的发票、领料退料单、工资单和其他有效票据等。参见潘顺：《建筑工程纠纷证据略要及证据收集运用》，载《当代经济》2014 年第 23 期。

期的损失,这会对合同的顺利履行产生较大影响。

### (五)国外司法实践大多认可索赔期限条款的效力

索赔期限的规定源于国外的工程实践,因此,国外司法实践对索赔期限效力的态度值得借鉴。

1. 普通法系国家的态度

英国法院一般认为建设工程施工合同关于索赔期限的约定有效。具有影响力的相关判决如下:在"多路建设工程(英国)有限公司诉霍尼韦尔系统公司案"中,英国高等法院后座法庭(Queen's Bench)判决,要求承包商就迟延事项及时进行通知的合同条款具有重要目的,这种通知可以使发包人在索赔事项发生时对其进行调查。① 在"吉尔建设工程有限公司诉麦吉集团案"中,英国高等法院后座法庭判决,合同条款要求承包人及时地(timely)提出书面申请,这是承包人获得合同相关条款约定的费用或损失的前提条件;除非承包人提出申请,否则无权获得此类损失或费用,因为只有提出申请才能启动评估程序,进而调整承包人可以根据合同获得的款项。②

2. 大陆法系国家的态度

大陆法系国家的裁判机构也在逐步认可建设工程施工合同索赔期限条款的效力。以波兰法院为例,华沙上诉法院在 2011 年 5 月 30 日作出的一个判决(I ACz 700/11)中认为,FIDIC 合同关于通知的要求,是一种约定的时间限制,并没有改变或违反法定时效规则;法院进一步阐明,FIDIC 示范合同被普遍应用于建设工程行业,并且构成当事方所自由缔结合同的一部分;关于索赔通知的要求,是进行仲裁的前提条件,并不违反波兰的公共政策。③ 当然,波兰的部分法院也有以索赔期限条款违反法定时效为由否定其效力的判决,其目的在于保护承包人的索赔权利,但同时会要求承包人承担违反索赔期限条款的违约责任。④

此外,根据巴西、法国和韩国等国的法律实务人员的经验及观察,这些国家的裁判机构通常倾向认为索赔期限条款是有效的。⑤

---

① See Multiplex Construction (UK) Ltd. v. Honeywell Systems [2007] EWHC 447 (TCC).

② See WW Gear Construction Ltd. v. McGee Group Ltd. [2010] EWHC 1460 TCC.

③ See Lukas Klee, *International Construction Contract Law*, John Wiley &Sons, Ltd., 2015, p. 192.

④ See Lukas Klee, *International Construction Contract Law*, John Wiley &Sons, Ltd., 2015, p. 192.

⑤ See Lukas Klee, *International Construction Contract Law*, John Wiley &Sons, Ltd., 2015, p. 202 – 203.

概括而言，对于建设工程施工合同中的索赔期限条款，普通法系国家的裁判机构倾向于认可索赔期限条款的效力；大陆法系国家的裁判机构有逐步认可索赔期限条款效力的趋势。

综上所述，笔者认为，关于索赔期限约定的条款是有效的。本条第2款"当事人约定承包人未在约定期限内提出工期顺延申请视为工期不顺延的，按照约定处理"的规定也表明，该解释并未否定索赔期限的效力。

### 四、本条关于工期签证及索赔规定的类推适用

虽然本条规定的是工期签证和工期索赔期限的认定，但对于费用索赔也可以类推适用。

## 深度研讨

### 一、索赔期限条款的适用限制[①]

本条规定索赔期限条款有效，是否就意味着该条款不受任何限制呢？进一步讲，在实践中不加限制地使用索赔期限条款，是否会在发包人和承包人之间产生不公平的影响，导致二者之间的利益失衡呢？

（一）国外的司法实践

上文已经指出，普通法国家一般认可建设工程施工合同索赔期限条款的效力。但作为一种例外，承包人可以在索赔逾期的情况下基于阻碍原则（prevention principle），继续向发包人主张权利。

澳大利亚新南威尔士州最高法院（New South Wales Supreme Court）在"特纳公司诉联合协调工业公司案"中，对"阻碍原则"作出了如下阐述："合同一方因另一方的行为而无法履行其合同义务，其结果是，'阻碍方'不得指责另一方没有遵守合同义务，即使另一方无论如何都不可能遵守其合同义务。可以说，这种做法源于一方不得从其过错中获益的基本原则。"[②]该判决进一步指出："在实践中，'阻碍原则'

---

① 参见高印立、石伟：《比较法视野下的建设工程合同索赔期限条款的适用——兼评〈建设工程施工合同司法解释二〉第6条第2款》，载《北京仲裁》2019年第3辑。

② See Turner Corp Ltd. v. Co－ordinated Industries Pty Ltd. (1994) 11 BCL 202.

的实施效果是,'阻碍方'不能主张合同所规定的严格的时限;应基于全部事实和情况去确定一个合理的时限,以取代合同所规定的时限。”①

进一步讲,当工期延误是发包人的原因造成时,比如发包人没有及时提供进场条件、没有及时提供图纸、延期审核变更等,尽管承包人未按索赔期限条款的约定送达有效的索赔通知,但其请求延期和索赔的权利并不当然地被剥夺。澳大利亚北领地最高法院在“盖马克投资公司诉沃尔特建设集团案”中指出,在发包人导致工期延误的情况下,尽管通知条款已经被明确作为工期延长的先决条件,但阻碍原则优先于通知条款,承包人请求延期的权利也不应被剥夺;同时,发包人无权就工期延误向承包人主张违约金。②

在大陆法系的德国,一般的原则是,尽管建设工程施工合同规定了索赔通知条款,但索赔通知的要求、形式和违约程度应受到诚信原则(good faith principle)的调整:在某些情况下,重大违约的当事人(发包人)可能会被禁止以对方(承包人)通知不当或迟延通知作为抗辩对方索赔的理由。③ 可以看出,德国通过诚信原则调整索赔期限条款的做法,类似于澳大利亚以阻碍原则调整索赔期限条款的适用。

根据上述分析可知,为了防止索赔期限条款导致不公平的结果,普通法系和大陆法系国家在司法实践中会对该条款的适用进行限制。不论是基于阻碍原则,还是基于诚信原则,在发包人导致工期延误的情况下,基于个案的特殊事实对索赔期限条款的适用进行限制,是有必要的。

### (二)我国的工程和司法实践

从我国的工程实践来看,虽然我国的建设工程施工合同示范文本均以 FIDIC 合同条件为蓝本制定,但与 FIDIC 合同条件相比,我国有关示范文本的规定仍有进一步完善的空间。

举例而言,在《FIDIC 施工合同条件》(1999 版)中,对应于第 20.1 款索赔期限条款规定了诸多具体的索赔条款,具体见表 4:

---

① See John Dorter & John Sharkey, *Building and construction contracts in Australia*: *Law and Practice*, 2nd Edition, p. 4551, reciting from Turner Corp. Ltd. v. Co – ordinated Industries Pty Ltd. (1994) 11 BCL 202.

② See Gaymark Investments Pty Ltd. v. Walter Construction Group Ltd. (1999) 16 BCL 449.

③ See Lukas Klee, *International Construction Contract Law*, John Wiley & Sons, Ltd., 2015, p. 203.

表 4 《FIDIC 施工合同条件》(1999 版)关于索赔期限条款的规定统计表

| 序号 | 类型 | 条款号 |
|---|---|---|
| 1 | 因业主或工程师的不当行为引发索赔的条款 | 1.9;2.1;4.7;7.4;9.2;10.2;10.3;16.1 等 |
| 2 | 因施工现场条件变化引发索赔的条款 | 4.12;4.24 |
| 3 | 因遵照工程师的变更指示及单价调整引发索赔的条款 | 7.4;8.9;13.7 等 |
| 4 | 因业主应承担的风险导致承包人延误或损失引发索赔的条款 | 17.4;19.4 |
| 5 | 其他原因引发索赔的条款 | 8.4 |

根据表 4 中的信息可知,《FIDIC 施工合同条件》(1999 版)的相关条款对受索赔期限条款限制的索赔事件进行了详细规定和明确。这些条款在很大程度上维护了承包人的利益,起到平衡发包人和承包人利益的作用。与《FIDIC 施工合同条件》(1999 版)的上述详细规定不同,我国的《标准施工招标文件》(2007 年版)和《2017 版施工合同示范文本》均未对适用索赔期限的索赔事件进行具体的规定。

进一步讲,在中国的工程实践中,如果不加分析地对所有的承包人索赔均适用索赔期限条款,可能会不当地影响承包人的利益,导致当事人之间利益的失衡。《河北高院施工合同案件审理指南》第 47 条就规定:"工期延误的责任应该由造成工期延误的过错一方承担,发包人仅以承包人未在合同约定的期限内提出工期顺延申请而主张工期不能顺延的,人民法院不予支持。"根据该规定,如果工期延误的责任是由发包人造成的,承包人并不因其未在合同该约定期限内提交延期申请,而丧失其主张工期顺延的权利。

由此可见,基于我国的工程实践和司法实践,为防止发包人和承包人之间的利益失衡,对索赔期限条款进行限制是必要的。

### (三)不受索赔期限限制的主要情形

笔者认为,在适用索赔期限条款时,不能任意扩大索赔事件的范围。对于下列情形,不宜受索赔期限条款的约束:

1. 当事人在合同中约定的违约金、利息、财务费用等,不属于合同履行过程中发生的索赔事件范畴,不受索赔期限的限制,而应受法定诉讼时效的限制。

2. 合同或其他文件中明确约定了具体处理方法的事件，如约定了具体的调整方法或需在结算时确定的工程量变更、单价变更等，即使承包人未在约定期限内向发包人发出索赔通知，承包人仍可基于合同的明确约定拥有索赔的权利；当然，该索赔请求权应当适用诉讼时效的规定。

3. 对于因发包人违约而导致工期延误或费用增加的，若仍严格遵守索赔期限条款的约定，剥夺承包人的索赔权利，可能会使发包人因违约而受益，并导致双方利益的严重失衡。因此，此时不宜严格适用索赔期限条款的约定，而应根据个案情况进行处理，以避免当事人对合同自由的滥用。具体处理时，需要根据公平原则，并结合发包人违约对工期或费用的影响程度及承包人违反索赔机制的过错程度进行考量。

比如，对于因发包人原因导致工程停工时间超过 60 天，而承包人在约定的索赔期限届满后 3 天才提交索赔意向通知的情形，发包人的过错程度及后果远大于承包人，基于公平原则，宜赋予承包人索赔的权利。相反，如果仅是发包人造成短暂的停工，承包人在合同履行过程中也一直未发出索赔通知，则发包人有理由相信承包人可以采取合理措施在约定工期内完工；同时，发包人也有理由相信承包人已经放弃了索赔；基于合同约定和诚实信用原则，对于承包人的事后索赔可不予支持。

## 二、本条第 2 款“合理抗辩”的主要情形

### （一）“合理抗辩”的范围：类型化分析

结合前述对索赔期限条款适用限制的论述，在审判实践中，裁判机构有必要对承包人可能提出的抗辩进行重点审查。“合理抗辩”的典型类型如表 5 所示（不完全列举）：

**表 5 “合理抗辩”的典型类型**

| 序号 | 类型 | 合理抗辩的界定 |
| --- | --- | --- |
| 1 | 以索赔通知之外的其他书面形式表达索赔意向 | 承包人虽未在约定的索赔期限内发出正式的索赔意向通知，但在该期限内形成的其他书面文件中（如会议纪要、进度计划修订说明、工程联系单、监理日志、往来函件及电子邮件等），包含了承包人对有关事件进行索赔的意思表示，则可以推定承包人发出了有效的索赔意向通知① |

① 参见张明峰：《国际工程合同索赔时效的挽救》，载《国际工程与劳务》2015 年第 1 期。

续表

| 序号 | 类型 | 合理抗辩的界定 |
|---|---|---|
| 2 | 客观原因导致无法依约发出索赔通知,但事后及时补救 | 因客观原因导致承包人在约定期限内发出索赔意向通知是不可能的,或者非常困难的。比如,在发生严重自然灾害的情况下,因现场有关人员联系中断或紧急撤离等原因,导致承包人未能在约定期限内发出索赔通知。但是,承包人在上述客观原因结束后立即进行补救的,可以认为承包人已经尽到了按约通知的义务 |
| 3 | 发包人拒绝接收索赔通知 | 有证据证明发包人或监理人对于承包人按约提交的索赔意向通知不接收或不签收,此时可以认为承包人已经尽到了按约通知的义务。<br>在实践中,在承包人因工程变更、零星工作等事项上报费用签证或工程联系单时,签证发包人或监理人有时并不确认,仅在收发文本上签收或在相关文件上书写"收到"字样。此时,应结合具体案情分析判断该签证内容的真实性。比如,发包人对某些联系单进行了回复并提出了异议,而对其他联系单却一直未予理会,则裁判机构可以结合案件的实际情况,对未回复签证所涉事件的真实性予以采信 |
| 4 | 合同没有约定未依约发出索赔通知权利丧失 | 合同中仅约定了承包人在索赔期限内提交索赔意向通知的义务,但并未明确约定其未按约履行该义务会导致其权利丧失,则承包人未在索赔期限内提交索赔意向通知的,其索赔权利并不当然丧失 |
| 5 | 承包人无须向发包人发出通知 | 合同或其他文件中明确约定了某索赔事件(如工程量变更、单价变更、签证等)发生时的具体调整方法,或明确约定在结算时予以确定,则承包人无须向发包人发送通知 |
| 6 | 发包人严重违约 | 工期延误或费用增加系因发包人违约造成,且其违约行为对工期或费用影响较大,承包人可以以双方利益严重失衡为理由进行抗辩 |
| 7 | 承包人不知索赔时限的起算时间 | 如果合同中约定的索赔意向通知时间是承包人"知道"或"应当知道"事件发生后的时间,则承包人可以以其未能及时获取事件信息为由主张索赔时限尚未经过。在此种情形下,承包人应当提供相应的证据,以证明其不知道索赔事件已经发生 |

### (二)"合理抗辩"的限制:实践的视角

就宗旨而言,本条第 2 款中的"合理抗辩"是为了避免索赔期限条款不当地损害承包人的实体权利，进而平衡发包人和承包人之间的利益。[①] 在功能上，“合理抗辩”与普通法下的“阻碍原则”、大陆法下的“公平原则”有异曲同工之处。但如果不加限制地允许承包人提出抗辩，在实践中势必会导致司法解释中的“合理抗辩”被滥用，进而使建设工程施工合同中的索赔期限条款形同虚设。这就要求裁判机构在个案审理中，审慎地适用“合理抗辩”，并结合个案的事实，合理地限制“合理抗辩”的范围和内容。

例如，对于具有持续性影响的事件，有观点认为，即使承包人未能在事件发生后 28 天内发出索赔通知，但若其能在事件的影响结束前及时补发索赔通知，裁判机构完全可能认定索赔通知有效；承包人可能仅丧失部分权利，但仍能获得自发出有效的索赔通知之日起算的补偿。[②] 换言之，根据该观点，承包人在持续性影响事件结束之前发出通知，可以构成有效的“合理抗辩”。但是，《2017 版施工合同示范文本》第 19.1 款规定，索赔事件具有持续影响的，承包人应在知道或应当知道索赔事件发生后 28 天内递交索赔意向通知书的基础上，按合理时间间隔继续递交延续索赔通知，并在索赔事件影响结束后 28 天内递交最终的索赔报告。根据该规定，对于具有持续影响的索赔事件，承包人除了要在索赔事件发生后的 28 天发出索赔意向通知书外，还要持续递交索赔通知。进一步讲，如果发包人和承包人以《2017 版施工合同示范文本》为蓝本订立了合同，且在持续影响的事件中，承包人未能在其知道或应当知道事件发生后的 28 天发出索赔意向通知，此种情况下，除非在后续的事件持续过程中得到了发包人的认可，否则，承包人仅以其在事件结束后 28 天内发出了索赔通知或索赔报告作为抗辩，不一定能得到裁判机构的支持。

需要注意的是，在国际工程中，发包人和工程师对索赔通知的要求比较严格，未援引相应合同条款、未明确相关函件为“索赔通知”的，均可能被认定为无效。[③] 我国承包商在“走出去”的过程中，必然要逐步适应国际工程中的交易惯例，不断改变重技术、轻管理的状况。为此，笔者认为，在国内建设工程争议解决中，也应当避免对承包人进行过度“保护”，以有利于使中国承包商树立“重合同”“讲规范”“严管理”的理念。因此，裁判机构对承包人抗辩理由的合理性应当进行审查，以免本条规定被滥用。

---

① 参见最高人民法院民事审判第一庭编著：《最高人民法院建设工程施工合同司法解释（二）理解与适用》，人民法院出版社 2019 年版，第 138 页。

② 参见张明峰：《国际工程合同索赔时效的挽救》，载《国际工程与劳务》2015 年第 1 期。

③ 参见张明峰：《国际工程合同索赔时效的挽救》，载《国际工程与劳务》2015 年第 1 期。

## 实务判例

### 【判例】法院对工期延误事实及承包人违约责任的认定①

2010年12月28日,发包人康尔公司与承包人华鼎公司签订《建设工程施工合同》1份,约定由华鼎公司承包某村A、B地块工程,开工日期:2010年12月28日,竣工日期:2012年1月8日,合同工期总日历天数680天;合同价款:暂定80,000,000元,其中A地块工程暂定54,000,000元,B地块暂定工程26,000,000元;合同通用条款第12条约定:因发包人原因造成停工的,由发包人承担所发生的追加合同价款,赔偿承包人由此造成的损失,相应顺延工期;因承包人原因造成停工的,由承包人承担发生的费用,工期不予顺延;通用条款13.1约定,因以下原因造成工期延误,经工程师确认,工期相应顺延:(1)发包人未能按专用条款的约定提供图纸及开工条件;(2)发包人未能按约定日期支付工程预付款、进度款,致使施工不能正常进行;(3)工程师未按合同约定提供所需指令、批准等,致使施工不能正常进行;(4)设计变更和工程量增加;(5)1周内非承包人原因停水、停电、停气造成停工累计超过8小时;(6)不可抗力;(7)专用条款中约定或工程师同意工期顺延的其他情况;通用条款13.2约定:承包人在13.1款情况发生后14天内,就顺延的工期以书面形式向工程师提出报告。工程师在收到报告后14天内予以确认,逾期不予确认也不提出修改意见,视为同意顺延工期。

康尔公司、华鼎公司在签订《建设工程施工合同》的同时,签订了《补充协议书》,约定了包括“重要节点工期要求"及“违约责任”等内容。其中,约定的违约责任为:(1)地下室至地上一层完成及主体工程完成工期的延误,分别按每延误一天扣罚10,000元,提前一天奖励10,000元,在工程款中扣、奖(上不封顶);(2)总合同工期延误或提前30天以内,均不奖罚,延期超过30天至60天,每天扣罚10,000元,超过60天,每天扣罚总造价1‰(上不封顶),B地块总工期不作奖罚;(3)如发包人原因造成的停工工期延误(停工、工期延误1周内免责),经双方确认签证定损,工期相应顺延。

2012年9月16日,康尔公司(甲方)与华鼎公司(乙方)签订《补充协议二》,约定:(1)工程现状:A地块已完成地下室及一层主体,B地块已完成1号楼三层主体,

① 参见浙江省宁波市中级人民法院(2018)浙02民初1437号民事判决书、浙江省高级人民法院(2019)浙民终1182号民事判决书。

2号楼、3号楼已完成主体结构封顶。(2)工期进度:A地块一层结构封顶到主体结构封顶时间220天,A地块主体结构封顶到竣工验收时间270天;B地块1号楼7层主体完工时间为28天,从2012年9月16日起到竣工验收共计120天。上述工期天数包括春节、节假日、雨雪天等……(4)甲乙双方原有约定的资信押金人民币10,000,000元,经协商在本协议签订后,甲方在2012年9月20日前先归还乙方资信押金人民币8,000,000元,其余2,000,000元继续按月向乙方支付每月1%的利息,并于A地块结构封顶后还清;如果上述款项人民币10,000,000元未能如期到位,则工期顺延……(8)本协议未补充的内容均按原双方签订的补充协议执行。本协议签订后,以前一切有争议的问题双方都不再有任何争议,双方以后均不再提及。

2015年4月21日,康尔公司向华鼎公司发出《解除合同通知书》,以华鼎公司未按合同约定如期完工,严重延误工期为由,要求解除《建设工程施工合同》、《补充协议书》和《补充协议二》。2015年9月11日,双方当事人在宁海县人民法院主持下协商解除了《建设工程施工合同》、《补充协议书》和《补充协议二》。

康尔公司向法院提起诉讼,请求判令华鼎公司赔偿工期延误的违约金126,283,131元。其中,华鼎公司因造成节点工期延误,应赔付违约金10,350,000元,包括地上一层结构封顶延期违约金A地块4,150,000元、B地块1,180,000元,主体结构封顶延期违约金A地块2,000,000元、B地块3,020,000元;A地块至今尚未竣工验收,华鼎公司因总合同工期延误应赔付违约金114,933,131元(截至2015年9月11日双方正式解除合同);华鼎公司因工程无法评到"跃龙杯",应赔付违约金1,000,000元。

华鼎公司提出反诉,请求判令康尔公司赔偿华鼎公司因停工、窝工造成的租赁费、人工费、材料损耗和其他方面损失共计5,639,180元。

诉讼期间,法院委托弘正咨询公司出具鉴定报告。该鉴定报告载明:(1)A地块主体结构封顶的实际工期为393天,而《补充协议二》约定的计划工期为220天,故工期延误天数为173天,工期延误主要责任属于施工方;(2)至法院指定的2015年4月21日,A地块实际施工工期为921天,而《补充协议二》约定的计划工期为490天,故工期共延误431天,业主方主要责任工期延误天数为172天,施工方主要责任工期延误天数为259天;(3)B地块1号楼主体完工实际工期为150天,《补充协议二》约定的计划工期为28天,故工期延误天数为122天,工期延误主要责任属于施工方。此外,该鉴定报告在"特别说明"栏载明:关于施工方负主要责任的部分工期，由于业主方施工方案未能及时确定、多次变更施工图纸、出具了许多工程技术变更联系单以及工程款未能及时到位，对施工工期有一定影响，但由于双方未提供相应的资料补充说明及施工网络计划，无法确认关键线路，也无法确认上述因素是否影响了施工总工期，从而无法查证确认延误的具体天数。

本案的主要争议焦点在于：(1)工期延误的具体天数及造成的原因；(2)工期延误违约金的计算标准；(3)是否存在停工、窝工损失。

一审法院对上述争议焦点分析如下：

一、关于工期延误的具体天数及造成原因

对于A地块，一审法院认定其总工期延误的431天中，康尔公司对其中172天承担主要责任，华鼎公司对其中259天承担主要责任。主要理由如下：

1. 关于工期顺延签证。根据《建设工程司法解释(二)》第6条第2款的规定，[①]当事人约定承包人未在约定期限内提出工期顺延申请视为工期不顺延，按照约定处理，但承包人提出合理抗辩的除外。本案中，华鼎公司确未在约定期限内以约定形式和程序提出工期顺延申请，但其在2014年3月29日的会议中明确提出由于业主方原因导致其工期延误120天并要求业主方在5天内回复，但康尔公司未对此作出回应，且现有证据可以证明涉案工程施工过程中确实存在图纸多次修改、施工方案未能及时确定等情形，故可视为华鼎公司已作出合理抗辩，本院采信鉴定报告中的意见和理由，对该120天工期予以扣除，即康尔公司应承担120天的工期延误责任。

2. 关于资信押金尚有2,000,000元未按期归还能否相应顺延工期。根据《补充协议二》的约定，其余2,000,000元资信押金“在A地块结清后还清”“未能如期到位，则工期顺延”。因康尔公司未按约定期间归还上述押金，华鼎公司要求按照约定顺延工期的主张合法有据，故本院采信鉴定报告的意见，认定康尔公司因此承担工期延误天数中20%的责任，即(431天－173天)×20%＝52天的工期延误责任。

对于B地块1号楼，一审法院认为，虽然鉴定报告确认其工期延误天数为122天，但由于康尔公司在起诉时仅主张82天，系对权利的自愿处分，故本院认定该部分工期延误天数为82天。

二、关于工期延误违约金的计算标准

1. 关于工期延误违约金标准的确定。康尔公司在涉案工程招标书中写明“由

---

① 《建设工程司法解释(二)》废止后，《新建设工程司法解释(一)》第10条第2款作了相同的规定。

于施工单位延误合同工期的,承担违约金为中标价的2%”,但双方签订的《补充协议书》中对工期奖罚另行作出了约定,由于工期延误违约金相关条款不属于合同实质性内容,此项变更未违反法律法规强制性规定,因此,华鼎公司关于工期延误违约金总额应以中标价2%为上限的主张不能成立,本院不予采信。

2. 关于A地块的工期延误违约金。根据《补充协议书》的约定,总合同工期延期30天以内或提前30天以内,均不作奖罚,延期超过30天至60天,每天扣罚10,000元,延期超过60天,每天扣罚合同总造价的1‰(上不封顶)。因此,上述由华鼎公司原因造成A地块总工期延误259天中,第1~30天无须支付违约金,第31~60天应支付违约金300,000元(30天×10,000元/天)。

对于工期延误超过60天部分,双方对违约金计算基数及标准存有争议。康尔公司主张作为违约金计算基数的“合同总造价”应为编制预算造价119,783,836元,华鼎公司主张应为A地块合同暂定价54,000,000元;康尔公司主张计算标准应为每日扣罚1‰(上不封顶),华鼎公司抗辩认为约定过高、应调整为每天10,000元。

对此,法院认为,从编号中显示的年份(2012年)、预算编制说明中的表述(“已建与待建的划分按补充协议二”)等来看,康尔公司据以主张计算基数119,783,836元所依据的预算编制报告制作于2012年9月16日之后,晚于《补充协议书》《补充协议二》的签订时间,若以该金额作为违约金计算基数,显然不符合损失赔偿的可预见性原则。同时,该119,783,836元系A、B地块总的预算造价,在双方已明确约定B地块总工期不作奖罚的情况下,将该总金额一并作为A地块总工期违约金的计算基数,亦缺乏合理性。因此,华鼎公司关于以A地块的合同暂定价54,000,000元作为工期延误违约金计算基数的主张更为合理,本院予以采信。综合考虑康尔公司对涉案项目的投资规模、预期收益以及华鼎公司的违约时长、过错程度等,本院认为双方约定日1‰这一违约金计算标准并未过高,对华鼎公司要求对该标准予以调整的意见,不予采纳。以上,华鼎公司需向康尔公司支付A地块总工期的工期延误超60天部分的违约金10,746,000元[(259天-60天)×54,000,000×1‰]。

3. 关于B地块1号楼主体工程的工期延误违约金。康尔公司关于B地块1号楼主体工程工期延误违约金应按每日10,000元计算的主张,符合《补充协议书》中关于主体工程完成工期的延误按每延误一天扣罚10,000元的约定,华鼎公司对此亦未提出异议,因此,华鼎公司应向康尔公司支付B地块1号楼主体工程工期延误违约金820,000元(82天×10,000元/天)。

4. 关于工程节点的工期延误违约金。康尔公司、华鼎公司于2012年9月16日签订了《补充协议二》,其中第8条约定"本协议签订后,以前一切有争议的问题双方都不再有任何争议,双方以后均不再提及",由此可认定双方已就此前的工期延误等争议事项一并作出了结。康尔公司提出的A地块工程地上一层结构封顶的延误工期违约金4,150,000元、B地块一层结构封顶到主体结构封顶的延误工期违约金2,200,000元,以及截至2011年12月1日的B地块工程地上一层结构封顶的延误工期违约金1,180,000元等3项违约金,均发生在2012年9月15日之前,康尔公司再行主张,与《补充协议二》中的上述约定不符,本院不予支持。此外,在已计算总工期违约金的情况下,康尔公司同时主张A地块一层结构封顶后到主体结构封顶的工期延误违约金,属于重复计算,本院亦不予支持。

5.关于未获得"跃龙杯"的违约金。由于涉案工程最终未全部由华鼎公司施工至竣工验收,故无法确认工程能否获得"跃龙杯",因此康尔公司认为因工程未获得"跃龙杯"应扣罚1,000,000元的主张,依据不足,本院不予支持。

综上,华鼎公司应向康尔公司支付工期延误违约金共计11,866,000(10,746,000+820,000+300,000)元。

三、关于停工、窝工损失

一方面,华鼎公司未提供充分证据证明其存在相应损失及损失的具体金额;另一方面,在前述工期延误天数的确定中,已综合考虑双方的利益平衡,因此,对于华鼎公司要求康尔公司赔偿停工、窝工损失的反诉请求,本院不予支持。

双方当事人均提起上诉,二审法院维持了原判。

**第十六条 【发包人主张工程质量问题的处理】**

发包人在承包人提起的建设工程施工合同纠纷案件中，以建设工程质量不符合合同约定或者法律规定为由，就承包人支付违约金或者赔偿修理、返工、改建的合理费用等损失提出反诉的，人民法院可以合并审理。

## 条文主旨

本条就发包人以工程质量缺陷为由提起反诉的程序问题作了规定。虽然本条规定的是反诉的程序问题，但根据条文的文义可知，发包人以建设工程质量不符合合同约定或者有关技术标准为由，要求承包人支付违约金或者赔偿修理、返工、改建的合理费用的，应当提出反诉。

## 条文精解

司法实践中的常见情形是，当承包人以欠付工程款为由提起诉讼时，发包人往往以工程质量不符合约定或有关技术标准为由提出减付工程款。对此，《新建设工程司法解释（一）》第12条规定："因承包人的原因造成建设工程质量不符合约定，承包人拒绝修理、返工或者改建，发包人请求减少支付工程价款的，人民法院应予支持。"实践中的主要争议在于，该种主张是应通过"抗辩"提出还是应当进行"反诉"？具体而言，在承包人启动的要求发包人支付工程价款的诉讼（仲裁）程序中，如果发包人以工程质量存在缺陷为由主张减付工程款，发包人须启动"反诉（反请求）"程序，还是仅针对承包人的本诉（本请求）提出"抗辩"即可？

### 一、关于发包人主张减少价款方式的不同观点

#### （一）可以通过抗辩方式提出

该观点的主要理由为：第一，发包人要求减少价款的目的是对抗承包人向其提出的价款主张，是一种针对本诉请求的防御方法，目的是少付或不付价款，而并非想向承包人提出实体权利主张，故并非一种诉。第二，《买卖合同司法解释》第31条规定，买受人拒绝支付违约金、拒绝赔偿损失或者主张出卖人应当采取减少价款

等补救措施的，属于提出抗辩。①

### （二）应当以反诉方式提出

该观点的理由为：第一，根据《合同法》第 111 条的规定，②减少价款是一种违约责任，而违约责任的承担在诉讼中一般通过向违约方提出诉讼请求的方式进行。第二，发包人向承包人主张减少价款的违约责任，不受本诉是否撤回的影响。反诉与抗辩的主要区别在于，抗辩仅仅为一种针对本诉诉讼请求的防御方法，本诉如撤回，则抗辩就会因没有了防御对象，而失去存在意义。但减少价款作为一种违约责任，则不受本诉是否撤回的影响，换言之，即便承包人撤回本诉，发包人仍可向承包人继续主张违约责任。③

### （三）当事人可以自由选择抗辩还是反诉的方式

该观点认为，如果将减少价款的主张扩张解释为减价权的一种类型，则基于大陆法系关于辨别抗辩与反诉的基本原理，对于减价权这一形成权，当事人可以自由选择是通过抗辩还是反诉来主张减少价款。④

## 二、实务中的主要做法

本条虽然未明确规定发包人减少价款的主张可以抗辩的方式提出，但由于本条未将减少价款纳入适于反诉的情形（本条仅明确列举“支付违约金”“赔偿修理、返工、改建的合理费用”），因此可以推知，发包人以工程质量问题主张拒付或减付工程价款的，可以作为抗辩审理。

我国各地法院作出的相应解答、指定意见也有类似的规定，但具体内容上略有

---

① 该解释第 31 条规定：“出卖人履行交付义务后诉请买受人支付价款，买受人以出卖人违约在先为由提出异议的，人民法院应当按照下列情况分别处理：（一）买受人拒绝支付违约金、拒绝赔偿损失或者主张出卖人应当采取减少价款等补救措施的，属于提出抗辩；（二）买受人主张出卖人应支付违约金、赔偿损失或者要求解除合同的，应当提起反诉。”

② 《民法典》第 582 条也有类似的规定：“履行不符合约定的，应当按照当事人的约定承担违约责任。对违约责任没有约定或者约定不明确，依据本法第五百一十条的规定仍不能确定的，受损害方根据标的的性质以及损失的大小，可以合理选择请求对方承担修理、重作、更换、退货、减少价款或者报酬等违约责任。”

③ 参见肖峰：《反诉不予受理裁定能上诉！减少价款应反诉！》，载微信公众号“法语峰语”2018 年 6 月 14 日，https://mp.weixin.qq.com/s/fUZQ0oA_TR1DS6_lnVM4Sg。

④ 参见刘学在、倪培根：《关于民事诉讼中抗辩与反诉的辨别标准》，载《理论探索》2016 年第 6 期。

差异。比如,《北京高院关于施工合同纠纷问题的解答》第28条规定:"……(2)工程尚未进行竣工验收且未交付使用,发包人以工程质量不符合合同约定为由要求拒付或减付工程款的,可以按抗辩处理;发包人要求承包人支付违约金或者赔偿修理、返工或改建的合理费用等损失的,应告知其提起反诉或另行起诉;(3)发包人要求承包人赔偿因工程质量不符合合同约定而造成的其他财产或者人身损害的,应告知其提起反诉或另行起诉。"由上述规定可以看出,该解答将属于抗辩的情形限制在"工程尚未进行竣工验收且未交付使用"之时。安徽省高级人民法院的指导意见和福建省高级人民法院的解答也作了类似的规定。[①] 而其他诸如浙江、江苏、四川等省高级人民法院的解答或指定意见则未作如此限定,比如,《浙江高院民一庭关于施工合同纠纷问题的解答》第9条规定:"承包人诉请给付工程价款,发包人以工程质量不符合合同约定或国家强制性的质量规范标准为由,要求减少工程价款的,按抗辩处理;发包人请求承包人赔偿损失的,按反诉处理。"实际上,工程即使已经竣工验收或未经验收而使用,由于隐蔽缺陷的存在,承包人仍可能承担质量不符合合同约定或国家强制性标准的责任,因此,浙江、江苏、四川等省高级人民法院规定的适用性更为广泛。[②]

## 深度研讨

除了本条【条文精解】中讨论的抗辩和反诉的情形外,实践中还存在以下情形,

---

① 《安徽高院关于施工合同纠纷问题的意见(二)》第6条规定:"尚未竣工验收或使用的建设工程,承包人主张工程价款,发包人以工程质量不符合合同约定或者国家质量标准为由,主张减少工程价款或者扣除修复费用的,属于抗辩。工程已经竣工验收合格,发包人又以工程质量不合格为由,主张承包人承担违约责任的,应当提起反诉。"《福建高院关于施工合同纠纷问题的解答》第10条规定:"问:因承包人的过错造成建设工程质量不符合约定,承包人拒绝修理、返工或者改建,发包人以工程质量不符合约定为由请求减少支付工程价款的,应否必须反诉?工程未经竣工验收交付使用的,发包人以工程质量不符合约定为由请求减少支付工程款,应否支持?答:发包人可以以此抗辩,请求在工程价款中扣减修理、返工或者改建的合理费用;也可以提起反诉,请求承包人支付修理、返工或者改建的合理费用。但发包人要求承包人赔偿因工程质量不符合约定而造成的其他财产或者人身损害的,应当提起反诉。"

② 《江苏高院施工合同案件审理指南》第8条第1项规定:"发包人工程质量问题的主张,有的属于反诉,有的属于抗辩。发包单位(发包人)以工程质量问题为由要求施工单位(承包人)支付违约金或赔偿金的,应当提起反诉。发包人以质量不符合约定为由仅请求拒付或减付工程款的,或者合同中明确约定可以直接将工程质量违约金或赔偿金从应付工程款中扣减的,属于抗辩,无需反诉。"《四川高院关于施工合同纠纷问题的解答》第31条规定:"承包人诉请支付工程价款,发包人主张工程质量不符合合同约定或者国家强制性质量规范标准,要求减少工程价款的,按抗辩主张处理;发包人要求承包人赔偿损失的,应以反诉的方式提出或另行起诉。"

值得特别讨论。

## 一、合同中约定发包人可以从工程款中扣除违约金、损害赔偿以及返工、维修等费用的,应提出抗辩

在建设工程施工合同中,当事人经常约定,发包人有权在工程款中直接扣除承包人的违约金、因其违约给发包人造成的损失以及返工、维修等费用。虽然发包人关于扣除违约金、损失的主张超越了承包人诉讼请求所涉的争议范围,但基于双方当事人的约定,发包人取得了扣除相应款项的实体法上的抗辩权,裁判者可以将发包人的相应主张作为抗辩,无须其提起反诉。《江苏高院施工合同案件审理指南》第8条第1项就此作了规定:“发包人以质量不符合约定为由仅请求拒付或减付工程款的,或者合同中明确约定可以直接将工程质量违约金或赔偿金从应付工程款中扣减的,属于抗辩,无需反诉。”

## 二、缺陷责任期内,发包人主张承包人承担的维修费用超过约定扣留的质量保证金数额的,应提起反诉

在建设工程施工合同中,当事人一般会约定,发包人在结算完成后一定期限内支付至结算价款的95%或97%,剩余3%或5%作为质量保证金,在缺陷责任期届满后返还。《工程质保金管理办法》第9条规定:“缺陷责任期内,由承包人原因造成的缺陷,承包人应负责维修,并承担鉴定及维修费用。如承包人不维修也不承担费用,发包人可按合同约定从保证金或银行保函中扣除,费用超出保证金额的,发包人可按合同约定向承包人进行索赔。承包人维修并承担相应费用后,不免除对工程的损失赔偿责任。”由前述规定可知,当承包人请求发包人返还质量保证金,而发包人以工程在缺陷责任期内发生维修事项为由,主张从质量保证金扣除相应费用的,属于抗辩;若发包人维修的费用超出了质量保证金金额的,发包人应当以反诉的方式对超出的部分提出索赔;对于质量保证金数额范围内的维修费用,仍可以抗辩的方式提出。实践中,发包人全部以反诉的方式提出索赔更便于操作。

一个值得进一步讨论的问题是:在缺陷责任期届满后,承包人请求发包人支付剩余的工程款(若发包人未按约支付工程款)及质量保证金,而发包人主张维修的费用超过了质量保证金数额,但并未超过承包人主张的全部款项数额,发包人主张应从剩余工程价款中扣除维修费用的,其应当提出抗辩还是反诉?

笔者认为,抗辩与反诉的一个重要区别是,抗辩的内容没有超越原告诉讼请求

所涉的争议范围,即“被告的抗辩所主张的事实、提出的证据、依据的法律,其对证据的质证意见,对法律适用的争论,乃至言词辩论的焦点,无不是围绕原告的诉讼请求是否能够成立、是否应该得到法院的支持而进行的”“没有在原告的诉讼请求范围之外提出新的争议焦点”。[①] 由此可见,所谓没有超越原告诉讼请求所涉的争议范围,并非指没有超过原告诉讼请求的金额。在上述情形中,虽然发包人主张维修费用的金额未超过承包人的诉讼请求金额,但对于承包人请求的除质量保证金之外的工程款来说,该主张并无实体法上的抗辩依据。[②] 对于发包人请求的超出质量保证金之外的维修费用来说,该主张明显超出了承包人的诉讼请求范围。因此,笔者认为,在该情形中,对于维修所发生的费用超出质量保证金的部分,发包人应当以反诉的方式提出;对于质量保证金数额范围内的维修费用,发包人仍可以抗辩的方式提出。同样地,发包人全部以反诉的方式主张维修费用更便于操作。

### 三、缺陷责任期届满但质量保修期未届满,发包人主张承包人承担缺陷责任期届满后发生的维修费用的,应提起反诉

根据《工程质保金管理办法》第 2 条的规定,质量保证金是发包人与承包人在建设工程承包合同中约定,从应付的工程款中预留,用以保证承包人在缺陷责任期内对建设工程出现的缺陷进行维修的资金。由此可见,缺陷责任期届满后,发包人应当在扣除应由承包人承担的费用后及时向承包人返还质量保证金。发包人未按约返还质量保证金,即使发包人在缺陷责任期届满后发生的维修费用金额小于质量保证金金额,其亦无权要求从承包人的质量保证金中直接扣除。在该情形下,发包人维修发生的费用应当作为损失以反诉的方式提起。具体理由同前述二中所述。

### 四、承包人请求的工程价款中不含质量保证金,发包人主张承包人支付修复费用的,应提起反诉

如果承包人请求的工程价款中不含质量保证金,则承包人主张工程价款的事实基础一般在于,其按照合同约定完成了建设工程,并经验收合格或发包人实际使用,且发包人支付工程款(不含质量保证金)的条件已经成就,并不涉及工程保修的

---

① 参见庞小菊:《论抗辩与反诉的界定》,载《南京师大学报(社会科学版)》2009 年第 1 期。

② 在民事诉讼中,根据当事人主张事项所依据的法律不同,抗辩可分为实体法上的抗辩和诉讼法上的抗辩。参见庞小菊:《论抗辩与反诉的界定》,载《南京师大学报(社会科学版)》2009 年第 1 期。

问题。发包人关于承包人应当支付修复费用的主张，并不能否定其应当支付工程价款（不含质量保证金）的义务和承包人的请求；其主张的事实基础在于，承包人未履行法定和约定质量保修期内的保修义务。由此可见，该情形中，发包人的主张超出了承包人诉讼请求所涉的争议范围，构成一个独立的诉。因此，发包人应当以反诉的方式提出。

## 五、承包人请求支付工程价款，发包人主张承包人对工程履行保修义务的，应提起反诉

在承包人主张工程价款的某些案件中，发包人认可工程已经竣工验收合格或未经验收但已交付使用，对尚未支付工程款的事实也无异议。但发包人认为工程在质量保修期内出现了质量缺陷，承包人应当履行保修义务。在该情形中，由于发包人在承包人的诉讼请求范围之外提出了一个新的请求，因此，其关于履行保修义务的主张不属于抗辩，应当以反诉的方式提出。

## 实务判例

### 【判例】抗辩或反诉情形的认定①

2009年4月23日，甘肃七建与广电局签订《建筑工程施工合同》，约定甘肃七建承建县广电大厦建设工程，中标价19,919,958元。后因广电局不能按时支付甘肃七建工程进度款等原因，导致涉案工程于2010年10月停工。2014年11月，广电局委托中信咨询公司对已完工程价款核定和未完工程进行审核并作出审核报告。2015年8月7日，甘肃七建与广电局签订《复工协议》，其中约定：(1)双方确认项目已完工程造价21,918,037元；(2)根据施工合同专用条款第25条，工程进度款按实际完成量的85%支付，其余款项待竣工结算审定后3个月内付至结算总价款的95%，留5%作为质量保证金，在保修期满3个月内付清；(3)鉴于已完工程主要为主体及屋顶屋面，实际完工后经分项验收合格已有5年，部分工程项目实际已超过2至3年的保修期，故双方约定5%质量保证金1,095,845.13元，在整体工程竣工验收合格后3个月内支付；(4)广电局赔偿甘肃七建停窝工损失720,000元。

此后，甘肃七建复工。2016年9月5日，广电局、监理公司和甘肃七建共同签

① 参见甘肃省高级人民法院(2019)甘民终128号民事判决书。

字出具《建设工程施工质量竣工报告》,确认工程质量合格。

经中信咨询公司审核,甘肃七建于 2010 年 9 月前的工程款 21,918,037.7 元,2015 年复工后的工程款 5,576,018 元、附属工程款 96,122 元,双方协商赔偿停窝工损失 720,000 元,总计 28,310,178 元。截至 2016 年 12 月 31 日,广电局支付甘肃七建 23,540,542 元,欠付工程款 4,769,635 元。

甘肃七建向法院提起诉讼,请求判令广电局支付工程款 4,769,635 元及逾期付款利息。广电局不认可中信咨询公司的审核结果,其在诉讼中委托海天咨询公司于 2018 年 4 月作出《工程结算审核报告》,审核涉案工程总造价为 24,570,045.75 元。同时,广电局辩称,涉案工程在保修期内出现质量问题,甘肃七建应当维修并主张扣除质量保证金。

2017 年 7 月 12 日,广电局于向甘肃七建发出《关于广电大厦外墙真石漆严重脱落责令施工方整改的通知》,要求甘肃七建对外墙面在质保期内出现真石漆脱落问题进行维修,并在二审中举证证明涉案工程地下室存在渗水问题。

本案中,能否支持广电局关于"维修并扣除保证金"的抗辩成为争议焦点之一。

一审法院认为:甘肃七建已按照合同约定完成涉案工程并交付广电局,广电局在收到工程竣工结算报告后,未依约支付工程款,构成违约,其应当支付工程款 4,769,635 元并承担利息。而广电局辩称甘肃七建承建的涉案工程质量不合格,但证据不足,其可在有新的证据后另行起诉。

二审法院认定如下:

第一,《建设工程质量管理条例》第 40 条第 2 项规定,屋面防水工程、有防水要求的卫生间、房间和外墙面的防渗漏,最低保修期限为 5 年。但双方在《复工协议》中约定在整体工程竣工验收合格后 3 个月内支付质量保证金,不符合法律规定,没有法律效力,虽然涉案工程工期较长,但对工程质量保修期的约定不能违反法律的强制性规定。广电局、监理公司和甘肃七建于 2016 年 9 月 5 日共同签字出具《建设工程施工质量竣工报告》,该日期应认定为涉案工程的竣工验收日期,故质保期应当自 2016 年 9 月 6 日起算。

第二,广电局于 2017 年 7 月 12 日向甘肃七建发出《关于广电大厦外墙真石漆严重脱落责令施工方整改的通知》,要求甘肃七建对外墙面在保质期内出现真石漆脱落问题进行维修,并在二审中举证证明涉案工程地下室存在渗水问题,但未就工程质量存在问题提出反诉,且甘肃七建不同意并案处理。根据《建设工程司法解释

(二)》第7条的规定,[①]发包人在承包人提起的建设工程施工合同纠纷案件中,以建设工程质量不符合合同约定或者法律规定为由,就承包人支付违约金或者赔偿修理、返工、改建的合理费用等损失提出反诉的,人民法院可以合并审理。因此,广电局提出的涉案工程质量问题,本院不能合并审理,应另案处理。

第三,由于涉案工程部分质保期尚未届满,对于工程质量保证金1,415,508.9(28,310,178元×5%)元暂不予支付。因此,判决广电局应支付甘肃七建工程款3,354,127.1元。

**【判例点评】**

根据判决书的信息,笔者认为,本案判决涉及以下问题值得讨论:

1. 缺陷责任期与质量保修期是两个不同性质的期间。根据《工程质保金管理办法》的规定,缺陷责任期的功能在于,在该期限内,施工人以被预留的质量保证金作为对工程所出现缺陷进行维修的担保。在缺陷责任期届满后,发包人应当向施工人返还质量保证金。缺陷责任期最长不超过2年。质量保修期是施工人应当对建设工程承担保修义务的期限,其功能在于赋予施工人对建设工程的质量维修义务,以解决合同履行完毕后一定期限内发现的工程质量问题。根据《建设工程质量管理条例》的规定,建设工程的最低质量保修期因分部分项工程的不同而不同,分别为2年、5年、合理使用年限等。二者的具体区别参见本书对《新建设工程司法解释(一)》第17条精解的有关内容。

本案中,当事人在《复工协议》中约定,5%质量保证金在整体工程竣工验收合格后3个月内支付。该约定中质量保证金返还的3个月期限性质上为缺陷责任期,而非《建设工程质量管理条例》规定的质量保修期。因此,当事人的上述约定并不违反《建设工程质量管理条例》的规定,是合法有效的。

2. 如前所述,由于当事人约定的质量保证金返还期限是有效的,故广电局应当自2016年9月6日起3个月内返还质量保证金。因此,涉案工程的缺陷责任期(本案中的质保期)已经届满。

3. 由该判决书中的案情可知,广电局辩称,涉案工程在保修期内出现质量问题,甘肃七建应当维修并主张扣除质量保证金。那么,广电局的抗辩意见涉及两方面的内容:一是甘肃七建应当对涉案工程进行维修;二是扣除相应的质量保证金。因

① 《建设工程司法解释(二)》废止后,《新建设工程司法解释(一)》第16条作了相同的规定。

判决书中显示的案情不详，无法判断广电局是否对其所称的质量缺陷进行了修复，只能根据假定条件进行分别讨论：

（1）如果经审理查明，广电局所称的真石漆脱落和渗水问题尚未进行修复，则广电局对其关于进行维修的主张是一个独立的诉，不能以抗辩的形式提出。

（2）如果真石漆脱落和渗水问题已经由第三方进行了修复，从案情判断上述缺陷均已超过双方约定的缺陷责任期，但法定的最低质量保修期并未届满（真石漆属于装饰装修工程，最低质量保修期为2年；渗水属于防水工程，最低质量保修期为5年）。在该情形下，广电局所称的质量缺陷发生在缺陷责任期届满之后，即质量保证金应当返还的日期早于质量缺陷发生之日。因此，广电局关于扣减质量保证金的主张超出了甘肃七建的诉讼请求范围。广电局对其扣减质量保证金的主张应当提起反诉。

**第十七条　【质量保证金返还期限的确定】**

有下列情形之一，承包人请求发包人返还工程质量保证金的，人民法院应予支持：

（一）当事人约定的工程质量保证金返还期限届满；

（二）当事人未约定工程质量保证金返还期限的，自建设工程通过竣工验收之日起满二年；

（三）因发包人原因建设工程未按约定期限进行竣工验收的，自承包人提交工程竣工验收报告九十日后当事人约定的工程质量保证金返还期限届满；当事人未约定工程质量保证金返还期限的，自承包人提交工程竣工验收报告九十日后起满二年。

发包人返还工程质量保证金后，不影响承包人根据合同约定或者法律规定履行工程保修义务。

## 条文主旨

本条是关于质量保证金及其返还期限的规定。

## 条文精解

### 一、质量保证金、缺陷责任期与缺陷通知期

要准确地理解建设工程的质量保证金，首先需要厘清缺陷责任期的概念。

国内制度下缺陷责任期的概念，借鉴于FIDIC合同条件。1987年出版的《FIDIC施工合同条件》第49.1款规定了缺陷责任期，而1999年出版的FIDIC合同条件则将缺陷责任期修改为“缺陷通知期”。其原因在于，缺陷责任期容易使人误解为，只有在缺陷责任期内，施工人才承担修复缺陷的义务；而实际上，在FIDIC合同条件下，施工人的修复缺陷义务并不仅仅存在于缺陷责任期内，在履约证书颁发之前的任何阶段，施工人均负有这一义务。因此，缺陷通知期的概念比缺陷责任期更为准确。

缺陷通知期，是指自工程接收证书中注明的竣工日期起算，至通知工程存在缺陷的期限。缺陷通知期的目的是考核工程在动态运行条件下是否达到了合同要

求，从而在出现缺陷时通过修复缺陷以完成施工人的合同义务，满足合同要求。在FIDIC合同条件下，这里的“缺陷”一般指工程或材料与合同要求不一致。主要工程及设备的缺陷通知期大多为1年，当事人可以对此进行约定。如果因为某项缺陷达到使工程或主要生产设备不能按原定目的使用的程度，业主有权提出延长缺陷通知期，但其延长的时间不得超过2年。

需要特别说明的是，在FIDIC合同条件下，竣工验收并不意味着施工人合同义务的完成，也不意味着业主对工程的接受。根据《FIDIC施工合同条件》(1999版)第11.9款的规定，[①]直到工程师向施工人颁发履约证书，注明施工人完成其各项义务的日期后，才认为施工人的义务已经完成，即只有履约证书才被视为对工程接受的标志。这与我国法律、法规的规定有所不同。

在我国，没有颁发履约证书这一环节，工程竣工验收合格就意味着施工人的主要合同义务已经完成。《标准施工招标文件》(2007年版)及《2017版施工合同示范文本》均引入了缺陷责任期的概念。《工程质保金管理办法》则以部门规范性文件的形式对缺陷责任期作了规定。根据该办法的规定，缺陷责任期从工程通过竣工验收之日起计算，一般为1年，最长不超过2年，由承发包双方在合同中约定。在缺陷责任期内，由施工人原因造成的缺陷，施工人应负责维修，并承担鉴定及维修费用。缺陷责任期届满，发包人应当返还质量保证金。本条第1款第2项关于“当事人未约定工程质量保证金返还期限的，自建设工程通过竣工验收之日起满二年”的规定，即源于《工程质保金管理办法》的规定。

## 二、缺陷责任期起算时间点的类型化分析

### （一）《新建设工程司法解释（一）》第9条与本条规定的关系

本条第1款第3项源于《工程质保金管理办法》第8条，即“由于发包人原因导致工程无法按规定期限进行竣工验收的，在承包人提交竣工验收报告90天后，工程自动进入缺陷责任期”。《2017版施工合同示范文本》第15.2.1项也有相应

---

① 《FIDIC施工合同条件》(1999版)第11.9款规定：“直到工程师向承包商颁发履约证书，注明承包商完成合同规定的各项义务的日期后，才应认为承包商的义务已经完成。履约证书应由工程师在最后一个缺陷通知期限期满日期后28天内颁发，或在承包商提供所有承包商文件，完成所有工程的施工和试验，包括修补任何缺陷后尽快颁发。履约证书应抄送雇主。”

规定。①

需要注意的是,《新建设工程司法解释(一)》第9条规定,承包人已经提交竣工验收报告,发包人拖延验收的,以承包人提交验收报告之日为竣工日期。上述规定与本条规定似有矛盾,前者的起算点(以竣工日期作为缺陷责任期的起算点)与本条项下的起算点相差90天。但有观点认为,确定竣工日期和确定缺陷责任期是两个不同的问题,在司法解释特别规定了缺陷责任期确定方式的情况下,不能一概以竣工日期确定缺陷责任期。② 而关于90日的期限,实际上是给了发包人一个宽限期,其是根据我国长期的建设工程市场实践而确定的,符合建设工程市场的客观情况。③

### (二)发包人拖延验收的类型及缺陷责任期的起算时间

发包人拖延验收是指未按合同约定的验收期限组织竣工验收。关于工程竣工验收程序,《2017版施工合同示范文本》第13.2.2项规定,承包人向监理人报送竣工验收申请报告,监理人应在收到竣工验收申请报告后14天内完成审查并报送发包人,发包人应在收到经监理人审核的竣工验收申请报告后28天内审批完毕并组织监理人、承包人、设计人等相关单位完成竣工验收。实践中,发包人拖延验收的情形如表6所示:

**表6 发包人拖延验收的情形**

| 类型 | 类型界定 |
|---|---|
| Ⅰ | 发包人拖延后(《2017版施工合同示范文本》第13.2.2项规定的时间之后,下同)组织了竣工验收,并顺利通过了竣工验收 |
| Ⅱ | 发包人拖延后组织了竣工验收,但未一次通过验收,经整改后才通过竣工验收 |
| Ⅲ | 发包人拖延后未经竣工验收擅自使用,使用后又进行了竣工验收 |
| Ⅳ | 发包人拖延后未经竣工验收擅自使用,使用后未再进行竣工验收 |

① 该示范文本第15.2.1项规定:"因承包人原因导致工程无法按合同约定期限进行竣工验收的,缺陷责任期从实际通过竣工验收之日起计算。因发包人原因导致工程无法按合同约定期限进行竣工验收的,在承包人提交竣工验收报告90天后,工程自动进入缺陷责任期;发包人未经竣工验收擅自使用工程的,缺陷责任期自工程转移占有之日起开始计算。"

② 最高人民法院民事审判第一庭编著:《最高人民法院建设工程施工合同司法解释(二)理解与适用》,人民法院出版社2019年版,第191页。

③ 最高人民法院民事审判第一庭编著:《最高人民法院建设工程施工合同司法解释(二)理解与适用》,人民法院出版社2019年版,第188页。

对于上述四种类型，由于发包人拖延验收的情形不同，缺陷责任期的起算也不完全相同。结合本条的规定，上述四种类型的缺陷责任期的起算时间如表7所示：

表7 缺陷责任期起算时间表

| 类型 | 缺陷责任期的起算时间 |
| --- | --- |
| Ⅰ | (1)若竣工验收日期在承包人提交竣工验收报告的90天内，则应以竣工验收日期作为缺陷责任期的起算时间 |
|  | (2)若竣工验收日期在承包人提交竣工验收报告的90天之后，则应以承包人提交竣工验收报告的第91天作为缺陷责任期的起算时间 |
| Ⅱ | (1)若发包人组织验收的时间在承包人提交竣工验收报告的90天内，则应以工程最终通过竣工验收之日作为缺陷责任期的起算时间 |
|  | (2)若发包人组织验收的时间在承包人提交竣工验收报告的90天之后，则应以承包人提交竣工验收报告的第91天作为缺陷责任期的起算时间 |
| Ⅲ | (1)若发包人使用工程的时间在承包人提交竣工验收报告的90天内，由于工程未经验收而使用，可视为发包人对于工程质量的认可，故应自发包人使用之日起算缺陷责任期 |
|  | (2)若发包人使用工程的时间在承包人提交竣工验收报告的90天之后，则应以承包人提交竣工验收报告的第91天作为缺陷责任期的起算时间 |
| Ⅳ | 同类型Ⅲ |

此外，当事人有时会在合同中约定，当分部分项工程或工程设备出现质量缺陷时，其相应分部分项工程或设备的缺陷责任期自修复后重新计算或延长一定期限。笔者认为，当事人有上述明确约定的，应当从其约定。

需要注意的是，承包人主张因发包人拖延验收而应自其提交工程竣工验收报告90天后起算缺陷责任期的，其应当承担举证责任。承包人不能举证证明发包人拖延验收超过90天的，缺陷责任期应当自工程最终通过竣工验收之日起算；此情形下发包人未经验收而擅自使用的，或擅自使用后又进行了验收的，缺陷责任期应当自发包人实际使用之日起算。

### （三）工程完工但未验收也未交付使用的缺陷责任期起算

工程完工但未验收也未交付使用的情形一般有两种：一种是工程因质量不合格未通过竣工验收，且维修后仍不合格；另一种是因工程手续不完备导致工程无法通过竣工验收。

对于第一种情形，由于建设工程未通过竣工验收，也未交付使用，且工程未通过竣工验收也不是发包人的原因造成的，因此，该情形下的缺陷责任期无法起算。

对于第二种情形，虽然工程未通过竣工验收，也未交付使用，但本条规定的“发包人原因”是指发包人拖延验收的情形，不包括因工程手续不完备导致工程未能验收的情形。① 因此，该情形下的缺陷责任期也无法起算。

## 三、缺陷责任期与质量保修期

本条第2款是关于质量保证金退还和承包人保修义务之间关系的规定。

实践中，应当注意区别质量保修期与缺陷责任期。根据笔者的经验，大量的建设工程施工合同混用质量保修期和缺陷责任期，这可能带来潜在的风险。

在国内建设工程实践中，缺陷责任期与质量保修期在时间跨度上有所重合。二者的起算时间均为工程竣工验收合格之日。根据《工程质保金管理办法》的规定，缺陷责任期最长不超过2年，而《建设工程质量管理条例》第40条规定的最低保修期限中，电气管线、给排水管道、设备安装和装修工程的最低保修期限最短，也为2年。从上述规定来看，缺陷责任期一般在质量最低保修期限之内。因此，在质量保修期和缺陷责任期内，施工人均应承担质量保修责任。

缺陷责任期的特别功能在于，在该期限内，施工人以被预留的质量保证金作为对工程所出现缺陷进行维修的担保。在缺陷责任期届满后，发包人应当向施工人返还质量保证金。

与缺陷责任期的功能不同，质量保修期的功能在于赋予施工人对建设工程的质量维修义务，以解决合同履行完毕后一定期限内发现的工程质量问题。就二者的期间时长而言，部分工程项目质量保修期的时长要长于缺陷责任期，比如《建设工程质量管理条例》第40条规定，屋面防水工程、有防水要求的卫生间、房间和外墙面的防渗漏的最低质量保修期为5年。质量保修期的期间经过，施工人不再承担保修责任；然而，对于保修期限长于2年的工程项目，即使缺陷责任期已过，施工人仍应当承担保修责任。

需要注意的是，在工程实践中，当事人在合同中经常使用“质保期”“保修期”等词语，但其含义并不确定，需要结合具体语境来进行解释。如果其含义是指对工程

① 参见最高人民法院民事审判第一庭：《最高人民法院建设工程施工合同司法解释（二）理解与适用》，人民法院出版社2019年版，第189～190页。

进行保修的期限,则应按质量保修期理解;如果其是作为返还质量保证金的期限,则实际上指的是缺陷责任期。

## 深度研讨

### 一、未完工程合同解除后的质量保证金扣留问题

司法实践中,对于合同解除后的质量保证金扣留问题,存在以下两种不同观点:

#### (一)应当按合同约定扣留

在“杭州建工集团有限责任公司与大理汇宁房地产开发有限公司建设工程施工合同纠纷案”中,最高人民法院认为:“依照《建设工程施工合同》的约定,杭州建工应当按照案涉工程价款3%的比例缴纳工程质量保证金。虽然案涉工程未完工,但杭州建工的保修义务并不因此免除。杭州建工称项目后续工程并非由其完成,工程何时竣工其无法控制,以竣工验收作为质量保证金退还条件将导致其实际难以取回工程质量保证金。针对这一问题,一审判决已明确将2018年9月14日工程移交时间作为工程保修起算时间,大理汇宁应自此时起根据《建设合同施工合同》的约定于3年内分期退还。故杭州建工关于工程质量保证金退还时间无法确定的理由不能成立。”①

#### (二)不应当扣留

在“沅陵晨辉房地产开发有限责任公司诉怀化市工程建设公司建设工程施工合同纠纷案”中,最高人民法院则认为:“涉案施工合同尚未履行完毕即被依法解除,施工合同关于质保金的约定亦不再具拘束力。原审法院未在应付工程价款中扣除5%的质保金,并无不当。涉案工程如有质量问题,沅陵晨辉公司依法可以另行主张处理。”②

笔者对此分析如下:

第一,《工程质保金管理办法》第2条规定的质量保证金定义特别强调了其是

---

① 参见最高人民法院(2019)最高法民终940号民事判决书。

② 参见最高人民法院(2017)最高法民申1319号民事裁定书。

一种约定的资金担保形式。[1] 从效力层级上看,《工程质保金管理办法》仅为部门规范性文件,其对工程质量保证金的扣留规定也是倡导性和管理性的,不具有强制实施的效力。也就是说,质量保证金的预留事项是基于当事人约定而非法律的强制性规定,其与承包人的法定保修义务不同。因此,虽然工程保修是承包人的法定义务,但将其作为合同解除后质量保证金仍应预留的理由似欠妥当。

第二,质量保证金本质上是在一定期限内,由承包人以预留工程价款的方式对其工程质量缺陷维修所作的一种担保。虽然根据《民法典》第566条的规定,主合同解除后担保人仍应承担担保责任,[2]但承包人以预留质量保证金的方式进行担保的前提,是建设工程已经竣工验收合格或因交付使用而被视为验收合格。在承包人未完成建设工程且合同已经解除的情况下,质量保证金条款对承包人不再具有约束力。

综上所述,笔者认为,承包人未完成的建设工程合同解除后,发包人不应再扣留质量保证金,双方当事人应当对合同的债权债务进行清理。当然,承包人在质量保修期内仍应当对建设工程质量承担保修义务。

## 二、发包人"擅自使用"的认定

如本条的【条文精解】所述,对于发包人未经验收而擅自使用的,或擅自使用后又进行了验收的,若承包人不能举证证明发包人拖延验收超过90天的,缺陷责任期应当自发包人实际使用之日起算。

那么,何为"擅自使用"?实践中对此存在不同认识。在此,我们根据发包人未经验收而使用的不同情形进行分析。

### (一)发包人为了自身的利益而提前使用

所谓"擅自",是指对不在自己的职权范围以内的事情自作主张。[3]《建筑法》第61条、《民法典》第799条及《建设工程质量管理条例》第16条均规定,建设工程

① 《工程质保金管理办法》第2条规定:"本办法所称建设工程质量保证金是指发包人与承包人在建设工程承包合同中约定,从应付的工程款中预留,用以保证承包人在缺陷责任期内对建设工程出现的缺陷进行维修的资金。"

② 《民法典》第566条第3款规定:"主合同解除后,担保人对债务人应当承担的民事责任仍应当承担担保责任,但是担保合同另有约定的除外。"

③ 参见中国社会科学院语言研究所词典编辑室编:《现代汉语词典》,商务印书馆1983年版,第999页。

未经验收或验收不合格的，不得交付使用。可见，在发包人为了自身的利益提前使用的情况下，如为了抓住商机提前出售或投入生产、运营等，发包人的行为显然违反了上述法律和行政法规的规定，构成了“擅自使用”，应当承担相应的法律后果。

(二)发包人为了减少损失而提前使用

该种情形主要表现为：发包人在工期延误的情况下，为了减少损失或实现预期目的而未经验收提前使用，如为了按期向购房业主交付商品房或为了学校按期开学等。

在因发包人原因导致工期延误的情况下，发包人自身存在过错，其未经验收使用应当构成“擅自使用”。存在争议的是，若工期延误的责任在于承包人，则发包人是否有权使用未经验收的工程？其是“擅自使用”，还是可视为一种减损措施？笔者认为，建筑工程的竣工验收是项目建设全过程的最后一道程序，是对工程质量实施控制的最后一个重要环节，①《建筑法》第 61 条、《民法典》第 799 条及《建设工程质量管理条例》第 16 条的目的在于保证社会公众和使用人员的生命财产安全，而相对于人的生命安全，任何经济损失、社会影响都应被置于次要地位。况且，发包人完全可以采取另行租赁场地等措施来降低经济损失和不利的社会影响，也可以通过追究承包人的违约责任来弥补自身的损失。因此，不能将未经验收使用作为一种减损措施予以倡导。

(三)因承包人拒绝配合竣工验收而提前使用

若承包人因发包人未按约支付合同价款而拒绝配合竣工验收，在权利义务具有对等性的情况下，其属于行使履行抗辩权，并不构成违约。而且，《房建和市政工程竣工验收规定》第 5 条也将发包人按约支付工程款作为工程竣工验收的前提条件。因此，在该种情形下，发包人构成“擅自使用”。在承包人违约或双方存在混合过错的情况下，如前述分析，笔者认为，发包人也不应将未经验收使用作为一种减损措施，以免给公众的生命财产安全带来隐患。

由上述分析可知，建设工程在未经验收的情况下使用即违反了法律的强制性规定，从而构成“擅自使用”。至于未验收的原因则不是判断是否“擅自使用”的标准，但可以作为判断当事人的违约责任和过错程度的因素。

---

① 卞耀武主编：《中华人民共和国建筑法释义》，法律出版社 1998 年版，第 165 页。

所谓“使用”，是指发包人利用建设工程的功能。但在工程已经交付给发包人，发包人对工程实际占有并控制的情况下，不能苛责承包人对发包人使用工程的具体情况掌握充分的证据。只要能够证明工程已经交付或虽无移交手续但发包人已实际控制，承包人就完成了举证责任。发包人认为没有实际使用或仅部分使用的，应当提出反证。对于发包人仅使用了部分楼层的情形，如果部分楼层的使用是以承包人所完成全部工程的功能发挥为前提的，仍应认定为全部使用。比如，某六层综合楼的中央空调控制及配电系统安装工程，业主仅认可在工程未经竣工验收的情况下使用了两层，但两层楼的使用是以整个中央空调系统的功能发挥为前提的。因此，裁判机构最终认定业主使用了涉案工程。对于工程仍由承包人实际控制，发包人只是在工程现场进行了“开业”“投产”等宣传活动而未实际使用的，则不宜认定为“使用”。当然，发包人对此的举证难度较大。

## 三、处理质量保证金争议时应注意的其他问题

在缺陷责任期内，承包人应当对因其原因导致的工程质量缺陷进行维修。若承包人不维修也不承担维修费用的，发包人有权从其质量保证金中扣除相应的修复费用。因此，承包人请求返还质量保证金时，发包人往往会以工程存在质量缺陷进行抗辩，并要求扣除有关维修费用。处理此类争议时，需要注意以下几个方面的问题：

### （一）发包人未尽通知义务时的责任认定

在出现维修事项时，发包人应及时通知承包人维修。由于承包人是建设工程质量的责任主体，且其对工程情况更为熟悉，由其进行维修有利于保证维修质量和降低维修成本，也便于事后再次出现质量问题时的责任划分。

然而，实践中，有的发包人在不通知承包人的情况下，自行对有质量问题的工程进行了维修。若承包人不同意承担质量责任，裁判者则需要根据发生质量缺陷的部位、质量缺陷的性质和当事人的举证情况来认定责任及费用。

一般来说，发包人使用对某些分部分项工程的质量变化影响较小，如外保温墙面、饰面砖、幕墙、防水工程等。若有证据证明上述工程部位在缺陷责任期内出现了质量缺陷并发生了修复费用，且可排除发包人的责任（如甲供材、甲指分包等），则裁判者可以结合案件实际情况扣除相应的费用。但是，考虑到该缺陷系由第三方修复，在认定扣减费用时，不宜直接采用第三方维修的费用，而宜按照当时的市场价格水平来认定。如果发生质量问题的是工程设备，由于其运行状况与发包人是

否正确维护、使用关系密切，因此，除非有证据证明相应的质量缺陷系承包人原因导致，否则可能难以认定由承包人承担质量责任及修复费用。

### （二）工程竣工验收时发包人明知有质量缺陷时的责任认定

在某些情况下，发包人出于尽快使用工程或尽快投产的目的，明知工程质量存在缺陷仍同意工程通过竣工验收或投入使用。从使用或生产目的来看，此类缺陷一般是一些非关键性的分项工程缺陷，或者说缺陷并不严重（至少在发包人看来是非关键的或不严重的缺陷）。比如，光伏发电项目中钢结构防腐涂层的脱落、箱变漏油等。而实际上，钢结构的防腐涂层不合格会影响其耐久性和使用寿命，箱变漏油则会影响变压器的寿命和安全运行。

笔者认为，在这种情况下，发包人同意工程通过验收的行为可视为是对有缺陷工程项目的接受和认可。发包人在缺陷责任期内以上述质量缺陷为由要求扣减质量保证金的，可不予支持。但如果在缺陷责任期内，上述质量缺陷的范围进一步扩大，程度进一步加重，则对于因承包人原因造成的扩大、加重的质量缺陷，发包人仍有权主张从质量保证金中扣减相应的修复费用。

### （三）关于承包人能否以发包人未按约付款作为其不履行维修义务的抗辩

实践中，在发包人未按约支付工程款的情况下，承包人可能会以发包人违约在先为由不履行维修义务。

笔者认为，这种抗辩是不成立的。根据《建设工程质量管理条例》的有关规定，在质量保修期内（含缺陷责任期）履行工程质量缺陷的维修义务是承包人的法定义务。发包人未按约支付工程款，承包人可以要求其承担违约责任，但不能免除其自身的质量缺陷维修义务。

## 实务判例

### 【判例一】工程未经验收擅自使用的，自工程交付之日起算缺陷责任期[①]

2013 年 8 月 5 日，三兴公司与浦江房产就某商住楼和商业楼的建设签订《施工

① 参见新疆维吾尔自治区高级人民法院伊犁哈萨克自治州分院（2019）新 40 民终 454 号民事判决书。

协议书》，约定三兴公司承建该工程。各商住楼包干价1420元/平方米，商业楼包干价1100元/平方米；工程款（进度款）支付方式：(1)从地基至六层封顶，按已完成工程量的80%支付工程款；(2)六层以上按每月25日前上报实际完成量的80%支付工程进度款；(3)工程竣工验收后，经浦江房产工程结算审核完毕，1周内支付工程总造价的95%；(4)剩余5%为工程质量保证金，待质保期满后，1个月内一次性付清。

2013年10月25日，双方又签订《建设工程施工合同》1份。约定由三兴公司承包上述工程，工程合同价款7200万元；合同采用可调价，调整方法为：套用定额，执行新疆及伊宁市最新定额及相关配套文件，工程按二类取费，价差按施工期间信息价平均价计，无价材料按市场价均价定价，其他费用按国家有关规定计取；工程变更的工程量由监理核实，并经发包人现场工程师确认后按实际进行结算。另，双方补充约定，《施工协议书》为本合同的组成部分，二者有冲突时以《施工协议书》为准。

合同签订后，三兴公司即按约组织施工，并于2016年8月30日完工，但消防工程未完工。

本案中，工程质量保证金的支付条件是否成就成为争议焦点之一。

法院认为：虽然涉案工程未经竣工验收合格，但各方均认可涉案工程已投入使用。根据《合同法》第279条、[①]《建设工程司法解释》第14条第3款之规定，[②]建设工程未经竣工验收，发包人擅自使用的，以转移占有建设工程之日为竣工之日，即涉案工程投入使用之时应视为验收合格之日。因此，2016年9月1日为涉案工程的质保期起算日，至今双方约定的2年质保期已届满。因此，浦江房产应当向三兴公司返还质量保证金。

### 【判例二】发包人拖延验收的，自承包人提交竣工验收报告之日起90天后起算缺陷责任期[③]

2012年2月8日，良盛皓公司与新天地公司签订《建设施工合同》，由新天地公司将某国际家居博览中心三标段建设工程发包给良盛皓公司施工。合同价款暂定为48,835,979,69元，同时约定了工程进度款支付的时间、方式、比例及违约责任。

① 《合同法》废止后，《民法典》第799条作了同样的规定。

② 《建设工程司法解释》废止后，《新建设工程司法解释（一）》第9条作了相同的规定。

③ 参见云南省高级人民法院（2019）云民终166号民事判决书。

合同中的《房屋建筑工程质量保修书》约定:"质保期一年,质保金为该工程结算总价的5%,质量保修期自工程竣工验收合格之日起计算。"

2012年8月9日,双方签订《补充协议》。该补充协议约定:付款阶段执行原合同约定,付款比例由原合同约定的"执行合同约定的结算方式及依据,支付完成量部分造价的60%"调整为"支付完成量部分造价的70%";工程竣工后支付完成工程量总造价的85%;竣工终验合格且各类资料齐全、竣工结算完成,4个月内支付尾款10%;扣留实际完成工程量总价的5%作为质量保证金,质保期视工程类别,执行国家颁布的质量保证年限。

良盛皓公司于2012年8月25日开始施工。2014年12月19日,良盛皓公司提交《工程竣工验收报告》,同日,勘察、设计、施工、建设单位在《竣工验收备案表》上签字同意验收。涉案工程于2014年12月底移交新天地公司使用。

本案中,质量保证金何时返还成为争议焦点之一。

法院认为:根据《建设工程司法解释(二)》第8条第3项的规定,[①]因发包人的原因建设工程未按约定期限进行竣工验收的,自承包人提交工程竣工验收报告90天后当事人约定的工程质量保证金返还期限届满;当事人未约定工程质量保证金返还期限的,自承包人提交工程竣工验收报告90天后满2年。本案中,双方签订的《房屋建筑工程质量保修书》约定:"质保期一年,质保金为该工程结算总价的5%,质量保修期自工程竣工验收合格之日起计算。"之后,双方签订的《补充协议》约定:"质保期视工程类别,执行国家颁布的质量保证年限。"补充协议应视为对之前质量保修书约定一年的质保期进行变更,但双方并未约定工程质量保证金返还的期限。良盛皓公司于2014年12月19日提交《工程竣工验收报告》,同日,勘察、设计、施工、建设单位在《竣工验收备案表》上签字同意验收,且涉案的工程于2014年12月底移交新天地公司使用,质保期依法应从良盛皓公司提交《工程竣工验收报告》之日(2014年12月19日)起90天后满2年,至2017年3月20日质保期届满。

**【判例点评】**

本案的裁决有以下两个问题值得讨论:

1. 关于质量保证金返还时间的认定。《建设工程司法解释(二)》第8条第3项规定的质量保证金返还的情形为"因发包人原因建设工程未按约定期限进行竣工

① 《建设工程司法解释(二)》废止后,《新建设工程司法解释(一)》第17条作了同样的规定。

验收的,自承包人提交工程竣工验收报告九十日后起当事人约定的工程质量保证金返还期限届满”①。由此可知,只有在承包人提交工程竣工验收报告后,因发包人原因未按约定期限进行竣工验收时,才适用该项规定。而本案中,在良盛皓公司提交《工程竣工验收报告》的当日,勘察、设计、施工、建设单位在《竣工验收备案表》上签字同意验收,新天地公司并未拖延验收。笔者认为,涉案工程已于2014年12月20日竣工验收合格。因此,涉案工程的缺陷责任期应当自2014年12月20日起算,质量保证金应当在自该日起算的缺陷责任期届满后返还。

2. 关于缺陷责任期的期限认定。由案情可知,双方当事人在《房屋建筑工程质量保修书》中约定的质保期(缺陷责任期)为1年。但此后双方又在《补充协议》中约定:“扣留实际完成工程量总价的5%作为质量保证金,质保期视工程类别,执行国家颁布的质量保证年限。”对于《补充协议》中“质保期”的含义,可以有两种理解:一是指法定的质量保修期,则涉案工程的缺陷责任期因工程部位不同而不同,应分别为2年、5年和合理使用年限(如50年)等;二是指缺陷责任期,则涉案工程的缺陷责任期为《房屋建筑工程质量保修书》中约定的1年。

笔者认为,“质保期”的约定紧跟在扣留质量保证金的约定之后,根据上下文的文义,此处的质保期宜作缺陷责任期理解,即质量保证金的返还期限。但《补充协议》又将质量保证金的返还期限与法定的最低质量保修期混淆,导致出现了地基基础和主体结构分部的质量保证金于50年后返还的荒诞结果。对此,笔者认为,《补充协议》的约定可以按照约定不明处理,根据《建设工程司法解释(二)》第8条第3项的规定,涉案工程的缺陷责任期为2年。因此,涉案工程的质保期(缺陷责任期)应至2016年12月19日届满。

---

① 《建设工程司法解释(二)》废止后,《新建设工程司法解释(一)》第17条作了同样的规定。

**第二十二条　【建设工程施工合同与招标投标文件不一致时工程价款的结算依据】**

当事人签订的建设工程施工合同与招标文件、投标文件、中标通知书载明的工程范围、建设工期、工程质量、工程价款不一致，一方当事人请求将招标文件、投标文件、中标通知书作为结算工程价款的依据的，人民法院应予支持。

## 条文主旨

本条明确了建设工程施工合同的实质性内容与招标投标文件不一致时的结算依据，实质上也规定了中标通知书生效的法律效果。

## 条文精解

《新建设工程司法解释(一)》第2条规定的是“按照中标合同确定权利义务”，而本条规定的是“将招标文件、投标文件、中标通知书作为结算工程价款的依据”。笔者认为，上述规定存在表述区别的原因在于，招投标文件及中标通知书一般仅就工程范围、工程质量、工期、价款和支付方式等主要条款进行约定，往往不会像合同书规定得那么完备，因此，对于本条的情形，仅规定按照招标文件、投标文件、中标通知书进行结算，而未规定按其确定权利义务。

### 一、招投标文件和施工合同的备案制度

我国《招标投标法》及其实施条例并未规定招标文件、投标文件及建设工程合同的备案制度，有关上述文件的备案制度是由部门规章进行规定的。《房建和市政工程施工招投标管理办法》(2019年修正)第18条规定：“依法必须进行施工招标的工程，招标人应当在招标文件发出的同时，将招标文件报工程所在地的县级以上地方人民政府建设行政主管部门备案，但实施电子招标投标的项目除外。建设行政主管部门发现招标文件有违反法律、法规内容的，应当责令招标人改正。”其第44

条还规定了需要备案的其他资料，包括评标委员会的评标报告和中标人的投标文件。[①] 同样，《公路工程建设项目招标投标管理办法》及《铁路工程建设项目招标投标管理办法》均有类似规定。[②]

关于建设工程施工合同备案制度，《房建和市政工程施工招投标管理办法》（2001 年实施）第 47 条规定："招标人和中标人应当自中标通知书发出之日起 30 日内，按照招标文件和中标人的投标文件订立书面合同；招标人和中标人不得再行订立背离合同实质性内容的其他协议。订立书面合同后 7 日内，中标人应当将合同送县级以上工程所在地的建设行政主管部门备案。"

2018 年 9 月 28 日，住房和城乡建设部发布了《住房城乡建设部关于修改〈房屋建筑和市政基础设施工程施工招标投标管理办法〉的决定》（住房和城乡建设部令第 43 号），删除了《房建和市政工程施工招投标管理办法》（2001 年实施）第 47 条第 1 款中"订立书面合同后 7 日内，中标人应当将合同送工程所在地的县级以上地方人民政府建设行政主管部门备案"的规定，正式取消了建设工程施工合同备案这一程序。需要注意的是，上述决定仅取消了施工合同的备案，并未取消招标文件及中标的投标文件的备案。

由于施工合同备案这一程序被取消，业主与施工单位可能基于自身利益或风险规避的考虑，另行协商，从而在中标通知书生效后直接签订与招标文件和投标文件内容不一致的施工合同。此时，就涉及中标通知书生效后施工合同是否成立的问题。

---

① 《房建和市政工程施工招投标管理办法》（2019 年修正）第 44 条规定："依法必须进行施工招标的工程，招标人应当自确定中标人之日起 15 日内，向工程所在地的县级以上地方人民政府建设行政主管部门提交施工招标投标情况的书面报告。书面报告应当包括下列内容：（一）施工招标投标的基本情况，包括施工招标范围、施工招标方式、资格审查、开评标过程和确定中标人的方式及理由等。（二）相关的文件资料，包括招标公告或者投标邀请书、投标报名表、资格预审文件、招标文件、评标委员会的评标报告（设有标底的，应当附标底）、中标人的投标文件。委托工程招标代理的，还应当附工程施工招标代理委托合同。"

② 《公路工程建设项目招标投标管理办法》第 17 条规定："招标人应当按照省级人民政府交通运输主管部门的规定，将资格预审文件及其澄清、修改，招标文件及其澄清、修改报相应的交通运输主管部门备案。"该办法第 55 条规定："依法必须进行招标的公路工程建设项目，招标人应当自确定中标人之日起 15 日内，将招标投标情况的书面报告报对该项目具有招标监督职责的交通运输主管部门备案。"《铁路工程建设项目招标投标管理办法》第 11 条规定："依法必须进行招标的铁路工程建设项目，招标人应当在发布资格预审公告或者招标公告前 7 个工作日内向铁路工程建设项目招标投标行政监管部门备案。鼓励采用电子方式进行备案。"

## 二、中标通知书生效后的法律效果

### (一)理论及实践中的不同观点

关于建设工程合同的成立,理论界和实务界有以下三种主要观点:

第一,中标通知书生效后,建设工程施工合同即告成立。①

第二,中标通知书生效后,合同尚未成立。该观点认为,既然《招标投标法》第46条第1款规定,招标人和中标人应当订立书面合同,且《合同法》第32条规定:“当事人采用合同书形式订立合同的,自双方当事人签字或者盖章时合同成立。”据此,中标通知书生效后合同还未成立。②

第三,中标通知书生效后,成立预约合同。该观点认为,以中标通知书生效为标志,招标人与中标人之间的预约合同成立且生效。《招标投标法》第46条第1款规定的“按照招标文件和中标人的投标文件订立书面合同”就是依照预约订立本约合同。③

### (二)本条采用第一种观点

根据本条的规定,招标文件、投标文件、中标通知书可以作为结算工程价款的依据。这就意味着,中标通知书一经生效,建设工程施工合同即告成立。笔者赞成该观点,具体理由如下:

1. 符合“要约—承诺”的合同成立条件

要约、承诺是合同成立的基本规则,也是合同成立必须经过的两个阶段。合同从当事人之间的交涉开始,由要约和对此的承诺达成一致而成立。在建设工程施工合同订立过程中,招标人向不特定对象发出招标书或招标文件属于“要约邀请”;投标人的投标行为是“要约”;招标人依一定程序确定中标人,并向中标人发出中标通知书的行为属于“承诺”。《民法典》第483条规定:“承诺生效时合同成立,但是法律另有规定或者当事人另有约定的除外。”可见,在法律没有特别规定的情况下,中标通知书生效合同即成立。

---

① 参见高印立:《定标后擅自变更招投标条件的性质和后果》,载《建筑经济》2006年第12期;何红锋、华心萌:《关于国际工程招标中合同成立时间的研究》,载《国际经济合作》2008年第2期。

② 参见林善谋编著:《招标投标法适用与案例评析》,机械工业出版社2004年版,第178页。

③ 参见陈川生、王倩、李显冬:《关于中标通知书法律效力的研究——预约合同的成立和生效》,载《北京仲裁》2012年第2辑。

2. 满足书面要件的要求

《民法典》第789条规定:“建设工程合同应当采用书面形式。”第469条规定:“当事人订立合同,可以采用书面形式、口头形式或者其他形式。书面形式是合同书、信件、电报、电传、传真等可以有形地表现所载内容的形式。以电子数据交换、电子邮件等方式能够有形地表现所载内容,并可以随时调取查用的数据电文,视为书面形式。”可见,书面形式不同于合同书,合同书仅是书面形式的一种。而作为要约、承诺的投标文件和中标通知书显然符合《民法典》关于书面形式的要求。因此,中标通知书生效,建设工程合同即告成立。至于实践中当事人多采用的合同书形式,是对招投标内容的确认、整理和补充,主要起到保全证据的作用。

3. 维护《招标投标法》的权威

从应然角度来看,中标通知书生效合同即告成立,是维护《招标投标法》权威性和严肃性的需要,也是矫正建筑市场招标人与投标人失衡地位的需要。① 招标投标过程依据相关法律的具体规定而开展,整个过程体现了招投标双方当事人的意志,具有权威性和严肃性。如果中标通知书生效后不能发生合同成立的法律效果,则招标人改变中标结果或中标人放弃中标的成本很小,由此可能导致此类现象难以遏制。其结果是,招标投标制度可能会失去赖以生存的基本前提,国家通过相关法律对招标投标过程的规范被架空,从而损害《招标投标法》的权威性和严肃性。

4. 中标通知书生效后成立的并非预约合同②

(1)从预约合同的概念上看,预约合同是当事人为在将来一定期限内订立合同而达成的允诺或协议。然而,招标人和中标人在招标投标过程中并无此意思表示。有观点将《招标投标法》第46条第1款规定作为中标通知书生效后成立预约合同的理由。但笔者认为,上述观点并不成立。首先,从法律性质上看,《招标投标法》不但调整民事主体之间的民事关系,而且调整行政机关和各民事主体之间的行政关系,具有行政指导和监督管理的功能;其次,从立法目的上看,《招标投标法》规定“应当订立书面合同”,其目的在于维护双方当事人的利益,使建设工程合同的订立规范化,同时便于国家对合同的管理。因此,招标人和中标人之间成立承发包合同关系并无事实和法律上的障碍。在此种情况下,将《招标投标法》第46条第1款的管理性规定作为预约合同成立的理由,是为本约合同成立设置的“人为障碍”,干涉了当事人的合同自由,违反了合同自由原则。

---

① 参见王建东:《建设工程合同法律制度研究》,中国法制出版社2004年版,第69页。

② 参见高印立:《论中标通知书发出后建设工程合同的本约属性》,载《建筑经济》2015年第1期。

(2)从设定具体法律关系的意图上看,招标人招标的目的在于选择合适的承包人,而投标人投标的目的在于承接建设工程项目。对于中标人和招标人来说,中标通知书生效,即表示双方当事人已就工程项目的质量、价款、工期及其他相关内容达成了合意,在当事人之间设定了具体的权利义务关系。可以说,除了“在将来一定期限内订立合同”外,招标文件、投标文件和中标通知书对合同的其他主要内容均进行了约定。因此,中标通知书生效,意味着招标人和中标人之间确立了承发包关系,而并非仅仅是使当事人预先受到订立本约合同义务的约束。

(3)从招标投标文件的内容上看,《招标投标法》第19条规定:“招标人应当根据招标项目的特点和需要编制招标文件。招标文件应当包括招标项目的技术要求、对投标人资格审查的标准、投标报价要求和评标标准等所有实质性要求和条件以及拟签订合同的主要条款。”《标准施工招标文件》(2007年版)和《房建和市政工程标准施工招标文件》(2010年版)均将合同条款中规定的双方权利义务与工程质量、技术标准、工期等并列为响应性评审标准,并明确规定投标文件不符合响应性评审标准中任何一项的,作废标处理。在实践中,许多招标人均要求投标人在投标文件中,专门对遵守招标文件合同条款内容作出书面承诺。由此可见,中标通知书生效所成立合同的标的,是关于工程项目建设的给付和对待给付内容,而不是订立本约合同。“如果将包含本约合同必备条款的合同视作预约合同,将会导致预约合同与本约合同之间的混淆。”①

也有学者认为,在招标投标的情况下,预约合同的内容与本约合同几乎相同,此时将发出中标通知书所形成的合意看作预约合同,是因为将预约合同定性为本约合同的话,本约合同就无法成立,已经确定的合同内容无法获得更多的保护。②如前所述,既然中标通知书生效后本约合同成立,当事人的权利会得到更加有力的保护,因此这种顾虑也就不必要了。

(4)从履约担保的约定上看,《标准施工招标文件》(2007年版)第7.3.1项规定:“在签订合同前,中标人应按投标人须知前附表规定的金额、担保形式和招标文件第四章‘合同条款及格式’规定的履约担保格式向招标人提交履约担保。”《房建和市政工程标准施工招标文件》(2010年版)中的投标函附录中也包含了履约担保的金额。对于招标文件中有履约担保要求的情形,根据《民法典》第483条的规定,

---

① 王利明:《预约合同若干问题研究——我国司法解释相关规定述评》,载《法商研究》2014年第1期。

② 参见刘承韪:《预约合同层次论》,载《法学论坛》2013年第6期。

中标通知书生效则中标人与招标人之间的担保合同成立。履约担保合同为建设工程合同的从合同,由于担保合同的成立以其所担保的主合同成立为前提,故中标通知书生效则建设工程合同也应成立。同时,由于履约担保是为了保证中标人按照合同约定完成工程项目,而非保证中标人在一定期限内与招标人签订本约合同,即此处的"约"是指本约而非预约。因此,中标通知书生效所成立的合同为本约合同而非预约合同。

(5)从违约责任的设定上看,《标准施工招标文件》(2007年版)和《房建和市政工程标准施工招标文件》(2010年版)在合同通用条款中,均详细列明了当事人不履行、不适当履行合同的违约责任。比如,《标准施工招标文件》(2007年版)规定,当事人无法继续履行或明确表示不履行或实质上已停止履行合同的,对方当事人可以解除合同;对于承包人的其他违约行为,其应承担违约所引起的费用增加和(或)工期延误;对于发包人的其他违约行为,其应承担由此增加的费用和(或)工期延误,并支付承包人合理利润。在具体的工程项目招标文件中,招标人还会在专用合同条款中列明更加明确的违约责任,并作为响应性评审标准之一。由此可见,招标人和中标人在招标投标过程中达成合意的违约责任条款,是当一方当事人不履行或不适当履行本约合同时,对另一方当事人的补偿规定。因此,中标通知书生效所成立的合同应为本约合同,因为在预约合同中不可能约定违反本约合同的违约责任问题。

(6)从当事人的权利保护上看,对因违约所造成的损失进行赔偿是对守约方的一种补偿。预约违约损失相当于本约的信赖利益损失,通常包括所受损失与所失利益。其中,所受损失包括缔约费用、准备履行所需费用、已给付金钱的利息等;所失利益主要是另失订约机会之损害。缔约过失损害赔偿一般限定在守约方实际损失的范围内,不包括机会损失;并且机会损失如何界定以及是否赔偿,目前存在争议,尚未形成共识。[①] 可见,虽然在理论上预约违约责任比缔约过失责任更为严重,但实践中二者的损害赔偿范围大体相当。与预约违约损害赔偿和缔约过失损害赔偿相比,本约合同的违约损失则为履行利益,其中包含所得利益损失,范围更广。建设工程的招标投标周期长、费用高、程序复杂,仅要求违约方对守约方赔偿预期违约损失或缔约过失损失,不足以弥补守约方的实际损失。因此,赋予中标通知书生效即本约合同成立的法律效力,给予当事人更为严苛的守约义务,使违约方承担本

---

① 参见最高人民法院民事审判第二庭编著:《最高人民法院关于买卖合同司法解释理解与适用》,人民法院出版社2012年版,第61~62页。

约合同的违约损失，有利于保护守约方的合法权益，对诚实守信市场氛围的形成和正常招标投标秩序的维护能起到积极作用。

(7)从立法目的上看，《招标投标法》是为了规范招标投标活动，维护社会经济秩序和当事人的合法权益。招标投标程序关乎缔约的公开、公平、公正，举足轻重。中标通知书的发出并非随意所为，而是有《招标投标法》等相关法律法规对程序正义和结果公正的保证。然而，预约合同仅是一个暂时性契约，如果这一重要过程所形成的结果仅构成预约合同，显然降低了招标投标程序的地位，不利于维护《招标投标法》的权威性和严肃性。

此外，在预约合同和本约合同的判断上，有“疑约从本”的兜底标准，即如王泽鉴先生所言的“认定一个原则，订立预约在交易上系属例外，有疑义，宜认为系属本约”①。

## 深度研讨

根据本条的规定，当事人签订的建设工程施工合同与招标文件、投标文件、中标通知书载明的工程范围、建设工期、工程质量、工程价款不一致的，一方当事人请求将招标文件、投标文件、中标通知书作为结算工程价款的依据的，人民法院应予支持。进一步讲，对于“结算工程价款”而言，招标文件、投标文件或中标通知书可以作为其依据。

值得讨论的问题是，在结算工程价款时，除了招标文件、投标文件或中标通知书约定的合同价款、计价方式等可以作为结算的依据外，关于工程款支付时间、索赔事项、违约责任等约定能否作为依据？对此，实践中的认识并不完全一致。

要厘清上述问题，需要从两个层次进行分析：第一，“结算工程价款”的范围应该如何界定？其内涵和外延是什么？第二，招标文件、投标文件或中标通知书中的哪些条款可以作为“结算工程价款”的依据？

### 一、“结算工程价款”的范围界定

从狭义的角度，“结算工程价款”仅指计算工程价款数额的计算，不包括支付方式、支付时间等事项；从广义的角度，“结算工程价款”包括上述全部事项，甚至还可能涉及违约责任、索赔等事项。笔者认为，本条的“结算工程价款”宜作广义的解

① 王泽鉴：《债法原理》(第1册)，中国政法大学出版社2001年版，第148页。

释,具体理由如下:

第一,从文义的角度,结算是各经济主体在经济活动中所发生的货币收付行为,包括现金结算和转账结算。[①] 也有观点认为,结算是指发生经济行为的关系人相互结清一定数目的货币金额或一定数量的实物的总称。其既包括实物结算,也包括货币结算;既包括现金结算,也包括转账结算。[②] 可见,结算并非仅指当事人之间算清价款,还有支付、结清的含义。

第二,在建设工程行业的实践中,工程价款结算过程既包含价款数额的计算,也包含支付方式的确定、索赔事项的清理等。根据《工程价款结算暂行办法》第3条的规定,建设工程价款结算是指对建设工程的发承包合同价款进行约定和依据合同约定进行工程预付款、工程进度款、工程竣工价款结算的活动。同时,根据该办法第7条的规定,工程价款结算还涉及工程款的支付时限、索赔方式及工期提前或延后的奖惩等。[③]

第三,在司法实践中,结算的范围既包括工程价款数额的计算,也包括索赔、违约责任等事项。比如,《北京高院关于施工合同纠纷问题的解答》第24条明确规定:"结算协议生效后,承包人依据协议要求支付工程款,发包人以因承包人原因导致工程存在质量问题或逾期竣工为由,要求拒付、减付工程款或赔偿损失的,不予支持,但结算协议另有约定的除外……结算协议生效后,承包人以发包人导致工程延期为由,要求赔偿停工、窝工等损失的,不予支持,但结算协议另有约定的除外。"因此,除非当事人之间有特别约定,双方就工程价款结算达成一致后,不得再就工期、质量等进行索赔。进一步讲,工程价款的结算不仅涉及工程款数额的计算,而且涵盖了索赔、违约责任等内容。

综上所述,无论是基于文义解释,还是基于建设工程的实践,本条中工程价款结算的范围都不宜作狭义的解读。

---

① 参见刘树成主编,中国社会科学院经济研究所编:《现代经济词典》,凤凰出版社、江苏人民出版社2005年版,第521页。

② 参见黄达、刘鸿儒、张肖主编:《中国金融百科全书》(下),经济管理出版社1990年版,第816页。

③ 《工程价款结算暂行办法》第7条规定:"发包人、承包人应当在合同条款中对涉及工程价款结算的下列事项进行约定:(一)预付工程款的数额、支付时限及抵扣方式;(二)工程进度款的支付方式、数额及时限;(三)工程施工中发生变更时,工程价款的调整方法、索赔方式、时限要求及金额支付方式;(四)发生工程价款纠纷的解决方法;(五)约定承担风险的范围及幅度以及超出约定范围和幅度的调整办法;(六)工程竣工价款的结算与支付方式、数额及时限;(七)工程质量保证(保修)金的数额、预扣方式及时限;(八)安全措施和意外伤害保险费用;(九)工期及工期提前或延后的奖惩办法;(十)与履行合同、支付价款相关的担保事项。"

## 二、"结算工程价款"的确定依据

根据上述分析，按照广义的理解，"结算工程价款"的范围除包括工程款数额计算外，还至少包括支付方式、支付时间等事项。至于违约责任、索赔等事项是否包含在"结算"范围内，则存在不同观点。有观点认为："司法解释已经明确规定书面合同与招投标文件在工程范围、工程质量、工程价款、工期不一致时，以招投标文件作为结算工程价款的根据，并未规定可以作为其他权利义务的根据。至于能否作为其他权利义务的根据，比如能否作为主张违约的根据、能否作为赔偿损失的根据、能否作为确定纠纷管辖的根据等问题，要结合当事人对于合同的约定以及合同文件解释的优先顺序来确定当事人之间的权利义务关系。"①

笔者认为，上述观点值得商榷，具体分析如下：

第一，背离了招标人和投标人在招投标过程中达成一致的实质性内容的"黑合同"应为无效合同，其不应直接作为确定当事人权利义务的依据。在"昆山白杨湾置业有限公司与江苏金贸建设集团有限公司建设工程施工合同纠纷上诉案"中，法院认为：补充合同价款与中标价不一致，原审法院未以该补充合同作为认定双方权利义务的依据，符合《建设工程司法解释》的规定。关于案涉工程逾期完工的责任天数和损失问题，因补充合同不应作为案涉工程的结算依据，上诉人主张应当按照补充合同约定的工期及违约金标准计算违约金的上诉理由缺乏依据，法院不予支持。②在"惠生工程（中国）有限公司与中国石油四川石化有限责任公司建设工程施工合同纠纷案"中，法院认为：奖励是工程价款的组成部分，招标文件中没有奖励基金的有关条款约定，而在签订合同时增加了"合同暂列金节余金额的50%用于奖励基金"的约定，与招标文件实质性条款不符，违背了《招标投标法》第46条的规定和该法公开、公平、公正的原则。③

第二，在本条明确将招投标文件作为结算依据的前提下，再以"黑合同"文件解释的优先顺序来确定当事人的权利义务关系是否妥当存在疑问。

第三，《新建设工程司法解释（一）》第2条将《建设工程司法解释》第21条规定的"以备案的中标合同作为结算工程价款的根据"调整为"按照中标合同确定权利

---

① 最高人民法院民事审判第一庭编著：《最高人民法院建设工程施工合同司法解释（二）理解与适用》，人民法院出版社2019年版，第242页。

② 参见江苏省高级人民法院（2016）苏民终472号民事判决书。

③ 参见四川省高级人民法院（2018）川民终46号民事判决书。

义务”，而本条、第23条与第2条的基本法理并无二致，故对于本条和第23条中关于“结算工程价款”的含义不宜进行过窄的理解。因此，笔者认为，招投标文件或中标合同约定的违约责任、损失赔偿条款也宜作为裁判的依据。

综上所述，笔者认为，在本条规定的情形下，招标文件、投标文件或中标通知书中可以作为“结算工程价款”的约定如表8所示：

**表8 可以作为“结算工程价款”的约定事项表**

| 序号 | 约定内容 | 说明 |
| --- | --- | --- |
| 1 | 工程价款的确定方式 | 建设工程施工合同工程价款的确定方式主要有固定价格、可调价格和成本加酬金三种方式。其中固定价格包括固定总价和固定单价两种模式 |
| 2 | 工程造价计价方法 | 工程造价计价方法主要包括定额计价和工程量清单计价两种模式。招投标文件中还有可能规定适用的定额标准、人工费单价、零星用工单价等 |
| 3 | 已标价工程量清单或预算书 | 投标文件中的已标价工程量清单或预算书 |
| 4 | 关于风险范围及调整方法的约定 | 合同综合单价或固定总价的风险范围，以及风险范围以外合同价格的调整方法。比如，有的招标文件中就规定，30,000元及以内的单项设计变更不调整工程价款 |
| 5 | 关于“不予答复视为认可”的约定 | 如果招投标文件中约定，发包人在特定时间内（比如28天）不回复承包人提交的结算文件的，即视为发包人认可了结算文件。该约定可以作为裁判的依据 |
| 6 | 关于索赔事项的约定 | 包括开工条件、不利物质条件变化、气候条件变化、变更、赶工、不可抗力、索赔期限等 |
| 7 | 关于工程款支付期限的约定 | 包括支付的具体日期或者付款节点等 |
| 8 | 关于违约责任及损失赔偿的约定 | 包括违约金、罚款、扣款及损失赔偿的计算方法等 |
| 9 | 关于工期提前及其他奖励的约定 | 奖励属于工程价款的一部分 |

### 三、确定管辖的依据

在上述将招标文件、投标文件或中标通知书作为确定结算工程价款的依据中，笔者未将管辖条款纳入，原因如下：

第一,从实体和程序二元划分的角度,管辖事宜涉及程序事项,而工程价款结算涉及实体事项。在此意义上,管辖条款与工程价款结算事宜无涉,因此不宜将程序性的管辖事宜与实体性工程价款结算事宜直接关联。

第二,在实践中,招标文件中的合同条款可能仅列举了主要的实体条款(比如价款、工期、质量标准等),并未约定管辖条款。

第三,在诉讼程序中,招投标文件的形式与一般意义上的"合同书"的形式存在差异。比如,招标文件除了包括合同条款外,还包括投标须知、评标办法、工程量清单、技术文件及各类表格等。因此,法院或仲裁机构的立案部门是否接受招标文件中的管辖条款作为立案依据,存在很大的不确定性。

第四,即使与招投标文件存在实质性背离的"黑合同"是无效的,根据《民法典》第507条的规定,"黑合同"中包括管辖条款在内的解决争议方法条款依然是有效的。如果发包人或承包人以"黑合同"中的管辖条款作为立案依据,法院或仲裁机构一般仍会受理。

第五,在审判实践中,如果不经过实体审理,裁判者一般难以判断争议案件是否涉及"黑白合同"问题,对于哪份合同为"中标合同"更是无法查清。在此背景下,直接根据本条的规定,以招标投标文件中的管辖条款作为依据,并不合适。

综上所述,实践中可以分以下两种情形分别进行处理:

第一,根据招标文件的合同条款可以确定管辖的,基于效率的考量,在招标文件中的管辖条款与此后签订的"黑合同"管辖条款不一致时,可以按照当事人先立案时依据的有效管辖条款确定管辖。

第二,招标文件的合同条款中未规定管辖条款或未明确具体管辖的,可以认为当事人就管辖在中标时并未达成合意,此时可以以"黑合同"中明确约定的管辖条款确定管辖。

## 实务判例

### 【判例】施工合同与招投标文件、中标通知书不一致的,应以招投标文件和中标通知书作为结算依据[①]

2013年3月1日,三榆公司对西城天街建设项目一期建设工程进行招标,并发

① 参见最高人民法院(2019)最高法民终80号民事判决书。

出《投标邀请书》，载明本次招标项目二标段建筑面积57,253.6平方米。2013年3月20日，广汇公司就该工程出具《投标文件》，载明："西城天街建设项目一期建设工程（二标段）""建筑面积54,750.84$m^2$"，"投标报价9470万元"。2013年3月25日，三榆公司、新百公司向广汇公司发出《中标通知书》，载明："西城天街项目一期建设工程二标段""建筑面积约57,253.6$m^2$"，"中标价9470万元。"

2013年3月，三榆公司与广汇公司签订《建设工程施工合同》，其中协议书约定，合同价款1720元/平方米；专用条款第23.2条约定，本合同价款采用中标价方式确定，采用固定价格合同。

2013年8月26日，新百公司与广汇公司签订《建设工程施工合同》，约定内容与2013年3月三榆公司、广汇公司签订的《建设工程施工合同》内容一致。赵某强与三榆公司、新百公司分别提交了该《建设工程施工合同》，赵某强提交的合同中第47条补充条款上未盖有作废章，三榆公司、新百公司提交的合同中第47条补充条款上盖有作废章及广汇青海分公司的公章。双方提交的合同中第47条补充条款的约定相同："47.1　本工程结算方式：（1）土建工程：执行2004年建设工程消耗量定额，按规定取费，材差执行2013年第一期指导价，并结合市场价调整；（2）安装工程：执行2004年建设安装工程消耗量定额，按规定取费；47.2　经济签证结算依据本合同结算方式结算；47.3　施工过程中的工程变更和工程量的调增、调减按照补充条款第一'本工程计算方式'确定的原则进行结算。"

合同签订后，赵某强作为广汇公司的内部承包人负责该工程的施工。涉案工程于2013年5月21日开始施工，于2016年12月1日竣工验收合格。

2017年9月13日，广汇公司作为甲方与乙方赵某强签订《关于"西城天街一期建设项目"工程款债权转让协议》，约定因乙方系上述工程项目施工之甲方公司内部经济责任制承包人，故甲方将其对上述中标项目所享有的工程款债权（包括尚欠工程款、逾期付款利息、违约金等），全部转让给乙方。

2017年9月16日，广汇公司、赵某强向三榆公司、新百公司出具《西城天街一期建设项目工程款债权转让通知书》，并于2017年9月18日将该通知书邮寄至三榆公司、新百公司。2018年1月，赵某强将三榆公司、新百公司诉至一审法院，主张欠付的款项。

本案中，关于合同价款如何确定成为争议焦点之一。

一审法院认为：由本案案情可知，三榆公司、新百公司与广汇公司签订的《建设工程施工合同》中存在三种不同的计价方式，即固定单价（1720元/平方米）、固定价

（中标价 9470 万元）及补充条款中约定的计价方式。根据《招标投标法》第 46 条第 1 款"招标人和中标人应当自中标通知书发出之日起三十日内，按照招标文件和中标人的投标文件订立书面合同。招标人和中标人不得再行订立背离合同实质性内容的其他协议"的规定，广汇公司中标后，三榆公司、新百公司与广汇公司应按照招标文件和投标文件签订《建设工程施工合同》。虽然广汇公司的《投标报价书》中涉案工程的建筑面积为 54,750.84 平方米，《投标邀请书》与《中标通知书》中涉案工程的建筑面积均为 57,253.6 平方米，但广汇公司作为投标人，其应认真审查《投标邀请书》中所涉及的内容，特别是对面积等实质性内容应重点审查。广汇公司以 54,750.84 平方米面积所计算的总价款 9470 万元中标，而三榆公司、新百公司也是因广汇公司以面积 57,253.6 平方米所计算总价款 9470 万元而选择其中标，故广汇公司的《投标报价书》与《投标邀请书》《中标通知书》中面积不一致导致的结果应由广汇公司承担。因此，广汇公司中标后，三榆公司、新百公司与广汇公司应按照招标文件及中标通知书订立《建设工程施工合同》，涉案工程的合同价款应确定为 9470 万元。债权受让人赵某强要求按 1720 元/平方米单价和实际面积结算，其理由不能成立，对其主张对涉案工程进行造价鉴定的申请，亦不予准许。

二审法院认为：2013 年 3 月 18 日，广汇公司的《投标报价书》载明，涉案工程建筑面积 54,750.84 平方米，投标报价 9470 万元。2013 年 3 月 25 日，三榆公司、新百公司向广汇公司发出的《中标通知书》载明，涉案工程建筑面积约 57,253.6 平方米，中标价 9470 万元。2013 年 3 月、8 月，三榆公司、新百公司先后与广汇公司签订了《建设工程施工合同》，且 2 份《建设工程施工合同》的内容一致。涉案《建设工程施工合同》第一部分协议书约定，合同价款 1720 元/平方米，第三部分专用条款约定，本合同价款采用中标价方式确定，采用固定价格合同。根据《建设工程司法解释（二）》第 10 条的规定，[①]当事人签订的建设工程施工合同与招标文件、投标文件、中标通知书载明的工程范围、建设工期、工程质量、工程价款不一致，一方当事人请求将招标文件、投标文件、中标通知书作为结算工程价款的依据的，人民法院应予支持。因此，一审法院结合上述《投标报价书》《中标通知书》等证据，认定涉案工程合同价款为 9470 万元，适用法律正确。赵某强关于应以涉案《建设工程施工合同》中约定的"合同价款 1720 元/$m^2$"计算工程造价的上诉理由不能成立。

① 《建设工程司法解释（二）》废止后，《新建设工程司法解释（一）》第 22 条作了相同的规定。

**第二十三条 【自愿招标工程的建设工程价款结算依据】**

发包人将依法不属于必须招标的建设工程进行招标后，与承包人另行订立的建设工程施工合同背离中标合同的实质性内容，当事人请求以中标合同作为结算建设工程价款依据的，人民法院应予支持，但发包人与承包人因客观情况发生了在招标投标时难以预见的变化而另行订立建设工程施工合同的除外。

## 条文主旨

本条规定的是自愿招标工程项目“黑白合同”问题的处理。

## 条文精解

### 一、自愿招标项目适用“黑白合同”规则的理由

关于《建设工程司法解释》第21条的规定是否适用于自愿招标工程，[①]实践中曾存在以下两种截然不同的观点：

一种观点认为，虽然工程项目不属于强制招投标范围，但当事人自愿进行招投标，应当受《招标投标法》的约束，同样也存在“黑白合同”问题，应根据备案的中标合同作为结算工程价款的依据。[②] 比如，《河北高院施工合同案件审理指南》第8条就对此作了规定：“法律、行政法规未规定必须进行招投标的建设工程，经过合法有效的招投标程序的，当事人实际履行的建设工程施工合同与备案中标合同实质性内容不一致的，应当以中标合同作为工程价款的结算根据。”

另一种观点则认为，当事人自愿进行招投标的项目，在备案合同之外另行签订的合同并不违反法律的禁止性规定，不存在“黑白合同”的问题，应根据双方当事人实际履行的合同作为结算工程价款的依据。[③] 比如，《江苏高院关于施工合同纠纷

---

① 《建设工程司法解释》第21条规定：“当事人就同一建设工程另行订立的建设工程施工合同与经过备案的中标合同实质性内容不一致的，应当以备案的中标合同作为结算工程价款的根据。”

② 参见潘军峰：《建设工程价款结算审判疑难问题研究》，载《法律适用》2019年第5期。

③ 参见潘军峰：《建设工程价款结算审判疑难问题研究》，载《法律适用》2019年第5期。

问题的解答》第7条规定："非强制招投标的建设工程，经过招投标或备案的，当事人在招投标或备案之外另行签订的建设工程施工合同与经过备案的合同实质性内容不一致的，以双方当事人实际履行的合同作为结算工程价款的依据。"

本条采纳了第一种观点，笔者赞成该观点，具体理由如下：

第一，《招标投标法》的适用范围是在我国境内进行的招标投标活动，既包括必须进行招标的项目，也包括自愿进行招标的项目。《招标投标法》既有关于全部招标活动的一般性规定（比如第2条、第8条、第9条），也有必须进行招标项目的特别规定（比如第12条、第16条、第24条、第37条、第42条、第47条）。这也从侧面证明，《招标投标法》既适用于必须招标的项目，也适用于自愿招标的项目。

第二，《招标投标法》第46条规定："招标人和中标人应当自中标通知书发出之日起三十日内，按照招标文件和中标人的投标文件订立书面合同。招标人和中标人不得再行订立背离合同实质性内容的其他协议。"该规定并未特别指出仅适用于必须招标的项目，其也适用于自愿招标的项目。因此，对于自愿招标项目，当事人签订"黑白合同"的，违反了《招标投标法》第46条的规定。

第三，自愿招标项目在公开招投标后订立"黑白合同"，损害了市场竞争秩序。对于自愿招标项目，在招标人不以招投标的方式确定承包人时，其并未损害第三人的利益和社会公共利益。当招标人采用招标的方式选择承包人却又签订"黑白合同"时，由于实质性内容的变化会损害其他投标人甚至潜在投标人的利益，背离了《招标投标法》的公平、公正和诚实信用原则，损害了正常的市场竞争秩序。

## 二、本条"但书"规定的理解

本条"但书"规定："因客观情况发生了在招标投标时难以预见的变化而另行订立建设工程施工合同的除外。"对此，笔者认为，可以从以下几个方面把握该规定。

### （一）客观情况的变化不同于工程变更

所谓客观情况，是指不依赖于人类意识而存在的事实。本条中的客观情况即指当事人意志以外的事实。工程变更是指合同工程实施过程中由发包人或承包人提出，并经发包人批准的合同工程任何一项工作的增、减、取消，或者施工工艺、顺序、时间的改变，图纸的修改，施工条件的改变，以及招标工程量清单的错、漏从而引起合同条件的改变或工程量的增减变化。[①] 由此可见，工程变更发起的形式是由当事人主动提出，一般认为其是当事人行使自由意志的结果。比如，因现场条件变化而对设计图纸的修改，设备、材料品牌的变化，以及对建筑物内部功能、布局的调整等。因此，本条所规定的客观情况的变化与一般的工程变更不同。

### （二）客观情况的变化不属于正常的商业风险范围

商业风险是当事人订约时能够预见或应当预见的风险；当事人预见到这种风险或应当预见而没有预见，并愿意以此为代价去从事经营活动，在主观上存在过错。[②] 本条所规定的客观情况变化难以预见，就意味着该变化并非正常的商业风险。

对于各地方建设行政管理部门规定的建筑材料、人工费价格调整的涨跌幅度标准，能否作为难以预见的变化的判断标准，实践中存在不同观点。有观点认为，原材料价格和人工单价超过各地规定的涨跌幅度时，可认为属于客观情况发生了重大变化。[③] 也有学者认为，地方建设行政主管部门的指导性文件显然不能作为裁判案件的依据。[④] 笔者认为，就本条规定来看，如果材料设备价格或人工单价超过了地方建设行政管理部门规定的涨跌幅度，且当事人均同意另行订立合同进行调整的，应当认可其效力。

### （三）客观情况变化发生的时间点

最高人民法院民事审判第一庭法官在对本条进行解释时认为："客观情况变化应发生在招标投标之后。如果客观情况在招标投标之前就已经存在，当事人应当预见到其招标投标行为的后果，不能以此为由另行订立实质性内容与中标合同不一致的建设工程施工合同。"[⑤]

需要注意的是，招标投标不是一个时间点，而是一个持续的过程。其包括：招标

---

① 该定义参见《2013 版清单计价规范》第 2.0.16 项。

② 参见王炤、李多如：《情事变更的界定——兼论情事变更与商业风险之比较》，载《安徽工业大学学报（社会科学版）》2003 年第 1 期。

③ 参见最高人民法院民事审判第一庭编著：《最高人民法院建设工程施工合同司法解释（二）理解与适用》，人民法院出版社 2019 年版，第 216～217 页。

④ 参见宋宗宇、王热：《情势变更的类型化分析》，载《"情势变更制度在建设工程施工合同中的运用"学术研讨会论文集》，第 86 页。

⑤ 程新文、刘敏、谢勇：《〈关于审理建设工程施工合同纠纷案件适用法律问题的解释（二）〉的理解与适用》，载《人民司法（应用）》2019 年第 4 期。

方案策划,招标准备,发布资格预审公告、招标公告或投标邀请书,发售招标文件,编制投标文件,递交投标文件,开标,评标,定标,发出中标通知书,签订合同等。那么,客观情况的变化发生在哪个时间节点之后可认为属于“难以预见”的情形呢?

第一,若客观情况的变化发生在投标截止日期之前,根据《招标投标法实施条例》第21条的规定,招标人可以延长提交投标文件的截止时间,并对已发出的招标文件进行修改,无须通过另行订立合同的方式进行处理。

第二,若客观情况的变化发生在投标截止日期之后至中标通知书发出之前的过程中,由于招标文件和投标文件均无法修改,法律法规也未对该种情形作出重新招标的规定,且重新招标也会损害投标人的利益。因此,在这种情形下,可以认为当事人对客观情况的变化是难以预见的,其可以另行订立具有不同实质性内容的施工合同。

第三,若客观情况的变化发生在中标通知书发出之后,根据《新建设工程司法解释(一)》第22条的规定,中标通知书生效则建设工程施工合同成立。同样,可以认为当事人对客观情况的变化是难以预见的,其也可以另行订立具有不同实质性内容的施工合同。

综上所述,笔者认为,客观情况的变化发生在投标截止日期之后的,可以认为当事人对客观情况的变化是难以预见的,其可以另行订立具有不同实质性内容的施工合同。

### (四)关于客观情况变化的程度

由“但书”规定的文义看,“因客观情况发生了在招标投标时难以预见的变化”,即发生不以人的意志为转移的变化。在实践中,与建设工程有关且为当事人意志之外的变化主要包括两类:一是建筑材料、工程设备和人工的价格变化;二是因城、镇总体规划或控制性详细规划调整导致工程设计发生的变化。对第一类变化而言,“难以预见”意味着其变化程度超出了正常的商业风险范围,因此,从程度来看,该变化应属重大。对第二类变化而言,若城、镇总体规划或控制性详细规划的调整对建设工程的用地规模、范围、位置及具体控制要求产生了影响,必然会导致工程设计的变化;而此类变化往往涉及容积率、建筑高度、建筑密度、绿地率等用地指标的调整,其对工程设计的影响也是重大的。

综上所述,笔者认为,“但书”所规定的“难以预见的变化”应当是不以当事人意志为转移的“重大变化”。

### (五)客观情况的变化与情势变更的关系

如前所述,“但书”所规定的“难以预见的变化”是不以当事人意志为转移的重大变化。最高人民法院民事审判第一庭法官在对本条进行解释时也认为:“客观情况变化应属重大。客观情况变化必须达到改变了当事人订立合同的基础的程度,即变化后的客观情况会直接导致当事人重新决定是否订立合同或者变更合同对价。如果不允许当事人另行订立合同,会导致当事人利益严重失衡。”①结合上述表述可以看出,该变化与《民法典》第533条所规定的“情势变更”十分类似。②

但笔者认为,本条规定的“客观情况变化”与情势变更并不相同。首先,二者的变化程度有所不同。材料价格和人工单价变化超过地方建设行政管理部门规定的涨跌幅度的,可以认定为本条规定的“客观情况变化”,但并不一定会动摇合同基础,当然也就不一定构成情势变更。其次,由于当事人已经就该变化协商一致,并对施工合同内容进行了变更,故当事人无须请求人民法院或者仲裁机构变更或者解除原来的合同。最后,由于本条对变更的效力予以了肯定,因此,本条“但书”的适用也无须经过高级人民法院或最高人民法院的审核程序。③

## 深度研讨

### 一、本条“但书”的规定是否适用于必须招标项目

有观点认为,基于法理,本条“但书”的规定可以类推适用于必须招标项目。笔者认为,上述观点尚不够全面。对于不同类型的客观情况变化,其适用性也不相同。

---

① 程新文、刘敏、谢勇:《〈关于审理建设工程施工合同纠纷案件适用法律问题的解释(二)〉的理解与适用》,载《人民司法(应用)》2019年第4期。

② 《民法典》第533条规定:“合同成立后,合同的基础条件发生了当事人在订立合同时无法预见的、不属于商业风险的重大变化,继续履行合同对于当事人一方明显不公平的,受不利影响的当事人可以与对方重新协商;在合理期限内协商不成的,当事人可以请求人民法院或者仲裁机构变更或者解除合同。”

③ 《正确适用合同法司法解释(二)服务工作大局的通知》第2条规定:“为了因应经济形势的发展变化,使审判工作达到法律效果与社会效果的统一,根据民法通则、合同法规定的原则和精神,解释第二十六条规定:合同成立以后客观情况发生了当事人在订立合同时无法预见的、非不可抗力造成的不属于商业风险的重大变化,继续履行合同对于一方当事人明显不公平或者不能实现合同目的,当事人请求人民法院变更或者解除合同的,人民法院应当根据公平原则,并结合案件的实际情况确定是否变更或者解除。对于上述解释条文,各级人民法院务必正确理解、慎重适用。如果根据案件的特殊情况,确需在个案中适用的,应当由高级人民法院审核。必要时应提请最高人民法院审核。”

对于建筑材料、工程设备和人工价格的重大变化，本条“但书”的规定无疑可以类推适用于必须招标项目，即发包人和承包人可以直接另行订立合同。

对于因城、镇总体规划或控制性详细规划调整导致工程设计发生的变化来说，如果该变化超出了工程项目的原立项内容，如 6 层砖混结构变更为 15 层剪力墙结构，根据《招标投标法》及其实施条例的精神，除《招标投标法实施条例》第 9 条第 1 款第 4 项规定的情形外，必须招标项目的发包人应当重新组织招标活动。① 因此，在该类变化的情形下，发包人应另行组织招标，当事人不得直接另行订立施工合同。当然，如果工程项目立项调整只是增加了工程配套设施或主体工程需要加层，因受技术、管理、施工场地等限制，则只能由原承包人承包。②

此外，需要注意的是，如果因项目规模发生变化，从而导致原承包人的资质无法满足要求，则发包人不得与原承包人另行订立施工合同。

## 二、不构成“黑白合同”的其他情形

笔者认为，本条“但书”的规定并非“黑白合同”的唯一例外。在下列情形下，无论是强制招标项目还是自愿招标项目，即使当事人对合同的实质性内容进行了变更，仍应认可当事人变更的效力。

### （一）当事人发起的工程变更

在建设工程施工合同履行过程中，发包人或承包人均可根据工程实际情况提出对工程进行变更。此类变更一般包括四种情形：一是发包人基于对工程的功能使用、规模标准等方面提出新的调整要求，进而提出变更；二是设计人基于设计文件的修改提出变更，并以设计变更文件的形式提出；三是监理人认为施工合同履行过程中有关技术经济事项的处理不合适，提出针对原合同内容的调整；四是由承包

---

① 《招标投标法实施条例》第 7 条规定：“按照国家有关规定需要履行项目审批、核准手续的依法必须进行招标的项目，其招标范围、招标方式、招标组织形式应当报项目审批、核准部门审批、核准。项目审批、核准部门应当及时将审批、核准确定的招标范围、招标方式、招标组织形式通报有关行政监督部门。”该条例第 9 条规定：“除招标投标法第六十六条规定的可以不进行招标的特殊情况外，有下列情形之一的，可以不进行招标：（一）需要采用不可替代的专利或者专有技术；（二）采购人依法能够自行建设、生产或者提供；（三）已通过招标方式选定的特许经营项目投资人依法能够自行建设、生产或者提供；（四）需要向原中标人采购工程、货物或者服务，否则将影响施工或者功能配套要求；（五）国家规定的其他特殊情形。”

② 国家发展和改革委员会法规司、国务院法制办公室财金司、监察部执法监察司编著：《中华人民共和国招标投标法实施条例释义》，中国计划出版社 2012 年版，第 29 页。

人提出合理化建议，该建议获得监理人和发包人同意后可以变更形式作出。[①]

工程变更的具体内容包括：(1)增加或减少合同中的任何工作，或追加额外的工作；(2)取消合同中任何工作，但转由他人实施的工作除外；(3)改变合同中任何工作的质量标准或其他特性；(4)改变工程的基线、标高、位置和尺寸；(5)改变工程的时间安排或实施顺序。

### (二)当事人对合同的合意变更

合同变更是法律赋予当事人的一项基本权利，也符合私人自治和契约自由的基本原则。在建设工程施工合同履行过程中，当事人经协商一致，可以根据合同履行情况及市场情况的变化，对合同约定的价格、支付方式、结算方式、工期、违约责任等进行调整。

实践中，发包人为了急于开工建设，有时会在初步设计阶段就进行施工招标，从而不得不在招标时采用模拟工程量清单。在这种情况下，施工图设计图纸与初步设计图纸的差异往往会导致实际施工的工程量发生较大调整。笔者认为，若当事人在另行签订的合同或补充协议中约定了工程量清单的替换机制，则可以认为其属于合意变更的一种；若当事人未另行约定工程量清单的替换机制，而是以设计变更的方式进行调整，则可以认定其属于工程变更的一种。

在司法审判实践中区分工程变更、合同的合意变更与“黑合同”时，应当注意以下两点：

第一，工程变更和合同的合意变更均发生在合同履行过程中，而“黑合同”一般发生在中标通知书发出之后或中标合同订立之后较短的时段内。

第二，工程变更大多表现为设计变更通知、会议纪要、工作联系单等形式，且一般会对变更的具体依据或理由予以明确说明，也有图纸文件予以佐证；合同的合意变更大多表现为会议纪要、补充协议等形式，相关内容也会对变更的具体原因予以说明，往往也有当事人之间往来的工作联系单、电子邮件等证据的佐证。“黑合同”大多表现为补充协议的形式，且一般对合同实质性内容的变化并没有任何有说服力的理由，或即使说明了理由，也很笼统、突兀，往往缺少其他相关证据的佐证。

---

① 参见杜万华主编：《〈第八次全国法院民事商事审判工作会议(民事部分)纪要〉理解与适用》，人民法院出版社2017年版，第483页。

## 实务判例

### 【判例】自愿招标项目“黑白合同”的认定①

2013年9月28日，荣泰建筑公司与天恒盛泰公司签订了《青岛市建设工程施工合同》，约定由荣泰建筑公司承建天恒盛泰公司的3号车间和办公室工程。合同详细约定了工程地点及承包范围、工程内容、合同价款及承包方式，同时约定了工期、质量标准、双方责任、竣工结算、违约责任等内容。其中，合同约定工程总价款为15,879,998.8元，合同工期从2013年9月30日至2015年8月2日，共640天。在补充条款中还详细约定了材料验收、工程保修、安全文明施工、禁止转包、工程款支付方式等内容。

2013年12月5日，双方就上述工程又签订《建设工程施工合同》(示范文本)1份，合同约定了承包范围、合同价款及承包方式、工期和保修、质量标准及验收、双方责任、竣工结算、违约责任等内容。其中合同工期约定从2013年12月5日至2014年7月25日，共230天。

2015年5月15日，双方就3号车间签订《补充协议》，其中第2项约定:3号车间已完工框架部分执行3号车间主体一层顶板以下土建工程造价为993,463.10元。

双方当事人因工程价款结算发生争议，以哪一份合同作为结算依据成为争议焦点之一。

荣泰建筑公司认为，涉案工程实际于2015年5月开工，于2016年3月26日竣工验收，双方实际履行的是2013年9月28日签订的《青岛市建设工程施工合同》。天恒盛泰公司为办理涉案工程的房产证，另行补办了审批备案手续。双方于2013年12月5日签订的合同系为在政府相关部门备案而制作的备案合同，不是双方实际履行的依据。此外，荣泰建筑公司另提交3份《工程验收报告》，载明3号车间2~6层主体框架工程开、竣工时间为2015年5月20日至2015年7月20日;3号车间主体工程开、竣工时间2015年7月21日至2015年8月30日;整体完工时间2016年3月26日，质监站、监理、施工方于2016年4月29日共同验收合格，其上加盖荣泰建筑公司与天恒盛泰公司及监理单位公章。

天恒盛泰公司提交了《建设工程规划许可证》《建筑工程施工许可证》《胶南市

---

① 参见山东省青岛市中级人民法院(2018)鲁02民终9481号民事判决书。

建设工程竣工验收备案证》,拟证明3号车间开工时间为2013年12月5日,竣工验收日期为2016年5月4日。天恒盛泰公司认为,双方2013年9月28日签订的合同未实际履行,应以2013年12月5日签订的合同作为结算工程价款的依据。

一审法院认为:荣泰建筑公司与天恒盛泰公司就涉案工程分别提供了双方签订的2份施工合同,2份合同签订的时间及合同内容存在不一致。荣泰建筑公司提交的2013年9月28日签订的《青岛市建设工程施工合同》、2015年5月15日签订的《补充协议》及《工程验收报告》等证据,能够证明荣泰建筑公司于2015年5月20日开工,于2016年3月26日完工并验收合格。故对荣泰建筑公司关于2013年12月5日签订的合同是为了办理房产证备案所用的意见,予以采纳。因此,一审法院认定,2013年9月28日签订的合同应系双方当事人真实意思的表示,且实际履行,双方权利义务的确定应以该合同为准。

二审法院另查明,涉案工程发包经过招投标程序,荣泰建筑公司于2013年9月10日向天恒盛泰公司投标,并于2013年9月29日中标。荣泰建筑公司对其投标过程无异议,但主张是先施工后补办的招投标手续并签订备案合同。

二审法院认为:根据《建设工程司法解释(二)》第9条的规定,发包人将依法不属于必须招投标的建设工程进行招投标后,与承包人另行订立的建设工程施工合同背离中标合同的实质性内容,当事人请求以中标合同作为结算工程价款依据的,人民法院应予支持。本案中,双方签订的2份合同均是双方的真实意思表示,但2013年12月5日签订的《建设工程施工合同》系经招投标程序签订,签订时间晚于9月28日签订的合同,且经备案。因此,双方应依据2013年12月5日签订的《建设工程施工合同》进行结算。

**【判例点评】**

由本案判决书的信息可知,涉案工程应为非强制招标项目,但经过了招投标程序。2013年9月28日签订的合同在荣泰建筑公司中标之前,同年12月5日签订的合同在荣泰建筑公司中标之后。如果12月5日签订的合同与招投标文件的实质性内容一致,则该合同为中标合同。根据《建设工程司法解释(二)》第9条的规定,[①]双方应依据该合同进行结算。

需要讨论的是,由于2013年9月28日签订的合同在荣泰建筑公司中标之前,

① 《建设工程司法解释(二)》废止后,《新建设工程司法解释(一)》第23条作了同样的规定。

双方当事人是否存在串通投标的行为?

笔者认为,由于 2013 年 9 月 28 日签订的合同与中标合同的实质性内容并不相同,从判决书的信息中,尚无法得出双方串通投标的结论。

**第二十四条 【多份合同均无效时建设工程价款的折价补偿依据】**

当事人就同一建设工程订立的数份建设工程施工合同均无效,但建设工程质量合格,一方当事人请求参照实际履行的合同关于工程价款的约定折价补偿承包人的,人民法院应予支持。

实际履行的合同难以确定,当事人请求参照最后签订的合同关于工程价款的约定折价补偿承包人的,人民法院应予支持。

## 条文主旨

本条第1款规定了数份施工合同均无效时的折价补偿依据。

## 条文精解

### 一、施工合同无效的主要情形

在建设工程施工合同纠纷中,往往会出现当事人就同一建设工程项目签订数份合同的情形。由于承包人无相应资质、应招标而未经招投标程序、串通投标、招投标过程中进行实质性谈判、签订“黑白合同”等原因,会导致数份合同均无效。有关施工合同无效的主要情形如表9所示:

**表9 施工合同无效的主要情形及法律依据**

| 序号 | 无效原因 | 法律依据 |
| --- | --- | --- |
| 1 | 建设工程未取得规划许可 | 《城乡规划法》第40条;《新建设工程司法解释(一)》第3条 |
| 2 | 承包人无相应资质 | 《建筑法》第12条、第13条、第26条;《建设工程质量管理条例》第25条;《民法典》第153条、第791条;《新建设工程司法解释(一)》第1条;《安全生产许可证条例》第2条 |
| 3 | 承包人借用资质且发包人明知 | 《建筑法》第26条;《建设工程质量管理条例》第25条;《民法典》第153条;《新建设工程司法解释(一)》第1条 |

续表

| 序号 | 无效原因 | 法律依据 |
| --- | --- | --- |
| 4 | 承包人转包、违法分包 | 《建筑法》第 28 条、第 29 条；《建设工程质量管理条例》第 25 条；《民法典》第 153 条、第 791 条；《新建设工程司法解释(一)》第 1 条 |
| 5 | 发包人应当招标而未招标 | 《招标投标法》第 3 条；《民法典》第 153 条；《新建设工程司法解释(一)》第 1 条 |
| 6 | 低于成本价中标 | 《招标投标法》第 33 条；《民法典》第 153 条 |
| 7 | 存在投标无效情形的投标人中标的 | 《招标投标法实施条例》第 34 条、第 37 条、第 38 条 |
| 8 | 存在评标委员会应予否决情形的投标人中标的 | 《招标投标法实施条例》第 51 条 |
| 9 | 招标代理机构泄密或串通 | 《招标投标法》第 50 条；《新建设工程司法解释(一)》第 1 条 |
| 10 | 必须招标项目招标人泄密 | 《招标投标法》第 52 条；《新建设工程司法解释(一)》第 1 条 |
| 11 | 串通招投标 | 《招标投标法》第 53 条；《新建设工程司法解释(一)》第 1 条 |
| 12 | 以他人名义投标或弄虚作假 | 《招标投标法》第 54 条；《新建设工程司法解释(一)》第 1 条 |
| 13 | 必须招标项目违法谈判 | 《招标投标法》第 55 条；《新建设工程司法解释(一)》第 1 条 |
| 14 | 违法确定中标人 | 《招标投标法》第 57 条；《新建设工程司法解释(一)》第 1 条 |
| 15 | 其他实质性影响中标结果的违法行为 | 《招标投标法实施条例》第 81 条 |

## 二、如何参照合同关于工程价款的约定折价补偿

根据《民法典》第 793 条的规定，建设工程施工合同无效，但是建设工程经验收合格的，可以参照合同关于工程价款的约定折价补偿承包人。

关于如何参照合同关于工程价款的约定折价补偿，实践中有不同观点。有观点认为，“参照合同约定”应进行限缩性的理解，仅限于合同关于计价标准的约定；也有观点认为，既然施工合同对价格的约定是一个完整的计价体系，从当事人意思

自治的原则出发，当事人在合同中关于工程款支付的所有约定，包括付款条件、付款时间、付款方式以及质量保证金的扣留及返还等条款，均属于“参照合同约定”的范围；还有观点认为，违约金和损失赔偿条款在合同无效时也要参照约定适用。笔者对此分析如下：

第一，根据《民法典》第157条的规定，建设工程合同无效的法律后果为折价补偿，因此，“参照合同约定”的范围应当包括关于工程价款数额的约定，当然也就包括与工程价款数额密切相关的约定，如工程价款确定方式和计量、计价规则等。同样，对于工程变更中涉及价款变更数额计算方式的约定也宜进行参照。

第二，关于付款期限能否参照，实践中争议较大。笔者认为，付款期限对承发包双方均意义重大。发包人会尽可能地延迟付款时间，以减少自身的支付压力，而承包人则会尽力争取减少垫资，以获得工程款的早日回收。甚至在某些情况下，承包人宁愿以牺牲一小部分工程款为代价来换取工程款的尽早回笼。从这个意义上看，工程款的付款方式也可能对工程价款数额产生影响；即使合同无效，支付期限在某种程度上也表征着折价补偿的“品质”。而且，在不参照付款期限支付价款的情况下，承包人也可能因其过错而受益。比如，对于承包人因无施工资质而导致合同无效的情形，若一概否定承包人垫资施工的约定，而按照实际完成工程量和竣工验收的时间节点支付价款，则会导致承包人因其过错而获利。因此，在认定利息损失、工期责任及当事人过错时，将无效合同中的支付期限作为参照具有合理性。

需要注意的是，对于无效合同中的“背靠背”条款，从整个建设工程合同的框架来看，其目的主要在于“通过合同条款的安排将工程合同中的风险、义务和责任等相关内容转移到对应的分包合同中，由分包人承担部分或全部义务和责任，借此减少己方的相关风险、义务和责任”①。由此可见，该条款属于风险负担条款，对折价补偿的工程价款数额也无影响。因此，无效合同中的“背靠背”条款不宜参照。

第三，关于质量保证金预留的约定可否参照，笔者认为，质量保证金的预留既是一种资金担保方式，也属于工程价款支付的范畴，宜纳入参照约定的范围。同时，质量保证金的预留是建设工程领域通行的惯例，《工程质保金管理办法》对此也作了规定，参照合同约定适用该条款有利于保证建设工程质量保修工作的顺利进行，

① 林立：《工程合同：法律、规则与实践》，北京大学出版社2016年版，第233页。

这与《建筑法》《建设工程质量管理条例》的立法宗旨是一致的。[①] 在“唐山市通华房地产开发有限公司与江苏南通六建建设集团有限公司建设工程施工合同纠纷案”中，最高人民法院即认为，“案涉《工程协议书》虽被确认无效，但建设工程实行质量保修制度。工程质量保证金一般是用以保证承包人在工程质量保修期内对建设工程出现的质量缺陷进行维修的资金。虽然工程质保金可以由当事人双方在合同中约定，但从性质上讲，工程质量保证金是对工程质量保修期内工程质量的担保，是一种法定义务，故不应以合同效力为认定前提……由此，双方对质保金的约定，属于结算条款范畴。因此，在合同约定的条件满足时，工程质量保证金才应返还施工人”[②]，故对发包人主张应扣留工程价款5%质量保证金的上诉请求予以支持。《北京高院关于施工合同纠纷问题的解答》也规定：“建设工程施工合同无效，但工程经竣工验收合格并交付发包人使用的，承包人应依据法律、行政法规的规定承担质量保修责任。发包人要求参照合同约定扣留一定比例的工程款作为工程质量保修金的，应予支持。”

第四，关于“不予答复视为认可”的“默示条款”，笔者认为，《民法典》第567条关于合同中结算和清理条款效力的规定适用于合同权利义务终止的情形。合同无效，则无合同权利义务终止的问题。显然，关于竣工结算的“默示条款”并非合同中结算和清理条款。建设工程施工合同无效的，关于竣工结算的“默示条款”亦无效。同时，“默示条款”的实质是“当事人约定”使发包人对承包人所提交结算文件的“沉默”具有了意思表示的功能。[③] 在合同无效的情形下，当事人的相应约定无效，发包人的“沉默”便失去了可被视为意思表示的合同依据，从而使发包人“不予答复视为认可”丧失了基础。[④] 而且，根据“不予答复视为认可”条款所得到的结算价款是一种法律的拟制，可能不是建设工程造价的真实反映，也就不宜被视为对建设工程的折价补偿。因此，对于此类约定不宜参照。

---

① 《建筑法》第1条规定：“为了加强对建筑活动的监督管理，维护建筑市场秩序，保证建筑工程的质量和安全，促进建筑业健康发展，制定本法。”《建设工程质量管理条例》第1条规定：“为了加强对建设工程质量的管理，保证建设工程质量，保护人民生命和财产安全，根据《中华人民共和国建筑法》，制定本条例。”

② 参见最高人民法院（2019）最高法民终504号民事判决书。笔者认为，该判决认为质量保证金是法定义务似欠妥当，具体分析详见本书对《新建设工程司法解释（一）》第17条的精解。

③ 参见高印立、石伟：《“沉默”在建设工程结算中的法律责任的类型化分析——兼论〈民法总则〉第140条》，载《北京仲裁》2019年第2辑。

④ 《民法典》第140条第2款规定：“沉默只有在有法律规定、当事人约定或者符合当事人之间的交易习惯时，才可以视为意思表示。”

需要注意的是,实践中对于上述问题也有不同认识。《江苏高院关于施工合同纠纷问题的解答》第9条规定,对于《建设工程司法解释》第20条规定[①]的按照竣工结算文件结算工程价款的条款,建设工程施工合同无效的,不影响该条款约定的效力。在"中石化第十建设有限公司与重庆市涪陵荔枝建筑公司建设工程施工合同纠纷案"中,法院在认定合同无效的情况下仍认定了"不予答复视为认可"的效力。基于上述分析,笔者认为,该案的处理及江苏高院的规定是值得商榷的。[②]

第五,关于索赔期限,《标准施工招标文件》(2007年版)第23.1款、《2017版施工合同示范文本》第19.1款均作了规定。[③] 索赔期限条款的实质在于,在某一特定期间经过后,当事人的权利依约而丧失。由此可见,索赔期限条款的效力基础也在于当事人的约定,在合同无效的情形下,该条款当然无效。而且,该条款是对当事人交易过程中的程序性事项所作的约定,并不涉及工程实体的价格约定。因此,该类条款不能作为折价补偿的参照。

第六,关于工期奖、质量奖等奖励条款,笔者认为,由于承包人在赶工、提高工程质量等方面多支出了人工费、机械费、措施费等费用,奖励条款是其相应支出的对价,故此类奖励可认为是工程价款的组成部分。因此,其应当纳入参照的范围。

第七,对于质量和工期条款,由于质量标准涉及折价补偿价款的数额,工期又与当事人的过错程度、过错与损失之间的因果关系密切相关,因此,除条款本身约定无效外,宜纳入参照的范围。

第八,对于违约金条款,由于合同无效,其当然不应作为参照的内容。关于赔偿损失的约定,因其与折价无关,也不宜直接参照合同约定适用。具体赔偿损失的数额宜根据个案情况按照过错原则予以认定。

### 三、本条中"建设工程质量合格"的含义

《民法典》第793条规定:"建设工程施工合同无效,但是建设工程经验收合格的,可以参照合同关于工程价款的约定折价补偿承包人。"该条规定的参照合同约

---

① 《建设工程司法解释》废止后,《新建设工程司法解释(一)》第21条作了同样的规定。

② 参见重庆市第一中级人民法院(2016)渝01民终8271号民事判决书。

③ 《标准施工招标文件》(2007年版)第23.1款、《2017版施工合同示范文本》第19.1款均规定:"根据合同约定,承包人认为有权得到追加付款和(或)延长工期的,应按以下程序向发包人提出索赔:(1)承包人应在知道或应当知道索赔事件发生后28天内,向监理人递交索赔意向通知书,并说明发生索赔事件的事由。承包人未在前述28天内发出索赔意向通知书的,丧失要求追加付款和(或)延长工期的权利。"

定折价补偿承包人的前提是建设工程经“验收合格”。然而,由于实践中存在工程未竣工、未验收的情形,如果以“验收合格”作为折价补偿的前提,将给实践操作带来诸多困难。因此本条将参照合同约定折价补偿的前提规定为“建设工程质量合格”更为准确。对于本条中“建设工程质量合格”的理解,需要注意以下问题:

1. 由于涉及参照合同的约定折价补偿,因此,这里的“建设工程质量合格”是指工程质量标准符合合同约定,而非仅符合法律和有关标准规范的规定。否则,在合同约定的质量标准高于法定标准时,会损害发包人的利益。进一步讲,如果工程质量虽然达到了有关标准规范的要求,但未达到合同约定的质量标准,则发包人有权要求在参照合同约定的基础上减少价款。当然,如果合同约定的质量标准低于法律和有关标准规范的强制性要求,则该约定无效,这里的“建设工程质量合格”应指符合法律和有关标准规范的规定。

2. 对于已竣工的工程,“建设工程质量合格”一般应当以竣工验收合格为标志;对于未经验收发包人擅自使用的工程,可以视为工程质量合格;对于未竣工的工程,由于建设工程具有按工序分步验收的特点,已完工程一般经过了分部分项工程验收,否则不能进入下一道工序,因此,经过分部分项工程验收的可以视为质量合格的工程。当然,上述结论均为一般情形下的认定,对于确有证据证明工程验收或交付使用之前即存在质量缺陷且发包人并不明知的,发包人有权主张减少工程价款。

## 深度研讨

### 一、认定“实际履行的合同”的一般原则

在数份施工合同均无效的情况下,应当参照体现当事人真实意思表示的合同约定进行折价补偿。由于当事人签订合同时的真实意思难以得知,故可以将实际履行的合同推定为当事人真实的意思表示。实践中,可以从以下几个方面来判断实际履行的合同。

#### (一)通过例会纪要、往来函件来判断

工程例会纪要及当事人的往来函件中可能会涉及合同金额、工程范围、质量标准、工期及工程款确定方式(固定单价、固定总价等)、计价标准、支付期限、索赔期限、违约责任等合同条款,与上述文件中所述条款相对应的合同可以认定为实际履

行的合同。

### (二)通过进度款支付申请表来判断

承包人有时会在进度款支付申报表中列明进度款支付的合同依据,此时可根据其列明的具体条款来判断哪份合同为实际履行的合同。此外,进度款支付申报表的时间也可能会为实际履行合同的判断提供帮助。比如,两份无效合同的支付期限分别为按月支付和按形象进度支付,如果进度款支付为按月申报,则约定按月支付进度款的合同可能是实际履行的合同。反之亦然。

### (三)通过承发包之间的结算过程来判断

承发包双方的结算依据与合同的计价、结算条款一致的,则可以认为该合同为实际履行的合同。比如,结算过程中反映的固定单价应当会与实际履行合同的工程量清单一致;又如,在存在固定单价和固定总价两份无效合同时,若双方的结算是按固定总价加上变更的方式进行,则固定总价合同应为实际履行的合同。

### (四)通过补充协议及其他当事人约定来判断

对于当事人明确约定某份合同仅作为备案或办理手续使用的,其往往不是实际履行的合同。

需要说明的是,鉴于具体案件的复杂性,裁判者在判断“实际履行的合同”时,需要结合上述各种文件并考量多种因素进行综合判断。

## 二、实践中的难题:“交叉履行”情形下的“实际履行的合同”认定

本条第 2 款规定,在难以确定实际履行的合同时,参照最后签订的合同折价补偿。该规定的实质在于,法律推定最后签订的合同代表当事人最终的意思表示。

在实践中,“实际履行的合同难以确定”的情形包括以下两种:

1. 从有关履行过程的文件中无法分辨出对应的合同信息,从而无法确定当事人的真实意思表示,进而无法确定实际履行的合同;

2. 当事人在实际施工过程中,依据不同的合同进行了履行,从而给确定当事人的真实意思表示带来了困难。

上述第二种情形中,当事人分别按不同合同约定履行的行为即为“交叉履行”行为。举例而言,在诉讼中,当事人既提交了施工范围符合 A 合同但不符合 B 合同

约定的证据,又提交了预付款给付符合 B 合同但不符合 A 合同约定的证据,即属于因"交叉履行"而难以确定意思表示的情形。对于"交叉履行"所带来的困境,有观点认为,本条解释选择了时间标准,即以当事人最后签订的合同作为其最新的意思表示。①

笔者认为,对于"交叉履行"情形下的意思表示判断,似不宜一概采最后时间标准。虽然当事人的实际履行行为既有符合 A 合同的情形,也有符合 B 合同的情形,但如果所履行的合同条款对折价补偿的影响差距显著,考虑到当事人在履行过程中可能出现"履行错误"的情形,则某些情况下,以载有对结算影响大的条款的合同作为实际履行的合同似更为妥当。② 比如,A、B 两份无效合同的暂定价款相同,但价款确定方式和履约担保金额不同。其中 A 合同为固定单价合同,履约担保为暂定价款的 5%;B 合同为固定总价合同,履约担保为暂定价款的 10%。在合同履行过程中,当事人按照 A 合同的约定办理了 5% 的履约担保,但结算过程却实际按照 B 合同约定的固定总价加变更进行。在此种情况下,履约担保条款的履行对工程折价金额并无影响,而双方的结算行为则体现了其按照 B 合同结算价款的意思表示。因此,无论 A 合同、B 合同的签订时间孰前孰后,按照 B 合同的约定进行结算更为合理。

综上所述,对于"交叉履行"来说,不宜一概认为其属于"实际履行的合同难以确定"的情形,从而参照最后签订合同约定的工程价款折价补偿,而是应当根据当事人履行行为发生的时间顺序、其对折价补偿的影响程度以及具体案情来综合判断。

## 实务判例

### 【判例】施工合同均无效的,应按照实际履行合同约定的工程价款折价补偿③

泽和公司与四冶兴业公司拥有某地块的国有土地使用权,其中泽和公司的地

---

① 参见最高人民法院民事审判第一庭编著:《最高人民法院建设工程施工合同司法解释(二)理解与适用》,人民法院出版社 2019 年版,第 260 ~ 261 页。

② 一般来说,对于对工程价款结算影响较大的合同条款,当事人在履行时往往会更加重视,"履行错误"的可能性相对较小;而对于对工程价款结算影响影响小的合同条款,当事人则因重视程度不够而"履行错误"的可能性相对较大。

③ 参见江西省高级人民法院(2019)赣民终 249 号民事判决书。

块为B-7-6-1地块、B-7-8地块,四冶兴业公司的地块为B-7-6-2地块。2012年1月17日,泽和公司与新纪贵溪分公司签订《工程发包协议书》,协议约定:泽和公司将B-7-6-1地块和B-7-8地块工程发包给新纪贵溪分公司施工;工程按施工图计算工程量,套用2004年江西省计价定额及省市有关文件,人工、材料、施工机械台班执行施工期间鹰潭市信息价平均价计取,工程总结算按税后总造价7%下浮;发包方以邀标的形式进行投标,承包方中标后与发包方签订《工程施工合同书》,此协议作为《工程施工合同书》的补充,与合同书具有同等法律效力。2015年5月19日,泽和公司与新纪贵溪分公司对B-7-8地块工程进行竣工验收结算,经结算,工程总价款为4,410,300元(已下浮7%)。

2014年,泽和公司与四冶兴业公司决定将上述地块联合开发兰亭苑建设项目,由泽和公司具体负责,并取得发改委的立项批文。2014年3月,泽和公司与四冶兴业公司分别对其所属地块的兰亭苑建设项目进行公开招标。2014年3月31日,新纪贵溪分公司与四冶兴业公司签订《建设工程施工合同》,合同约定:四冶兴业公司将兰亭苑(B-7-6-2地块)建设工程发包给新纪贵溪分公司施工;合同价款为58,815,339.83元;同日,新纪贵溪分公司与泽和公司签订《建设工程施工合同》,合同约定:泽和公司将兰亭苑(B-7-8和B-7-6-1地块)建设工程发包给新纪贵溪分公司施工;合同价款为18,982,392.1元。上述两份《建设工程施工合同》均约定,采用固定价格合同,除招标文件规定的可调整价款之外,其他一律不得调整。

新纪贵溪分公司于2014年1月对兰亭苑项目进行开工建设,整体工程于2016年9月10日全部竣工,但工程未经竣工验收。2016年年底,新纪贵溪分公司将房屋交付给泽和公司、四冶兴业公司,之后泽和公司、四冶兴业公司陆续将兰亭苑房屋进行出售、出租,现大部分购房户已在装修使用。

新纪贵溪分公司认为,《工程发包协议书》已被双方于2014年3月31日签订的《建设工程施工合同》所取代,且2014年3月31日签订的《建设工程施工合同》是经过招投标手续,并登记备案的合同,当事人应以《建设工程施工合同》作为结算依据,涉案工程造价不应下浮。

泽和公司、四冶兴业公司则认为,涉案工程先入场施工再进行招标,招标之前即已确定中标单位为新纪贵溪分公司,该招标违背招标、投标程序,中标合同无效。因此,涉案工程总造价应当按照《工程发包协议书》的约定下浮7%。

终审法院对本案的裁决意见如下:

本案存在三个施工合同，即：泽和公司与新纪贵溪分公司于2012年1月17日签订的《工程发包协议书》，涉及地块为B－7－6－1、B－7－8；泽和公司与新纪贵溪分公司于2014年3月31日签订的《建设工程施工合同》，涉及地块为B－7－6－1、B－7－8；四冶兴业公司与新纪贵溪分公司于2014年3月31日签订的《建设工程施工合同》，涉及地块为B－7－6－2。

根据《招标投标法》第3条和《工程建设项目招标范围和规模标准规定》第3条、第7条的规定，涉案工程属于强制招投标的项目，《工程发包协议书》没有经过招标投标，因违反法律强制性规定而无效。

2014年3月31日，泽和公司、四冶兴业公司经过招投标后，分别与新纪贵溪分公司签订并备案《建设工程施工合同》。但是，在招投标前，新纪贵溪分公司就开始了涉案工程的施工，且《工程发包协议书》明确约定"发包方以邀标的形式进行投标，承包方中标后与发包方签订《工程施工合同书》，此协议作为《工程施工合同书》的补充，与合同书具有同等法律效力"。以上事实表明，涉案工程启动招投标程序之前，各方已就应当通过招投标程序确定的实质性内容进行了谈判，招标投标只是走形式，违反了《招标投标法》的强制性规定，由此签订并备案的两份《建设工程施工合同》无效。

由上述分析可知，关于B－7－6－1和B－7－8地块，存在两份无效合同。根据《建设工程司法解释（二）》第11条的规定，[①]应当参照实际履行的合同来确定工程价款。从两份合同订立的过程，《工程发包协议书》明确约定"此协议作为《工程施工合同书》的补充，与合同书具有同等法律效力"，以及先期完工的B－7－8地块工程结算来看，泽和公司与新纪贵溪分公司实际履行的是《工程发包协议书》，应当按照该协议书确定工程价款。因此，B－7－6－1地块应当按《工程发包协议书》的约定下浮7%来确定工程价款。

关于B－7－6－2地块，新纪贵溪分公司与四冶兴业公司只签订了2014年3月31日的《建设工程施工合同》。虽然泽和公司、四冶兴业公司称两公司为合作开发，B－7－6－2地块也应当按照《工程发包协议书》确定工程价款，但泽和公司、四冶兴业公司未能提供证据证明新纪贵溪分公司签订《工程发包协议书》时，知道或者应当知道兰亭苑项目为泽和公司与四冶兴业公司共同开发，且包括四冶兴业公司相关地块，或者事后追认《工程发包协议书》也适用于B－7－6－2地块。泽和公

① 《建设工程司法解释（二）》废止后，《新建设工程司法解释（一）》第24条作了类似的规定。

司、四冶兴业公司关于B-7-6-2地块也应当按照《工程发包协议书》确定工程价款的主张不能成立。因此,B-7-6-2地块工程应当按照《建设工程施工合同》确定工程价款,即结算时不对工程价款进行下浮。

**第二十九条 【诉讼前对建设工程价款结算达成协议的效力】**

当事人在诉讼前已经对建设工程价款结算达成协议，诉讼中一方当事人申请对工程造价进行鉴定的，人民法院不予准许。

## 条文主旨

本条规定当事人就工程价款结算达成一致的，人民法院将不予准许当事人的造价鉴定申请。

## 条文精解

### 一、工程造价鉴定的启动条件

工程造价司法鉴定是指在诉讼过程中，为查明案件争议事实，人民法院应当事人申请，委托由当事人协商确定或法院指定的具有工程造价鉴定资格的鉴定机构和鉴定人，对工程造价问题进行判定的活动。一般来说，司法鉴定的启动应具备以下条件：①

#### （一）鉴定事项与案件待证事实具有关联性

《民事诉讼法司法解释》第121条规定："当事人申请鉴定，可以在举证期限届满前提出。申请鉴定的事项与待证事实无关联，或者对证明待证事实无意义的，人民法院不予准许。"这里的所谓"关联性"是指，鉴定意见能够从用于鉴定的资料中提取出足够的素材和信息，在这些素材和信息的基础上足以推导出对确定案件待证事实有关的某些事实。②

进一步讲，上述"关联性"应当与案件事实之间存在某种联系，并能够为查明待

---

① 参见高印立编著：《建设工程施工合同法律实务与解析》（第2版），中国建筑工业出版社2018年版，第263～265页。

② 参见郭金霞：《鉴定结论适用中的问题研究》，中国政法大学出版社2009年版，第44～45页。转引自苏青：《司法鉴定启动条件研究》，载《证据科学》2016年第4期。

证事实提供依据。比如,在某建设工程施工合同纠纷案件中,因承包人停工撤场,发包人不得不委托第三方完成了承包人的未完工程,于是发包人申请对因第三方施工导致增加的造价损失进行鉴定。然而,施工合同为固定单价合同,发包人与第三方签订的合同单价与原合同一致。在这种情况下,因第三方施工的单价未发生变化,从而无法证明因委托第三方施工导致工程造价增加,鉴定机构依据现有材料难以鉴定出“因委托第三方施工导致增加的造价损失”,因此,拟鉴定事项与案件待证事实不具有关联性。

### (二)鉴定启动的必要性

从《民事诉讼法》第76条的规定可以看出,鉴定针对的就是专门性(专业性)问题。因此,判断司法鉴定的必要性应当考察鉴定事项是否属于专门性问题,同时兼顾效率和正当性要求。而案件待证事实是否属于专门性问题,应当从一般人(不具有专门知识的人)的角度来分析。

一般来说,专门性问题会涉及某个专业领域的知识。但需要注意的是,并不是所有的专业领域的问题都需要进行鉴定。这要求裁判者基于个案进行具体分析,不能一概而论。比如,公章真伪的鉴别一般应由专业人员进行,但如果待检公章与真实公章的差异通过肉眼即可明确判断,则无须再进行司法鉴定。实践中,确有在当事人的真实公章有编码而待检公章无编码的情况下,仍进行公章鉴定的案例。这种做法显然有悖常识。这表明,个别裁判者对这个问题的认识仍有不足。

### (三)鉴定的可行性

囿于人类认识、技术手段及现有证据的制约,并非所有专门性问题均能通过鉴定的手段得出结论,因此,鉴定也存在可行性的问题。如果待鉴定事项不能通过鉴定得出鉴定结果,则鉴定是不可行的。

在建设工程造价纠纷案件中,只要工程造价无须专门知识即可确定,就没有进行造价鉴定的必要。实践中主要有以下情形(见表10):

**表10　工程造价无须造价鉴定的情形统计表**

| 类型 | 无须造价鉴定的情形 |
|---|---|
| I | 当事人已经办理了工程结算。除工程结算无效或可撤销的情形外,该结算金额应当作为当事人确定工程造价的依据,无须鉴定 |

续表

| 类型 | 无须造价鉴定的情形 |
| --- | --- |
| Ⅱ | 当事人约定以第三方审价或政府审计、财政评审为准，且无证据证明第三方审价、政府审计或财政评审结论与合同约定严重不符的，无须鉴定 |
| Ⅲ | 当事人明确约定对承包人提交的结算报告逾期不答复视为认可的，如发生了约定的情形，且该约定有效，则应按承包人提交的结算报告金额确定工程造价，无须鉴定 |
| Ⅳ | 合同为固定总价合同，则一般情况下，对应固定总价承包范围和约定风险范围内的工程造价无须鉴定 |

## 二、关于“对建设工程价款结算达成协议”的理解

所谓“对建设工程价款结算达成协议”，即当事人对建设工程价款的结算事项达成一致。结算事项主要为结算数额的确定，包括奖励、扣款及违约金的承担等，有时也会涉及支付时间等事项的确定。其具体表现形式包括结算协议、结算审核定案表，以及其他双方就结算事项达成一致的往来文件等。实践中，存在以下几个方面的问题值得进一步讨论。

### （一）合同无效时结算协议的效力

一般认为，施工合同无效并不影响结算协议的效力。比如，《北京高院关于施工合同纠纷问题的解答》第 7 条规定：“建设工程施工合同无效，但工程经竣工验收合格，当事人一方以施工合同无效为由要求确认结算协议无效的，不予支持。”

有观点认为，其主要原因在于结算属于清理条款，合同无效不影响清理条款的效力。但笔者认为，《民法典》第 567 条适用于合同权利义务终止的情形，[①]而合同权利义务终止的前提是合同有效。若合同无效，则无合同权利义务终止的问题，故该条款并不适用于合同无效的情形。

笔者认为，施工合同无效不影响结算协议的效力，其主要原因在于：第一，施工合同的履行受政策调整、价格波动、施工条件变化等多种因素的影响，当事人在结算时可能会根据实际情况对合同约定进行调整，从而使结算协议具有一定的独立性；第二，基于《民法典》第 793 条关于无效施工合同“参照合同关于工程价款的约

① 《民法典》第 567 条规定：“合同的权利义务关系终止，不影响合同中结算和清理条款的效力。”

定折价补偿承包人”的规定，合同的有关约定可资参照，从而不必过分干预与合同约定相关联的结算协议的效力。

### （二）仅为办理备案而签订结算文件的效力

《施工计价管理办法》第19条规定：“竣工结算文件应当由发包方报工程所在地县级以上地方人民政府住房城乡建设主管部门备案。”根据该规定，一些地方建立了竣工结算文件的备案制度，并把竣工结算文件作为办理竣工验收备案、交付使用的必备文件。比如，《吉林竣工结算备案暂行办法》第8条就规定：“竣工结算办理完毕，发包人应将竣工结算文件报送工程所在地工程造价管理机构备案，竣工结算文件应作为工程竣工验收备案、交付使用的必备文件。”黑龙江、河北、合肥等地也有类似的规定。[①] 因此，实践中，存在当事人签署的结算文件仅用于工程竣工结算备案使用的情形。

为此，法院或仲裁庭应当结合结算文件签署前后的往来函件及其他相关证据，审查当事人就工程结算的意思表示是否真实。如果有充分证据证明该结算文件的目的仅在于满足行政管理的需要，不能反映当事人结算工程价款的真实意思，也不能反映工程价款的真实状况，则应当根据《民法典》第146条的规定，[②]否定该结算文件的效力。

### （三）对结算文件签章是否有效的认定

实践中，存在结算文件已经签认但当事人并不认可的情形。具体来说，主要有以下几种类型：

---

① 其他地方也有类似的规定。比如，《黑龙江省建筑工程竣工结算书备案管理办法》（黑建发〔2008〕9号）第4条规定：“工程竣工结算书应作为工程竣工验收备案、交付使用的必备文件。”《河北省建筑工程最高限价和竣工结算备案监督管理办法》（冀建法〔2007〕315号）第22条规定：“发包单位向建筑工程所地县以上建设行政主管部门和其他行政主管部门办理国有投融资建筑工程竣工验收备案和办理产权登记时，应当提交《竣工结算备案书》和《竣工结算更正意见书》。”《合肥市建设工程竣工结算备案管理办法》（合建〔2019〕55号）第12条规定：“自本办法施行之日起，办理建设工程竣工验收备案前均应办理竣工结算备案，凡不按本办法办理竣工结算备案的，竣工验收备案机构不得办理建设工程竣工验收备案手续。”《苏州市建设工程竣工结算文件备案管理实施细则（修订）》（苏住建规〔2017〕3号）第3条规定：“采用国有资金建设的项目必须办理建设工程竣工结算文件备案，且建设工程竣工结算文件备案应作为工程竣工验收备案、交付使用的必备条件。其他资金来源建设的项目，参照国有资金建设的项目管理流程办理建设工程竣工结算文件备案。”

② 《民法典》第146条第1款规定：“行为人与相对人以虚假的意思表示实施的民事法律行为无效。”

1. 仅双方人员签字

结算文件未经过当事人盖章确认,而是由双方的有关人员签字确认。此时应结合合同中关于结算签认的约定,签字人员的身份、权限及其变化,结算办理时间以及双方往来文件等证据,来认定有关人员的结算行为是不是职务行为,是否构成职务代理或表见代理。如果答案是肯定的,则可以认定结算文件有效。

2. 仅加盖印章

结算文件上仅加盖有当事人的单位印章,而无任何人员签字。此时,若对方当事人不认可印章的真实性,在无其他证据证明其真实,肉眼也无法分辨印章真伪的情况下,应当由该当事人提出鉴定申请。否则,其应承担不利后果。如果经鉴定证明印章系伪造,则该结算文件的效力一般应予否定。但需要注意以下特殊情形:

第一,如果有证据证明该单位使用两枚以上的同名印章,则其亦有可能在其他场合使用与其所认可印章不同的印章,也就无法证明其不认可的印章是伪造的,从而可能难以否定结算文件的效力。

第二,若通过加盖印章的人员、场合等证据能够证明盖章行为构成职务代理或表见代理的,该结算文件也应认定有效。

3. 既有签字又加盖了印章

对于结算文件上既有当事人印章也有人员签字的情形,如果当事人对印章的真实性不持异议,则结算文件的效力当然应予认定。否则,要根据具体情况认定。如果可以认定有关人员构成职务代理或表见代理,则无论印章是否真实,其一般不会影响结算文件的效力。反之,可以按照上述第二种情形来处理。

### (四)关于中间或部分结算文件的判断

建设工程案件案情纷繁复杂,个案差异也比较大,所以在审查结算文件时,还要判断其是否为中间结算或部分结算。比如,公路工程的结算是分期进行的,最后一期的结算金额包括工程的总结算金额。如果当事人达成一致的结算并非最后一期,则有可能需要对最后一期比上一期所增加的工程价款进行鉴定。再如,当事人签认的验工计价表是最终结算还是审批的进度款,需要结合验工计价的具体内容和合同约定的结算方式综合判断。

此外,当事人还可能对结算文件中的某些项目存在争议,一般会在结算文件中予以注明。如果当事人认为结算文件仅是对合同内项目的结算,并未包含合同外项目,其应当提供证据证明。对于上述有争议或未包含的工程项目,有可能需要通过造价鉴定的方式进行确定。

## 深度研讨

### 一、约定"以审计结果作为结算依据"的处理

实践中,发包人常常会要求在合同中约定"以审计结果作为结算依据"的内容,承包人往往也不得不接受。那么,对于此种约定应当如何认定呢?我们从审计的概念、审计主体等方面进行讨论。

#### (一)审计的概念

审计是指由独立的专门机构或人员接受委托或根据授权,对国家行政、事业单位和企业单位及其他经济组织的会计报表和其他资料及其所反映的经济活动进行审查,并发表意见。

审计依照主体之不同,可分为国家(政府)审计、独立(注册会计师、民间)审计和部门、单位内部审计;依照主体与被审计单位是否存在隶属关系,可分为内部审计与外部审计等。[①] 由此可见,审计并非仅指政府审计,第三方机构和发包人内部进行的审价也可以称为审计。其中,政府审计是指我国《审计法》第2条规定的审计,[②]即审计机关依法独立检查被审计单位的会计凭证、会计账簿、财务会计报告以及其他与财政收支、财务收支有关的资料和资产,监督财政收支、财务收支真实、合法和效益的行为。

#### (二)审计主体为发包人

如果合同中约定"以发包人审计结果作为结算依据",则"发包人审计"应指发包人内部审计部门或由其委托的第三方中介机构对工程项目进行的造价审计活动,一般不能直接解释或推定为国家审计机关的审计。因为发包人与承包人之间为平等主体之间的民事法律关系,而国家审计机关对工程项目的审计是对建设单位的一种行政监督行为,审计人与被审计人之间为行政法律关系。除非合同明确

---

① 参见余秉坚主编:《中国会计百科全书》,辽宁人民出版社1999年版,第690页。

② 《审计法》第2条规定:"国务院各部门和地方各级人民政府及其各部门的财政收支,国有的金融机构和企业事业组织的财务收支,以及其他依照本法规定应当接受审计的财政收支、财务收支,依照本法规定接受审计监督。"

约定,否则不能通过解释推定的方式,认为当事人已经同意接受国家审计机关的审计行为对民事法律关系的介入,建设工程价款的结算应当以双方当事人的意思自治为基础。[①]

在这种情况下,当然不能仅以发包人一方的审计结果作为结算依据,否则将导致单方意思表示即可作为工程结算依据,有碍公平、公正。此时,承包人仍可对发包人的审计结果提出异议,发包人应当根据承包人的合法、合约要求对审计结果进行调整。双方无法达成一致的,可以共同委托或由法院、仲裁机构委托造价鉴定机构进行鉴定。

#### (三)审计主体为业主

如果合同中约定"以业主审计结果作为结算依据",则"业主审计"应指业主内部审计部门或由其委托的第三方中介机构对工程项目进行的造价审计活动。基于前述同样的理由,"业主审计"一般不能直接解释或推定为国家审计机关的审计。

"以业主审计结果作为结算依据"往往约定在分包合同当中,如果业主为总承包合同的发包人,此处的审计结果往往指业主对总承包人合同中所含相应分包内容的审计结果。作为结算依据的审计内容一般包括实际完成的工程量、工程签证等。

基于总、分包合同之间的关联性,笔者认为,此种约定具有合理性,且未违反法律、行政法规的强制性规定,其效力应当给予肯定。

#### (四)审计主体为国家审计机关

当合同约定"以政府审计机关的审计结果作为结算依据"时,可以认为合同约定的审计主体为国家审计机关。在这种情况下可以按以下步骤进行处理:

1. 判断工程项目是否属于法定的审计范围

《审计法》第 22 条规定:"审计机关对政府投资和以政府投资为主的建设项目的预算执行情况和决算,进行审计监督。"《审计法实施条例》第 20 条规定,政府投资和以政府投资为主的建设项目包括两类:一类是全部使用预算内投资资金、专项建设基金、政府举借债务筹措的资金等财政资金的建设项目;另一类是未全部使用财政资金,但财政资金占项目总投资的比例超过 50%,或者占项目总投资的比例在

---

① 值得注意的是,在司法实践中,当发包人为政府部门且工程项目属于法定的审计范围时,发包人审计仍有被解释为国家审计机关的可能。笔者对此并不赞成。

50%以下,但政府拥有项目建设、运营实际控制权的建设项目。

根据《审计法实施条例》第34条的规定,审计机关应当按照本级人民政府和上级审计机关的要求,编制年度审计项目计划。列入年度审计计划的项目应当进行审计,具体形式包括审计机关直接审计,组织相关部门、下级审计机构和专业技术人员审计以及委托中介机构审计。地方各省、直辖市、设区的市一般会规定具体的审计范围。

需要注意的是,对于不属于"法定审计范围"的工程项目,即使合同中约定"以政府审计机关的审计结果作为结算依据",基于国家行政力量不宜过多介入民商事交易的原理,该约定一般也不应对当事人发生效力。

2. 判断国家审计机关是否实施了审计行为

在合同约定以政府审计机关审计作为付款条件时,若因发包人迟延提交资料从而导致审计长期无法实施,则可以根据《民法典》第159条关于"当事人为自己的利益不正当地阻止条件成就"的规定,认为支付条件已经成就。也有法院认为,这种附条件的设置使承包人的债权实现完全取决于发包人是否积极地促成政府审计部门进行审计,剥夺了承包人按照合同约定合法主张工程款的权利,从而认定此种约定无效。①

值得注意的是,在司法实践中,认定此种附条件条款的无效,往往基于政府部门的审计并未实施从而造成工程款长期拖欠这一前提。《广东高院关于建设工程合同纠纷问题的解答》对此作了相应规定:"当事人约定以财政、审计等部门的审核、审计结果作为工程款结算依据的,按照约定处理。如果财政、审计等部门明确表示无法进行审核、审计或者无正当理由长期未出具审核、审计结论,经当事人申请,且符合具备进行司法鉴定条件的,人民法院可以通过司法鉴定方式确定工程价款。"

对于审计机关已经出具审计结果的情形,法院一般会认定该约定有效,从而判决将审计机关的审计结果作为当事人的结算依据。《最高人民法院关于建设工程承包合同案件中双方当事人已确认的工程决算价款与审计部门审计的工程决算价款与审计部门审计的工程决算价款不一致时如何适用法律问题的电话答复意见》(〔2001〕民一他字第2号)中也明确,只有在合同明确约定以审计结论作为结算依据或者合同约定不明确、合同约定无效的情况下,才能将审计结论作为判决的

① 参见辽宁省沈阳市中级人民法院(2016)辽01民终8598号民事判决书。

依据。

3. 关于审计的计价标准

即使当事人在合同中明确约定以政府审计作为结算依据，审计机关也应以合同约定的计价标准和方法作为审计依据。在“重庆勇创实业有限公司与重庆市同兴工业园区开发建设有限公司合同纠纷案”中，最高人民法院认为，虽然合同约定投资金额以经法定审计部门审计的金额为准，但审计机关作出的《审计报告》是以2008年《重庆市建设工程费用定额》为依据作出，与当事人合同约定的计价标准不符，在一方当事人对此不予认可的情形下，不能将其作为确定投资金额的依据。当事人可申请审计部门按照协议约定另行审计，或者委托工程造价咨询机构按照协议约定予以造价鉴定，以确定投资金额。①

## 二、关于“不予答复视为认可”的认定

《新建设工程司法解释(一)》第21条规定：“当事人约定，发包人收到竣工结算文件后，在约定期限内不予答复，视为认可竣工结算文件的，按照约定处理。承包人请求按照竣工结算文件结算工程价款的，人民法院应予支持。”根据该规定，当事人约定“不予答复视为认可”的，若发包人未在约定期限内对竣工结算文件进行答复，则视为其认可该结算文件。

我国《民法典》第140条第2款对此也作了规定：“沉默只有在有法律规定、当事人约定或者符合当事人之间的交易习惯时，才可以视为意思表示。”值得注意的是，这里的“法律”应作狭义解释，仅指立法机关制定的法律，而不包括部门规章和规范性文件。《施工计价管理办法》是建设部制定的部门规章，《工程价款结算暂行办法》是规范性文件，其都不属于狭义的法律范畴。尽管二者作出了“沉默视为认可”的规定，②但广东省高级人民法院于2011年7月27日印发的《广东高院关于施工合同纠纷问题的意见》中对此予以了否定。③

需要注意的是，实践中对于与该“默示条款”相关的如下问题还存在分歧，有必

---

① 参见最高人民法院(2016)最高法民终269号民事裁定书。

② 参见《施工计价管理办法》第18条和《工程价款结算暂行办法》第16条。

③ 《广东高院关于施工合同纠纷问题的意见》第9条规定：“建设工程施工合同明确约定发包人收到竣工结算文件后，在约定期限内不予答复，视为认可竣工结算文件的，按照约定处理。建设工程施工合同没有约定或者约定不明，承包人请求参照建设部《建设工程施工发包与承包计价管理办法》第十六条的规定，或者依据建设部制定的建设工程施工合同格式文本(1999年版)通用条款第33条第3款的约定处理的，不予支持。”

要在此进一步讨论。

## （一）关于示范文本通用条款中的结算“默示条款”

《2017版施工合同示范文本》通用条款第14.2款规定：“发包人在收到承包人提交竣工结算申请书后28天内未完成审批且未提出异议的，视为发包人认可承包人提交的竣工结算申请单，并自发包人收到承包人提交的竣工结算申请单后第29天起视为已签发竣工付款证书。”当采用上述施工合同示范文本时，若专用条款未约定“不予答复视为认可”的默示条款，则通用条款中的上述约定能否被支持？

《江苏高院关于施工合同纠纷问题的解答》第9条规定：“建设工程施工合同专用条款中明确约定发包人收到竣工结算文件后，在合同约定的期限内不予答复视为认可竣工结算文件，当事人要求按照竣工结算文件进行工程价款结算的，应予支持。建设工程施工合同专用条款中未明确约定，当事人要求按照竣工结算文件进行工程价款结算的，不予支持。”由该规定可以推论，当建设工程施工合同专用条款未明确约定结算“默示条款”，而仅在合同示范文本的通用条款有相应约定的，该解答认为通用条款的相应约定不应得到支持。

笔者认为，上述规定值得商榷，理由如下：

第一，建设工程施工合同示范文本中的结算“默示条款”并非格式条款。根据《民法典》第496条的规定，格式条款是当事人为了重复使用而预先拟定，并在订立合同时未与对方协商的条款。所谓“订立合同时未与对方协商”是指在订立合同时不能与对方协商的条款。假如当事人一方在能够协商的情况下而不与对方协商，或放弃协商的权利，则不能认为未协商的条款因此而成为了格式条款。① 建设工程施工合同示范文本是为了指导建设工程施工合同当事人的签约行为，维护合同当事人的合法权益而制定的。在合同谈判过程中，其通用条款并非不可变更，换言之，通用条款对当事人不具有强制约束力，当事人完全可以根据自己的意愿和实际情况进行修改。而且，发包人在合同订立时不但未处于附从地位，反而居于明显的优势地位，其更有条件对施工合同示范文本进行修改。因此，建设工程施工合同示范文本中的结算“默示条款”虽是预先制定的，但其并非不能协商的条款，不符合格式条款的特征。

第二，建设工程施工合同示范文本在某种程度上可视为一种行业惯例，或至少

① 参见王利明：《对〈合同法〉格式条款规定的评析》，载《政法论坛》1999年第6期。

是一种业内认可并通行的惯常规则。对于作为商事主体的承包人和发包人来说,即使是格式条款,如果其已成为某行业的习惯做法、商业惯例,“则此格式条款对于规则地与从事该行业之人为交易的相对人而言,视为订入合同”①。

综上所述,笔者认为,建设工程施工合同示范文本通用条款中关于结算的“默示条款”构成合同的一部分,且不违反法律、行政法规的强制性规定,合法有效,双方应予遵守。

### (二)关于建设工程施工合同无效时的结算“默示条款”

如笔者对《新建设工程司法解释(一)》第24条的精解所述,合同无效,则其中关于结算的“默示条款”亦无效。而且,在合同无效的情形下,当事人在该合同中的相应约定无效,发包人的“沉默”便失去了可被视为意思表示的合同依据,从而使发包人“不予答复视为认可”丧失了基础,也不应按照《民法典》第793条及《新建设工程司法解释(一)》第24条的规定参照适用。

对于当事人另行签订的结算补充协议中的“默示条款”,基于施工合同结算的一定独立性和《民法典》第793条关于无效施工合同“参照合同关于工程价款的约定折价补偿”的规定,合同无效并不影响结算协议的效力。因此,除补充协议本身存在无效或可撤销事由外,该补充协议是有效的,其中有关结算“默示条款”的约定有效。在“黑龙江省建工集团有限责任公司与普定县鑫臻酒店有限公司、普定县鑫臻房地产开发有限责任公司建设工程施工合同纠纷案”中,最高人民法院即认定,当事人签订的建设工程施工合同因未经招标投标而无效,但双方为解决合同纠纷就进度款支付、复工条件、结算、损失补偿及违约责任另行签订的《纠纷处理协议》有效。②

### (三)关于发包人的答复形式

虽然《新建设工程司法解释(一)》第21条规定了“不予答复视为认可”约定的效力,但对发包人如何进行答复并未作出规定。对此,实践中存在三种不同观点:第一种,只要提出形式异议不附理由即可排除该条款的适用;第二种,提出异议并附理由和初步证据,才可排除该条款的适用;第三种,提出异议只要不是明显无理由,就排除该条款的适用。

---

① 崔建远主编:《合同法》(第5版),法律出版社2010年版,第66页。

② 参见最高人民法院(2016)最高法民终106号民事判决书。

笔者赞成第一种观点，理由如下：

第一，所谓“答复”是指“对提出的问题或要求等给以回答”[①]。由此可见，“答复”既可以是对问题的解释，也可以是表明一种态度，其并无一定要解释理由甚至理由必须合理的含义。

第二，《新建设工程司法解释（一）》第21条的规定是从承包人与发包人签订的建设工程施工合同中派生出来的，不是法律或司法解释中新确定的责任，是对当事人所约定权利义务的确定。[②] 显然，该司法解释并未规定答复人必须提供相应证据的义务。因此，不宜对“答复”的含义作扩大解释。

第三，由于工程造价的专业性，即使裁判者要求发包人在答复的同时必须附理由或提供初步证据，其对上述理由是否合理或初步证据能否采信也存在判断上的困难。而且，实践中，发包人仅回复“不同意”而不指出存在问题的情形并不多见。即使存在此种极端情形，发包人也完全可以为了满足形式上的需要，随意对结算报告中的一个专业问题提出异议，即使发包人的意见是错误的，裁判者由于相关专业知识的限制也难以判断。因此，要求发包人在答复的同时必须附理由或提供初步证据的初衷虽好，但可操作性较差，也难以取得好的效果。

第四，实践中，承包人上报的结算报告价格虚高是一个常态，如果仅仅因为发包人未对其异议说明理由或其未提供初步证据，就否定其“答复”的事实，从而采信承包人的单方结算报告，既违反了当事人的约定，对发包人也是不公平的。

## 三、关于固定总价合同的造价鉴定问题

### （一）固定总价施工合同造价鉴定的一般原则

固定总价合同是指承发包双方在合同中约定一个固定的总价，在合同约定的风险范围内约定的总价不再调整。对于建设工程施工合同来说，合同约定的对应工程范围是该固定总价的基础。与固定总价相对应的工程范围往往是在招标时或签订合同时的设计图纸。严格按照工程建设程序进行的项目，招标或签订合同时会采用施工图设计阶段的图纸，固定总价也一般以施工图预算为依据。

对于固定总价的施工合同，其固定总价范围和约定风险范围内的工程价款可直接按合同总价确定，无须进行造价鉴定，《新建设工程司法解释（一）》第28条对

---

① 任超奇主编：《新华汉语词典》，崇文书局2006年版，第153页。

② 参见最高人民法院民事审判第一庭编著：《最高人民法院建设工程施工合同司法解释的理解与适用》，人民法院出版社2015年版，第144页。

此作了规定;[1]对于固定总价所对应工程范围之外的项目,则应按合同约定另行结算;对于无对应工程范围的固定总价合同,实际上是“开口”合同,应按合同约定据实结算。后两种情形下,工程造价也可能需要通过鉴定来确定。

在“广东省韶关市第二建筑工程公司诉韶关市坪石发电厂有限公司(B厂)建设工程施工合同纠纷再审案”中,最高人民法院即认为,签订本案合同时仅有1份简略的《厂区总平面布置图》可资参考,对具体的施工范围以及相对准确的工程量等与工程价款的厘定有密切关系的基本事实并未确定,由此,以协商不足的固定价款来对应不断增加的工程量的交易方式对施工方而言极不公平。因此,认定涉案工程款应当据实结算。[2]

### (二)设计深度变化对固定总价的影响

实践中,也有发包人因工期紧张等原因在初步设计阶段即进行招标或直接发包的情况。比如,承包人以发包人提供的初步设计图纸为依据,采用概算定额进行报价,并与发包人签订固定总价合同,同时在合同中约定,无论实际施工的工程量发生怎样的变化,上述固定总价不变。那么,若实际工程量发生变化(实际上一般会发生变化),该合同总价是否保持不变呢?

笔者认为:第一,上述约定实际上是一种对工程价款的风险分担,不违反法律、行政法规的效力性强制性规定,是有效的,当事人应当遵守。第二,作为建设工程合同的主体,当事人对初步设计阶段和施工设计图阶段的图纸深度不同,应当是了解的。同时,当事人对于因该约定而使己方可能承担的风险也是能够预见的。因此,当事人应当承担因设计深度不同所导致的价款风险。第三,概算定额是在预算定额基础上编制完成的,其是预算定额的综合与扩大,是控制施工图预算和建设工程投资的依据。一般来说,概算定额水平高出预算定额水平幅度在5%以内,以概算定额为依据的报价一般也会高于施工图预算。由此可见,以概算定额为依据的固定总价合同具有合理性。综上所述,在上述约定的情况下,对于因设计深度不同所导致的工程量增减,当事人均无权要求对方予以调整。

但需要注意的是,如果实际工程量的变化是由于发包人在初步设计图纸的基础上增加、减少或变更了设计内容,则其属于设计变更范畴,不属于风险范围,此类

---

① 《新建设工程司法解释(一)》第28条规定:“当事人约定按照固定价结算工程价款,一方当事人请求对建设工程造价进行鉴定的,人民法院不予支持。”

② 参见最高人民法院(2016)最高法民再135号民事判决书。

工程量变化不应包含在固定总价范围内。

（三）EPC 工程总承包合同中的固定总价

需要注意的是，施工合同中的固定总价与 EPC（Engineering Procurement Construction）工程总承包合同中的固定总价意义不同。施工合同固定总价的确定依据是图纸，如果在确定施工合同的固定总价时并没有对应的图纸范围，该固定总价可能不成立。在 EPC 工程总承包合同中，根据工程项目的性质和特点，项目可在可行性研究、方案设计及初步设计的任何一个阶段启动，承包人既负责主要的工程设计工作，也负责采购和工程施工，其主要合同义务是满足业主对项目性能指标的最终要求，确定合同价款的依据是业主要求，而不是图纸。因此，对于 EPC 工程总承包合同来说，只要有业主要求，即使在确定固定总价时没有对应的图纸范围，该固定总价也是成立的。

由此可见，合同履行过程中的图纸变更不一定会构成一项变更。只有图纸对业主要求或合同相关内容进行了实质性变更，才会构成一项变更。在此分情形讨论如下：

1. 业主提供初步设计图纸的项目

对于业主提供初步设计图纸的项目，一般来说，初步设计有关文件会作为合同的一部分纳入业主要求中。① 此时，承包人应当按照初步设计批准的建设标准、工程规模及各项技术经济指标进行施工图设计，经批准的上述各项技术经济指标可以认为是不可改变的数据。因此，承包人对初步设计图纸的深化不构成变更。

当然，承包人可以建议对初步设计的各项技术经济指标进行调整。由于变更权属于业主，业主同意则构成建议性变更，反之则不构成。若承包人的建议性变更属于对原设计方案的优化，双方还可以协商分享由此带来的利益，这称为价值工程。如果变更违反了政府相关部门对初步设计的审查意见，则需要提交政府相关部门重新审查。

2. 总承包人负责全部设计工作的 EPC 工程总承包合同

对于总承包人负责全部设计工作的 EPC 工程总承包合同来说，设计调整、优化属于承包人的内部问题，除非导致工程预期目的、建设标准、功能或性能指标以及

① 业主要求一般涵盖工程目的和工作范围、技术要求、项目控制程序、图纸清单。有的项目包含图纸清单，有的没有。是否列出图纸以及列出多少，取决于业主前期的设计深度。参见张水波、陈勇强编著：《国际工程总承包 EPC 交钥匙合同与管理》，中国电力出版社 2009 年版，第 45 页。

业主所负责数据等发生变化，否则不构成变更。比如，当事人在 EPC 工程总承包合同中约定的基础型式为钢筋混凝土灌注桩基础，而在合同履行过程中承包人欲将其优化为水泥粉煤灰碎石桩的地基处理方式，若经业主同意，则构成一项变更。然而，若业主仅在合同中提出了地基承载力的指标要求，并未确定采用何种基础型式，则承包人完全可以根据项目的具体情况决定具体的基础型式或地基处理方式，只要达到业主要求即可，合同价格不变。

3. 地质条件的变化

对于地质条件的变化是否构成变更，需要结合个案进行判断。一般来说，对于由第三方进行地质勘察的情形，只有承包人进行钻探、打桩或开挖时才能了解地质条件的实际情况，其在签订 EPC 工程总承包合同时无法对第三方出具的勘察成果进行核实，因此，如果地质条件发生重大变化，承包人可以按照合同约定的程序提出变更，并进行工期和费用的索赔。

我国有关规范性文件也对此作了相应规定。《公路工程设计施工总承包管理办法》第 13 条规定，施工图勘察设计时发现的在初步设计阶段难以预见的滑坡、泥石流、突泥、涌水、溶洞、采空区、有毒气体等重大地质变化，其损失与处治费用可以约定由项目法人承担，或者约定项目法人和总承包单位的分担比例；工程实施中出现重大地质变化的，其损失与处治费用除保险公司赔付外，可以约定由总承包单位承担，或者约定项目法人与总承包单位的分担比例；因总承包单位施工组织、措施不当造成的上述问题，其损失与处治费用由总承包单位承担。《房建和市政工程总承包管理办法》第 15 条也规定，不可预见的地质条件造成的工程费用和工期变化属于发包人承担的风险。

综上所述，在 EPC 工程总承包合同中，如果当事人未对合同价款进行调整，工程也没有发生变更，则工程结算价款往往即为合同约定的固定总价，此时也就没有进行造价鉴定的必要了。

## 实务判例

### 【判例】当事人结算中未达成一致的内容仍可进行造价鉴定①

2011 年 3 月，通州建总公司通过公开招标的方式取得农行新疆分行集资建房

① 参见新疆维吾尔自治区高级人民法院（2019）新民终 42 号民事判决书。

小区第一标段的建设项目,招标文件中约定执行1995年全国统一建筑工程基础定额。2011年4月29日,农行新疆分行(发包人)与通州建总公司(承包人)就上述工程签订《施工总承包合同》,约定合同总价款140,263,800万元。合同总价款的确定与调整采取可调价格合同,合同总价款的调整方法包括设计变更、经济签证和政策性调整因素。

2012年8月3日,农行新疆分行(甲方)与通州建总公司(乙方)签订《补充协议》1份,约定:根据相关要求,同意将原设计图纸中的保温材料防火等级由B2级调整为B1级,经双方充分协商,甲方同意追加因外墙保温材料的防火等级由B2级提高至B1级的材料差价4,000,000元给乙方,但乙方必须保质、保量。

涉案工程整体于2013年1月21日竣工验收合格。

2013年11月25日,农行新疆分行、通州建总公司、建行工程造价业务部就涉案工程结算形成《会议纪要》,建议:"人工费、材料费应该调整。"2015年1月23日,自治区住建厅向农行新疆分行出具复函:建议该工程结算人工费单价依据自治区住建厅、发改委《关于调整乌鲁木齐地区建设工程定额人工费单价的通知》(新建造〔2008〕3号)、(新建造〔2012〕1号)文件发布的定额人工费单价和自治区工程造价管理总站《关于发布乌鲁木齐地区2011年3月份建设工程价格信息的通知》(新建总造字〔2011〕08号)文件中关于建筑、装饰装修、安装工程计价定额编制招标控制价时,人工费上限调整幅度,按工程进度分阶段调整。

2015年2月15日,建行工程造价业务部就涉案工程作出《结算审核报告书》,审定值:合同造价140,263,800元,变更、签证7,557,759.84元(包含:外墙保温价差4,000,000元;变更、签证2,540,910.78元;政策性调整1,816,849.06元;扣减排水和岩石开挖800,000元),工程造价合计147,821,559.84元。其编制说明中注明:(1)地下排水及岩石开挖因未提供经双方确认的相关资料所以未计入本结算;(2)人工费调整,施工方要求调整,建设单位要求按合同约定执行,双方未达成一致意见,本结算未计入人工费调整;(3)如下项目未计入结算,待提供甲方签证及设计变更后再计入结算:A.土方免爆工程费用;B.基坑降排水人工及机械台班费用;C.2011年根据监理审定的冬期维护方案实施的冬季维护采暖费用;(4)边坡支护提供资料不详,未计入结算。

一审审理中,经通州建总公司申请,一审法院委托祥瑞万和公司对涉案人工费调差数额、外墙保温工程造价、设计变更签证工程款进行鉴定。鉴定机构的鉴定意见如下:

第一，关于人工费调差，通州建总公司的意见为执行乌鲁木齐市建委发布的施工同期《关于发布乌鲁木齐地区建设工程定额内市场人工单价信息调差的通知》，经鉴定机构计算人工费调差金额为6,064,171.19元；农行新疆分行的意见为参照自治区建设厅2015年1月23日复函执行，经鉴定机构鉴定人工费调差金额为0。

鉴定机构认为，原投标报价中已包含按新建造〔2008〕3号文件人工费调差，另外两个文件新建造〔2012〕1号及新建总造字〔2011〕08号文件是针对2010年单位估价及相配套定额和费用定额，与本案所执行的定额不匹配。上述争议请法院裁定。

第二，关于外墙保温工程造价，通州建总公司的意见为按2012年9月设计单位出具的设计变更重新计算外墙保温面积，鉴定机构按施工图纸计算工程量，变更项目无相匹配的定额子目，外墙保温工程单价参考双方当事人提供的通州建总公司与分包单位签订的外墙保温合同，建行造价中心出具的审核报告书已计入8,833,656.34元，差额3,042,924.05元；农行新疆分行的意见为按照施工总承包合同、招标文件及补充协议的约定，鉴定机构计算，原投标报价4,833,656.34元，双方签订补充协议合同价4,139,200元（补充协议差价4,000,000元、税费139,200元），审核报告书已计入8,833,656.34元，差额139,200元。上述争议请法院裁定。

第三，关于签证工程造价，按通州建总公司意见计算为3,859,143.86元，按农行新疆分行意见计算为300,725.12元。上述争议请法院裁定。

法院的裁决意见如下：

1.关于通州建总公司要求给付人工费调差6,064,171.19元是否成立。双方在合同中约定采用可调价格合同，合同总价款调整方法包括设计变更、经济签证和政策性调整因素。涉案工程《结算审核报告书》中未计入人工费调整。故对农行新疆分行关于“根据《建设工程司法解释（二）》第十二条的规定，①不应对人工费调整”的意见不予采纳。

经查实，建设单位、施工单位、咨询单位于2013年11月25日形成《会议纪要》，结果是“建议应该给予调整”。2015年1月23日自治区住建设厅也出具了复函。以上事实，均证实了双方当事人在签订承包合同时适用了相对取费较低的前期定额标准，而非当期定额，因此双方当事人形成了对合同中原约定的人工费进行调整的新的意思表示；同时证实了如依据原合同中约定的人工费取费定额进行结算，会

① 《建设工程司法解释（二）》废止后，《新建设工程司法解释（一）》第29条作了同样的规定。

直接导致通州建总公司利益受损。现通州建总公司要求农行新疆分行支付人工费调差的理由成立,法院予以支持。对于农行新疆分行关于"参照2015年1月23日的复函,鉴定结论为人工费调差金额为0"的抗辩,法院认为,自治区建设厅复函中建议依据的新建造〔2012〕1号及新建总造字〔2011〕08号文件是针对2010年单位估价及相配套定额和费用定额,与本案中所执行的1995年全国统一建筑工程基础定额中的人工费取费基数和内容均不同,该复函内容中依据的文件与本案人工费取费基数不匹配,且该复函也是对人工费调差依据文件的建议。鉴于该建议内容不适用于本案,而施工同期乌鲁木齐市建委发布的《关于发布乌鲁木齐地区建设工程定额内市场人工单价信息调差的通知》是建设行政主管部门根据构成工程价款的主要元素的市值变化定期公布的市场价格信息,内容相对客观如实反映建筑成本的市场价格和工程造价的市场行情,故通州建总公司申请依据该文件作为本案人工费调差的依据,有事实依据。农行新疆分行的该项抗辩理由不成立,一审法院不予采信。因此,农行新疆分行应向通州建总公司支付人工费调差6,064,171.19元。

2.关于通州建总公司要求给付外墙保温变更后价差5,418,240.13元是否成立。法院认为,通州建总公司与农行新疆分行于2012年8月3日签订的《补充协议》中明确约定,原设计图纸中保温材料防火等级调整后,农行新疆分行同意追加因外墙保温材料的防火等级提高的差价为4,000,000元。该《补充协议》系双方已签订承包合同的组成部分,是双方当事人对外墙保温材料变更后价款的约定,该约定合法有效。因《结算审核报告书》中已将外墙保温差价4,000,000元计入结算价款中,农行新疆分行已按照该审核报告书,履行了给付义务。现通州建总公司以其与案外人签订的施工合同向农行新疆分行主张外墙保温变更差价款,无事实和法律依据,法院不予支持。

3.关于通州建总公司要求给付设计变更签证费用4,189,198.24元是否成立。法院认为,涉案工程价款约定采用可调价格,包括:设计变更、经济签证和政策性调整因素。通州建总公司对该项主张提交了9份签证资料和边坡支护资料1份。其中9份签证有监理单位、施工单位签字,建设单位现场代表没有签字,涉及岩石开挖、基础排水内容。鉴于监理单位系受建设单位委托对工程施行监理,监理单位人员签字的行为应当视为职务行为,因此法院认定9份签证具有证明效力。虽然农行新疆分行质证认为,上述签证中没有监理总监签字,不应当认定签证的效力,但是农行新疆分行没有提供证据证实监理单位人员签字的行为不是履行职务行为,对其质证意见法院不予采信。对于边坡支付资料1份,有监理单位、施工单位、建设单位现场代表签字,对其真实性及证明力均予以确认。上述签证资料经法院委托祥瑞万和公司鉴定,费用共计3,859,143.86元。法院对通州建总公司主张的该项给付请求中的3,859,143.86元予以支持。

**第三十条　【诉讼前委托造价咨询的效力】**

当事人在诉讼前共同委托有关机构、人员对建设工程造价出具咨询意见，诉讼中一方当事人不认可该咨询意见申请鉴定的，人民法院应予准许，但双方当事人明确表示受该咨询意见约束的除外。

## 条文主旨

当一方当事人不认可当事人诉前共同委托出具的造价咨询意见而申请鉴定时，本条对法院应如何处理作了规定。

## 条文精解

### 一、工程造价咨询意见的法律属性

工程造价咨询是指工程造价咨询机构和有关人员对建设项目投资、工程造价的确定与控制提供的专业咨询服务。工程造价咨询服务的成果即为工程造价咨询意见。在当事人进行结算的过程中，双方当事人可能会共同委托第三方造价咨询机构、人员出具造价咨询意见。[①] 在此后的诉讼案件中，当事人可能将该造价咨询意见作为价款结算的依据向法庭提交。

对此类造价咨询意见的法律属性，即其是否为证据、属于何种证据，有必要予以厘清。

关于当事人共同委托的工程造价咨询意见的性质，有非证据说、证人证言说、私鉴定说和书证说等多种观点。[②] 笔者对此分析如下：

#### （一）工程造价咨询意见是证据

首先，此类专业咨询意见是由具有专门知识的人对当事人争议的专门性问题

---

① 需要注意的是，根据《注册造价工程师管理办法》第20条的规定，注册造价工程师不得以个人名义承接工程造价业务。因此，实践中，提供工程造价咨询服务的大多为工程造价咨询企业。

② 参见最高人民法院民事审判第一庭编著：《最高人民法院建设工程施工合同司法解释（二）理解与适用》，人民法院出版社2019年版，第303页。

出具的咨询成果,在性质上属于意见证据。① 尽管传统诉讼证据理论认为,意见证据在证明案件事实的问题上不具有可采性,但因裁判者无法凭借自身的专业知识和技能对某些需要专门知识的事项作出正确判断,因此,专家提供的意见证据可用于证明某些需要特殊知识的事项。②

其次,工程造价咨询意见符合证据资格的客观性、关联性和合法性标准,虽然不一定能客观、全面地反映争议事实的真实情况,但亦不能完全排除其具有的科学性。

最后,将专业咨询意见作为证据,有利于保障当事人的举证权利,提高当事人的举证能力;有利于尽快还原、接近事实真相或客观实际,提高裁判者对专门问题的认识;有利于提高争议解决效率,促进纠纷得到公平、公正地解决。

综上所述,笔者认为,当事人向法院提交的工程造价咨询意见应当作为证据的一种。

### (二)工程造价咨询意见不是鉴定意见

《民事诉讼证据规定》(2001 年发布)第 41 条规定:"一方当事人自行委托有关部门作出的鉴定结论,另一方当事人有证据足以反驳并申请重新鉴定的,人民法院应予准许。"该规定把当事人自行委托专业机构出具的意见也纳入了鉴定意见范畴。

然而,根据此后出台的《全国人大关于司法鉴定管理问题的决定》第 1 条的规定,司法鉴定是指在诉讼活动中鉴定人运用科学技术或者专门知识对诉讼涉及的专门性问题进行鉴别和判断并提供鉴定意见的活动,强调了司法鉴定在诉讼活动中进行的特征。可见,本条规定将鉴定意见进行了限缩解释,取其"司法鉴定意见"的狭义含义。《民事诉讼证据规定》(2019 年修正)对原第 41 条的规定也作了修订。③

咨询意见与鉴定意见的主要区别如下:

---

① 关于意见证据,有学者如此解释:"证人基于直接呈现于其感官上之事实,推论系争事实存在与否,法律上称之为意见,证人本于上述推论所作的陈述,称之为意见证据。"意见证据与事实的区别在于,证人是否在事实的基础上运用了推论,是否表达了自己的主观意见。参见刁荣华主编:《比较刑事证据法各论》,台北,汉林出版社 1984 年版,第 259 页;吴丹红:《论英美法的意见证据》,载《江苏警官学院学报》2003 年第 1 期。

② 参见金震华:《专家意见书的法律性质》,载《华东政法学院学报》2004 年第 1 期。

③ 《民事诉讼证据规定》(2019 年修正)第 41 条规定:"对于一方当事人就专门性问题自行委托有关机构或者人员出具的意见,另一方当事人有证据或者理由足以反驳并申请鉴定的,人民法院应予准许。"

首先，二者功能不同。大陆法系的鉴定人往往具有官方色彩，其功能与作用在于补充法官在事实认定上涉及有关专业知识、特别经验法则等方面的欠缺与不足，其在对专业问题进行研究、判断、阐述时无须考虑任何一方当事人的利益。[①] 咨询意见的出具者，既可能是当事人一方委托，也可能是当事人双方共同委托。对于当事人一方委托的情形，咨询人考虑专业问题可能会偏向于从维护委托人合法权益的角度出发，“尽管他应当承担不得恶意违反科学原理、专业常识和职业操守的法律义务，但在法律上他并无义务站在对方当事人的立场上来解释和阐释科学原理”[②]。对于当事人双方委托的情形，咨询人的立场则更为中立，其出具的咨询意见往往具有更高的客观性，但其功能与作用在于补充当事人而非裁判者专业知识的不足，是双方当事人意思自治的结果。

其次，二者客观性存在差异。对于当事人一方委托咨询的情形，其在提供咨询材料时难免会作出对己方有利的取舍，这会直接影响咨询结果的客观性。对于当事人双方共同委托咨询的情形，一方面，从所提供咨询材料的完整性、全面性来看，其未必逊于法院委托的造价鉴定，甚至由于纠纷尚未发生，双方基于最大诚意提供的咨询材料可能更为完整、全面；另一方面，双方所提供的咨询材料未经过严格的质证程序，咨询材料的采用主要基于当事人的认可和咨询人的主观判断。上述因素会对咨询结果的客观性产生影响，导致其与法院委托的鉴定存在差异。

### （三）工程造价咨询意见不是证人证言

工程造价咨询意见是造价专业机构或具备造价专门知识的人员依据自身的专业知识，针对案件中所涉及的专门性问题而提出的主观性意见，并非其自身的客观认知。我国法律所规定的证人证言是指证人就自己所知道的案件事实情况向司法机关所作的陈述。[③]

尽管与物证、书证相比，证人证言具有较强的主观性，但其内容应当是对案件事实的客观描述，证人发表的主观意见不能作为证据使用。《民事诉讼证据规定》（2019 年修正）第 72 条第 1 款对此作了规定：“证人应当客观陈述其亲身感知的事实，作证时不得使用猜测、推断或者评论性语言。”况且，我国法律并未规定咨询人

---

① 参见毕玉谦：《辨识与解析：民事诉讼专家辅助人制度定位的经纬范畴》，载《比较法研究》2016 年第 2 期。

② 毕玉谦：《辨识与解析：民事诉讼专家辅助人制度定位的经纬范畴》，载《比较法研究》2016 年第 2 期。

③ 参见何家弘、刘品新：《证据法学》，法律出版社 2013 年版，第 166 页。

的出庭义务。由此可见,造价咨询意见与证人证言有所不同。

(四)工程造价咨询意见宜确认为书证的一种

首先,在我国法律未明确规定“私鉴定”等新的证据类型的情况下,直接创设新的证据类型于法无据,在实践中也难以操作。因此,将工程造价咨询意见归入现有证据类型中较为符合我国司法实践的实际情况。

其次,关于工程造价咨询意见的证据类型,有观点认为,咨询意见本质上是一种类似书证的证据,受托人是个人时,则类似于专家证人的证言。① 笔者认为,该观点具有一定的合理性,但尚有值得商榷之处。

工程造价咨询意见一般以书面形式出具,其记录的是造价咨询机构或人员对工程造价问题的专业意见,包括计算依据、方法、过程和结论等。从这个意义上看,工程造价咨询意见符合书证的基本特征。但从应然的角度出发,鉴于意见证据的主观性,其是否可以被采纳还需要借助直接询问、交叉询问的质证程序才能判断。这是咨询意见与一般书证的不同之处。关于自然人出具的咨询意见,其与我国法律所规定的专家辅助人意见虽有相似之处,但也存在差异。根据《民事诉讼法》第79 条和《民事诉讼法司法解释》第 122 条的规定,专家辅助人的意见是在诉讼活动中提出,且其应当出庭。② 本条所规定的工程造价咨询意见是在诉讼前提出,法律也未规定咨询人的出庭质证义务。

由上述分析可以看出,虽然造价咨询意见与一般的书证在理论上存在差异,但由于我国法律并未规定咨询人的出庭质证义务,造价咨询意见的性质总体上更接近于书证。因此,在法律尚未增加新的证据类型的情况下,将造价咨询意见作为“书证”的一种,更符合我国的实际情况。

## 二、工程造价咨询合同的性质

本条中所规定的造价咨询意见是由当事人在诉讼前共同委托有关机构、人员出具的,其产生的法律效果与“共同委托”行为的性质存在密切关系。进一步讲,对

---

① 参见最高人民法院民事审判第一庭编著:《最高人民法院建设工程施工合同司法解释(二)理解与适用》,人民法院出版社 2019 年版,第 298 页。

② 《民事诉讼法》第 79 条规定:“当事人可以申请人民法院通知有专门知识的人出庭,就鉴定人作出的鉴定意见或者专业问题提出意见。”《民事诉讼法司法解释》第 122 条第 1 款规定:“当事人可以依照民事诉讼法第七十九条的规定,在举证期限届满前申请一至二名具有专门知识的人出庭,代表当事人对鉴定意见进行质证,或者对案件事实所涉及的专业问题提出意见。”

当事人与咨询人所签订的工程造价咨询合同的性质理解不同，造价咨询意见所产生的法律效果也可能不同。因此，有必要对工程造价咨询合同的性质进行分析。

### （一）工程造价咨询合同不是委托合同

委托合同是委托人和受托人约定，由受托人处理委托人事务的合同。订立委托合同的目的在于通过受托人办理委托事务来实现委托人追求的结果，委托合同的标的是劳务。①

订立工程造价咨询合同的目的是通过咨询人对所委托的造价事项进行分析，从而得到有关工程造价的分析结果。造价咨询合同的标的是咨询人完成的工作成果，即造价咨询意见。由此可见，工程造价咨询合同不是委托合同。

### （二）工程造价咨询合同不是技术咨询合同

技术咨询合同是指科技人员作为受托人运用自己的科学技术知识和技术手段，对委托人提出的特定技术项目进行可行性论证、技术预测、专题技术调查、分析评价等活动，委托人支付咨询费的合同。② 所谓特定技术项目，包括有关科学技术与经济社会协调发展的软科学研究项目，促进科技进步和管理现代化、提高经济效益和社会效益等运用科学知识和技术手段进行调查、分析、论证、评价、预测的专业性技术项目。

技术咨询合同中的受托人只是一个为委托人决策提供参谋性意见和方案的“顾问”，不具体从事技术项目中的科技工作，也不承担决策的风险。③ 工程造价咨询合同中的咨询人是造价分析活动的具体实施者，其明确的造价分析结果也与技术咨询合同中“仅供参考”的咨询意见明显不同。因此，工程造价咨询合同不是技术咨询合同。

### （三）工程造价咨询合同不是技术服务合同

技术服务合同是指当事人一方以技术知识为另一方解决特定技术问题所订立的合同，不包括建设工程合同和承揽合同。所谓特定技术问题，包括需要运用专业技术知识、经验和信息解决的有关改进产品结构、改良工艺流程、提高产品质量、降

---

① 参见胡康生主编：《中华人民共和国合同法释义》，法律出版社 2009 年版，第 566 ~ 567 页。

② 参见胡康生主编：《中华人民共和国合同法释义》，法律出版社 2009 年版，第 523 页。

③ 参见崔建远主编：《合同法》（第 5 版），法律出版社 2010 年版，第 494 ~ 495 页。

低产品成本、节约资源能耗、保护资源环境、实现安全操作、提高经济效益和社会效益等专业技术问题。以常规手段或为生产经营目的进行一般加工、定作、修理、修缮、广告、印刷、测绘、标准化测试等订立的加工承揽合同不属于技术服务合同。①

显然,工程造价咨询合同所要解决的是常规的工程造价问题,其虽然具有专门性,但并不属于上述"特定技术问题"。因此,工程造价咨询合同不是技术服务合同。

(四)工程造价咨询合同属于承揽合同

承揽合同是承揽人按照定作人的要求完成工作,交付工作成果,定作人给付报酬的合同。承揽合同以完成一定工作为目的,其标的是定作人所要求的,由承揽人所完成的特定工作成果。

工程造价咨询合同也是以咨询人按照委托人的要求完成特定工作成果为目的,符合承揽合同的特征。因此,工程造价咨询合同属于承揽合同。

由于工程造价咨询合同在性质上属于承揽合同,虽然当事人共同委托咨询人完成了造价咨询活动,但委托人与咨询人之间并不构成委托代理关系,咨询人的行为后果也不应由委托人承担。由此可见,当事人共同委托有关机构或人员出具工程造价咨询意见并不意味着当事人对其全部认可。因此,本条规定,除双方当事人明确表示受造价咨询意见约束外,一方当事人不认可该咨询意见申请鉴定的,人民法院应予准许。

### 三、关于本条的类推适用

本条规定的是一方当事人不认可当事人诉前共同委托出具的造价咨询意见而申请鉴定时,法院应如何处理的问题。基于同样的法理,对于质量鉴定、工期鉴定等事项,本条的规定应类推适用。

## 深度研讨

### 一、不认可工程造价咨询意见的一方是否应承担举证义务

根据本条的规定,除双方当事人明确表示受造价咨询意见约束外,一方当事人

① 参见胡康生主编:《中华人民共和国合同法释义》,法律出版社2009年版,第524页。

不认可该咨询意见申请鉴定的，人民法院应予准许。那么，不认可工程造价咨询意见的当事人是否需要举证证明该咨询意见存在瑕疵呢？有观点认为，从本条文义表述而言，只需当事人表示不接受该咨询意见即可，不需要当事人另行举证证明该咨询意见存在瑕疵。[①] 笔者认为，该观点值得商榷。具体分析如下：

### （一）反驳作为证据的工程造价咨询意见，当事人应提供证据或说明理由

如前所述，在仲裁或诉讼活动中，当事人提交的工程造价咨询意见是证据的一种，其与双方争议的造价事项具有一定的联系，即具有关联性。对方当事人不认可该咨询意见的，应当提供证据加以证明。《民事诉讼法司法解释》第90条对此作了规定："当事人对自己提出的诉讼请求所依据的事实或者反驳对方诉讼请求所依据的事实，应当提供证据加以证明，但法律另有规定的除外。"

同时，《民事诉讼证据规定》（2019年修正）第41条规定："对于一方当事人就专门性问题自行委托有关机构或者人员出具的意见，另一方当事人有证据或者理由足以反驳并申请鉴定的，人民法院应予准许。"该规定中的"自行委托有关机构或者人员出具的意见"就是当事人自行委托的专业咨询意见。既然对于一方当事人自行委托的咨询意见来说，重新鉴定的前提是"另一方当事人有证据或者理由足以反驳"，那么，举轻以明重，对于双方共同委托的咨询意见，当事人申请鉴定的前提当然也是"有证据或者理由足以反驳"。

### （二）反驳缺少证据或理由支持，裁判者不宜轻易否定工程造价咨询意见的证明力

工程造价咨询意见一般是由工程造价咨询企业或具有造价专业知识的专家出具的。虽然咨询人并非法院委托，不具备官方色彩，但在未经质证或提出任何反证或理由的情况下，裁判者亦不应轻易否定其证明力。具体来说，工程造价咨询企业是一个竞争性的市场主体，其一般会建立一套较为完整的质量控制体系，也会努力维护自身的信誉，以不断提高自己的市场竞争力。

同时，根据《工程造价咨询企业管理办法》的规定，县级以上住房城乡建设主管部门和有关专业部门有权对工程造价咨询企业的业务活动实施监督检查，有关违法行为、被投诉举报处理、行政处罚等情况将作为不良记录记入其信用档案。中国

---

① 参见最高人民法院民事审判第一庭编著：《最高人民法院建设工程施工合同司法解释（二）理解与适用》，人民法院出版社2019年版，第306页。

建设工程造价管理协会印发的《工程造价咨询企业信用评价管理办法》对造价咨询企业的信用评价标准作了具体的规定。因此,我们没有理由先入为主地完全否定其所出具咨询意见的科学性,更何况其并非单方当事人委托。

对于出具咨询意见的专家个人来说,从社会文明的一般意义上而言,其通常具有一定的文化素养,并较注重其社会声望。况且,在其由当事人共同委托的情况下,一般来说也没有故意违反科学规则的必要。由此可见,我们同样没有理由先入为主地完全否定其所出具咨询意见的科学性。

(三)共同委托的工程造价咨询意见具有客观性,不宜轻易否定

首先,既然工程造价咨询人由当事人双方共同委托,那么就意味着,相关咨询材料会由双方提供,双方当事人对咨询人的资格、咨询程序和造价分析方法也均予以认可。尽管咨询材料未经过严格的质证程序,但毋庸置疑的是,在这种情况下形成的咨询意见往往具有相当的客观性,一概不要求异议当事人提供相反证据或说明理由并不妥当。

其次,当事人共同委托咨询人出具工程造价咨询意见,其目的不外乎两种:一种是双方受该咨询意见约束;另一种则是双方在该咨询意见的基础上进一步协商。由此可见,即使双方未明确受咨询意见的约束,但在咨询意见的基础上进行协商也符合双方当事人的真实意思。因此,直接否定咨询意见的做法并不一定符合当事人共同委托咨询人时的真实意思。而且,法院要求异议当事人对自己的异议说明相应理由并提供证据,有利于裁判者在庭审程序中甄别事实,从而尽量缩小鉴定范围,提高审判效率。在异议当事人既不能指明咨询意见存在的瑕疵,也不能提供相反证据的,认定咨询意见对双方当事人有约束力具有合理性。

此外,我国各地方法院发布的规范性文件对于当事人共同委托鉴定的效力也都给予了肯定。《北京高院关于施工合同纠纷问题的解答》第33条规定:"当事人诉前已经共同选定具有相应资质的鉴定机构对建设工程作出了相应的鉴定结论,诉讼中一方当事人要求重新鉴定的,一般不予准许,但有证据证明该鉴定结论具有《最高人民法院关于民事诉讼证据的若干规定》第二十七条第一款规定情形除外。"[①]四川省高级

---

① 《民事诉讼证据规定》(2019年修正)将原规定的第27条修改为第40条。

人民法院和重庆市高级人民法院也有类似规定。[①] 虽然当事人共同委托的合意并不能当然得出其具有受咨询意见约束的意思表示，但“只要当事人表示不接受该咨询意见即应进行鉴定”的观点也难免有失偏颇。

## 二、关于“双方当事人明确表示受该咨询意见约束”的理解

如前所述，双方当事人共同委托造价咨询人进行咨询的目的有两种：一种是双方受该咨询意见约束；另一种则是双方在该咨询意见的基础上进一步协商。因此，对于双方当事人未明确表示受咨询意见约束的，不能当然认为该咨询意见对当事人产生约束力。

从时间上看，当事人“受咨询意见约束”的意思表示既可能发生在委托造价咨询合同签订之前，也可能发生在委托咨询过程之中，还可能发生在咨询意见出具之后。从意思表示的证据形式上看，既可能是协议、会议纪要、往来函件（包括电子邮件），也可能是微信记录、录音、录像、证人证言等。但意思表示发生的时间点不同，其法律效果也有所差异。

### （一）意思表示发生在委托造价咨询之前

当事人在造价咨询进行之前明确表示“受咨询意见约束”的，由于此时咨询意见尚不存在，可以认为上述意思表示是建立在当事人对造价咨询意见没有明显错误的预期之下。因此，在该情形下，如果一方当事人反悔并能举证证明相应咨询意见存在明显错误的，法院或仲裁庭应对该错误予以纠正；必要时，也可以对存在错误的部分委托造价鉴定。

---

① 《四川高院关于施工合同纠纷问题的解答》第32条规定：“当事人诉前或诉中自行共同选定具有相应工程造价鉴定资质的鉴定机构对建设工程进行造价鉴定并出具了鉴定意见，一方当事人要求重新进行鉴定的，不予支持。但有证据证明该鉴定意见具有最高人民法院《关于民事诉讼证据的若干规定》第二十七条第一款规定的情形除外。”《重庆高院关于工程造价鉴定问题的解答》第8条规定：“双方当事人在诉前共同委托建设工程造价中介机构作出了咨询意见，经质证后，人民法院认为该咨询意见客观、真实、鉴定程序合法的，应当予以采信。一方当事人在诉讼中请求进行司法鉴定的，人民法院一般不予准许。但有证据证明存在当事人与建设工程造价中介机构恶意串通，损害对方当事人利益、鉴定事项与待证事实不具有关联性等情形，该咨询意见确不应被采信的，人民法院应当根据举证规则确定由承担举证证明责任的一方当事人申请司法鉴定。一方当事人认为双方共同委托建设工程造价中介机构作出的咨询意见存在算术性错误、个别鉴定资料采信不当等瑕疵而申请进行司法鉴定，人民法院经审查后认为该咨询意见可以补正的，可根据具体情况予以补正。难以补正的，应当对该当事人提起的司法鉴定申请予以准许。”

### (二)意思表示发生在造价咨询过程中

当事人在造价咨询过程中明确表示“受咨询意见约束”的,其法律效果与前述情形类似,但对于该意思表示之前的已经确定的咨询依据、咨询原则及部分咨询意见,可认为当事人已经就此达成一致。

### (三)意思表示发生在造价咨询意见出具之后

当事人在造价咨询意见出具后明确表示“受咨询意见约束”的,则表明其就咨询结果达成了一致,除存在该意思表示无效、可撤销等情形外,法院或仲裁机构应当依据该咨询结果进行裁判,不应启动鉴定程序。

需要注意的是,本条的除外情形是双方当事人“明确”表示受该咨询意见约束。所谓“明确”就是清晰而确定,不存在模糊、含糊之处。也就是说,对于当事人受咨询意见约束的意思表示认定不能以“推定”的方式作出。比如,在某案中,发包人收到咨询人出具的造价咨询意见后,将其寄送给承包人,请承包人明确是否认可该咨询意见。在承包人明确同意该咨询意见后,双方又因结算款的支付发生争议。在案件审理过程中,发包人称其对该咨询意见并不认可。显然,由于发包人并未明确表示认可该咨询意见,该案情形并不符合本条规定的除外情形。

然而,从一般的行事常识和逻辑来看,上述案例中发包人的行为(将造价咨询意见寄送给承包人)隐含着认可或基本认可该咨询意见的意思。在这种情况下,虽然对该咨询意见不宜直接采纳,但应当对发包人科以较重的举证责任,由其证明该咨询意见存在不合约定、错误或瑕疵等情形。经质证,裁判者认为发包人的意见成立的,可以根据案件实际情况对相应部分进行造价鉴定或直接作出认定。反之,则可以按照举证责任分配的原则由发包人承担不利后果。这再一次表明,对不认可工程造价咨询意见的一方课以举证义务是十分必要的。

## 实务判例

### 【判例一】当事人事先约定受其约束的咨询意见可以作为裁判依据[①]

2014 年 9 月 15 日,中铁中基与宝能公司签订《天津东丽 Shopping Mall 施工总

① 参见天津市高级人民法院(2018)津民终 206 号民事判决书。

承包合同》。合同约定,由中铁中基承包宝能公司天津东丽 Shopping Mall 施工总承包工程,地上建筑面积 146,600 平方米,地下建筑面积 100,655 平方米,合同价款为 35,646 万元。合同专用条款 29.4.2 合同价款的调整方法"(5)钢材及商品混凝土材料调差 c)"约定,"时价:按各单位工程地下室、裙楼、塔楼各自主体结构施工期间工程当地政府建设管理部门发布的《造价信息》相应材料信息价下限的算术平均值。"合同附表 8－2 措施费费率表中约定,现场环境维护按现场总面积计算,每平方米 30 元。

合同签订后,中铁中基依约进行施工。2015 年 2 月 16 日,宝能公司向中铁中基提出,由于宝能公司计划调整,要求中铁中基顺延工期,春节后复工。之后,涉案工程进入停工状态。工程停工后的 2015 年 6 月 23 日,中铁中基、宝能公司及工程监理方对施工现场的建筑材料、周转材料、机械设备进行了清点。本案审理过程中,中铁中基自认涉案工程现场仍在其控制之下。

2016 年 7 月 22 日,在区高新技术产业园区管理委员会的见证下,中铁中基、宝能公司签订《协议》,达成如下意见:(1)甲(宝能公司)乙(中铁中基)双方自愿选取明正公司作为造价评估机构,提供造价审核全部资料,以明正公司的结算审核结果作为甲方支付工程款的依据。(2)甲方在明正公司出具结算审核结果后 7 个工作日内一次性支付完毕乙方剩余工程款(需扣除质量保证金及合同中约定的税费费用)。如果逾期付款,甲方按照每日 1.5‰的标准支付乙方资金占用补偿费。

2016 年 9 月,明正公司就涉案工程出具初审报告,审核结果为结算报送总造价为 155,311,729 元,审核造价为 125,746,922 元,最终结算造价以双方协商为准。宝能公司拒绝签收该初审报告,中铁中基进行了签收。根据初审报告结论,涉案工程已施工面积为 39,601 平方米。

本案中,明正公司出具的初审报告能否作为计算工程价款的依据,成为本案的争议焦点之一。庭审中,明正公司出庭接受质询,并就双方当事人对初审报告提出的问题进行了答复。

一审法院认为,当事人在区高新技术产业园区管理委员会的协调下签订协议,并通过抽签的方式选取了明正公司对涉案项目完工的产值进行审核,故明正公司出具的初审报告应作为本案认定工程款数额的依据。

关于宝能公司应支付的工程款数额,因宝能公司对明正公司出具的初审报告提出诸多异议,一审法院就有关事项分析如下:

第一,关于钢筋调差价格,鉴定单位在审理期间,①以天津市建设工程主要材料市场价格的最低价为标准,重新测算了钢筋调差价格,重新测算后的差价为2,206,226元。按照涉案合同29.4.2的规定,应依照重新测算的价格进行计算,故在初审报告认定的总工程款中核减2,206,226元。

第二,关于环境保护费,鉴定单位依据涉案合同的全部施工面积进行测算,测算价格为3,298,289.67元,而涉案工程属于未完工项目,因此,该测算方式不妥。因涉案工程总面积为247,255平方米,已施工面积为39,601平方米,依据已施工面积,认定环境保护费为527,726.35元。其与初审报告中环境保护费的差价为2,770,563.32元,故在初审报告认定的总工程款中核减2,770,563.32元。

第三,关于人防门的费用,鉴定单位计算为6,910,283元(不含管理费、配合费、利润及税金)。一审法院认为,鉴定单位按照中铁中基与案外人约定的付款方式及违约金计算合同价款欠妥。根据施工现场情况,门框已经安装,但未安装门扇,中铁中基就该项内容提供的证据仅为案外人的催款函和部分付款证明,无法证明中铁中基就人防门部分向案外人支付违约金或发生损失。根据中铁中基向案外人已付款情况和现场安装情况,法院认定该笔费用为2,970,000元,如中铁中基因人防门问题与案外人另外产生费用或损失,中铁中基可另行向宝能公司主张。故在初审报告认定的总工程款中核减3,940,283元。

第四,关于周转材料部分,中铁中基认可现场模板、木方和大宗材料进行过三方清点,但是并没有交接,且中铁中基自认工地仍在其掌控之中,故初审报告中认定现场模板、现场木方、大宗材料共计3,675,128元,应从总工程款中进行核减。

第五,关于宝能公司提出的计算工程量不符、冬施费及人工索赔部分异议,一审法院认为,宝能公司对此虽不予认可,但未提供证据证实其主张,故对其主张未予支持。

二审法院认为:2016年7月22日,双方当事人在区高新技术产业园区管理委员会的见证下签订协议,约定自愿选取明正公司作为造价评估机构,以明正公司的结算审核结果作为支付工程款的依据,并在明正公司出具审核结果后7个工作日内支付工程款。上述约定属于《建设工程司法解释(二)》第13条规定的“当事人明确表示受咨询意见约束”的情形。② 宝能公司在二审庭审中称,协议中的“结算审核结果”须满足双方当事人均书面认可的要件,其主张并无事实依据。因此,明正公司

① 此处的鉴定单位即指明正公司,以下同。作者注。

② 《建设工程司法解释(二)》废止后,《新建设工程司法解释(一)》第30条作了相同的规定。

的初审报告可以作为认定本案工程款数额的依据，宝能公司在二审期间申请对涉案工程重新鉴定，本院不予准许。同时，二审法院认为，一审法院对初审报告所作出的核减，并无不当。最终，维持了一审判决。

## 【判例二】当事人不认可双方共同委托出具的咨询意见但又未申请鉴定，该咨询意见被采信①

2010年3月5日，长沙建工公司通过招投标成为“和贵花园工程”（以下简称涉案工程）的中标人。2010年3月25日，和贵公司与长沙建工公司就涉案工程签订《建设工程施工合同》。该合同对工程价款、违约责任及经济损失等作出了约定。和贵公司用此合同在相关部门进行了备案。

上述施工合同签订后，由于长沙建工公司无法垫资施工，经长沙建工公司同意，和贵公司将上述施工工程又发包给无施工资质的震东公司垫资施工。为此，和贵公司与震东公司于2010年4月13日签订1份《建设施工总承包合同》。该合同对工程价款、施工范围、进场施工时间、工程量及违约责任等内容进行了约定。

和贵公司与震东公司签订上述施工合同后，震东公司组织施工人员及设备进场施工。在施工过程中，震东公司与和贵公司洽商有关施工事宜并据此形成的相关施工会议纪要、备忘录等相关资料，大都以长沙建工公司的名义出现，震东公司、长沙建工均派员参与了与和贵公司的洽商。其中，2011年8月23日，震东公司就涉案工程直接与和贵公司签署有1份《工程竣工进度表》。在施工过程中，和贵公司应支付的工程进度款，除了其中一笔100多万元直接支付给震东公司外，其他工程款均汇入长沙建工公司账户，后由长沙建工公司再转付给震东公司。

2014年10月31日，涉案工程进行了竣工验收。震东公司、长沙建工公司均派员参与了竣工验收。

2014年9月29日，和贵公司和长沙建工公司共同委托第三方华诚博远公司对涉案工程造价进行审核，并于2016年8月11日正式出具了《工程结算书》，确认了涉案工程的总造价。但和贵公司未在该结算书上签字盖章。

后震东公司向法院提起诉讼，请求判令和贵公司向其支付工程欠款，并赔偿损失。长沙建工公司为诉讼第三人。

在庭审中，震东公司认可华诚博远公司出具的《工程结算书》，和贵公司不认可

① 参见海南省第一中级人民法院（2019）琼96民终782号民事判决书。

该结算书,但未申请对涉案工程进行造价鉴定。同时,第三人长沙建工公司称,其接收和贵公司支付的工程款后再转付给震东公司,目的是办理报备及以其名义办理竣工验收备案的需要。震东公司也认可这一事实。

本案中,震东公司是否为实际施工人及第三方出具的《工程结算书》能否作为裁判依据成为争议焦点。

关于震东公司是否为实际施工人,法院认为:虽然和贵公司作为建设单位与长沙建工公司、震东公司均分别签订有承包合同,但长沙建工公司在庭审中承认涉案工程的实际施工单位系震东公司,其并未参与组织施工。另外,在实际的施工过程中,震东公司均派员参与与和贵公司的洽商,和贵公司也直接与震东公司签署有相关的施工文件资料,故应认定是震东公司承包组织施工。尽管和贵公司应支付的工程进度款大都不是直接支付给震东公司,而是先支付给长沙建工公司后再转付给震东公司,但结合庭审中长沙建工公司所作"接收和贵公司支付的工程款后再转付给震东公司目的,是为了办理报备及以其名义办理竣工验收备案的需要"的陈述,以及目前建筑施工行业普遍存在垫资施工的情况,应认定长沙建工公司和震东公司陈述的事实和理由是成立的。而和贵公司提交的证据不足以证明对涉案工程实际履行的是其与长沙建工公司签订的施工合同,因此,认定震东公司为涉案工程的实际施工人。

关于第三方出具的《工程结算书》能否作为裁判依据,法院认为:《建设工程司法解释(二)》第13条规定:"当事人在诉讼前共同委托有关机构、人员对建设工程造价出具咨询意见,诉讼中一方当事人不认可该咨询意见申请鉴定的,人民法院应予准许,但双方当事人明确表示受该咨询意见约束的除外。"《工程结算书》由和贵公司与长沙建工公司于诉讼前共同委托第三方审核出具,尽管和贵公司未在该结算书上盖章或签字确认,其也不认可该造价审核意见,但其并未申请对工程造价进行鉴定。震东公司虽然不是该造价结算审核的共同委托人,但震东公司在庭审中表示接受该造价审核结果。因此,法院将该工程结算书作为认定震东公司承包涉案工程实际造价的依据。

## 【判例三】当事人无受第三方咨询意见约束的意思表示且申请鉴定的，应予鉴定[①]

2014年7月，大庆市学校建设项目指挥部作为发包方，对外发包市属中学校园安全隐患改造工程。恒大公司通过招投标程序中标，承建大庆一中校园改造工程，并与发包方签订《建设工程施工合同》。恒大公司在施工时，大庆一中要求增加部分改造工程，恒大公司应其要求进行施工，并通过竣工验收。大庆一中同意给付该部分工程款，并在恒大公司提交的工程洽商记录上加盖了公章。

此后，恒大公司与大庆一中签订了竣工结算合同及协议书，约定增加部分工程量执行恒大公司与大庆市学校建设项目指挥部签订的《建设工程施工合同》，如合同中无相同项目特征综合单价可借用时，执行工程施工当年黑龙江省和大庆市关于工程结算的文件规定，以定额计价方式进行结算。

2016年5月，大庆一中委托兴华事务所对其核增工程的工程量进行造价咨询。兴华事务所出具了《审核报告》，认定该部分工程价款为1,316,820.32元。恒大公司参与了兴华事务所的造价咨询，但对该《审核报告》不予认可，并提出了异议。

后恒大公司向法院提起诉讼，请求判令大庆一中支付工程款及相应利息。

本案中，兴华事务所出具的《审核报告》能否作为裁判依据成为争议焦点。

一审法院认为，大庆一中依据其与恒大公司的协议书约定，委托兴华事务所进行鉴定，该事务所系有资质的鉴定机构，鉴定程序合法，恒大公司在鉴定过程中未对委托鉴定提出异议，且参与鉴定过程，故对该事务所出具的鉴定意见书予以认可，对恒大公司要求重新鉴定的请求，不予支持。

二审法院认为，依据《建设工程司法解释(二)》第13条之规定，[②]当事人在诉讼前共同委托有关机构、人员对建设工程造价出具咨询意见，诉讼中一方当事人不认可该咨询意见申请鉴定的，人民法院应予准许，但双方当事人明确表示受该咨询意见约束的除外。本案中，大庆一中委托兴华事务所对涉案工程进行造价咨询，兴华事务所出具《审核报告》1份，明确涉案工程审定造价为1,316,820.32元。对此，恒大公司虽然也参与了兴华事务所对涉案工程的评估过程，但对评估结论并不认可，认为兴华事务所出具的《审核报告》存在多处漏项且计算方法错误，并据此在一

① 参见黑龙江省大庆市让胡路区人民法院(2017)黑0604民初2293号民事判决书、黑龙江省大庆市中级人民法院(2019)黑06民终312号民事裁定书。

② 《建设工程司法解释(二)》废止后，《新建设工程司法解释(一)》第30条作了相同的规定。

审和二审中均申请司法鉴定。在恒大公司明确表示不认可大庆一中单方委托评估机构的造价评估并申请司法鉴定的情况下，涉案工程的工程量及工程价款应通过司法鉴定予以明确。故本案应依照《建设工程司法解释（二）》第 14 条第 2 款之规定，[①]发回原审人民法院重审。

---

① 《建设工程司法解释（二）》废止后，《新建设工程司法解释（一）》第 32 条作了相同的规定。

**第三十二条 【一审未申请鉴定的处理】**

当事人对工程造价、质量、修复费用等专门性问题有争议，人民法院认为需要鉴定的，应当向负有举证责任的当事人释明。当事人经释明未申请鉴定，虽申请鉴定但未支付鉴定费用或者拒不提供相关材料的，应当承担举证不能的法律后果。

一审诉讼中负有举证责任的当事人未申请鉴定，虽申请鉴定但未支付鉴定费用或者拒不提供相关材料，二审诉讼中申请鉴定，人民法院认为确有必要的，应当依照民事诉讼法第一百七十条第一款第三项的规定处理。

## 条文主旨

本条第1款规定了经人民法院释明当事人不申请鉴定或不配合鉴定的法律后果；第2款规定了负有举证责任的当事人一审不申请鉴定但二审申请鉴定的情形如何处理。

## 条文精解

### 一、举证责任若干难点的再辨析

（一）行为责任与结果责任

举证责任也称证明责任，在民事诉讼中，是指应当由当事人对其主张的事实提供证据并予以证明，若诉讼终结时根据全案证据仍不能判明当事人主张的事实真伪，则由该当事人承担不利的诉讼后果。[①] 有观点认为，举证责任有双重含义，即行为含义上的举证责任和结果含义上的举证责任。具体来说，关于在诉讼过程中产生的需要证明的事实，该让哪一方举证予以证明之责任，即是行为含义上的举证责任，也称"行为责任"；而关于需要证明的事实是否存在进入真假难辨的情形的时候，此时该让哪一方负担相应的不利法律后果之责任，则成为结果含义上的举证责

① 参见常怡主编：《民事诉讼法学》，中国政法大学出版社2002年版，第199页。

任,也称“结果责任”。这就是举证责任的“双重含义说”。[①]

然而,从举证责任的定义上看,其强调的是在不能判明当事人主张的事实真伪时由该当事人承担不利后果,这与“结果责任”的含义是一致的,其适用的前提是“引起法律关系发生、变更或者消灭的构成要件事实处于真伪不明的状态”[②]。其从立案开始就潜存于诉讼进程的每个环节,并以背后力量的方式指引和控制着行为意义上的举证责任。只有当待证事实真伪不明时,它才凸显出来,[③]目的在于防止法院拒绝裁判。而“行为责任”则是当事人为避免败诉危险而承担的向法院提出证据的责任,其实质上是一种证据提出义务,将其称为证据提出责任更符合其原意。[④]

随着提供证据的活动进行,证据提出责任会发生转换,但除法律推定的作用外,举证责任(结果责任)并不会发生转移,其依据实体法和程序法确定由哪一方当事人负担后,不会随着提供证据活动的进行而转移给对方当事人。[⑤] 也就是说,除法律推定的情形外,举证责任(结果责任)是根据既定的法律规定来分配的,裁判者不能进行人为“分配”。

### (二)本证与反证

需要注意的是,在对举证责任进行分配时,区分本证和反证非常重要。凡是能够证明负有举证责任(指结果意义上的举证责任,即结果责任)一方当事人所主张的事实的证据为本证,没有证明责任的一方当事人提出的为证明对方主张事实不真实的证据为反证。本证的证明度,必须达到使法院获得确实的心证之程度,而反证的证明度只要达到使法院的心证发生动摇即可。[⑥]

实践中,容易混淆的是,针对一方当事人的本证进行反驳的证据是本证还是反证。从反驳的方式来看,反驳的一方既可以提出与对方证据(本证)相反的证据来

---

① 参见田平安主编:《民事诉讼法原理》,厦门大学出版社2012年版。转引自蒋陆军:《民事证明责任概念再探究——兼论我国证明责任概念的科学定位》,载《重庆理工大学学报(社会科学版)》2016年第11期;沈德咏主编,最高人民法院修改后民事诉讼法贯彻实施工作领导小组编著:《最高人民法院民事诉讼法司法解释理解与适用》,人民法院出版社2015年版,第310页。

② 参见常怡主编:《民事诉讼法学》,中国政法大学出版社2002年版,第200页。

③ 参见蒋陆军:《民事证明责任概念再探究——兼论我国证明责任概念的科学定位》,载《重庆理工大学学报(社会科学版)》2016年第11期。

④ 《民事诉讼法司法解释》未采纳举证责任或证明责任的概念,而是使用了举证证明责任的表述。该表述包含了行为责任和结果责任双重含义。为便于理解,此处仍使用证据提出责任(行为责任)和举证责任(结果责任)的概念。在具体内容上,二者与该解释使用的举证证明责任是一致的。

⑤ 参见常怡主编:《民事诉讼法学》,中国政法大学出版社2002年版,第201~202页。

⑥ 参见程春华:《裁判思维与证明方法》,法律出版社2016年版,第195页。

反驳对方提出的事实,也可以直接提出一个新的事实来达到反驳对方事实的目的。前一种反驳方式提出的证据是反证,后一种反驳方式提出的证据为该当事人提出的本证。

一般来说,当事人对其单纯的否认,不承担举证责任(结果责任),而对其提出的抗辩则要承担举证责任(结果责任)。[①]

## 二、关于鉴定的释明

### (一)释明的概念

在民事诉讼中,释明通常是指通过法院的引导使当事人对特定的事项予以说明、澄清,使其主张的事项更加明确。[②] 释明可以补充辩论原则的缺陷,使裁判更具实质公平。《民事诉讼法》第 65 条规定:“当事人对自己提出的主张应当及时提供证据。人民法院根据当事人的主张和案件审理情况,确定当事人应当提供的证据及其期限。”有学者认为,该规定要求法院在审理过程中,应根据案件的不同阶段、不同案情以及当事人的具体举证情况,告诉当事人应该提出什么证据以及相应的举证期限,即法官在审理案件时应当根据个案的具体情况进行针对性释明。这一条款为我国民事诉讼个案举证释明的建构提供了直接法律依据,是举证释明的重大突破。[③]

### (二)释明鉴定的条件

由于鉴定意见会对案件审理结果起到决定性的作用,因此,本条第 1 款规定,人民法院认为需要进行造价、质量、修复费用鉴定的,应当向负有举证责任的当事人释明。《浙江高院关于规范民商事案件法官释明的规定(试行)》第 28 条规定:“在案件审理中,对案件的审理结果明显会起到决定作用的事项需要鉴定、评估、审计,但当事人未提出申请的,法官应当明确对该事项负有举证责任的当事人,并告知其在人民法院指定的期限内无正当理由不提出鉴定申请或者不预交鉴定费用或者拒不提供相关材料,致使该争议事实无法通过鉴定结论予以认定的法律后果。”《上海

---

① 有学者指出,抗辩与否认的本质区别在于,抗辩事实与请求原因事实可以并存,而否认事实与请求原因事实无法共存。参见杨立新、刘宗胜:《论抗辩与抗辩权》,载《河北法学》2004 年第 10 期;占善刚:《民事诉讼中的抗辩论析》,载《烟台大学学报(哲学社会科学版)》2010 年第 3 期。

② 参见张卫平:《民事诉讼“释明”概念的展开》,载《中外法学》2006 年第 2 期。

③ 参见李祖军、吕辉:《个案举证释明研究——兼评 2012 年〈民事诉讼法〉第 65 条》,载《现代法学》2014 年第 1 期。

高院民事诉讼释明指南》第 15 条也规定："在案件审理中，对案件的审理结果明显会起决定作用的事项需要鉴定、审计，但当事人未提出申请的，法官应当予以特别提示。"

那么，如何理解"人民法院认为需要鉴定"？

笔者认为，这里所说的"人民法院认为需要鉴定"，是基于待证事实无法达到"高度盖然性"的证明标准而作出的判断，即只有在待证事实不能达到"高度盖然性"且需要借助专门知识进行鉴别时，才需要进行鉴定。在诉讼活动中，当事人的证据提出责任是围绕裁判者的"自由心证"发生变化的。[①] 裁判者"心证"的判断过程可以概括为以下两种情形：[②]

（1）如果认为原告对待证事实的证明达不到"高度盖然性"的证明标准，则证据提出责任（行为责任）不发生转移，此时应当驳回原告的请求，无须鉴定。

（2）在举证过程中，如果认为原告所提供的证据对待证事实的证明达到了"高度盖然性"的证明标准，则证据提出责任转移至被告。此时需被告继续举证。如果被告所举反证的证明力足以模糊裁判者的认证，只要使其认可待证事实处于"真伪不明"的状态，则证据提出责任又转移至原告，如此循环往复。历经证据数量的交替上升、证明力的轮番增长和裁判者心证的反复修正，如果待证事实渐趋清晰，达到了"高度盖然性"的程度，[③]裁判者可以直接作出裁判，无须进行鉴定，当然也就不必释明；如果举证待证事实未能达到"高度盖然性"或仍处于"真伪不明"的状态，且涉及专门性问题需要鉴定的，则应当向当事人释明。

### （三）释明的对象

根据本条第 1 款的规定，人民法院认为需要鉴定的，应当向负有举证责任的当事人释明。如何理解"负有举证责任的当事人"？

如前所述，既然人民法院进行鉴定的释明需要待证事实未能达到"高度盖然性"这一条件，则待证事实实际上处于"真伪不明"的状态，因此，此处的"举证责任"指的应当是结果责任而非证据提出责任（行为责任），"负有举证责任的当事人"指

---

① 自由心证是指法律不作预先规定，而由裁判者根据内心的确信对证据是否有证明力以及证明力的大小进行自由判断。

② 此处论述参考了有关学者的研究成果。参见陈浩：《再论民事诉讼证明责任的转移》，载《政法论丛》2011 年第 4 期；吴泽勇：《民间借贷诉讼中的证明责任问题》，载《中国法学》2017 年第 5 期。

③ 《民事诉讼法司法解释》第 108 条规定："对负有举证证明责任的当事人提供的证据，人民法院经审查并结合相关事实，确信待证事实的存在具有高度可能性的，应当认定该事实存在。"

的应当是按照既有法律规定负有证明其请求的当事人。具体来说，主张法律关系存在的当事人，应当对产生该法律关系的基本事实承担举证证明责任；主张法律关系变更、消灭或者权利受到妨害的当事人，应当对该法律关系变更、消灭或者权利受到妨害的基本事实承担举证证明责任。

## 三、如何理解“举证不能的法律后果”

当事人经释明未申请鉴定、虽申请鉴定但未支付鉴定费用或者拒不提供相关材料的，会导致鉴定无法进行，进而使法院无法查明事实，当事人应当承担举证不能的法律后果。这里所说的“举证不能的法律后果”，是指在待证事实未能达到“高度盖然性”的情况下，裁判者根据既定的法律规定认定当事人承担不利的法律后果，其是一种“结果责任”（而非“行为责任”）。具体来说，“举证不能的法律后果”会因争议类型的不同而有所差异，因此，需要根据不同的争议类型分别进行讨论。

### （一）工程造价争议

由于建设工程造价争议数额往往较大，举证责任分配所带来的法律后果对当事人的利益也会产生深远影响。为了避免当事人之间的利益因此过于失衡，裁判者可以在合同约定和法律规定的框架下，勇于发挥自由裁量的作用，既要让举证不能者承担责任，又要尽量结合庭审情况和工程价款的确定方式，来合理认定举证不能的法律后果。实践中，可以按以下顺序依次处理：

1. 一方当事人提出结算价款数额，对方当事人在否认该价款数额的同时提出新的价款数额，且该数额于己不利的，可以根据《民事诉讼证据规定》（2019 年修正）第 3 条、第 4 条的规定，按自认处理，即认定工程价款为对方当事人提出的新的价款数额。①

2. 合同约定的价款确定方式为固定总价加变更的，若能够认定固定总价成立，则可以按合同约定的固定总价与能够确定的变更价款之和来认定工程价款。

---

① 参见最高人民法院民事审判第一庭编著：《最高人民法院建设工程施工合同司法解释（二）理解与适用》，人民法院出版社 2019 年版，第 322 页。《民事诉讼证据规定》（2019 年修正）第 3 条规定：“在诉讼过程中，一方当事人陈述的于己不利的事实，或者对于己不利的事实明确表示承认的，另一方当事人无需举证证明。在证据交换、询问、调查过程中，或者在起诉状、答辩状、代理词等书面材料中，当事人明确承认于己不利的事实的，适用前款规定。”第 4 条规定：“一方当事人对于另一方当事人主张的于己不利的事实既不承认也不否认，经审判人员说明并询问后，其仍然不明确表示肯定或者否定的，视为对该事实的承认。”

3. 合同约定按照已完工程量的一定比例支付进度款(如已完工程量的80%),且当事人确系按该比例支付进度款的,可以根据已经支付的进度款数额保守估算全部工程价款。其原理在于,根据已知事实和日常生活经验法则,能推定出的另一事实无须证明。①

4. 一方当事人提出结算价款数额,对方当事人仅否认该价款数额,且无法根据合同约定确定工程价款最小值,亦无法根据已知事实推定出工程价款最小值的,只能驳回负有举证责任当事人的请求。

(二)工程质量争议

对于工程质量争议来说,“举证不能的法律后果”较为单一。对于工程未经任何验收且亦未使用的情形,承包人应负有举证责任,其不申请质量鉴定的,应驳回其相应的请求;对于工程经验收合格或未经验收但发包人擅自使用的情形,发包人应负有举证责任,其不申请质量鉴定的,应对其工程质量不合格或存在质量缺陷的主张不予支持,驳回其相应的请求。

(三)工期争议

在负有举证责任的当事人不申请工期鉴定时,宜对合同约定的或合同未约定但属于非承包人原因导致的工期顺延因素进行分析。对于确定影响工期且可以直接计算应顺延天数的(如工程停工),宜将完工工期相应缩短以认定实际工期。

## 四、关于一审不申请鉴定但二审申请鉴定的处理

本条第2款规定了负有举证责任的当事人一审不申请鉴定但二审申请鉴定的情形如何处理。根据该款的规定,一审中负有举证责任的当事人未申请鉴定或拒不配合鉴定,二审又申请鉴定的,如果人民法院认为确有必要,则二审应当同意鉴定。具体可由二审法院依照《民事诉讼法》第170条第1款第3项的规定,以事实不

---

① 《民事诉讼证据规定》(2019年修正)第10条规定:“下列事实,当事人无须举证证明:(一)自然规律以及定理、定律;(二)众所周知的事实;(三)根据法律规定推定的事实;(四)根据已知的事实和日常生活经验法则推定出的另一事实;(五)已为仲裁机构的生效裁决所确认的事实;(六)已为人民法院发生法律效力的裁判所确认的基本事实;(七)已为有效公证文书所证明的事实。前款第二项至第五项事实,当事人有相反证据足以反驳的除外;第六项、第七项事实,当事人有相反证据足以推翻的除外。”

清为由发回一审重审,并由一审法院组织司法鉴定。①由于如果二审法院直接自行鉴定并依据鉴定意见作出裁判,会涉及当事人的审级利益,相当于对于鉴定意见的质证未经过两审程序,故只有在双方当事人都愿意放弃审级利益并同意二审法院直接委托鉴定的情况下,二审法院才可直接委托鉴定。②

实践中,负有举证责任的当事人不申请鉴定的情形可以分为两种。第一种情形是法院认为对待证事实应当进行鉴定,但未向负有举证责任的当事人释明。在该情形下,对于本款的规定并无太大争议。第二种情形是一审法院已经向当事人释明对待证事实需要鉴定,并告知其不申请鉴定可能承担举证不能的不利后果。该种情形是否适用本款的规定存在争议。

有观点认为,在上述第二种情形下,负有举证责任的当事人一审未申请鉴定,二审中才提出鉴定申请的,人民法院应不再准许鉴定申请,继续由该当事人承担举证不能的不利后果。③也有观点认为,即使一审诉讼当事人明确表示不申请鉴定,或者通过不支付鉴定费用、拒不提供相关材料的方式,致使无法通过鉴定查明相关事实的,二审程序中其又提出鉴定申请的,鉴于建设工程的特殊性及工程鉴定的重要性,人民法院应当对是否确有必要进行鉴定予以审查,而不能以其一审未鉴定为由一概不予准许。④

关于举证时限,我国经历了从证据随时提出主义到证据适时提出主义的过程。1991年《民事诉讼法》第125条规定:“当事人在法庭上可以提出新的证据。”根据有关条款的规定,当事人在二审和再审阶段也可以提出新的证据。据此可知,当时实行的是证据随时提出主义。由于证据随时提出主义容易导致证据突袭和反复开庭,有损程序公正和审判效率,2001年12月21日颁布的《民事诉讼证据规定》对举

---

① 《民事诉讼法》第170条规定:“第二审人民法院对上诉案件,经过审理,按照下列情形,分别处理:(一)原判决、裁定认定事实清楚,适用法律正确的,以判决、裁定方式驳回上诉,维持原判决、裁定;(二)原判决、裁定认定事实错误或者适用法律错误的,以判决、裁定方式依法改判、撤销或者变更;(三)原判决认定基本事实不清的,裁定撤销原判决,发回原审人民法院重审,或者查清事实后改判;(四)原判决遗漏当事人或者违法缺席判决等严重违反法定程序的,裁定撤销原判决,发回原审人民法院重审。原审人民法院对发回重审的案件作出判决后,当事人提起上诉的,第二审人民法院不得再次发回重审。”

② 参见最高人民法院民事审判第一庭编著:《最高人民法院建设工程施工合同司法解释(二)理解与适用》,人民法院出版社2019年版,第324页。

③ 参见王毓莹、陈亚:《〈关于审理建设工程施工合同纠纷案件适用法律问题的解释(二)〉逐条解读》,载微信公众号“法盏”2019年1月3日,https://mp.weixin.qq.com/s/2L_PAjYr9ZCm_As8ZzNSzA。

④ 参见最高人民法院民事审判第一庭编著:《最高人民法院建设工程施工合同司法解释(二)理解与适用》,人民法院出版社2019年版,第322页。

证时限及其法律后果作出了明确规定。[①] 这些规定被视为“证据适时提出主义”的标志。对于《民事诉讼证据规定》(2001 年发布)中有关证据失权规则的规定,在理论和实践中出现了不少质疑,认为该规则的运用造成了部分民事案件实体不公,有损实体公正价值。[②] 2012 年《民事诉讼法》修正,改变了对于证据失权问题的态度,采取了缓和的立场。对于逾期提供的证据,并非一概不予采纳,而是综合考量证据本身对查明案件事实的重要性和逾期举证对案件审理的影响,采取了采纳逾期证据但予以处罚或证据失权两种处理方式。[③] 相应地,《民事诉讼证据规定》(2019 年修正)也删去了原规定中的第 34 条、第 42 条和第 43 条。由此可见,根据现行《民事诉讼法》的立法精神,在法院已经就有关鉴定事宜对当事人进行了释明的情况下,仍应适用本款的规定,即在二审时不能以一审未鉴定为由一概不予准许当事人的鉴定申请,以避免造成实体的不公正。

## 深度研讨

### 一、工程案件中关于鉴定之举证责任的类型化分析

为了便于读者更好地理解前述【条文精解】中释明、证据提出责任(行为责任)和举证责任(结果责任)之间的关系,这里对建设工程案件中关于鉴定的举证责任进行类型化分析。[④]

---

① 该规定第 34 条规定:“当事人应当在举证期限内向人民法院提交证据材料,当事人在举证期限内不提交的,视为放弃举证权利。对于当事人逾期提交的证据材料,人民法院审理时不组织质证。但对方当事人同意质证的除外。当事人增加、变更诉讼请求或者提起反诉的,应当在举证期限届满前提出。”第 42 条规定:“当事人在一审程序中提供新的证据的,应当在一审开庭前或者开庭审理时提出。当事人在二审程序中提供新的证据的,应当在二审开庭前或者开庭审理时提出;二审不需要开庭审理的,应当在人民法院指定的期限内提出。”第 43 条第 1 款规定:“当事人举证期限届满后提供的证据不是新的证据的,人民法院不予采纳。”

② 参见江必新主编:《〈中华人民共和国民事诉讼法〉修改条文解读与应用》,法律出版社 2012 年版,第 112 页。

③ 2012 年修正后的《民事诉讼法》第 65 条规定:“当事人对自己提出的主张应当及时提供证据。人民法院根据当事人的主张和案件审理情况,确定当事人应当提供的证据及其期限。当事人在该期限内提供证据确有困难的,可以向人民法院申请延长期限,人民法院根据当事人的申请适当延长。当事人逾期提供证据的,人民法院应当责令其说明理由;拒不说明理由或者理由不成立的,人民法院根据不同情形可以不予采纳该证据,或者采纳该证据但予以训诫、罚款。”

④ 参见高印立:《论建设工程案件中鉴定的释明及举证责任——〈建设工程施工合同司法解释(二)〉第 14 条释评》,载《北京仲裁》2020 年第 1 辑。

（一）工程造价争议

【类型1】原告请求被告支付工程余款或返还超付的工程款，并提交了单方结算报告，被告对原告结算报告的量、价均不认可。经庭审查明，双方未办理工程结算。

在该情形下，涉案工程价款结算数额不明，根据实体法规范，原告应当对工程价款数额承担举证责任。因此，在双方均未提出鉴定申请的情况下，裁判者应当向原告进行鉴定释明。如果原告不申请鉴定，则由其承担举证不能的法律后果。

【类型2】原告请求被告支付工程余款，并提交了经被告有关人员签字的结算报告，被告认为有关人员没有办理结算的权限，对结算报告的量、价均不认可。

在该情形下，在原告提出结算报告这一证据后，被告对其反驳应提出证据，即证据提出责任转移给了被告。被告对此可能提出反证，也可能不提出证据。此时裁判者会根据双方证据形成“心证”，如果其认为结算报告对工程造价的证明达到了“高度盖然性”标准，则可以直接支持原告的请求，而无须进行鉴定；如果其认为被告的签字人没有相应权限，工程价款结算数额处于不明的状态，则根据实体法规范，原告应当对工程价款数额承担举证责任。因此，在双方均未提出鉴定申请的情况下，裁判者应当向原告进行鉴定释明。如果原告不申请鉴定，则由其承担举证不能的法律后果。

【类型3】原告请求被告支付工程余款，并提交了单方结算报告和经被告签收的证据，同时认为被告在约定期限内未予答复，应视为认可原告结算报告所载数额。被告认为有关“不予答复视为认可”的约定无约束力，对结算报告的量、价均不认可。

在该情形下，在原告提出结算报告和约定“不予答复视为认可”的证据后，被告应对其反驳应提出证据，即证据提出责任转移给了被告。被告对此可能提出反证，也可能不提出证据。此时裁判者会根据双方证据形成“心证”，如果其认为“不予答复视为认可”成立，则可以直接支持原告的请求，而无须进行鉴定；如果其认为“不予答复视为认可”不具有约束力，工程价款结算数额处于不明的状态，则根据实体法规范，原告应当对工程价款数额承担举证责任。因此，在双方均未提出鉴定申请的情况下，裁判者应当向原告进行鉴定释明。如果原告不申请鉴定，则由其承担举证不能的法律后果。

【类型4】原告和被告在诉讼前共同委托造价咨询机构对涉案工程造价出具了咨询意见，原告以该咨询意见为依据请求被告支付工程余款。被告认可共同委托这一事实，但认为该咨询意见对其并无约束力。现有证据不能证明双方当事人明确表示受该咨询意见约束。

在该情形下，在原告提出有关共同委托出具咨询意见的证据后，被告应对其反驳应提出证据，即证据提出责任转移给了被告。如果被告仅否认咨询意见的约束力，但并未提出其存在的问题，也未申请造价鉴定，裁判者认为该咨询意见对工程造价的证明达到了“高度盖然性”标准时，其可以直接支持原告的请求，而无须进行鉴定；如果被告针对咨询意见提出了其存在的问题或提出了反证，且在裁判者看来，这使工程价款结算数额处于不明的状态，则根据实体法规范，原告应当对工程价款数额承担举证责任。此时，在双方均未提出鉴定申请的情况下，裁判者应当向原告进行鉴定释明。如果原告不申请鉴定，则由其承担举证不能的法律后果。

（二）工程质量争议

【类型1】工程竣工验收合格，原告请求被告支付工程余款，被告抗辩建设工程出现质量问题，并请求原告赔偿损失。

在该情形下，由于被告并未否认工程竣工验收合格的事实，因此，原告就工程欠款提出证据后，被告就工程出现质量问题提出的证据也系本证。此时裁判者会根据双方证据形成“心证”，如果裁判者认为工程质量是否合格这一待证事实不能达到“高度盖然性”或处于“真伪不明”的状态，且需要进行工程质量鉴定的，其应向被告释明。如果被告不申请鉴定，则由其承担举证不能的法律后果。

【类型2】工程未经验收，被告（发包人）擅自使用，原告（承包人）请求被告支付工程余款，被告抗辩建设工程出现质量问题，并请求原告赔偿损失。

在该情形下，有关司法解释将“工程未经验收发包人擅自使用”视为发包人对工程质量的认可，其是一种法律推定，①由此，举证责任发生转移。因此，原告就工程欠款提出证据后，被告就工程质量出现问题提出的证据也系本证。此时裁判者会根据双方证据形成“心证”，如果裁判者认为工程质量是否合格这一待证事实不能达到“高度盖然性”或处于“真伪不明”的状态，且需要进行工程质量鉴定的，其应向被告释明。如果被告不申请鉴定，则由其承担举证不能的法律后果。

【类型3】原告请求被告支付质量保证金，被告抗辩原告未对缺陷责任期内工程质量缺陷进行修复，请求扣除相应修复费用。

---

① 《新建设工程司法解释（一）》第14条规定：“建设工程未经竣工验收，发包人擅自使用后，又以使用部分质量不符合约定为由主张权利的，人民法院不予支持；但是承包人应当在建设工程的合理使用寿命内对地基基础工程和主体结构质量承担民事责任。”

在该情形下，原告就质量保证金扣留数额和缺陷责任期届满提出证据后，被告就原告未对工程质量缺陷进行修复提出的证据也系本证，原告对此提出质量缺陷不归责于原告的抗辩及相应证据。此时裁判者会根据双方证据形成“心证”，如果裁判者认为质量缺陷原因这一待证事实不能达到“高度盖然性”或处于“真伪不明”的状态，且需要进行质量鉴定的，其应向被告释明。如果被告不申请鉴定，则由其承担举证不能的法律后果。

【类型4】原告（发包人）有证据证明建设工程存在质量问题，被告（施工承包人）抗辩其并非施工原因导致。

在该情形下，因原告的证据已经证明建设工程存在质量问题，被告对此未予否认，被告的抗辩理由是质量问题不归责于被告，因此，被告所提出的证据系本证。此时裁判者会根据双方证据形成“心证”，如果裁判者认为质量问题产生的原因这一待证事实不能达到“高度盖然性”或处于“真伪不明”的状态，且需要进行质量鉴定的，其应向被告释明。如果被告不申请鉴定，则由其承担举证不能的法律后果。

### （三）工期争议

【类型1】原告请求被告承担工程逾期的违约责任，被告认为原告开工日期起算错误，否认工期逾期。

在该情形下，原告就工程完工工期大于合同约定工期提出证据后，被告对开工日期予以否认。此时裁判者会根据双方证据形成“心证”，如果裁判者认为工期是否逾期这一待证事实不能达到“高度盖然性”或处于“真伪不明”的状态，则应由原告承担举证不能的法律后果。

【类型2】原告请求被告承担工程逾期的违约责任，被告抗辩涉案工程量增加且原告未按期提供施工图纸从而导致工程逾期。

在该情形下，原告就工程完工工期大于合同约定工期提出证据后，被告就涉案工程量增加且原告未按期提供施工图纸的事实提出的证据也系本证，原告对此也可以提出上述影响未处于施工关键线路的反证。此时裁判者会根据双方证据形成“心证”，如果裁判者认为工期逾期是否可归责于被告这一待证事实不能达到“高度盖然性”或处于“真伪不明”的状态，需要进行工期鉴定并具备鉴定条件的，其应向被告释明。如果被告不申请鉴定，则由其承担举证不能的法律后果。

需要说明的是，这里仅就建设工程争议中比较典型的情形进行讨论。实践中的情形复杂多样，具体处理还需要结合具体案件情况进行分析。

## 二、关于本条第 2 款中"确有必要"的理解

如本条第 2 款的【条文精解】中所述，对于证据失权严格态度的缓和，其主要目的在于避免造成案件实体的不公正，从而导致当事人之间利益的严重失衡。然而，训诫、罚款与证据失权的后果有着天壤之别；有学者认为，立法对此并未设定任何差异性的适用条件，法官完全可以按照自己的意志和偏好作出选择，这给予了法官过大的自由裁量权。[①] 因此，如何理解本条第 2 款所规定的"确有必要"就十分重要了。

关于"确有必要"的理解，有观点认为，其包括三重含义：一是鉴定对于查清案件相关事实确有必要，即查明事实需要进行鉴定；二是鉴定对于案件处理确有必要，即二审处理没有不必进行鉴定的情形出现；三是当事人申请鉴定并表示愿意交纳鉴定费用、提供相关材料。[②] 按照该种观点，对于一审未申请鉴定但二审又申请鉴定的情形，一般情况下，二审法院均应按照《民事诉讼法》第 170 条第 1 款第 3 项的规定进行处理。

但笔者认为，上述观点未充分考虑到因诉讼延迟给当事人造成的其他利益损失。[③] 为此，有必要对二审发回重审或改判处理对当事人的利益影响进行分析。笔者结合前述不同争议类型的示例，在表 11 列出了二审处理对当事人实体利益和其他利益损失的影响。

**表 11　二审发回重审或改判的处理对当事人利益的影响**

| 争议类型 | 鉴定申请主体/举证责任主体 | 诉讼实体利益 | 其他利益损失 |
|---|---|---|---|
| 工程造价争议 | 承包人（如：示例 1～示例 4） | 更公平 | 承包人受损 |
| | 发包人（如：示例 1 中的返还工程款请求） | | 发包人受损 |
| 工程质量争议 | 发包人（如：示例 1～示例 2） | 更公平 | 发包人受损 |
| 工期争议 | 承包人（如：示例 2） | 可能更公平[注] | 发包人受损 |

注：对于工期鉴定来说，其鉴定意见能否较为客观地反映各种因素对工期的影响，能否更加有利于实体公平，与鉴定材料的完整性和鉴定方法的选择密切相关。

---

① 参见傅郁林：《民事诉讼法修改的价值取向论评》，载《华东政法大学学报》2012 年第 4 期；张卫平：《〈民事诉讼法〉修改中效率与公正的价值博弈》，载《中国司法》2012 年第 6 期。

② 参见最高人民法院民事审判第一庭编著：《最高人民法院建设工程施工合同司法解释（二）理解与适用》，人民法院出版社 2019 年版，第 322～323 页。

③ 此处的其他利益损失是指因诉讼程序拖延给当事人造成的利益损失，包括判决的利息或违约金不能弥补的迟延支付损失、迟延支付期间给当事人可能带来的可得利益损失等。

由表11可以看出，对于工程造价争议和工程质量争议来说，二审发回重审或改判的处理会使当事人的诉讼实体利益更为公平，鉴定申请主体也可能会因其一审故意不举证而遭受其他利益损失。因此，二审发回重审或改判的处理更好地平衡了当事人的利益，应予坚持。

对于工期争议来说，情况则有所不同。虽然工期鉴定可能更有利于实现案件的实体公平，但发包人却会因承包人的故意不举证而遭受其他利益损失。同时，工程进度计划资料、实际进度记录和事件影响记录等的完整性以及鉴定方法的选择对鉴定结果的影响较大，工期鉴定结果具有一定程度的不确定性。因此，笔者认为，对于当事人一审不申请工期鉴定但二审又申请工期鉴定的，二审法院宜不同意其鉴定申请。

## 实务判例

### 【判例】当事人经释明未申请鉴定的，应承担举证不能的法律后果①

2015年11月3日，凉州区交通局作为招标单位，就金荣沙漠生态公路工程（凉州段）（以下简称本案工程）进行公开招标。同年12月12日，金程公司取得本案工程施工招标中标通知书，中标价285,504,945元。同年12月13日，凉州区交通局作为业主与金程公司签订《施工合同》，合同总价为285,504,945元。

2016年11月16日，金程公司形成《金荣沙漠生态公路完成情况的说明》，对凉州段路线基本情况进行确认，并明确已完成路基路面工程，防护、标志标线工程正在准备阶段，工程的监理单位在该说明上加盖了公章。

2017年8月10日，金程公司委托中鼎公司制作了《工程造价编制报告》。该报告明确：根据现场勘查，施工单位截至2017年8月5日已完成该项目路基、路面及涵洞工程；依据招标工程量清单，边沟、排水沟、护坡、防护栏、交通标志牌、路面标线工程均未施工；按施工单位现场实际完成的工程量，依据投标文件内施工单位按工程量清单填报的单价及总价确认工程造价为249,028,600元。

此后，金程公司向一审法院提起诉讼，请求凉州区交通局、武威市交通局、武威交投公司共同支付工程进度款。

经一审法院审理查明，2015年12月31日，武威日报等新闻媒体登载《金荣沙

① 参见最高人民法院（2019）最高法民终695号民事判决书。

漠生态公路一瞥》等通讯报道，报道金荣沙漠生态公路2015年1月开工建设，11月底全部完工。2017年3月，武威市政府网、每日甘肃网发布了提及金荣沙漠生态公路建成通车的文章。

2018年5月29日，一审法院组织各方当事人前往现场进行勘察，发现所有交通路标牌未予设置，路基距地面超过3米的部分未做防护，路面路肩未做，部分路面存在裂缝、拱起问题，局部有起皮露骨、断板现象。

本案中，《工程造价编制报告》能否作为认定工程造价的依据成为争议焦点之一。

一审法院认为：本案工程属使用国有资金进行建设的项目，属于《招标投标法》第3条规定必须进行招投标的项目。本案公路于2015年年初开工建设，2015年11月进行招投标，2015年12月签订《施工合同》，先施工后招标，存在先定后招、明招暗定的情形，明显违反《招标投标法》的规定。因此，本案《施工合同》违反法律强制性规定，系无效合同。

同时，一审法院认为，根据《建设工程司法解释》第2条的规定，建设工程施工合同无效，但建设工程经竣工验收合格，承包人请求参照合同约定支付工程价款的，应予支持。[①] 本案经现场勘验，工程质量部分路面存在裂缝、拱起问题，局部有起皮露骨、断板现象。经释明，凉州区交通局等均未对工程质量瑕疵问题提起质量鉴定，亦未对上述质量瑕疵问题的修复费用进行主张。故本案工程价款参照《施工合同》约定进行处理。金程公司自行委托中鼎公司制作的《工程造价编制报告》，对已完成施工内容和未完成的施工内容进行了明确，并对未施工部分工程量进行了剔除，与现场勘查结果基本一致，且中鼎公司具有工程造价咨询企业甲级证书，编制人均为注册造价工程师。《民事诉讼证据规定》(2001年发布)第28条规定，当事人自行委托鉴定部门作出的鉴定，另一方当事人有足以反驳的证据证明其鉴定确有错误，申请重新鉴定的，人民法院应予准许。凉州区交通局等虽不认可《工程造价编制报告》，但经多次释明，均未在指定期间内对《工程造价编制报告》提出明确反驳证据或申请工程造价鉴定，根据《民事诉讼法司法解释》第90条，应视为凉州区交通局等举证不能，故按《工程造价编制报告》认定金程公司已施工部分工程价款为249,028,600元。

二审法院认为，《建设工程司法解释(二)》第14条第1款规定："当事人对工程

① 《建设工程司法解释》废止后，《民法典》第793条及《新建设工程司法解释(一)》第24条均作了类似的规定。

造价、质量、修复费用等专门性问题有争议，人民法院认为需要鉴定的，应当向负有举证责任的当事人释明。当事人经释明未申请鉴定，虽申请鉴定但未支付鉴定费用或者拒不提供相关材料的，应当承担举证不能的法律后果。"①本案工程造价鉴定由金程公司于诉前单方委托，中鼎公司作为具有相关鉴定资质的专业鉴定机构，依据《施工合同》，经现场勘查，剔除未施工内容后，作出《工程造价编制报告》。凉州区交通局不认可该报告，但经一审法院释明，该局不对工程造价申请鉴定，亦未能提交证据证明该报告存在程序违法或结论缺乏依据等不应被采信的情形，应承担举证不能的法律后果。一审法院采信《工程造价编制报告》并据此确定本案工程造价，具有法律依据。同时，本案工程未经竣工验收，但已实际投入使用。凉州区交通局虽提出工程质量抗辩，但未提交证据证明，经一审法院释明亦未申请工程质量鉴定，依据《建设工程司法解释(二)》第 14 条的规定，该局应承担举证不能的法律后果，应视为该局认可本案工程质量。

最终，二审法院驳回上诉，维持原判。

**【判例点评】**

本案中，《工程造价编制报告》由金程公司自行委托的中鼎公司制作，其性质属于造价咨询意见。因造价咨询过程中的相关材料由金程公司单方提供，且未经凉州区交通局等被告质证，因此，其不能当然作为确定工程造价的依据。然而，被告虽然不认可该报告，却未提出明确的反驳证据。此时，需根据法官对该报告的"心证"来确定是否需要进行造价鉴定。如果法官认为《工程造价编制报告》对工程造价的证明能够达到"高度盖然性"的标准，则无须进行造价鉴定；如果法官对该报告的"心证"尚无法达到"高度盖然性"的标准，则需要进行造价鉴定。

根据本案判决书的信息可知，中鼎公司具有工程造价咨询企业甲级证书，编制人均为注册造价工程师，且法官认为，《工程造价编制报告》对已完成施工内容和未完成的施工内容进行了明确，并对未施工部分工程量进行了剔除，与现场勘查结果基本一致。如果基于此，法官认为该报告达到了证明工程造价的"高度盖然性"标准，则本案就不需要进行造价鉴定，也就无须进行释明，当然也就没有举证责任分配的余地。本案判决书中的裁判理由为，被告因未申请鉴定而承担举证不能的不利法律后果。笔者认为，该理由的表述是值得商榷的。

---

① 《建设工程司法解释(二)》废止后，《新建设工程司法解释(一)》第 32 条第 1 款作了同样的规定。

当然，如果法官认为该报告工程造价的证明无法达到“高度盖然性”的标准，则涉案工程的工程造价数额处于不明的状态。根据实体法规范，原告金程公司应当对工程价款数额承担举证责任。此时，在双方均未提出鉴定申请的情况下，裁判者应当向原告金程公司进行鉴定释明。如果金程公司不申请鉴定，则由其承担举证不能的法律后果。

**第三十三条 【委托鉴定内容的确定】**

人民法院准许当事人的鉴定申请后,应当根据当事人申请及查明案件事实的需要,确定委托鉴定的事项、范围、鉴定期限等,并组织当事人对争议的鉴定材料进行质证。

## 条文主旨

本条对人民法院应当确定的有关鉴定事项作了规定。同时规定,对存在争议的鉴定材料,人民法院应当组织当事人进行质证。

## 条文精解

在案件审理过程中,裁判机构决定进行鉴定的原因在于,不借助专门性知识,案件的事实难以查明。在鉴定过程中,法律问题和非法律的专门知识问题往往交织在一起。但鉴定人不是裁判者,鉴定人只能针对现有的证据材料,形成供裁判者裁判的证据,鉴定人不能行使审判权。然而,从趋利避害的理性出发,裁判者往往会乐于直接采用鉴定人的鉴定成果,从而极易发生鉴定人逾越鉴定权限、“以鉴代审”的情况。

因此,区分裁判者决定的事项与鉴定人决定的事项十分必要。具体来说,委托鉴定的事项、鉴定依据、鉴定原则以及鉴定范围均应当由裁判机构确定。

### 一、鉴定事项

对建设工程施工合同纠纷案件来说,鉴定事项主要包括工程造价、停窝工损失、可得利益损失、工程质量、工程修复方案、工程修复费用、工期等。

#### (一)工程造价

根据工程是否全部完工,工程造价鉴定可以划分为全部工程造价鉴定和已完(未完)工程造价鉴定。如果当事人仅对部分分部分项工程、工程量清单项目或变更、签证部分的造价存在争议,则工程造价鉴定的范围就应细化为具体的争议项目,如变更、签证(包括零星工程等合同外项目签证)、材料和(或)设备价差等。对于未完工工程的工程造价和损失的鉴定,一般有以下两种情形:

1. 发包人违约导致合同解除的情形

如果工程在未完成时因发包人违约导致合同解除,承包人主张工程价款及损失赔偿的,则鉴定范围除包括合同解除日以前承包人所完成的永久工程的价款外,还可能包括承包人为完成涉案工程已发生而发包人未支付的费用、承包人为完成涉案工程所建造临时设施的摊销费用、承包人遣散其人员的费用、未完工程的可得利益损失,以及可能发生的停窝工损失等。

对于承包人为涉案工程已采购的工程材料、设备和其他物品的费用及损失,宜按表 12 所列情形处理:

**表 12 承包人费用及损失的处理方式表(发包人违约)**

| 序号 | 情形 | 处理方法 |
| --- | --- | --- |
| 1 | 工程材料、设备等已经运至现场,质量合格但尚未加工的;或运至现场的工程材料、设备因发包人原因已不符合质量要求的 | 宜按合同约定的材料、设备价格计算发包人应支付的费用。合同没有相应约定的,可能需要进行造价鉴定 |
| 2 | 工程材料等已经运至现场,并加工为成品、半成品且质量合格的(如钢筋已加工成钢筋笼);或成品、半成品因发包人原因已不符合质量要求的 | 宜按合同约定的材料、设备价格计算材料、设备费用,同时应计算加工费。加工费宜计取管理费和利润;承包人索赔可得利益损失的,加工费不应再计取利润,否则会导致重复计取。这一过程可能需要进行造价鉴定 |
| 3 | 对于工程项目无法继续施工的情形,如果承包人的采购合同已经履行且合同标的物为无法用于其他项目的非通用型定制产品 | 可综合考量合同约定的材料、设备价格和处理费用进行认定。其间涉及工程造价专业知识的,也可能涉及造价鉴定 |
| 4 | 对于工程项目无法继续施工的情形,如果采购合同已经履行且合同标的物为可以用于其他项目的通用型产品 | 可综合考量转让差价、运输费用等实际发生的损失进行认定。其间涉及造价专业知识的,也可能涉及造价鉴定 |
| 5 | 采购合同尚未履行 | 可按照承包人对第三方承担的违约责任或损失赔偿情况进行认定,一般不需要进行造价鉴定 |

2. 承包人违约导致合同解除的情形

如果工程在未完成时因承包人违约导致合同解除，承包人主张已完成的工程价款的，则工程造价鉴定范围除包括合同解除日以前承包人所完成的永久工程的价款外，还可能包括承包人为完成涉案工程已发生而发包人未支付的费用等。

对于承包人为涉案工程已采购并运至现场的工程材料、设备和其他物品的费用，宜按表13所列情形处理：

**表13　承包人费用及损失的处理方式表（承包人违约）**

| 序号 | 情形 | 处理方法 |
| --- | --- | --- |
| 1 | 工程材料、设备等已经运至现场，质量合格但尚未加工，且发包人同意接收的 | 宜按合同约定的材料、设备价格计算发包人应支付的费用。合同没有相应约定的，可能需要进行造价鉴定 |
| 2 | 工程材料等已经运至现场，并加工为成品、半成品且质量合格的（如钢筋已加工成钢筋笼） | 宜按合同约定的材料、设备价格计算材料、设备费用，同时应计算加工费。加工费宜计取管理费，但不应计取利润。这一过程可能需要进行造价鉴定 |

（二）停窝工损失

此处“停窝工损失”是指因非承包人原因导致的工程停工、降效或工期逾期给承包人造成的损失，不包括发包人的损失。

《八民会议纪要》第32条规定：“因发包人未按照约定提供原材料、设备、场地、资金、技术资料的，隐蔽工程在隐蔽之前，承包人已通知发包人检查，发包人未及时检查等原因致使工程中途停、缓建，发包人应当赔偿因此给承包人造成的停（窝）工损失，包括停（窝）工人员人工费、机械设备窝工费和因窝工造成设备租赁费用等停（窝）工损失。”

《江苏高院民一庭施工合同案件鉴定规程》第46条对可能进行鉴定的窝工损失作了规定，主要包括：

1. 保护、保管暂停施工部分的工程或全部工程的费用；
2. 由于暂停施工而引起的、必需的安全费用；
3. 现场管理人员的人工费及进入现场生产工人的人工费；
4. 由于暂停施工而引起的需延期租赁的施工机械和施工机具租赁费用；
5. 为暂停施工部分的工程复工所必需的准备费用。

需要注意的是,上述第4项针对的是承包人租赁机械设备的情形;对于承包人自有的机械设备,则应当计算机械设备因延期而增加的折旧费及延期期间摊销的车船税、保险费和检测费;短期停滞情形下机械设备操作人员尚未撤场的,还要计算因延期而增加的操作人员人工费以及考虑维护和折旧因素的停滞费。

此外,对于停工后承包人撤场又复工的情形,停窝工损失还应包含承包人撤离施工场地、遣散承包人人员的费用以及承包人的二次进场费用,这些费用也可能需要通过鉴定来确定。

(三)可得利益损失

《民法典》第584条规定:"当事人一方不履行合同义务或者履行合同义务不符合约定,造成对方损失的,损失赔偿额应当相当于因违约所造成的损失,包括合同履行后可以获得的利益;但是,不得超过违约一方订立合同时预见到或者应当预见到的因违约可能造成的损失。"在因发包人违约导致建设工程合同中途解除,承包人可以根据该规定向发包人主张可得利益损失赔偿。

由于未完工程部分的利润计算,需要对未完工程的造价进行计算,涉及专门性问题,因此,此类可得利益损失属于可能鉴定的事项。

实践中,当事人可能会对利润率数额产生争议,对此,鉴定机构可以根据当事人的报价组成和有关定额列明利润率,供法院或仲裁庭选择认定。

(四)工程质量

建设工程的质量问题复杂多样,一般来说,工程质量鉴定的事项主要包括以下几个方面的内容:

1. 工程质量(包括工程材料、工程设备、施工及安装质量)是否符合合同约定、设计文件要求或国家、行业有关标准的规定。对于工程总承包项目,鉴定事项的范围还可能会包括勘察成果或设计文件。一般情况下,此类鉴定事项主要针对工程未通过验收、也未交付使用且现有证据无法判断工程质量的情形,以及当事人通过自行委托鉴定等方式证明工程质量存在问题且有必要进行鉴定的情形。

2. 工程质量缺陷或事故的成因。工程质量缺陷或事故的成因非常复杂,既可能是勘察或设计的原因,也可能是施工的原因;既可能是施工工艺的原因,也可能是工程材料的原因;既可能是装修的问题,也可能是主体结构的问题或地基基础的问题。由于成因不同,责任划分和法律后果也不相同。此类鉴定事项一般是针对工程发生质量事故或出现质量缺陷且有必要鉴定的情形。

3. 建筑物安全性鉴定。此类鉴定的内容主要是对外力或外部环境变化影响下建筑物的安全性、可靠性进行鉴定。比如，建筑物周边基坑开挖、降水、打桩、堆载等可能对建筑物安全性的影响。需要说明的是，此类鉴定多发生在侵权纠纷中，在建设工程施工合同纠纷中相对较少。

#### （五）工程修复方案

建设工程存在质量问题需要进行修复的，应由具有相应设计资质的单位出具工程修复方案。对于要求进行施工图审查的地区，该修复方案应当进行施工图设计审查。

#### （六）工程修复费用

工程修复方案出具后，若双方对修复方案的实施费用不能达成一致，裁判机构可以委托造价鉴定机构对工程修复方案的实施费用进行鉴定。

《江苏高院民一庭施工合同案件鉴定规程》第 44 条对此作了相应规定："对于工程存在质量缺陷，经有资质的鉴定机构确定修复方案后，鉴定机构可以根据鉴定时施工当地建设行政主管部门制定的工程计价依据计算修复加固费用。"

#### （七）工期

有关工期鉴定的事项主要包括工期延误的原因、某事件对工期延误的影响、工期延误的天数等。工期延误的责任划分和法律后果应由法院或仲裁庭认定。

### 二、鉴定范围

建设工程的鉴定范围应遵循最小化的原则。一般来说，在建设工程施工合同履行过程中，当事人双方均持有大量经双方签认的洽商、签证文件。在进行造价鉴定时，对于双方曾达成一致的内容，经过质证能够确定的，法院或仲裁庭不必对该部分工程内容进行鉴定，只对无法确定的争议项进行鉴定即可。这样有利于减少诉讼成本，提高诉讼效率。

同样，对于工程质量鉴定和工期鉴定也应当遵循范围最小化原则。比如，某 EPC 工程总承包合同争议中，申请人认为合同价款中不包括热管网工程，而被申请人认为热管网工程价款包含在固定总价中。仲裁庭经审理认定，热管网工程包含在合同范围内，但热管网工程的供气量和管径均发生了变更，因此，将该案的鉴定范围确定为本案合同项下供热管网变更所增加的价款。

## 三、鉴定期限

根据争议标的所涉造价金额的大小，《工程造价鉴定规范》第3.7.1项规定了建设工程造价的鉴定期限。[①] 该规范同时规定，对于涉及复杂、疑难、特殊技术问题需要较长时间的，鉴定期限可以延长，每次延长时间一般不得超过30个工作日，每个鉴定项目延长次数一般不得超过3次。实际上，鉴定所需时间与争议所涉造价金额不一定呈正比例关系，其和项目性质、工程是否完工、图纸是否齐全、签证和其他有关工程资料是否完备以及当事人对事实的认可程度都有较大关系。由于影响造价鉴定期限的变量太多，按争议金额划分不同的鉴定期限实属无奈之举，在具体案件中还需根据案情由法院或仲裁机构确定具体的鉴定期限。

需要注意的是，在鉴定过程中，等待当事人提交、补充或者重新提交证据、勘验现场等所需的时间，不计入鉴定期限。

## 四、鉴定材料的质证

鉴定材料在性质上属于证据，毋容置疑，其当然应当经过质证程序。《民事诉讼法司法解释》第103条规定："证据应当在法庭上出示，由当事人互相质证。未经当事人质证的证据，不得作为认定案件事实的根据。"为了提高审判效率，本条允许法院仅对当事人有争议的鉴定材料组织质证，没有争议的鉴定材料无须组织质证。

由于建设工程鉴定的技术性强、案情复杂、证据材料庞杂，法官可能无法单独完成有些案件证据的质证。在这种情形下，人民法院可以邀请鉴定机构派人参加质证程序。实践中，常用的做法是召开由法官、鉴定人和当事人共同参加的鉴定准备会。[②] 在鉴定过程中，鉴定人认为需要补充提交鉴定资料的，补充提交的鉴定资料也应当由法院组织质证。

---

① 《工程造价鉴定规范》第3.7.1项规定：1000万元（含）以下的，鉴定期限为40个工作日；1000万元以上3000万元（含）以下的，鉴定期限为60个工作日；3000万元以上10,000万元（含）以下的，鉴定期限为80个工作日；10,000万元以上的，鉴定期限为100个工作日。

② 参见最高人民法院民事审判第一庭编著：《最高人民法院建设工程施工合同司法解释（二）理解与适用》，人民法院出版社2019年版，第339页。

《重庆高院关于工程造价鉴定问题的解答》第19条规定:“建设工程造价鉴定过程中,鉴定人认为需要补充提交鉴定资料的,应当向人民法院发送书面函件。书面函件应当载明需要补充提交鉴定资料的名称、提交主体以及与鉴定事项的关系。人民法院经审查认为确需补充提交的,可以责令当事人限期提交。人民法院收到当事人补交的鉴定资料后,应组织当事人进行质证,并对鉴定资料进行认定后移交鉴定人。”

同时,法院向当事人送达鉴定资料清单时,应当告知当事人提交鉴定资料的期限。当事人应当在指定期限内向法院提交鉴定资料,确实难以在指定期限内提交鉴定资料的,可在指定期限届满前向法院申请延长提交期限,是否准许由法院决定。当事人逾期提交鉴定资料的,法院应当参照《民事诉讼法司法解释》第101条、第102条规定的逾期举证的相关规则予以处理。① 经法院判断,逾期提交的鉴定资料可能对鉴定结果产生影响的,或法院对其影响难以作出判断的,应当采纳该鉴定资料,但应当对当事人予以训诫,并支持对方当事人关于赔偿因逾期提供证据致使其增加的交通、住宿、就餐、误工、证人出庭作证等必要费用的请求。

在仲裁案件审理过程中,合同、设计变更单、洽商记录、签证单、往来函件、开工通知、竣工验收记录等证据一般均由仲裁庭组织质证,施工图纸由于量大、专业性强则可由鉴定人组织核对。同时,鉴定人在鉴定过程中可以要求当事人补充相关鉴定资料,并组织核对。在鉴定人组织核对过程中,当事人对证据的真实性有异议的,鉴定人应提请仲裁庭决定是否采信。仲裁庭不能及时作出决定的,或认为需要鉴定人按照争议的证据出具多种鉴定意见的,鉴定人应当就有争议的证据分别进行鉴定;仲裁庭认为是专业性问题并请鉴定人鉴别的,鉴定人应依据相关法律法规、工程相关专业技术知识,经过甄别后提出意见,供仲裁庭判断使用;当事人对证据的异议可以通过现场勘验解决的,鉴定人应提请仲裁庭组织现场勘验。

---

① 《民事诉讼法司法解释》第101条规定:“当事人逾期提供证据的,人民法院应当责令其说明理由,必要时可以要求其提供相应的证据。当事人因客观原因逾期提供证据,或者对方当事人对逾期提供证据未提出异议的,视为未逾期。”第102条规定:“当事人因故意或者重大过失逾期提供的证据,人民法院不予采纳。但该证据与案件基本事实有关的,人民法院应当采纳,并依照民事诉讼法第六十五条、第一百一十五条第一款的规定予以训诫、罚款。当事人非因故意或者重大过失逾期提供的证据,人民法院应当采纳,并对当事人予以训诫。当事人一方要求另一方赔偿因逾期提供证据致使其增加的交通、住宿、就餐、误工、证人出庭作证等必要费用的,人民法院可予支持。”

## 深度研讨

### 一、鉴定依据的确定

所谓鉴定依据,就是鉴定应依照的根据。鉴定依据应当由法院或仲裁庭确定,而非由鉴定人确定。

一般来说,工程造价和质量鉴定的依据主要包括法律法规、建设工程施工合同(含中标通知书、招标文件、投标文件)、勘察及设计文件、有关工程建设标准、竣工图纸、设计变更文件、工程洽商记录、工程签证以及当事人达成一致的其他文件等。对于工期鉴定,鉴定依据还包括施工进度计划资料、施工方案、施工组织设计、开工通知、实际进度记录、事件影响记录、竣工验收记录等。

实践中,上述各个可以作为鉴定依据的文件之间可能存在冲突,如何在个案中进行取舍,从而确定适用的鉴定依据就十分重要。对此,笔者按鉴定的不同类型分别进行讨论。

#### (一)工程造价鉴定

在工程造价鉴定中,法院或仲裁庭应按以下原则确定鉴定依据:

1. 合同有效的,应根据合同约定进行鉴定;合同无效的,应参照合同约定的计价依据、清单单价及其他与价款结算有关的条款进行鉴定;多份合同均无效的,应根据《新建设工程司法解释(一)》第 24 条的规定,参照实际履行的合同约定进行鉴定。

2. 涉及“黑白合同”问题的,应根据《新建设工程司法解释(一)》第 2 条、第 22 条和第 23 条的规定,以中标合同或招标文件、投标文件、中标通知书作为鉴定依据。

3. 合同对计价依据没有约定的,可参照鉴定项目所在地同时期适用的计价依据和市场价格信息进行鉴定;对于市场价格信息中未列明的价格,可以采取市场询价的方法获取。

对于价格的选用时点,应根据合同约定的结算方式和价格风险分担条款确定。合同约定据实结算的,应采用合同履行期间的当期价格;合同或补充协议约定在固定总价基础上调整人工费、材料费等价差的,应采用合同履行期间的当期价格与发包人提供的基准价格的价差来确定增减的费用;发包人未提供基准价格时,经过招投标的,可采用投标截止日前 28 天的信息价作为基准价格;未经过招投标的,可采用合同签订之日前 28 天的信息价作为基准价格。

4. 因工程变更引起合同约定的工程量清单项目发生变化的，工程量清单中没有适用但有类似于变更项目的，可在合理范围内参照类似项目的单价进行鉴定；工程量清单中没有适用也没有类似于变更项目的，应按前述确定的计价依据、市场价格信息或市场询价以及承包人报价浮动率确定变更工程项目的单价，并以此为依据进行鉴定。①

5. 有效签证中明确的人工、材料、机械台班价格与合同约定不一致的，除有特别约定外，一般可视为对合同约定的变更，应以工程签证中确定的价格进行鉴定。

6. 合同对计价依据约定条款存在矛盾的，鉴定人应提请法院或仲裁庭决定适用的条款；法院或仲裁庭暂不明确的，鉴定人应按不同的约定条款分别作出鉴定意见，供法院或仲裁庭判断使用。

由于建设工程案件的复杂性，上述鉴定依据的选择仅适用于一般情形。在个案中，法院或仲裁庭应当通过质证程序对鉴定意见进行审查，确有错误或不妥的，应予以纠正。

### （二）工程质量鉴定

在工程质量鉴定中，法院或仲裁庭应按以下原则确定鉴定依据：

1. 建设工程施工合同或设计文件对工程质量有规定，且该规定不低于国家有关标准的强制性规定的，应按合同或设计文件规定的质量标准进行鉴定；合同没有明确约定质量标准或约定低于国家有关标准的强制性规定的，应按国家有关标准的强制性规定进行鉴定。

2. 鉴定依据的施工图纸存在争议的，应以经过施工图审查的图纸作为鉴定依据；施工图经审查后修改的，应以最终确定的施工图纸（一般应为最后版次）作为鉴定依据；不要求进行施工图审查的，一般也应以最终确定的施工图纸（一般应为最后版次）作为鉴定依据。实践中，还可以结合图纸会审记录来判断施工依据的图纸。

3. 在不同标准规范的条文之间存在冲突的情况下，如何适用标准规范进行鉴定需要具体分析，内容详见本条【深度研讨】中的第三部分。

---

① 对于招标工程，承包人报价浮动率 =（1 - 中标价/招标控制价）×100%；对于非招标工程，承包人报价浮动率 =（1 - 报价/施工图预算）×100%。

（三）工程修复方案鉴定

实践中，由于标准规范的修订，会出现设计合同签订时的标准规范与修复方案设计时不一致的情形。对此，《住房和城乡建设部关于实施〈房屋建筑和市政基础设施工程施工图设计文件审查管理办法〉有关问题的通知》（建质〔2013〕111 号）第 13 条规定："审查机构应按照工程项目勘察设计合同签订时有效的工程建设强制性标准进行施工图设计文件审查。工程建设标准设计中与现行工程建设标准不符的内容，视为无效，不作为施工图审查的参考性依据。"由此可见，对于修复方案设计时的强制性标准高于设计合同签订时相应标准的情形，修复方案设计应当按照现行强制性标准进行设计，施工图审查也应当按照现行强制性标准进行审查。

（四）修复费用鉴定

对于上述因设计规范变化导致修复方案费用增加的情形，笔者认为，设计标准的提高实质上增强了建筑物的稳定性或抵抗外部荷载的能力，相当于给建设单位带来了利益，因此，这部分增加的费用不宜作为质量缺陷责任方应承担的损失，而宜由建设单位承担。

（五）工期鉴定

在工期鉴定过程中，开工日期和竣工日期应当由法院或仲裁庭根据合同的约定及《新建设工程司法解释（一）》的规定，并结合开工通知、开工报告、施工许可证、竣工验收申请报告、竣工验收记录和竣工验收备案记录等证据进行认定，鉴定人对此仅能提出建议。

## 委托鉴定函示例

××鉴定机构：

关于申请人××与被申请人××之间因《建设工程施工合同》《建设工程施工合同补充协议》所引起的争议仲裁案，鉴于双方当事人对工程价款产生争议，仲裁庭决定委托贵公司对本案所涉工程进行造价鉴定。

一、具体鉴定范围

1. 1#、8#、9#、10#楼装修工程（含水电、机电工程）造价；

2. 1#、8#、9#、10#楼家具工程造价；

3. 室外管线和园林绿化工程造价；

4.《建设工程施工合同补充协议》合同范围内的工程（10#楼装修工程和对1#、8#、9#楼的增项）造价。

二、具体鉴定原则

1. 2012年11月24日双方已经确认的工程量可以直接采用；

2. 被申请人结算报告与申请人提供的初审材料中一致的数量或单价可直接采用；

3. 其他有证据表明双方已经达成一致的可直接采用；

4. 双方未达成一致的部分按本案合同签订时的市场价格确定造价。

现将委托函转呈贵公司，请贵公司书面告知仲裁庭是否接受委托。如同意接受委托，请贵公司同时告知鉴定所需费用、需要当事人提交的资料以及所需鉴定时间，并告知贵公司负责鉴定工作的主要联系人和联系方式。

## 二、鉴定方法的确定

众所周知，之所以进行建设工程鉴定，是因为争议事项涉及专门性知识。因此，在确定鉴定依据、鉴定原则和鉴定方法时，也难免会涉及法律以外的专业知识。但鉴定依据和鉴定原则更多地涉及对规则的判断而非对技术方法的选择，所以让法律人确定鉴定依据和鉴定原则是合适的。鉴定方法则与鉴定依据、鉴定原则有所不同，其更多地涉及对技术手段的选择而非对规则的判断，因此其一般首先由鉴定人确定。

当事人对鉴定人采用的鉴定方法有异议的，可以要求鉴定人说明依据和理由。当事人就此无法达成一致的，鉴定人可以向法院或仲裁庭说明其采用鉴定方法的依据和理由，由法院或仲裁庭作出最终判断。事实上，要求法院或仲裁庭在鉴定之前或鉴定过程中对鉴定方法作出准确判断是有困难的（为普通人所熟知的方法除外），尤其对于质量鉴定和工期鉴定来说更是如此。实践中，法院或仲裁庭一般多会倾向于采纳鉴定人的意见。当事人对鉴定方法不认可的，则可以由本单位相关领域的专家或聘请专家辅助人对鉴定方法提出质疑和进行论证。

### （一）工程造价鉴定方法

工程造价计价的基本原理就是将建设项目细分至最基本的构造单元（定额项目或清单项目），通过选用适当的单价并采取一定的计量规则和计价方法，分部组合汇总,从而计算出相应的工程造价。在工程造价鉴定中,工程量的计算、工程单价的计价方法(工料单价、综合单价)及总价的确定均属于鉴定方法。只是对于已完工程来说,确定总价的汇总计算方法为普通人所熟知罢了。

对于未完工程的造价鉴定,应区分合同的价款确定方式来确定鉴定方法:

1. 对于合同为固定单价且承包人违约导致合同解除的,应按合同约定的固定单价和实际完成的工程量进行鉴定。

2. 对于合同为固定单价且发包人违约导致合同解除的,一般按合同约定的固定单价和实际完成的工程量进行鉴定。但根据《工程造价鉴定规范》第 5. 10. 6 项的规定,剩余工程量超过 15% 的,在计算单价时可适当增加企业管理费。

3. 对于合同为固定总价的,可以采用“按比例折算”的方法进行鉴定,即在相应同一取费标准下分别计算出已完工程部分的价款和整个合同约定工程的总价款,两者对比计算出相应系数,再用合同约定的固定价乘以该系数,确定已完工部分的工程价款。

4. 如果鉴定人认为承包人存在不平衡报价,从而对已完工程造价数额产生影响的,可以向法院或仲裁庭提出对鉴定所得工程价款进行适当调整的建议。

### (二)工程质量鉴定方法

建设工程质量鉴定的鉴定方法因鉴定事项的不同而不同。比如,主体结构鉴定中,检测混凝土强度的方法有钻芯法和回弹法,检测砂浆抗压强度有钻芯法和贯入法;防水工程鉴定中,检测渗漏有蓄水试验法、淋水试验法和红外热像法,检测防水层柔性有落锤法和摆锤法,等等。对于上述各检测方法,我国有关国家标准或行业标准都有相应规定。从这些鉴定方法也可以看出,其专业性很强。

### (三)工期鉴定方法

关于工期鉴定,我国目前还没有统一技术标准,实践中可以参考英国工程法学会(Society of Construction Law,SCL)主持编制的《工期延误和干扰索赔分析准则(第二版)》(Delay and Disruption Protocol,2rd Edition)规定的方法进行鉴定。[①] 英

---

① 英国工程法学会成立于 1983 年,其宗旨是提升建筑法及相关领域的教育、研究和学习。截至 2019 年 6 月,该学会共拥有 2864 名会员;由会员选举的 20 名委员负责该协会的运营。详细信息可以参见该协会的官方网站:www. scl. org. uk。

国工程法学会主要应用的基本分析方法有以下几种：①

1. 实际与计划工期对比法

实际与计划工期对比法是将初始进度计划与实际计划或反映某一时刻的实际进度进行对比，它们之间的差别就是工期延误。该方法是一种事后延误分析方法，相对简单易懂，不必使用关键线路法的网络分析技术，适用于相对简单的工程项目，但需要较为充分的初始进度计划中各项工作的信息、实际进度信息资料以及同期计划更新资料。

2. 计划影响分析法

计划影响分析法是通过分析事件对于初始进度计划的影响来判断对竣工时间的影响。具体的做法是，在初始进度计划中识别和插入代表影响事件的工作，然后重新计算竣工时间，重新计算得出的竣工时间与原竣工时间的差就是对原计划的延误。该方法是一种事中分析方法，需要进度计划制订得较为充分、详细。

3. 时间影响分析法

时间影响分析是在计划影响分析法基础上发展演变而成的一种分析方法，应用较为广泛。其是以初始进度计划为基准计划，将计划更新至当前进度，然后将延误事件插入相关工作之中，重新计算进度计划，确定新的竣工日期，新的竣工日期和原计划的竣工日期的差就是该事件对工期造成的延误。该方法是一种事中分析方法，工作量较大，成本较高，需要初始进度计划制订准确，计划竣工日期可靠，并且保存有根据实际情况对进度计划进行持续更新的数据。

4. 影响事件剔除分析法

影响事件剔除法的基本原理是，先建立一个包含所有延误事件的实际进度计划，再以此计划为基础，将实际进度计划中非归责于承包人的延误剔除，通过重新计算得到新的竣工日期；实际进度计划中的竣工日期与新的竣工日期之差即为延误事件对竣工时间造成的延误，也就是承包人有权要求工期延长的期限。该方法是一种事后延误分析方法，要求所分析项目有较为完整的自开工到竣工的工程进度和各种延误事件的记录。

① 参见崔军：《工程项目的工期延误分析技术》，载《项目管理技术》2011 年第 10 期；王竹琳、张水波：《工期延误分析方法的国际研究动态》，载《工程管理学报》2011 年第 6 期；何维：《国际工程合同法的涉案研究——工期索赔分析方法与运用》，载《郑州航空工业管理学院学报（社会科学版）》2013 年第 5 期。

5. 视窗分析法

视窗分析法是将实际进度的总工期分解成多个“窗口”时间段分别进行分析。进行延误分析时，首先在第一个窗口的开端输入实际进度数据，将该窗口的进度计划调整为实际进度，之后的计划进度保持不变。更新前后项目总工期的变化就是第一个窗口阶段的延误事件对项目竣工日期的影响。其他窗口阶段的延误分析也是在前一次计划进度更新的基础上，加入该阶段的实际进度，前后比较得出对项目竣工的影响。该方法是一种事后延误分析方法，工作量大，成本昂贵，一般适用于大型的且日常施工资料保存完整的项目。

需要注意的是，不同的工期延误分析方法对工期鉴定的结果影响较大。工期延误分析方法的选择，首先应尊重合同的约定和当事人的意思自治。合同明确约定了工期延误分析方法或当事人就某种分析方法达成一致的，鉴定人应当按照合同约定或当事人达成一致的分析方法进行鉴定分析。当事人就工期延误分析方法未达成一致的，鉴定人应当根据工期鉴定的目的、有关工期数据（工程进度计划、实际进度记录、事件影响记录等）的有效性和可靠性来决定。

## 三、工程质量鉴定中的标准适用

在合同及设计文件没有明确规定适用的标准规范，且不同标准规范的条文之间存在冲突的情况下，在鉴定时如何适用标准规范是一个非常重要的问题。

### （一）原《标准化法》修订前的冲突处理

在2018年1月1日之前，修订的《标准化法》（2017年修订）尚未实施，根据原《标准化法》第7条的规定，①国家标准、行业标准分为强制标准和推荐性标准，省、自治区、直辖市标准化行政主管部门制定的工业产品的安全、卫生要求的地方标准，在本行政区域内是强制性标准。因此，在2018年1月1日之前实施的行业标准、地方标准中允许有强制性条文的规定。② 根据原《标准化法》第6条及《标准化法实施条例》第14条、第16条的规定，制定行业标准的前提是没有相应的国家标准，在相应的国家标准实施后，其应自行废止；制定地方标准的前提是没有相应的

---

① 原《标准化法》于1989年4月1日实施。

② 《实施工程建设强制性标准监督规定》（建设部令第81号）第3条规定：“本规定所称工程建设强制性标准是指直接涉及工程质量、安全、卫生及环境保护等方面的工程建设标准强制性条文。”

国家标准和行业标准,在相应的国家标准或行业标准实施后,其自行废止。① 由此可见,尽管上述规定避免了标准的重复制定,但不一定能完全避免标准中有关强制性条文的冲突。

关于标准之间出现冲突的处理,《司法鉴定程序通则》(司法部令第132号)第23条规定:“司法鉴定人进行鉴定,应当依下列顺序遵守和采用该专业领域的技术标准、技术规范和技术方法:(一)国家标准;(二)行业标准和技术规范;(三)该专业领域多数专家认可的技术方法。”可见,国家标准的适用顺位高于行业标准。根据《民法典》第511条第1项的规定,当事人就质量要求约定不明确,依照第510条的规定仍不能确定的,按照强制性国家标准、推荐性国家标准、行业标准、通常标准或者符合合同目的的特定标准的顺序履行。② 地方标准作为满足地方自然条件、风俗习惯等特殊技术要求制定的规范,当然可以成为《民法典》第511条第1项所规定的“通常”或“符合合同目的”的标准。因此,在不同层级标准中的强制性条文出现冲突时,可以按照国家标准、行业标准、地方标准的顺位来确定鉴定依据。

### (二)《标准化法》修订后的冲突处理

2018年1月1日,《标准化法》(2017年修订)实施。《标准化法》(2017年修订)第2条规定,国家标准分为强制性标准和推荐性标准,而行业标准、地方标准是推荐性标准。由于强制性标准必须执行,而推荐性标准是鼓励采用,因此,对于需要强制实施的规定来说,应当适用国家标准的有关规定。如果2018年1月1日之后实施的行业标准、地方标准中仍规定了强制性条文的情况,则其做法违反了现行

① 原《标准化法》第6条规定:“对需要在全国范围内统一的技术要求,应当制定国家标准。国家标准由国务院标准化行政主管部门制定。对没有国家标准而又需要在全国某个行业范围内统一的技术要求,可以制定行业标准。行业标准由国务院有关行政主管部门制定,并报国务院标准化行政主管部门备案,在公布国家标准之后,该项行业标准即行废止。对没有国家标准和行业标准而又需要在省、自治区、直辖市范围内统一的工业产品的安全、卫生要求,可以制定地方标准。地方标准由省、自治区、直辖市标准化行政主管部门制定,并报国务院标准化行政主管部门和国务院有关行政主管部门备案,在公布国家标准或者行政标准之后,该项地方标准即行废止。”《标准化法实施条例》第14条第2款规定:“行业标准在相应的国家标准实施后,自行废止。”第16条第3款规定:“地方标准在相应的国家标准或行业标准实施后,自行废止。”

② 《民法典》第511条第1项规定:“质量要求不明确的,按照强制性国家标准履行;没有强制性国家标准的,按照推荐性国家标准履行;没有推荐性国家标准的,按照行业标准履行;没有国家标准、行业标准的,按照通常标准或者符合合同目的的特定标准履行。”《合同法》第62条第1项规定:“质量要求不明确的,按照国家标准、行业标准履行;没有国家标准、行业标准的,按照通常标准或者符合合同目的的特定标准履行。”

《标准化法》(2017 年修订)的规定,其规定的强制性条文与国家标准规定的强制性条文不一致的,应当按照国家标准的规定进行鉴定。这与《民法典》第 511 条第 1 项的规定也是一致的。

### (三)推荐性标准的效力

推荐性标准具有规范效力,在质量要求不明确且无强制性标准适用时可以作为鉴定的依据。首先,《民法典》第 511 条第 1 项明确把推荐性国家标准作为合同约定不明的适用标准。其次,《标准化法》(2017 年修订)第 12 条规定:"对没有推荐性国家标准、需要在全国某个行业范围内统一的技术要求,可以制定行业标准。"由此可见,推荐性标准具有规范效力。最后,推荐性标准虽然不具有强制性,但其相应的技术一般是较为成熟和可靠的,许多推荐性标准也受到行业内工程技术人员的公认。因此,推荐性标准可以在某个范围内作为共同遵守的技术依据和准则,当建设工程因违反推荐性标准而出现质量事故或质量缺陷时,责任人应当承担相应的法律责任。

需要注意的是,推荐性标准在以下情形下必须执行:

1. 法律法规中要求执行的推荐性标准,在法律法规规定的范围内必须执行;

2. 强制性标准中要求执行的推荐性标准,在强制性标准适用的范围内必须执行;

3. 合同或设计文件中规定执行的推荐性标准,在合同约定或设计文件规定的范围内必须执行;

4. 在产品或其包装上标注了推荐性标准,则该产品必须符合该标准。

上述第 3 种、第 4 种情形中,推荐性标准高于国家标准有关规定的,应当按照相应推荐性标准的规定进行鉴定。

### (四)同等级标准的冲突处理

对于同等级的技术标准,应当按照特殊高于一般、施行在后高于施行在前和采用更严格规定的原则进行鉴定。

### (五)合同约定标准的冲突处理

合同或设计文件中既规定适用国家标准,又规定适用行业标准、地方标准的,则应以其中较严格的条文作为鉴定依据。

此外，某些合同文本只是笼统地约定建设工程须符合某一类标准或某几类标准，甚至更为模糊地表述为"相关标准"，而没有提供具体标准的信息。此种情况下，如果建设工程的确有相应的标准，那么可以依工程项目地点、类别及相关信息的指引确定具体的标准。比如，2015 年签订的、位于重庆市的房屋建筑工程桩基施工合同中，约定适用当地桩基施工验收规范的，则可以确定该具体标准指向为重庆市建设工程标准《建筑桩基础设计与施工验收规范》（DBJ 50 - 200 - 2014）；2018 年签订的、位于北京市的房屋建筑工程施工合同中，约定适用当地工程资料归档要求的，则可以确定该具体标准指向为北京市地方标准《建筑工程资料管理规程》（DB11/T 695 - 2017）。如果所指向的标准不具有确定性，则可认定为合同约定不明。

## 实务判例

### 【判例】对鉴定意见的审查与采信

一、基本案情

申请人与被申请人签订了建设工程劳务分包合同（以下简称本案合同），合同约定，申请人分包某项目二期工程 2#、5#、6#、7#楼土建部分工程。承包方式为费率包干，固定费率为 107%，取费标准为定额直接费，即工程造价 =《2001 年北京市建设工程预算定额》第一、二册定额直接费（含可调材料价差）乘以费率（不含税金）+ 税金。非实体性消耗按《2001 年北京市建设工程预算定额》不作调整；钢筋、发包人招标采购的材料及发包人认价的材料（设备）结算可以调整价格；其他材料按 2008 年 5 月《北京工程造价信息》公布的信息价计算且结算不作调整；建筑人工工日单价按 48 元/工日计，安装普通装饰人工工日单价按 55 元/工日计。被申请人按发包人指定分包工程造价（不含设备价值）的 2% 支付申请人配合费总包服务费。合同专用条款第 32 条第 14 款约定，申请人合同外用工应于 7 日内经被申请人代表签认，被申请人代表的签认只代表确有其实事发生，是否发生经济变更由申请人报被申请人经营管理部审核，经项目经理签字批准后作为结算依据。零星用工工日单价为 45 元。此外，合同还约定了工程款支付方式。

2011 年 5 月，申请人与被申请人签订《夹层工程施工补充协议》，该补充协议约定，被申请人答应给予申请人的夹层板最终分包价格为 120 元/平方米（按压型板投影面积计算），包括为完成夹层板工程发生的一切人工费、辅材费、小型机械费、大临费、检验试验费、材料运输及二次倒运、成品保护等除管理费、利润以外的一切费用(不含钢筋、砼、压型板及锚栓栓钉的材料费,钢筋、砼、压型板的材料价格按批价计入,锚栓栓钉材料费按3元/个计入)。此外,该补充协议还约定,为确保按期交工,双方协商确定夹层施工开始至竣工期间,申请人管理费为45万元,利润为50万元。

2013年2月2日,申请人与被申请人签订《协议书》,该协议书的内容为:“申请人承建被申请人承包的二期工程2#、5#、6#、7#楼土建工程(详见双方合同约定),因申请人在施工过程中提出亏损,双方对此存在较大争议。经双方协商达成如下协议:除按合同(其中主要内容:分承包人为申请人,委托代理人为韦某签字,工程造价计取方式为定额直接费乘以费率107%)约定的方式进行结算(以业主最终审定结算的相关内容计算;被申请人项目经理部经理签认的现场签证、施工任务单按合同约定计取)外,被申请人另行一次性补偿乙方500万元(含税),资金视业主支付情况而定。补偿后双方不再存在其他任何争议纠纷(包括但不限于人工、材料、租赁、工期等)。”

二、当事人双方的主要争议

申请人认为,被申请人应该支付的总合同款为8765万元,故其仲裁请求为请求被申请人向申请人支付合同款2740万元及相应利息。

被申请人认为,申请人依据其自行制作的《结算报价书》确定涉案工程结算款为8765万元缺乏事实依据。经核算,涉案工程的结算款为5680万元。

三、造价鉴定情况

申请人申请对涉案工程进行造价鉴定,仲裁庭结合本案情况予以同意。经当事人复议后,鉴定机构出具的最终鉴定意见为:涉案工程确定项所涉工程造价为6740万元;不确定项所涉工程造价中,按申请人主张为725万元,按被申请人主张为168万元。

四、仲裁庭对鉴定意见的论证与采信

(一)确定项

对于鉴定机构出具的确定项,双方当事人仍存在争议,涉及二次结构钢筋及植筋造价、材料价差、土地平整费用、水电费用、现场签证等共19项。仲裁庭对其中2项进行了调整,对其他项目予以采信。限于篇幅,此处仅列出对调整项目的论述过程。

1. 关于二次结构钢筋及植筋工程

申请人认为,依据协议,二次结构钢筋及植筋项应按835万元计算,审定价中让利一事申请人在本案申请仲裁之前并不知情，此行为属于被申请人让利，与申请人无关。申请人同意将按照设计建筑面积比例计算的费用426万元计入确定项，此项费用鉴定机构少计算了131万元。

被申请人认为，二次机构钢筋实际造价为93万元，植筋工程实际造价为85万元，总计178万元。

鉴定机构回复，鉴定依据双方达成共识的图纸及和规范要求计算。同时，经核实，业主审定价汇总表中有6栋楼的总价，但没有明细，且审定价中此项费用分为让利前和让利后2项。其中，让利前总价为835万元，让利后总价为712万元。若按4栋楼建筑面积折算后，让利前为426万元，让利后为362万元。鉴定意见按图纸计量共计295万元计入确定项。

仲裁庭注意到，根据《协议书》的约定，合同内的结算"以业主最终审定结算的相关内容计算"。同时，针对某些项目的费用，申请人和被申请人在复议意见中均表达了以业主"审定价"为准的意思，故仲裁庭认为，对于业主在其结算复审报告中有明确审定价的项目，应当按照业主审定价进行计算。对于本项目来说，由于业主审定价中只有全部6栋楼的费用，而无申请人施工4栋楼的费用，且被申请人虽持有完整的业主审定价报告但拒绝提供，致使仲裁庭无法查明该项目所涵盖的具体内容，因此，仲裁庭认为，按业主审定价确定的该项目全部费用进行面积折算后，来确定申请人该项费用更为符合本案实际情况。

同时，仲裁庭注意到，本项费用还涉及让利前和让利后费用的采用。对此，仲裁庭认为，《协议书》是1份补偿协议，协议中约定的"除按合同约定的方式进行结算（以业主最终审定结算的相关内容计算；甲方项目经理部经理签认的现场签证、施工任务单按合同约定计取）外，甲方另行一次性补偿乙方500万元整（含税）"表明，被申请人对于申请人"提出亏损"的补偿设置了"以业主最终审定结算的相关内容计算"的条件。而且，基于业主与被申请人之间的发包人和总承包人的关系、被申请人与申请人之间的总承包人和分包人的关系，该条件的设置对于被申请人来说是一种防范自身结算风险的手段，而对于申请人来说是其接受另行补偿的一种代价，具有合理性。此外，结合鉴定机构的计算结果来看（按图纸计量价为295万元），现有证据不能证明被申请人的让利行为损害了申请人的利益。因此，仲裁庭认为，以让利后的审定价并按4栋楼建筑面积折算后的362万元确定本项费用符合双方当事人的约定。

2. 关于工程水电费中的电费调价

申请人认为，工程水电费中没有计算电费调价，电费调价在业主审定价中费用为35万元，按4栋楼建筑面积折算后并取费后为19万元。

鉴定机构回复，审定汇总表里有电费调价，但合同中未见到关于电费调价的约定，故未予计算。

仲裁庭注意到，业主的《结算复审报告》公共部分汇总表中有“电费调价”一项，审定金额为35万元。如前述确定项1中所述，对于业主在其结算复审报告中有审定价的项目，应当按照业主审定价进行计算。由于被申请人与业主之间的总包合同范围为6栋楼，而申请人分包范围为4栋楼，在审定价无明细的情况下，按照建筑面积进行折算是合理的。因此，仲裁庭认为，被申请人应当向申请人支付相应的电费调价费用，该费用为19万元。

最终，仲裁庭认定，确定项部分造价（不含500万元补偿款）为6330万元。

（二）不确定项

不确定性包括采保费、冬施费、脚手架超高费、总包服务费等共计18项，限于篇幅，此处仅列出其中3项的论述过程。

1. 关于外墙抹灰厚度

被申请人认为，申请人报价书中是按20毫米－10毫米厚提出的，与业主审定一致。而鉴定意见只认可20毫米厚，将－10毫米厚的申请人工程量改为0，称－10毫米厚为争议项，与申请人报价书相矛盾，故对此不予认可。

仲裁庭注意到，业主审定按10毫米计算，鉴定机构已将其计入确定项。同时，申请人《结算报价书》中，在套用子目“水泥砂浆找平层 厚度（mm）20 立面”的同时，又套用了子目“水泥砂浆找平层 厚度（mm）每增5 立面（单价 * －2）”，这表明水泥找平层的实际厚度为10毫米（20－2×5＝10）。因此，仲裁庭认为该项费用不应计入工程造价。

2. 关于夹层改造非实体项目（建筑工程脚手架、垂直运输、高层建筑超高费）

被申请人认为，夹层工程包括夹层板、地面装修和墙面装修。夹层板属于建筑工程，计取非实体项目时应适用《北京市建设工程预算定额》第一册建筑工程；地面装修和墙面装修属于装饰工程，计取非实体项目时应适用《北京市建设工程预算定额》第二册装饰工程。而根据双方的约定，夹层板价格中包含为完成夹层板工程发生的除管理费、利润以外的一切费用，故不应再另行按照定额计取此项费用。鉴定机构提出钢梁工程属于夹层改造工程，但钢梁工程采用的是《北京市房屋修缮工程预算定额》,故也不适用于计取此项费用。

仲裁庭注意到,《夹层工程施工补充协议》约定,被申请人给予申请人的夹层板最终分包价格为120元/平方米(按压型板投影面积计算),包括为完成夹层板工程发生的一切人工费、辅材费、小型机械费、大临费、检验试验费、材料运输及二次倒运、成品保护等除管理费、利润以外的一切费用(不含钢筋、砼、压型板及锚栓栓钉的材料费,钢筋、砼、压型板的材料价格按批价计入,锚栓栓钉材料费按3元/个计入)。而业主《结算复审报告》的附件显示,夹层改造工程中既包含钢梁,也包含夹层板。因此,仲裁庭认为,120元/平方米的价格并不包含夹层改造的建筑工程脚手架、垂直运输和高层建筑超高费,因此,该项费用应当计入申请人的工程造价。

3. 关于签证单费用

被申请人认为,《协议书》中明确约定项目经理签认的现场签证方可计取费用,签证单未经项目经理批准同意,为无效文件,不能作为确定造价的依据,且《协议书》已经考虑了部分单据未签字的情况,500万元补偿费已经包含该项目,不应重复计算。同时,该签证单项目属于零星用工,工日单价为45元/工日,鉴定机构按48元/工日计算,缺乏依据。

关于签证单的费用能否计入申请人的工程造价,仲裁庭注意到,该签证单上有被申请人项目部人员签字,并注明:"上述情况属实",这表明,该签证中所载内容反映了申请人施工的实际情况。仲裁庭认为,虽然《协议书》约定了"按合同约定的方式进行结算(以业主最终审定结算的相关内容计算;甲方项目经理部经理签认的现场签证、施工任务单按合同约定计取)"的内容,但由于申请人对于被申请人的项目经理能否在签证单上签字无法控制,在该签证单所载工程量属实的情况下,仅因被申请人项目经理未在签证单上签字即不计取相应费用对申请人有失公平,因此,仲裁庭认为,该签证单费用应当计入申请人的工程造价。

关于人工单价的确定,仲裁庭注意到,本案合同约定,零星用工工日单价为45元整。同时,约定建筑人工工日单价按48元/工日计。仲裁庭认为,零星用工指的是完成本案合同外的零星项目或工作所产生的用工。根据签证单的内容来看,其应属合同外零星项目,故仲裁庭认为,该签证单中的人工单价应当按45元/工日计算。

最终,仲裁庭认定,不确定项中应计入申请人工程造价的金额为328万元。

**第三十四条　【对鉴定意见和鉴定材料的质证】**

人民法院应当组织当事人对鉴定意见进行质证。鉴定人将当事人有争议且未经质证的材料作为鉴定依据的，人民法院应当组织当事人就该部分材料进行质证。经质证认为不能作为鉴定依据的，根据该材料作出的鉴定意见不得作为认定案件事实的依据。

## 条文主旨

本条规定，法院应当组织当事人对鉴定意见进行质证，否则不能作为认定案件事实的依据。

## 条文精解

### 一、鉴定意见的法律性质

鉴定是一种证据调查方法，其任务是为当事人或司法人员提供科学的认识依据，以弥补其专业知识的不足。鉴定意见本身是一种独立的证据形式，而不是“科学的判决”，其主要功能在于增强事实裁判者的认识能力。经合法程序形成的鉴定意见，必须经过查证属实才能作为定案的根据，并不具有优先采信或必须采信的证据地位。我国《民事诉讼法》第63条的规定也是如此。①

既然鉴定意见属于证据的一种，那么其就应当具有证据的两大特性，即证据能力和证明力。前者是鉴定意见能够在法庭上作为证据使用所必须具备的条件，后者则是其对于证明对象所具有的证明作用。有学者认为，鉴定意见欲具备证据能力须具备以下条件：(1)鉴定事项属于专门事实领域，否则便构成了对裁判者权力的侵犯；(2)鉴定人应当具备相应的鉴定资格，否则鉴定意见不能被作为证据使用；

---

① 《民事诉讼法》第63条规定：“证据包括：(一)当事人的陈述；(二)书证；(三)物证；(四)视听资料；(五)电子数据；(六)证人证言；(七)鉴定意见；(八)勘验笔录。证据必须查证属实，才能作为认定事实的根据。”

(3)鉴定人应当中立;(4)鉴定程序正当。[①] 同时,鉴定意见的证明力一般会受以下五个方面因素的影响:(1)鉴定人的知识水平;(2)鉴定方法和所使用仪器设备的先进程度;(3)鉴定依据的基础事实材料的可靠性;(4)鉴定人的中立性;(5)同案中的其他证据。[②]

## 二、鉴定意见的质证

实践中,对鉴定意见的质证一般会围绕鉴定机构的资质、鉴定人的资格、鉴定程序、鉴定意见的形式及客观性、关联性等几个方面进行。这里主要针对鉴定机构的资质、鉴定人的资格以及鉴定意见的形式和客观性、关联性进行讨论。

### (一)鉴定机构的资质

1. 关于鉴定机构是否需要登记

《建设工程司法鉴定程序规范》(SF/Z JD0500001 - 2014)第 3.4 款曾规定,司法鉴定机构是经过司法行政机关审核登记并取得《司法鉴定许可证》,从事司法鉴定业务的法人或者其他组织。但该规范已经被司法部"司通办〔2018〕139 号文"废止。《司法鉴定机构登记管理办法》(司法部令第 95 号)第 5 条也规定:"全国实行统一的司法鉴定机构及司法鉴定人审核登记、名册编制和名册公告制度。"而司法部在《关于对如何理解〈司法鉴定机构登记管理办法〉第 11 条规定的批复》(司复〔2001〕1 号)中指出:"司法鉴定机构是为司法、仲裁活动提供科学鉴定的公益性组织。"那么,在建设工程诉讼、仲裁案件中从事鉴定工作的机构是否需要取得《司法鉴定许可证》呢?

根据《全国人大关于司法鉴定管理问题的决定》第 2 条的规定,司法行政管理部门仅对法医类、物证类、声像资料和根据诉讼需要由司法部商最高人民法院、最高人民检察院确定的鉴定事项进行登记管理。2015 年,经司法部商最高人民法院、最高人民检察院同意,将环境损害司法鉴定纳入司法行政部门统一登记管理范围。至此,只有法医类、物证类、声像资料和环境损害四类鉴定由司法行政部门统一登记管理,其他鉴定事项不属于司法行政部门统一登记管理范围。[③] 其原因在于:"纳

---

① 参见汪建成:《司法鉴定基础理论研究》,载《法学家》2009 年第 4 期。

② 参见汪建成:《司法鉴定基础理论研究》,载《法学家》2009 年第 4 期。

③ 具体内容可参见《最高人民法院办公厅关于北京市司法局就登记管理的鉴定机构均进入北京法院专业机构名册意见的复函》(法办函〔2019〕604 号)。

入统一登记管理范围的，宜限于在诉讼活动中经常涉及的主要鉴定事项，如法医类鉴定，文书、痕迹等物证类鉴定，以及声像资料鉴定等。对那些社会通用性较强的事项，如产品质量的检验鉴定、建筑工程质量的检验鉴定等，有关法律、行政法规对这类机构应当具备的条件和监督管理已有规定，依照有关法律、行政法规的规定执行即可，不必纳入司法行政部门登记管理的范围。”①

因此，在建设工程诉讼、仲裁案件中进行的造价、质量、工期等鉴定，鉴定机构不纳入司法行政部门的管理范畴，无须取得《司法鉴定许可证》，其鉴定行为受其相关领域的法律、行政法规等制约。

2. 工程造价鉴定资质

《工程造价鉴定规范》第 2. 0. 5 项规定，鉴定机构是指受委托从事工程造价鉴定的工程造价咨询企业。根据《工程造价咨询企业管理办法》的规定，工程造价咨询企业是指接受委托，对建设项目投资、工程造价的确定与控制提供专业咨询服务的企业。② 工程造价咨询企业应当依法取得工程造价咨询企业资质，并在其资质等级许可的范围内从事工程造价咨询活动。③ 工程造价咨询业务范围包括工程造价经济纠纷的鉴定和仲裁的咨询。④ 工程造价咨询企业资质等级分为甲级和乙级。其中，甲级工程造价咨询企业可以从事各类建设项目的工程造价咨询业务，乙级工程造价咨询企业可以从事工程造价 2 亿元人民币以下的各类建设项目的工程造价咨询业务。工程造价咨询企业依法从事工程造价咨询活动，不受行政区域限制。⑤

需要注意的是，2021 年 5 月 19 日，国务院发布了《关于深化“证照分离”改革进一步激发市场主体发展活力的通知》（国发〔2021〕7 号），取消了工程造价咨询企业资质认定。至此，在诉讼及仲裁过程中，工程造价鉴定机构不再有资质要求。

3. 工程质量鉴定资质

实践中，对于从事建设工程质量检测、鉴定的机构有多种资质认定和认证证书，为避免混淆，笔者在此进行如下梳理。

---

① 具体内容可参见《全国人大法律委员会关于〈全国人民代表大会常务委员会关于司法鉴定管理问题的决定（草案）〉修改情况的汇报》。

② 《工程造价咨询企业管理办法》第 3 条。

③ 《工程造价咨询企业管理办法》第 4 条。

④ 《工程造价咨询企业管理办法》第 20 条。

⑤ 《工程造价咨询企业管理办法》第 19 条。

(1)中国计量认证(CMA)证书

CMA为检验检测机构资质认定标志,英文全称为"China Inspection Body and Laboratory Mandatory Approval"。《计量法》第22条规定:"为社会提供公证数据的产品质量检验机构,必须经省级以上人民政府计量行政部门对其计量检定、测试的能力和可靠性考核合格。"根据原《检验检测机构资质认定管理办法》第3条的规定,检验检测机构为司法机关和仲裁机构作出的裁决出具具有证明作用的数据、结果的,应当取得资质认定。① 但该办法于2021年4月被修改,修改后的办法删除了该条规定。现行《检验检测机构资质认定管理办法》(2021年修改)中的资质认定是指市场监督管理部门依照法律、行政法规规定,对向社会出具具有证明作用的数据、结果的检验检测机构的基本条件和技术能力是否符合法定要求实施的评价许可。取得该资质认定的机构即取得检验检测机构资质认定证书,并被许可使用CMA标志。经有关质量技术监督部门批准的《检验检测机构资质认定证书附表》中,会载有批准的检验检测的能力范围。

(2)工程质量检测资质

建设工程质量检测是指工程质量检测机构接受委托,依据国家有关法律、法规和工程建设强制性标准,对涉及结构安全项目的抽样检测和对进入施工现场的建筑材料、构配件的见证取样检测。根据《建设工程质量检测管理办法》(建设部令第141号,2015年修正)第4条的规定,工程质量检测机构资质按照其承担的检测业务内容分为专项检测机构资质和见证取样检测机构资质。工程质量检测机构未取得相应的资质证书,不得承担该办法规定的质量检测业务。

根据检测机构资质标准的规定,专项检测机构和见证取样检测机构应满足的基本条件之一,即为其所申请检测资质对应的项目应通过计量认证。② 由此可见,建设工程质量检测机构只要取得了工程质量检测资质,其就应当持有中国计量认

---

① 原《检验检测机构资质认定管理办法》第3条规定:"检验检测机构从事下列活动,应当取得资质认定:(一)为司法机关作出的裁决出具具有证明作用的数据、结果的;(二)为行政机关作出的行政决定出具具有证明作用的数据、结果的;(三)为仲裁机构作出的仲裁决定出具具有证明作用的数据、结果的;(四)为社会经济、公益活动出具具有证明作用的数据、结果的;(五)其他法律法规规定应当取得资质认定的。"《检验检测机构资质认定管理办法》(2021年修改)删除了该条规定。

② 根据检测机构资质标准的规定,专项检测机构和见证取样检测机构应满足下列基本条件:(1)所申请检测资质对应的项目应通过计量认证;(2)有质量检测、施工、监理或设计经历,并接受了相关检测技术培训的专业技术人员不少于10人;边远的县(区)的专业技术人员可不少于6人;(3)有符合开展检测工作所需的仪器、设备和工作场所;其中,使用属于强制检定的计量器具,要经过计量检定合格后,方可使用;(4)有健全的技术管理和质量保证体系。

证(CMA)证书。在建设工程质量检测机构资质证书中,会载有经批准的检测范围及项目。

需要注意的是,2019 年 12 月 1 日施行的《市场监管总局关于进一步推进检验检测机构资质认定改革工作的意见》(国市监检测〔2019〕206 号)规定:“对于仅从事科研、医学及保健、职业卫生技术评价服务、动植物检疫以及建设工程质量鉴定、房屋鉴定、消防设施维护保养检测等领域的机构,不再颁发资质认定证书。已取得资质认定证书的,有效期内不再受理相关资质认定事项申请,不再延续资质认定证书有效期。”根据上述改革意见,自 2019 年 12 月 1 日起,建设工程质量鉴定机构无须再持有中国计量认证(CMA)证书。

(3)中国合格评定国家认可委员会(CNAS)认可证书

中国合格评定国家认可委员会(China National Accreditation Service for Conformity Assessment,CNAS)是根据《认证认可条例》的规定,由国家认证认可监督管理委员会(CNCA)批准设立并授权的国家认可机构,其统一负责对认证机构、实验室和检验机构等相关机构的认可工作。所谓认可,是指由认可机构对认证机构、检查机构、实验室以及从事评审、审核等认证活动人员的能力和执业资格,予以承认的合格评定活动。与建设工程质量检测有关的认可证书主要有 CNAS 检验机构认可证书、CNAS 实验室认可证书、能力验证提供者认可证书等。

《认证认可条例》第 7 条规定:“国家鼓励平等互利地开展认证认可国际互认活动。”第 18 条规定:“任何法人、组织和个人可以自愿委托依法设立的认证机构进行产品、服务、管理体系认证。”由此可见,CNAS 认可证书并非国家强制取得,未取得该证书不影响鉴定机构从事建设工程质量鉴定活动。

需要注意的是,在建设工程质量鉴定过程中,可能会涉及工程勘察、设计内容。比如,当事人申请对勘察、设计成果是否符合合同约定及国家强制性标准规定的;工程总承包项目质量鉴定过程中,质量问题涉及勘察、设计质量的;建设工程施工项目质量鉴定过程中,质量问题涉及施工情况与设计文件不符等情形的,等等。对于上述情形,质量鉴定机构应具备相应的勘察、设计资质。

4. 工期鉴定资质

在工期鉴定领域,目前尚无资质管理方面的专门性规定,实践中对于工期鉴定应由造价咨询单位还是监理单位进行存在争议。笔者认为,对于因工期延误导致的损失,由于其属于造价鉴定的范畴,因此,可以委托工程造价鉴定机构进行鉴定。对于工期延误的原因、某事件对工期延误的影响、工期延误的天数等事项的鉴定,涉及项目管理经验和工期延误分析技术,一般造价咨询单位和监理单位均难以胜任。对于此类鉴定事项,宜委托具有项目管理经验和工期延误分析技术的机构进行鉴定。

(二)鉴定人的资格

1. 工程造价鉴定

《工程造价鉴定规范》第2.0.6项对鉴定人的资格作了规定,即鉴定人应当具备注册造价工程师的资格。对于同一鉴定事项,鉴定机构应指定2名及以上鉴定人共同进行鉴定。

实践中,有的鉴定机构在出具的鉴定报告中,除有2名具备注册造价师资格的鉴定人签字外,还可能载有造价员、其他专业工程师等非注册造价工程师的签字。该情形是否影响鉴定意见的效力?上述非鉴定人能否参加庭审?

笔者认为,工程造价鉴定是一项复杂工作,工作量大,耗时长,且除工程造价相关内容外,还可能涉及建设工程其他各个专业领域的技术问题。因此,除注册造价工程师之外的造价员、其他有关专业辅助人员参与鉴定工作也具有合理性,相关人员在2名鉴定人已签字的情况下再签字不违反有关法律、规范的禁止性规定,应当不影响鉴定意见的效力。同时,根据《工程造价鉴定规范》第3.8.1项的规定,①鉴定人应当出庭作证,但该规范并未禁止在鉴定人出庭作证的前提下,其他有关人员作为鉴定机构的代理人参加庭审。但是,在庭审过程中,针对法庭、仲裁庭及当事人提出的有关造价问题,应当主要由鉴定人进行回复,其他造价专业人员补充的,宜由鉴定人进行确认。对于其他专业方面的技术问题,可由相关专业技术人员回复,也宜由鉴定人对其证言予以确认。

2. 工程质量鉴定

关于建设工程质量鉴定人的资格,目前尚无统一的明确规定。但经有关质量技术监督部门批准的《检验检测机构资质认定证书附表》中,会载有授权签字人的名单,明确了该签字人被批准授权的签字领域。

对于在工程质量鉴定过程中涉及工程勘察、设计内容的,签字人应当具备相关领域的勘察、设计经验、技术职称或注册工程师的执业资格。

---

① 《工程造价鉴定规范》第3.8.1项规定:“鉴定人经委托人通知,应当依法出庭作证,接受当事人对工程造价鉴定意见书的质询,回答与鉴定事项有关的问题。”

3. 工期鉴定

在工期鉴定领域,目前尚无鉴定人资格管理方面的专门性规定。笔者认为,对于工期延误的原因、某事件对工期延误的影响、工期延误的天数等事项的鉴定,鉴定人宜具有项目管理经验,并掌握工期延误分析技术。

### (三)鉴定意见的形式

鉴定意见的表现形式主要为《鉴定意见书》(鉴定报告)和《复议意见书》(复议报告),其上应由签字人签字,并加盖鉴定机构的印章。对于工程造价鉴定,根据《工程造价鉴定规范》的规定,鉴定人还应当加盖有效的执业专用章。

实践中,有的鉴定机构出具的鉴定报告签章齐全,而相应的复议报告仅加盖有鉴定机构的印章,并无鉴定人的签字。对此,笔者认为,复议报告构成鉴定意见的一部分,因此,鉴定人应当在复议报告上签字,但其应属于可以补正的事项,不影响复议意见的效力。①

### (四)鉴定意见的客观性

鉴定意见既具有主观性,又具有客观性,是主观性与客观性的统一。由于科学是不断探求真理的动态过程,而科学性是鉴定意见的基本属性之一,由此决定了鉴定意见也具有主观性。同时,鉴定意见的"意见性"本身也表明了鉴定意见的主观性,即其本质上是鉴定人对案件事实的主观判断。鉴定意见的客观性包括待证事实的客观性、意见与事实的不可分性两个方面,即作为鉴定意见物质基础的鉴定材料所承载的案件事实是客观存在的,鉴定意见虽以鉴定人判断性意见的形式来说明案件事实,但这种判断性意见本身离不开客观的案件事实。②

建设工程司法实践中,对于鉴定意见客观性的质证可以围绕鉴定依据错误、鉴定方法失当、鉴定意见论证矛盾、计算错误等多个方面展开。具体如表14所示。

---

① 《司法鉴定程序通则》(司法部令第132号)第41条规定:"司法鉴定意见书出具后,发现有下列情形之一的,司法鉴定机构可以进行补正:(一)图像、谱图、表格不清晰的;(二)签名、盖章或者编号不符合制作要求的;(三)文字表达有瑕疵或者错别字,但不影响司法鉴定意见的。"

② 参见苏青:《鉴定意见证据规则研究》,法律出版社2016年版,第70~71页。

**表 14 鉴定意见客观性的质证角度示例表**

| 序号 | 质证角度 | 具体说明 |
| --- | --- | --- |
| 1 | 鉴定依据错误 | 该情形主要包括鉴定依据的选取违反有关法律法规、司法解释、部门规章、标准规范的规定或行业惯例,以及鉴定依据的证据(如图纸、设计变更、签证文件等)不具有真实性、合法性和关联性等。比如,存在"黑白合同"问题的,未依据中标合同进行鉴定;未采用合同约定的工程量清单价格,而直接按照市场价格信息中的"信息价"进行鉴定;合同约定的风险范围包括人材机价格上涨,鉴定人却按照市场价进行了调整;鉴定套用的定额或定额子目错误,等等① |
| 2 | 鉴定方法失当 | 该情形是指鉴定采用的方法不符合有关法律法规、标准规范的规定或不适合案件实际情况等。比如,在当事人未达成一致的情况下,固定总价合同项下的未完工工程造价据实鉴定;计算工程量的方法不符合有关工程量计算规范的规则;在未完工程造价鉴定中,未考虑承包人的不平衡报价,鉴定结论严重偏离实际情况;质量鉴定采用的检测方法不符合国家标准或行业标准的规定;工程设计质量鉴定所采用的计算模型错误;工期鉴定的方法不适合案件实际情况,等等 |
| 3 | 论证矛盾、计算错误 | 该情形是指鉴定人对鉴定结论的论证存在矛盾、逻辑错误,或对有关数据的采取和计算出现错漏,从而导致鉴定意见的结论错误 |
| 4 | 鉴定意见超出鉴定范围 | 该情形是指鉴定意见超出了委托人委托的鉴定范围。比如,委托人仅要求对变更的项目造价进行鉴定,鉴定人却对整个项目造价进行了鉴定;委托人的鉴定范围为工程质量是否符合合同及有关标准规范的要求,鉴定人却提出了"拆除重做"的意见;等等 |
| 5 | 鉴定意见不合理,导致利益严重失衡 | 比如,在工期鉴定中,鉴定人所采取的鉴定方法不正确或不适当,得出的结论违反工程常识等 |

在对鉴定意见的质证过程中,有的当事人还会要求鉴定人提供鉴定所采用的数据来源和计算过程,对此是否准许?

笔者认为,对此不宜一概而论。一般而言,鉴定意见对其所采用的数据来源应当提供清晰、明确的依据,鉴定人对此也应当作出合理的解释,否则,法官或仲裁庭

① 具体鉴定依据的确定原则可参见本书《新建设工程司法解释(一)》第 33 条【条文精解】的相关内容。

有权要求其提供相应的数据来源。对于是否提供计算过程,则应当结合具体案情进行判断。对于鉴定依据明确、鉴定人解释清楚,当事人要求提供计算过程完全出于拖延程序目的的情形,法官或仲裁庭可以不予准许;而对于经质证发现鉴定意见存在疑点的情形,法官或仲裁庭可予以准许。

(五)鉴定意见的关联性

所谓鉴定意见的关联性,是指鉴定意见与待证事实之间具有内在的必然联系。对此,当事人可以从以下几个方面进行质证:

第一,鉴定不必启动。比如,对于工程造价鉴定,可以指出建设工程合同为固定总价合同、当事人已经就工程结算达成了一致或承包人的结算文件按合同约定已视为发包人认可等;对于损失鉴定,可以指出当事人对停窝工损失不应承担责任;对于工程质量鉴定,可以指出工程已经竣工验收合格、当事人未经验收擅自使用或质量保修期已经届满等;对于工期鉴定,可以指出当事人已经就工期顺延达成一致或当事人已经重新确定了工期等。

第二,鉴定意见不能证明当事人的请求。该情形在工程质量鉴定中较为常见。比如,质量鉴定的时间无法反映竣工时的质量情况;工程质量问题不能排除勘察、设计及当事人使用的原因;工程质量问题可以通过保修解决,并非工程质量不合格;个别质量瑕疵不影响工程质量安全,如在超静定网架结构中,个别杆件内力不满足承载力要求并不一定影响整个结构的承载力和稳定性;建设工程可以维修或降低标准使用,不必拆除,等等。

## 深度研讨

众所周知,鉴定机构仅应对法院、仲裁庭无法判断的专门性问题作出专业判断,但在许多情况下,鉴定意见的作出往往离不开对法律问题的判断。因此,在经当事人质证后,裁判机构应对鉴定意见进行审查并作出最终认定。

### 一、鉴定意见的类型

鉴定意见按照鉴定结果的确定程度及其证明意义,有确定性意见与推断性意见两类。其中,确定性意见对被鉴定问题作出断然性结论,是对鉴定要求的明确回答,包括“肯定”或“否定”、“是”或“不是”、“有”或“没有”等。推断性鉴定意见是对被鉴定问题作出不确定的分析意见,包括“可能是”或“可能不是”、“可能有”或

“可能没有”、“可能相同”或“可能不同”等。鉴定人出具推断性鉴定意见的基本条件是:被鉴定问题条件差但具备一定的鉴定条件,或者被鉴定的问题本身技术难度大,经过鉴定难以形成确定性意见。从科学认识方法和证据要求角度来讲,鉴定人出具推断性意见是正常的、合理的。①

由于合同约定矛盾或证据矛盾,为使鉴定工作不至于停顿,鉴定人分别按照不同的合同约定或证据作出不同的鉴定意见,称为选择性意见。选择性意见包括确定性意见和推断性意见,其最终由法院或仲裁庭判断选择。

此外,在法院或仲裁庭未及时认定有关事项所涉证据的证明力、该证据与当事人的其他约定矛盾或就该事项的分析涉及法律判断等情况下,鉴定人可针对该事项出具单列的鉴定意见,供法院或仲裁庭判断使用。实践中对其又称为“不确定项”。比如,尚未确定效力的工程签证的费用、与“以业主审定价为准”的约定矛盾的项目实际费用、需对承担方作出法律判断的费用(如采保费、水电费)等。由于裁判者需要对“不确定项”作出采信或不采信的选择,所以,从广义上看,“不确定项”也是一种选择性意见。

选择性意见的出具增大了法院或仲裁庭的裁判难度,多种选择性意见的出具还增加了鉴定费用,给当事人造成了负担。关于选择性鉴定意见的必要性,《江苏高院施工合同案件委托鉴定指南》第 10 条规定:“鉴定机构接受鉴定委托,应当出具肯定或否定的确定性鉴定意见,原则上不得出具选择性鉴定意见。鉴定机构认为只能出具选择性鉴定意见的,应及时以书面方式与委托法院进行沟通。委托法院同意出具选择性鉴定意见的,鉴定机构方可出具选择性鉴定意见。”

笔者认为,对于鉴定应依据的合同、图纸、变更洽商及签证等,一般宜在委托鉴定前予以确认。但由于建设工程案件的复杂性,随着鉴定的进行,也可能会出现某些影响裁判者判断的因素,如勘验结果与变更或签证文件不同、不同证据之间存在矛盾等。因此,也应当允许裁判者对某些存在瑕疵或疑点的变更、签证文件暂不确认,而由鉴定人出具选择性意见或“不确定项”,供裁判者判断使用。同时,在鉴定过程中,鉴定人基于其专业知识还可能发现其他证据之间的矛盾之处,发掘出法律问题和专业问题交织的争议点,如建筑材料批价单的组成内容、建筑工程脚手架或垂直运输费用的计取、人工单价的确定等。对于此类争议点,因裁判者的知识结构和审理时间所限,在未经鉴定时一般难以发现。因此,由鉴

① 参见周子义、周柯生:《建设工程司法鉴定程序规范解读与行业展望》,载《中国司法鉴定》2014年第6期。

定人对此类争议点出具选择性意见或“不确定项”，符合建设工程鉴定的一般规律。由上述分析可知，选择性鉴定意见和“不确定项”在较大程度上是难以避免的，对其不宜一概排斥。

## 二、对鉴定意见的审查认定

鉴于鉴定意见是证据的一种，在当事人对其进行质证后，法院或仲裁庭应当对鉴定意见进行审查，从而决定是否采信。对鉴定意见的审查认定，应根据当事人的质证意见，围绕鉴定机构的资质、鉴定人的资格、鉴定程序、鉴定意见的形式及客观性、关联性等几个方面进行。具体来说，常见的审查认定要点见表15。

**表15　鉴定意见审查要点及说明示例表**

| 序号 | 审查认定要点 | 具体说明 |
|---|---|---|
| 1 | 鉴定机构和鉴定人是否具备相应的资格 | 审查内容主要包括鉴定机构是否具有相应的鉴定资质，鉴定人是否具备相应的资格。所涉鉴定事项对鉴定机构的资质和鉴定人的资格没有具体规定的，需要审查鉴定机构和鉴定人是否具备相应的从业经验和专业能力 |
| 2 | 鉴定程序是否符合法律法规及有关标准规范的规定 | 审查内容主要包括：鉴定机构和鉴定人是否存在回避事由，鉴定人的数量是否为2名及以上，鉴定意见所依据的证据是否经过质证，等等。鉴定人将当事人有争议且未经质证的材料作为鉴定依据的，法院应当组织当事人就该部分材料进行质证。经质证认为不能作为鉴定依据的，根据该材料作出的鉴定意见不得作为认定案件事实的依据 |
| 3 | 鉴定依据是否正确 | 审查内容主要包括鉴定依据的选取是否违反有关法律法规、司法解释、部门规章、标准规范的规定或行业惯例，以及鉴定依据的证据（如图纸、设计变更、签证文件等）是否采信等。具体可参见本条〔条文精解〕第二部分的相关内容 |
| 4 | 鉴定方法是否适当 | 审查内容主要包括鉴定人采用的方法是否符合有关法律法规、标准规范的规定，是否适合案件实际情况等。比如，在“常熟市九泰宏业置业有限公司与浙江国泰建设集团有限公司建设工程施工合同纠纷案”中，鉴定人采用传统的横道图方法作为基本的鉴定方法，而未采用关键线路方法，且对甲供迟延等未予延长工期，也不能对当事人的质疑给出信服的答复，从而导致工期延误鉴定意见在二审中未被采信，案件发回重审① |

① 参见江苏省高级人民法院民一庭课题组：《建设工程司法鉴定疑难问题研究》，载《法律适用》2016年第4期。

续表

| 序号 | 审查认定要点 | 具体说明 |
| --- | --- | --- |
| 5 | 鉴定意见是否超越鉴定范围 | 审查内容主要是鉴定意见是否超出了委托人委托的鉴定范围。具体可参见本条〔条文精解〕第二部分的相关内容 |
| 6 | 鉴定意见是否具有关联性 | 审查内容主要是鉴定意见与待证事实之间是否具有内在的必然联系。具体可参见本条〔条文精解〕第二部分的相关内容 |
| 7 | 鉴定意见的论证是否充分 | 鉴定意见论证不充分在实践中主要表现为:(1)模棱两可。有的鉴定意见只有结论,没有鉴定过程描述或详细分析说明;还有的论证部分和最终结论不一致,论证过程相互矛盾或模棱两可。(2)数据不清。数据对于工程司法鉴定的准确性和简洁明了有着不可替代的作用,但实践中还有鉴定人出具的鉴定意见中各项数据不精确,数据和计算结果不相一致的情形。比如,在"江苏省宏远建设集团有限公司与宿迁市国大房地产开发有限公司建设工程施工合同纠纷案"中,因鉴定人笔误导致鉴定意见出现错误,致使工程款计算错误被改判① |
| 8 | 对推断性鉴定意见、选择性鉴定意见或"不确定项"作出认定 | 针对鉴定人出具的推断性鉴定意见、选择性鉴定意见或"不确定项",法院或仲裁庭应当根据有关法律法规、司法解释的规定和合同约定,对有关鉴定意见的鉴定依据进行分析和论证,并结合案件实际情况作出认定。在鉴定意见对待证事实的证明未能达到"高度盖然性"的情况下,可以运用证据规则认定由当事人承担不利的法律后果。<br>需要注意的是,法院或仲裁庭不但应当对推断性鉴定意见、选择性鉴定意见和鉴定意见中的"不确定项"进行审查认定,也应当对确定性鉴定意见进行审查 |

实践中,在对鉴定意见征求意见的过程中,鉴定人对双方未提出意见的鉴定报告进行了主动修正,这是否违反鉴定程序?

笔者认为,鉴定人作为鉴定意见的出具人,其有权对发现的问题进行主动修正,这也是其职责所在,并不违反鉴定程序。

此外,法院或仲裁庭发现鉴定意见存在鉴定依据采用不当、鉴定数据存在错漏等情形时,可以由鉴定人通过出具补充鉴定意见方式予以纠正的,应当告知鉴定人出具补充鉴定意见;如果存在鉴定人不具备相应资格、鉴定程序严重违法、鉴定意

① 参见江苏省高级人民法院民一庭课题组:《建设工程司法鉴定疑难问题研究》,载《法律适用》2016 年第 4 期。

见依据明显不足等情形，当事人申请重新鉴定的，法院或仲裁庭应予准许。[①]

## 实务判例

### 【判例】鉴定材料未经质证的，根据该材料作出的鉴定意见不能作为认定案件事实的依据[②]

2012年12月4日，胥某借用嘉陵建司资质与瑞地置业签订建设工程施工合同。该合同约定，由胥某承建瑞地置业所开发某项目的土建及装修工程；工程合同价款采用在定额基础上让利的方式确定，合同价款除因设计变更引起增减工程量变化调整，其余情况一律不作调整。竣工结算按发包方审核的竣工图及设计变更文件计算工程量，按四类三级Ⅱ档企业取费标准计费和《2009年四川省建设工程工程量清单计价定额》及有关配套文件确定工程造价，并按总造价6%让利，承包人购买材料价格按四川省南充市同期信息参考价进行结算等合同内容。

合同签订后，胥某进行了施工建设。2014年10月工程交付使用后，瑞地置业委托造价咨询单位对该工程进行了造价计算。至2016年11月8日，胥某自行结算报价金额为16,797,439.61元，造价咨询单位确认该工程结算造价金额为12,015,267.98元。胥某不认可造价咨询单位的结算金额，故以瑞地置业为被告、嘉陵建司为第三人诉至法院。

一审法院依胥某的申请，委托中证公司对涉案工程的总造价进行鉴定。中证公司的鉴定结果为15,227,770.68元（其中能明确的金额为14,882,275.12元，争议的金额为345,495.56元）。胥某对金额为14,882,275.12元部分无异议，认为金额为345,495.56元部分应当计入工程造价。瑞地置业则认为该鉴定结果明显不符合客观实际，不应当作为工程总造价结算的依据，要求另行重新鉴定。

一审法院认为，胥某借用嘉陵建司资质承建涉案工程，且该工程施工由胥某组织，工程款项由胥某直接收取，且嘉陵建司及瑞地置业对胥某的实际施工人主体资格均无异议，故依法予以确认。瑞地置业自行委托第三方作出的结算结论，因胥某

---

① 《民事诉讼证据规定》（2019年修订）第40条规定："当事人申请重新鉴定，存在下列情形之一的，人民法院应当准许：（一）鉴定人不具备相应资格的；（二）鉴定程序严重违法的；（三）鉴定意见明显依据不足的；（四）鉴定意见不能作为证据使用的其他情形。"

② 参见四川省南充市中级人民法院（2018）川13民终3637号民事判决书、四川省高级人民法院（2019）川民申2997号民事裁定书。

不认可,不能作为结算依据。

关于中正公司出具的鉴定报告,一审法院认为,该鉴定报告程序合法,鉴定机构和鉴定人员均具备相关的鉴定资格,鉴定结果符合客观实际,依法予以采信。瑞地置业提出要求另行鉴定的理由不能成立,不予支持。同时,对鉴定报告中有争议部分中的121,437.74元予以采信。

二审法院认为,依照《建设工程司法解释(二)》第24条"实际施工人以发包人为被告主张权利的,人民法院应当追加转包人或者违法分包人为本案第三人,在查明发包人欠付转包人或者违法分包人建设工程价款的数额后,判决发包人在欠付建设工程价款范围内对实际施工人承担责任"的规定,①瑞地置业作为发包方应当在欠付工程款范围内对实际施工人胥某承担支付工程款项的责任,且涉案工程竣工的结算实际是瑞地置业与胥某直接进行,各方当事人对此均未提出异议,为减少诉累,了结纠纷,对于胥某要求瑞地置业与之结算并支付工程尾款的诉讼请求,予以支持。

关于中证公司所作造价鉴定结论能否作为定案依据,二审法院认为,中证公司接受法院委托,依据施工图及设计变更、技术经济签证核定单来确定工程量,依据充分。鉴定机构在鉴定过程中派员进行了现场勘查,在双方对鉴定征求意见稿提出异议后进行了复核修正,鉴定程序合法,该鉴定报告依法应当采信。瑞地置业认为鉴定报告违法,要求重新鉴定,无事实及法律依据,不予支持。

瑞地置业申请再审称:第一,瑞地置业曾向一审、二审法院提交认定本案事实的主要证据《现场施工实际做法确认单》《现场施工实际做法补充确认单》,一审、二审法院均未予以质证,中证公司出具的鉴定报告将该证据列为鉴定依据,但在鉴定结论中并未体现,现作为再审新证据予以提交,足以推翻原判决、裁定,符合《民事诉讼法》第200条第1项规定应予再审的情形;第二,中证鉴定报告书在鉴定方法、鉴定结论上均有重大错误,但原判予以采信,导致以此认定的案件基本事实缺乏证据证明,且原判认定利息的起算时间缺乏证据证明,符合《民事诉讼法》第200条第2项规定应予再审的情形;第三,胥某无权突破合同的相对性向瑞地置业主张权利,原判适用法律错误,符合《民事诉讼法》第200条第6项规定应予再审的情形。因此,请求撤销原二审判决,并改判驳回胥某的起诉或全部诉讼请求。

再审法院经审查认为:首先,鉴定报告中列明的鉴定依据中包含《现场施工实

① 《建设工程司法解释(二)》废止后,《新建设工程司法解释(一)》第43条第2款作了同样的规定。

际做法确认单》,但庭审笔录中未显示原审法院对该鉴定依据组织了当事人进行质证,且当事人对该证据争议较大,因此,原判直接将鉴定报告作为认定案件事实的依据违反了《建设工程司法解释(二)》第16条的规定。其次,胥某承建的涉案工程共包含6幢楼,但鉴定报告所列明的"单项工程竣工结算汇总表""建筑工程""装饰工程"分项工程项目中缺少2幢楼的相关鉴定数据。原判对此未予以审查,且未要求鉴定机构进行补充、更正,存在不当。因此,再审法院认为,瑞地置业的再审申请符合《民事诉讼法》第200条第2项、第4项规定的情形,其再审理由成立。

**【判例点评】**

根据本案有关判决书和裁定书的内容,笔者认为,以下法律问题值得讨论:

1. 关于《建设工程司法解释(二)》第24条的适用。[①] 二审法院认为,依照《建设工程司法解释(二)》第24条的规定,瑞地置业作为发包方应当在欠付工程款范围内对实际施工人胥某承担支付工程款项的责任。笔者认为,《建设工程司法解释》第26条和《建设工程司法解释(二)》第24条[②]规定的实际施工人不包括挂靠人,挂靠人不能以上述规定为依据向发包人主张权利。具体分析详见本书对《新建设工程司法解释(一)》第43条的条文精解。

本案中,胥某为挂靠人,并非转承包人或违法分包人,不适用上述解释的规定。因此,二审判决书的表述值得商榷。

2. 关于胥某是否为适格的诉讼主体。挂靠人与被挂靠人之间的挂靠行为是一种借名行为。有学者认为,基于不同的借名行为类型,其法律效果有所不同。若第三人不知道或不应知道借名人乃假借他人名义,且只愿意与出名人实施法律行为,由于出名人事先同意借名人使用其名义,应当类推适用《合同法》第49条,[③]由出名人作为借名人实施法律行为的主体;若第三人知道借名人乃假借他人名义,则其不受信赖原则的保护,两者的行为依据意思表示来决定,若第三人与借名人均具有受

---

① 《建设工程司法解释(二)》废止后,《新建设工程司法解释(一)》第43条第2款作了同样的规定。

② 《建设工程司法解释》及《建设工程司法解释(二)》废止后,《新建设工程司法解释(一)》第43条对实际施工人的权利作了规定。

③ 《合同法》第49条规定:"行为人没有代理权、超越代理权或者代理权终止后以被代理人名义订立合同,相对人有理由相信行为人有代理权的,该代理行为有效。"《民法典》第172条也有类似规定:"行为人没有代理权、超越代理权或者代理权终止后,仍然实施代理行为,相对人有理由相信行为人有代理权的,代理行为有效。"

其意思表示拘束的意思,具有相应的效果意思,则该行为在第三人与借名人之间成立。[①] 由此可见,在发包人不知道或不应知道挂靠人借用资质的情形下,挂靠人不能直接向被挂靠人主张工程款债权,但发包人订立合同时明知挂靠人借用资质的,则在挂靠人和发包人之间成立事实合同关系。具体分析详见本书对《新建设工程司法解释(一)》第43条的条文精解。

本案中,若瑞地置业明知胥某为借用嘉陵建司资质的挂靠人,则胥某为适格的诉讼主体,有权向瑞地置业主张工程款债权;若瑞地置业不知道或不应知道胥某为借用嘉陵建司资质的挂靠人,则胥某不是适格的诉讼主体,法院应驳回起诉。根据本案判决书关于"由胥某承建瑞地置业所开发某项目的土建及装修工程"及"工程款项由胥某直接收取"的描述,笔者判断,瑞地置业明知胥某借用嘉陵建司资质的可能性较大。因此,本案一审、二审判决对胥某主体资格的认定具有合理性。

① 参见冉克平:《论借名实施法律行为的效果》,载《法学》2014年第2期。

**第三十五条 【建设工程价款优先受偿权的权利主体】**

与发包人订立建设工程施工合同的承包人，依据民法典第八百零七条的规定请求其承建工程的价款就工程折价或者拍卖的价款优先受偿的，人民法院应予支持。

## 条文主旨

建设工程价款优先受偿权最早源于《合同法》第 286 条的规定。《民法典》第 807 条对此也作了规定。[①] 本条是关于建设工程价款优先受偿权权利主体的规定。由本条规定可以得出，与发包人订立建设工程施工合同的承包人对工程价款享有优先受偿权。

## 条文精解

### 一、建设工程勘察、设计合同的承包人不是优先受偿权的主体

一般认为，建设工程价款优先受偿权的权利主体不包括建设工程勘察人和设计人。有观点认为，其原因在于"勘察人员、设计人员收入一般较高，属于知识分子阶层，不属于法律要特殊保护的对象"，该权利的立法目的主要是优先保护社会的弱势群体，"而不是要优先保护勘察人员、设计人员这样的高收入群体"。[②] 笔者认为，即使按照优先权的定性，该观点也混淆了一般优先权与特别优先权的概念和立法宗旨，殊难赞同。不能将建设工程勘察人、设计人作为优先受偿权的权利主体，有如下几个方面的原因：

第一，建设工程价款优先受偿权在性质上是一种法定担保物权，其成立应以所担保标的物的存在为前提，而勘察、设计合同的承包人在发包人拒付合同价款时，

---

① 《民法典》第 807 条规定："发包人未按照约定支付价款的，承包人可以催告发包人在合理期限内支付价款。发包人逾期不支付的，除根据建设工程的性质不宜折价、拍卖外，承包人可以与发包人协议将该工程折价，也可以请求人民法院将该工程依法拍卖。建设工程的价款就该工程折价或者拍卖的价款优先受偿。"

② 参见最高人民法院民事审判第一庭编著：《最高人民法院建设工程施工合同司法解释（二）理解与适用》，人民法院出版社 2019 年版，第 365 页。

建设工程即担保物权的标的物可能尚不存在。

第二,建设工程价款优先受偿权与承揽合同中的留置权十分类似,只是为发挥不动产效能,不以占有标的物作为建设工程价款优先受偿权成立的要件,以达到最大限度发挥不动产标的物价值的目的。因此,建设工程这一标的物应当与优先受偿权所担保的债权属于同一法律关系。[①] 勘察、设计合同的承包人不是建设工程的建造主体,其所付出劳动凝聚成的成果是勘察、设计文件而非建筑物,建筑物并非勘察费、设计费债权发生的基础。因此,勘察、设计人的债权与建筑物不属于同一法律关系,勘察人、设计人也就不能作为优先受偿权的权利主体。

第三,当发包人未按约定支付价款时,工程勘察、设计合同的承揽人可以基于承揽关系对其工作成果即勘察报告或设计文件、图纸等行使留置权,其权利可以得到保护。

## 二、工程总承包合同的承包人应为优先受偿权的权利主体

根据《房建和市政工程总承包管理办法》第 3 条的规定,工程总承包是指承包单位按照与建设单位签订的合同,对工程设计、采购、施工或者设计、施工等阶段实行总承包,并对工程的质量、安全、工期和造价等全面负责的工程建设组织实施方式。由此可见,工程总承包合同包含设计和施工两个方面的工作,EPC 工程总承包合同还包含采购的内容。

### (一)工程总承包合同的法律性质

对于设计、施工工程总承包合同(Design - Build,DB 模式)来说,其由建设工程设计、施工两项工作内容组成,由于设计合同与施工合同同属建设工程合同,因此,此类工程总承包合同的性质应为建设工程合同。

对于 EPC 工程总承包合同的法律性质,实践中有不同观点。有观点认为,工程总承包合同为混合合同;也有观点认为,工程总承包合同属于建设工程合同。上述观点的分歧在于,EPC 工程总承包合同中的设备采购是否会形成买卖合同与建设工程合同的混合。

笔者认为,EPC 工程总承包合同在性质上仍应界定为建设工程合同,理由如下:

---

① 《民法典》第 448 条规定:"债权人留置的动产,应当与债权属于同一法律关系,但是企业之间留置的除外。"

首先，在工程设备买卖合同中，出卖人的主要义务是将工程设备的所有权移转给买受人。在EPC工程总承包合同中，承包人采购工程设备后，并未直接将其交付给发包人，而是将其组装成集成的“设备系统”。该系统经调试、试运行和验收合格后才交付给发包人。由此可见，在EPC工程总承包合同中，承包人与工程设备相关的义务是交付由各个工程设备组成的完整“设备系统”，而并非移转各个工程设备的所有权。该“设备系统”是由各个工程设备与承包人劳动物化而成的工作成果。承包人的上述工作符合承揽合同的基本特征。

其次，承包人最终将设备安装于建设工程之上形成“设备系统”，该系统的性能指标与建设工程的质量合格指标具有一致性，“设备系统”成为永久工程的一部分。《标准设计施工总承包招标文件》(2012年版)即规定，永久工程是指按合同约定建造并移交给发包人的工程，包括工程设备。FIDIC出版的《EPC/交钥匙工程合同条件》也有类似规定。①

最后，从EPC工程总承包合同的整体来看，合同中的设备采购是形成“设备系统”的必经过程，并最终以完成满足包括“设备系统”在内的合格工程为目的。而且，在我国，工程设备安装也需要相应的施工资质，工程设备安装合同也属于建设工程施工合同的一种。因此，EPC工程总承包合同的性质应认定为建设工程合同。

### (二)工程总承包合同的承包人是优先受偿权的主体

如前所述，建设工程设计合同的承包人不享有工程价款的优先受偿权，但笔者认为，尽管工程总承包合同包含设计工作，其合同目的与建设工程设计合同却并不相同。

在建设工程设计合同中，合同目的是由设计人为发包人提供合格的设计成果，以为此后的工程施工提供设计依据。设计人的智力劳动最终凝聚成设计文件等成果，而非建设工程实体，设计人的债权与施工人完成的建设工程不属于同一法律关系。工程总承包合同在性质上属于建设工程合同，该合同的目的是由承包人为业主提供合格的建设工程，承包人交付的最终产品也是建设工程，设计文件仅是实现合同目的的一个环节。由于最终的建设工程中包含了承包人物化的劳动，承包人

---

① 《EPC/交钥匙工程合同条件》(1999年版)第1.1.5.4目规定，“永久工程”系指根据合同承包商要进行设计和施工的永久性工程。第1.1.5.5目规定，“生产设备”系指拟构成或正构成永久工程一部分的仪器、机械和车辆。参见国际咨询工程师联合会、中国工程咨询协会编译:《设计采购施工(EPC)/交钥匙工程合同条件》(1999年第1版)，机械工业出版社2013年版，第19~20页。

有权以该物化的劳动成果对其债权进行担保并优先受偿。因此,工程总承包合同的承包人对包括设计费在内的建设工程价款应当享有优先受偿权。

由于EPC工程总承包合同中的“设备系统”构成建设工程的一部分,相应价款一般也应属于工程价款优先受偿权的受偿范围。需要注意的是,如果承包人在合同中对工程设备约定了所有权保留条款,该条款对已经安装在工程中的设备是否适用?实践中对此存在争议。

在“湖南省嘉禾县南岭水泥有限公司、杭州新概念节能科技有限公司所有权确认纠纷案”中,法院认为,包括锅炉、汽轮机、发电机在内的电站项目设备,并非不可移动,其属于依附在建筑物上的设备,不属于地上定着物,应为动产,因此,根据《合同法》第174条的规定,①上述设备应适用所有权保留制度,保留所有权的当事人有权行使取回权。② 在“南京凯盛开能环保能源有限公司与河源和兴水泥有限公司建设工程施工合同纠纷案”中,法院则认为,余热电站系统设备系用于余热发电工程的建设,该余热发电工程已经施工完毕,定着于地面,属于不动产范畴,因此,对当事人主张余热电站系统设备所有权保留的主张未予支持。③

关于EPC工程总承包合同中工程设备的所有权保留的适用性问题,涉及所有权保留的性质、所有权保留制度适用的客体与合同类型、动产与不动产的判断、所有权保留与优先受偿权的竞合等诸多复杂法律问题,笔者将另行撰文进行讨论。

## 三、临时性建筑与农村自建住宅的承包人是否为优先受偿权的主体

根据《建筑法》第83条的规定,临时性房屋建筑和农民自建低层住宅的建筑活动,不适用该法。然而,此类建筑活动不适用《建筑法》,并不能得出其不属于建设工程的结论。

临时性建筑虽然具有临时性、简易性的特点,但其施工、建造亦应遵守国家有关标准规范的规定,符合建设工程的特性,仍属于建设工程范畴。比如,《建筑结构可靠性设计统一标准》(GB 50068－2018)第3.3.3项规定,临时性建筑结构的设计使用年限为5年;上海市住建委批准了《临时性建(构)筑物应用技术规程》(DGJ 08－114－2016),对临时性建(构)筑物的设计、施工安装与使用管理进行规范;铁道部

① 《合同法》第174条规定:“法律对其他有偿合同有规定的,依照其规定;没有规定的,参照买卖合同的有关规定。”《民法典》第646条也有类似规定:“法律对其他有偿合同有规定的,依照其规定;没有规定的,参照适用买卖合同的有关规定。”

② 参见最高人民法院(2019)最高法民申2568号民事裁定书。

③ 参见广东省高级人民法院(2020)粤民申4286号民事裁定书。

也颁布了《铁路大型临时工程和过渡工程设计暂行规定》,对铁路大型临时工程和过渡工程的设计标准进行了统一。因此,以临时性建筑为工作成果的合同为建设工程施工合同,而非一般承揽合同。不同的是,临时性建筑不完全适用《建筑法》关于施工许可、设计、施工、监理、招标投标的规定,施工人不一定需要具备相应的建筑业企业资质。同样,农民两层(含两层)以下的自建住宅无须由具有资质的单位设计、施工,但也属于建设工程范畴。

上述两类工程的建筑活动不适用《建筑法》,并不等同于建设行政主管部门不对其进行监督管理,只不过不按《建筑法》的基本程序和环节进行管理而已。《〈中华人民共和国建筑法〉释义》一书就曾指出:"建设行政主管部门可以制订有关质量、安全管理办法,将此类工程纳入适用范围,引导农民和临时建筑工程的建设单位加强安全、质量管理。"①《建设部关于加强村镇建设工程质量安全管理的若干意见》(建质〔2004〕216 号)第 3 条第 3 项规定:"对于村庄建设规划范围内的农民自建两层(含两层)以下住宅的建设活动,县级建设行政主管部门的管理以为农民提供技术服务和指导作为主要工作方式。"2019 年 3 月,广州市住房和城乡建设局、广州市规划和自然资源局、广州市城市管理和综合执法局及广州市应急管理局印发了《广州市加强临时性建筑工程和限额以下小型工程建设管理工作的通知》,对临时性建筑的基建程序、资质条件、文明施工等也作了明确规定。

由上述分析可知,临时性房屋建筑和农民自建低层住宅属于建设工程范畴,就上述工程建设签订的施工合同属于建设工程施工合同。其中,临时性房屋建筑应当适用《民法典》第 807 条的规定,只是其折价、变价拍卖的价值有限而已。至于农民自建低层住宅,由于《优先受偿权问题的批复》明确规定"消费者交付购买商品房的全部或者大部分款项后,承包人就该商品房享有的工程价款优先受偿权不得对抗买受人",基于对自建人生存利益的保护,承包人不应当享有就其工程价款优先受偿的权利。

### 实际施工人能否成为优先受偿权的权利主体

"实际施工人"一词源于《建设工程司法解释》的规定。该司法解释第 1 条、第 4

---

① 国务院法制局、建设部编著:《〈中华人民共和国建筑法〉释义》,中国建筑工业出版社 1997 年版,第 172 页。

条、第 25 条和第 26 条使用了“实际施工人”的概念。[①] 综合上述条文的规定可知，实际施工人包括转包合同的承包人、违法分包合同的承包人以及借用资质签订施工合同的承包人。

关于实际施工人能否成为优先受偿权的权利主体，有肯定说和否定说两种不同观点。[②] 根据本条的规定，只有与发包人(此处特指建设单位)订立建设工程施工合同的承包人才享有建设工程价款的优先受偿权。转包合同的承包人、违法分包合同的承包人与发包人并无合同关系，其当然不能成为优先受偿权的享有主体。从理论上看，尽管《新建设工程司法解释(一)》第 43 条赋予实际施工人向发包人有条件地主张欠款的权利，但该权利并不是基于建设工程施工合同而产生的债权，这就使承包人的优先受偿权失去了产生的基础。同时，“倘若允许其适用优先权增强其受偿效力，一方面等于变相鼓励了非法分包、转包行为，另一方面也对发包人的其他合法债权人颇有不公”[③]。

值得注意的是，借用承包人资质承揽工程的实际施工人是否一定不享有优先受偿权？这需要进一步讨论。

发包人与承包人及借用资质的实际施工人之间的法律关系，因发包人对借用资质是否明知而不同。对于发包人不明知的情形，实际施工人与发包人之间没有合同关系，其当然不享有工程价款的优先受偿权；而对于发包人明知的情形，可以认为在发包人和实际施工人之间成立了事实合同关系，此时实际施工人有权向发包人主张工程款债权。在这种情况下，由于该事实合同无效，实际施工人能否享有优先受偿权的问题，就转化为合同无效情形下的优先受偿权是否成立的问题了。

---

① 该司法解释第 1 条规定：“建设工程施工合同具有下列情形之一的，应当根据合同法第五十二条第(五)项的规定，认定无效：(一)承包人未取得建筑施工企业资质或者超越资质等级的；(二)没有资质的实际施工人借用有资质的建筑施工企业名义的；(三)建设工程必须进行招标而未招标或者中标无效的。”第 4 条规定：“承包人非法转包、违法分包建设工程或者没有资质的实际施工人借用有资质的建筑施工企业名义与他人签订建设工程施工合同的行为无效。人民法院可以根据民法通则第一百三十四条规定，收缴当事人已经取得的非法所得。”第 25 条规定：“因建设工程质量发生争议的，发包人可以以总承包人、分包人和实际施工人为共同被告提起诉讼。”第 26 条规定：“实际施工人以转包人、违法分包人为被告起诉的，人民法院应当依法受理。实际施工人以发包人为被告主张权利的，人民法院可以追加转包人或者违法分包人为本案当事人。发包人只在欠付工程价款范围内对实际施工人承担责任。”

② 肯定说参见仲伟珩：《建设工程价款优先受偿权若干疑难问题分析》，载最高人民法院民事审判第一庭编：《民事审判指导与参考》(总第 43 集)，法律出版社 2011 年版。否定说参见陈旻、孙盈：《建设工程承包人优先权之审判实务若干问题研究》，载最高人民法院民事审判第一庭编：《民事审判指导与参考》(总第 37 集)，法律出版社 2009 年版。

③ 陈旻、孙盈：《建设工程承包人优先权之审判实务若干问题研究》，载最高人民法院民事审判第一庭编：《民事审判指导与参考》(总第 37 集)，法律出版社 2009 年版。

根据《新建设工程司法解释(一)》的精神,合同无效并不影响优先受偿权的成立,因此,与发包人成立事实合同关系的借用资质的实际施工人,应当享有工程价款的优先受偿权。在“宁夏钰隆工程有限公司与安徽三建工程有限公司建设工程施工合同纠纷再审案”中,最高人民法院即认为,在发包人同意或者认可挂靠存在的情形下,挂靠人是实际承包人,被挂靠人是名义承包人,两者与发包人属于同一建设工程施工合同的双方当事人,认定挂靠人享有优先受偿权,并不违反本条的规定。①

关于合同效力对优先受偿权的影响,详见本书对《新建设工程司法解释(一)》第 38 条的精解。

## 五、合法受让工程款债权的受让人也是优先受偿权的主体

关于建设工程价款债权转让后,受让人是否享有优先受偿权,实践中存在不同观点。有观点认为,建设工程承包人转让其在施工中形成的债权,受让人基于债权的转让而取得工程款债权,因而其应当享有该工程款的优先受偿权。② 也有观点认为,建设工程价款优先受偿权目的在于保护农民工利益,具有人身属性,因此,承包人将建设工程价款债权转让的,建设工程价款的优先受偿权消灭。③

笔者认为,建设工程价款的优先受偿权在性质上是一种法定担保物权,具有从属性,并随主债权的转移而转移。《民法典》第 407 条也规定,除法律另有规定或当事人另有约定的情形外,债权转让的,担保该债权的抵押权一并转让。因此,合法受让工程款债权的受让人也是建设工程价款优先受偿权的主体。《江苏高院关于施工合同纠纷问题的解答》对此也作了规定:“建设工程价款优先受偿权依附于工程款债权,承包人将建设工程价款债权转让的,建设工程价款优先受偿权随之转让。受让人是否实际享有建设工程价款优先受偿权,仍应进行实体审查。”

在“安徽中防投资有限公司、浙江湖州市建工集团有限公司建设工程施工合同纠纷案”中,法院也认为:工程款债权转让的,具有担保工程款债权实现的建设工程价款优先受偿权应一并转让;允许建设工程价款优先受偿权随主债权一并转让,有利于加速主债权人通过流转的方式实现权利,得到清偿,从根本上有利于建设工程

① 参见(2019)最高法民申 6085 号民事裁定书。

② 参见最高人民法院民事审判第一庭编著:《最高人民法院建设工程施工合同司法解释(二)理解与适用》,人民法院出版社 2019 年版,第 373 页。

③ 参见李后龙、潘军锋:《建设工程价款优先受偿权审判疑难问题研究》,载《法律适用》2016 年第 10 期。

价款优先受偿权设立的目的，保障工程款债权人的利益。[①]

实践中，有观点认为，分包人、实际施工人依法受让承包人的工程款债权，其取得优先受偿权需要前提条件，即除承包人有权转让工程价款债权外，分包人、实际施工人受让的债权必须是承包人全部的建设工程价款债权。其理由在于，在转让部分债权情形下赋予受让人优先受偿权，不仅会使同一建设工程同时存在多个优先受偿权，还会致使整体建设工程的价值产生贬损。[②]

笔者认为，受让人受让承包人的部分工程款债权并不影响优先受偿权的成立，主要理由如下：

首先，在同一建设工程之上可以同时存在不同主体的多个优先受偿权。根据建设工程价款优先受偿权的担保物权属性，其担保的标的物仅及于承包人所完成的部分，虽然该部分与整体建设工程在物理上难以分割，但其变价价值却可以从建设工程整体价值中剥离，故在同一建设工程分别由不同承包人完成的情形下，各个承包人对各自所完成的部分应当享有优先受偿权。由此，承包人将部分债权转让的，因受让人的受让债权与承包人的剩余债权并无重叠，相应债权之优先受偿权的担保物也不同，因此，在同一整体建设工程之上，不同主体就不同分部分项工程价款同时成立优先受偿权并无障碍。比如，承包人将其总包的建设工程的装饰装修工程分包给分包人，此后又将其对发包人享有的该装饰装修工程部分的债权转让给分包人，分包人因此取得的装饰装修工程价款优先受偿权与承包人就其余工程价款的优先受偿权并无冲突，二者可以同时存在于一个建设工程之上。

其次，分部分项工程属于整体建设工程的一部分，其与整体建设工程均属于同一个所有权人。在转让人和受让人均向发包人主张优先受偿权时，其效果与转让人在转让债权之前直接主张该权利没有差别。在受让人单独就受让债权主张优先受偿权时，“会致使整体建设工程的价值产生贬损”的观点也难以成立。因为在发包人无款可付的情况下，任何债务人均可申请法院对发包人的财产采取强制执行措施，债权受让人当然也不例外。而且，建设工程的价值是否因折价、拍卖而发生变化主要与工程类别和市场行情有关，与申请人的债权范围没有关系。

最后，《新建设工程司法解释(一)》第37条对装饰装修工程承包人的优先受偿权作了规定。由该规定可知，在装饰装修工程具备折价或拍卖条件的情况下，分部

---

① 参见最高人民法院(2019)最高法民终519号民事判决书。

② 参见宁琳:《关于建设工程优先受偿权几个问题的探讨》，载微信公众号“审判研究”2020年3月25日，https://mp.weixin.qq.com/s/wyvWs4HrosXK1QzFaM6NUA。

分项工程的承包人就其工程价款的优先受偿权得到了司法解释的认可。因此,受让人仅受让部分债权的,其就该部分债权主张优先受偿权的,也不应因折价、拍卖整个建设工程而存在法律上的障碍。

综上所述,建设工程价款优先受偿权的主体应当包括建设工程(含临时性建筑)施工合同的承包人、工程(含临时性建筑)总承包合同的承包人及合法受让工程款债权的受让人。建设工程勘察、设计合同的勘察人和设计人则无权就其勘察费、设计费优先受偿。同时,根据《新建设工程司法解释(一)》的精神,建设工程合同无效并不影响承包人对工程价款优先受偿权的享有,因此,与发包人之间形成事实合同关系的挂靠人,也应当享有就其工程价款优先受偿的权利。

## 深度研讨

### 一、建设工程价款优先受偿权的理论基础

关于建设工程价款优先受偿权的理论基础,目前国内外学者主要有以下几种观点。

#### (一)共有说

该说认为,不动产工程人员(包括工程师、建筑师、承揽人等)对其所修建的不动产,可视为不动产工程人与债务人的"共有物",因为没有不动产工程人员的劳动和资金的投入,此项不动产就不会存在,所以不动产工程人员就其债权对该不动产应享有优先权。①

#### (二)增值说

该说主要源于《法国民法典》和《日本民法典》。《法国民法典》第 2374 条第 4 款和《日本民法典》第 327 条均规定,承包人对不动产工程享有的优先受偿权利以

① 参见申卫星:《我国优先权制度立法研究》,载《法学评论》1997 年第 6 期。

工程增加值为限。① 既然债权人的行为使债务人的财产得以增加或避免了债务人财产的减少,那么就归入债务人财产的增值部分而言,债权人在该增值部分就应当优先于其他债权人而受清偿。②

(三)工资优先说

该说认为,在建设工程承包合同中,发包人拖欠承包人工程款的现象十分严重,尤其是许多承包人垫款建设,拖欠工程款不仅使一些承包人的职工不能领到工资和报酬,而且使许多承包人资金严重困难,甚至破产,由此影响社会安定。基于这一原因,《合同法》为了强化对承包人的保护,设定了优先受偿权。其主要目的不在于对建筑物承包人自身的债权给予优先保护,而是为了防止建筑物承包人拖欠职工尤其是广大农民工的工资,从而影响社会的安定团结。③

在我国近期的司法实践中,工资优先说更为通行。在最高人民法院民事审判第一庭编著的《最高人民法院建设工程施工合同司法解释(二)理解与适用》一书中,作者明确指出:"建设工程价款优先受偿权优先有利于贯彻优先保护劳动报酬的法律原则。在发包人拖欠的工程价款中,相当一部分是承包人应当支付的工作人员的工资和其他劳务费用。根据民事诉讼法和其他相关法律的规定,法律应当优先保护劳动者工资和其他劳动报酬。如果承包人的应得工程价款不能实现,则劳动者的工资和其他劳动报酬将难以保障,显然违反了劳动立法的旨意。""《合同法》第二百八十六条规定的优先权的立法目的主要是优先保护社会的弱势群体——低收入的施工工人的工资报酬,而不是要优先保护勘察人员、设计人员这样的高收入群体。"④

---

① 《法国民法典》第 2374 条第 4 款规定:"建筑师、承包人、建筑工人与其他受雇建筑、重建或修理楼房、管道或其他任何工程施工的工人,只要楼房、建筑物所在辖区的大审法院依职权任命的鉴定专家事先作成的笔录确认所有权人宣告打算实施的工程有关的场地的状况,并且工程完工后最迟 6 个月内已由同样依职权任命的鉴定专家验收,即对该工程有优先权。但是,此种优先权的数额不得超过第二份笔录确认的价值,并且以转让不动产时已经进行的工程的增加值为限。"参见罗结珍译:《法国民法典》,北京大学出版社 2010 年版,第 520 页;《日本民法典》第 327 条第 2 款规定:"前款先取特权,以不动产因工程而产生的增价现存情形为限,只就该增价额存在。"参见刘士国、牟宪魁、杨瑞贺译:《日本民法典》,中国法制出版社 2018 年版,第 63 页。

② 参见于海涌:《法国不动产担保物权研究——兼论法国的物权变动模式》,法律出版社 2004 年版,第 29 页。

③ 参见王利明:《中国民法典学者建议稿及立法理由》,法律出版社 2005 年版,第 557 ~ 558 页。

④ 最高人民法院民事审判第一庭编著:《最高人民法院建设工程施工合同司法解释(二)理解与适用》,人民法院出版社 2019 年版,第 362 ~ 363 页。

笔者认为,“工资优先说”值得商榷。首先,工程实践中,农民工大多是与劳务分包单位签订合同,再由劳务分包单位与承包人签订劳务承包合同。农民工完全可以向劳务公司主张权利,而不必直接向发包人要求支付工资。在承包人怠于行使权利时,实际施工人还可依据法律和司法解释的有关规定提起代位权之诉。① 况且,《新建设工程司法解释(一)》第43条赋予了实际施工人向发包人主张权利的特殊诉权,也有利于农民工利益的保护。其次,在建设工程造价中,工人工资等劳务费用的比例一般在20%～30%,低于材料、设备费用的占比。建设工程价款优先受偿权的优先受偿范围却包含占有较大比例的材料、设备等费用。这在逻辑上难圆其说。再次,根据本条的规定,转包及违法分包中的实际施工人并未成为该优先受偿权的权利主体。若该权利的主要目的在于保护劳动者特别是农民工的工资报酬,为何不直接赋予实际施工人这一权利?最后,若该说成立,则任何双务合同均可能存在劳动者工资的保护问题,为何只对建设工程施工合同承包人的劳动者工资予以特殊保护?

笔者认为,建设工程价款优先受偿权是法律根据建设工程施工合同的特点,赋予承包人以其物化的劳动成果对其债权进行担保并优先受偿的权利,其目的主要是保护承包人的利益。主要理由如下:

第一,从立法理由上看,建设工程的优先受偿权是为了保护承包人的合法权益,而非以保护农民工工资为直接目的。对此,有学者就曾指出:“本条在合同法确立的初衷是,从二十世纪九十年代起,随着固定资产投资规模的过快增长,拖欠工程款出现了大幅度增加的势头,不仅严重地影响建设企业的生产经营,制约了建设企业的生产发展,也影响了工程进度,制约了投资效益的提高。为了切实解决拖欠工程款的紧迫问题,保障承包人价款债权的实现,合同法做了上述规定。”②“针对社会上严重存在的拖欠承包费问题,规定:‘为保护承包人利益,可规定承包人对建设工程有法定抵押权。’”③有关《合同法》释义对此也有类似的表述。④ 而且,在《合同法》制定之初,社会上尚未出现大量拖欠农民工工资的问题,“保护农民工利益”之说并无现实基础。

---

① 《新建设工程司法解释(一)》第44条对实际施工人的代位权也作了规定。

② 杨永清:《建设工程价款优先受偿权司法解释的理解与适用——兼谈与该权利有关的几个重要问题》,载中国人民大学民商事法律科学研究中心、最高人民法院《人民司法》编辑部主办:《判解研究》2002年第3辑,人民法院出版社2002年版,第12页。

③ 梁慧星:《合同法第二百八十六条的权利性质及其适用》,载《山西大学学报》2001年第3期。

④ 参见胡康生主编:《中华人民共和国合同法释义》,法律出版社2009年版,第438～439页。

第二，从合同特点上看，建设工程施工合同是承揽合同的一种，承包人的优先受偿权正是基于该合同特点而生的一种权利。在承揽合同中，由于劳务与特定标的物相结合非瞬间所能完成，而是一个持续的、往往是先予给付的过程，若定作人不按约支付价款，则会陷承揽人于十分不利的地位。此时，基于公平原则，法律对承揽人拒绝交付工作成果的行为应予以认可。① 这是承揽人对其劳动成果享有留置权的根源。

在建设工程施工合同中，承包人的劳动与工程材料等相结合物化成建设工程成果。工程完成后，在发包人拒绝按约支付工程款时，除该不动产工程外，承包人并无其他更有利的“砝码”行使抗辩。② 基于公平原则，在承包人向发包人交付其完成的工程之前，承包人基于其对该不动产工程的控制权和占有权，拒绝交付并按一定的程序行使优先受偿的权利是顺理成章的。

第三，从经济观点上看，为发挥不动产效能，不以占有标的物作为建设工程价款优先受偿权成立的要件，可以最大限度地发挥不动产标的物的价值。在承包人交付建筑工程后，其仍对该工程享有优先受偿权，主要是基于建筑工程的不动产属性，避免因占有而导致无法发挥其使用价值和经济效用。若要求承包人占有标的物，则“使得该不动产的所有人或使用人不能使用该不动产，将妨碍该不动产的经济效用和社会效用，造成巨大浪费”③。

综上所述，法律关于建设工程价款优先受偿权的规定主要是为了保护承包人的利益，而不是直接保护劳动者特别是农民工的劳动报酬。至于其对保护劳动者工资起到的作用，至多是该制度衍生出的一种功能，或者说仅是该制度与当前社会现实相契合而已，并非立法基础。④

---

① 有学者曾指出：“法律一旦认可当事人基于自力救济可以不归还占有物或扣押其易于控制的物，就会发现仅将救济行为本身合法化是不够的，因为下一步必然面临着占有物应如何处置的问题，如果不认可变价受偿权，民事关系将长期处于不确定状态，并且债权人因此反而背上了妥善保管留置物的负担，这是不公平的。”参见梅夏英、方春晖：《对留置权概念的立法比较及对其实质的思考》，载《法学研究》2004 年第 2 期。

② 工程进行过程中，发包人不按约定支付工程款时，承包人可以以停工及其他不履行约定义务的手段行使抗辩权。工程完成后，则承包人比较被动，而且由于发包人往往在兴建工程的过程中，将在建工程或已完工程抵押给银行进行融资，一旦发包人违约，承包人的利益将难以保护。

③ 周林彬：《物权法新论》，北京大学出版社 2002 年版，第 717 页。

④ Gao Yinli & Huang Lifang, Theoretical Basis of Construction Project Priority of Compensation”, Proceedings of 2010 International Symposium on Construction Economy and Management (ISCEM 2010), May 21 - 22(2010).

## 二、建设工程价款优先受偿权的法律性质

### (一)当前的主要学说

关于建设工程价款优先受偿权的性质,国内学者争议较大,归纳起来主要有以下几种学说。

1. 法定抵押权说

持该观点的学者认为:"合同法第二百八十六条从设计、起草、讨论、修改、审议直至正式通过,始终是指法定抵押权。"①建设工程属于不动产,在发包人逾期不支付价款时,承包人可以就该工程折价或者拍卖的价款优先受偿,而不需移转占有,这更符合抵押权的特征。对于承包人的法定抵押权来说,它是直接基于法律规定产生的,其公信力比登记更强更可靠。② 而且,"法定抵押权制度一方面保障了债权可依据抵押物受偿,另一方面又未妨碍物的利用,因为抵押物无须转移占有,仍然由债务人利用,是一种符合物权立法宗旨的法律制度,值得我们在今后的立法中借鉴"③。

2. 优先权说

持该观点的学者认为,建设工程价款优先受偿权无须登记,不符合我国现行法上抵押权的基本特征和成立要件,但其法定性和无须公示性却符合优先权的特征。《海商法》和《民用航空法》分别规定了船舶优先权和民用航空器优先权,而《合同法》第286条的规定则可成为新的适例。④ 有观点认为,现行法律没有出现法定抵押权的概念,不宜在《物权法》等法律规定的抵押权之外确定另一类抵押权。建设工程价款优先受偿权与《海商法》规定的船舶优先权、《民用航空法》规定的航空器优先权实质上有相同之处,其是优先权的一种,既不能定性为法定抵押权,也不能认定为留置权。同时,该观点认为,优先权为法律直接规定的权利,具有担保物权的

---

① 梁慧星:《合同法第二百八十六条的权利性质及其适用》,载《山西大学学报(哲学社会科学版)》2001年第3期。

② 参见余能斌主编:《现代物权法专论》,法律出版社2002年版,第314页。

③ 周林彬:《物权法新论》,北京大学出版社2002年版,第718页。持法定抵押权说的还有:王利明:《抵押权若干问题的探讨》,载《法学》2000年第11期;张学文:《建设工程承包人优先受偿权若干问题探讨》,载《法商研究(中南政法学院学报)》2000年第3期;刘武元:《论建设工程承包人的优先受偿权的性质——兼评最高人民法院的司法解释》,载《西南民族学院学报(哲学社会科学版)》2003年第5期;宋宗宇:《建设工程优先受偿权——兼评〈中华人民共和国合同法〉第286条》,载《重庆大学学报(社会科学版)》2001年第4期。

④ 参见温世扬、廖焕国:《物权法通论》,人民法院出版社2005年版,第790页。

性质。①

3. 留置权说

持该观点的学者认为,建设工程合同实际上是一种特殊类型的承揽合同,《合同法》第286条的规定扩大了留置财产的范围。② 将留置权扩大到不动产,并没有对现有留置权制度带来任何危害。"当工程竣工时,若发包人不支付价款,则承包人可以留置工程,如果工程已验收、交付,则不能让承包人有留置权,否则,会使第三人受不测之损害。"③

此外,实践中也有观点认为,建设工程价款优先受偿权在性质上属于债权。其理由大概是认为,我国有关物权的法律未对建设工程价款优先受偿权作出规定,如果将其认定为物权,违反了物权法定原则。同时,该优先受偿权的目的在于保护劳动者的工资,赋予承包人优先受偿的权利体现了社会公共政策,并非是以建设工程对工程价款进行担保。

### (二)建设工程价款优先受偿权本质上是一种担保物权

笔者认为,建设工程价款优先受偿权在性质上不属于债权,其本质上是一种担保物权,具体理由如下:

第一,根据《民法典》第807条的规定,建设工程价款优先受偿权是承包人就该工程折价或者拍卖的价款优先受偿的权利,其不等于工程款债权本身。实务中,承包人行使优先受偿权需要通过诉讼、仲裁进行确认或在执行程序中申请,否则,该权利无法实现。

第二,债权是一种对特定人的请求权,在债权债务关系中,债权人债权的实现有赖于债务人的履行行为,在债务人未履行行为之前,债权人既不能实现其权利内容,也不能管领支配债权标的物。物权是一种直接支配物的权利,无须他人的意思

---

① 参见最高人民法院民事审判第一庭编著:《最高人民法院建设工程施工合同司法解释(二)理解与适用》,人民法院出版社2019年版,第358~363页。持优先权说的还有:王全弟、丁洁:《物权法应确立优先权制度——围绕合同法第286条之争议》,载《法学》2001年第4期;王瑛:《工程款的优先受偿是一种法定优先权——对合同法第286条的理解》,载《人民法院报》2001年8月6日;曹诗权:《对合同法第286条的定位》,载《法制日报》2000年10月22日;张铁锋:《我看建设工程承包人的优先权》,载《中国律师》2001年第10期;赵兰明:《论建设工程的优先受偿权》,中国政法大学2003年硕士学位论文;曹艳芝:《优先权论》,湖南人民出版社2005年版。

② 参见江平主编:《中华人民共和国合同法精解》,中国政法大学出版社1999年版,第223~224页。

③ 隋彭生:《合同法要义》(第2版),中国政法大学出版社2005年版,第528页。

或义务人的行为介入。建设工程价款优先受偿权是承包人就工程折价或者拍卖的价款优先受偿的权利,该权利一经确认即具有排他性,权利人可以对工程的价值进行支配,故其具有物权特征。

第三,债权的义务人是特定的,而物权的义务人是不特定的。根据《新建设工程司法解释(一)》第36条的规定,建设工程价款优先受偿权的清偿顺位优于抵押权和其他债权。由此可见,建设工程价款的优先受偿权的义务主体是不特定的,这与债权的特征不符。

第四,建设工程价款优先受偿权源于法律的明确规定,并非源于当事人约定,属于法定权利。“虽然这一新型的担保物权超出我国担保法、物权法的担保物权范围,但是鉴于合同法第二百八十六条及相关法律专门对此权利作出明确规定,所以也并不违反物权法定的基本原则。”①

第五,关于民事优先权的性质,理论上有诸多争议。从各国的立法状况来看,实体意义上的优先权包括一般优先权和特别优先权。一般优先权是法律规定的特定债权人对债务人的全部财产享有优先受偿的权利,其制度设计意在解决那些与特定财产无牵连的特殊债权的优先受偿问题,如我国《企业破产法》和《民事诉讼法》中规定的破产企业职工的工资、劳动保险费用及企业所欠税款等优于其他债权受偿的权利。特别优先权是指法律规定的特定债权人对债务人的特定财产享有优先受偿的权利,旨在解决与特定财产有牵连的特殊债权的优先受偿问题,以保护正常的商事交易,如我国《海商法》规定的船舶优先权等。

实际上,一般优先权与特别优先权有很大的区别。对于一般优先权而言,债权人与债务人的财产之间并无特定联系,并且债权人也未占有债务人的任何动产或不动产,但法律仍赋予这类债权以优先受偿的效力。一般优先权所涉债权主要有诉讼费用、医疗费用、丧葬费用、受雇人员的工资和各种补贴、补偿金、税收、各种保险费等。这些费用涉及对社会生活有重大影响的行业,对这些债权的受偿加以保护体现了明显的社会公共政策。② 一般优先权可在债务人的全部财产上行使,但债务人的全部财产难以实现特定化,这就与物权客体的特定性不符。因此有观点认为,一般优先权本质上具有债权性质。③ 特别优先权所担保的财产是特定的,其目的是确保受其担保的债权得以清偿,具有担保物权的特征。

---

① 孙华璞:《关于适用合同法第二百八十六条若干问题的思考》,载《人民司法》2019年第13期。

② 参见梅夏英、方春晖:《优先权制度的理论和立法问题》,载《法商研究》2004年第3期。

③ 参见孙新强:《我国法律移植中的败笔——优先权》,载《中国法学》2011年第1期。

就建设工程价款优先受偿权而言，其是承包人从建设工程折价或拍卖的价款中优先受偿的权利，在性质上属于对担保物交换价值的支配权，符合担保物权的基本特征，这也基本上是学界的共识。因此，即使将建设工程价款优先受偿权归类于优先权，其也应当属于特别优先权的范畴，其担保物权的性质是明确的。

### （三）建设工程价款优先受偿权不应定性为留置权

根据我国法律规定，留置权的客体仅限于动产，《民法典》第 447 条对此作了明文规定。尽管国外许多立法例上承认不动产留置权，但设立不动产留置权会妨碍不动产的有效利用，其以占有效力削弱限制了不动产的流转，并增加了债权人的交易费用。[①] 而且，留置权以债权人对标的物的占有为成立要件和存续要件，而建设工程价款优先受偿权行使之时，往往建设工程已经移交给建设方，承包人已经丧失了占有。因此，尽管建设工程承包人的优先受偿权类似于承揽合同中承揽人的留置权，但仍不应将其定性为不动产留置权。

### （四）法定抵押权与优先权的取舍

一般认为，优先权制度源于罗马法，最初与罗马法上的优先抵押权、法定抵押权制度联系在一起。[②] 罗马法上的担保物权均无公示制度，只是后来各国在继承罗马法过程中，将公示制度作为担保物权的重要特征之一。在对无公示性的、罗马法上的法定抵押权制度的继承上，因对待物权特定原则的态度不同，形成了不同的立法例。

1. 法国法的一元模式

法国法全盘继受了罗马法，保留了其不分债权与物权，不遵循物权特定原则的传统。由此，法国法建立了“统一的法定担保制度”——优先权制度，并将其划分为一般优先权和特别优先权。其中，一般优先权所涉债权主要包括诉讼费用和劳动工资报酬，而特别优先权则包括动产优先权和不动产优先权两类。这就形成了法定担保制度的一元模式。根据《法国民法典》第 2374 条的规定，建设工程承包人对工程享有优先权，该优先权即为不动产优先权的一种。

2. 德国法的二元模式

德国法在继受罗马法时经过了改造，由于其坚持物权与债权的划分并严格遵

① 参见周林彬：《物权法新论》，北京大学出版社 2002 年版，第 717 页。

② 参见周枏：《罗马法原论》，商务印书馆 1994 年版，第 215 ~ 217 页。

循物权特定原则,故将法国法上的特别优先权规定在物权编中。因违反物权特定原则,一般优先权不被承认为法定担保物权,但基于一般优先权保护弱者和社会公益的价值,德国法将其变成了破产法上的优先破产债权。这样,就形成了以法定担保物权加上优先破产债权来解决特殊债权优先受偿权的二元模式。[①]《德国民法典》第648条规定了建筑工程承揽人的保全抵押权。[②] 该保全抵押权由法律直接规定,是一种法定的抵押权。

由上述两种以法定手段破除债权平等性制度的立法例来看,法国法上的优先权制度与德国法上的法定担保物权加优先破产债权制度属异曲同工,法国法上的建设工程不动产优先权与德国法上工程承揽人的保全抵押权之渊源、性质和功能也是殊途同归。由此可见,在中国法上是将建设工程价款优先受偿权解释为法定抵押权还是优先权,并不影响其担保物权的性质,也不影响该权利的行使。甚至有观点认为:"应当把这种承包人的优先受偿权称之为法定抵押权,还是特殊债权优先权抑或是留置权,仅仅是个名称或者形式问题,已经不那么重要了。"[③]但笔者认为,从法律传统、法律体系等方面考察,法定抵押权和优先权的取舍还是有一定意义的。以下从不同方面分别对此进行讨论。

第一,从法律传统上考察,定性为法定抵押权更容易被大众接受。

从我国民事立法的历史来看,《大清民律草案》、《中华民国民法典草案》和《中华民国民法》在担保物权的体系编排上基本上都是以《德国民法典》为蓝本的。这些担保制度在1949年以后仅在我国台湾地区施行。《民法典》物权编无论是在担保物权种类还是物权公示问题上,与我国台湾地区的规定十分接近。因此,中国民法的法律传统与德国民法有着密切的亲缘关系。

同时,在我国,抵押权、质权、留置权概念已经深入人心,而对优先权的概念、性质、特征则相对陌生,且易与优先受偿权的概念相混淆。从现实出发,对于不符合自己思维习惯的一种新制度,民众确实存有疑问。就法定抵押权而言,我国虽然尚无体系化的立法和学说,但对于法定抵押权作为一种特殊的抵押权形态向来没有异

---

① 参见孙新强:《我国法律移植中的败笔——优先权》,载《中国法学》2011年第1期。

② 《德国民法典》第648条规定:"建筑工作物或者建筑工作物的各部分的承揽人,可以就因合同而发生的承揽人债权,请求给予定作人的建筑地上的保全抵押权。工作尚未完成的,承揽人可以就与所提供的劳动相当的部分报酬,以及就不包含在报酬中的垫付款,请求给予保全抵押权。"参见陈卫佐译注:《德国民法典》,法律出版社2015年版,第255~256页。

③ 孙华璞:《关于适用合同法第二百八十六条若干问题的思考》,载《人民司法》2019年第13期。

议，已然成为民法学界的共同语言。①

第二，从立法体系上考察，定性为法定抵押权更符合我国立法的体系化要求。

我国立法向来坚持物权与债权的划分以及物权特定原则。物权是指权利人依法对特定的物享有直接支配和排他的权利，包括所有权、用益物权和担保物权。从立法体系上看，我国《民法典》规定了法定的担保物权——留置权，《企业破产法》规定了优先于破产债权受偿的债权，包括破产费用和共益债务，职工的工资和医疗、伤残补助、抚恤费用，基本养老保险、基本医疗保险费用以及其他社会保险费用，法律、行政法规规定应当支付给职工的补偿金和破产人所欠税款。② 这表明，对于特殊债权优先受偿的模式，我国采取的是与德国法类似的二元模式。由此可见，将建设工程价款优先受偿权解释为法定抵押权，将减少我国目前法定担保物权、优先破产债权、优先权混杂的立法状态，与我国既有的担保物权体系更加协调，也更符合我国法律制度的体系化要求。有学者就认为，优先权概念系因误解船舶优先权而被植入，由此产生种种争议。若以法定抵押权取代优先权，相应地，船舶优先权、航空器优先权、建设工程优先受偿权以法定船舶抵押权、法定航空器抵押权和法定建设工程抵押权的身份进入民法典，有关优先权的各种争论会戛然而止。③

第三，从法律适用上考察，定性为法定抵押权更有利于避免概念的混乱。

当前的主流观点认为，建设工程价款优先受偿权的立法目的主要是优先保护社会的弱势群体——低收入的施工工人的工资报酬。同时又认为，该优先受偿权符合承揽合同的本质。④ 这种说法本身就存在矛盾。由前述分析可知，对于与特定财产无牵连关系的、以保护弱者为目的的优先受偿权，法国法规定为一般优先权，德国法规定为优先破产债权。而对于与特定不动产有牵连的建设工程债权的优先受偿权，法国法规定为不动产优先权，德国法规定为法定担保物权，其目的在于确

---

① 参见李建华、董彪：《论我国法定抵押权制度的立法模式》，载《法学研究》2004年第4期。

② 《企业破产法》第113条规定："破产财产在优先清偿破产费用和共益债务后，依照下列顺序清偿：（一）破产人所欠职工的工资和医疗、伤残补助、抚恤费用，所欠的应当划入职工个人账户的基本养老保险、基本医疗保险费用，以及法律、行政法规规定应当支付给职工的补偿金；（二）破产人欠缴的除前项规定以外的社会保险费用和破产人所欠税款；（三）普通破产债权。破产财产不足以清偿同一顺序的清偿要求的，按照比例分配。破产企业的董事、监事和高级管理人员的工资按照该企业职工的平均工资计算。"

③ 参见孙华璞：《关于适用合同法第二百八十六条若干问题的思考》，载《人民司法》2019年第13期。

④ 参见最高人民法院民事审判第一庭编著：《最高人民法院建设工程施工合同司法解释（二）理解与适用》，人民法院出版社2019年版，第363、365页。

保受其担保的债权得以清偿。由此可见,上述观点将“弱势群体保护”这一衍生的社会功能强加给基于施工合同特点而生的工程价款优先受偿权,作为其立法目的,存在明显的错位,这就有可能会给司法实践中的法律适用带来混乱,前述将建设工程价款优先受偿权理解为债权性质的观点与此不无关系。

第四,从法律逻辑上考察,定性为法定抵押权更顺理成章。

如前所述,规定建设工程价款优先受偿权主要是为了克服留置权适用的限制,同时发挥不动产的经济效能,以达到保护承包人实现债权的目的。众所周知,建设工程施工合同是承揽合同的一种,而承揽人对承揽的标的物享有留置权。但因我国及大多数国家均不承认不动产留置权,故设立法定抵押权以克服留置权发生条件的限制。因此,将建设工程价款优先受偿权定性为法定抵押权,似更符合法律逻辑,更具有“对称”的美感。

第五,《民法典》物权编未作规定不能成为否定法定抵押权定性的理由。

一方面,建设工程价款优先受偿权源于法律的直接规定,虽然我国《民法典》物权编未作规定,但并不违反物权法定的原则。同样,《民法典》物权编也未对优先权作出规定,将建设工程价款优先受偿权定性为优先权也面临类似的问题。另一方面,我国立法关于“未经登记不能取得抵押权”的规定是针对约定抵押权而言,自然不适用我国《民法典》物权编未规定的法定抵押权。当然,从应然的角度,法定抵押权亦应登记公示,以保护交易安全。

综上所述,尽管法定抵押权和优先权在起源、性质、功能上有许多相似之处,但基于中国的法律传统、立法体系和法律适用情况,将建设工程价款优先受偿权定性为法定抵押权更为妥当。

## 实务判例

### 【判例一】建设工程价款优先受偿权的效力范围认定①

2014年1月9日,中建安装公司与同凯能源公司就60万吨/年大型天然气汽车清洁燃料(LNG)项目签订了《施工总承包合同(一期工程)》《EPC工程总承包合同(二期工程)》。合同对工程结算方式、垫资修建、工程付款时间、中建安装公司向同凯能源公司垫付3.5亿元等进行了约定,并特别约定了建设期融资费用的计算方

① 参见四川省高级人民法院(2017)川民初6号民事判决书。

式。《施工总承包合同(一期工程)》约定,合同总价5.5亿元,其中设备费3.5亿元;安装工程费暂定2亿元,以实际结算为准。其合同条件第2.6条约定,进口设备及国内设备均由发包人采购;第13.8条约定:"工程质量履约保证金1亿元。根据发包人的书面通知,承包人分期支付。发包人在2014年12月20日前无条件退还承包人。支付的保证金按中国人民银行1至3年期贷款基准利率加5个百分点(即i+5%)的利率计算利息。"《EPC工程总承包合同(二期工程)》第12.9条约定:"工程质量履约保证金2.5亿元。根据发包人的书面通知,承包人分期支付。发包人在2014年12月20日前无条件退还承包人。支付的保证金按中国人民银行1至3年期贷款基准利率加5个百分点(即i+5%)的利率计算利息。"

2014年4月8日,中建安装公司进场施工。工程于2015年3月26日竣工。

2015年3月5日,同凯能源公司和中建安装公司签订《补充协议》,对《施工总承包合同(一期工程)》及《EPC工程总承包合同(二期工程)》进行了变更。该《补充协议》约定如下:(1)一期主合同第13条、二期主合同第12条约定的"工程质量履约保证金"实际为承包人支付由发包人采购设备的采购款。(2)一期主合同第13.8款变更为:"设备采购款及利息、采保费,设备采购款为3.5亿元。根据发包人的书面通知,承包人分期支付。发包人在2014年12月20日之前将承包人代付的设备采购款3.5亿元,以实际到款的时间和金额为基数按中国人民银行同期的1至3年期贷款基准利率计算的利息及以实际到款的时间和金额为基数按5个百分点计算的采保费一并支付给承包人。"(3)删除二期合同第12.9条。

2015年9月14日,同凯能源公司委托第三方造价咨询单位对涉案工程进行竣工造价审核,审核结果为结算工程造价金额137,516,236.07元。

2016年7月19日,中建安装公司与同凯能源公司签订《协议》,双方确认,同凯能源公司欠付工程款137,516,236.07元的付款截止日期为2017年2月28日。

2016年9月11日,中建安装公司和同凯能源公司签订《补充协议》,载明:截止2016年6月,同凯能源公司共欠中建安装公司3.136亿元,同凯能源公司将其现有的设备抵押给中建安装公司,担保范围除本合同主债权外还及于由此产生的利息(包括罚息)、违约金、损害赔偿金、手续费及其他为签订或履行本合同而发生的费用、债权人实现担保权利和债权所产生的费用(包括但不限于处置费用、税费、诉讼费、拍卖费、律师费、差旅费)等全部债务。

后中建安装公司向法院提起诉讼,请求判令同凯能源公司支付工程欠款,同时判令其对涉案工程价款享有优先受偿权,对抵押设备拍卖、变卖所得价款享有优先受偿权。法院于 2017 年 1 月 20 日立案。

法院认为,因抵押优先受偿权与建设工程价款优先受偿权属于不同的法律关系,且本案当事人所涉及的抵押担保范围与法律规定的建设工程价款优先受偿权范围明显不同,其包括"由此产生的利息(包括罚息)、违约金、损害赔偿金、手续费及其他为签订或履行本合同而发生的费用、债权人实现担保权利和债权所产生的费用(包括但不限于处置费用、税费、诉讼费、拍卖费、律师费、差旅费)等全部债务",而这些范围均依法不属于建设工程价款优先受偿权范围。本案审理的是建设工程优先受偿权纠纷,因此,本案对中建安装公司请求的抵押设备拍卖、变卖所得价款享有优先受偿权的诉讼请求不作审理,当事人可另行解决。本案的争议焦点是:中建安装公司是否对 137,516,236.07 元工程款、1 亿元"设备采购款"及工程欠款利息享有建设工程价款优先受偿权。法院对此分析如下:

第一,关于中建安装公司是否对工程欠款 137,516,236.07 元享有建设工程价款优先受偿权问题。涉案工程造价经第三方造价咨询单位审核后,发包人、承包人均确认其工程造价金额为 137,516,236.07 元,故该价款是中建安装公司承建涉案工程的实际造价,根据《合同法》第 286 条的规定,①以及《优先受偿权问题的批复》第 1 条和第 3 条的规定,中建安装公司对该 137,516,236.07 元工程价款依法享有优先受偿权。

第二,关于中建安装公司是否对 1 亿元"设备采购款"享有建设工程价款优先受偿权问题。首先,根据《施工总承包合同(一期工程)》第 2.6 款的约定,进口设备及国内设备均由发包人采购,可见,中建安装公司施工完成的工程造价中不包括甲供设备款,即 3.5 亿元"设备采购款"。其次,该 3.5 亿元的原始组成是一期合同的"工程质量履约保证金"1 亿元和二期合同(未实际履行)约定的"工程质量履约保证金"2.5 亿元。2015 年 3 月 5 日,双方签订的《补充协议》约定,一期合同、二期合同中的"工程质量履约保证金"3.5 亿元,实际为"承包人支付由发包人采购设备的采购款",并将其变更为"设备采购款及利息、采保费,设备采购款为 3.5 亿元",同时计取利息。显然,该《补充协议》约定的内容印证了同凯能源公司关于"该 3.5 亿元为双方企业之间的融资借款行为"的主张。综上,法院认为,1 亿元"设备采购款"不具有建设工程价款有优先受偿的属性。根据《优先受偿权问题的批复》第 3 条的规定,中建安装公司主张对该 1 亿元"设备采购款"享有建设工程优先受偿权

① 《合同法》废止后,《民法典》第 807 条也作了类似的规定。

缺乏事实和法律依据,其理由不成立。

第三,关于中建安装公司是否对欠付工程价款的利息享有优先受偿权问题。根据《建设工程司法解释(二)》第21条第2款"承包人就逾期支付建设工程价款的利息、违约金、损害赔偿金等主张优先受偿的,人民法院不予支持"的规定,[①]中建安装公司主张的该项诉讼请求,与法律规定相悖,本院不予支持。

## 【判例二】承包人对工程进度款不享有优先受偿权[②]

2012年10月24日,中铁十九局与瑞云公司签订《框架协议》,约定瑞云公司作为发包人将云计算工程项目发包给中铁十九局,合同总价暂定10亿元(以双方承包合同及实际完成工程量的最终结算额为准。之后,瑞云公司对涉案工程进行了公开招投标,中铁十九局中标。瑞云公司与中铁十九局于2013年8月15日签订《施工总承包合同一》,于2013年10月14日签订《施工总承包合同二》。上述合同签订后,中铁十九局开始进行施工。

2015年3月,中铁十九局以瑞云公司未依约支付工程进度款为由停工。

2017年1月,中铁十九局诉至二中院,以瑞云公司长期迟延支付工程款导致现场多次停窝工,产生大量停窝工费用为由,请求瑞云公司支付工程款272,756,844.42元及利息,并确认中铁十九局在瑞云公司欠付工程款范围内对涉案工程享有建设工程价款优先受偿权。后中铁十九局变更诉讼请求为:瑞云公司支付工程款118,315,011.84元。

在该案审理过程中,经法院主持调解,当事人自行和解,并由法院作出(2017)京02民初7号民事调解书,确认已完产值686,817,748.37元,补偿款49,541,437.05元(案件受理费包含在补偿款总额内),已付款为618,044,173.58元,欠付款118,315,011.84元,并明确了分期支付时间。其中,最后一笔质保金的支付时间为2018年9月1日前。当月,中铁十九局复工。

2018年10月15日,双方就涉案工程签订《合同解除协议书》,约定双方于2018年10月15日解除《框架协议》以及双方之间签订的其他与本项目有关的所有合同、协议等。

2018年10月18日,中铁十九局向法院提起诉讼,请求法院判决确认中铁十九

---

① 《建设工程司法解释(二)》废止后,《新建设工程司法解释(一)》第40条第2款作了同样的规定。

② 参见北京市高级人民法院(2019)京民终158号民事判决书。

局在瑞云公司欠付的118,315,011.84元内对涉案工程享有建设工程价款优先受偿权。

庭审中,瑞云公司同意中铁十九局的全部诉讼请求。

一审法院认为,发包人未按照约定支付价款的,承包人可以催告发包人在合理期限内支付价款。发包人逾期不支付的,除按照建设工程的性质不宜折价、拍卖的以外,承包人可以与发包人协议将该工程折价,也可以申请人民法院将该工程依法拍卖,建设工程的价款就该工程折价或者拍卖的价款优先受偿。本案中,中铁十九局提起诉讼,要求确认其在瑞云公司欠付118,315,011.84元款项范围内享有建设工程价款优先受偿权。瑞云公司对中铁十九局的全部诉讼请求予以同意。一般而言,基于民事诉讼中的处分原则,在被告一方承认原告全部诉讼请求的情况下,受诉法院可据此予以调解或直接作出判决。但根据我国《民事诉讼法》第13条规定,当事人处分自己的民事权利和诉讼权利,应以法律规定的范围内为限。具体到本案而言,本案诉讼标的系建设工程价款优先受偿权,根据相关司法解释的规定,建筑工程承包人的优先受偿权优于抵押权和其他债权。质言之,该权利一经确认,即可产生排他性的优先效力,该优先效力甚至优于具有对世属性的物权。有鉴于此,中铁十九局的诉讼请求是否成立,须结合法律及司法解释的规定予以审查,而不宜仅凭瑞云公司的答辩意见即对中铁十九局的诉讼请求予以支持。

一审法院认为,中铁十九局于本案中的诉讼请求依据尚欠充分,理由如下:

第一,根据《优先受偿权问题的批复》第3条的规定,建筑工程价款包括承包人为建设工程应当支付的工作人员报酬、材料款等实际支出的费用,不包括承包人因发包人违约所造成的损失。而本案中,双方于(2017)京02民初7号案件调解书确认的欠付款118,315,011.84元中,除明确68,773,574.8元系工程款外,其余49,541,437.05元的性质载明为“补偿款”。而中铁十九局未举证证明该笔款项所涉金额均为其为本案建设工程实际支出的费用,且从该调解协议所列内容分析,双方将诉讼案件受理费亦纳入补偿款总额之内,而该笔费用明显不属于因建设工程实际支出的费用。在此情况下,中铁十九局要求将上述欠付款118,315,011.84元全部纳入建设工程价款优先受偿权范围内,缺乏事实依据。

第二,我国《合同法》于第286条对建设工程价款优先受偿权进行原则性规定后,《优先受偿权问题的批复》以司法解释的形式,在《合同法》的基础上对该权利的行使期限作出具体性规定,其中第4条规定,建设工程承包人行使优先权的期限为6个月,自建设工程竣工之日或者建设工程合同约定的竣工之日起计算。审判实践中，如遇非因承包人的原因导致建设工程未能在约定期间内竣工的，承包人依据《合同法》第286条规定享有的优先受偿权不受影响，承包人请求行使优先受偿权的期限，自建设工程实际竣工之日起计算。结合上述规定，中铁十九局的优先受偿权应于本案工程实际竣工之日起计算。但根据本案双方当事人陈述可见，现涉案工程尚未实际竣工，中铁十九局所主张的优先受偿权行使条件尚未成就，其在此情况下提出诉讼请求，不符合法律及司法解释的规定。

第三，在建设工程实践中，存在发包人与承包人于合同履行过程中中途解除施工合同，发包人更换承包人、另行委托他人施工的情形。对此种情况下建设工程价款优先受偿权如何行使，法律及司法解释未作明确规定。在上述情形中，因原承包人与发包人的权利义务关系已经终止，建设工程已另由他人施工，如仍将承包人建设工程价款优先受偿权的行使期限限定于工程竣工验收后，尤其在合同解除系由发包人原因所致的情况下，未免对守约方合法权利的救济途径构成障碍。因此，在审判实践中，如遇建设工程施工合同由于发包人的原因解除或终止履行，承包人行使建设工程价款优先受偿权的期限亦可提前自合同解除或终止履行之日起计算。最高人民法院于相关民事审判会议中亦对此予以明确。但本案中，中铁十九局与瑞云公司均认可工程已基本完工，而该工程的总承包人至今未予更换。中铁十九局虽提交了《合同解除协议书》，但亦认可在合同解除后会继续配合履行竣工备案义务。瑞云公司亦称在《合同解除协议书》签订后，仍会要求中铁十九局复工，并有施工手续备案、竣工验收、修补性工程、整改工程等义务尚待继续履行。在此情况下，双方的权利义务关系并未实际终止，亦未见中铁十九局的救济途径存在障碍。故本案情节不属于审判实践中的上述例外情形，仍应严格适用司法解释规定的行使期限，中铁十九局应在该权利行使条件成就后再行主张。

据此，一审法院认为中铁十九局的诉讼理由依据不足，对其诉讼请求，不予支持。

一审判决后，中铁十九局提起上诉，并将请求享有建设工程优先受偿权的数额为修改为68,456,899.79元（118,315,011.84元－补偿款49,541,437.05元－诉讼费316,675.00元）。

二审法院经审理查明，二审诉讼中，涉案工程已经基本完工，但未进行竣工验收。

二审法院认为：如一审判决中所述，本案诉讼标的系建设工程价款优先受偿权，该权利不是承包人依据合同约定而取得的权利，而是依据《合同法》享有的法定权利。建设工程价款优先受偿权一经确认,即可优于该建设工程上设定的抵押权和其他债权。故本院应结合法律及司法解释的规定,对优先受偿权确立的条件予以审查。

本案二审期间,《建设工程司法解释(二)》生效。依据《合同法》第286条、《建设工程司法解释(二)》第19条、第20条、第21条、第22条之规定,判定中铁十九局的主张是否成立,需审查原告主体是否适格、工程质量是否合格、是否存在不宜折价、拍卖的情形以及优先受偿权是否成立并具备行使要件。因中铁十九局是本案的适格主体,优先受偿权的成立不受合同是否有效的约束,涉案工程虽尚未进行竣工验收,但瑞云公司认可涉案工程质量合格,且涉案工程不存在不宜折价、拍卖的情形,故二审法院主要对优先受偿权是否成立并具备行使要件进行了论述:

第一,建设工程款的优先受偿权的行使应与该权利成立相区分。行使建设工程价款的优先受偿权的前提是建设工程价款的优先受偿权已经成立。建设工程款的优先受偿权的成立应满足以下条件:(1)总承包人已经实际履行了建设工程施工合同约定的主要义务;(2)优先权人应当实际创设了建设工程物权,总承包人已完成或部分完成合同约定的建设工程质量合格;(3)发包方与总承包方权利义务关系终止或解除,建造行为已然结束,建设工程价款优先受偿权指向的建筑物范围特定、明确。

第二,本案中,自2018年10月15日,中铁十九局就停工前已完工程的建设工程价款优先受偿权始成立。一审法院于2017年11月8日出具(2017)京02民初7号民事调解书,确定了已完工程的工程价款数额,但其仅是就停工前已完工程进度款的支付取得了申请人民法院强制执行的依据,而应当支付工程款并不等同于建设工程价款优先受偿权成立。即建设工程价款优先受偿权的成立,不以全部已完工程结算完毕,确定了工程价款的数额为前提。但建设工程款的优先受偿权成立,也并不意味着该权利的行使条件同时成就。

第三,建设工程价款优先受偿权的成立是行使建设工程价款优先受偿权的前提,故行使建设工程价款优先受偿权的条件,除需满足上述3项要件外,还应满足第4项条件,即已就全部工程完毕最终结算,确定了最终的工程价款数额。《建设工程司法解释(二)》第20条"未竣工的建设工程"所对应工程价款优先受偿权的行使条件亦应满足上述四项条件。[①] 换言之,总承包人主张行使工程价款优先受偿权的工

① 《建设工程司法解释(二)》废止后,《新建设工程司法解释(一)》第39条作了同样的规定。

程款系进行完毕最终结算后确定的工程款，仅对建设工程的进度款行使建设工程价款优先受偿权的，不应予以支持。

综上，二审法院认为，中铁十九局主张行使建设工程价款优先受偿权的条件不成就。因此，驳回上诉，维持原判。

## 【判例三】实际施工人不享有建设工程价款的优先受偿权①

2013 年 5 月 6 日，和泰公司与金帝二建公司签订《建设工程施工合同》一份，约定由金帝二建公司承建和泰公司开发的向阳小区商品住宅楼，合同暂定价款 3 亿元。

2013 年 5 月 10 日，吕某与金帝二建公司签订《建设施工承包合同》一份，约定向阳小区建设工程由吕某以金帝二建公司名义承建，吕某按照工程总造价的 6.1% 向金帝二建公司缴纳管理费。

2014 年，和泰公司与金帝二建公司签订《施工合同补充协议》，约定将部分工程改由第三方单位建设。吕某对其余工程进行了施工，已施工部分工程总造价为 68,180,274.68 元，和泰公司尚欠吕某工程款 49,293,557.39 元。

后吕某向法院提起诉讼，要求和泰公司支付欠付的工程款和利息，并确认其对欠付的工程价款享有优先受偿权。同时，要求金帝二建公司在和泰公司欠付工程款内承担给付责任。

一审法院认为：吕某作为涉案工程的实际施工人，未取得建筑工程施工资质，挂靠在金帝二建公司名下，根据《建设工程司法解释》第 1 条第 2 项的规定，②其以金帝二建公司名义与和泰公司签订的《建设工程施工合同》应属无效。根据《建设工程司法解释》第 2 条的规定，建设工程施工合同无效，但建设工程经竣工验收合格，承包人请求参照合同约定支付工程价款的，应予以支持。③ 涉案工程虽未经竣工验收合格，但双方参照合同对工程进行了结算，应视为对工程质量的认可，故吕某请求在能够确认的工程量范围内对结算的价款支付工程款，应予以支持。

同时，一审法院认为：因建设工程施工合同无效，在给付工程款上仅仅是参照合同给付工程款，合同的其他项下约定不具有合法性，吕某主张的建设工程优先权

---

① 参见辽宁省高级人民法院(2019)辽民终 198 号民事判决书。

② 《建设工程司法解释》废止后，《新建设工程司法解释(一)》第 1 条作了类似的规定。

③ 《建设工程司法解释》废止后，《民法典》第 793 条及《新建设工程司法解释(一)》第 24 条均作了类似的规定。

失去了法律依据,故对该项请求不予支持。而金帝二建公司未参与实际施工,也未扣留和泰公司拨付的工程款,故金帝二建公司不承担给付吕某工程款的责任。

二审法院认为,吕某作为涉案工程的实际施工人,未取得建筑工程施工资质,故其以金帝二建公司名义与和泰公司签订的《建设工程施工合同》以及其与金帝二建公司签订的《建设施工承包合同》均属无效,一审判决关于案涉合同效力的认定正确,应予支持。同时,根据《建设工程司法解释》第2条的规定,吕某请求对其已施工完成部分的工程支付相应工程款的理由成立,应予支持。

关于吕某确认优先受偿权的主张,《建设工程司法解释(二)》第17条规定:"与发包人订立建设工程施工合同的承包人,根据合同法第二百八十六条规定请求其承建工程的价款就工程折价或者拍卖的价款优先受偿的,人民法院应予支持。"①依据该条司法解释,依法享有工程价款优先受偿权的人必须与发包人存在直接的施工合同关系。因此,吕某作为实际施工人主张建设工程款优先受偿权,没有事实及法律依据,一审法院对其该项主张不予支持并无不当。

---

① 《建设工程司法解释(二)》废止后,《新建设工程司法解释(一)》第35条作了类似的规定。

**第三十六条 【建设工程价款优先受偿权的优先效力】**

承包人根据民法典第八百零七条规定享有的建设工程价款优先受偿权优于抵押权和其他债权。

## 条文主旨

本条规定了建设工程价款优先受偿权的优先效力,其清偿顺位优先于抵押权和其他债权。

## 条文精解

### 一、建设工程价款优先受偿权与一般抵押权的竞合

在我国目前未建立建设工程承包人优先受偿权登记制度的情况下,从法理上确定优先受偿权与抵押权的顺位,并非易事。但从优先受偿权的立法基础、立法本意和功能价值来说,坚持优先受偿权优先于一般抵押权,更切合我国目前的实际情况。《优先受偿权问题的批复》第 1 条曾规定,人民法院在审理房地产纠纷案件和办理执行案件中,应当认定建设工程承包人的优先受偿权优于抵押权和其他债权。虽然该批复已经废止,但本条仍延续了该批复规定的精神。主要理由如下:

第一,从法律原理上分析,建设工程合同在性质上属承揽合同的一种,建设工程承包人的优先受偿权类似于承揽合同中的法定留置权。在一般的承揽合同关系中,承揽人所享有的法定留置权优先于一般抵押权,因此可以认为优先受偿权优先于一般抵押权。[①]同时,工程承包人的优先受偿权在性质上是一种法定担保物权,其基于法律规定直接产生,具有一定的公信力。法定权利优先于约定权利也符合民法的一般原理。

第二,从我国的社会现实考察,建筑业属于国民经济的支柱产业之一,其促进了国民经济的发展和人民生活水平的提高,吸纳了大量城乡剩余劳动力,对社会的

① 参见王利明:《抵押权若干问题的探讨》,载《法学》2000 年第 11 期。

稳定和进步起到了积极作用。但是,拖欠工程价款是建筑市场面临的严重问题。基于这一基本认识,合同法规定了承包人的优先受偿权这一制度。如果否定承包人的受偿权优于抵押权,则与促进建筑业发展、保护承包人合法权益的立法目的不相融。[①] 实践中,发包人兴建工程时为了融资借款,大多将在建工程抵押给银行,若一般抵押权在先,则建设工程承包人的优先受偿权制度将面临落空的危险,对社会秩序的稳定不利。

第三,从司法机关制定司法解释的态度来看,建设工程价款的优先受偿权具有保护工人工资的功能,即"根据民事诉讼法和其他相关法律的规定,法律应当优先保护工人工资和其他劳动报酬。这符合法律保护劳动者利益的宗旨。如果承包人应得的工程价款不能实现,则工人的工资和其他劳动报酬将难以保障,显然违反了劳动立法的旨意"[②]。

## 二、建设工程价款优先受偿权与购房人权利的冲突与协调

### (一)购房消费者的物权期待权

在我国,就如何平衡建设工程优先受偿权人与购房消费者之间的利益冲突问题,学界主要有消费者权利优先、建设工程优先受偿权优先以及根据具体情况具体分析的折中说等多种观点。[③]

《优先受偿权问题的批复》第 2 条对此曾规定:"消费者交付购买商品房的全部或者大部分款项后,承包人就该商品房享有的工程价款优先受偿权不得对抗买受人。"虽然该批复已经废止,但 2015 年 5 月 5 日施行的《执行异议和复议规定》第 29 条将上述批复的规定进行了细化,规定了保护房屋消费者物权期待权的三个要件:(1)在人民法院查封之前已签订合法有效的书面买卖合同;(2)所购商品房系用于居住且买受人名下无其他用于居住的房屋;(3)已支付的价款超过合同约定总价款的百分之五十。[④]

---

① 参见汪治平:《建设工程价款优先受偿权的若干问题》,载《人民司法》2002 年第 8 期。

② 汪治平:《建设工程价款优先受偿权的若干问题》,载《人民司法》2002 年第 8 期。

③ 参见王旭光:《建筑工程优先受偿权制度研究——合同法第 286 条的理论与实务》,人民法院出版社 2010 年版,第 214 页。

④ 《执行异议和复议规定》第 29 条规定:"金钱债权执行中,买受人对登记在被执行的房地产开发企业名下的商品房提出异议,符合下列情形且其权利能够排除执行的,人民法院应予支持:(一)在人民法院查封之前已签订合法有效的书面买卖合同;(二)所购商品房系用于居住且买受人名下无其他用于居住的房屋;(三)已支付的价款超过合同约定总价款的百分之五十。"2020 年修正后的《执行异议和复议规定》对本条未作修改。

在建设工程价款优先受偿权与购房人权利出现冲突时,应以《执行异议和复议规定》第29条规定的要件作为认定的依据。在"广西恒冠建设集团有限公司、王某祥再审案"中,最高人民法院即认为,《优先受偿权问题的批复》第2条规定"实质已经融入到2015年施行的《执行异议和复议规定》第29条规定的条款之中,且第29条又进一步细化规定了三个要件。在新的司法解释针对买受人对登记在被执行的房地产开发企业名下的商品房提出异议明确予以规定后,二审判决直接适用该批复进行裁判,属于适用法律不当"①。

实践中,在认定消费者的物权期待权时,还需要注意以下几个方面的问题:

第一,购房消费者应当符合《消费者权益保护法》的规定。重庆市高级人民法院于2003年3月24日作出的《重庆高院关于最高院优先权批复理解的意见》就认为,购房消费者中"消费者"的含义应与《消费者权益保护法》中的"消费者"含义相同,即购房者购房是为生活消费需要而不是为经营需要。购买商铺、写字楼具有投资属性,故此类房屋的购买人不应纳入消费者生存权的保护范畴,其权利不能对抗承包人的工程价款优先受偿权。但商住两用房也具备居住属性,则应当予以保护。②

第二,关于"买受人名下无其他用于居住的房屋"的理解,《九民会议纪要》又作了进一步的解释。该纪要第125条指出:"'买受人名下无其他用于居住的房屋',可以理解为在案涉房屋同一设区的市或者县级市范围内商品房消费者名下没有用于居住的房屋。商品房消费者名下虽然已有1套房屋,但购买的房屋在面积上仍然属于满足基本居住需要的,可以理解为符合该规定的精神。"但笔者认为,上述规定有值得商榷之处。如果购房人在其经常居住地有1套以上住房,其在该地之外的设区的市或者县级市购买的房屋不能排除用于旅游、投资的可能性,因此,不宜一律将其认定为满足基本居住需要的房屋。

第三,关于"已支付的价款超过合同约定总价款的百分之五十"的理解,《九民会议纪要》第125条指出:"如果商品房消费者支付的价款接近于百分之五十,且已按照合同约定将剩余价款支付给申请执行人或者按照人民法院的要求交付执行的,可以理解为符合该规定的精神。"

第四,消费者的物权期待权应当以成立商品房买卖合同为前提,名为商品房买

① 参见最高人民法院(2018)最高法民再443号民事判决书。

② 参见最高人民法院民事审判第二庭编著:《〈全国法院民商事审判工作会议纪要〉理解与适用》,人民法院出版社2019年版,第631页。

卖实为其他性质合同的，当事人的权利不能对抗承包人的建设工程价款优先受偿权。在“徐某、浙江暨阳建设集团有限公司申请执行人执行异议之诉案”中，法院即认为：“在没有办理产权变更登记手续的情况，徐某基于以物抵债协议对乾元公司也只享有债权请求权，此种权利属于债权请求权而非物上请求权，徐某可以据此请求对方继续履行以物抵债协议或承担违约责任，但不能主张对特定物进行管领支配的权利，不能据此对抗暨阳公司的优先受偿权，徐某对案涉房产不具有排除强制执行的民事权益。”①

### （二）其他无过错购房人的物权期待权

根据《执行异议和复议规定》第 28 条的规定，②无过错购房人的物权期待权在规定条件下也应得到保护。那么，符合该规定条件的非消费者购房人的物权期待权能否对抗承包人的工程价款优先受偿权呢？笔者从以下几个方面进行讨论。

1.《执行异议和复议规定》第 28 条和第 29 条的关系

《执行异议和复议规定》第 27 条规定：“申请执行人对执行标的依法享有对抗案外人的担保物权等优先受偿权，人民法院对案外人提出的排除执行异议不予支持，但法律、司法解释另有规定的除外。”但该规定第 28 条是否适用于排除担保物权等优先受偿权的强制执行，实践中的观点并不一致。

在“麦某天与广西恒冠建设集团有限公司等案外人执行异议之诉再审案”中，最高人民法院认为，从法律逻辑上看，房屋买受人若要排除普通债权的执行，既可以选择适用《执行异议和复议规定》第 28 条，也可以选择适用第 29 条，但房屋买受人若要排除建设工程价款优先受偿权、担保物权等权利的强制执行，则必须符合《执行异议和复议规定》第 29 条的规定，故《执行异议和复议规定》第 28 条在本案中并无适用的余地。③ 在“广汉珠江村镇银行股份有限公司、四川省广汉市新丰工业供销有限公司案外人执行异议再审案”中，最高人民法院则认为，《执行异议和复议规定》第 28 条的规定当然属于“法律、司法解释另有规定”的情况，故该第 28 条

---

① 参见山东省高级人民法院（2020）鲁民终 807 号民事判决书。最高人民法院（2020）最高法民申 1283 号民事裁定书也有同样的认定。

② 《执行异议和复议规定》第 28 条规定：“金钱债权执行中，买受人对登记在被执行人名下的不动产提出异议，符合下列情形且其权利能够排除执行的，人民法院应予支持：（一）在人民法院查封之前已签订合法有效的书面买卖合同；（二）在人民法院查封之前已合法占有该不动产；（三）已支付全部价款，或者已按照合同约定支付部分价款且将剩余价款按照人民法院的要求交付执行；（四）非因买受人自身原因未办理过户登记。”

③ 参见最高人民法院（2018）最高法民申 788 号民事裁定书。

属于第27条但书的规定。[①] 也就是说，第28条同样适用于排除担保物权等优先受偿权强制执行的情形。

笔者认为，从条文规定的逻辑来看，《执行异议和复议规定》第28条、第29条应当均属第27条规定的但书内容，只是二者适用的情形有所不同，前者适用于一般不动产的买受人，后者适用于购买房地产开发企业名下商品房的消费者。最高人民法院关于该规定的理解与适用一书也指出："案外人对执行标的尚未取得所有权，但享有应向其交付的债权请求权的，除法律、司法解释明确规定能够阻止执行的情形以外(如本司法解释第28～30条、《优先受偿权问题的批复》第2条等)，案外人对执行标的的债权请求权，原则上不能阻止执行，也不能对抗申请执行人的优先受偿权。"[②]《江苏高院执行异议及执行异议之诉案件审理指南(二)》第10条也规定，金钱债权执行中，被执行人为房地产开发企业，案外人作为被执行人开发的商品房买受人，其主张只要符合《执行异议和复议规定》第28条或第29条规定任一条规定情形的，对其诉讼请求或抗辩主张应予以支持。由此可见，《执行异议和复议规定》第28条、第29条是并列的关系，而非相互排斥的关系，即二者既适用于普通债权的排除执行，也适用于担保物权等优先受偿权的排除执行。

2. 非消费者的物权期待权与一般抵押权

既然《执行异议和复议规定》第28条也适用于担保物权等优先受偿权的排除执行，那么，一般不动产的买受人包括作为非消费者的购房人，在符合该条规定的情况下则可以排除抵押权的执行。在"德州农村商业银行股份有限公司、孙某鹏申请执行人执行异议之诉再审案"中，最高人民法院即认为，虽然德州农商行对案涉房产享有抵押权，但孙某鹏在案涉房屋被查封前已经签订书面购房合同、支付房款并实际占有使用案涉房屋，对房屋未办理过户登记亦不存在过错，故孙某鹏对案涉房屋享有足以排除强制执行的民事权益。[③] 在"北京长富投资基金、华夏银行股份有限公司武汉洪山支行股权转让纠纷案"中，最高人民法院也持同样观点。[④] 当然，也有观点认为，案外人基于对标的物享有物权期待权，从而对申请执行人的抵押权

---

① 参见最高人民法院(2018)最高法民申2703号民事裁定书。最高人民法院(2018)最高法民终1306号民事判决书也有类似表述。

② 江必新、刘贵祥主编，最高人民法院执行局编著：《最高人民法院关于人民法院办理执行异议和复议案件若干问题规定理解与适用》，人民法院出版社2015年版，第390～391页。

③ 有关民事判决书显示，案涉房屋为孙某鹏经营使用。参见最高人民法院(2020)最高法民申777号民事裁定书、山东省高级人民法院(2019)鲁民终1068号民事判决书。

④ 参见最高人民法院(2019)最高法民终542号民事判决书。

提出异议并要求停止执行的，应根据抵押权的设立时间区分处理。[①]

3. 非消费者的物权期待权与工程价款优先受偿权

关于符合《执行异议和复议规定》第 28 条规定的非消费者购房人的物权期待权，能否对抗承包人的工程价款优先受偿权，实践中存在不同观点。

有观点认为，因建设工程价款优先受偿权无法定的公示方式，第三人对其权利并不知悉，不能因为法律规定可能存在建设工程价款优先受偿权而推定购买人有过错，而且，如果该物权期待权不能对抗建设工程价款优先受偿权，将会出现已交付全部价款并入住的房屋被强制执行的情形，容易引发群体性事件和社会矛盾。[②]在“中天建设集团有限公司与王某光、白某和丰置业有限公司案外人执行异议之诉案”中，法院也认为，当事人对商铺的物权期待权更应当得到法律的保护。[③]

也有观点认为，“建设工程优先受偿权属于法定优先权，法律赋予其很强的效力，若排除享有建设工程优先受偿权的债权的执行，自无纪要第 127 条[④]适用的余地，因为该条规范的是一般不动产买受人的物权期待权”。“该规定是法律基于生存权至上考虑所作的特殊规定，应当严格把握，不宜扩大适用。对于房屋的性质应当限定在居住用房，商业用房不在保护之列。”[⑤]在“王某、西安虹桥置业有限责任公司申请执行人执行异议之诉纠纷案”中，最高人民法院也认为，人民法院生效判决已判令承包人在西安虹桥置业有限责任公司应支付的工程款范围内，对商品房住宅房屋以外的工程享有建设工程价款优先受偿权，涉案房屋不属于住宅房屋。因

---

① 该观点认为，抵押权设立在先的，依法成立并公示的抵押权效力优先于买受人的物权期待权；抵押权在抵押物转让后设立的，在未能认定抵押权善意时，才有适用买受人物权期待权的空间。参见何姣：《买受人物权期待权认定及阻却执行的条件》，载《人民司法(案例)》2018 年第 11 期。

② 参见坚会新：《案外人异议所涉权利冲突的实务化解》，载《人民司法》2019 年第 31 期。

③ 参见吉林省高级人民法院(2019)吉民终 517 号民事判决书。在该案中，法院认为，本案王某光与白某和丰置业有限公司在一审法院查封前已签订合法有效的书面买卖合同，支付全部价款，且合法占有该商铺，其应当依法获得涉案商铺的所有权，王某光未办理过户登记原因是开发单位未办理初始登记，王某光无过错，其对案涉商铺的物权期待利益应当得到法律的保护。故中天公司以其对涉案商铺折价、拍卖所得价款享有优先受偿权主张执行，法院不予支持。

④ 《九民会议纪要》(法〔2019〕254 号)第 127 条规定：“金钱债权执行中，商品房消费者之外的一般买受人对登记在被执行人名下的不动产提出异议，请求排除执行的，《最高人民法院关于人民法院办理执行异议和复议案件若干问题的规定》第 28 条规定，符合下列情形的依法予以支持：一是在人民法院查封之前已签订合法有效的书面买卖合同；二是在人民法院查封之前已合法占有该不动产；三是已支付全部价款，或者已按照合同约定支付部分价款且将剩余价款按照人民法院的要求交付执行；四是非因买受人自身原因未办理过户登记。人民法院在审理执行异议之诉案件时，可参照适用此条款。”

⑤ 最高人民法院民事审判第二庭编著：《〈全国法院民商事审判工作会议纪要〉理解与适用》，人民法院出版社 2019 年版，第 629 ~ 630 页。

此,王某不能对抗本案承包人主张的建设工程价款优先受偿权的执行。①

笔者一直认为,建设工程价款优先受偿权主要保护的是承包人的经营利益,而对建筑工人工资的保护只是其衍生的功能。然而,基于优先受偿权的担保物权性质,其仍应当优先于其他经营者的物权期待权。同时,虽然上述纪要不是司法解释,不能作为裁判依据进行援引,但最高人民法院认为,人民法院在裁判文书"本院认为"部分具体分析法律适用的理由时,可以根据该纪要的相关规定进行说理。由此,笔者赞成上述第二种观点,即建设工程价款的优先受偿权应当优先于非消费者的物权期待权。

### (三)购房人办理预告登记的影响

我国《民法典》第221条第1款规定了预告登记制度:"当事人签订买卖房屋的协议或者签订其他不动产物权的协议,为保障将来实现物权,按照约定可以向登记机构申请预告登记。预告登记后,未经预告登记的权利人同意,处分该不动产的,不发生物权效力。"《民法典物权编司法解释(一)》第4条对此作了进一步解释:"未经预告登记的权利人同意,转让不动产所有权等物权,或者设立建设用地使用权、居住权、地役权、抵押权等其他物权的,应当依照民法典第二百二十一条第一款的规定,认定其不发生物权效力。"《执行异议和复议规定》第30条也规定:"金钱债权执行中,对被查封的办理了受让物权预告登记的不动产,受让人提出停止处分异议的,人民法院应予支持;符合物权登记条件,受让人提出排除执行异议的,应予支持。"

需要讨论的是,若房屋买受人在房屋所有权转移之前办理了预告登记,该预告登记的效力是否能够对抗该房屋所对应工程的承包人价款优先受偿权呢?实践中对此存在不同观点。

在"骆某良案外人执行异议之诉纠纷案"中,法院认为,原告对案涉房屋办理的预告登记,不能取得对案涉房屋的物权请求权,不能阻却本院对案涉项目的查封、评估、拍卖,原告不是司法解释规定的购买商品房并交付了全部或者大部分款项的消费者,故其权利不能对抗承包人就建设工程价款的优先受偿权。② 在"镇江华建置业有限公司与通州建总集团有限公司、镇江北极房地产开发有限公司建设工程

① 参见最高人民法院(2019)最高法民申2497号民事判决书。最高人民法院(2019)最高法民申4120号民事判决书也持同样观点。

② 参见浙江省诸暨市人民法院(2017)浙0681民初11320号民事判决书。

施工合同纠纷执行案”中，申请执行人主张案涉不动产享有建设工程款优先受偿权，案外人购买的案涉不动产性质为商铺，不属于消费者，不能优先于申请执行人的建设工程款优先受偿权；法院则认为，案外人在本院查封讼争房屋之前与被执行人签订了合法有效的书面买卖合同，支付了商品房买卖合同约定的价款，按照《物权法》的规定办理了不动产预告登记，产生了《物权法》规定的法律效力，故裁定中止了21套房屋的执行，未支持申请执行人的上述抗辩。①

笔者赞成前述第一种观点，即预告登记不能对抗承包人的优先受偿权，具体分析如下：

第一，预告登记是不动产物权变动请求权的担保手段，具有保全效力。通过预告登记可使被担保的请求权得以排除他人干涉而实现，因此预告登记具有一定的“物权效力”，即物权属性中的排他效力。然而，预告登记权利人对不动产既不具有事实上的直接占有，也不构成法律上的间接占有，其对权利的处分也是对其债权请求权的处分，其对不动产不具有支配权。因此，预告登记权利人所享有的请求权虽然被赋予了完备的绝对效力，但仍然完全处于债务关系之中，并不能改变其债权请求权的实质。②

第二，在房屋上设定了抵押权等担保物权或其他依法具有优先受偿效力的金钱债权，在性质上已经属于物权，其显然应优先于在后预告登记的权利，不应被预告登记阻却其权利的实现。在现行法框架下，只有同时具备了“已经交付全部或者大部分所购商品房价款”以及“消费者”这两个条件，房屋买受人的债权才可以排除建设工程价款优先权等优先受偿权的强制执行，至于是否办理了房屋所有权预告登记，在所不问。③

第三，商品房预售条件之一就是相应的建设工程施工应满足一定的施工进度

---

① 参见江苏省镇江市丹徒区人民法院(2019)苏1112执异118号执行裁定书。

② 参见金可可：《预告登记之性质——从德国法的有关规定说起》，载《法学》2007年第7期。

③ 参见司伟：《预告登记排除金钱债权执行中的几个问题——以房屋所有权预告登记为例》，载《法律适用》2017年第21期。

要求（如完成基础工程、主体结构封顶等），[①]而建设工程价款优先受偿权是承包人的法定权利，只要在建的建设工程（含分部分项工程）质量合格即应成立。由此可见，建设工程价款优先受偿权的成立时间早于预售房屋的预告登记时间。基于工程价款优先受偿权的法定性，预告登记人在办理登记时应当知道优先受偿权的存在，因此，尽管预告登记被赋予了一定的"物权效力"，但也不应对抗在先成立的优先受偿权。

综上所述，预告登记本身并不能对抗承包人就建设工程价款享有的优先受偿权。《江苏高院执行异议及执行异议之诉案件审理指南（二）》第11条也规定，案外人以案涉不动产已办理物权预告登记为由，对金钱执行债权提出执行异议请求停止处分的，应予支持，但申请执行人对执行不动产享有工程价款优先受偿权的除外。[②]

## 深度研讨

### 一、债务人破产时优先受偿权的清偿顺位[③]

在破产法理论上，通常认为担保物权所担保的特定财产享有破产别除权。所谓别除权是指债权人因其债权设有物权担保或享有特别优先权，而在破产程序中就债务人（破产人）特定财产享有的优先受偿权利。[④] 我国《企业破产法》第109条

---

① 如《北京市住房和城乡建设委员会关于进一步加强本市商品房预售许可管理有关问题的通知》（京建法〔2013〕12号）第1条规定："2013年8月1日后新签订土地出让合同的房地产开发项目，对商业、办公等非住宅楼栋，以及套均建筑面积大于140平方米的住宅楼栋，申请预售许可时，施工进度应达到以下条件：地上规划层数7层（含）以下的，施工进度应达到主体结构封顶；8层（含）以上的，施工进度应达到地上规划层数1/2以上（且不低于7层）。"《广东省商品房预售管理条例》（2014年修正）第6条规定："预售商品房时，应当取得商品房预售许可证。取得商品房预售许可证应当具备下列条件：……（五）三层以下的商品房项目已完成基础和结构工程；四层以上的商品房项目，有地下室工程的，已完成基础和首层结构工程，无地下室工程的，已完成基础和四层结构工程；……"

② 《江苏高院执行异议及执行异议之诉案件审理指南（二）》第11条规定："金钱债权执行中，执行法院对被执行人名下不动产采取执行措施，案外人以该不动产的受让人为由提出执行异议，请求停止处分，应根据下列情形予以处理：（1）案涉不动产已办理物权预告登记的，应予支持；（2）案涉不动产符合物权登记条件，且在预告登记有效期内的，应予支持；（3）案涉不动产的预告登记已经失效，或者在执行法院查封之后办理预告登记的，不予支持。建设工程合同承包人为实现其建设工程价款优先受偿权，申请对其建设施工的房屋予以强制执行，不适用本部分上述规定。但案外人系商品房消费者，且符合《异议复议规定》第二十九条规定的除外。"

③ 参见高印立：《论建设工程价款优先受偿权的清偿顺位》，载《北京仲裁》2021年第1辑。

④ 参见王欣新：《破产别除权理论与实务研究》，载《政法论坛》2007年第1期。

对此作了规定。[①] 建设工程价款优先受偿权本质上是一种担保物权，其担保的建设工程也应具有别除权。[②]

根据《企业破产案件若干规定》第71条第2项的规定，担保物权所担保的财产不属于破产财产，[③]但《企业破产法司法解释（二）》第3条第1款对此作了改变。[④]该条明确，担保物权所担保的特定财产也属于破产财产。因此，工程价款优先受偿权的行使应当在《企业破产法》的规则之下，并必须经过管理人的统一处分。在“北京益置建安装饰有限公司、湖南中顺置业投资有限公司与破产有关的纠纷案”中，法院即认为，已设置抵押的某商务大厦在建工程应属于破产财产，在涉案房屋已设置抵押且抵押权人行使优先权的情况下，当事人按《企业破产案件若干规定》第71条第5项规定主张涉案房屋不属于破产财产的理由不能成立。[⑤]

既然承包人享有优先受偿权的建设工程也属于破产财产，而破产财产是由管理人负责管理的，于是便产生了实现工程价款优先受偿权的费用和管理人相关管理报酬的支付问题。建设工程价款优先受偿权与破产费用、共益债务、税收债权及职工劳动债权等之间的受偿顺位就值得研究。实际上，无论在理论上还是实践中，上述权利之间的顺位也确实存在颇多争议。以下就此分别进行讨论。

### （一）建设工程价款优先受偿权与破产费用、共益债务

在司法实践中，时常会出现破产费用、共益债务与担保物权之间在清偿顺位方面的矛盾。《企业破产法司法解释（二）》第3条第2款规定：“对债务人的特定财产在担保物权消灭或者实现担保物权后的剩余部分，在破产程序中可用以清偿破产

---

① 《企业破产法》第109条规定：“对破产人的特定财产享有担保权的权利人，对该特定财产享有优先受偿的权利。”

② 也有观点认为，建设工程价款优先受偿权的性质是优先权。即使按此观点，工程价款优先受偿权的性质也是一种特别优先权，其担保的建设工程应当具有破产别除权。

③ 《企业破产案件若干规定》（法释〔2002〕23号）第71条规定：“下列财产不属于破产财产：（一）债务人基于仓储、保管、加工承揽、委托交易、代销、借用、寄存、租赁等法律关系占有、使用的他人财产；（二）抵押物、留置物、出质物，但权利人放弃优先受偿权的或者优先偿付被担保债权剩余的部分除外；（三）担保物灭失后产生的保险金、补偿金、赔偿金等代位物；（四）依照法律规定存在优先权的财产，但权利人放弃优先受偿权或者优先偿付特定债权剩余的部分除外；（五）特定物买卖中，尚未转移占有但相对人已完全支付对价的特定物；（六）尚未办理产权证或者产权过户手续但已向买方交付的财产；（七）债务人在所有权保留买卖中尚未取得所有权的财产；（八）所有权专属于国家且不得转让的财产；（九）破产企业工会所有的财产。”

④ 《企业破产法司法解释（二）》第3条第1款规定：“债务人已依法设定担保物权的特定财产，人民法院应当认定为债务人财产。”

⑤ 参见湖南省高级人民法院（2019）湘民终206号民事判决书。

费用、共益债务和其他破产债权。”由此可以推论出，担保物权应当优先于破产费用和共益债务受偿，有学者也持同样观点。[①] 但实践中也有观点认为，破产费用、共益债务的清偿顺位应当优先于担保物权和建设工程价款优先受偿权。[②]

实际上，破产费用和共益债务既可能是为实现建设工程价款优先受偿权及其他担保物权而产生，也可能与上述权利的实现无关。因此，有必要分不同情形分别进行分析。

1. 对于为实现或取得工程价款优先受偿权而产生的破产费用、共益债务，其应当从优先受偿的工程价款中支付，具体理由如下：

首先，《民法典》第389条规定：“担保物权的担保范围包括主债权及其利息、违约金、损害赔偿金、保管担保财产和实现担保物权的费用。当事人另有约定的，按照其约定。”由此可见，破产费用、共益债务中可能包含“保管担保财产和实现担保物权的费用”。尽管根据《企业破产案件管理人报酬规定》第2条的规定，担保权人优先受偿的担保物价值，不计入确定管理人报酬的财产价值总额，但该规定第13条同时又规定，管理人对担保物的维护、变现、交付等管理工作付出合理劳动的，有权向担保权人收取适当的报酬。因此，某些实现建设工程价款优先受偿权的费用虽属破产费用或共益债务，[③]但其应当从该担保物的变价款中支付，即其应当优先于与担保物权无关的其他破产费用和共益债务清偿。

其次，设想在债务人全部财产都被设置物权担保的情况下，由于几乎没有无担保财产可供支付，如果实现担保物权的破产费用和有关共益债务不能从担保财产中支付，则根据《企业破产法》第43条第4款的规定，应终结破产程序。由此，将导致物权担保的财产也无法通过破产程序处置，担保债权人的利益也难以顺利实现。[④] 因此，“担保财产的管理费用包括担保物的变价费用等为实现担保债权而直接、间接发生的种种费用，均应当由担保财产的变价款中优先支付，对此应无疑义”[⑤]。

---

① 参见徐阳光：《破产法视野中的担保物权问题》，载《中国人民大学学报》2017年第2期。

② 参见夏正芳、李荐：《房地产开发企业破产债权的清偿顺序》，载《人民司法(应用)》2016年第7期。

③ 人民法院受理破产申请后，实现建设工程价款优先受偿权的诉讼费用、拍卖费用等属于破产费用；而破产管理人或债务人请求承包人完成未完工程，从而就已完工工程成立优先受偿权所产生的债务就属于共益债务。

④ 参见王欣新：《破产费用、共益债务与物权担保债权间的清偿关系》，载《人民法院报》2015年9月2日，第7版。

⑤ 王欣新：《破产别除权理论与实务研究》，载《政法论坛》2007年第1期。

2. 对于其他与实现担保物权无关的破产费用、共益债务，则担保物权所担保的债权应当优先于此类破产费用、共益债务。

因此，建设工程价款优先受偿权与破产费用、共益债务的清偿顺位是：为实现工程价款优先受偿权的破产费用、共益债务 > 工程价款优先受偿权 > 为实现其他担保物权的破产费用、共益债务 > 设立担保物权的债权 > 其他破产费用、共益债务。

### （二）建设工程价款优先受偿权与税收债权

根据《企业破产法》第 113 条的规定，破产费用、共益债务的清偿顺位优先于破产人所欠的税款，则工程价款优先受偿权及其他担保物权应当优先于税收债权清偿。然而，《税收征收管理法》第 45 条第 1 款规定："税务机关征收税款，税收优先于无担保债权，法律另有规定的除外；纳税人欠缴的税款发生在纳税人以其财产设定抵押、质押或者纳税人的财产被留置之前的，税收应当先于抵押权、质权、留置权执行。"可见，上述法律规定并不一致，由此也导致实践中对物保债权与税收债权的受偿顺位产生分歧。

有观点认为，当物保债权发生在税收债权之前时，自然应当适用《企业破产法》第 109 条和第 113 条，将物保债权作为别除权优先于税收债权而受偿；而当税收债权发生在物保债权之前时，则《税收征收管理法》第 45 条第 1 款就是《物权法》第 170 条[①]规定的除外情形，据此，税收债权应优先于物保债权受偿。[②] 也有观点认为，应严格执行《企业破产法》的规定，担保物权优先于税收债权受偿，《税收征收管理法》第 45 条依照时间先后处理的规定应仅限于非破产程序之中。[③]

笔者对此分析如下：

第一，传统观点认为，设立税收优先权有两个最基本的理由，一是基于税收的公益性，二是基于税收的风险性。其公益性体现为，税收是一种由个人利益集合而成并最终服务于个人利益的公共利益，因此可以被视为保护私法债权的最基本之共益费用。其风险性体现为，税收是一种缺乏对待给付的债权，税务机关与纳税人

---

① 《物权法》第 170 条规定："担保物权人在债务人不履行到期债务或者发生当事人约定的实现担保物权的情形，依法享有就担保财产优先受偿的权利，但法律另有规定的除外。"《民法典》第 386 条也作了相同规定。

② 参见徐燕飞、郑宏帜：《破产程序中的税收债权受偿》，载《人民司法（应用）》2019 年第 34 期。

③ 参见徐阳光：《破产法视野中的担保物权问题》，载《中国人民大学学报》2017 年第 2 期。

之间信息不对称，税收的保障手段所受限制较多。[①] 然而，公益价值并非绝对价值，私人利益中也渗透着公共利益。过分强调征收债权对私债权的优先权，将损害私人交易的安全性，甚至破坏市场经济基本秩序，不宜提倡。[②]《税收征收管理法》规定了税收保全、强制执行、强制担保、预先征收、滞纳金、限制出境、代位权和撤销权等征收措施，[③]这些措施是“具有公法属性的保障措施，对于债务人的威慑效果更为显著，远非私法保障措施所能及”[④]，这使税收的风险极大地降低。因此，对税收优先权应当有所限制。同时，《企业破产法》规定物保债权优先于税收债权，也“体现了对其他债权人的保护，体现了‘国家不与民争利’的原则”[⑤]。

第二，从《企业破产法》和《税收征收管理法》的关系上看，前者是针对破产企业这一特殊主体制定的法，后者是针对税收征收这一特殊事项制定的法，二者并非一般意义上的一般法和特别法的关系。但在《企业破产法》中，对于破产财产中税收债权的顺位作了明确规定，而在《税收征收管理法》中规定的是一般情形下税收债权与担保物权的顺位，并未涉及破产企业这一特殊主体。而且，《税收征收管理法》第45条规定的立法本旨在于“防止欠税人以抵押、质押担保为名恶意转移资产，以维护国家税收的权威性和稳定性”[⑥]。确定破产企业物保债权与税收债权受偿顺位本质上是解决权利冲突问题，目的在于实现破产债权的公平清偿，这与《企业破产法》“公平清理债权债务，保护债权人和债务人的合法权益”的立法目的相合。因此，对于破产企业来说，物保债权与税收债权的清偿顺位原则上应当适用《企业破产法》的有关规定。

第三，根据《企业破产法》的规定，法院受理破产申请后发生的管理、变价和分配债务人财产的费用为破产费用，因此而产生的税款自然也是破产费用。[⑦] 同样，法院受理破产申请后，因管理人或者债务人请求对方当事人履行双方均未履行完毕的合同所产生的债务为共益债务，而因履行该合同所产生的税款当然也是一种

---

① 参见熊伟、王宗涛:《中国税收优先权制度的存废之辩》，载《法学评论》2013年第2期。

② 参见[日]金子宏:《日本税法》，战宪斌、郑林根等译，法律出版社2004年版，第478页。转引自熊伟、王宗涛:《中国税收优先权制度的存废之辩》，载《法学评论》2013年第2期。

③ 参见《税收征收管理法》第37条、第38条、第40条、第44条和第50条。

④ 熊伟、王宗涛:《中国税收优先权制度的存废之辩》，载《法学评论》2013年第2期。

⑤ 王欣新:《破产别除权理论与实务研究》，载《政法论坛》2007年第1期。

⑥ 最高人民法院物权法研究小组编著:《〈中华人民共和国物权法〉条文理解与适用》，人民法院出版社2007年版，第499页。

⑦ 在广东省高级人民法院(2016)粤民终1942号民事判决书中，法院即认为，拍卖处置债务人财产所产生的增值税税款属于破产费用。

共益债务。对于此类税收债权,其应属于破产费用或共益债务,其应当按照《企业破产法》第113条规定的顺位清偿。但如前所述,若上述税款系为实现工程价款优先受偿权或其他担保物权而产生,则其清偿顺位应当优先于工程价款优先受偿权或其他担保物权。

第四,对于其他与工程价款优先受偿权及其他担保物权无关的税收债权,其应当按照《企业破产法》第113条规定的顺位清偿。

因此,建设工程价款优先受偿权与税收债权的清偿顺位是:为实现工程价款优先受偿权而产生的税款(破产费用、共益债务)>工程价款优先受偿权>为实现其他担保物权而产生的税款(破产费用、共益债务)>设立担保物权的债权>破产人欠付的其他税款。

### (三)建设工程价款优先受偿权与劳动债权

关于担保物权与劳动债权的顺位,曾有不同观点。一种观点认为,劳动债权只在无担保财产中具有优先受偿的第一顺位,而不应优先于担保物权受偿。劳动债权虽应优先保护,但是,将劳动债权全部放在物权担保债权之前清偿则是不公平的。[①] 另一种观点则认为,劳动债权属于“法定优先权”,所以应将劳动债权置于担保物权之前,即赋予“超级优先的法律地位”,从而根本解决破产企业职工劳动工资优先于抵押受偿的问题。[②]

《企业破产法》对此采取了分别处理的办法。根据该法第132条的规定,在该法公布之日前,职工对破产人的劳动债权优先于担保物权清偿;在该法公布之后,担保物权的清偿顺位则优先于职工的劳动债权。[③]《企业破产法》于2006年8月27日公布,因此,当前的破产案件中,担保物权的清偿顺位应当优先于职工的劳动债权,由于建设工程价款的优先受偿权优先于一般担保物权,故其当然优先于职工的劳动债权。

---

① 参见王欣新:《破产立法中永远的痛——谈债权人保护与对破产企业职工保护的关系》,载《证券时报》2004年11月8日。

② 参见申卫星:《论优先权同其他担保物权之区别与竞合》,载《法制与社会发展》2001年第3期。

③ 《企业破产法》第132条规定:“本法施行后,破产人在本法公布之日前所欠职工的工资和医疗、伤残补助、抚恤费用,所欠的应当划入职工个人账户的基本养老保险、基本医疗保险费用,以及法律、行政法规规定应当支付给职工的补偿金,依照本法第一百一十三条的规定清偿后不足以清偿的部分,以本法第一百零九条规定的特定财产优先于对该特定财产享有担保权的权利人受偿。”

### (四)预告登记的破产保护效力

受德国物权法的影响,国内通说认为预告登记具有对破产保护的效力,即在相对人陷入破产时,排斥他人而保障请求权发生既定的效果。[①] 一般认为,预告登记的破产保护效力表现在以下几个方面:

第一,《企业破产法》第18条规定:"人民法院受理破产申请后,管理人对破产申请受理前成立而债务人和对方当事人均未履行完毕的合同有权决定解除或者继续履行,并通知对方当事人。管理人自破产申请受理之日起二个月内未通知对方当事人,或者自收到对方当事人催告之日起三十日内未答复的,视为解除合同。"由此可见,对于破产申请受理前成立但未履行完毕的合同,破产管理人享有合同解除权。然而,根据《民法典》第221条的规定,预告登记后,未经预告登记的权利人同意,处分该不动产的,不发生物权效力。因此,一般认为,对于经预告登记的请求权,破产管理人不能随意行使解除权,否则,将使预告登记旨在实现物权变动的目的落空。[②]

第二,由于破产管理人的解除权受到限制,且预告登记具有排他的保全效力,因此,对于预告登记的房屋是现房的,若购房人已支付完购房款,其可向管理人主张为本登记;若购房人尚未支付完购房款,其可继续支付购房款,进而完成本登记。对于预告登记的房屋是期房的,购房人可以在预告登记所指向的相应期房变价所得范围内优先受偿。[③]

第三,预告登记保全的请求权虽具有一定的排他效力,但其本质属性仍属于债权请求权,不能直接支配将来实现的物权,故在清偿顺位上不能当然优先于物权。对于经预告登记的债权请求权与一般担保物权,一般认为,应当按照"时间优先、权利优先"的原则,来确定权利优先受偿的顺位;[④]对于建设工程价款优先受偿权,由于其优先于一般担保物权,且如前所述,其成立时间应早于房屋的预告登记时间,因此,其清偿顺位应当优先于预告登记的债权请求权。同时,由于预告登记具有一

---

① 参见王宏、王道昌:《不动产预告登记制度初探》,载《法学论坛》2000年第6期。

② 参见李永军:《论破产管理人合同解除权的限制》,载《中国政法大学学报》2012年第6期;庄加园:《预告登记的破产保护效力》,载《南京大学学报(哲学·人文科学·社会科学)》2014年第6期。

③ 参见夏正芳、李荐:《房地产开发企业破产债权的清偿顺序》,载《人民司法(应用)》2016年第7期。

④ 参见庄加园:《预告登记的破产保护效力》,载《南京大学学报(哲学·人文科学·社会科学)》2014年第6期;夏正芳、李荐:《房地产开发企业破产债权的清偿顺序》,载《人民司法(应用)》2016年第7期。

定的“物权效力”，为保证其保全请求权的实现，其应当具有优先于普通债权的效力。

（五）小结

综上所述，笔者认为，在债务人破产时，建设工程价款优先受偿权与各个权利的清偿顺位是：为维护、保管消费者所购房屋而发生的费用 > 消费者购房人的物权期待权 > 为实现工程价款优先受偿权而产生的破产费用、共益债务（含税款）> 工程价款优先受偿权 > 为实现其他担保物权而产生的破产费用、共益债务（含税款）> 设立担保物权的债权及不动产预告登记所涉债权（按登记先后顺序就相应不动产变价所得优先受偿）> 其他破产费用、共益债务 > 职工劳动债权 > 职工劳动债权以外的社会保险费用及破产人欠付的其他税款 > 普通破产债权。破产财产不足以清偿同一顺序的清偿要求的，按照比例分配。

## 二、建设工程价款优先受偿权的追及效力

物权的追及效力，是指物权成立后，其标的物不论辗转至何人之手，物权权利人均可以追及标的物之所在，而主张权利。①《民法典》第406条即规定了抵押权的追及效力。② 建设工程价款优先受偿权本质上也是一种担保物权，但其是否具有追及效力，法律并无明确规定。因此，理论和实践中对此存在不同认识，主要有肯定说、否定说和有限追及说三种观点。

肯定说认为，建设工程价款优先受偿权优于抵押权，故依照“举轻以明重”的类推解释方法，建设工程价款优先受偿权人也能享有追及权，即使标的物已转让给第三人，但建设工程优先受偿权人仍可就其优先受偿。③ 否定说认为，承包人的优先权只能存在于发包人所有的建筑物或者建设工程上，如果商品房的所有权已转移，承包人的优先受偿权即不存在；④由于建设工程价款优先受偿权缺乏登记公示程序，第三人无从知晓建设工程上是否存在承包人的权利，若承认工程价款优先受偿

---

① 参见梁慧星、陈华彬：《物权法》（第6版），法律出版社2016年版，第50页。

② 《民法典》第406条第1款规定：“抵押期间，抵押人可以转让抵押财产。当事人另有约定的，按照其约定。抵押财产转让的，抵押权不受影响。”

③ 参见林雪：《〈关于建设工程价款优先受偿权问题的批复〉第2条的解释与适用——以利益衡量为视角》，载《研究生法学》2017年第5期。

④ 参见汪治平：《建设工程价款优先受偿权的若干问题》，载《人民司法》2002年第8期。

权的追及效力,超过了第三人可预见的范围,对交易安全有重大不利。[①] 有限追及说认为,在受让人明知建筑物上附着优先受偿权,或因承包人寻求公权力救济而使工程价款优先受偿权已公示,则建设工程价款优先受偿权具有追及效力。[②]

笔者认为,物权的追及效力是物权绝对性的具体体现,但“物权的追及力也是有限的,有偿的善意的取得人,对原物权人有抗辩权,可阻断其追索”[③],否则容易损害第三人的利益。由此,物权公示制度应运而生。物权公示制度既可以限制权利人任意行使物权的追及效力,又具有在肯定物权追及效力的前提下维护交易安全的功能。因此,《民法典》第406条第1款的规定也存在例外,即如果抵押权未进行登记,则不能对抗抵押财产的善意买受人。[④] 在我国尚未建立建设工程价款优先受偿权登记制度的情况下,若赋予该权利无限制的追及效力,则必然会损害善意第三人的合法权益,损害交易安全。同时,若该权利基于法律规定或在权利确认和行使过程中能够产生公示效力,则也应肯定其在一定条件下的追及效力。综上所述,笔者原则上赞成有限追及说。关于具备何种条件才能对工程价款优先受偿权产生公示效力,具体讨论如下:

### (一)法律的直接规定不能当然产生公示的法律效果

尽管建设工程价款优先受偿权源于法律的直接规定,有一定的公开性,但由于该权利的行使以发包人欠付承包人工程价款为前提,且受到行使期限的限制,故第三人未必知晓承包人是否有权就某一特定建筑物行使优先受偿权,也未必知晓承包人是否已经行使了优先受偿权。因此,法律的直接规定并不当然能对优先受偿权产生公示的法律效果,否则,当事人之间的不动产买卖将面临很大的不确定性,从而直接损害交易安全。

当然,如果根据客观事实能够推定建筑物的受让人知道或者应当知道承包人享有工程价款优先受偿权的,则应当赋予优先受偿权追及效力。

---

① 参见中国建设工程法律评论第四工作组编著:《建设工程优先受偿权》,法律出版社2017年版,第199~202页。

② 参见万挺、冯小光、张闻:《论附着建设工程价款优先受偿权建筑物转让规则》,载《法律适用》2018年第21期。

③ 张俊浩主编:《民法学原理》,中国政法大学出版社2000年版,第403页。

④ 参见《中华人民共和国民法典物权编释义》,法律出版社2020年版,第512页。

### （二）优先受偿权确认诉讼本身不足以产生公示效力①

有观点认为，在我国现行法框架下，承包人提起建设工程价款优先受偿权确认诉讼和诉讼保全的方式，可以产生对该权利予以公示的法律效果。② 但笔者认为，建设工程价款优先受偿权确认诉讼本身尚不足以产生公示效力。

首先，对于和承包人、发包人无特定关系的第三人来说，其难以知晓承包人是否提起了优先受偿权确认之诉；即使在判决作出之后，要求第三人从网络（如"中国裁判文书网"）上准确检索相关建筑物和所有权人的诉讼案件也过于苛刻。笔者曾随机选取一家房地产开发企业进行检索，检索到的有关诉讼案件共计700余条，输入"企业名称+建设工程价款优先受偿权"检索到的案件也有7条。可见，要求受让人从纷繁复杂的裁判文书中准确地判断拟受让的建筑物是否存在工程价款优先受偿权纠纷，并以此作为受让人是否善意的标准，可能会使受让人承担过重的注意义务。同时，对第三人来说，其对一审判决书是否生效也难以知晓，二审判决是否会被再审、重审推翻亦有不确定性。况且，不动产受让人的地域分布、受教育水平也各有不同，其对网络的接受程度和登录网络的便利程度也有差别，对受让人是否构成善意的认定也存在困难。因此，不宜以承包人是否提起工程价款优先受偿权的确认之诉、裁判文书是否公布来认定受让人是否构成善意。

其次，确认工程价款优先受偿权的方式有多种，包括当事人和解确认、诉讼确认、仲裁确认、调解确认等。如果仅赋予法院的裁判文书以公示的效力，则可能会引导法院的裁判文书效力优于仲裁裁决书、调解书的价值取向，既不利于当事人争议的多元化解决，也与中共中央关于深入推进多元化纠纷解决机制改革的精神相悖。③

最后，最高人民法院要求各级人民法院公布裁判文书的目的，在于落实审判公

① 参见高印立：《论建设工程价款优先受偿权的清偿顺位》，载《北京仲裁》2021年第1辑。

② 参见万挺、冯小光、张闻：《论附着建设工程价款优先受偿权建筑物转让规则》，载《法律适用》2018年第21期。

③ 《中共中央关于全面推进依法治国若干重大问题的决定》第5条第4款中规定："健全社会矛盾纠纷预防化解机制，完善调解、仲裁、行政裁决、行政复议、诉讼等有机衔接、相互协调的多元化纠纷解决机制。"

开原则,促进司法公正,提升司法公信力,[①]而非赋予裁判文书公示的效力,更无意要求交易中的普通当事人承担检索裁判文书的义务。

由此可见,承包人提起工程价款优先受偿权的确认之诉和公布的裁判文书本身并不具有公示的效力。

### (三)查封措施可产生公示的法律效果

在承包人提起工程价款优先受偿权的确认诉讼中,承包人可以申请查封涉案不动产;生效裁判作出后,承包人可以申请法院对涉案建筑物强制执行。但实践中,并不能绝对排除登记机关因为疏忽等原因为查封的房屋办理变更登记的情形,[②]所以在分析工程价款优先受偿权的追及效力时,讨论查封措施是否具有公示效力仍有价值。

在诉讼保全民事裁定书和执行裁定书中,一般均会载明"在查封期间内,房屋所有权人可以使用被查封的房屋,但不得损毁、转让该房产或在该房产上设置他项权利"等内容。《民法典物权编司法解释(一)》第 15 条第 3 项也规定,登记簿上已经记载司法机关或者行政机关依法裁定、决定查封或者以其他形式限制不动产权利的有关事项的,应当认定不动产受让人知道转让人无处分权。由此可见,在不动产被查封的情况下,拟受让该不动产的第三人应当知道其涉及仲裁或诉讼案件,故应当要求转让人披露所涉案件的具体情况,否则难以构成善意。因此,在建设工程价款优先受偿权确认和行使过程中的查封措施可以产生公示的法律效果。在"盘锦鑫诚实业集团有限责任公司与大连筑成建设集团有限公司案外人执行异议之诉再审案"中,最高人民法院也认为,生效执行裁定及登记机关的查封登记,当然具有公示效力,故第三人受让包括被查封房产在内的在建工程,知道或者应当知道涉案在建工程上所附着的建设工程价款优先受偿权。[③]

综上所述,笔者将建设工程价款优先受偿权的追及效力规则总结如下:

1. 对于已办理所有权变更登记的消费者不能追及。根据《优先受偿权问题的

---

① 《最高人民法院关于人民法院在互联网公布裁判文书的规定》第 1 条规定:"为贯彻落实审判公开原则,规范人民法院在互联网公布裁判文书工作,促进司法公正,提升司法公信力,根据《中华人民共和国刑事诉讼法》《中华人民共和国民事诉讼法》《中华人民共和国行政诉讼法》等相关规定,结合人民法院工作实际,制定本规定。"

② 参见杜万华主编,最高人民法院民事审判第一庭编著:《最高人民法院物权法司法解释(一)理解与适用》,人民法院出版社 2016 年版,第 385 页。

③ 参见最高人民法院(2018)最高法民申 1281 号民事裁定书。

批复》第2条保护消费者居住权的立法精神以及“举轻以明重”的类推解释方法，可得出已办理所有权变更登记的第三人的所有权优先于建设工程价款优先受偿权。①

2. 对于承包人已提起确认优先受偿权的诉讼或仲裁程序，且采取了查封标的物的保全措施的，或就生效裁判文书申请执行的，查封措施可对优先受偿权产生公示效力，此时，承包人的建设工程价款优先受偿权具有追及效力。②

3. 建设工程的受让人知道或者应当知道承包人就工程价款享有优先受偿权的，该优先受偿权具有追及效力。由于建设工程价款优先受偿权源于法律的直接规定，只要受让人明确知道发包人欠付承包人工程款的事实，就有义务进一步了解工程价款优先受偿权的行使期限等具体情况，否则，宜推定其存在过错。实践中，还有的发包人将建设工程转让给自己的关联公司，以规避承包人就折价、拍卖该工程的价款优先受偿。对此，也宜推定受让该建设工程的关联公司不是善意第三人，从而肯定建设工程价款优先受偿权的追及效力。

4. 对于受让人不知道或者不应当知道承包人享有工程价款优先受偿权，且承包人未采取查封保全措施或未申请执行的，因无法产生工程价款优先受偿权的公示效力，故宜认定该优先受偿权不具有追及效力。

## 三、建设工程价款优先受偿权的物上代位性

担保物权属于“价值权”，其侧重的是对担保财产交换价值的支配，只要交换价值依然存在，至于承载该交换价值的标的物的样态和性质如何，在所不问，担保物权的效力依然及之。这就是担保物权的一项重要属性——物上代位性。③《民法典》第390条即规定，担保物权人可以就获得的保险金、赔偿金或者补偿金等优先受偿。《民法典担保制度司法解释》第42条第1款对抵押权的物上代位性也作了具体规定。④

---

① 参见林雪：《〈关于建设工程价款优先受偿权问题的批复〉第2条的解释与适用——以利益衡量为视角》，载《研究生法学》2017年第5期。

② 参见万挺、冯小光、张闻：《论附着建设工程价款优先受偿权建筑物转让规则》，载《法律适用》2018年第21期。

③ 参见程啸：《担保物权人物上代位权实现程序的建构》，载《比较法研究》2015年第2期。

④ 《民法典》第390条规定：“担保期间，担保财产毁损、灭失或者被征收等，担保物权人可以就获得的保险金、赔偿金或者补偿金等优先受偿。被担保债权的履行期限未届满的，也可以提存该保险金、赔偿金或者补偿金等。”《民法典担保制度司法解释》第42条第1款规定：“抵押权依法设立后，抵押财产毁损、灭失或者被征收等，抵押权人请求按照原抵押权的顺位就保险金、赔偿金或者补偿金等优先受偿的，人民法院应予支持。”

关于《民法典》第408条第2款的规定是否为担保物的价金代位,[①]存在不同观点。有观点认为,因该款未规定抵押权人对价款享有优先受偿权,故该款并未承认价金代位制度。[②] 也有观点认为,该款对价金物上代位效力的条件作出了规定,即规定了价金物上代位制度。[③]

笔者认为:首先,从该条款的沿革来看,其源于《担保法》第49条和《物权法》第191条的规定,[④]并在该条基础上对抵押人提前清偿债务或提存的条件进行了限制。其实质是受让人代为向抵押权人偿还了债务消灭了抵押权,[⑤]这与《日本民法典》第378条规定的价金物上代位权是一致的。[⑥] 其次,从该款规定的内容来看,虽然其未明确规定抵押权人对转让价款有优先受偿权,但"提前"清偿债务的表述意味着抵押权人对转让价款的偿付具有优先性,而提存也具有终止当事人债权债务的法律效果,他人无法就提存的价款受偿。因此,《民法典》第406条第2款实质上是确立了价金物上代位的规则。

对于建设工程价款优先受偿权而言,基于其担保物权的法律属性,应当承认其物上代位性,具体可以类推适用《民法典》第390条、第406条第2款的规定。有学者也认为,为了平衡承包人与受让人的权利,根据物上代位的原理,承包人可在发

① 《民法典》第406条第2款规定:"抵押人转让抵押财产的,应当及时通知抵押权人。抵押权人能够证明抵押财产转让可能损害抵押权的,可以请求抵押人将转让所得的价款向抵押权人提前清偿债务或者提存。转让的价款超过债权数额的部分归抵押人所有,不足部分由债务人清偿。"

② 参见最高人民法院民法典贯彻实施工作领导小组主编:《中华人民共和国民法典物权编理解与适用》(下),人民法院出版社2020年版,第1093页。

③ 参见江必新主编:《民法典重点修改及新条文解读》(上册),中国法制出版社2020年版,第75页。高圣平等也持相同观点,参见高圣平、叶冬影:《民法典动产抵押物转让规则的解释论》,载《比较法研究》2020年第4期。

④ 《担保法》第49条第3款规定:"抵押人转让抵押物所得的价款,应当向抵押权人提前清偿所担保的债权或者向与抵押权人约定的第三人提存。超过债权数额的部分,归抵押人所有,不足部分由债务人清偿。"《物权法》第191条规定:"抵押期间,抵押人经抵押权人同意转让抵押财产的,应当将转让所得的价款向抵押权人提前清偿债务或者提存。转让的价款超过债权数额的部分归抵押人所有,不足部分由债务人清偿。抵押期间,抵押人未经抵押权人同意,不得转让抵押财产,但受让人代为清偿债务消灭抵押权的除外。"

⑤ 参见全国人大常委会法制工作委员会民法室编:《中华人民共和国物权法条文说明、立法理由及相关规定》,北京大学出版社2017年版,第395~396页。

⑥ 一般认为,《日本民法典》既承认抵押物的追及力,又认可对其价款上成立物上代位权。《日本民法典》第378条规定:"就抵押不动产买受所有权或者地上权的第三人,应抵押权人的请求清偿其代价后,抵押权因该第三人而消灭。"参见刘士国、牟宪魁、杨瑞贺译:《日本民法典》,中国法制出版社2018年版,第74页。

包人转让工程项目取得的价金上行使其优先受偿权。①

建设工程价款优先受偿权的物上代位性在司法实践中也得到了肯定。在“北京华汇房地产开发中心等与北京申全福熊猫环岛综合市场有限公司建设工程施工合同纠纷案”中，法院即认为，政府拨付的升级改造补偿款系该升级改造工程被拆除时获得的补偿金，在性质上属该工程的代偿物，欣瑞公司可基于建设工程价款优先受偿权对该款行使物上代位权。②

关于担保物权的追及效力与物上代位性的关系，有学者考察，从各国立法来看，在肯定了担保物权物上代位性的领域，一般否定追及力的进入；在物上代位性效力未及之处，追及效力总是能弥补其缺陷，二者紧密配合，在保障交易安全的前提下，共同维护担保物权人的利益。③ 同时，相较于担保物权的追及效力，在发包人不诚信的情况下，物上代位权的实现难度较大。因此，在建设工程不存在毁损、灭失或者被征收的情形且工程价款优先受偿权具有追及效力的场合，应优先适用物权的追及效力来实现承包人的优先受偿权；只有在追及效力无适用余地或建设工程存在毁损、灭失或者被征收的情形时，才适合适用物权的物上代位性来实现承包人的优先受偿权。

## 实务判例

### 【判例一】内部职工用房的购买人也被认定为消费者④

2009 年 3 月 16 日，新丰公司作为出卖人，与受让人曾某签订《房屋转让合同》，约定新丰公司将涉案房屋转让给曾某，房屋价款为 221,722 元。该涉案房屋系新丰公司在其自有土地上修建，为新丰公司的自用房、内部职工住房。

后曾某交付了房款，新丰公司将涉案房屋向曾某交付，曾某已实际占有、使用该房屋。

2013 年 4 月 7 日，担保中心作为原始担保方与反担保方新丰公司、原始借款方

① 参见马永龙、李燕：《建筑工程款优先受偿权法律适用问题探析——从担保法的视角出发》，载《现代法学》2003 年第 6 期。

② 参见北京市高级人民法院（2017）京民终 786 号民事判决书。浙江省高级人民法院（2019）浙民申 1791 号民事裁定书也持同样的观点。

③ 参见温世扬、廖焕国：《论抵押权物上代位性与物上追及力之共容》，载《法学》2001 年第 6 期。

④ 参见四川省高级人民法院（2017）川民终 181 号民事判决书、最高人民法院（2017）最高法民申 3831 号民事裁定书。

路桥公司签订《反担保最高额抵押合同》,约定由新丰公司用8套住宅房提供抵押反担保。该8套房屋中包含涉案房屋。

2013年4月11日,担保中心与新丰公司、路桥公司对涉案房屋办理了最高额抵押登记。

2014年10月17日,法院作出民事调解书,内容为:原告担保中心与被告路桥公司确认,原告代被告清偿银行借款本金及违约金共计1692.73万元,被告路桥公司应于2014年10月30日前一次性还清;被告新丰公司等对上述债务承担连带清偿责任。该案进入执行程序后,曾某提出书面异议,法院于2015年10月19日裁定驳回曾某的执行异议。曾某不服该裁定,于2015年12月28日向法院提起本案执行异议之诉。

本案中,曾某请求停止对涉案房屋强制执行的理由是否成立成为争议焦点之一。

一审法院认为:在合法的不动产买卖过程中,在不动产买受人已经履行合同主要义务的情况下,不动产买受人虽然尚未取得不动产买卖合同标的物的所有权,但其在对取得法定物权无过错的情况下,仍应当赋予其类似所有权人的地位,其物权的期待权仍具有排除执行等物权效力。本案中,在人民法院对涉案房屋查封前,曾某与新丰公司签订了书面的《房屋转让合同》,同时按合同约定支付了全部价款,新丰公司向曾某交付了房屋,在新丰公司未办理涉案房屋权属登记的情况下,曾某也通过多种途径要求新丰公司办理涉案房屋的权属登记,新丰公司在庭审中对于其作出承诺办理涉案房屋转移登记的事实予以确认。这些事实均表明,曾某对房屋未办理过户登记并无过错。基于维护法律公平、保护正常交易的角度出发,应当维护曾某所享有的物权期待权。因此,曾某根据《执行异议和复议规定》第28条的规定,主张请求停止对案涉房屋的强制执行的理由成立,本院予以支持。

二审法院认为,曾某交付了全部购房款并已实际占有涉案房屋,在涉案房屋未办理过户登记并非其过错的情况下,应当认定曾某对涉案房屋享有物权期待权。同时,依照《优先受偿权问题的批复》第1条、第2条及《消费者权益保护法》第2条的规定,当买受人所购不动产系作为自身生活消费时,因对其日常生活影响较大,司法解释对作为不动产购买人的消费者权益进行了倾斜性保护。本案中,曾某购买的系居住用房,在其支付了全部房款后,即使所购房屋未完成过户登记,担保中心的抵押权亦不能对抗曾某作为消费者的合法权益,且担保中心取得涉案房屋抵押权的行为本质上系一种商行为,抵押权的成立时间亦在曾某全额支付房款并实际占有案涉房屋之后,当担保中心行使抵押权势必损害曾某作为消费者的权益时,优先保护消费者的合法权益更加符合法律、司法解释对公平正义的价值追求。因此,驳回上诉,维持原判。

担保中心申请再审称,曾某买卖的房屋属于单位自用房、内部职工用房,不应受到法律保护;且案涉房屋不属于竣工前建设工程,而是二手房买卖,不存在承包人优先受偿权问题。因此,原审判决适用《消费者权益保护法》有误,曾某不是消费者,不适用该法。

最高人民法院认为,曾某虽非购买商品房,但根据《消费者权益保护法》的相关规定,其仍然属于《优先受偿权问题的批复》规定的"消费者",在其权利与建筑工程承包人的优先受偿权或者抵押权等发生冲突时,应给予其优先的保护。因此,驳回了担保中心的再审申请。

### 【判例二】工程价款优先受偿权不能阻却执行但不影响参与分配①

2012 年 12 月 8 日,承包人航天公司与发包人红钻石公司签订建设工程施工合同,约定由航天公司承建"龙一星城"裙房 A、B 栋楼及地下室建设工程。至 2014 年 6 月,航天公司已基本完成承包的工程任务,由于红钻石公司拖欠工程款,导致航天公司被迫停工。2015 年 7 月 6 日,航天公司就工程欠款向某仲裁委员会申请仲裁。2016 年 2 月 29 日,某仲裁委员会裁决,由红钻石公司向航天公司支付工程款1137.7 万元。在该案仲裁过程中,双方一致同意解除施工合同。

2013 年 12 月 30 日,工行城建支行与红钻石公司签订了 5 份抵押合同,约定红钻石公司对工行城建支行与和源公司 2013 年 12 月 30 日签订的《小企业借款合同》进行担保,抵押物为"龙一星城"项目 201 号、202 号、203 号、302 号、303 号五个商业门面。

2015 年 1 月 16 日,和源公司与工行城建支行签订了《最高额抵押合同》,以其购买的"龙一星城"项目 201 号、202 号、203 号、302 号、303 号五个门面,对其于 2013 年 11 月 30 日至 2018 年 11 月 30 日向工行城建支行所借的借款在 1500 万元最高额度内所发生的债权进行担保,并于 2015 年 1 月 29 日就该五个门面办理了预售预抵押登记。

在上述借款和抵押担保过程中的 2014 年 5 月 29 日、5 月 30 日,和源公司与红

① 参见湖南省高级人民法院(2019)湘民终 756 号民事判决书。

钻石公司先后签订了5份商品房买卖合同，由和源公司购买红钻石公司开发的“龙一星城”上述的五个门面，合同价款合计2730.4万元。该5份合同均经房产管理部门办理网签备案登记手续，登记在和源公司名下，但未办理过户。和源公司陆续向红钻石公司及其法人代表支付房款2709.5万元。

由于和源公司所欠工行城建支行贷款本息没有还清，工行城建支行诉至法院。法院于2015年5月27日作出民事调解书：由和源公司清偿工行城建支行贷款本息14,216,708.24元；工行城建支行对和源公司、红钻石公司的贷款抵押物在担保合同约定的范围内享有优先受偿权。因和源公司未按调解书履行清偿义务，工行城建支行申请法院强制执行。法院在执行过程中委托评估机构对涉案五个门面进行了评估，并委托了拍卖机构进行拍卖。因无人参与竞买而流拍，流拍底价为2164.35万元。法院于2015年8月17日作出执行裁定，将“龙一星城”201号、202号、203号、302号、303号五个商业门面，按流拍底价为2164.35万元抵偿申请执行人工行城建支行借款总额2164.35万元。

航天公司认为，法院的上述以物抵债裁定侵害了其工程款优先受偿权，故提出执行异议申请。法院于2016年5月13日裁定驳回了航天公司的执行异议。航天公司遂于2016年6月6日对工行城建支行、和源公司及红钻石公司提起案外人执行异议之诉。

本案的争议焦点主要为：(1)航天公司是否对涉案房屋享有建设工程价款优先受偿权；(2)该优先受偿权是否足以阻却本案执行。对此，法院分析如下：

1.关于航天公司是否对涉案房屋享有建设工程价款优先受偿权。涉案工程由航天公司承建，生效的仲裁裁决确认红钻石公司尚欠航天公司工程款1137.7万元，故根据《合同法》第286条的规定，航天公司对涉案工程在欠付工程款1137.7万元范围内享有工程价款优先受偿权。而涉案房屋属于航天公司承建工程的一部分，和源公司虽然与红钻石公司就涉案房屋签订了商品房买卖合同并办理了网签备案登记，但并未办理相应的产权过户登记，未取得涉案房屋的所有权，故涉案房屋在执行期间仍属于红钻石公司的财产。因此，航天公司对涉案工程享有的优先受偿权及于涉案被执行房屋。

2.关于航天公司对涉案工程享有的优先受偿权是否足以阻却本案执行。案外人执行异议之诉是指案外人就执行标的享有足以排除强制执行的权利，请求法院不再对执行标的实施执行的诉讼。建设工程价款优先受偿权属于法定优先权，是指在以建设工程的价值清偿债务时，工程价款应当优先于一般债权得到清偿，因而该权利是债的实现顺位优先，在本质上属于优先债权，不是物权性质的绝对排他性权利，因此，其不能排除人民法院对执行标的采取的拍卖、变卖、折价等执行行为，不属于“足以排除强制执行”的民事权益。同时，航天公司可根据《民事诉讼法司法解释》第508条关于“被执行人为公民或者其他组织，在执行程序开始后，被执行人的其他已经取得执行依据的债权人发现被执行人的财产不能清偿所有债权的，可以向人民法院申请参与分配。对人民法院查封、扣押、冻结的财产有优先权、担保物权的债权人，可以直接申请参与分配，主张优先受偿权”之规定，另行申请参与到本案执行程序中，主张对执行标的物享有优先受偿权。

**第三十七条 【装饰装修工程承包人优先受偿权的行使】**

装饰装修工程具备折价或者拍卖条件，装饰装修工程的承包人请求工程价款就该装饰装修工程折价或者拍卖的价款优先受偿的，人民法院应予支持。

## 条文主旨

本条对装饰装修工程承包人的工程价款优先受偿权作了规定。

## 条文精解

### 一、建筑装饰装修工程的概念及其合同性质

1. 建筑装饰装修工程

《建设工程质量管理条例》第2条第2款规定："本条例所称建设工程，是指土木工程、建筑工程、线路管道和设备安装工程及装修工程。""土木工程"的概念有广义和狭义两种。广义的土木工程包含房屋建筑工程。这里采用的是狭义概念，是指除房屋建筑外，用土、石、砖、木、混凝土、钢筋混凝土等和各种金属材料新建、改建或扩建的各类工程的构筑物、建筑物和相关配套设施，①具体包括矿山、铁路、公路、隧道、桥梁、堤坝、电站、码头、飞机场、运动场、营造林、海洋平台等工程；建筑工程是指房屋建筑工程，即有顶盖、梁柱、墙壁、基础以及能够形成内部空间，满足人们生产、生活、公共活动的工程实体，包括厂房、剧院、旅馆、商店、学校、医院和住宅等工程；线路管道和设备安装工程包括电力、通信线路、石油、燃气、给水、排水、供热等管道系统和各类机械设备、装置的安装活动；装修工程包括对建筑物内、外进行以美好、舒适化、增加使用功能为目的的工程建设活动。②

建筑装饰装修通常是指房屋建筑工程的装饰及装修。根据《建筑装饰装修工

① 参见齐康主编：《中国土木建筑百科辞典》（建筑卷），中国建筑工业出版社1999年版，第345页。

② 参见郜凤涛、赵晨主编，国务院法制办、建设部编著：《建设工程质量管理条例释义》，中国城市出版社2000年版，第23页。

程质量验收标准》(GB 50210－2018)的定义,所谓建筑装饰装修,是指为保护建筑物的主体结构、完善建筑物的使用功能和美化建筑物,采用装饰装修材料或饰物,对建筑物的内外表面及空间进行的各种处理过程。建筑装饰装修工程包括建筑地面、抹灰、外墙防水、门窗、吊顶、轻质隔墙、饰面板、饰面砖、幕墙、涂饰、裱糊与软包等子分部工程。由此可见,建筑装饰装修工程属于房屋建筑工程的范畴。那么,建筑装饰装修工程施工合同当然属于建设工程施工合同。

2. 家庭居室装饰装修工程

根据《家居装修试行办法》的规定,家庭居室装饰装修,是指居民为改善自己的居住环境,自行或者委托他人对居住的房屋进行修饰处理的工程建设活动。《住宅室内装修办法》对住宅室内装饰装修也有类似规定:"本办法所称住宅室内装饰装修,是指住宅竣工验收合格后,业主或者住宅使用人对住宅室内进行装饰装修的建筑活动。"

关于家庭居室装饰装修工程合同的法律性质,有观点认为,其应适用有关承揽合同的规定。① 有些地方高级人民法院也持相同观点。② 笔者认为,该观点值得商榷。家庭居室装饰装修应当属于建筑工程范畴,具体理由如下:

第一,家庭居室装饰装修和住宅室内装饰装修的定义均强调其为建筑活动,标的物涉及不动产,不适用留置,这与承揽合同并不相同。③ 而且,虽然家庭居室装饰装修工程与公共建筑、工业建筑类装饰装修工程在对象、规模、设计理念和规范要求方面存在不同,但其同样包含建筑给水排水、采暖、通风与空调、电气、智能化等各个建设工程子分部的内容,规模、理念及管理要求的不同并不影响其作为建筑工程的基本属性。

第二,尽管根据《家居装修试行办法》第 10 条的规定,具有个体装饰从业者上岗证书的个人可以进行家庭居室的装饰装修,但其后施行的《住宅室内装修办法》第 22 条规定:"承接住宅室内装饰装修工程的装饰装修企业,必须经建设行政主管部门资质审查,取得相应的建筑业企业资质证书,并在其资质等级许可的范围内承

---

① 参见最高人民法院民事审判第一庭编著:《最高人民法院建设工程施工合同司法解释(二)理解与适用》,人民法院出版社 2019 年版,第 386 页。

② 山东省高级人民法院 2008 年《全省民事审判工作会议纪要》规定:"所谓家庭居室装饰装修是指居民为改善自己的居住环境,自行或者委托他人对居住的房屋进行修饰处理的工程建设活动。家庭居室装饰装修活动不属于《建筑法》的调整范围,对于家庭居室装饰装修合同引起的纠纷应当依据《合同法》有关承揽合同的规定,并参照建设部 2002 年 3 月 5 日发布的《住宅室内装饰装修管理办法》予以处理。"江苏省高级人民法院 2009 年《审判工作座谈会纪要》也有类似规定。

③ 《民法典》第 783 条规定了承揽合同的留置权,根据我国法律规定,留置权仅适用于动产。

揽工程。”由此可见，从上述规定来看，建设行政主管部门并未完全放开对家庭居室装饰装修工程的资质要求。

第三，即使家庭居室装饰装修工程不属于《建筑法》的调整范围，其对资质也无强制性要求，但对工程项目管理要求的不同不应影响工程项目的基本属性。质言之，由于对工程项目管理要求的不同，可能影响对此类工程合同的效力认定（价值判断），但不应影响合同标的物的不动产属性（科学认知），二者的因和果不可倒置。

第四，建设行政主管部门将住宅室内装饰装修工程纳入了管理范围，并制定了《住宅室内装饰装修设计规范》（JGJ 367－2015），以保证装饰装修工程质量，使其满足安全、适用、环保、经济、美观等要求。该规范对建筑给水排水、采暖、通风与空调、电气、智能化以及消防安全、结构安全均作了详细规定。这也体现了《住宅室内装修办法》的制定目的，即保证装饰装修工程质量和安全，维护公共安全和公众利益。由此可见，将住宅室内装饰装修排除在建筑工程范畴之外，是不合适的。

综上所述，既然家庭居室装饰装修属于建筑工程，相应的承包合同也应定性为建设工程合同。

## 二、装饰装修工程价款的优先受偿权

笔者认为，承包人就装饰装修工程合同价款行使优先受偿权需具备以下条件：

### （一）装饰装修工程合同为建设工程施工合同或设计施工总承包合同

如第35条条文精解中所述，仅负责设计的承包人，即装饰装修设计合同的承包人不享有该项权利，但对于包含设计和施工的装饰装修工程总承包合同，承包人享有该项权利。

家庭居室装饰装修合同属于建设工程合同的一种，但家庭居室装饰装修合同的发包人一般为房屋居住人。根据《最高院关于查封、扣押、冻结财产的规定》第4条的规定，对于居住人及其所扶养家属生活所必需的居住房屋，人民法院可以查封，但不得拍卖、变卖或者抵债。在这种情况下，承包人不能行使对建设工程价款的优先受偿权。

### （二）承包人与发包人之间存在合同关系

根据《新建设工程司法解释（一）》第35条的规定，承包人只有与发包人存在建设工程施工合同关系才享有优先受偿权。与发包人未建立合同关系的实际施工人则不享有该项权利。因此,装饰装修工程的发包人与承包人须建立建设工程合同关系。

(三)装饰装修工程具备折价或者拍卖的条件

本条规定,对于具备折价或者拍卖条件的装饰装修工程,承包人可以就工程价款行使优先受偿权。但是,该条并未规定装饰装修工程具备折价或者拍卖条件的具体含义。

笔者认为,建设工程价款优先受偿权是基于建设工程施工合同的特点,以承包人的物化劳动成果对其债权进行担保的法定担保物权,[①]那么,对于建筑装饰装修工程来说,优先受偿权所担保的劳动成果仅及于装饰装修的增值部分。但装饰装修工程成果附属于建筑物之上,无法取得独立的所有权,而建筑物之上只能设立一个所有权。因此,本条所规定的装饰装修工程具备折价或者拍卖条件,并非指装饰装修工程具备单独折价或者拍卖的条件,否则,装饰装修工程的承包人将无法行使优先受偿权,本条规定也将失去意义。笔者的理解为,本条规定的"装饰装修工程具备折价或者拍卖条件",宜指对该装饰装修工程所附属的建筑物可以进行折价或者拍卖。具体分以下两种情形进行讨论。

1. 装饰装修工程的发包人是建筑物的所有权人

在发包人对自己所有的建筑物进行装饰装修的情形下,发包人对整个建筑物拥有所有权,除非建筑物本身属于不宜折价、拍卖的情形,则可以认为装饰装修工程具备折价或者拍卖的条件。

2. 装饰装修工程的发包人不是建筑物的所有权人

在发包人不是建筑物的所有权人的情形下,比如发包人自己出资对承租的房屋进行装修等,此时,应根据添附的规则确定装饰装修成果的所有权归属。《民法典》第322条规定:"因加工、附合、混合而产生的物的归属,有约定的,按照约定;没有约定或者约定不明确的,依照法律规定;法律没有规定的,按照充分发挥物的效用以及保护无过错当事人的原则确定。因一方当事人的过错或者确定物的归属造成另一方当事人损害的,应当给予赔偿或者补偿。"根据该规定,又可以分以下几种情况:

(1)当事人对装饰装修成果归属没有约定的,根据添附的原理和《民法典》的上

---

① 参见高印立编著:《建设工程施工合同法律实务与解析》(第2版),中国建筑工业出版社2018年版,第276页。

述规定，基于发挥物的效用的经济原则，该装饰装修成果的所有权应当归属于建筑物的所有权人。此时，由于发包人对装饰装修成果及其附属的建筑物没有所有权，就无法对该装饰装修工程进行折价、拍卖，因此，可以认为该装饰装修工程不具备折价或者拍卖的条件。

(2)当事人基于其他法律关系，约定由发包人取得建筑物所有权的，如果承包人以诉讼方式主张优先受偿权，则发包人在一审法庭辩论结束前取得该建筑物所有权的，可以认为装饰装修工程具备折价或者拍卖的条件；如果承包人直接以非讼的方式主张优先受偿权，则发包人在承包人申请拍卖前取得该建筑物所有权的，可以认为装饰装修工程具备折价或者拍卖的条件。

(3)当事人约定由原建筑物所有权人取得对装饰装修成果部分所有权的，如前所述，可以认为装饰装修工程不具备折价或者拍卖的条件。

(4)当事人约定恢复原状的，由于装饰装修部分在拆除后大多难以再有独立的交换价值，且其已经成为动产，不再是建设工程的组成部分，承包人无法基于建设工程施工合同对该部分动产享有优先受偿权。因此，在该情形下，可以认为装饰装修工程不具备折价或者拍卖的条件。

需要注意的是，有观点认为，为避免因恢复原状、分离复旧导致社会经济不利益，即便当事人有恢复原状的约定，也应解读为因违背公共秩序而无效。[①] 笔者认为，如果此观点成立，则应当按照当事人没有约定的情形确定装饰装修成果的归属，即装饰装修部分的所有权应当归属于建筑物的所有权人。同样，在该情形下，仍可以认为装饰装修工程不具备折价或者拍卖的条件。

## 深度研讨

### 一、新建工程的发包人并非所有权人的工程价款优先受偿权

如前所述，本条将装饰装修工程具备折价、拍卖条件作为装饰装修工程承包人行使优先受偿权的条件。依笔者见解，该条件与发包人是否能够成为所装饰装修建筑物的所有权人密切相关。那么，对于新建的建设工程来说，如果建设工程施工合同的发包人并非工程所有权人，承包人是否享有优先受偿权呢？

---

① 参见单平基：《添附入典的立法表达——〈民法典物权编(草案)〉第117条检讨》，载《现代法学》2019年第6期。

实践中,对于新建的建设工程来说,发包人不是工程所有权人的情形主要有两种:一种为发包人是房地产项目合作开发者的合作一方;另一种为发包人是委托代建模式中的代建人。以下就上述两种情形分别进行讨论。

## (一)合作开发房地产

在我国,合作开发房地产有多种形式。根据合作各方是否选择组建独立的经济实体和法律实体,其可以分为项目公司型和合伙联营型。对于项目公司型合作开发房地产的情形,发包人为项目公司。因合作方的投资都已转移至项目公司名下,所有的审批手续及物权变动都以项目公司的名义进行,相关的物权也应认定为归项目公司所有。此时,发包人即为建设工程的所有权人,自无讨论的必要。

对于合伙联营型合作开发房地产的情形,合作方一般会签订合作开发房地产合同,以当事人提供出让土地使用权、资金等作为共同投资,共享利润、共担风险合作开发房地产为基本内容,这也符合我国有关司法解释对合作开发房地产的定义。①

关于合作开发房地产各方的债务承担,实务中存在不同观点。一种观点认为,基于合同的相对性原则,建设工程施工合同的债务应当由签订施工合同的发包人独立承担,而合作开发房地产的其他当事人不应承担责任。在"大连渤海建筑工程总公司与大连金世纪房屋开发有限公司、大连宝玉房地产开发有限公司、大连宝玉集团有限公司建设工程施工合同纠纷案"中,最高人民法院认为,合作开发各方不应承担连带责任。② 另一种观点则认为,合作开发房地产合同的各方当事人应当对建设工程施工合同债务承担连带责任,有的地方法院已经就此发布了指导意见。③司法实践中,持上述两种观点的判例均存在。关于合作房地产开发各方的债务承担,此处不专门进行讨论。

对于认定合作开发房地产各方承担连带责任的情形,笔者认为,即使发包人并

① 《国有土地使用权司法解释》第 12 条规定:"本解释所称的合作开发房地产合同,是指当事人订立的以提供出让土地使用权、资金等作为共同投资,共享利润、共担风险合作开发房地产为基本内容的合同。"

② 参见最高人民法院(2007)民一终字第 39 号民事判决书。

③ 《北京高院关于施工合同纠纷问题的解答》第 39 条规定:"两个以上的法人、其他组织或个人合作开发房地产项目,其中合作一方以自己名义与承包人签订建设工程施工合同,承包人要求其他合作方对欠付工程款承担连带责任的,应予支持。"《广东高院关于施工合同纠纷问题的意见》第 12 条规定:"合作开发房地产合同一方当事人作为发包人与承包人签订建设工程施工合同,承包人请求合作开发房地产合同的其他当事人对施工合同债务承担连带责任的,应予支持。"

非开发项目的所有权人，但由于作为工程所有权人的合作开发另一方已经承担了债务清偿责任，故认定承包人就其工程价款债权享有优先受偿权没有障碍。在“邓某洲、河南华盛建设集团有限公司与湖南富程投资管理有限公司、怀化中房房地产开发公司等建设工程施工合同纠纷案”中，法院就基于被告之间合作开发房地产的关系，判决合作各方共同支付承包人的工程欠款，并确认承包人就工程欠款享有优先受偿权。①

对于认定仅由发包人承担责任的情形，若发包人并非合作开发房地产的项目所有权人，则情况较为复杂。笔者作如下讨论。

第一，建设工程价款优先受偿权在性质上是一种担保物权，很显然，担保物权的担保人不一定是担保物的所有权人。就类似于工程价款优先受偿权的留置权来说，《民法典》第447条所规定的“债务人的动产”也是指债务人提供的财产，②该财产并不一定属于债务人所有，其可能是债务人自己所有的财产，也可能是第三人所有的财产。③

第二，建设工程价款优先受偿权是以承包人的物化劳动成果对其债权进行担保的法定担保物权，合作开发房地产的各方当事人均为承包人物化成果的受益人，且工程所有权人的受益更为直接。因此，以双方合作开发的建设工程作为承包人的债权担保有法理依据。

第三，承包人无法知晓合作开发各方之间就工程所有权、利润分配的具体约定，在资金实力较弱且对工程无所有权的一方作为发包人时，若不确认承包人的优先受偿权，会给承包人带来很大的交易风险。而且，合作开发各方的内部分配约定可能随情况变化而调整，工程项目的最终所有权也可能发生相应的变化。由此，若不认定承包人享有优先受偿权，合作开发各方的合作模式就有可能成为其规避优先受偿权、逃避债务的“合法”手段，从而引发道德风险。

第四，建设工程被依法折价拍卖并由承包人优先受偿的，作为合作开发一方的工程所有权人可以依据该合作开发房地产合同向另一方主张赔偿责任。即使工程所有权人对发包人的债务迟延履行没有过错，但其作为合作开发项目的较大受益者，也应当承担相应的风险。

---

① 参见湖南省高级人民法院(2019)湘民终263号民事判决书。

② 《民法典》第447条规定：“债务人不履行到期债务，债权人可以留置已经合法占有的债务人的动产，并有权就该动产优先受偿。前款规定的债权人为留置权人，占有的动产为留置财产。”

③ 参见王利明：《物权法》，中国人民大学出版社2007年版，第648页。

综上所述,笔者认为,对于合作开发房地产项目,无论合作开发者对承包人的工程欠款是否成立连带责任,认定承包人就其工程价款享有优先受偿权更为妥当。

### (二)委托代建

所谓委托代建,是指项目业主委托社会专业化的管理单位(代建人)负责项目的投资管理和建设组织实施工作,项目建成后交付使用的模式。在该模式中,业主为委托人,代建人为被委托人,代建人作为发包人与承包人签订建设工程合同。

对于委托人与代建人是否共同对承包人的工程款债权承担责任,实务中有不同观点。目前的主流观点认为,基于合同的相对性原则,应由作为发包人的代建人向承包人承担责任,委托人一般不应承担责任。在"中国建筑一局(集团)有限公司与西宁市交通建设开发有限公司、西宁城通交通建设投资有限公司建设工程合同纠纷案"中,法院认为:"涉案工程虽然是由城通公司委托交通公司代建,但城通公司与交通公司之间存在的委托代建法律关系,与交通公司和中建一局建立的建设工程施工合同关系及设计合同关系属于两种独立的法律关系。中建一局是基于与交通公司所签订的《建设工程施工合同》《建设工程设计合同》所约定的权利、义务主张工程款,根据合同相对性的基本原则,中建一局应直接向交通公司主张权利,其要求城通公司承担连带责任的诉求,没有事实和法律依据,不予支持。"①在"湖北东升建设有限公司与武汉市硚口区劳动就业管理局、武汉治历置业集团有限公司建设工程施工合同纠纷案"中,最高人民法院也表达了同样的观点。②

在委托代建模式中,尽管作为业主的委托人对承包人的工程款不承担支付责任,但基于以下理由,笔者认为,承包人仍就其工程价款享有优先受偿权。

第一,法律并未禁止法定担保物权的担保人为担保物的非所有权人,具体理由如前所述。

第二,建设工程价款优先受偿权是以承包人的物化劳动成果对其债权进行担保的法定担保物权。在委托代建模式中,代建人仅收取代建费用,委托人才是承包人物化成果的最终受益人。因此,以委托人所有的建设工程作为承包人的债权担保有法理依据。

---

① 参见最高人民法院(2017)最高法民终579号民事判决书。"城通公司"指西宁城通交通建设投资有限公司,"交通公司"指西宁市交通建设开发有限公司,"中建一局"指中国建筑一局(集团)有限公司,笔者注。

② 参见最高人民法院(2018)最高法民申4499号民事裁定书。

第三，在委托代建模式中，工程项目的资金投入由委托人负责，代建人的职责是对工程项目进行投资管理和建设，以达到控制项目投资、质量、工期和保证施工安全的目的。在建设工程合同履行过程中，工程款都是由委托人拨付给代建人或双方的共管账户。因此，因资金不到位而欠付工程款的过错责任应主要由委托人来承担。而且，由于代建人的优势在于管理而非资金实力，若不确认承包人的优先受偿权，同样可能会使委托代建模式成为业主逃避债务的“合法”手段，从而引发道德风险。

第四，司法实践中，有判例也认为，承包人与业主委托的代建人签订施工合同的，其仍可向对建筑物有所有权的业主主张享有优先受偿权。①

此外，需要注意的是，上述讨论的合作房地产开发和委托代建均是符合其法律定义的典型情形。实践中，许多合作开发房地产合同有“合作开发”之名却无“合作开发”之实。《国有土地使用权司法解释》第 21 条至第 24 条对此作了详细规定。②在房地产项目的委托代建合同中，也有约定由代建人负责项目开发的全部或部分资金的情形。笔者认为，该类合同不符合委托代建合同的特征，宜认定为合作开发房地产合同。总之，对于名实不符的合同，应回归其本来的法律属性进行认定。

## 二、本条对其他分部分项工程施工合同的适用

尽管支解发包不为我国有关法律法规所允许，但发包人直接将某些分部分项工程单独发包的情形在工程实践中并不鲜见，如基坑支护工程、降水工程、地基处理工程、桩基工程、消防工程等。那么，此类工程的承包人是否享有工程价款的优先受偿权呢？

实务中对此有不同观点。有观点认为，分部分项工程之上也应成立优先受偿权。《广东高院关于适用〈合同法〉第 286 条意见》规定，建设工程价款优先受偿权适用于建设工程幕墙装修、装饰合同；《深圳中院关于建设工程合同问题的意见》也

① 参见最高人民法院民事审判第一庭编：《民事审判指导与参考》（总第 49 辑），人民法院出版社 2012 年版，第 109～113 页。

② 《国有土地使用权司法解释》第 21 条规定：“合作开发房地产合同约定提供土地使用权的当事人不承担经营风险，只收取固定利益的，应当认定为土地使用权转让合同。”第 22 条规定：“合作开发房地产合同约定提供资金的当事人不承担经营风险，只分配固定数量房屋的，应当认定为房屋买卖合同。”第 23 条规定：“合作开发房地产合同约定提供资金的当事人不承担经营风险，只收取固定数额货币的，应当认定为借款合同。”第 24 条规定：“合作开发房地产合同约定提供资金的当事人不承担经营风险，只以租赁或者其他形式使用房屋的，应当认定为房屋租赁合同。”此外，实践中也有在委托代建合同中约定由代建人承担全部投资业务的，笔者认为，此类合同不应认定为委托代建合同，宜认定为房地产开发合同。

规定,建设单位直接发包的消防工程、玻璃幕墙工程、装修装饰工程,在该工程增加价值的范围内享有工程价款优先受偿权。① 实践中,也有观点认为,电梯、玻璃幕墙等附属建设工程一般属于从物,附着在建筑物之上却无法形成独立的产权,其交换价值无法单独体现,故不宜折价、拍卖,否则,会破坏建筑工程的整体性,不符合经济原则。② 在“安徽省消防工程有限公司与安徽用世商业房地产开发投资有限公司建设工程施工合同纠纷案”中,法院也认为,消防工程属于建设工程中的分项工程,该工程性质不宜折价、拍卖,故对承包人主张的优先受偿权未予支持。③

笔者认为,建设工程价款优先受偿权是基于建设工程施工合同的特点,以承包人的物化劳动成果对其债权进行担保的法定担保物权。上述基坑支护工程、降水工程、地基处理工程、桩基工程、消防工程等均属于建设工程,也是承包人劳动物化的成果,虽然其与整个建设工程在物理上难以分割,但其变价价值却可以从建设工程整体价值中剥离。因此,在发包人对分部分项工程所在建筑物有处分权的条件下,对分部分项工程的折价、拍卖并无法律上的障碍。从本条规定也可以看出,作为分部工程的装饰装修工程并不属于不宜折价、拍卖的工程。这表明,“分部分项工程不宜折价、拍卖”的观点值得商榷。

至于支解发包的问题,由于按照《新建设工程司法解释(一)》的精神,施工合同的效力并不影响优先受偿权的成立,④故无论支解发包是否影响建设工程施工合同的效力,均不会对承包人的工程价款优先受偿权产生影响。因此,对于发包人单独发包的分部分项工程,承包人就其工程价款的优先受偿权认定应参照适用本条的规定。近年来的司法实践也肯定了这一点。在“云南正林实业集团有限公司、湖南高城消防实业有限公司建设工程施工合同纠纷案”中,法院认定承包人对消防工程折价或者拍卖的价款享有优先受偿权;⑤在“秦皇岛秦渤幕墙装饰工程有限公司与

---

① 《广东高院关于适用〈合同法〉第286条意见》第3条规定:“《合同法》第286条所规定的建设工程价款优先受偿权适用于建设工程施工合同。建设工程幕墙装修、装饰合同属于建设工程施工合同。”《深圳中院关于建设工程合同问题的意见》第32条规定:“建设单位直接发包的基础工程,享有工程价款优先受偿权。建设单位直接发包的消防工程、玻璃幕墙工程、装修装饰工程,在该工程增加价值的范围内享有工程价款优先受偿权。总承包人分包的专业工程,专业工程分包人不享有工程价款优先权。”

② 参见万挺、冯小光、张闻:《论附着建设工程价款优先受偿权建筑物转让规则》,载《法律适用》2018年第21期;王旭光:《建筑工程优先受偿权制度研究——合同法第286条的理论与实务》,人民法院出版社2010年版,第165页。

③ 参见安徽省合肥市中级人民法院(2018)皖01民终5131号民事判决书。

④ 具体论述可参见本书《新建设工程司法解释(一)》第38条条文精解的内容。

⑤ 参见云南省昆明市中级人民法院(2019)云01民终7387号民事判决书。

宁夏北方置业开发有限公司建设工程施工合同纠纷案”中,法院也认定承包人对幕墙安装工程价款享有优先受偿权。①

此外,基于扩建、改建或改造的目的,发包人也可能会在已建成工程的基础上,就某些分部分项工程与承包人签订建设工程施工合同,如屋面改造工程、空调净化工程、智能化或数据中心工程等。笔者认为,此类建设工程同样属于承包人劳动物化的成果,承包人的优先受偿权与前述单独发包的分部分项工程并无本质的差别。根据最高人民法院民事审判第一庭的分析,对装饰装修工程来说,“正是因优先权人之工作行为而使原先之不动产增值,故其与建筑工程应属同一法理”②。按照该观点,此类建设工程之增值与装饰装修工程之增值的法律性质也无不同,承包人也应就相应的工程增值享有优先受偿的权利。因此,对于此类分部分项工程,承包人就其工程价款优先受偿权的认定也应参照适用本条的规定。

## 实务判例

### 【判例一】承包人对合作开发房地产的工程价款享有优先受偿权③

2010年11月13日,博宏公司与隆康公司签订《房地产联合开发合作协议书》,主要约定:(1)双方合作开发“博宏·大众家园B区”,博宏公司为该项目的业主,隆康公司为建设主体,双方采用合作开发、自负盈亏的合作形式;(2)博宏公司以土地使用权及项目开发权与隆康公司合作,隆康公司承担该项目的建设资金及相关税费;(3)博宏公司享有项目建成后总建筑面积25%的所有权,隆康公司享有项目建成后总面积75%的所有权;(4)隆康公司负责组织建设施工及对自己所属楼盘的销售,并负责承担自协议签订后该项目所需各项费用。双方在履行该协议过程中,以博宏公司名义办理了《商品房预售许可证》,并以该公司名义在银行开设了项目资金专用账户,但该账户由博宏公司与隆康公司共同管控。

2010年10月10日,豪美公司与隆康公司签订《建设工程施工合同》,约定隆康公司将“博宏·大众家园”1-6幢楼工程发包给豪美公司修建,工程进度款按月支付,隆康公司按审定的当月实际完成工程量金额的80%于次月10日前支付给豪美

① 参见宁夏回族自治区高级人民法院(2019)宁民终296号民事判决书。

② 最高人民法院民事审判第一庭编著:《最高人民法院建设工程施工合同司法解释(二)理解与适用》,人民法院出版社2019年版,第381页。

③ 参见重庆市高级人民法院(2015)渝高法民终字第00463号民事判决书。

公司。

2012年7月20日，博宏公司和隆康公司取得“博宏·大众家园”1－2幢楼的施工许可证后，豪美公司即实施开工建设，该2幢楼工程未经竣工验收。

2014年8月6日，隆康公司给豪美公司出具《债务确认书》，确认截至2014年8月4日，隆康公司就“博宏·大众家园”1－2幢楼工程欠豪美公司到期应付工程进度款1439万元，定于2014年9月8日前付清。

豪美公司多次催促隆康公司付款无果，遂向法院提起诉讼，请求判令：(1)隆康公司与博宏公司连带支付工程款1439万元及其资金利息；(2)豪美公司在欠付工程款1439万元范围内对“博宏·大众家园”1－6幢楼房及其占用范围内的建设用地使用权的折价或拍卖价款享有优先受偿权。

法院另查明：博宏·大众家园B区1－2幢楼的《建设用地规划许可证》和《建设工程规划许可证》载明的建设单位均为博宏公司，《建筑工程施工许可证》载明的建设单位为博宏公司和隆康公司，施工单位为豪美公司。

本案的争议焦点有两项：(1)隆康公司、博宏公司是否应就工程欠款承担连带责任；(2)豪美公司的工程款优先受偿权确认请求应否支持。

一审法院的裁判意见如下：

1. 关于博宏公司应否对豪美公司的工程款承担连带责任。

首先，一方面，虽然隆康公司与博宏公司的《房地产联合开发合作协议书》约定博宏公司以“博宏·大众家园”项目的土地使用权出资并获取固定收益，而由隆康公司投资建设并承担施工建设中的风险，事实上也是由隆康公司独自与豪美公司签订建设工程施工合同，但双方在合作开发过程中，博宏公司并未将该项目的土地使用权过户登记给隆康公司。正是因为博宏公司仍然享有该项目的土地使用权，所以才以博宏公司名义办理了建设工程规划许可证、施工许可证和商品房预售许可证。博宏公司享有该项目的建设用地使用权并以自己的名义办理了获准建造、预售商品住宅的行政许可，故可认定博宏公司系该项目的业主或权利人。博宏公司既然享受了豪美公司施工建造的“博宏·大众家园”1－2幢楼房这一建筑成果的权利，就有义务向豪美公司支付工程款。另一方面，如果确定博宏公司不承担工程款支付连带责任，那么在执行拍卖豪美公司施工建造的“博宏·大众家园”1－2幢楼工程时，就会发生执行付款义务人即被执行人以外的案外人财产之情形，而这种情形的发生不为公平正义的法律精神所容许。

其次，博宏公司作为“博宏·大众家园”1－2幢楼的业主，以自己的名义办理了包括收存售房款的资金账户，其对隆康公司与豪美公司的《建设工程施工合同》约定的付款义务和施工义务之履行有一定的控制力；况且，博宏公司申请办理的施工许可证载明施工单位为豪美公司的事实，表明隆康公司将涉案工程发包给豪美公司施工并不违背博宏公司的意愿。即博宏公司虽未直接与豪美公司签订施工合同，但其已事实上成为涉案工程的发包人，因而应承担工程发包人向承包人依约支付工程款的责任。

故此，一审法院对豪美公司主张博宏公司承担连带支付责任的请求予以支持。

2. 关于豪美公司的工程款优先受偿权确认请求应否支持。

第一，豪美公司在合同约定的竣工之日起6个月内主张工程款优先受偿权，符合《优先受偿权问题的批复》规定的法定时间条件。

第二，豪美公司在本案中请求支付自己承建的“博宏·大众家园”1-2幢楼的工程进度款，因此，其只能就自己承建的该2幢楼的基础和主体等土建工程部分的折价或者拍卖价款部分主张工程款优先受偿，而不能对该2幢楼房占用范围内的土地的价值及该2幢楼以外的工程的价值主张工程款优先受偿。

第三，豪美公司主张的工程款优先受偿权优于抵押权和其他债权，但不能对抗已支付全部或大部分购房款的商品房买受人。

因此，豪美公司诉请确认自己对“博宏·大众家园”1-2幢楼工程的折价或拍卖价款在欠付工程款1439万元范围内享有优先受偿权的请求，一审法院予以支持。同时，对其与法律相悖的请求部分，一审法院予以驳回。

二审法院认为，一审判决博宏公司对涉案工程进度款及利息承担连带责任不当，应依法予以纠正。理由如下：

第一，本案中诉争法律关系是建设工程施工合同纠纷，豪美公司以《建设工程施工合同》和《债务确认书》为依据主张工程进度款及利息，而《建设工程施工合同》和《债务确认书》均系隆康公司与豪美公司协商后签订，根据合同相对性原则，前述2份合同仅能对合同当事人产生约束力，即对隆康公司与豪美公司发生法律效力，对博宏公司并无当然的约束力。

第二，博宏公司不存在取代施工合同的发包人隆康公司或因加入债的履行而与隆康公司成为共同发包人的事实。博宏公司与隆康公司签订《房地产联合开发合作协议书》，表明博宏公司与隆康公司之间存在合作开发房地产关系，该合作开发房地产关系属于博宏公司与隆康公司之间的内部关系，不能据此认定博宏公司与隆康公司为案涉工程的共同发包人。博宏公司开设收存售房款的资金账户及办理施工许可证的行为，是履行《房地产联合开发合作协议书》的行为，亦不能据此认定博宏公司参与了施工合同的履行，成为涉案工程的发包人。

第三，豪美公司主张博宏公司对案涉工程进度款承担连带责任，缺乏法律依据。博宏公司虽以取得诉争建设项目的部分房屋作为受益方式，但这是基于《房地产联合开发合作协议书》产生的，是博宏公司以土地使用权作为出资而获得的回报，属对价有偿的商业行为，并非无端受益。

因此，二审法院判决隆康公司向豪美公司支付工程款1439万元及资金利息，并维持了一审法院关于确认豪美公司享有优先受偿权的判决。

## 【判例二】基坑支护及降水工程的承包人对其工程价款享有优先受偿权①

2010年12月31日，胜建公司与三陆公司签订了《"碧水兰天"项目基坑支护施工合同》。合同约定，由胜建公司承建三陆公司开发的"碧水兰天"项目的基坑支护工程，工程价款为1800万元(暂定)。

2010年12月31日，胜建公司与三陆公司又签订了《"碧水兰天"项目打井及降水施工合同》。合同约定，由胜建公司承包三陆公司开发的"碧水兰天"项目打井及降水工程，合同价款54.59万元。

上述2份合同签订后，胜建公司组织人员对承包的工程进行了施工。双方因工程款支付等问题产生纠纷，无法继续履行合同，工程未全部施工完毕。双方于2012年7月15日进行了工程交接，于2012年7月31日、9月26日对相关设备及钢筋材料进行了移交，胜建公司撤离工地。

此后，胜建公司向法院提起诉讼，请求判令三陆公司支付拖欠工程款3,781,041.34元并承担违约损失，同时确认胜建公司对其承建的"碧水兰天"在建项目工程享有优先权。

三陆公司提起反诉，请求判令胜建公司支付三陆公司因打井及降水施工工期延误造成的损失1,548,534.9元。

一审法院的裁判意见如下：

1.关于合同效力。胜建公司与三陆公司签订的《"碧水兰天"项目基坑支护施工合同》《"碧水兰天"项目打井及降水施工合同》均系双方当事人之间的真实意思

① 参见山东省高级人民法院(2014)鲁民一终字第550号民事判决书。

表示，且不违反法律、行政法规的强制性规定，故均属有效合同。

2. 关于已完工程价值。一审法院经审理认定，胜建公司已完成的基坑支护工程、降水工程价值为7,075,293.60元（含支护设计费、签证及索赔款），其中索赔款100,000元。因三陆公司已向胜建公司支付工程款5,002,346.52元，故三陆公司欠付胜建公司的工程款数额为2,072,947.08元。

3. 关于胜建公司对已完工程优先受偿权的主张。一审法院认为，根据《合同法》第286条的规定，胜建公司对其已完工程主张优先受偿权符合法律规定，但根据《优先受偿权问题的批复》第3条关于"建设工程优先受偿权受偿的范围约定，除了承包人工作人员报酬、材料款等在工程建设中实际支出的费用，其他的费用不能享受优先权"之规定，胜建公司的索赔款100,000元及欠付工程款的利息损失部分不属于优先受偿范围。经审查，本院确定的优先受偿范围为1,972,947.08元，超出部分无法律及事实依据，不予支持。

4. 关于三陆公司反诉后续施工及停工损失的主张。一审法院认为，该主张以胜建公司的降水井施工存在严重质量问题为前提，三陆公司提供的证据不能充分证明胜建公司交付的降水井工程存在质量问题，同时结合三陆公司所自认的、其委托第三人在胜建公司所交付的工程基础上继续施工的事实，三陆公司的该反诉主张不能成立。三陆公司虽要求对其主张的后续施工及停工损失申请鉴定，但在三陆公司不能提供基本事实证据的情况下，其该主张不符合鉴定条件，故对其该鉴定要求，不予准许。

综上，一审法院判决：(1)三陆公司偿付胜建公司工程款2,072,947.08元及利息；(2)胜建公司在1,972,947.08元范围内对其已完涉案工程享有优先受偿权；(3)驳回胜建公司的其他诉讼请求；(4)驳回三陆公司的反诉请求。

胜建公司不服一审判决，称该判决对已完工程量认定错误，故提起上诉。

二审法院经审理认为，三陆公司欠付胜建公司工程款数额应为3,174,935.75元，优先受偿权的范围亦应调整为3,074,935.75元。

## 【判例三】对民事调解书中有关建设工程价款优先受偿权条款的效力认定①

2012年6月30日、11月20日，玉墅公司与昕之昕公司先后签订了2份《建筑

① 参见云南省高级人民法院(2019)云民终164号民事判决书。

工程施工合同》,约定玉墅公司将其温泉养生度假村的石材装饰安装及防水工程和外装饰工程发包给被告昕之昕公司。石材装饰安装及防水工程于2013年9月竣工,外装饰工程于2013年5月竣工。

2013年7月11日和2013年11月27日,昕之昕公司分别向玉墅公司发出催告函催要工程款,同时主张优先受偿权。

2016年4月12日,玉墅公司与昕之昕公司签订《工程款确认书》,确认玉墅公司拖欠昕之昕公司工程款9,376,344.41元及相应利息。

2016年4月18日,昕之昕公司提起诉讼,要求玉墅公司支付工程款9,376,344.41元。2016年6月27日,经法院主持调解,昕之昕公司与玉墅公司达成(2016)云05民初22号民事调解书,其中第3项为:原告昕之昕公司就被告玉墅公司的温泉养生度假村工程拍卖、变卖所得价款享有优先受偿权。

因拓东路支行于2014年7月29日和玉墅公司签署了《最高额抵押合同》,由玉墅公司用其名下的国有土地使用权提供最高额抵押担保,并办理了抵押登记,故其于2017年11月7日向一审法院提起诉讼,要求撤销(2016)云05民初22号民事调解书第3项,并确认昕之昕公司对玉墅公司所有的温泉养生度假村工程不享有优先受偿权。根据拓东路支行与信达公司于2017年11月16日签订的《单户资产转让协议》,一审法院将原告拓东路支行变更为信达公司。

一审法院认为:

行使优先权的方式有两种,即当事人协商将工程折价和申请人民法院将该工程依法拍卖。本案中,昕之昕公司于2013年5月和9月分别完成了温泉养生度假村的外装饰工程、石材装饰安装及防水工程,并于2013年7月11日和11月27日向玉墅公司发出催告函,要求支付工程款并主张优先受偿权。但催告函是单方通知行为,是发函方告知收函方自己享有的权利和对方应承担的义务,而非双方达成共识。昕之昕公司在6个月内仅明确和声明自身享有法定优先受偿权,并没有按照法律规定行使优先受偿权,即没有与玉墅公司协商将工程折价抵偿或者向人民法院申请将工程拍卖。2016年4月18日,昕之昕公司向法院提起诉讼,要求玉墅公司支付工程款和享有建设工程价款优先受偿权时,已经超过6个月的除斥期间,丧失了就该工程折价或拍卖的价款享有的优先受偿权。因此,原告信达公司的诉讼请求成立,应予支持,涉案(2016)云05民初22号民事调解书第3项违反了法律规定,应予撤销。

二审法院意见如下：

首先，根据《优先受偿权问题的批复》第4条的规定，建设工程承包人行使优先权的期限为6个月，自建设工程竣工之日或者建设工程合同约定的竣工之日起计算。昕之昕公司已在法定期限内向玉墅公司发函主张其享有建设工程价款优先受偿权。因此，信达公司关于“确认昕之昕公司不享有建设工程价款优先受偿权”的主张，无事实及法律依据，依法不予支持。一审法院认为该权利必须以“工程折价抵偿或者向人民法院申请将工程拍卖”的方式行使的判决理由属于适用法律错误，对此本院依法予以纠正。

其次，鉴于(2016)云05民初22号民事调解书案件所涉工程为装饰装修工程，依照《建设工程司法解释(二)》第18条的规定，[①]装饰装修工程中建设工程的发包方就其所施工工程价款仅在该工程装饰装修部分折价或者拍卖的价款范围内享有优先受偿权，但该民事调解书第3项确认的建设工程价款优先受偿权含有利息，存在对该权利范围及实现方式不明确、不合法的问题。因此，(2016)云05民初22号民事调解书第3项确有错误，信达公司关于“撤销(2016)云05民初22号民事调解书第3项”的诉请有事实和法律依据。一审法院虽存在适用法律错误之处，但对此部分的实体处理结果正确。

**【判例点评】**

本案涉及以下两个问题值得讨论：

1. 建设工程价款优先受偿权能否通过民事调解书确认。对此，实践中存在两种观点：第一种观点认为，建设工程价款优先受偿权系具有物权性质的权利，不能通过调解书予以确认；第二种观点认为，建设工程价款优先受偿权系从权利，在建设工程施工合同案件调解中，可以一并确认建设工程价款优先受偿权。[②]

笔者原则上同意第一种观点。建设工程价款的优先受偿权性质上属于担保物权，具有优于抵押权和普通债权的效力，其权利的确认和行使不但涉及发包人和承包人的利益，还可能涉及案外人的利益。如果任由民事调解书对此予以确认，可能损害案外人的利益。因此，该权利不能根据当事人的和解协议直接制作民事调解

---

① 《新建设工程司法解释(一)》第37条将装饰装修工程优先受偿权的行使条件修改为“装饰装修工程具备折价或者拍卖条件”。

② 参见李后龙、潘军锋：《建设工程价款优先受偿权审判疑难问题研究》，载《法律适用》2016年第10期。

书进行确认。《民事诉讼法司法解释》第357条、《最高人民法院关于人民法院民事调解工作若干问题的规定》第12条的规定也为此提供了依据。[①]实践中，也有一些案件会在调解书中对工程价款优先受偿权进行确认，前提是该案应当经过开庭审理，并对相关证据进行了质证。裁判者应当对优先受偿权的行使期限、权利范围进行实质性审查。

2. 承包人向发包人发函主张建设工程价款优先受偿权的效力。有观点认为，对于建设工程价款优先受偿权的行使方式，法律没有作明确规定，承包人可以与发包人协议折价，也可以提起诉讼。对于承包人采取发函主张优先受偿权，发包人表示同意的方式，系当事人意思表示一致，属于合同内容，应当予以尊重。[②] 在"天成润华集团有限公司(以下简称天成公司)与中国核工业华兴建设有限公司(以下简称华兴公司)建设工程施工合同纠纷案"中，最高人民法院也认为，涉案工程在2008年2月4日竣工验收后，华兴公司于同年5月12日以"工作联系单"方式向天成公司主张案涉工程的优先受偿权，并未超出法定的优先受偿权除斥期间。天成公司认为华兴公司起诉时主张优先受偿权超出法定的期间缺乏事实和法律依据，不能成立。一审判决认定华兴公司享有涉案工程优先受偿权正确，应予维持。[③]

笔者认为，发函并非行使优先受偿权的方式，不应将发函时间作为该权利的行使时间。首先，根据《合同法》第286条的规定，建设工程价款优先受偿权的行使方式有两种：一种是承包人与发包人协议将该工程折价；另一种是申请人民法院将该工程依法拍卖。在当事人未就优先受偿权的行使达成一致时，优先受偿权的实现有两条途径：一是先由法院对优先受偿权予以确认，在此基础上通过执行程序拍卖该工程，并就拍卖价款给予优先分配；二是直接在执行阶段拍卖该工程，并就拍卖价款给予优先分配。由此可见，提起优先受偿权的确认之诉和直接申请执行，均可

---

① 《民事诉讼法司法解释》第357条规定："当事人申请司法确认调解协议，有下列情形之一的，人民法院裁定不予受理：(一)不属于人民法院受理范围的；(二)不属于收到申请的人民法院管辖的；(三)申请确认婚姻关系、亲子关系、收养关系等身份关系无效、有效或者解除的；(四)涉及适用其他特别程序、公示催告程序、破产程序审理的；(五)调解协议内容涉及物权、知识产权确权的。人民法院受理申请后，发现有上述不予受理情形的，应当裁定驳回当事人的申请。"《最高人民法院关于人民法院民事调解工作若干问题的规定》第12条规定："调解协议具有下列情形之一的，人民法院不予确认：(一)侵害国家利益、社会公共利益的；(二)侵害案外人利益的；(三)违背当事人真实意思的；(四)违反法律、行政法规禁止性规定的。"

② 参见李后龙、潘军锋：《建设工程价款优先受偿权审判疑难问题研究》，载《法律适用》2016年第10期。

③ 参见最高人民法院(2012)民一终字第41号民事判决书。

以实现工程价款优先受偿的目的。发函仅是一种通知行为,其既不能达到确权的法律效果,也不能启动拍卖工程的执行程序,当然也就无法实现工程价款优先受偿的目的。因此,其不是行使优先受偿权的方式。其次,如果发函可以作为优先受偿权的行使方式,那么,承包人行使优先受偿权的除斥期间将会被不合理地延长,违背了该期间的法定性和不变性,从而造成优先受偿权行使的随意性,可能会损害第三人的利益。最后,依笔者理解,本案和前述有关判决是基于《优先受偿权问题的批复》第4条规定①的不合理而作出的权宜之策,以避免因司法解释的不当损害承包人的利益。由于《新建设工程司法解释(一)》第41条对上述批复进行了修正,将承包人行使建设工程价款优先受偿权的起算期限规定为发包人应当给付建设工程价款之日,解决了原规定的弊端,适应了司法实践的要求。因此,将发函作为优先受偿权行使方式的权宜之策也不再有适用的余地。

① 《优先受偿权问题的批复》第4条规定:"建设工程承包人行使优先权的期限为六个月,自建设工程竣工之日或者建设工程合同约定的竣工之日起计算。"

**第三十八条 【承包人优先受偿权的成立条件】**

建设工程质量合格,承包人请求其承建工程的价款就工程折价或者拍卖的价款优先受偿的,人民法院应予支持。

## 条文主旨

本条规定了承包人建设工程价款优先受偿权的成立条件。

## 条文精解

### 一、建设工程价款优先受偿权的成立条件

根据最高人民法院民事审判第一庭法官的解读,建设工程价款优先受偿权行使的首要条件是建设工程质量合格。① 笔者认为,建设工程价款的优先受偿权是一种法定担保物权,具有交换价值是标的物可作为担保物的必要条件。对于建设工程来说,其可以流通的前提是,能够达到作为建(构)筑物使用的基本目的。故建设工程质量合格实质上应作为优先受偿权的成立条件。况且,在承包人的债权未届清偿期时,即使建设工程质量合格,承包人也不能行使优先受偿权。因此,将本条规定的建设工程质量合格解释为优先受偿权的成立条件似更妥当。

### 二、建设工程价款优先受偿权的成立时间

与建设工程价款优先受偿权的成立条件紧密关联的另一个问题是,优先受偿权于何时成立?对此,我国法律未作明确规定,理论界和实务界的意见也不统一,主要有以下不同观点。

(一)合同成立时说

该说认为,法律设立承包人优先受偿权的立法理由无非是为了保护承包人的

---

① 参见程新文、刘敏、谢勇:《〈关于审理建设工程施工合同纠纷案件适用法律问题的解释(二)〉的理解与适用》,载《人民司法》2019 年第 4 期。

利益，并进而保护人民居住的安全。因此，以建设工程合同成立之时为优先受偿权发生的时间，使其及早生效，则保护更周全，从而不至于在发包人不支付价款时，已由其他债权人先设定一般抵押权。①

（二）工程竣工时说

该说认为："建设工程若未竣工，则不发生法定抵押权。建设工程未竣工而中途解除建设工程合同的情形，亦不发生法定抵押权。"②这实际上是主张建设工程法定抵押权的成立时间为工程竣工之时。

（三）债权未受清偿时说

该说认为，工程承揽合同成立之初尚不知是否会发生债权，只有在定作人未按约定支付工程款即承揽人债权未受清偿时，才使法定抵押权的存在有必要。③

（四）成为不动产时说

该说认为："该权利的成立时间应当依据作为法定抵押权客体的抵押物是否具有不动产的特性予以认定，即如果建设工程具备不动产的特性时，该法定抵押权成立，反之，该法定抵押权则不成立。"④

（五）依法律事实状况确定说

该说认为："承包人法定抵押权成立的时间应当是依法律事实状况而确定。凡须经过登记才成立的，以登记时间为成立时间；如以完成阶段性工程为担保的，则以该项阶段性工程完成时间为成立时间；如果是就全部工程为担保的，其抵押权成立时间就是全部工程竣工的时间。"⑤

---

① 参见郑玉波主编：《民法物权论文选辑》（下册），台北，五南图书出版公司1984年版，第666、679、688页。转引自张学文：《建设工程承包人优先受偿权若干问题探讨》，载《法商研究（中南政法学院学报）》2000年第3期。

② 梁慧星：《合同法第二百八十六条的权利性质及其适用》，载《山西大学学报（哲学社会科学版）》2001年第3期。

③ 参见梁阳升：《浅谈承揽人法定抵押权顺位之问题》，载郑玉波主编：《民法物权论文选辑》，台北，五南图书出版公司1984年版，第687～688页。

④ 高飞：《略论建设工程承包人之优先受偿权》，载《安徽警官职业学院学报》2003年第4期。

⑤ 余能斌、范中超：《论法定抵押权——对〈合同法〉第286条之解释》，载《法学评论》2002年第1期。

笔者认为，上述学说各有其特点，具体评论如下：

第一，就合同成立时说而言，合同成立时，虽然承发包双方之间的法律关系已经成立，但作为优先受偿权标的物的建设工程尚不存在。况且，若由于种种原因，建设工程施工合同履行不能，则承包人建造建筑物的可能也不存在。建设工程价款优先受偿权是承包人以其物化的劳动成果对其债权进行担保并优先受偿的权利，此时若承认优先受偿权已经成立，则有违建设工程承包人优先受偿权的理论基础。

第二，就债权未受清偿时说而言，该说“混淆了抵押权的成立与抵押权的实行，债务人到期未能履行债务，以致债权未受清偿，是抵押权实行的条件。而在抵押权可以实行以前，抵押权必须是已经成立，否则即无权利行使之可能”①。而且，在承包人设备、材料及人员进场但尚未施工，发包人预期违约导致合同解除的情况下，虽然承包人的债权未得到清偿，但是建设工程尚不存在，不能实现优先受偿的目的，此时该优先受偿权不能成立。

第三，就成为不动产时说而言，建设工程何时具备不动产特性，学者争议较大，我国法律也无相关规定。因此，在实践中不易操作。

第四，依法律事实状况确定说和工程竣工时说都有一定道理，但并不全面。目前，我国尚未建立优先受偿权的登记制度，因此以登记为成立时间于法无据；以工程竣工验收合格为成立时间固然无错，但未考虑工程未竣工的情形。

笔者认为，担保物权在性质上是一种变价受偿权，作为法定担保物权的标的物，应当具有可转让性。对于建设工程施工合同的标的物——建设工程来说，其只有质量合格（含经修复后合格）才具有可转让性和流通性，从而实现其作为建设工程产品的交换价值。需要注意的是，尽管因质量不合格而被拆除后的剩余物也可能具有交换价值，但这种交换价值并非建设工程产品意义上的交换价值。况且，若建设工程因质量不合格而被拆除，承包人也无权向发包人主张工程价款。

因此，本条规定建设工程价款优先受偿权在工程质量合格时成立是合适的。具体来说，对于已经竣工的工程，优先受偿权应于工程竣工验收合格之日成立。将优先受偿权的成立时间定为竣工验收合格之时，不但因为已通过验收的竣工工程具有较高的交换价值和使用价值，易于流通，而且也可起到督促承包人按质按量完成工程任务的作用，有利于提高经济效率，避免资源浪费和资金损失。这里的“竣工”既包括全部工程竣工，也包括单位工程竣工，只是二者的工程范围不同而已。

---

① 余能斌、范中超：《论法定抵押权——对〈合同法〉第286条之解释》，载《法学评论》2002年第1期。

对于未竣工的工程,质量合格仍然是承包人价款优先受偿权的成立条件,具体论述见本书对《新建设工程司法解释(一)》第39条的精解。

对于发包人未经竣工验收而擅自使用建设工程的,根据《新建设工程司法解释(一)》第14条的规定,应当视为发包人对工程质量予以认可。除非发包人有证据证明建设工程质量不合格且无法修复,否则,建设工程交付使用的时间应认定为优先受偿权成立的时间。至于"擅自使用"的认定,可参见本书《新建设工程司法解释(一)》第17条条文精解的有关内容。

## 三、本条中"质量合格"的含义

### (一)"质量合格"指符合国家强制性质量标准

"质量合格"是指建设工程符合国家的强制性质量标准,而非当事人约定的质量标准。具体来说,合同约定的质量标准高于法定质量标准的,应执行法定的质量标准;合同约定的质量标准低于法定质量标准的,其约定无效,仍应执行法定的质量标准。原因在于,即使建设工程未达到当事人约定的较高质量要求,但只要符合法定的质量标准,就不影响其作为建设工程的交换价值,从而也就不影响在该工程上成立优先受偿权。

### (二)"质量合格"包括建设工程经修复后竣工验收合格

"质量合格"包括建设工程经修复后竣工验收合格。在建设工程经修复后竣工验收合格的,并不影响其交换价值。因此,在建设工程经修复后竣工验收合格的,承包人就其工程价款仍享有优先受偿权。

### (三)未竣工工程的"质量合格"应视不同情形而定

1. 对于地基基础、主体结构或关键工程质量合格,但其他分部工程质量鉴定为不合格的,可以由发包人对其进行修复以达到法定的质量标准;难以修复的,可以采取拆除、更换等处理方式。通常情况下,相对于整个建筑工程的可利用价值来说,若其他分部工程的修复费用较低,则不能仅以其他分部工程的质量不合格,来否定承包人所完成的地基基础、主体结构或关键工程的交换价值,其就工程价款的优先受偿权仍应成立。当然,如果发包人扣减处理费用和质量不合格部分的相应价款后,不再欠付工程款的,则另当别论。

2. 即使地基基础、主体结构或关键工程质量鉴定为不合格,如果认为其可以修复且修复费用满足经济性要求的，则可以通过采取加固措施以达到质量合格。此时，承包人所完成的建设工程仍具有交换价值。发包人扣除修复费用后仍欠付承包人工程款的，承包人就该欠付的工程价款应当享有优先受偿权。

3. 地基基础、主体结构或关键工程的质量虽未达到法定的质量标准，但若程度较为轻微且经鉴定、验算不影响使用，或可以适当降低标准使用的，该工程仍具有交换价值。发包人扣除因标准降低减少的价款后，仍欠付承包人工程款的，承包人仍应就该欠付的工程价款享有优先受偿权。

## 深度研讨

### 一、合同效力对建设工程价款优先受偿权的影响

依据本条的规定，司法解释并未将建设工程施工合同有效作为承包人享有优先受偿权的条件。因此，在适用本条时应当理解为，建设工程施工合同的效力并不影响承包人对优先受偿权的享有。然而，理论和实践中的观点并不一致。

#### （一）理论和实践中的不同观点

建设工程施工合同无效，承包人是否仍享有优先受偿权，理论上存在肯定说和否定说两种不同的观点。

肯定说认为，根据法律和有关司法解释的规定，建设工程施工合同无效，工程经竣工验收合格的，仍可参照合同约定支付工程款。由于建设工程价款优先受偿权的基础权利源于工程款债权，在工程款债务仍需清偿的情况下，建设工程价款优先受偿权亦应支持。[①] 也有观点认为，由于施工合同无效的情形较多，如果排除无效合同施工人的优先受偿权，将导致大量施工主体丧失追索工程款的基础权利，且优先受偿权的立法目的包含对劳动者利益的保护。因此，即使合同无效，欠付工人的工资及其他劳务费亦应享有优先受偿权。[②] 还有观点认为，在法定抵押关系中，

---

① 参见李后龙、潘军锋：《建设工程价款优先受偿权审判疑难问题研究》，载《法律适用》2016 年第 10 期。

② 参见陈东强：《建设工程价款优先受偿权的行使与规制》，载《山东法官培训学院学报》2018 年第 5 期。

因其本身就是法律,所以即使主合同无效,法定抵押权也并不因此而无效。①

否定说则认为,施工合同无效后,承包人获得报酬的权利性质发生了改变,其不再是依据合同享有的约定之债,而成为依法享有的获得损失赔偿的法定权利。而建设工程价款优先受偿权的立法目的是法律保障承包人约定债权的实现而设置的担保物权,施工合同无效后,承包人约定债权亦不存在,对约定债权担保的优先受偿权亦不应当继续存在。② 也有观点认为,合同无效体现了国家对法律行为最为强烈的否定性评价,无效施工合同的承包人主张工程价款优先受偿权缺少合法性。同时,无效施工合同的承包人不能享有优先受偿权,并不意味着其合法权益无法得到有效保护。③

实践中,各个法院的观点也曾不尽相同。多数法院认可无效合同的承包人享有工程价款优先受偿权。《安徽高院关于施工合同纠纷问题的意见》认为,建设工程施工合同无效,但工程经竣工验收合格的,承包人主张工程价款优先受偿权,可予支持。④ 江苏、四川、重庆等地法院也持相同观点。而广东省高级人民法院2004年的指导意见和深圳市中级人民法院持相反观点,但《广东高院关于建设工程合同纠纷问题的解答》改变了原来的观点。⑤

### (二)本解释采纳观点的合理性探讨

由《新建设工程司法解释(一)》的有关规定可知,本解释采纳了肯定说。其理由除前述所列之外,还包括选择承包人的决策权主要在发包人一方,“如果以合同有效作为承包人享有建设工程价款优先受偿权的前提条件,不仅无助于缓解建设

---

① 参见孙华璞:《关于适用合同法第二百八十六条若干问题的思考》,载《人民司法》2019年第13期。

② 参见马永龙、李燕:《建筑工程款优先受偿权法律适用问题探析——从担保法的视角出发》,载《现代法学》2003年第6期。

③ 参见唐倩:《无效建设工程施工合同研究》,对外经济贸易大学2019年博士学位论文。

④ 参见潘定春、李文一:《各地审理施工合同纠纷指导意见之特殊规定比较(二)》,载《建筑时报》2010年12月9日。

⑤ 《广东高院关于适用〈合同法〉第286条意见》第7条规定:“在建设工程承包合同无效的情形下,承包人主张建设工程价款优先受偿权的,人民法院不予支持。”《深圳中院关于建设工程合同问题的意见》(2010年修订)第29条规定:“建设工程合同无效,承包人主张建设工程价款优先受偿权的,不予支持。”《广东高院关于建设工程合同纠纷问题的解答》第3条规定:“建设工程施工合同无效,但工程质量合格的,发包人仅以施工合同无效为由主张承包人无权主张工程价款优先受偿权的,不予支持。”

工程施工合同无效多发的现状，甚至可能增加发包人的道德风险，形成负面激励”①。当然，若因合同标的物属违法建筑导致合同无效的，承包人的优先受偿权会受到影响，但其原因并非合同无效，而是由于建设工程属不宜折价、拍卖的情形所致。

笔者认为，本解释采纳的观点，无论是从理论上分析还是现实中考量，都是值得商榷的。

1. 基于理论的分析

第一，在建设工程施工合同无效的情形下，承包人向发包人主张权利的依据并非因建设工程施工合同而产生的工程款债权，而是基于因合同无效获得的折价补偿的权利。《民法典》第 793 条即规定：“建设工程施工合同无效，但是建设工程经验收合格的，可以参照合同关于工程价款的约定折价补偿承包人。”合同无效情形下当事人的折价补偿请求权，在性质上应属于不当得利之债。② 对于不当得利之债，当然没有工程价款优先受偿权成立的余地。至于《民法典》第 793 条的规定，其仅是基于我国现实给出的一种折价补偿方法，并无“无效按照有效处理”的含义。因此，在建设工程施工合同无效的情况下，认定承包人仍享有工程价款的优先受偿权，在理论上难以自洽。

第二，建设工程价款的优先受偿权是法律基于建设工程合同的特点，赋予承包人以其物化的劳动成果对其债权进行担保并优先受偿的权利。其目的主要是保护承包人的利益，而并非直接保护劳动者特别是农民工的劳动报酬。至于其对保护劳动者工资起到的作用，至多是该制度的衍生出的一种功能。因此，将优先受偿权的衍生功能当作立法目的，认为“即使合同无效，欠付工人的工资及其他劳务费亦应享有优先受偿权”的观点难以成立。

第三，我国建设工程领域特有的资质与招标投标管理要求，使当前认定建设工程合同无效的情形较为普遍。如果认定合同有效是承包人享有建设工程价款优先受偿权的前提，当然会对承包人的权益保护产生一定的影响。然而，需要注意的是，在承包人的工程款需要通过拍卖建设工程并优先受偿来实现时，更需要着重考虑的是承包人的价款优先与其他债权人的利益平衡问题。在法律已经对建设工程合

① 最高人民法院民事审判第一庭编著：《最高人民法院建设工程施工合同司法解释（二）理解与适用》，人民法院出版社 2019 年版，第 393 页。

② 对于合同无效返还财产的性质，有不当得利请求权和物上请求权两种观点。参见王利明：《合同法研究》（第 1 卷），中国人民大学出版社 2002 年版，第 717 页。

同作出否定性评价的情况下，仍承认承包人的工程款优先于其他普通债权，甚至还优先于一般抵押权，对其他债权人似难言公平。

2. 基于现实的考量

第一，以影响农民工工资的权益保护，作为无效合同承包人享有优先受偿权的理由，过于片面。经过近年来的多方努力和制度建设，我国保障建筑行业农民工工资支付的“立体措施”已基本形成。相关权利人除可以通过民事诉讼、劳动仲裁等手段主张劳务费或劳动报酬外，建设行政主管部门还建立了建筑市场信用管理制度，将被列入拖欠农民工工资“黑名单”的建筑市场主体作为重点监管对象，在市场准入、资质资格管理、招标投标等方面依法给予限制；①各级地方政府有关部门也建立了农民工工资保证金制度，对于发生拖欠农民工工资等法定情形的，有关部门可以从工资支付担保中先行支付农民工工资；②《保障农民工工资支付条例》更是以行政法规的形式，规定了农民工工资支付担保制度、农民工工资专用账户制度、总包单位先行清偿制度、总包单位代发农民工工资制度等。③ 此外，《刑法》还规定了拒

① 《建筑市场信用管理暂行办法》（建市〔2017〕241 号）第 17 条规定：“各级住房城乡建设主管部门应当将列入建筑市场主体‘黑名单’和拖欠农民工工资‘黑名单’的建筑市场各方主体作为重点监管对象，在市场准入、资质资格管理、招标投标等方面依法给予限制。各级住房城乡建设主管部门不得将列入建筑市场主体‘黑名单’的建筑市场各方主体作为评优表彰、政策试点和项目扶持对象。”

② 比如，《北京市工程建设领域农民工工资保证金管理办法》（京人社监发〔2018〕157 号）第 7 条规定：“施工总承包企业、专业承包企业存在以下情形之一，人力资源和社会保障行政部门会同行业主管部门可以通知银行按照保函约定的程序和范围先行支付农民工工资：（一）因转包、违法分包、出借资质行为导致拖欠农民工工资，或引发农民工极端、群体性讨薪突发事件，直接用工的分包企业的工资保证金不足以支付农民工工资，经人力资源和社会保障行政部门核实无误的；（二）因拖欠分包企业人工费（劳务费）导致拖欠农民工工资的。”《江苏省建设领域农民工工资保证金实施办法》（苏清办〔2009〕36 号）第 12 条规定：“建筑业企业发生拖欠农民工工资时，行政主管部门应当及时采取措施，督促其限期支付。有下列情形之一的，行政主管部门可采取行政措施，启动保证金应急支付程序，动用保证金用于支付责任企业拖欠的农民工工资，或要求担保人按担保合同的约定履行支付义务。（一）建筑业企业故意拖延、拒不履行支付农民工工资义务，超过限定时间的；（二）因拖欠农民工工资引发群体性上访、越级上访或其它恶性事件的；（三）其他需应急支付保证金的。行政主管部门按照应急支付程序支付的农民工工资，作为拖欠农民工工资建筑业企业的财务支出。”

③ 《保障农民工工资支付条例》第 26 条第 1 款规定：“施工总承包单位应当按照有关规定开设农民工工资专用账户，专项用于支付该工程建设项目农民工工资。”第 30 条第 3 款规定：“分包单位拖欠农民工工资的，由施工总承包单位先行清偿，再依法进行追偿。”第 30 条第 4 款规定：“工程建设项目转包，拖欠农民工工资的，由施工总承包单位先行清偿，再依法进行追偿。”第 31 条规定：“工程建设领域推行分包单位农民工工资委托施工总承包单位代发制度。分包单位应当按月考核农民工工作量并编制工资支付表，经农民工本人签字确认后，与当月工程进度等情况一并交施工总承包单位。”第 32 条第 1 款规定：“施工总承包单位应当按照有关规定存储工资保证金，专项用于支付为所承包工程提供劳动的农民工被拖欠的工资。”

不支付劳动报酬罪，加大了对拒付劳动报酬者的处罚力度。[①] 由于建设工程价款优先受偿权的实现需经诉讼或仲裁、执行及拍卖等程序，周期较长，故相较于上述各种保障措施，特别是限制市场准入、限制招标投标、总包单位先行清偿等“立竿见影”的行政管理措施而言，利用优先受偿权来保护农民工工资的可操作性和实现效果是较差的。实践中，承包人在支付完农民工工资后，利用该优先受偿权来保护自身利益的情况更为普遍。因此，“如果以合同有效作为承包人享有权利的前提，会影响农民工工资权益保护”[②]的观点有失偏颇。

第二，考察《民法典》第793条对无效施工合同的处理，其除了对违约责任有一定影响外，当事人在其他方面的权利几乎未受到任何不利影响。如果说该规定较好地平衡了当事人之间的利益，提高了裁判效率，降低了社会成本，那么无效合同承包人对优先受偿权的享有，则难免会产生对当事人市场行为的负面激励，导致当事人可能会无视、放任甚至追求合同无效情形的发生，不利于建筑行业市场秩序的良性发展。

第三，关于“可能增加发包人道德风险”的担心，笔者认为不无道理。但任何选择都难以完全摆脱利弊得失的兼有，恰如硬币的正反两面。而且，在大多数情况下，当事人在承包和发包工程时，都应当具有顺利履约的本意。特别是对于发包人来说，其主要目的一定是从建成的工程项目中获利而并非逃债。因此，“可能增加发包人道德风险”尚不足以作为无效合同承包人享有优先受偿权的理由。

## 二、不宜折价、拍卖的建设工程

尽管本条规定将工程质量合格作为建设工程价款优先受偿权成立的条件，但并非满足该条件优先受偿权即可行使。根据《民法典》第807条的规定，发包人逾期不支付工程款的，除按照建设工程的性质不宜折价、拍卖的以外，承包人可以与发包人协议将该工程折价，也可以申请人民法院将该工程依法拍卖。由此可见，对于不宜折价、拍卖的建设工程，承包人不能就其工程价款行使优先受偿权。实践中，不宜折价、拍卖的建设工程主要有以下几类：

---

① 《刑法》第276条之一规定：“以转移财产、逃匿等方法逃避支付劳动者的劳动报酬或者有能力支付而不支付劳动者的劳动报酬，数额较大，经政府有关部门责令支付仍不支付的，处三年以下有期徒刑或者拘役，并处或者单处罚金；造成严重后果的，处三年以上七年以下有期徒刑，并处罚金。单位犯前款罪的，对单位判处罚金，并对其直接负责的主管人员和其他直接责任人员，依照前款的规定处罚。”

② 最高人民法院民事审判第一庭编著：《最高人民法院建设工程施工合同司法解释（二）理解与适用》，人民法院出版社2019年版，第393页。

(一)违法建筑

关于违法建筑,学界有“程序违法”和“实质违法”的区分。对于程序违法的违法建筑,应允许对建设工程施工合同的效力进行补正。对于实质违法的违法建筑,则不能通过事后程序的补救使其转成合法建筑。实践中,需要针对不同的情形作出不同的判断。

1. 经政府有关主管部门认定为违法建筑,并作出处罚决定予以限期拆除或没收的,一般认为,承包人不得主张建设工程价款优先受偿权。当事人对行政处罚有异议的,应当依法提起行政复议或行政诉讼。

2. 未依法取得建设工程规划许可证的建设工程,被政府有关主管部门责令改正并取得审批、许可手续后,承包人可以主张建设工程价款优先受偿权。

3. 未依法取得建设工程规划许可证的建设工程,也未受到行政处罚的,除非该工程后来取得了审批、许可手续,承包人原则上不能主张对该工程进行折价、拍卖并优先受偿,但如果该工程实际存在使用收益的,可以将使用收益纳入优先受偿的范围。

此外,实践中还需要注意以下两个问题:

第一,对于建设工程何时取得审批、许可手续,承包人才能主张优先受偿权,法律和有关司法解释并无明确规定。笔者认为,建设工程价款优先受偿权对承包人的利益实现影响较大,从应然的角度来看,可将取得审批、许可手续的截止时间确定为“一审法庭辩论终结前”,以给予当事人更长的取得审批、许可手续的时间,也不会增加法院审判工作的不确定性,从而更有利于从根本上解决问题。但是,由于《新建设工程司法解释(一)》第3条第1款将合同效力补正的截止时间确定为“起诉前”,因此,从实务的角度出发,裁判机构将发包人取得审批、许可手续的截止时间确定为“起诉前”的可能性较大。

第二,对于政府有关主管部门作出限期拆除或没收的处罚决定的,认定承包人不享有优先受偿权是一般情形,但实践中也存在例外。在某些情况下,有关部门作出的处罚决定并不能反映工程项目的实际情况,其关于限期拆除或没收的处罚根本无法实施。此时,宜综合考量工程项目实际的规划审批情况来认定承包人是否享有优先受偿权。

在“山西长实房地产开发集团有限公司、山西晋豪国际大酒店有限公司与江苏南通六建建设集团有限公司其他合同纠纷案”中,太原市城乡规划局出具的《行政处罚陈述、申辩、听证告知书》认为,涉案工程的建设行为,违反了《城乡规划法》第40条的规定,故作出3日内自行拆除涉案工程的处罚决定。最高人民法院经审理认为:多期《太原市人民政府办公会议纪要》均说明,太原市人民政府并未决定没收案涉建设工程的裙楼1~6层;相反,太原市人民政府在纪要中均多次要求发包人支付后续完善工程资金,补办案涉工程手续,故发包人仅以太原市城乡规划局出具的《行政处罚陈述、申辩、听证告知书》,主张涉案工程系违法建筑已被政府依法没收,承包人不享有该建设工程价款优先受偿权,缺乏事实依据。①

(二)事业单位和社会团体的公益建筑

根据《民法典》第399条的规定,学校、幼儿园、医疗机构等为公益目的成立的非营利法人的教育设施、医疗卫生设施和其他公益设施属于不得抵押的财产。同理,对于不适合抵押的财产,也不适宜通过折价、拍卖的方式进行转让。因此,对于学校、幼儿园、医院、敬老院、残疾人福利基金会等以公益目的的事业单位、社会团体的教育设施、医疗卫生设施和其他社会公益设施范围内的建设工程,属于法律规定的“不宜折价、拍卖”的情形。但学校、幼儿园、医院建设的非教育和非医疗设施的工程,则不属于不宜折价、拍卖的建设工程。

(三)国家机关的办公用房和军事建筑

国家机关办公的房屋建筑物及军事设施属于禁止流通物,否则,一旦拍卖,会影响国家机关的正常活动,进而损害社会公共利益,因此,有关建设工程属于“不宜折价、拍卖”的情形。但与国家机关行使职权无直接关系的建筑物,如国家机关的招待所、宾馆、度假村等,虽然也属于国家机关的财产,但不属于“不宜折价、拍卖”的范围。②

(四)用于社会公共服务的公用建筑和设施

用于社会公共服务的公用建筑和设施,属于根据《民法典》第399条规定不得抵押的其他社会公益设施,也属于法律规定的“不宜折价、拍卖”的情形。比如,公共图书馆、科学技术馆、博物馆、国家美术馆、少年宫、工人文化宫、文物古迹以及公

---

① 参见最高人民法院(2014)民一终字第181号民事判决书。

② 参见王旭光:《建筑工程优先受偿权制度研究——合同法第286条的理论与实务》,人民法院出版社2010年版,第164页。

共道路、桥梁、机场港口等。

实践中,在确定建设工程是否属于“不宜折价、拍卖”的情形时,需要注意以下几个问题。

1. 社会公益性建设工程的价款存在优先受偿的例外

某些情况下,承包人就社会公益性建设工程的价款仍享有优先受偿权。比如,学校、幼儿园、医院等工程被折价、拍卖后仍保持相同的功能和用途的,承包人仍可行使优先受偿权;公益性建设工程进行有偿转让的,承包人对转让价款可以优先受偿;[①]再如,以社会公益为目的的建设工程中途停建,此后又改变用途有偿转让或折价、拍卖给他人的,承包人也应当就该转让、折价或拍卖的价款享有优先受偿权。

此外,在民办学校司法清算案件中,承包人能否对该学校的教育设施主张优先受偿权存在不同观点。有观点认为,学校的教育设施涉及社会公众利益而承包人的利益属于经营利益,两者相比,承包人的利益应当退居其次,故应确认承包人对校园设施及校舍不享有工程价款优先受偿权。当然,如果清算财产足以支付法律规定的优先受偿权,在特殊群体的利益能够得到保障的情形下,建设工程价款的优先受偿权还是应当考虑予以维护,即可以考虑建设工程价款优于其他普通债权受偿。[②] 也有观点认为,若单位或团体处于破产清算时,相关公益建筑已经失去了特有的公益性质和用途,而变成了一般的破产清算财产,限制权利人行使优先受偿权的理由已经不复存在,故在民办学校司法清算过程中,应当准许承包人行使建设工程价款的优先受偿权。[③] 笔者赞成后一种观点。同时,笔者认为,即使学校尚未进入司法破产程序,如果学校已经处于关停状态,对有关建设工程的折价、拍卖,并不会影响不特定人员的利益。因此,在该种情形下,不应机械地将有关工程纳入不宜折价、拍卖的范围内。

2. 建设工程的形态变化不影响优先受偿权的实现

建设工程价款优先受偿权的性质为法定担保物权,担保物权人享有的是支配建设工程价值的权利。因此,即使建设工程的形态发生变化,也不应当影响该支配权的实现。进一步讲,以社会公益为目的的建设工程,虽然其无法直接折价、拍卖,

---

① 参见陈东强:《建设工程价款优先受偿权的行使与规制》,载《山东法官培训学院学报》2018 年第 5 期。

② 参见深圳市中级人民法院民七庭:《民办学校终止清算案件审理中存在的法律问题》,载《中国审判》2009 年第 2 期。

③ 参见王旭光:《建筑工程优先受偿权制度研究——合同法第 286 条的理论与实务》,人民法院出版社 2010 年版,第 164 页。

但如果发包人就该建设工程的运营、使用产生收益,可以认为该收益体现了建设工程的经济价值。因此,可以认定承包人就该建设工程所产生的收益享有优先受偿权。在“中国银行股份有限公司江门分行与广东中人集团建设有限公司等执行分配方案异议之诉纠纷再审案”中,最高人民法院就认为,上诉人对涉案工程应享有法定优先受偿权,“因涉案工程为公路建设工程,属于特殊建设工程,无法直接拍卖或折价,该工程的主要经济价值即体现在其通行费用上,故对其收益即年票补偿款作为优先受偿权的行为对象符合实际情况”①。

3. 人防工程不属于不宜折价、拍卖的建设工程

关于人防工程是否属于不宜折价、拍卖的建设工程,实践中存在争议。有观点认为,人防工程属于国防工程和社会公益事业建设项目,所有权属于国家,根据涉案工程的性质,不宜对该工程折价和拍卖。② 也有观点认为,人防工程只是对相关建筑工程在战时及紧急状态下确保能够发挥特定用途有特别要求,但其经济价值和可交易属性是应当受到法律保护的,故其不属于不宜折价、拍卖的工程。③

人防工程包括为保障战时人员与物资掩蔽、人民防空指挥、医疗救护等而单独修建的地下防护建筑,以及结合地面建筑修建的战时可用于防空的地下室。《人民防空法》第 5 条规定:“人民防空工程平时由投资者使用管理,收益归投资者所有。”第 20 条规定:“建设人民防空工程,应当在保证战时使用效能的前提下,有利于平时的经济建设、群众的生产生活和工程的开发利用。”《关于平时使用人防工程的暂行规定》(〔93〕国管办字第 231 号)第 1 条规定:“人防工程(含结合民用建筑修建的防空地下室)是国家的重要战备设施,按照国家有关平战结合的要求,凡平时能利用的都要本着因地、因需制宜的原则尽量利用起来,充分发挥其经济效益和社会效益。”同时,该规定还规定了人防工程使用费的交纳和人防工程闲置费的收取等。④由此可见,国家鼓励平时利用人防工程为经济建设和人民生活服务,但平时利用人防工程不得影响其防空效能,并保证战时发挥效能。对于“平战结合”型的人防工程,无论平时如何流转,如何使用,都不影响其战时发挥防空功能。因此,承包人对

① 参见最高人民法院(2016)最高法民申 1281 号民事裁定书。

② 参见安徽省高级人民法院(2016)皖民终 488 号民事判决书。

③ 参见最高人民法院(2014)民一终字第 61 号民事判决书。

④ 《关于平时使用人防工程的暂行规定》(〔93〕国管办字第 231 号)第 7 条规定:“平时使用人防工程的单位应按照有偿使用的原则交纳人防工程使用费,由各部门人防办收集汇总后送中央国家机关人防办。收费的范围、标准等按中央国家机关人防办有关规定执行。”第 8 条规定:“各部门人防办应积极支持本系统各单位搞好人防工程的开发利用,提供政策指导和相应的技术服务。对具备使用条件,本单位长期不用的人防工程,部门人防办有权调剂使用或按有关规定收取人防工程闲置费。”

此类人防工程应当享有建设工程价款优先受偿权。

4. 保障性住房不应属于不宜折价、拍卖的建设工程

保障性住房按照供应方式，可以划分为租赁型保障房和购置型保障房。租赁型保障房包括廉租住房和公共租赁住房。根据《住房和城乡建设部、财政部、国家发展和改革委员会关于公共租赁住房和廉租住房并轨运行的通知》（建保〔2013〕178 号）的要求，从 2014 年起，各地公共租赁住房和廉租住房并轨运行，并轨后统称为公共租赁住房。购置型保障房包括经济适用住房、限价商品住房和各类棚户区改造住房。国家对保障性住房建设的支持政策主要包括财政资金补助、优先划拨土地、税费减免、贷款支持等。其中，经济适用住房、限价商品住房建设主要由社会投资，通过销售实现资金平衡；各类棚户区改造投资由政府补助一部分，主要通过企业筹一点、住户拿一点等办法解决；公共租赁住房投资可以有多种模式，包括政府直接投资建设、政府组建专门投资公司或利用已有国有房地产开发企业投资建设、在房地产开发项目中配建公共租赁住房由政府回购或无偿收回、政府通过优惠政策引导企业投资建设等。

由上述保障性住房的特点可知，经济适用住房、限价商品住房均面向特定人群销售，公共租赁住房也是面向特定人员出租。虽然保障性住房具有一定的社会保障功能，但并非禁止流通物。而且，只要折价后性质不变，其社会保障功能仍能实现。同时，对于承包人建设工程价款的优先受偿权，前者可以通过消费者买受人的物权期待权来保护买受人的利益，后者则可以通过“买卖不破租赁”的原则来保护承租人的利益。因此，笔者认为，一般来说，保障性住房不应属于不宜折价、拍卖的建设工程。在“四川晋业建筑工程有限公司与朔州市皓鑫房地产开发有限公司建设工程施工合同纠纷案”中，法院就认定，承包人就其承建的经济适用房工程享有优先受偿权。① 在“江苏瀚瑞投资控股有限公司与江苏凯业建设工程有限公司、镇江开诚置业有限公司等第三人撤销之诉纠纷案”中，法院也认为，上诉人以涉案房屋属于公共租赁房屋为由主张承包人不享有工程款优先受偿权缺乏法律依据。②

需要注意的是，在认定建设工程是否属于“不宜折价、拍卖”的情形时，应当正确理解“以社会公益为目的”的含义，不应对其进行随意的扩大解释。所谓“社会公益”，即社会公共利益。社会公共利益的一个重要特征是其主体的不确定性和开放

① 参见最高人民法院（2015）民一终字第 409 号民事判决书。

② 参见江苏省高级人民法院（2018）苏民终 1506 号民事判决书。

性,任何人都可以接近,都可以享受,而不是封闭的或专为某些个人所保留。[1] 因此,不能仅因为工程项目具有服务大众的功能,就认为其属于"以社会公益为目的"的建设工程。更为重要的是,判断投资主体建设该项目是"以社会公益为目的",还是以营利为目的。比如,以营利为目的的农副产品批发市场,其虽然具有服务大众的功能,但其利益主体主要还是特定的投资人,而非不确定的多数人。因此,此类批发市场范围内的建设工程不应属于"不宜折价、拍卖"的情形。

## 实务判例

### 【判例一】建设工程施工合同无效不影响优先受偿权的成立[2]

2013年9月16日,学院建设公司与新燎原公司签订《建设工程施工合同》,约定新燎原公司作为发包人把某地下步行街工程发包给学院建设公司建设施工,工程承包范围为包工包料,合同总价款7345.08万元。同时,合同约定了付款方式。2015年3月15日,双方签订补充协议,对结算方法和付款方式进行了变更。

2015年7月27日,学院建设公司向新燎原公司提出初验申请。2016年1月,双方进行地下步行街成品移交。2016年10月9日,涉案工程经竣工验收合格。

此后,学院建设公司向法院提起诉讼,请求判令新燎原公司支付欠付工程款,并确认其对工程价款享有优先受偿权。

本案中,学院建设公司对工程价款是否享有优先受偿权成为争议焦点之一。

新燎原公司认为,其与学院建设公司签订的《建设工程施工合同》属于无效合同,故学院建设公司不再享有建设工程价款优先受偿权。况且,即使合同有效,建设工程价款优先受偿权也应从2016年1月新燎原公司使用该工程时计算,至起诉时已超过了法定期限。

一审法院认为,本案工程于2016年10月9日竣工验收合格,则竣工日期为2016年10月9日,学院建设公司在法定6个月期限内行使优先受偿权符合法律规定,故应予支持。

二审法院审理期间,除一审判决查明的事实之外,还认定如下事实:在新燎原公司与学院建设公司于2013年9月16日签订《建设工程施工合同》后,新燎原公司

---

① 参见刘丹:《公共利益的法律解读与界定》,载《行政法学研究》2005年第2期。

② 参见河南省高级人民法院(2018)豫民终729号民事判决书。

又于2014年4月就涉案工程进行了招标，并向学院建设公司发出了《中标通知书》。双方另行签订了一份《建设工程施工合同》并进行了备案。

二审法院认为，涉案工程系地下步行街工程，关系到社会公众利益和公共安全，按照当时的法律规定，应当属于必须进行招标的工程建设项目。退一步讲，即使涉案工程不属于必须进行招标的工程建设项目，但双方自愿进行了招投标，也应遵守《招标投标法》的规定。因为《招标投标法》所保护的不仅是合同当事人自身的权益，更是对招投标市场的规范，事关不特定投标人权益的保护和市场竞争秩序的维护，因此，非必须招标的工程建设项目自主进行招标时也应受到该法的约束。本案中，新燎原公司与学院建设公司在进行招投标之前，已经就涉案工程进行了实质性内容的磋商，并于2013年9月16日签订了《建设工程施工合同》。双方的上述行为明显违反了《招标投标法》的强制性规定，双方2013年9月16日签订的《建设工程施工合同》和经过招投标程序备案的《建设工程施工合同》均属于无效合同。

关于合同效力对优先受偿权的影响，二审法院认为，《建设工程司法解释（二）》第19条规定："建设工程质量合格，承包人请求其承建工程的价款就工程折价或者拍卖的价款优先受偿的，人民法院应予支持。"①根据该条规定，建设工程价款优先受偿权的享有是以建设工程质量是否合格为条件，而不是以合同有效为条件。本案所涉建设工程已经竣工验收合格，故一审判决对学院建设公司主张建设工程价款优先受偿权的诉讼请求予以支持符合法律规定。新燎原公司以双方签订的《建设工程施工合同》无效为由主张学院建设公司不享有建设工程价款优先受偿权于法无据，不能成立。

关于优先受偿权的起算时间，二审法院认为，《建设工程司法解释（二）》第22条规定："承包人行使建设工程价款优先受偿权的期限为六个月，自发包人应当给付建设工程价款之日起算。"②2016年10月9日，涉案工程经竣工验收合格，此时，学院建设公司作为承包人已经完成了合同约定的建设义务，新燎原公司作为发包人应当对等履行支付工程价款的义务。故一审判决将涉案工程竣工验收合格之日（2016年10月9日）作为学院建设公司行使建设工程价款优先受偿权的起算时间具有事实和法律依据。而学院建设公司与新燎原公司虽然于2016年1月进行了涉案工程的成品移交，但此时双方并未进行竣工验收及工程款的决算。新燎原公司在一审庭审时也称2016年1月"仅仅是物品移交，但是并未达到交工使用的条

① 《建设工程司法解释（二）》废止后，《新建设工程司法解释（一）》第38条作了同样的规定。

② 《新建设工程司法解释（一）》第41条将建设工程价款优先受偿权的行使期限修改为18个月。

件”。因此,新燎原公司要求从2016年1月开始起算建设工程价款优先受偿权的期限不符合法律规定,其以此为由主张学院建设公司已超过行使建设工程价款优先受偿权法定期限的上诉理由不能成立。

## 【判例二】可修复的工程质量缺陷不影响优先受偿权的成立①

2013年8月2日,贵山天阳公司作为发包方与承包方中润公司签订了《建设工程施工合同》(以下简称“13年合同”),工程范围为“云润天阳一标段”的1号地下车库、1栋、6栋、7栋、8栋、9栋的土建、装饰装修工程、门窗工程、防水工程、水电安装工程及室外总图道路管网工程等,合同价款为11,880万元。2013年11月14日,中润公司进场施工。

2014年2月24日,涉案工程为取得建设工程施工许可证进行了招投标程序,《中标通知书》载明中标价为10,594.18万元。双方于2014年3月13日再次签订了《建设工程施工合同》(以下简称“14年合同”),该合同经住建局登记备案。

2014年3月13日,贵山天阳公司与中润公司签订了《协议书》,约定:(1)“14年合同”只作为承发包人为办理完善招投标手续使用;(2)“13年合同”(应发包人要求,合同签订日期未填写)正在履行中,并同意待招投标手续完成后,双方协商补签合同订立日期。

2016年5月19日,中润公司与贵山天阳公司签署了《移交确认表》,确认中润公司将涉案工程土建室外部分、地下室顶板、1栋、6栋、7栋、8栋、9栋部分工程移交给贵山天阳公司。

因贵山天阳公司未支付工程款,中润公司提起诉讼,请求法院判令贵山天阳公司支付工程款,并确认其对涉案工程价款享有优先受偿权。

贵山天阳公司辩称,涉案工程单项质量不合格,未竣工验收或者验收不合格的工程优先受偿权不应得到支持,并且要求支付工程款的请求也不应得到支持。同时,其提起反诉,请求法院判令中润公司返还已付工程款,并向贵山天阳公司支付工程修复费用。

一审法院委托造价、质量鉴定机构对涉案工程分别进行了造价鉴定和质量鉴定。造价、质量鉴定机构分别出具了鉴定意见,其中,质量鉴定机构的鉴定意见为,涉案工程房屋的基础与主体部分面板钢筋保护层厚度不满足国家规范要求,必须

① 参见云南省高级人民法院(2019)云民终179号民事判决书。

对不满足规范要求部位的楼板进行加固处理后才能满足工程结构安全及使用功能的国家相关技术规范要求，并明确修复费用为1,989,212.4元。另外，经踏勘，发现1栋、6栋、7栋已有部分业主入住。

一审法院认为，涉案项目系商品房住宅，故本案不属于《招标投标法》第3条规定的必须进行招标的建设工程项目。贵山天阳公司与中润公司于2013年8月2日签订了"13年合同"，中润公司于2013年11月14日进场施工，后双方于2014年3月13日再次签订了"14年合同"，并以该合同办理了备案登记。虽双方系先施工后招标，但涉案工程项目并非法定必须进行招标，故确认双方签订的合同合法有效。根据双方于2014年3月13日签订的《协议书》，约定了双方实际履行的为"13年合同"，故认定"13年合同"系双方真实意思表示，且未违反法律、行政法规的强制性规定，应对本案双方当事人具有约束力，应以"13年合同"作为工程款的结算依据。贵山天阳公司应当向中润公司支付欠付的工程款。

关于中润公司是否对涉案工程享有优先受偿权的问题，一审法院认为因涉案工程尚未办理竣工手续，工程价款也未经双方结算，故中润公司在涉案工程造价未明确的情况下向贵山天阳公司主张优先受偿权，符合《合同法》第286条和《优先受偿权问题的批复》第4条的规定，中润公司对涉案工程在贵山天阳公司欠付工程款范围内享有建设工程价款优先受偿权。同时，因涉案工程存在质量缺陷，需要修复，法院判决中润公司向贵山天阳公司支付修复费用1,989,212.4元。

二审法院认为，《招标投标法》第55条规定："依法必须进行招标的项目，招标人违反本法规定，与投标人就投标价格、投标方案等实质性内容进行谈判的，给予警告，对单位直接负责的主管人员和其他直接责任人员依法给予处分。前款所列行为影响中标结果的，中标无效。"《建设工程司法解释》第1条第3项规定，①建设工程必须进行招标而未招标或者中标无效的，建设工程施工合同无效。本案中，双方当事人经过招投标于2014年3月13日签订了"14年合同"，在此之前，双方于2013年8月2日签订了"13年合同"，中润公司于招投标之前的2013年11月14日进场施工。双方当事人在正式招投标之前就工程施工合同的实质性内容进行谈判，并签订了标前"13年合同"，且有标前合同履行行为，上述标前行为违反了招标投标法的强制性规定，中润公司的中标行为无效，双方当事人据此签订的"14年合同"为无效合同。同时，因涉案项目属于商业性项目，《必须招标的工程项目规定》

① 《建设工程司法解释》废止后，《新建设工程司法解释(一)》第1条作了类似的规定。

并未将此类项目列为必须进行招标的项目，双方当事人亦确认“13 年合同”为双方实际履行合同，故该合同为双方真实意思表示，且不违反法律法规的强制性规定，为有效合同，双方当事人应依照此合同履行各自权利义务。

关于优先受偿权的问题，二审法院认为，经一审法院委托质量鉴定，涉案工程仅存在可修复的质量问题，而非质量不合格工程，故贵山天阳公司认为涉案工程未经竣工验收合格，中润公司不享有优先受偿权的上诉理由不能成立，本院不予支持。

**第三十九条 【未竣工工程承包人优先受偿权的行使条件】**

未竣工的建设工程质量合格，承包人请求其承建工程的价款就其承建工程部分折价或者拍卖的价款优先受偿的，人民法院应予支持。

## 条文主旨

本条规定了承包人就未竣工工程享有工程价款的优先受偿权。

## 条文精解

### 一、未竣工工程之上成立优先受偿权的理论基础

承包人对建设工程价款的优先受偿权在性质上属于法定担保物权。一般认为，担保物应具备特定性、价值性、可转让性和权属明确的属性。笔者认为，未竣工工程具备上述担保物的特征。

#### （一）未竣工工程具有特定性

所谓物的特定性，是指物必须具有可以被特别认定的性质，[①]是该物具有区别于他物的重要特征。对于未竣工的建设工程来说，虽然其尚未形成建（构）筑物的最终物理形态，但根据建设工程的规划条件及设计文件，其地理位置、用地范围、外观形态、建筑型式、材料特征、功能用途等均具有独特性，以区别于其他建设工程。由此可见，未竣工工程具有特定性。

#### （二）未竣工工程具有交换价值

由于工程尚未完工，未竣工工程的使用功能会受到很大限制，甚至可能根本不具备使用价值，但“设立担保物权，目的不在于取得对担保物的使用权和用益权，而是以担保物所具有的交换价值为对象”[②]。因此，从物的交换价值来看，不能否认未

① 参见梁慧星、陈华彬编著：《物权法》，法律出版社 2003 年版，第 25 页。

② 张俊浩主编：《民法学原理》，中国政法大学出版社 2000 年版，第 484 页。

竣工工程也是发包人资金投入和承包人劳动物化的结果，符合法定质量标准的未竣工工程仍具有相应的资产价值，从而也就不能否定其具有交换价值。

### （三）未竣工工程具有可转让性

建设工程价款优先受偿权是一种变价受偿权，其标的物必须可以转让，具有流通性。《城市房地产管理法》第39条就规定，房屋建设工程完成开发投资总额的25%以上的，相应房地产可以转让。[①] 因此，不属于不宜折价、拍卖情形的未竣工工程，其具有可转让性。

### （四）未竣工工程权属明确

因建设工程尚未竣工，其当然无法取得所有权证书，但我们并不能因此推论出该在建工程权属不明。因为在该建设工程的土地使用权证书、建设用地规划许可证、建设工程规划许可证之上已经列明了建设单位，该建设单位在取得国有土地使用权后，利用该宗土地进行建设，属于建（构）筑物所有权的原始取得，应依法享有该建（构）筑物的所有权。而且《城市房地产管理法》也规定了商品房预售制度，在符合《城市房地产管理法》第45条规定的预售条件下，[②]预售商品房在法律上被拟制为具有所有权形态的所有物，并被赋予了独立财产的地位，其虽不是法定产权但却属有效产权。[③] 从这个意义上讲，在预售商品房之前，预售商品房的建设单位可以被认为拥有预售房屋的所有权。由此可见，未竣工工程的权属是明确的。

由上述分析可知，未竣工工程具备担保物权标的物的一般属性。《民法典》第395条也将正在建造的建筑物作为可以抵押的财产。《最高院关于〈城市房地产抵

---

① 《城市房地产管理法》第39条规定："以出让方式取得土地使用权的，转让房地产时，应当符合下列条件：（一）按照出让合同约定已经支付全部土地使用权出让金，并取得土地使用权证书；（二）按照出让合同约定进行投资开发，属于房屋建设工程的，完成开发投资总额的百分之二十五以上，属于成片开发土地的，形成工业用地或者其他建设用地条件。转让房地产时房屋已经建成的，还应当持有房屋所有权证书。"

② 《城市房地产管理法》第45条第1款规定："商品房预售，应当符合下列条件：（一）已交付全部土地使用权出让金，取得土地使用权证书；（二）持有建设工程规划许可证；（三）按提供预售的商品房计算，投入开发建设的资金达到工程建设总投资的百分之二十五以上，并已经确定施工进度和竣工交付日期；（四）向县级以上人民政府房产管理部门办理预售登记，取得商品房预售许可证明。"

③ 法定产权是指完全依法定手续而取得的权益，如实实在在的房地产；有效产权是指尚未符合全部法律手续，但有足够证据证明有关各方承认的相关交易的效力的产业，如尚未实在存在的预售商品房。参见宁教铭、郑翔、张礼慧：《预售商品房能否成为房地产按揭担保的标的》，载《河北法学》2001年第4期；宁教铭、张礼慧：《按揭与抵押》，载《河北法学》2001年第2期。

押管理办法〉在建工程抵押规定与上位法是否冲突的答复》亦认可,贷款银行并非在建工程抵押的唯一权利人,从而拓展了在建工程的抵押权人范围。[①] 因此,将未竣工工程作为承包人工程价款优先受偿权的标的物具有理论基础,也符合现行的法律规定。同时,在司法实践中,大量的纠纷出现在未竣工工程中,而此时的承包人已经为工程建设投入了大量的资金、人力、物力,并将其物化成了在建工程。承认未竣工工程上的优先受偿权,有利于保护承包人的利益,也符合我国司法实践的客观要求。

## 二、未竣工工程优先受偿权的成立——质量合格

正如笔者在本书《新建设工程司法解释(一)》第38条条文精解中所述,只有质量合格的建设工程才具有可转让性和流通性,从而实现其作为建设工程产品的交换价值。同样,对于未竣工的建设工程来说,只有在质量合格的前提下,其才能具备担保物可转让的属性,承包人的债权也才能成立。因此,本条也将质量合格作为未竣工工程承包人价款优先受偿权的成立条件。

有观点认为,未竣工工程优先受偿权的成立以承包人对停工无过错为条件。[②] 笔者认为,对于工程停工是否存在过错属于违约责任的承担问题,其与质量合格的已完工程价款支付没有法律上的因果联系。即使承包人对工程停工存在过错,其应当承担的违约金或损害赔偿在执行阶段也可与发包人应付的工程价款相抵。而且,许多情况下的工程停工系由多种因素导致,当事人对此可能均有过错。比如,在建设工程因未取得施工许可证而被暂停施工,在承包人索赔未果而提出解除合同的情况下,虽说发包人对工程停工承担主要责任,但承包人在明知没有施工许可证的情况下仍然进场施工,很难说其对合同解除没有任何过错。在这种情况下,否定承包人对已完工程的价款享有优先受偿权,对承包人是不公平的。因此,笔者认为,

---

① 《最高院关于〈城市房地产抵押管理办法〉在建工程抵押规定与上位法是否冲突的答复》规定:"在建工程属于《担保法》规定的可以抵押的财产范围。法律对在建工程抵押权人的范围没有作出限制性规定,《城市房地产抵押管理办法》第三条第五款有关在建工程抵押的规定,是针对贷款银行作为抵押权人时的特别规定,但并不限制贷款银行以外的主体成为在建工程的抵押权人。"《城市房地产抵押管理办法》第3条第5款规定:"本办法所称在建工程抵押,是指抵押人为取得在建工程继续建造资金的贷款,以其合法方式取得的土地使用权连同在建工程的投入资产,以不转移占有的方式抵押给贷款银行作为偿还贷款履行担保的行为。"

② 参见万挺、冯小光、张闻:《论附着建设工程价款优先受偿权建筑物转让规则》,载《法律适用》2018年第21期;最高人民法院民事审判第一庭编著:《最高人民法院建设工程施工合同司法解释(二)理解与适用》,人民法院出版社2019年版,第450页。

未竣工工程优先受偿权的成立不应以承包人对停工无过错为条件。

实践中,也有判例与笔者持同样观点。在“江苏天亿建设工程有限公司与江苏安富置业发展有限责任公司建设工程施工合同纠纷案”中,承包人提出的停工理由主要有两点:一是发包人擅自将总包范围内的多个单项直接发包,损害承包人利益;二是由于发包人和其直接分包单位的原因致使工期延误,进而导致承包人的施工成本增加,给其造成巨大经济损失。法院经审理认为,就上述第一点理由,因双方在合同中已明确约定涉案工程的部分项目存在指定分包的情形,承包人虽主张发包人擅自将总包范围的多个单项直接发包但并未提供相应的依据,故该理由并不成立;就上述第二点理由,发包人确实存在设计变更、分包单位施工进度拖延致使工期迟延的情形,但承包人在施工中也存在管理不到位、施工人员不足及质量整改等问题,故酌定承包人对涉案工期的迟延承担60%的责任,发包人承担40%的责任。尽管如此,法院仍判决,承包人就发包人应支付的工程款及保修金享有优先受偿权。①

### 三、未竣工工程优先受偿权的行使条件——合同解除

对于工程停工但合同尚未解除的情形,承包人能否就发包人欠付的进度款向法院或仲裁机构请求确认享有优先受偿权?实践中对此存在不同观点。

有观点认为,合同继续履行并不影响承包人行使优先受偿权。在“中扶建设有限责任公司与德化金龙置业有限公司建设工程施工合同纠纷案”中,发包人于2015年6月29日发出通知,要求解除案涉建设工程施工合同;承包人于同年7月2日回函表示,发包人无权解除合同。承包人起诉时,仍请求判令发包人继续履行合同。在该案中,法院认定承包人享有建设工程价款优先受偿权。②

也有观点认为,在工程尚未竣工且当事人之间的合同也未终止的情况下,该工程尚不具备折价、拍卖的条件,此时承包人就发包人欠付的工程进度款主张享有优先受偿权的,应不予支持,但承包人可在合同终止后重新提起优先受偿权的确认之诉。在“江苏沪武建设集团有限公司与苏州工业园区安泰国际商务大酒店有限公司等建设工程施工合同纠纷案”中,法院认为,承包人诉请的工程进度款系以施工合同继续履行为前提,不符合建设工程价款优先受偿权的法定行使条件,本院不能

① 参见江苏省高级人民法院(2014)苏民终字第00323号民事判决书。

② 参见最高人民法院(2017)最高法民终766号民事判决书。

支持,但不影响合同解除后承包人就工程结算款另行主张建设工程价款优先受偿权。[①]

笔者认为,承包人提起确认之诉并非确认优先受偿权的成立,而是承包人行使优先受偿权的一种方式。根据《民法典》第807条的规定,承包人行使优先受偿权的方式是与发包人协议将该工程折价或申请法院将该工程依法拍卖。其中,"协议折价"主要有两种方式:一种是指承发包双方协商确定价格,并将工程卖与第三人;[②]另一种是承包人与发包人达成协议,参照市场价格确定一定的价款,并把该工程的所有权由发包人转移给承包人,从而使承包人的价款债权得以实现。[③] 对于未竣工工程来说,无论在上述哪种方式下,土地使用权及未竣工工程的处分权均会由发包人转移给第三人或承包人,承发包人之间的建设工程合同实质上已经无法继续履行。进一步讲,如果当事人继续履行建设工程合同,承包人对工程价款的优先受偿权则会因工程不能折价、拍卖而无法行使。因此,法院或仲裁庭应当将合同解除作为承包人对未竣工工程行使优先受偿权的前提条件。如果承包人请求法院或仲裁机构确认优先受偿权,但建设工程合同未解除,且当事人亦未主张合同解除的,法院或仲裁庭宜对此予以释明。

## 深度研讨

本条同样将质量合格作为未竣工工程之上成立优先受偿权的条件。但与已竣工工程相比,对未竣工工程质量是否合格的认定并不完全相同。

根据建设工程项目的后续进展情况,承包人未完成的工程可分为三种情形:一是当事人解除合同后工程未再继续施工;二是当事人解除合同后由第三方续建,但尚未竣工验收合格;三是当事人解除合同后由第三方续建,并竣工验收合格。在不同情形下,对于承包人未竣工工程质量是否合格的认定也有所不同。

### (一)未竣工工程未再进行施工

工序是建设工程施工的基本组成部分。建设工程具有按工序分步施工、按步验收的特点。一道或多道工序可组成一个检验批;一个或若干个检验批组成一个

① 参见江苏省高级人民法院(2015)苏民初字第00017号民事判决书。

② 参见江平主编:《中华人民共和国合同法精解》,中国政法大学出版社1999年版,第224页。

③ 参见胡康生主编:《中华人民共和国合同法释义》,中国法制出版社2009年版,第439页。

分项工程；一个或若干个分项工程组成一个分部工程；多个分部工程组成一个单位工程。一个检验批质量验收合格的前提是其主控项目和一般项目均经抽样检验合格。所谓主控项目，是指对安全、节能、环境保护和主要使用功能起决定性作用的检验项目；主控项目以外的检验项目即为一般项目。同样，分项工程质量验收合格的前提是所含检验批的质量均验收合格；分部工程质量验收合格的前提是所含分项工程的质量均验收合格；单位工程质量验收合格的前提是所含分部工程的质量均验收合格。

为了使读者更清楚地了解各类验收之间的关系，我们以钢筋工程为例说明如下：

在钢筋工程中，钢筋材料的屈服强度、抗拉强度、伸长率、弯曲性能和重量偏差检验就是主控项目；钢筋外观质量就属于一般项目，一般要求应平直、无损伤，表面不得有裂纹、油污、颗粒状或片状老锈。钢筋原材的主控项目和一般项目经抽样检验均合格，钢筋原材检验批才可能质量验收合格；钢筋原材、钢筋加工、钢筋连接及钢筋安装检验批的质量均验收合格，钢筋分项工程才可能质量验收合格；钢筋、模板、混凝土等分项工程质量均验收合格，混凝土结构子分部工程才可能质量验收合格；单位工程的所有分部工程均验收合格，单位工程才可能质量验收合格。

实践中，工序的质量一般由施工单位通过自检予以控制，但对监理单位有检查要求的重要工序，应经监理工程师检查认可，才能进行下道工序施工。检验批、分项工程、分部工程及单位工程的质量验收均应由监理工程师参加。由此可见，在建设工程的施工过程中，重要工序及各个检验批的质量验收都比较严格，且各类验收之间存在因果联系。

对于未竣工工程来说，虽然其整体工程或单位工程尚未完成，但一般来说，已经完成的分部工程、分项工程以及经检验合格的检验批，均能证明相应工程质量符合国家有关标准规范的要求。因此，除非有相反的证据，裁判机构可以依据各方签认的分部工程、分项工程、检验批的质量验收记录以及有关资料，认定已完工程质量合格。

对于各方未签认质量验收记录的情形，由于检验批、分项工程及分部工程的质量验收均由监理工程师组织，单位工程的质量验收由发包人组织，故在相应工程部位已经完成的情况下，若无证据证明该部位存在质量问题，且亦无证据证明发包人、监理工程师对施工程序和工程质量提出过异议的，宜推定相应工程部位质量合格。

### （二）未竣工工程由第三方续建但尚未竣工验收

基于上述建设工程质量验收的特点，在第三方继续对未竣工工程进行建设的情况下，除非有相反证据，可推定发包人认可承包人施工的工程质量合格。即使有证据证明，续建前承包人施工的工程存在质量缺陷，但若续建人在承包人施工的基础上进行了下一道工序，并经过了相应的质量验收，也可推定承包人施工的工程质量得到了认可或经修复合格。

续建人对承包人施工的质量缺陷进行修复，仅可能影响承包人的工程价款数额，并不影响承包人所施工工程质量已经合格的事实。

### （三）未竣工工程由第三方续建且已竣工验收合格

在未竣工工程由第三方续建，且已竣工验收合格的情况下，承包人施工的工程应当视为质量合格。

实践中，裁判机构在认定未竣工工程的质量是否合格时，宜首先按照上述规则进行判断。当现有证据不能使质量合格这一事实达到"高度盖然性"标准，需要借助专门知识进行鉴别时，就涉及工程质量鉴定的问题。此时，法院应当向当事人释明，由其提出工程质量鉴定的申请。

关于当事人未申请鉴定的处理，有观点认为，如法院认为承包人的未完工工程存在质量问题且需要鉴定的，应当委托具备资格的鉴定人进行鉴定。① 笔者认为，根据《民事诉讼证据规定》（2019 年修正）第 30 条第 2 款及《民事诉讼法司法解释》第 96 条第 1 款的规定，②该观点在理论上有一定的法律依据，因为工程质量问题确实有可能危害到社会公共利益。

但需要注意的是，并非所有的建设工程质量问题都会危害到社会公共利益。比如，地基基础、主体结构、幕墙等质量不合格可能会威胁到不特定人员的生命、财产安全，从而涉及社会公共利益，但通风空调、智能建筑、建筑节能、屋面防水等工程

---

① 参见最高人民法院民事审判第一庭编著：《最高人民法院建设工程施工合同司法解释（二）理解与适用》，人民法院出版社 2019 年版，第 420 页。

② 《民事诉讼证据规定》（2019 年修正）第 30 条第 2 款规定："符合《最高人民法院关于适用〈中华人民共和国民事诉讼法〉的解释》第九十六条第一款规定情形的，人民法院应当依职权委托鉴定。"《民事诉讼法司法解释》第 96 条第 1 款规定："民事诉讼法第六十四条第二款规定的人民法院认为审理案件需要的证据包括：（一）涉及可能损害国家利益、社会公共利益的；（二）涉及身份关系的；（三）涉及民事诉讼法第五十五条规定诉讼的；（四）当事人有恶意串通损害他人合法权益可能的；（五）涉及依职权追加当事人、中止诉讼、终结诉讼、回避等程序性事项的。"

的质量问题一般就不会危害到不特定人员的利益，也就不涉及社会公共利益问题。同时，如果法院以职权委托鉴定，由于鉴定费用无法落实，该种处理在实务操作中也存在困难。因此，实践中，如果当事人不申请鉴定，由其承担举证不能的法律后果的情形相对更为常见。

## 实务判例

### 【判例一】工程未竣工验收，法院判决承包人不享有优先受偿权[①]

2014 年 3 月 18 日，松迪焦化与中蓝窑炉签订《建设工程施工合同》，约定中蓝窑炉承建某焦炉的土建、筑炉、安装工程。合同约定工程于 2014 年 3 月 26 日开工，2014 年 12 月 26 日点火烘炉，2015 年 2 月 26 日投产出焦，具体开工日期以监理签发的开工报告为准。合同价款暂定为 1.5 亿元，最终以竣工决算为准。合同附件 3《工程进度计划及付款计划》中约定，2014 年 9 月 20 日至 10 月 20 日，焦炉砌筑完工，煤塔土建完工，护炉铁件安装，12 月 10 日，点火烘炉，2015 年 2 月 10 日投产。

2014 年 5 月 18 日，中蓝窑炉向松迪焦化发送工程款支付函，以焦炉基础、抵抗墙、烟道、间台、端台完成一半，煤塔完成 12 米等为由，要求松迪焦化按约支付工程款。2014 年 9 月 30 日，中蓝窑炉向松迪焦化发送延长工期报告，要求延长工期，待松迪焦化付清应付工程款后，中蓝窑炉恢复施工。

此后，双方对中蓝窑炉完成的工程量、工程价款未能达成一致。故中蓝窑炉向法院提起诉讼，请求判决松迪焦化向其支付工程款，并就该工程折价或拍卖的价款享有优先受偿权。

庭审中，中蓝窑炉申请解除合同，松迪焦化未提出异议。同时，中蓝窑炉申请对已完工程价款进行造价鉴定。经鉴定，并经双方当事人质证，确认中蓝窑炉已完成工程价款 14, 614, 952. 82 元。

本案中，中蓝窑炉是否享有优先受偿权成为争议焦点之一。

一审法院认为，中蓝窑炉申请解除合同，松迪焦化未提出异议，故双方所签建设工程施工合同应予解除。关于中蓝窑炉主张的建设工程价款优先受偿权，《优先受偿权问题的批复》规定，建设工程承包人行使优先权的期限为 6 个月，自建设工程竣工之日或者建设工程合同约定的竣工之日起计算。虽然双方在建设工程施工

---

① 参见甘肃省高级人民法院（2019）甘民终 61 号民事判决书。

合同和合同附件3中，对具体的竣工日期约定有差异，但并未超过2014年12月。根据该约定和本工程并未竣工的实际情况，中蓝窑炉已丧失优先受偿权，故对其就已完成工程折价或拍卖的价款享有优先受尝权的请求不予支持。

二审法院认为，《建设工程司法解释(二)》第20条规定："未竣工的建设工程质量合格，承包人请求其承建工程的价款就其承建工程部分折价或者拍卖的价款优先受偿的，人民法院应予支持。"①因涉案工程未竣工，中蓝窑炉未提交已完工程部分质量合格的证据，故对其就承建工程部分折价或者拍卖的价款享有优先受偿权的请求，不予支持。

**【判例点评】**

关于法院对本案中承包人中蓝窑炉所主张优先受偿权的认定，笔者认为，以下两个方面的问题值得讨论。

一、关于未完工程优先受偿权行使期限的起算

由本案判决书可知，一审法院认为涉案合同应予解除，因此，就涉及未完工程在合同解除后，承包人的优先受偿权起算时间如何确定的问题。

在《建设工程司法解释(二)》实施之前，一般认为，对于未完工工程，承包人就工程价款优先受偿权的起算时间应自合同解除之日起算。比如，《深圳中院关于建设工程合同问题的意见》第29条规定："在工程竣工验收合格前，建设工程合同被解除的，承包人对已完工程享有建设工程价款优先受偿权，承包人行使优先权的期限为六个月，自建设工程合同解除之日起计算。"广东省高级人民法院在2012年6月发布的《全省民事审判工作会议纪要》第27条中规定，如果建设工程合同由于发包人的原因解除或终止履行，承包人行使建设工程价款优先受偿权的期限自合同解除或者终止履行之日起计算。而本案中，中蓝窑炉在庭审中主张合同解除，一审法院在判决书中认为合同应予解除。由此可知，合同解除之日在合同约定的应竣工之日2014年12月之后。因此，笔者认为，中蓝窑炉主张的优先受偿权应从一审法院认定合同解除之时起算，中蓝窑炉的该项主张并未超过法定期限，一审判决的理由值得商榷。

在《建设工程司法解释(二)》实施之后，《新建设工程司法解释(一)》实施之前，②根据《建设工程司法解释(二)》第22条的规定，承包人行使建设工程价款优

① 《建设工程司法解释(二)》废止后，《新建设工程司法解释(一)》第39条作了同样的规定。

② 《新建设工程司法解释(一)》第41条将承包人优先受偿权的行使期限延长至18个月。

先受偿权的期限为6个月,自发包人应当给付建设工程价款之日起算。对于未完工工程,也应以当事人约定的工程款给付之日起算。如果双方对工程款的数额有争议,可能需要对工程量及工程价款进行鉴定。如当事人向法院提起诉讼主张权利,法院确认发包人欠付承包人工程款的,应付款之日则应为当事人提起诉讼之日。[①]

《新建设工程司法解释(一)》施行后,承包人行使建设工程价款优先受偿权的期限修改为18个月。对于当事人清理、结算已完工程价款来说,18个月的时间较为宽裕,而且,在合同已经解除的情况下,可以认为承包人主观上意识到应向发包人主张工程价款。因此,笔者认为,如果当事人未就结算价款达成一致,宜将合同解除之日作为优先受偿权行使期限的的起算时间。

二、关于未完工程质量是否合格的认定

本案中,二审法院认为,因涉案工程未竣工,中蓝窑炉未提交已完工程部分质量合格的证据,故对其就承建工程部分折价或者拍卖的价款享有优先受偿权的请求,未予支持。

笔者认为,根据《建设工程司法解释(二)》第20条的规定,[②]未竣工的建设工程质量合格,承包人应享有建设工程价款的优先受偿权。对于未竣工的工程,由于建设工程具有按工序分步验收的特点,已完工程往往经过了分部分项工程验收,否则不能进入下一道工序。因此,除按照建设工程性质不宜折价、拍卖的情形外,经过分部分项工程验收的工程已经具备交换价值,此时应当成立优先受偿权;当事人对已完工程存在质量争议且有证据表明工程可能存在质量问题的,则应经过符合法定条件的鉴定机构鉴定,在其质量合格的情况下成立优先受偿权;经鉴定,已完工程虽存在质量缺陷但可以修复的,优先受偿权也应成立。

从本案判决书的信息中,笔者未发现当事人提交分部分项工程验收记录等证据,但按一般常理推断,已完工程应当有分部分项工程的验收记录。笔者认为,如果涉案已完工程有分部分项工程验收记录,且发包人松迪焦化无证据证明存在质量问题的,法院认定其质量合格较为妥当。如果承包人中蓝窑炉未就涉案已完工程提交任何验收记录的,则法院应根据《建设工程司法解释(二)》第14条的规定,[③]向承包人中蓝窑炉释明进行质量鉴定。经释明,中蓝窑炉不申请质量鉴定的,则由

---

① 参见最高人民法院民事审判第一庭编著:《最高人民法院建设工程施工合同司法解释(二)理解与适用》,人民法院出版社2019年版,第458页。

② 《建设工程司法解释(二)》废止后,《新建设工程司法解释(一)》第39条作了同样的规定。

③ 《建设工程司法解释(二)》废止后,《新建设工程司法解释(一)》第32条作了同样的规定。

其承担举证不能的法律后果。至此,法院才可以承包人不能证明已完工程质量合格为由,认定其不享有工程价款的优先受偿权。

## 【判例二】工程质量缺陷修复后,承包人仍享有该部分价款的优先受偿权①

2013年10月12日,昆盛公司与波粒公司订立《建设工程施工合同》,约定波粒公司将厂区建设工程项目发包给昆盛公司施工,具体工程内容为厂房、周转房、食堂,承包范围为设计施工图纸所包含的所有土建内容。合同价款约为4500万元(以结算为准)。具体计算方法为,工程造价=(工程直接费+技术措施费)×(1+16.5%)+(材料差价+人工调差+市场评估部分)×(1+16.5%)。

合同签订后,工程于2013年11月16日开工。在周转房、食堂主体工程竣工后,昆盛公司申请竣工验收,波粒公司于2014年9月16日组织进行了工程验收,验收结果为合格。

2015年6月8日至9月7日,昆盛公司多次向波粒公司发函,申请对厂房主体分部进行竣工验收,但波粒公司认为,悬挑板未施工且结构施工存在错误,故拒绝组织验收并要求昆盛公司整改。因双方各执己见,未能达成一致,所以未对厂房主体工程进行竣工验收,所建工程亦未能投入使用。

2015年9月29日,昆盛公司向波粒公司送达《厂区建设工程结算书》,波粒公司回复表示,房屋不合格且未经验收,故不进行结算。

2015年12月17日,昆盛公司向法院提起诉讼,请求判令波粒公司支付工程款,并确认其对本案工程享有优先受偿权。波粒公司提起反诉,请求判令昆盛公司继续履行施工合同(包括悬挑板等工程),并对工程质量问题进行整改。

经法院审理查明,波粒公司已支付工程款1970万元。一审法院委托建诚鉴定中心对本案工程造价和质量进行鉴定。一审法院认定,涉案工程造价为2821.42万元,根据合同关于质保金扣留的约定,波粒公司应支付昆盛公司工程款710.35万元(2821.42万元×95%-1970万元)。同时,该中心对工程质量作出《司法鉴定意见书》,意见为:(1)部分墙段未设置水平系梁;(2)部分部位未按图施工悬挑板;(3)所有楼层外围墙体砌筑位置与设计图纸不符;(4)部分地梁实际施工梁面标高与设计图纸不符;(5)屋面和楼面板有部分板面出现裂缝,因当前未施工屋面防水

① 参见江西省高级人民法院(2019)赣民终277号民事判决书。

层和外墙围护结构,裂缝处伴随出现有渗漏水现象。该鉴定中心依据原设计单位设计的厂房加固改造结构图出具《司法鉴定意见书》,认为楼层悬挑板加固改造的费用为221.98万元;依据工程质量鉴定意见书出具《司法鉴定意见书》,认为工程修复费用为3.61万元。

本案中,昆盛公司就其工程价款是否享有优先受偿权成为争议焦点之一。

一审法院认为:根据《合同法》第286条及《优先受偿权问题的批复》的规定,建设工程的价款就该工程折价或者拍卖的价款优先受偿,承包人行使优先权的期限为6个月,自建设工程竣工之日或者建设工程合同约定的竣工之日起计算。本案中,双方当事人对工程竣工与否一直存在争议,昆盛公司于2015年9月7日最后一次致函波粒公司,要求竣工验收后未果,应当认定,昆盛公司在2015年12月17日起诉主张建设工程价款优先受偿权没有超过法定期限,故昆盛公司该主张于法有据,予以支持。据此判决,波粒公司应向昆盛公司支付工程款710.35万元,并确认昆盛公司就上述工程款710.35万元享有优先受偿权。

二审法院认为:根据合同约定,本案工程的工程造价=(工程直接费+技术措施费)×(1+16.5%)+(材料差价+人工调差+市场评估部分)×(1+16.5%)。这表明,本案工程造价是按16.5%计取综合费率,且不包含组织措施费的内容,建诚鉴定中心在按16.5%综合费率计算工程造价的情况下,应按合同约定计算直接工程费和技术措施费,对没有约定取费的组织措施费不应计算,故应扣减鉴定中心在工程造价中已计算的组织措施费95.29万元。因此,涉案工程造价应为2726.13万元,波粒公司应支付昆盛公司工程款619.82万元(2726.13万元×95%-1970万元)。

关于悬挑板施工和工程质量问题,二审法院认为:昆盛公司应当对悬挑板工程继续施工或进行改造。根据建诚鉴定中心的意见,该未施工的悬挑板工程改造费用为221.98万元,昆盛公司应在10日内开始对悬挑板工程继续施工,并在开工后60日内施工完毕,并通过验收;如昆盛公司拒绝施工,波粒公司有权在应付工程款中扣留上述改造款项并自行组织施工。另,根据建诚鉴定中心的意见,厂房工程质量存在部分问题,该部分的修复费用为3.61万元。昆盛公司亦应对该部分质量问题进行修复,昆盛公司可在悬挑板施工期间,对该部分工程进行修复;如昆盛公司拒绝修复,波粒公司亦可在应付工程款中扣留上述修复费用。综上,波粒公司可在应付工程款中暂扣225.59万元(221.98万元+3.61万元),昆盛公司在10日内未开工或在开工后60日内未完工的,波粒公司有权扣留上述款项,并自行完成改造及修复工作。

关于优先受偿权，二审法院认为：昆盛公司为本案工程的施工方，根据《合同法》第286条及《建设工程司法解释(二)》第20条、第21条、第22条之规定，昆盛公司依法享有对其施工工程拍卖、变卖或折价处理所获得的款项在394.23万元(619.82万元-225.59万元)范围内享有优先受偿权。如昆盛公司对悬挑板工程及修复工程施工完成，并经验收合格后，其可在619.82万元范围内享有优先受偿权。

**第四十条 【建设工程价款优先受偿的范围】**

承包人建设工程价款优先受偿的范围依照国务院有关行政主管部门关于建设工程价款范围的规定确定。

承包人就逾期支付建设工程价款的利息、违约金、损害赔偿金等主张优先受偿的，人民法院不予支持。

## 条文主旨

本条规定了承包人就建设工程价款优先受偿的范围。

## 条文精解

### 一、关于建设工程价款优先受偿范围的主要观点

关于建设工程价款优先受偿的范围，无论是在理论上还是实践中均存在争议。表面上看，争议体现在对优先受偿范围的认识不同，但实质上争议的焦点涉及优先受偿权的理论基础、制度价值、公示方法等多个层面。现将各种争议的主要观点列示如下：

#### （一）优先受偿范围仅包括劳务成本

该观点认为，建设工程价款优先受偿权制度的本意是保护建筑工人的合法权益，因此，只有建设工程价款中的劳务成本部分，可就建设工程折价或拍卖的价款优先受偿，这体现了劳动报酬请求权优先于企业的商业利益。①

#### （二）优先受偿范围为承包人的工程价款

该观点认为，关于建设工程价款优先受偿范围的界定，涉及对《合同法》第286

① 参见最高人民法院民事审判第一庭编著：《最高人民法院建设工程施工合同司法解释（二）理解与适用》，人民法院出版社2019年版，第425页；王旭光：《建筑工程优先受偿权制度研究——合同法第286条的理论与实务》，人民法院出版社2010年版，第171页。

条[①]立法目的的解释。全国人大常委会法制工作委员会对《合同法》的解释认为，第286条旨在"保障承包人价款债权的实现"，并非仅局限于保护劳动者的工资。工程价款既包括直接费、间接费，也包括利润和税金。[②] 而且，若将利润排除在承包人优先受偿的范围之外会极大地增加司法的运行成本。[③]

(三)优先受偿范围包括除利润之外的工程价款

该观点认为，优先受偿权是根据生存和基本生活需要的民事权利重于或优先于其他民事权利的民事权利顺序原则规定的。建设工程承包人的利润是一种商业利益，而不是用于满足人的生存或生活基本需要的权利，因此，承包人对其不应享有优先受偿权。[④] 而且，按照《优先受偿权问题的批复》第3条的规定，利润不属于"实际支出的费用"范畴，赋予预期利润以优先受偿权，对发包人的其他债权人明显不公。[⑤]

(四)优先受偿范围可比照抵押权确定

该观点认为，建设工程价款优先受偿权类似于法定抵押权，因此，其受偿范围可比照抵押权确定。[⑥] 根据《民法典》第389条的规定，担保物权的担保范围包括主债权及其利息、违约金、损害赔偿金、保管担保财产和实现担保物权的费用。当事人另有约定的，按照其约定。因此，按此观点，优先受偿权的担保范围除包括建设工程价款之外，还应包括利息、违约金、损害赔偿金和实现优先受偿权的费用。

根据本条的规定可知，司法解释采纳了前述第二种观点，即优先受偿范围仅限于承包人的工程价款。

## 二、本条规定的合理性

笔者认为，本条规定优先受偿的范围为工程价款，有法律依据，具有合理性。

---

① 参见《民法典》第807条。

② 参见王旭光：《建筑工程优先受偿权制度研究——合同法第286条的理论与实务》，人民法院出版社2010年版，第170页。

③ 参见陈旻、孙盈：《建设工程承包人优先权之审判实务若干问题研究》，载最高人民法院民事审判第一庭编：《民事审判指导与参考》(总第37集)，法律出版社2009年版。

④ 参见王旭光：《建筑工程优先受偿权制度研究——合同法第286条的理论与实务》，人民法院出版社2010年版，第171页。

⑤ 参见雷运龙、黄锋：《建设工程优先权若干问题辨析》，载《法律适用》2005年第10期。

⑥ 参见最高人民法院民事审判第一庭编著：《最高人民法院建设工程施工合同司法解释(二)理解与适用》，人民法院出版社2019年版，第426页。

第一,《民法典》第807条规定:"……承包人可以与发包人协议将该工程折价,也可以请求人民法院将该工程依法拍卖。建设工程的价款就该工程折价或者拍卖的价款优先受偿。"从文义上看,承包人优先受偿的是"建设工程的价款",因此,本条规定承包人优先受偿的范围为建设工程价款具有法律依据。

第二,如笔者在《新建设工程司法解释(一)》第35条条文精解中所述,建设工程价款优先受偿权的立法目的是保护承包人的合法权益,而非以保护建筑工人的工资为直接目的。其对保护劳动者工资起到的作用,是该制度衍生出的一种功能。因此,仅以劳务成本作为优先受偿的范围过于片面,不符合建设工程价款优先受偿权的立法本意。

第三,根据《施工计价管理暂行规定》第5条的规定,工程价格包括合同价款、追加合同价款和其他款项,其由成本(直接成本、间接成本)、利润(酬金)和税金构成。《建筑安装工程费用组成》也规定,建设工程价款由人工费、材料(包含工程设备)费、施工机具使用费、企业管理费、利润、规费和税金组成。由此可见,利润构成建设工程价款的组成部分,将其纳入优先受偿的范围符合《民法典》第807条的规定。同时,工程价款的计算需要专门知识,要将利润从工程价款中分离出来成本太高,而且,在市场经济条件下,通过鉴定计算的工程利润也不一定能够反映工程项目的实际情况。因此,本条规定将包含利润的工程价款作为优先受偿的范围,符合我国建筑行业和司法实践的实际状况,是合理的。

第四,建设工程价款利息不属于建设工程价款的组成部分,其未投入施工生产作业,也未物化于工程本身,不能反映当事人之间就完成建设工程的对价关系。而且,建设工程价款优先受偿权对抵押权人、发包人及其他债权人的利益影响巨大,不宜过度扩大其适用范围。违约金、损害赔偿金也不属于建设工程价款,其与普通债权没有本质区别。[①] 因此,逾期支付工程价款的利息、违约金、损害赔偿金不属于建设工程价款优先受偿的范围。基于同样的道理,实现优先受偿权的费用也不能纳入优先受偿的范围。

如笔者在《新建设工程司法解释(一)》第35条条文精解中所述,建设工程价款的优先受偿权在法律性质上属于法定担保物权,与留置权十分类似。根据《民法典》的规定,留置权的担保范围包括主债权及利息、违约金、损害赔偿金、保管留置物和实现留置权的费用。由此可见,是否属于承包人为建设工程实际支出的费用、

---

① 参见最高人民法院民事审判第一庭编著:《最高人民法院建设工程施工合同司法解释(二)理解与适用》,人民法院出版社2019年版,第433、437页。

是否直接物化为建设工程本身，并非利息、违约金、损害赔偿金等不能优先受偿的唯一理由。笔者认为，上述债权不能纳入优先受偿范围的另一个主要理由，是我国的建设工程价款优先受偿权尚未建立登记制度。虽然该权利直接源于法律规定，具有一定的公开性，但这种公开性是有限的，它只能向公众明示该权利的存在，却不能使他人知晓该权利的具体内容（包括优先受偿的数额、债权人和债务人的基本情况等），从而不利于交易安全，易损害第三人的利益。[①] 为此，本条将工程价款优先受偿的范围限制为工程价款，将利息、违约金、损害赔偿金以及实现优先受偿权的费用排除在外，更有利于平衡发包人的其他债权人和承包人之间的利益。

第五，从比较法上看，为了平衡建设工程价款优先受偿权人与其他债权人的利益，各个国家和地区多采取了登记的方式，并对优先受偿权的担保范围予以了一定的限制，大多将优先受偿权的范围规定为因施工而发生的费用，未包括利息、违约金、损害赔偿金等。

根据《日本民法典》第 327 条、第 338 条的规定，不动产工程的先取特权的优先受偿范围为因施工而发生的费用，以增价额为限且不得超过登记的预算额。[②] 笔者认为，该费用即指工程价款。

我国台湾地区“民法”第 513 条第 1 款规定，承揽人法定抵押权的优先受偿范围为承揽关系的报酬额。[③] 该报酬额仅限于承揽人与定作人约定的报酬额，不含其他请求权，一般工程承揽合约所称之工程总价款即足当之。[④] 当然，也有观点认为，该报酬额仅为抵押权登记的债权数额“上限”，非指担保之对象，故承揽报酬请求权、损害赔偿请求权、垫款偿还请求权、因定作人迟延给付所生之债权等，均为法定

---

① 参见高印立：《建立我国建设工程优先受偿权登记制度的思考》，载《中国房地产》2007 年第 3 期。

② 《日本民法典》第 327 条规定：“（一）不动产工程的先取特权，涉及工程设计、施工或者监理者在债务人的不动产上因施工而发生的费用，存在与该不动产上。（二）前款先取特权，以不动产因工程而产生的增价现存情形为限，只就该增价额存在。”第 338 条规定：“（一）为保存不动产工程的先取特权的效力，须在施工开始前登记其费用的预算额。在此情形，工程费用超过预算额时，先取特权及于超额部分。（二）对于因工程产生的不动产的增价额，先取特权人加入分配时，须由法院选任的鉴定人评估。”参见刘士国、牟宪魁、杨瑞贺译：《日本民法典》，中国法制出版社 2018 年版，第 63、66 页。

③ 我国台湾地区“民法”第 513 条第 1 款规定：“承揽人得就承揽关系报酬额，对于其工作所附之定作人之不动产，请求定作人为抵押权之登记，或对于将来完成之定作人之不动产，请求预为抵押权之登记。”参见杨与龄：《承揽人法定抵押权之成立与登记》，载苏永钦主编：《民法物权实例问题分析》，清华大学出版社 2004 年版，第 18 页。

④ 参见邱聪智：《新订债法各论（中）》，台北，元照出版有限公司 2002 年版，第 100 ~ 101 页。转引自王旭光：《建筑工程优先受偿权制度研究——合同法第 286 条的理论与实务》，人民法院出版社 2010 年版，第 169 页。

抵押权所担保之债权。[①] 但由于我国台湾地区"民法"建立了法定抵押权的登记制度,即使按此观点,该规定实质上也是对法定抵押权的优先受偿范围作了限制。

此外,《法国民法典》对承包人的不动产优先权也规定有"二次登记"制度,承包人对其承揽工程的不动产优先权数额,不得超过第二份笔录所确认的价值,并且以转让不动产时已经进行的工程的增加值为限。[②]

## 深度研讨

### 一、建设工程施工合同价款优先受偿的详细范围

尽管本条规定承包人优先受偿的范围为工程价款,但并未明确界定"工程价款"的具体外延。在实践中,对于不同的建设工程类型,如房屋建筑工程、水利工程、公路工程等,相关行政主管部门所颁布的工程费用组成的规定,也存在不同程度的差异。因此,有必要对"工程价款"的详细范围进行讨论。

在建设工程施工合同中,建设工程价款主要是指工程建造和安装的费用,一般称建筑安装工程费。在施工合同履行过程中,最终的工程价款会因设计变更、施工条件变化、工期调整、工程质量等多种因素的影响而发生变化,因此,对于可能会对工程价款产生影响的工程签证、工程索赔、质量保证金等,本部分也将一并进行讨论。

#### (一)建筑安装工程费

传统上,建筑安装工程费一般包括直接费(包括基本直接费和其他直接费)、间接费、利润和税金四部分。2013 年 3 月,住建部和财政部发布《建筑安装工程费用组成》,对建筑安装工程费用的组成进行了调整。该规定按费用构成要素组成,将建筑安装工程费用划分为人工费、材料(包含工程设备)费、施工机具使用费、企业管理费、利润、规费和税金;按工程造价形成顺序,将建筑安装工程费用划分为分部分项工程费、措施项目费、其他项目费、规费和税金。实际上,该规定仅是对分类方

---

① 参见吕伟诚:《台湾地区"民法"债编 2000 年修正对物权关系之影响》,载游劝荣主编:《物权法比较研究》,人民法院出版社 2004 年版,第 338 ~ 339 页。转引自王旭光:《建筑工程优先受偿权制度研究——合同法第 286 条的理论与实务》,人民法院出版社 2010 年版,第 169 页。

② 参见《法国民法典》第 2374 条。参见罗结珍译:《法国民法典》,北京大学出版社 2010 年版,第 520 页。

法进行了调整，上述费用从大的分类上可以归类于直接费、间接费、利润和税金。如在水利工程中，仍沿用传统的分类方法，将建筑安装工程费用划分为直接费、间接费、利润、材料补差及税金；其中，材料补差是指根据主要材料消耗量、主要材料预算价格与材料基价之间的差值计算的主要材料补差金额；材料基价是指计入基本直接费（人工费、材料费、施工机具使用费）的主要材料的限制价格。① 从实质上看，材料补差也属于直接费。关于直接费、间接费、利润和税金的含义和构成分述如下。

1. 直接费

直接费是指施工企业在施工过程中耗费的构成工程实体的费用，以及为完成工程项目施工发生于该工程施工前和施工过程中的非工程实体项目的生产性费用，具体包括人工费、材料费、施工机具使用费（三者合称基本直接费）和其他直接费。其他直接费包括冬雨季施工增加费、夜间施工增加费、二次搬运费、检验试验费、工程定位复测费、工程点交费、场地清理费、特殊地区施工增加费、文明（绿色）施工费、施工现场环境保护费、临时设施费、工地转移费、已完工程及设备保护费、安全生产费等。②

2. 间接费

间接费是指施工企业为完成工程施工而组织施工生产和经营管理所发生的各项费用，包括企业管理费和规费。企业管理费和规费的种类，具体可参见《建筑安装工程费用组成》。但营业税改征增值税后，企业管理费中需增加城市维护建设税、教育费附加和地方教育附加。

3. 利润

利润是指施工企业完成所承包工程所获得的盈利。但对于因发包人原因导致承包人损失可得利润的，该可得利润属于损失的一种，不是建设工程价款的组成部分，根据本条规定，不应纳入承包人优先受偿的范围。

4. 税金

在营业税背景下，税金是指国家税法规定的应计入建筑安装工程造价内的营业税、城市维护建设税、教育费附加以及地方教育附加。在目前的增值税背景下，税金是指国家税法规定应计入建筑安装工程造价的增值税销项税额。

在增值税背景下，建设工程价款是否包括增值税存在争议。有观点认为，增值税属于价外税，且增值税可以与企业经营一并汇算缴纳，所以在增值税背景下，工

---

① 具体参见《水利工程设计概（估）算编制规定》（水总〔2014〕429 号）。

② 参见吴佐民主编：《工程造价概论》，中国建筑工业出版社 2019 年版，第 21 页。

程造价不包括增值税更为合理。① 但实务中,当事人在计算建设工程价款时一般均会将增值税考虑在内,而且,从各行业行政主管部门发布的调整办法来看,在计算建设工程费用时也均将增值税考虑在内了。《水利工程营业税改征增值税计价依据调整办法》(办水总〔2016〕132 号)就规定,建筑及安装工程费由直接费、间接费、利润、材料补差及税金组成,营业税改征增值税后,税金指增值税销项税额,间接费增加城市维护建设税、教育费附加和地方教育附加,并计入企业管理费。建筑工程、公路工程、水运工程都有类似的计价调整规定。② 因此,除当事人有特别约定外,宜将增值税纳入建设工程价款的范围内。

需要注意的是,因行业不同,建筑安装工程费用的划分也有所差别。在公路工程中,建筑安装工程费用划分为直接费、措施费、间接费、利润、税金及专项费用。其中,直接费包括人工费、材料费和施工机械使用费,相当于前述基本直接费;措施费包括冬雨季施工增加费、夜间施工增加费、特殊地区施工增加费、行车干扰施工增加费、施工辅助费、工地转移费,包含于前述其他直接费中;专项费用则包括施工场地建设费和安全生产费。③

(二)工程签证

工程签证是指发包人或承发包双方及其代理人就施工过程中涉及的影响当事人权利义务的事件所作的签认证明。根据工程签证的内容及其目的,可以将其分为费用签证、工期签证、工程量签证和综合签证。费用签证是指对施工过程中发生的各种费用的增减所作的签证,包括支付各种费用数额的增减、因工程量变化导致

---

① 参见吴佐民主编:《工程造价概论》,中国建筑工业出版社 2019 年版,第 20 页。

② 《住房城乡建设部办公厅关于做好建筑业营改增建设工程计价依据调整准备工作的通知》(建办标〔2016〕4 号)第 2 条规定,工程造价可按以下公式计算:工程造价 = 税前工程造价 ×(1 + 建筑业拟征增值税税率),税前工程造价为人工费、材料费、施工机具使用费、企业管理费、利润和规费之和,各费用项目均以不包含增值税可抵扣进项税额的价格计算。《公路工程营业税改征增值税计价依据调整方案》(交办公路〔2016〕66 号)第 2 条规定,建筑安装工程费 = 税前工程造价 ×(1 + 建筑业增值税税率),其中,税前工程造价 = 直接费 + 间接费 + 利润。《水运工程营业税改征增值税计价依据调整办法》(交办水〔2016〕100 号)规定,建筑安装费用 = 税前建筑安装费用 + 增值税进项税额 + 增值税应纳税额 + 附加税费,其中,建筑安装费用指水运工程水工建筑及设备安装工程、疏浚工程、水运工程测量的建筑安装费用;税前建筑安装费用指不包含可抵扣进项税的人工费、材料费、施工船舶机械使用费、其他直接费、间接费和利润之和;增值税进项税额指纳税人购进货物、加工修理修配劳务、服务、无形资产或者不动产,支付或者负担的增值税额;增值税应纳税额指当期销项税额抵扣当期进项税额后的余额;附加税费指应计入建筑安装费用内的,以增值税应纳税额为基础计算的城市建设维护税、教育费附加及地方教育附加等。

③ 具体可参见《公路工程建设项目概算预算编制办法》(JTG 3830 – 2018)。

相关费用的增减等;工期签证是指对确认调整工程竣工日期的签证;工程量签证是指仅对施工过程中发生的各种工程量变化进行确认的签证,此类签证未对相应费用调整进行确认;综合签证是指对费用增减和工期调整均进行确认的签证。一般认为,工程签证具有补充协议的性质。①

如前所述,建设工程价款优先受偿的范围仅及于工程价款,因此,工期签证和其他签证中涉及工期、损失赔偿的内容不应纳入优先受偿的范围。但签证中涉及工程直接费、间接费及税金调整的部分价款应当纳入优先受偿的范围,比如,因工程量变更导致的工程价款增减;因市场价格变化导致的人工费、材料费和机械使用费等的单价调差;因天气、地质条件变化导致的人工费、材料费和机械使用费等的调整;当事人对合同约定价格的调整;工程范围变化导致的工程价款调整;总承包服务费;水电费,等等。

需要注意的是,对于合同约定范围之外的工作,其是否应纳入优先受偿的范围,需作如下判断:

首先,要看其是否构成对合同范围的变更。若该部分工作为增加的工程范围,则其当然要纳入优先受偿的范围。比如,当事人在合同约定的工程范围之外增加的附属工程等。

其次,要看该工作是否是为了合同项下工程建设的需要。比如,合同中未约定降水工程,但根据现场施工情况需进行井点降水。虽然降水工程不构成建设工程的实体,但其是承包人完成工程建设的必要工作,相应的工程签证费用也应纳入优先受偿的范围。同样,为完成工程所需要的测量、土方开挖、临时施工措施等费用也应纳入优先受偿的范围。

对于工程价款的范围,司法实践中存在不同理解。在"中国城市建设控股集团吉林投资有限公司与中航长城大地建工集团有限公司建设工程施工合同纠纷案"中,合同约定"办理土地征用、拆迁补偿、平整施工场地等工作"属发包人工作,不属于合同约定的建安工程范围,但该工程土方外运工作实际由承包人完成。法院认为,涉案土方外运工程费用属于发包人应承担的土地征收整理成本,而非涉案《建设工程施工合同》约定的施工范围,该部分费用并未物化到案涉《建设工程施工合同》所约定的工程中,故就该部分未物化到案涉建设工程中的费用,承包人无权行

① 参见高印立编著:《建设工程施工合同法律实务与解析》(第2版),中国建筑工业出版社2018年版,第228页。

使工程价款优先受偿权。[①]

笔者认为，该案中，虽然合同约定平整施工场地工作属发包人工作，但土方外运工程费用是否为土地征收整理成本存在疑问。如果外运土方系基坑开挖等施工原因产生，则不能因为其不构成建设工程的实体，就认为其未物化到涉案工程中。在这种情况下，土方外运工程费用应当纳入承包人工程价款优先受偿的范围。

（三）工程索赔

根据《2013 版清单计价规范》的定义，工程索赔是指在工程合同履行过程中，合同当事人一方因非己方的原因而遭受损失，按合同约定或法律法规规定应由对方承担责任，从而向对方提出补偿的要求。笔者认为，上述定义中的“损失”应作广义理解，其既包括因非归责于当事人的事由导致的工程价款增减，也包括工程价款之外的费用增加或经济权利受损。“索赔的实质是根据变化了的条件对合同双方权利与义务作出调整，以达到对发生的损失给予补偿的目的。”[②]就承包人索赔来说，一般是指承包人提出的、按正常合同约定付款之外的权利主张。

前述工程签证既可能是承包人向发包人提出工程索赔的依据，也可能是承包人进行工程索赔的结果。具体来说，承包人就不可归责于己方的事件向发包人提出索赔，若双方就该事件的补偿金额办理了工程签证，则工程签证就是工程索赔的结果；若当事人仅就事件发生的事实办理了工程签证，但未就补偿金额达成一致，承包人仍可依据该签证向发包人提出工程索赔，此时的工程签证既是是工程索赔的中间结果，也是下一步工程索赔的依据。由此可见，工程索赔是单方行为，不同于工程签证。

除工期索赔之外，承包人向发包人主张的工程索赔一般包括支付实际发生的额外费用、合理的预期利润、违约金或损失赔偿等。[③] 由此可见，因索赔事件导致的涉及直接费、间接费及税金调整的价款补偿也属于工程索赔的范畴。比如，因工程量变更导致的工程价款增减，因市场价格变化导致的人工费、材料费和机械使用费等的单价调差，因天气、地质条件变化导致的人工费、材料费、机械使用费、措施费等的调整，因不可抗力导致的工程价款调整，规费及增值税率的变化等，均属于工程价款的范围。

---

① 参见最高人民法院（2019）最高法民终 340 号民事判决书。

② 徐守文、盛继亮：《浅谈国际工程索赔》，载《人民黄河》2000 年第 12 期。

③ 《2013 版清单计价规范》第 9.13.4 项规定，承包人要求赔偿时，可以选择下列一项或几项方式获得赔偿：1. 延长工期；2. 要求发包人支付实际发生的额外费用；3. 要求发包人支付合理的预期利润；4. 要求发包人按合同的约定支付违约金。

此外,实践中常有发包人要求承包人赶工的情形发生。在索赔赶工费时,主要考虑机械设备投入加大,施工及管理人员数量增加、工作时间延长,现场安全文明施工措施投入加大,周转性材料投入增加,因作业面减少和交叉作业导致的功效降低等因素。① 由此可见,赶工费一般主要由人工费、材料费、机械使用费以及措施费等构成,因此,赶工费一般应纳入承包人优先受偿的范围内,对于发包人应按约支付的赶工奖励或提前竣工奖励也宜视为赶工费处理。需要注意的是,由于资源投入量短期的加大也可能导致财务费用上升,对于赶工费中此类性质的费用,则不应纳入优先受偿权担保的范围。

关于因发包人原因导致的承包人停窝工损失是否应当优先受偿,实践中存在不同认识。

第一种观点认为,停窝工损失不属于优先受偿的范围。在"四川省第三建筑工程有限公司与成都鑫红光商贸有限公司建设工程施工合同纠纷案"中,法院认为,建设工程价款优先受偿的范围仅限于工程价款,承包人就逾期支付建设工程价款的利息、违约金、损害赔偿金等不属于优先受偿权的范围,故对承包人主张停工损失和解除合同的损失享有优先受偿权的诉讼请求不予支持。②

第二种观点认为,停窝工损失实质上是承包人在建设中的成本,其一经发生,承包人即需承担原先落实的资源损失,相比"违约金、赔偿金"等,其与建设工程的联系更为紧密,属于工程价值增加过程中的费用,赋予其享有优先受偿的效力不违背立法原理。③

第三种观点认为,经过双方签证的停窝工损失属于工程价款范围,应计入工程造价,故可以主张优先受偿权,但是对于未经双方签证,承包人以停工窝工损失为由,主张发包人因违约造成的损失,且承包人并未实际支出的款项,不应计入工程造价,亦不能纳入优先受偿权行使的范围。④

笔者认为,判断停窝工损失是否纳入优先受偿权的行使范围,需要首先考察停窝工损失的主要内容。一般来说,因非承包人原因导致的停窝工损失主要包括以

---

① 参见马玉峰、吴天宇、任军霞、李会来:《工程赶工费用索赔处理的实践与探讨》,载《建筑经济》2017 年第 2 期。

② 参见四川省高级人民法院(2019)川民终 819 号民事判决书。

③ 参见曹梦倩:《建设工程价款优先受偿范围研究》,浙江大学 2019 年硕士学位论文;《安徽高院关于施工合同纠纷问题的意见(二)》第 23 条也规定:"因发包人原因导致承包人施工期间停窝工产生的工人工资、设备租赁等费用,承包人将该费用与工程价款一并主张优先受偿权的,应予支持。"

④ 参见陈东强:《建设工程价款优先受偿权的行使与规制》,载《山东法官培训学院学报》2018 年第 5 期。

下内容：

（1）暂停施工期间的工程保护、保管费用；

（2）因暂停施工引起的、必需的安全措施费用；

（3）暂停施工期间的现场管理人员费用；

（4）因暂停施工而引起的机械设备、机具增加的租赁费用或折旧、摊销费用；

（5）为暂停施工部分的工程复工所必需的准备费用；

（6）对于停工后承包人撤场又复工的，还应包括承包人撤离施工场地、遣散承包人人员的费用以及承包人的二次进场费用；

（7）因施工效率降低（窝工）导致的费用增加；

（8）因工期延长造成的总部管理费损失和机会利润损失。①

由上述停窝工损失的主要内容可以看出，停窝工损失既不是构成建设工程实体的费用，也不是完成建设工程所必需的费用。其因非承包人原因导致的停工或窝工而引起，与完成的建设工程不能形成对价关系，本质上属于损害赔偿的一种，故不属于工程价款范畴，不应纳入承包人优先受偿的范围。因此，笔者赞成第一种观点。

（四）质量保证金

在建设工程施工合同中，当事人大多会约定承包人预留一定比例（一般为3% ~5%）的质量保证金（俗称质保金），待建设工程的缺陷责任期届满后，发包人再向承包人返还该笔款项。如果在缺陷责任期内，工程出现了因承包人原因造成的缺陷，且承包人不维修也不承担费用的，发包人可按合同约定从质量保证金中扣除相应费用。从性质上看，质量保证金是在一定期限内，由承包人以预留工程价款的方式对其工程质量所做的一种担保。

对于发包人返还质量保证金这一行为的性质，有观点认为其可视为附期限的工程价款支付义务。② 笔者认为，如果承包人所建工程在缺陷责任期内出现质量缺陷，且质量保证金不足以支付相应修复费用的，发包人不但无须返还该质量保证金，还有权要求承包人就不足部分承担赔偿责任。由此可见，发包人返还质量保证

① 具体分析可参见高印立、石伟：《工期延误中的总部管理费及利润损失索赔在中国法下的适用研究》，载《中国建设工程法律评论》（第11辑），法律出版社2020年版，第284~299页。

② 参见最高人民法院民事审判第一庭编著：《最高人民法院建设工程施工合同司法解释（二）理解与适用》，人民法院出版社2019年版，第441页。

金并非必然发生的事实，其具有一定的不确定性。故将发包人返还质量保证金视为附条件的工程价款支付义务似更妥当。当发包人返还质量保证金的条件成就后，质量保证金的担保功能即告终止，其工程价款的性质同时恢复。因此，当发包人返还质量保证金的条件成就后，质量保证金应当纳入优先受偿权行使的范围。

（五）工程结算中非工程款性质的款项

由于建设工程价款优先受偿权涉及第三方不特定人的利益，因此，在当事人就工程价款已经结算的情况下，法院或仲裁庭应当对工程结算价款的内容进行审查。对于结算价款中能够辨别的、不属于工程价款性质的损失赔偿、违约金、利息、财务费用等款项，应当将其排除在优先受偿的范围之外。

（六）小结

综上所述，建设工程施工合同中，承包人就工程价款优先受偿的范围如表16所示。

**表16　承包人就工程价款优先受偿的范围**

| 序号 | 类型 | | 是否属于优先受偿的范围 |
|---|---|---|---|
| 1 | 建筑安装工程费 | 直接费 | 属于 |
| | | 间接费 | 属于 |
| | | 利润 | 属于 |
| | | 税金 | 营业税属于，增值税宜纳入 |
| 2 | 工程签证 | 涉及与工程有关的直接费、间接费及税金调整的价款 | 属于 |
| | | 涉及损失赔偿的价款 | 不属于 |
| 3 | 工程索赔 | 涉及与工程有关的直接费、间接费及税金调整的价款 | 属于 |
| | | 停窝工损失 | 不属于 |
| 4 | 质量保证金 | 返还条件成就 | 属于 |
| | | 返还条件未成就 | 不属于 |
| 5 | 可得利润 | 性质上是可得利益损失 | 不属于 |

## 二、工程总承包合同价款优先受偿的范围

根据我国《民法典》的规定，建设工程合同包括建设工程勘察合同、设计合同和施工合同。实践中，还有一类包含建设工程设计、施工或设计、采购和施工（有时也含勘察）在内的工程总承包合同。如笔者在《新建设工程司法解释（一）》第 38 条条文精解中所述，工程总承包合同的承包人对建设工程价款享有优先受偿权。但由于工程总承包合同的价款组成与建设工程施工合同不同，因此，有必要对工程总承包合同的承包人优先受偿的价款范围进行讨论。

关于工程总承包合同与建设工程施工合同项下的有关施工价款部分，可以参见上文的讨论，此处不赘述。

对于工程总承包合同，需要重点讨论的问题是，工程总承包人优先受偿权的范围是否包含勘察费、设计费？

笔者认为，勘察费、设计费也是工程总承包合同中工程价款的一部分，应当包含在优先受偿权的行使范围内，主要理由如下：

第一，工程总承包合同的目的是为业主提供符合其要求的建设工程，而承包人的勘察、设计工作是实现合同目的的手段。作为向业主交付的合同产品，建设工程也是承包人勘察、设计工作的最终成果。

第二，承包人的勘察、设计与施工工作融合、交叉程度较高，甚至贯穿工程总承包合同履行的始终，且其合同目的相同。在工程总承包合同中，承包人的勘察、设计债权与建设工程的形成属于同一法律关系。

第三，在工程总承包合同中，承包人完成的勘察、设计文件不是承包人的最终产品，仅为合同履行过程中的一个环节，目的是为承包人自己的施工工作提供依据，承包人无法以留置勘察、设计成果的手段来对发包人行使抗辩。如果将此部分费用排除出优先受偿权的担保范围，会使承包人的此部分权益无法获得保护。

第四，在许多工程总承包合同中，当事人并不单独约定勘察费、设计费的金额，而是将其包含在整个合同的固定总价中，勘察费、设计费数额难以准确确定。

第五，司法实践中，工程总承包合同优先受偿权的范围包含勘察费、设计费也得到了认可。在“中国电力工程顾问集团东北电力设计院有限公司与牡丹江佳日热电有限公司建设工程施工合同纠纷案”中，法院即判决工程总承包合同的总承包

人对涉案工程享有优先受偿权，且优先受偿的范围包含勘察设计费用。①

## 实务判例

### 【判例】建设工程价款优先受偿权的效力范围不包含利息②

2013年3月30日，元力公司与昕安房地产公司签订《补充协议》，双方对万国广场商住楼工程的项目概况、工程造价、工期、工程质量标准及工程款的结算等进行了约定。2013年10月21日，昕安房地产公司向元力公司发出中标通知书，确定元力公司为该工程的中标单位。同年10月30日，元力公司与昕安房地产公司又签订了一份《建设工程施工合同》，约定由元力公司承建万国广场商住楼工程。合同价款为20,716.9万元（以实际结算为准），工程款结算按二类工程（不含劳保）取费标准计费。同时，《建设工程施工合同》第6条约定："组成本合同的文件包括：1.双方签订的补充协议……"合同签订后，元力公司依约进行了施工。

2015年8月6日，昕安房地产公司与元力公司签订《终止协议》，双方协商同意终止合同，最终结算以元力公司实际完成的工程量，并按合同约定的计价方式据实结算。同时，该《终止协议》还约定了付款时间及昕安房地产公司应支付的利息。

因昕安房地产公司未向元力公司支付工程款，元力公司于2016年8月26日向法院提起诉讼，请求判令昕安房地产公司支付工程欠款，并确认其就该工程欠款享有优先受偿权。

一审法院认为，虽然元力公司与昕安房地产公司所签订《补充协议》的时间在涉案工程中标前，但双方签订《建设工程施工合同》《终止协议》的时间均系在元力公司中标后，且该两份合同系依据中标的相关内容签订，不能仅以双方在涉案工程招投标前签订了《补充协议》，进而推定双方在招投标中存在串标行为。故本案双方当事人之间签订的《建设工程施工合同》《终止协议》均系各方当事人真实意思表示，且内容不违反法律、行政法规的强制性规定，合法有效。

关于元力公司对涉案工程是否享有优先受偿权，一审法院认为，元力公司于2015年8月6日与发包方昕安房地产公司签订《终止协议》退出施工，2016年8月26日向法院提起诉讼，此时，案涉工程项目尚未竣工。因此，元力公司主张工程价

---

① 参见黑龙江省高级人民法院（2012）黑民初字第3号民事判决书。

② 参见最高人民法院（2018）最高法民终902号民事判决书。

款优先受偿权，符合《优先受偿权问题的批复》的精神，应予支持。因此，元力公司应在昕安房地产公司欠付的工程款及利息范围内，就涉案工程折价或拍卖的价款享有优先受偿权。

二审法院认为，昕安房地产公司于招投标前与元力公司签订《补充协议》，并对工程价款等实质性内容作出约定，违反了《招标投标法》第43条、第55条规定，中标无效。因此，元力公司与昕安房地产公司签订的《建设工程施工合同》无效。由于《建设工程施工合同》第6条约定该合同组成文件包括双方签订的补充协议，故《补充协议》属于《建设工程施工合同》的组成部分，在《建设工程施工合同》无效的情况下，《补充协议》亦无效。因此，一审法院认定《建设工程施工合同》有效，适用法律错误，应予纠正。而《终止协议》系双方就元力公司已完工程所涉债权债务达成的清理协议，为双方当事人真实意思表示，内容不违反法律、行政法规的强制性规定，一审判决认定该《终止协议》有效，是正确的。

关于元力公司是否就案涉工程价款及利息享有优先受偿权，二审法院认为，《建设工程司法解释（二）》第21条第2款规定："承包人就逾期支付建设工程价款的利息、违约金、损害赔偿金等主张优先受偿的，人民法院不予支持。"①一审法院判令元力公司就工程欠款利息享有优先受偿权不当，本院予以纠正。元力公司退出施工现场后，昕安房地产公司将涉案工程发包给了其他公司施工，而昕安房地产公司未提交证据证明，至元力公司2015年8月6日与昕安房地产公司签订《终止协议》时，案涉工程已经具备了折价、拍卖的条件，因此，昕安房地产公司关于元力公司起诉主张优先受偿权已经超过6个月法定期限的上诉理由不能成立，本院不予支持。

---

① 《建设工程司法解释（二）》废止后，《新建设工程司法解释（一）》第40条第2款作了同样的规定。

**第四十一条 【建设工程价款优先受偿权的行使期限】**

承包人应当在合理期限内行使建设工程价款优先受偿权,但最长不得超过十八个月,自发包人应当给付建设工程价款之日起算。

## 条文主旨

本条规定了优先受偿权的行使期限和起算时间。

## 条文精解

### 一、建设工程价款优先受偿权行使期限的性质

《优先受偿权问题的批复》第4条规定:"建设工程承包人行使优先权的期限为六个月,自建设工程竣工之日或者建设工程合同约定的竣工之日起计算。"但这一规定与工程实践不符,极易导致承包人工程价款优先受偿权的落空。[①] 因此,《建设工程司法解释(二)》第22条对上述批复的规定作了修正,将承包人行使优先受偿权的期限规定为自发包人应当给付建设工程价款之日起算。本条对《建设工程司法解释(二)》第22条又进行了修正,将6个月的行使期限调整为18个月。

关于建设工程价款优先受偿权行使期限的性质,理论和实践中存在争议。有观点认为,该期限的性质为特殊诉讼时效,应准予中止、中断和延长。如重庆市第五中级人民法院作出的(2011)渝五中法民初字第248号民事判决,将施工方就优先受偿权提出申请的时间,表述为没有超过法律规定的诉讼时效。其理论依据是优先受偿权的法定抵押权性质和《物权法》第202条的规定。[②] 也有观点认为,建设工程优先受偿权属于他物权范畴,可以参照担保物权或其他优先权期限的法律性质

---

① 参见高印立编著:《建设工程施工合同法律实务与解析》(第2版),中国建筑工业出版社2018年版,第296页。

② 《物权法》第202条规定:"抵押权人应当在主债权诉讼时效期间行使抵押权;未行使的,人民法院不予保护。"《民法典》第419条也有同样规定。

来理解这一问题,该期限的性质为除斥期间,一旦经过,权利即消灭。[①]

我国法律关于各类期间的规定十分庞杂,除典型的诉讼时效、除斥期间外,还有一些期间的性质存在很大争议,如保证期间、债权人领取提存物的期间、买受人的质量异议期间等。[②] 关于限制权利行使的期间,一般认为主要有三种:一为消灭时效;二为除斥期间;三为权利失效期间。[③] 那么,优先受偿权的行使期限属于哪一种类型呢? 下面分别进行讨论。

(一)优先受偿权的行使期限是否为特殊的诉讼时效

首先,建设工程价款优先受偿权是一种担保物权,是权利人在行使了债权请求权后,因其不能实现自己的权利而对债务人财产直接行使变价求偿的权利。该权利具有排除债务人及其他人的干涉,无须借助他人的行为而直接支配权利客体的特点,含有支配权的因素,而非请求权的性质。[④] 从优先受偿权的行使方式也可以看出,承包人既可以通过向裁判机构提出确认之诉来行使该权利,也可以直接在执行阶段申请优先分配。因此,优先受偿权不属于请求权的范畴,而诉讼时效主要适用于请求权。

其次,诉讼时效是可变期间,可以发生期间的中止、中断和延长。最高人民法院于 2008 年 2 月 29 日作出的《〈关于对人民法院调解书中未写明建设工程款有优先受偿权应如何适用法律问题的请示〉的复函》明确:“建设工程款优先受偿权是一种法定优先权,无需当事人另外予以明示。最高人民法院《关于建设工程价款优先受偿权问题的批复》第四条明确规定,建设工程承包人行使优先权的期限为六个月。依据该条规定,建设工程承包人行使优先权的期限为六个月,且为不变期间,不存在中止、中断或延长的情形。”可见,在我国的司法实践中,优先受偿权的行使期限被认为是不变期间,与诉讼时效不同。

最后,担保物权具有附从性,如果承包人对发包人工程款债权的诉讼时效届满,承包人即丧失了该工程款债权的胜诉权。在这种情况下,承包人就该工程款的

---

① 参见最高人民法院民事审判第一庭编著:《最高人民法院建设工程施工合同司法解释(二)理解与适用》,人民法院出版社 2019 年版,第 446 页。

② 学者对此持诉讼时效说、除斥期间说、诉讼时效和除斥期间并存说、独立期间说等不同观点。参见张静:《诉讼时效和除斥期间之区分标准再辨析》,载《研究生法学》2013 年第 1 期。

③ 参见王泽鉴:《民法总则》,中国政法大学出版社 2001 年版,第 515 页。

④ 参见王旭光:《建筑工程优先受偿权制度研究——合同法第 286 条的理论与实务》,人民法院出版社 2010 年版,第 258 页。

优先受偿权也丧失了请求法院保护的权利。由此,诉讼时效关于督促权利人及时行使权利,以维护社会秩序稳定的功能已经实现,法律或司法解释没有必要再就相应的从权利专门设立特殊的诉讼时效。

综上所述,不应将优先受偿权的行使期限认定为特殊的诉讼时效。

### (二)优先受偿权的行使期限是否为权利失效期间

首先,权利失效制度是权利人在相当期间内不行使其权利,依特别情事足以使义务人正当信任权利人不欲再行使该权利时,则权利人基于诚信原则不得再主张该权利的一项制度。[①] 此处所谓的“相当期间”,即为权利失效期间。权利失效期间“既无法律之明定,又无确定期间长短之一定标准,而完全委诸个案法官基于待决案情之自由裁量”,其不是一个预定期间。[②] 优先受偿权的行使期限是司法解释明确规定的准确期间。二者明显不同。

其次,权利失效制度的构成要件主要有:(1)权利人不行使权利;(2)权利人不行使权利之状态已使相对方确认其不再行使权利;(3)若允许权利人行使权利,会造成当事人之间的利益严重失衡。[③] 该制度的理论基础是诚信原则,目的在于禁止权利人的权利滥用,以保护义务人的正常合理期待。优先受偿权的行使期限是源于司法解释的规定,且即使允许承包人行使该权利,也不会导致其与发包人之间的利益严重失衡,因为发包人本来就具有向承包人支付工程价款的义务。

由上述分析可知,优先受偿权的行使期限与权利失效期间完全不同。

### (三)优先受偿权的行使期限是否为除斥期间

首先,从期间的特征和法律效果上看,优先受偿权的行使期限与除斥期间均为不变期间,不存在中止、中断或延长的情形;期间经过,二者均会发生权利消灭的法律效果。因此,二者在期间特征和法律效果方面是一致的。

其次,从功能上看,除斥期间的功能在于,避免使相对人处于不稳定的法律状态,维护社会原有秩序的稳定。优先受偿权行使期限的功能与之则有一定差异。从理论上看,担保物权本不存在权利存续期限的问题,否则就违反了法律规定和物权

---

① 参见王泽鉴:《民法学说与判例研究》(第1册),中国政法大学出版社2005年版,第290页。

② 参见王洪平:《论权利失效规则及其法典化》,载《法学论坛》2015年第2期。

③ 参见杜颖、谢鸿飞:《论权利失效原则》,载《河北法学》1998年第5期。

法的基本原理,[①]但建设工程价款优先受偿权具有特殊性。该权利不由承包人占有且不经登记而生效,社会公众只能基于法律的规定知晓该权利类型,却无法知晓该权利的期限和其担保的债权数额,从而容易损害第三人的利益,不利于交易安全,也可能使发包人或第三人囿于其优先效力而不敢再于标的物上设立他物权,妨碍不动产的利用。[②] 我国《海商法》关于船舶优先权行使期限的规定也有此项功能——“海事优先权为隐密特权,不公开,宜限制期限,以免长久留于船舶标的上”[③]。因此,不应当使优先受偿权的权利人长期怠于行使该权利,以避免妨碍其他权利人的权利实现。由此可见,优先受偿权行使期限虽然也有消除不稳定法律状态的作用,但其主要的功能和价值在于减少对不特定人利益的潜在危害。

最后,从适用的客体来看,通说认为,除斥期间适用于形成权,如撤销权、解除权、终止权等。[④] 至少认为,除斥期间主要适用于形成权,适用于其他权利的情形属于例外。[⑤] 当然,也有学者指出,完整的德国法理论极少见到有像我国理论中通常表述的那样,把形成权表述成唯一适用对象,而且,把形成权作为唯一客体也没有得到应有的论证。[⑥] 但从《民法典》第 199 条的规定可以看出,其列举的除斥期间适用的权利类型也均属形成权范畴。[⑦] 从立法技术而言,该条规定的确可以解读为除斥期间应适用于形成权。因此,目前我国民事一般法的规定至少表明,除斥期间主要适用于形成权。优先受偿权具有支配权的性质,并非形成权。由此可见,二者在适用客体上存在差异。

---

① 参见孙华璞:《关于适用合同法第二百八十六条若干问题的思考》,载《人民司法》2019 年第 13 期。

② 笔者就此曾建议建立我国建设工程价款优先受偿权的登记制度,并对具体制度的设计进行了思考。参见高印立:《建立我国建设工程优先受偿权登记制度的思考》,载《中国房地产》2007 年第 3 期。

③ 柯泽东:《海商法——新世纪观海商法学》,台北,元照出版有限公司 2006 年版,第 112 页。转引自胡绪雨:《船舶优先权消灭效力研究》,载《法学评论》2012 年第 3 期。《海商法》第 29 条规定:“船舶优先权,除本法第二十六条规定的外,因下列原因之一而消灭:(一)具有船舶优先权的海事请求,自优先权产生之日起满一年不行使;(二)船舶经法院强制出售;(三)船舶灭失。前款第(一)项的一年期限,不得中止或者中断。”

④ 参见龙卫球:《民法总论》,中国法制出版社 2001 年版,第 638 页。

⑤ 比如,《产品质量法》(2018 年修正)第 45 条第 2 款规定:“因产品存在缺陷造成损害要求赔偿的请求权,在造成损害的缺陷产品交付最初消费者满十年丧失;但是,尚未超过明示的安全使用期的除外。” 依学者通说,该 10 年在性质上属于除斥期间,此为例外。参见梁慧星:《民法总论》(第 3 版),法律出版社 2007 年版,第 240 页。

⑥ 参见耿林:《论除斥期间》,载《中外法学》2016 年第 3 期。

⑦ 《民法典》第 199 条规定:“法律规定或者当事人约定的撤销权、解除权等权利的存续期间,除法律另有规定外,自权利人知道或者应当知道权利产生之日起计算,不适用有关诉讼时效中止、中断和延长的规定。存续期间届满,撤销权、解除权等权利消灭。”

由上述分析可知，与我国传统意义上的除斥期间相比，优先受偿权的行使期限在功能和适用客体上均存在不同，其并非属于传统意义上的除斥期间范畴。当然，学理上的讨论并不影响二者具有同样的法律效果。该问题的解决恐怕需要理论界对此进行深入研究，或通过立法将除斥期间的适用客体和功能予以适当扩张，以更好地对效果相同、类型不同的各类期间进行学理解释；或在保持我国传统除斥期间意义的基础上，以法定或约定的独立期间对各类不同期间进行解释，以满足丰富多彩的司法实践。在当前理论界尚无定论的情况下，基于相同的法律效果和司法实践中约定俗成的表达，[①]特别是在现有法律和司法解释就优先受偿权行使期间的相关规定未进行调整的情况下，笔者认为，将优先受偿权的行使期限视为除斥期间的一种类型或者特殊的除斥期间，具有一定的合理性。

## 二、优先受偿权行使期限之起算时间的类型化[②]

根据本条规定，承包人行使建设工程价款优先受偿权的期限为18个月，自发包人应当给付建设工程价款之日起算。然而，本条并未就“发包人应当给付建设工程价款之日”进行明确界定。由于工程实践中情形复杂多样，发包人应当给付工程价款的时间有时难以确定，这就导致本条在具体案件的适用中可能面临困境。因此，有必要根据实践中的情况，对不同情形下承包人优先受偿权行使期限的起算时间进行讨论和梳理。在具体案件中，裁判机构应根据合同约定、工程结算情况等案情进行综合判断。

### （一）当事人约定了付款时间且工程价款已经确定

对于当事人约定了付款时间且工程价款已经确定的情形，发包人应当支付工程价款之日即优先受偿权行使期限的起算日是较为明确的。但建设工程施工合同具有分期付款的特点，且发包人在工程竣工验收合格之后要预留一定比例的质量保证金，以保证承包人在缺陷责任期内对工程缺陷进行维修的资金。因此，应以哪一期应付款的时间作为优先受偿权行使期限的起算日，具有讨论意义。以下分工程全部竣工和工程未竣工两种情形分别进行讨论。

---

① 司法实践中将该期限表达为除斥期间的情况比较常见。参见最高人民法院（2012）民一终字第41号民事判决书、最高人民法院（2015）民一终字第379号民事判决书及最高人民法院（2017）最高法民终655号民事判决书。

② 参见高印立：《建设工程价款优先受偿权行使期限之起算日的类型化分析——兼论〈建设工程施工合同司法解释（二）〉第二十二条》，载《北京仲裁》2020年第3辑。

1. 工程已经竣工

由于对建设工程的折价、拍卖会导致工程的处分权由发包人转移至他人，此时，承发包人之间的建设工程合同应已解除或履行完毕。也就是说，承包人无法就工程进度款行使优先受偿权。因此，对于工程最终价款已经确定的建设工程合同，比如当事人已经完成结算或总价固定且无价款调整因素的情形，承包人行使优先受偿权的起算时间应确定为发包人应当付清工程价款的时间。

值得讨论的一个问题是，质量保证金也是工程价款的组成部分，那么，应当付清的工程价款是否应当包含质量保证金呢？

笔者认为，质量保证金实质上是在一定期限内，由承包人以预留工程价款的方式对其工程质量缺陷维修所做的一种担保。如果承包人所建工程在缺陷责任期内未出现质量缺陷，或质量保证金足以支付修复相应质量缺陷的费用，则发包人应当按期返还一定数额的质量保证金。此时，质量保证金的担保功能终止，其又成为工程价款的组成部分。若质量保证金不足以支付修复质量缺陷的费用，则承包人无权再要求发包人返还，发包人也就不再承担支付该笔款项的义务。由此可见，质量保证金应否支付具有不确定性。如果以最后一笔质量保证金的支付时间作为全部价款优先受偿权行使期限的起算日，那么，在发包人无须支付质量保证金的情况下，会使优先受偿权行使期限的确定出现逻辑上的矛盾，也易造成承包人被动地丧失优先受偿权。为便于理解，举例如下：

承发包人签订某建设工程施工合同，合同为固定总价，且无变更。合同约定发包人于工程竣工验收合格后支付至合同总价的97%，3%余款作为质量保证金，于工程竣工验收合格1年后返还。但由于承包人原因，导致工程在1年的缺陷责任期内出现了质量缺陷，3%工程款全部用于工程修复。若以合同约定的质量保证金支付时间作为优先受偿权行使期限的起算日，那么在这种情况下，发包人应当支付全部工程价款的时间实际是在工程竣工验收合格之后，两个时间并不一致，这就出现了逻辑上的矛盾。

因此，根据质量保证金的支付是否为最后一笔款项，在确定优先受偿权行使期限的起算日时，可以划分为以下两种情形：

（1）如果当事人实际完成工程结算的时间较晚，合同约定发包人支付质量保证金的时间早于发包人支付工程结算款的时间，则以发包人应当支付的最后一笔工程款的时间作为行使优先受偿权的起算时间。为便于说明，举例如下：

承发包人签订某建设工程施工合同，合同约定发包人应于工程结算后10日内支付结算款的97%，剩余3%作为质量保证金，于工程竣工验收合格1年后返还。而当事人在工程竣工验收合格后2年才完成工程结算，那么，承包人行使优先受偿权的起算时间应当确定为工程结算后的第11日。

（2）如果工程无须进行结算或实际完成结算的时间较早，从而使合同约定支付的最后一笔款项是质量保证金，则上述发包人应当付清的工程价款不包括质量保证金。此时，承包人行使优先受偿权的起算时间一般是指支付质量保证金的前一笔款项。如果发包人应当返还质量保证金，承包人就质量保证金主张优先受偿的，则应以合同约定的质量保证金支付时间作为行使优先受偿权的起算时间。为便于说明，举例如下：

承发包人签订某建设工程施工合同，合同约定发包人应于工程结算后10日内支付结算款的97%，剩余3%作为质量保证金，于工程竣工验收合格1年后返还。当事人在工程竣工验收合格后6个月即完成了工程结算，那么，承包人就除质量保证金之外的工程款行使优先受偿权的起算时间，应当确定为工程结算后的第11日。若承包人对发包人应支付的质量保证金主张优先受偿的，其行使优先受偿权的起算时间应当确定为工程竣工验收合格1年后的第1日。

2. 工程尚未竣工

对于工程尚未竣工的情形，如果当事人就已完工程价款数额、时间进行了约定，则应当以约定的付款之日作为行使优先受偿权的起算时间。关于未竣工工程合同解除后的质量保证金应否扣留的问题，实践中存在应当扣留和不应扣留两种不同观点。[①] 具体论述详见本书《新建设工程司法解释（一）》第17条条文精解。

对于法院认定应当扣留的，可参照上述工程竣工的情形进行处理；对于法院认定不应扣留的，则应按法院认定的最后一笔工程款的支付时间确定优先受偿权行使期限的起算日。当然，如果当事人在结算已完工程价款过程中，重新就质量保证金的预留和返还达成一致的，则从其约定。此时，优先受偿权行使期限的起算日，也可参照前述已竣工工程中的方法进行确定。

### （二）当事人约定了付款时间但就工程价款未达成一致

实践中，大量的工程纠纷因工程结算无法达成一致而产生。在这种情况下，如

---

① 在最高人民法院（2017）最高法民申1319号民事裁定书中，最高人民法院认为："涉案《施工合同》尚未履行完毕即被依法解除，《施工合同》关于质保金的约定亦不再具拘束力。原审法院未在应付工程价款中扣除5%的质保金，并无不当。"在最高人民法院（2019）最高法民终940号民事判决书中，法院则持相反观点。

何确定行使优先受偿权的起算时间在实践中有不同理解。本书根据以下不同情形分别进行讨论。

1. 当事人之间约定有结算默示条款的

对于当事人约定有“不予答复视为认可”等结算默示条款,且该条款有效并适用的,应当将合同约定的发包人答复期限届满日视为结算日。裁判机构应当根据该结算日确定合同约定的付款时间,并以此作为优先受偿权行使期限的起算日。

需要注意的是,结算默示条款生效后,当事人就结算价款又进行了磋商并达成一致的,应认为是对默示的结算结果进行了变更。此时,应以最终结算达成的日期作为工程结算日,并以此确定应付款时间。

2. 发包人未在约定的期限内审核结算报告的

对于当事人约定了结算审核期限,发包人未在该期限内进行审核的,应以该结算审核期限届满为基础计算应付款时间,并以该应付款之日作为优先受偿权行使期限的起算日。但若当事人明确约定了承包人行使优先受偿权时间点的,则应以该时间点作为行使优先受偿权的起算时间。为便于说明,举例如下:

例 1:承发包人在合同中约定,发包人在收到竣工结算报告及结算资料后 56 日内不支付工程价款的,承包人可以行使优先受偿权,则承包人行使优先受偿权期限的起算日可以认定为发包人收到竣工结算报告和结算资料后的第 57 日。①

例 2:承发包人在合同中约定,发包人在收到竣工结算资料后委托有资质的审价单位进行审价,并于 4 个月内完成审价;竣工结算审价完成后 1 个月内累计支付至工程结算价的 95%,剩余 5% 作为工程质量保证金。该情形下,若发包人未在约定的期限内完成审价,应当认为发包人在收到竣工结算资料 5 个月后开始支付工程款,并以此作为承包人行使优先受偿权期限的起算日。

在“铜陵有色金属集团铜冠建筑安装股份有限公司与江西自立环保科技有限公司建设工程施工合同纠纷案”及“南京市漆桥建筑安装工程有限公司与马鞍山苏杭置地发展有限公司建设工程施工合同纠纷案”中,法院均据此认定了承包人行使

① 《1999 版施工合同示范文本》通用条款第 33.4 款规定:“发包人收到竣工结算报告及结算资料后 28 天内不支付工程竣工结算价款,承包人可以催告发包人支付结算价款。发包人在收到竣工结算报告及结算资料后 56 天内仍不支付的,承包人可以与发包人协议将该工程折价,也可以由承包人申请人民法院将该工程依法拍卖,承包人就该工程折价或者拍卖的价款优先受偿。”需要注意的是,若有其他优先于上述条款的约定的,则应按照约定的优先顺序处理。

优先受偿权期限的起算时间。①

3. 当事人约定结算完成后付款的其他情形

对于当事人未约定结算审核期限，或发包人完成审核后承包人不同意该审核结果从而使结算未达成一致等情形，应如何起算优先受偿权的行使期限，司法实践中存在多种不同观点。

有观点认为，应以承包人起诉之日作为优先受偿权行使期限的起算日；②也有观点认为，应以判决生效之日作为优先受偿权行使期限的起算日；③还有法院在判决中支持了优先受偿权，但对起算时间并未明确。如在"杭州信达建设集团有限公司与重庆西子置业发展有限公司建设工程施工合同纠纷案"中，法院认为，双方当事人约定工程款的支付时间在结算完毕后，本案诉讼即在处理双方之结算纠纷，因此工程价款优先权未超过法定期限；④在"大昌建设集团有限公司、舟山市国贸房地产开发有限公司普陀分公司建设工程施工合同纠纷案"中，法院认为，承包人行使优先受偿权时，工程价款债权的数额应当是明确的，否则无法确定优先受偿权的范围，而双方在起诉前未能明确工程价款，故承包人主张优先受偿权并未超过行使期限。⑤

笔者认为，对于此类情形，由于并不存在一个符合当事人意思的应付款时间，因此，需要确定一个"拟制"的应付款日作为行使优先受偿权的起算时间。对此，分析如下：

第一，该种情形不属于约定不明。

由于应付款时间与结算时间相关联，在当事人结算完成之前，发包人的准确应付款时间无法确定。由此可见，应付款时间无法确定并非约定不明确引起，而是因当事人履行过程中的分歧所致。因此，该种情形不属于合同对付款时间的约定不明，不应按照没有约定或约定不明的规则进行处理。

第二，不宜以造价鉴定意见出具之日作为优先受偿权行使期限的起算日。

对于需要委托造价鉴定确定工程价款的情形，造价鉴定意见仅是对工程价款出具的专业意见，其还要接受当事人的质证和裁判机构的审查，不一定是最终的结

---

① 参见江西省高级人民法院(2019)赣民终386号民事判决书、安徽省高级人民法院(2019)皖民终750号民事判决书。

② 参见新疆维吾尔自治区高级人民法院(2019)新民终320号民事判决书。

③ 参见黑龙江省哈尔滨市中级人民法院(2019)黑01民终6587号民事判决书。

④ 参见重庆市高级人民法院(2019)渝民终251号民事判决书。

⑤ 参见浙江省舟山市中级人民法院(2019)浙09民终368号民事判决书。

论,也不包含何时支付工程价款的信息。而且,诉讼案件还可能存在一审、二审和再审程序,对同一工程项目也可能作出不同的鉴定意见。此时,以哪份鉴定意见作出时间作为优先受偿权行使期限的起算时间,难以确定。

第三,不宜以裁判机构的裁判文书生效之日作为优先受偿权行使期限的起算日。

本条将优先受偿权行使期限的起算时间规定为发包人应当付款之日,其原因在于,优先受偿权的成立虽可与债权同步,但其行使却应当是在债权未满足之时;如果工程款的给付时间未到,发包人有拒绝给付的权利,对此,承包人无权行使优先受偿权。[①] 由此可见,司法解释规定的起算日实质上是优先受偿权的可行使之日。

虽然生效的裁判文书确定了承包人的债权数额,但债权确定之日并不等同于承包人可行使权利之时。在司法实践中,承包人通过申请法院拍卖工程实现优先受偿权的途径有两种:一种是由法院或仲裁机构确认承包人享有优先受偿权后,承包人向法院申请执行;另一种是准用实现担保物权的程序直接申请法院拍卖。[②] 根据《民事诉讼法》第179条的规定,[③]对于实现担保物权的非讼案件,法院仅能进行形式审查,而不能依职权审查实体事项。因此,对于工程价款未确定的情形,当事人应当采取第一种行使方式。也就是说,承包人并非只有在债权数额确定时才能行使优先受偿权。特别是在发包人拖延结算的情况下,承包人当然可以以提起诉讼或仲裁的方式寻求救济。

因此,承包人主张优先受偿权并不以发包人欠付工程款数额的确定为前提,将确认债权数额的裁判文书的生效之日作为优先受偿权行使期限的起算日,并无必要。

此外,进行造价鉴定的建设工程案件经过一审、二审程序,从起诉之日到裁判

---

① 参见最高人民法院民事审判第一庭编著:《最高人民法院建设工程施工合同司法解释(二)理解与适用》,人民法院出版社2019年版,第452页。

② 从学理上看,前者属于司法保护主义,后者属于司法保护下的自救主义。参见曹士兵:《我国〈物权法〉关于抵押权实现的规定》,载《法律适用》2008年Z1期。关于实现担保物权的程序,《民事诉讼法》第196条规定:"申请实现担保物权,由担保物权人以及其他有权请求实现担保物权的人依照物权法等法律,向担保财产所在地或者担保物权登记地基层人民法院提出。"第197条规定:"人民法院受理申请后,经审查,符合法律规定的,裁定拍卖、变卖担保财产,当事人依据该裁定可以向人民法院申请执行;不符合法律规定的,裁定驳回申请,当事人可以向人民法院提起诉讼。"

③ 《民事诉讼法》第179条规定:"人民法院在依照本章程序审理案件的过程中,发现本案属于民事权益争议的,应当裁定终结特别程序,并告知利害关系人可以另行起诉。"

文书生效历时长久(极端的情形可能长达数年)。这就使优先受偿权的起算时间点被人为地延长,进而使其他权利人的利益在此期间内一直处于不确定的状态。这与优先受偿权行使期限之保护不特定人利益的功能相悖。

第四,宜将承包人的起诉之日作为其优先受偿权行使期限的起算日。

本条规定的期间经过,承包人行使工程价款优先受偿的权利将丧失。大凡影响当事人权利行使的期间,或自权利成立时起算,或从权利可行使时起算。① 且有观点认为,从权利人知晓或应当知晓权利存在之时起算方为公平合理。② 比如,我国船舶优先权的行使期限自优先权产生之日起算;《民法典》规定的形成权和质量异议期,均是自权利人知道或者应当知道权利产生之日起算。③ 建设工程价款优先受偿权的成立条件与行使条件不同,依本书见解,其应自建设工程质量合格时成立,④故本条规定的行使期限应属于自权利可行使时起算的类型。同时,基于该行使期限的除斥期间特征,参照《民法典》第199条的规定,优先受偿权的行使期限自权利人知道或者应当知道权利产生之日起算较为妥当,司法解释所规定的"发包人应当给付建设工程价款之日"则是上述学理解释和一般规定的具体化。

在工程实践中,承发包双方未完成结算的原因主要有两种:一种是当事人对工程价款存在争议;另一种则是发包人出于拖欠工程款的目的,拖延结算。在承包人向法院提起诉讼主张工程款债权之时,因其诉讼主张中含有发包人应当付款的意思,故其应当知道其权利受到了侵害。因此,在无法确定发包人的应付款时间时,以承包人起诉之日作为优先受偿权行使期限的起算日有理论基础,也符合《民法典》关于除斥期间起算的规定,较为妥当。

---

① 参见黄立:《民法总则》,中国政法大学出版社2002年版,第498页。转引自张鹏:《诉讼时效与除斥期间区分标准之再探索》,载《南昌高专学报》2006年第2期。

② 参见张鹏:《诉讼时效与除斥期间区分标准之再探索》,载《南昌高专学报》2006年第2期。

③ 《海商法》第29条规定:"船舶优先权,除本法第二十六条规定的外,因下列原因之一而消灭:(一)具有船舶优先权的海事请求,自优先权产生之日起满一年不行使;(二)船舶经法院强制出售;(三)船舶灭失。前款第(一)项的一年期限,不得中止或者中断。"《民法典》第199条规定:"法律规定或者当事人约定的撤销权、解除权等权利的存续期间,除法律另有规定外,自权利人知道或者应当知道权利产生之日起计算,不适用有关诉讼时效中止、中断和延长的规定。存续期间届满,撤销权、解除权等权利消灭。"第621条第2款规定:"当事人没有约定检验期限的,买受人应当在发现或者应当发现标的物的数量或者质量不符合约定的合理期限内通知出卖人。买受人在合理期限内未通知或者自收到标的物之日起二年内未通知出卖人的,视为标的物的数量或者质量符合约定;但是,对标的物有质量保证期的,适用质量保证期,不适用该二年的规定。"

④ 也有观点认为,优先受偿权应以工程竣工或无过错停工为成立条件。参见最高人民法院民事审判第一庭编著:《最高人民法院建设工程施工合同司法解释(二)理解与适用》,人民法院出版社2019年版,第450页。

需要注意的是,当承包人以诉讼的方式行使优先受偿权时,起诉之日与裁判文书生效之日对承包人的权利并无影响。二者本质的区别在于,若承包人在提起诉讼时未主张优先受偿权,由于在执行程序中直接主张优先受偿权也受到行使期限的限制,[①]则其在起诉之日 18 个月后,无权再依据生效判决在执行程序中主张优先受偿权。这就要求承包人在向发包人主张工程价款时,宜同时主张工程价款的优先受偿权,而不宜采用确定价款和确认优先受偿权“两步走”的方式。在起诉请求支付工程价款的同时主张优先受偿权,既不会增加承包人的诉讼成本,也有利于尽快结束工程之上权利负担的不稳定状态,对交易安全有益无害。

(三)当事人没有约定付款时间或约定不明

一般来说,当事人在合同中均会约定发包人的付款时间。当事人没有约定或约定不明的情形大多出现在工程未完工的情况下。关于当事人对付款时间没有约定或约定不明时,应以何种标准认定优先受偿权行使期限的起算时间,有观点认为,《建设工程司法解释》第 18 条[②]的规定对行使优先受偿权的起算时间有借鉴意义。具体来说,建设工程实际交付的,以交付之日为应付款时间;建设工程未交付的,以承包人提交结算文件之日作为应付款时间;既未交付也未结算的,以承包人起诉之日作为应付款时间。[③] 司法实践中,也有法院持同样观点。[④] 还有法院认为,应当以承包人起诉之日作为优先受偿权行使期限的起算时间。[⑤] 笔者对此讨论如下:

第一,《新建设工程司法解释(一)》第 27 条不宜完全参照。

《新建设工程司法解释(一)》第 27 条与《建设工程司法解释》第 18 条的规定相同,其目的在于确定发包人欠付工程款的利息。该规定将实际交付之日、提交竣工结算文件之日及起诉之日视为应付款时间,更多的是考虑到发包人占有工程而受益和发包人的过错。但如前所述,优先受偿权行使期限的功能在于督促承包人及时行使权利,以避免妨碍其他权利人的权利实现,其性质决定了应当考虑承包人的

---

① 参见陈东强:《建设工程价款优先受偿权的行使与规制》,载《山东法官培训学院学报》2018 年第 5 期。

② 《建设工程司法解释》废止后,《新建设工程司法解释(一)》第 27 条作了同样的规定。

③ 参见最高人民法院民事审判第一庭编著:《最高人民法院建设工程施工合同司法解释(二)理解与适用》,人民法院出版社 2019 年版,第 446 页。

④ 参见最高人民法院(2019)最高法民终 1962 号民事判决书、河北省高级人民法院(2019)冀民终 616 号民事判决书。

⑤ 参见广东省高级人民法院(2018)粤民终 1860 号民事判决书。

主观因素。由此可见,二者的出发点并不相同。因此,完全参照该条款确定行使优先受偿权的起算时间理论依据不充分。然而,在本条对优先受偿权的行使期限作出18个月这一较长期间后,从实用主义的角度出发,在某些情形下参照适用《新建设工程司法解释(一)》第27条的规定,具有合理性。

第二,建设工程竣工交付的,可以工程交付之日作为起算时间。

在当事人对付款时间没有约定或约定不明的情况下,如果建设工程已经完工并实际交付,可以认为承包人主观上应当意识到要向发包人主张工程价款。同时,由于本条对优先受偿权的行使期限作出了最长18个月的规定,能够满足一般工程项目的结算时间,因此,此时将工程交付之日作为优先受偿权行使期限的起算时间具有一定的合理性。

第三,工程虽未完工但合同已经解除的,宜以合同解除之日作为起算时间。

在建设工程在未完工的情况下,合同已经解除的,当事人应当终止履行,并根据合同约定的价款结算、违约责任等条款对双方权利义务进行清理。此时,可以认为承包人主观上应当意识到向发包人主张工程价款。同时,对于当事人清理、结算已完工程价款来说,18个月的时间也较为宽裕,因此,在当事人未就结算价款达成一致时,宜将合同解除之日作为优先受偿权行使期限的起算时间。

第四,已经完成工程结算的,宜以结算之日作为起算时间。

在当事人完成工程结算之后,工程价款已经确定,此时,发包人有义务向承包人支付欠付的工程款。因此,宜以工程结算之日作为优先受偿权行使期限的起算时间。

第五,其他情形下,可以承包人起诉之日作为行使优先受偿权的起算时间,具体理由如前所述。

### (四)合同约定了应付款时间但存在"黑白合同"情形

《新建设工程司法解释(一)》对"黑白合同"情形下的权利义务确定作了不同的表述:对于强制招标项目,当事人应当按照中标合同确定权利义务;对于自愿招标项目,当事人应当以中标合同作为结算依据;当事人签订的建设工程施工合同与招标文件、投标文件、中标通知书载明的实质性内容不一致的,应当以招标文件、投标文件、中标通知书作为结算依据。根据上述规定,承包人行使优先受偿权的期限起算,似应按照中标合同或招标文件、投标文件、中标通知书确定。但本书认为,承包人行使优先受偿权的期限起算具有特殊性,原则上应当以当事人实际履行的合同约定作为认定依据。

第一,优先受偿权行使期限的起算直接影响到承包人的实体权利,而如前所述,本条规定应属于自权利可行使时起算的类型,且应自权利人知道或者应当知道权利产生之日起算为妥。同时,既然优先受偿权行使期限的主要功能在于督促承包人及时行使权利,以免损害第三人的利益和交易安全,那么,优先受偿权的行使就应当考虑承包人"知道或应当知道"这一主观因素。这种对他物权的限制也应当考虑到当事人之间的利益平衡,不能因此疏于对权利人利益的保护。因此,在确定该权利行使的起算时间时有必要考虑承包人的真实意思。

第二,从工程实践来看,不考虑当事人的真实意思,一律按照中标合同确定优先受偿权行使期限的起算时间,既不利于对承包人利益的保护,也有悖常理。为便于说明,举例如下:

承发包人就某建设工程按照中标结果签订中标合同后,又就同一工程项目签订了补充协议,二者计算工程价款的方法不同,因此,构成"黑白合同"。关于工程款支付,中标合同约定,发包人按照承包人完成工程量的 80% 付款,待工程竣工验收合格且双方办理工程结算后 1 个月内付清工程款;而作为"黑合同"的补充协议约定,发包人按照实际完成的工程节点付款,待工程竣工验收合格满 24 个月且工程结算后 1 个月内付清工程款。当事人实际履行的是补充协议,在工程竣工验收合格后 4 个月内双方即办理了工程结算。在工程竣工验收合格后的第 26 个月,承包人提起诉讼,请求法院判令发包人支付工程款,并确认其对该工程款享有优先受偿权。

在上述案例中,由于双方当事人实际履行的是补充协议,故承包人主观上认为,其在工程竣工验收合格后 24 个月后才能向发包人主张权利。在此之前,承包人并不知道其权利受到了侵害。因此,该案中,若以中标合同作为依据,判决承包人因其行使期限超过了 18 个月而丧失了优先受偿权,显然既不符合失权期间的基本法理,也与常理不合。

第三,对于实际履行的合同无效的情形,笔者认为,如前所述,除斥期间的起算有两种类型:一种是权利成立之日,另一种是知道或应当知道权利受到损害之日。本条采用的是第二种类型,其所规定的"发包人应当给付建设工程价款之日"则是上述第二种类型的具体化,是第二种类型在建设工程施工合同中逻辑推导的结果。在当事人实际履行的合同效力出现瑕疵时,笔者倾向于回归本源,按照承包人知道或应当知道其权利受到损害这一标准,来确定优先受偿权行使期限的起算日。因此,在上述案例中,将优先受偿权行使期限的起算日确定为工程竣工验收合格满24个月后的第一天似乎更合理。

此外,对于多份合同均无效的,则应当以当事人实际履行的合同作为确定发包人应当付款之日的依据。

## 深度研讨

### 一、承包人发函主张优先受偿权的效力

实践中存在承包人以发函、工作联系单等方式向发包人主张优先受偿权的情形,而对其效力则存在不同观点。第一种观点认为,承包人通过发函方式主张建设工程价款优先受偿权的,可以认可其效力;至于工程欠款的数额可以通过后续程序确定,不能以工程款数额未定为由否定建设工程价款优先受偿权行使的有效性。第二种观点认为,承包人通过发函方式主张建设工程价款优先受偿权的,需要确定欠付工程款的数额和工程折价的数额;对于欠付工程款数额及工程折价的数额不明确的,不能认定为优先受偿权行使的有效方式。①

司法实践中,有判例对第一种观点予以了肯定。在"天成润华集团有限公司与中国核工业华兴建设有限公司建设工程施工合同纠纷案"中,承包人于2008年5月12日向发包人和监理单位发出主张优先受偿权的"工作联系单",该联系单载明:本工程于2008年2月4日进行了验收,现提出保留本工程优先受偿权。发包人工作人员签收了该联系单。承包人于2009年提起诉讼,并主张对涉案工程享有优先受偿权。最高人民法院认为,涉案工程在2008年2月4日竣工验收后,承包人于同年5月12日以"工作联系单"方式向发包人主张涉案工程的优先受偿权,并未超出法定的优先受偿权除斥期间。②

笔者认为,首先,根据《民法典》第807条的规定,承包人实现优先受偿权有两种方式:一种是当事人协议将工程折价;另一种是申请法院将该工程拍卖。由此可见,发函并非法定的优先受偿权行使方式。其次,从法律性质上看,承包人单方发出的联系函是一种单方行为,其可以视为一种通知。因当事人未经协商,故不能产生

① 参见李后龙、潘军锋:《建设工程价款优先受偿权审判疑难问题研究》,载《法律适用》2016年第10期。

② 参见最高人民法院(2012)民一终字第41号民事判决书。

协议折价的法律效果。再次，如果发函可以作为优先受偿权的行使方式，则承包人行使优先受偿权的期间将会被不合理地延长，违背了该期间的法定性和不变性，从而造成优先受偿权行使的随意性，可能会损害第三人的利益。最后，发包人仅回函同意承包人享有优先受偿权，亦不足以认定其为行使优先受偿权的行为。因为优先受偿权由法律规定，无须发包人同意。因此，单纯发函不能成为优先受偿权的行使方式，只有当事人就优先受偿权的受偿数额、折价范围等有关具体事项进行了协商的，才能认为其构成协议折价的行使方式。

## 二、采取多种优先受偿权行使方式时的行使日确定

协议折价和申请法院拍卖是承包人行使工程价款优先受偿权的两种方式，其中，申请法院拍卖又可分为诉讼和非讼两种方式。实践中，当事人可能会采取多种方式行使优先受偿权，主要有两种情形：一种为当事人协商折价失败后承包人又求助于司法程序；另一种为承包人采用非讼方式主张优先受偿权未被支持后又提起诉讼。值得讨论的是，在上述情形下，若当事人协商折价或承包人采取非讼方式行使优先受偿权的时间尚在本条规定的行使期限内，但承包人第二次寻求救济时已经超过了行使期限，则其关于优先受偿权的主张是否会因超过行使期限而不被支持？

笔者认为，《民法典》第 807 条的规定，既允许当事人协商实现优先受偿权，又允许其直接或在协商失败时求助于司法程序，可以认为其具有允许当事人分步实施的含义。允许承包人以非讼的方式直接申请法院拍卖，其立法意图是要由“对人诉讼”改为“对物诉讼”，①具有审理周期短、一审终审等特点。从社会成本和效率上看，无论是协商折价还是非讼申请拍卖都具有社会成本低、效率高的特点，在条件适用的情况下应当予以鼓励。因此，笔者倾向于认为，可以将当事人第一次协议折价或非讼申请拍卖与其后的第二次救济视为一个连贯的行使行为，即将承包人第一次协议折价或非讼拍卖的时间作为这一连贯行使行为的行使日。在该行使日未超过 18 个月行使期限的情况下，其第二次寻求救济的时间即使超过了行使期限，也不因此丧失优先受偿权。

司法实践中也有判例持类似意见。在“河南恒和置业有限公司与中天建设集团有限公司建设工程施工合同纠纷案”中，承包人与发包人于 2014 年 11 月 3 日对

---

① 参见梁慧星：《合同法第二百八十六条的权利性质及其适用》，载《山西大学学报（哲学社会科学版）》2001 年第 3 期。

第三方造价咨询单位出具的工程造价《审核报告》进行了确认，2014 年 12 月 1 日，承包人向焦作市中级人民法院提交了涉案工程的拍卖联系函，请求依法确认对涉案工程的优先受偿权。2015 年 8 月 4 日，承包人向发包人发送工作联系单，要求对涉案工程价款享有优先受偿权。2016 年 5 月 5 日，承包人又向河南省洛阳市中级人民法院提交了《优先受偿权参与分配申请书》，请求参与分配，依法确认并保障其对涉案建设工程价款享有的优先受偿权。最高人民法院就此认为，承包人行使建设工程价款优先受偿权未超过法定期限。①

### 三、18 个月的行使期限是否合理

《建设工程司法解释（二）》第 22 条沿用了《优先受偿权问题的批复》规定的 6 个月行使期限，并将该行使期限的起算时间调整为发包人应当给付建设工程价款之日，反映了工程建设领域的实际状况，兼顾了承包人、发包人及第三方（如银行、房屋买受人等）的利益，是较为合理的。本条将 6 个月修改为 18 个月，进一步加大了对承包人的保护力度，也可能有考虑到当事人对付款时间约定不明等方面的因素。

但笔者认为，以“发包人应当付款之日”作为优先受偿权行使期限的起算时间，6 个月的行使期限是合理的，为了加大保护承包人的利益，将其修改为 18 个月值得商榷。首先，建设工程价款优先受偿权具有一定的追及效力，过长的权利行使期限会影响发包人对建筑物处分后果的预期，导致承发包双方利益的不平衡，也不利于物的经济效能的发挥；其次，由于建设工程价款优先受偿权不由承包人占有，且不经登记而生效，公示性较差，难以被社会公众知晓，过长的行使期限增大了损害第三人（如房屋买受人）利益的机会，不利于交易安全；最后，当事人对付款时间没有约定或约定不明的情形毕竟较少，而且，对此类情形完全可以对“发包人应当付款之日”作出解释，也可以根据个案进行酌情适用，没有必要直接延长行使期限。

## 实务判例

### 【判例一】优先受偿权的行使期限应当自工程款确定的次日起算②

2011 年 6 月 1 日，发包人恒源公司与承包人苏中公司签订《建设工程施工合

---

① 参见最高人民法院（2019）最高法民终 255 号民事判决书。

② 参见最高人民法院（2018）最高法民终 620 号民事判决书。

同》,约定由苏中公司施工恒源公司开发的“银河游泳馆改造项目(恒源时代中心)”工程。合同价款执行预决算,合同价款最终以双方审定的结算价为准。合同第四部分双方承认的附加条款第5.1.2条约定,承包人向发包人提交预算书后,发包人在30个工作日通知承包人,经双方在60个工作日内核审后的合同价款,作为工程最终造价,如发包人原因不能在约定时间内审计完毕,视为认同承包人送审造价。

合同签订后,苏中公司依照合同约定开始施工,竣工验收合格并投入使用。

2015年9月29日,恒源公司签收了苏中公司《银河游泳馆改造项目(恒源时代中心)工程竣工报审资料(结算书)》一套。2016年10月11日,双方签订《苏中建设恒源银座项目部抵顶恒源银座公寓协议》,约定工程暂定结算造价23,026.99万元,截至2016年10月10日已付21,144.14万元。2017年9月20日,双方形成《银河游泳馆改造项目(恒源时代中心)工程造价结(决)算汇总表》,最终结算总造价28,399.51万元。苏中公司认可恒源公司已付工程款21,306.14万元,尚欠工程款7093.37万元。

2017年11月17日,苏中公司向法院提起诉讼,请求判令恒源公司给付苏中公司工程款7093.37万元,并确认其对该工程款享有工程优先受偿权。

本案中,苏中公司是否享有工程价款的优先受偿权成为本案的争议焦点之一。

一审法院认为:根据《优先受偿权问题的批复》的精神,建设工程承包人行使优先权的期限为6个月,自建设工程竣工之日或者建设工程合同约定的竣工之日起算。苏中公司提交单位(子单位)工程质量竣工验收记录显示,涉案工程的竣工日期为2015年2月28日。苏中公司于2017年11月17日提起诉讼,其主张建设工程优先受偿权已经超过6个月法定期限,故对苏中公司主张的建设工程优先受偿权依法不予支持。

二审法院认为:《建设工程司法解释(二)》第26条第1款规定:“本解释自2019年2月1日起施行。”第2款规定:“本解释施行后尚未审结的一审、二审案件,适用本解释。”第22条规定:“承包人行使建设工程价款优先受偿权的期限为六个月,自发包人应当给付建设工程价款之日起算。”①故本案关于优先受偿权的认定,应适用该司法解释第22条。同时,因建设工程施工合同履行过程的复杂性特点,对于该条规定的“发包人应当给付建设工程价款之日”,应当根据具体案件中的具体情况加以确定。

---

① 《新建设工程司法解释(一)》第41条将建设工程价款优先受偿权的行使期限修改为18个月。

二审法院认为：从《合同法》第286条的规定看，承包人就未付工程款对所承建工程享有优先受偿权，系为保护承包人对工程价款的实际受偿，因此，在认定该优先受偿权的行使期限时，应当尊重当事人之间关于支付工程价款期限的约定。本案中，恒源公司于2015年9月29日收到苏中公司报送的竣工报审资料（结算书），但其未按约在60天内核审合同价款，并自28天内未付款。此时，虽然《建设工程司法解释》第20条规定："当事人约定，发包人收到竣工结算文件后，在约定期限内不予答复，视为认可竣工结算文件的，按照约定处理。承包人请求按照竣工结算文件结算工程价款的，应予支持。"[①]涉案《建设工程施工合同》第5.1.2条约定："承包人向发包人提交预算书后，发包人在30个工作日通知承包人，经双方在60个工作日内核审后的合同价款，作为工程最终造价，如发包人原因不能在约定时间内审计完毕，视为认同承包人送审造价。"但此后，因对结算价款存在争议，双方仍一直在就此事宜进行协商，直至2017年9月21日，双方才形成了《银河游泳馆改造项目（恒源时代中心）工程造价结（决）算汇总表》，对最终结算总造价及欠付工程款的数额达成了一致。虽然当事人在合同中对发包人收到竣工结算文件后在约定期限内不予答复的后果进行了约定，但当事人此后的行为表明，其对该约定实际上进行了变更。此时，虽然恒源公司对苏中公司存在工程欠款，但具体数额却并未确定，而直至2017年9月21日，恒源公司应付苏中公司工程款的具体数额才最终确定。故在此时，苏中公司才具备了根据最终确定的工程欠款数额主张建设工程价款优先受偿权的条件。因此，从本案的上述事实看，作为建设工程价款优先受偿权起算点的"发包人应当给付建设工程价款之日"，应当确定为工程款数额确定的次日即2017年9月22日，较为公平合理。因此，苏中公司于2017年11月17日向一审法院提起诉讼并主张就该建设工程拍卖、变卖的价款优先受偿，并未超过优先受偿权保护期限。一审判决认定苏中公司主张建设工程价款优先受偿权超过了6个月的保护期限，属于适用法律错误，本院予以纠正。

**【判例二】未完工工程优先受偿权的行使期间自承包人起诉之日起算[②]**

2012年11月4日，建鑫公司（乙方）与富通公司（甲方）签订了一份《建设工程施工合同》，约定由建鑫公司承包富通公司发包的富通国际鞋材、服装、纺织交易中心D、E区工程，工程内容包括土建、水电、消防及附属工程，合同价款约2亿元。合

---

① 《建设工程司法解释》废止后，《新建设工程司法解释（一）》第21条作了类似的规定。

② 参见安徽省高级人民法院（2019）皖民终88号民事判决书。

同约定的开工时间为2012年11月16日，竣工日期为2014年7月16日。关于工程结算，合同约定："工程竣工验收合格后，乙方提供完整的竣工结算资料给甲方，甲方在收到结算资料后三个月内审核完毕。"

2012年11月26日，建鑫公司开始施工。施工至主体结构封顶时工程停工。

2017年1月5日，建鑫公司向法院提起诉讼，请求判令富通公司支付建鑫公司工程款和补偿款，并请求判决确认其对涉案工程价款享有优先受偿权。

2018年3月29日，建鑫公司向富通公司寄送《解除合同通知书》。

一审期间，经建鑫公司申请，一审法院委托造价鉴定机构对涉案工程进行了造价鉴定。

本案中，建鑫公司是否享有建设工程价款的优先受偿权成为争议焦点之一。

一审法院认为：根据《优先受偿权问题的批复》第4条的规定，建设工程承包人行使优先权的期限为6个月，自建设工程竣工之日或者建设工程合同约定的竣工之日起计算。上述规定本意针对的是已完成工程，防止承包人怠于行使优先权，而本案是未完工程，建鑫公司虽然停工，但一直未撤场，双方合同仍在履行期间，且在诉讼过程中，建鑫公司向富通公司发出解除合同通知书，富通公司收到该通知后也未提出异议，故建鑫公司对案涉工程享有优先受偿权。

二审法院认为：本案关于优先受偿权的问题应适用《建设工程司法解释（二）》第22条的规定，[①]富通公司认为应依据《优先受偿权问题的批复》第4条规定，自涉案合同约定的竣工日期2014年7月16日起算期限的主张不能成立。本案中，双方的主要争议在于如何界定"应当给付建设工程价款之日"。涉案工程未完工，建鑫公司虽已撤场，但无证据证明其已向富通公司交付。从合同约定看，工程未完工，合同约定的工程价款结算条件尚未成就，且双方对已完工程也未完成结算。因双方对工程价款的数额存有争议，建鑫公司向人民法院提起诉讼，正式主张权利，请求确认富通公司欠付工程款，故"应当给付建设工程价款之日"应为建鑫公司提起诉讼之日，即建鑫公司行使建设工程价款优先受偿权的期限应从2017年1月5日起算，建鑫公司行使建设工程价款优先受偿权的期限未超过6个月。因此，对富通公司有关建鑫公司行使优先受偿权已超过6个月期限的上诉请求，本院不予支持。

---

① 《新建设工程司法解释（一）》第41条将建设工程价款优先受偿权的行使期限修改为18个月。

## 【判例三】汇总结算日期不应作为行使优先受偿权的起算时间[①]

2010年10月，特斯利公司将位于涌泉工业园新建办公楼和生产区中的部分工程发包给徐某龙。徐某龙自2010年11月1日至2015年8月20日实际承建特斯利公司各项建设工程十余项，大多签订有书面合同。在此期间，特斯利公司仅在施工期间支付了50万元工程款。双方当事人分别于2011年、2012年、2014年、2015年对单项工程分别进行了结算，均有书面结算手续，在结算手续上均未明确约定付款时间；2018年6月10日，双方进行了汇总结算，书面结算明细表明，特斯利公司应该支付徐某龙工程款总计6,650,472.07元，在汇总条上亦未注明付款时间。

徐某龙于2018年6月22日向一审法院起诉，请求判令特斯利公司支付工程款6,150,472.07元及利息、支付违约金30,000元，并同时要求判令对特斯利公司办公大楼等固定资产享有优先受偿权。

一审法院于2018年7月6日作出(2018)鄂0624民初1333号民事调解书，调解书确认了当事人自行达成的协议：(1)特斯利公司欠徐某龙工程款6,150,472.07元，违约金30,000元，利息1,800,000元，合计为7,980,472.07元，在2018年7月4日前还清，逾期按银行同期贷款利率支付利息至付清之日止；(2)特斯利公司欠徐某龙所建办公楼和办公楼装修的工程款2,124,507元(包含在上述欠款内)优于其他债权人的抵押权受偿。

2013年12月13日，特斯利公司因项目建设缺资金，以其公司所有的国有土地使用权、车间、办公楼作为抵押物，向南漳农商行申请借款1250万元。2014年1月7日，特斯利公司与南漳农商行签订固定资产借款合同和抵押合同。合同签订后，合同当事人依法办理了抵押登记手续。南漳农商行于2014年1月10日向特斯利公司发放了850万元借款，后因未按约定付息形成诉讼。

一审法院于2018年6月1日作出(2018)鄂0624民初926号民事判决书，判决特斯利公司偿还南漳农商行借款本金850万元及利息(含罚息)，同时，判决南漳农商行对特斯利公司名下的抵押物，即位于涌泉工业园的有关国有土地使用权、车间和办公楼享有优先受偿权。

南漳农商行认为，特斯利公司、徐某龙之间就建设工程施工合同纠纷达成和解

① 参见湖北省襄阳市中级人民法院(2019)鄂06民终3330号民事判决书。

协议，其中涉及建设工程价款优先受偿权部分与南漳农商行抵押优先受偿权之间存在利益冲突；而徐某龙行使工程价款优先权因超过6个月的优先受偿权的期限，工程价款优先受偿权已归于消灭。因此，南漳农商行向一审法院提起诉讼，请求判令依法撤销一审法院(2018)鄂0624民初1333号民事调解书的第2项，即“特斯利公司欠徐某龙所建办公楼和办公楼装修的工程款2,124,507元优于其他债权人的抵押权受偿。”

一审法院认为，法律规定承包人就未付工程款对所承建工程享有优先受偿权，系为保护承包人对工程价款的实际受偿，在认定该优先受偿权的行使期限时，应当尊重当事人之间关于支付工程价款期限的约定，优先受偿权行使期限的起算点，不应早于当事人之间约定的工程价款支付期限，以保证实现该优先权权能。本案所涉工程中，双方当事人分别于2011年、2012年、2014年、2015年办理过结算，直至2018年6月10日才将最后一项钢结构厂房工程结算完毕，结算确认材料中均未约定支付工程价款的期限。徐某龙于最后一项工程款结算清楚后的当月即依法提起诉讼，应该视为其没有超过行使优先受偿权的行使期限，同时也符合《建设工程司法解释(二)》第22条的规定精神。

因此，一审法院认为，一审法院作出的(2018)鄂0624民初1333号民事调解书符合法律规定，也较好地平衡了当事人之间的利益关系。原告要求撤销调解书中第2项的诉讼请求不能成立，一审法院不予支持。

二审法院认为，本案争议的焦点问题是徐某龙与特斯利公司通过诉讼调解的方式确认工程价款的优先受偿权，是否侵害了南漳农商行基于抵押权而享有的优先受偿权。因此，本案审查的重点是徐某龙是否享有建设工程价款优先受偿权。

根据《建设工程司法解释(二)》第22条的规定，承包人行使建设工程价款优先受偿权的期限为6个月，自发包人应当给付建设工程价款之日起算。就本案而言，涉案办公楼已于2013年9月竣工验收，并办理了房屋所有权证。此时，涉案办公楼已经交付，并由特斯利公司行使占有、使用、收益的权利，此时已达到应当给付工程价款的时间。即便按照当事人之间分别就办公楼主体工程、基础增加工程、装修工程达成工程款结算的时间为起算点，该结算行为均发生在2012年到2015年，亦超出了主张建设工程价款优先受偿权的最长期限。徐某龙辩称其与特斯利公司在2018年6月10日对工程款进行汇总结算，故未超出行使优先权的期限的理由，缺乏事实和法律依据，且该行为发生在南漳农商行诉讼结束之后不久，显然有损于该行抵押权的行使。

综合上述分析，二审法院认为，徐某龙已丧失了工程价款优先受偿权，一审判决以结算确认材料中均未约定支付工程价款的期限为由，认定没有超过优先权的行使期限，属认定不当，应予纠正。徐某龙与特斯利公司以诉讼调解方式确认工程价款的优先受偿权，侵害了南漳农商行的利益，依法予以撤销。

**第四十二条　【承包人放弃优先受偿权的效力】**

发包人与承包人约定放弃或者限制建设工程价款优先受偿权，损害建筑工人利益，发包人根据该约定主张承包人不享有建设工程价款优先受偿权的，人民法院不予支持。

## 条文主旨

本条规定了约定放弃或限制建设工程价款优先受偿权的效力。

## 条文精解

### 一、承包人放弃或限制优先受偿权的主要情形

（一）预先放弃或限制

预先放弃或限制优先受偿权，是指承包人于建设工程优先受偿权成立之前所作出的于将来放弃或限制其优先受偿权的意思表示。① 根据本条规定，预先放弃或限制包括以下两种情形：

1. 绝对放弃

本条所规定的“放弃”，是指承包人放弃其对发包人享有的、就其工程款债权对建设工程折价或者拍卖的价款优先受偿的权利。承包人放弃该权利后，其对发包人享有的建设工程价款债权成为普通债权，清偿顺序排在担保的债权之后，与其他无担保债权处于同一清偿顺序。② 有学者称该种放弃为“绝对放弃”③。该情形的典型表现是，承包人和发包人在建设工程合同之外另行约定或由承包人单方承诺，承包人放弃其对工程价款优先受偿的权利。该种情形既包括放弃全部工程价款的

---

① 参见王旭光：《建筑工程优先受偿权制度研究——合同法第 286 条的理论与实务》，人民法院出版社 2010 年版，第 229 页。

② 参见最高人民法院民事审判第一庭编著：《最高人民法院建设工程施工合同司法解释（二）理解与适用》，人民法院出版社 2019 年版，第 474 页。

③ 参见王旭光：《建筑工程优先受偿权制度研究——合同法第 286 条的理论与实务》，人民法院出版社 2010 年版，第 229 页。

优先受偿权,也包括放弃部分工程价款的优先受偿权。

2. 相对限制

本条所规定的"限制",既包括承包人仅放弃其对工程价款部分优先受偿的权利,也包括为工程价款优先受偿权的行使设定时间、条件或者限定优先受偿的工程范围。[①] 有学者称为"相对放弃"[②]。该情形的典型表现是,承包人与发包人、银行签订三方协议或由承包人向银行单方承诺,承包人放弃优先于该银行就建设工程所成立之抵押权的效力。此时,承包人就工程价款优先受偿权的清偿顺位仍优先于其他担保债权和普通债权。

### (二)嗣后放弃或限制

嗣后放弃或限制优先受偿权,是指建设工程优先受偿权成立之后,承包人所作出的放弃或限制其优先受偿权的意思表示。[③] 同样,嗣后放弃或限制也包括绝对放弃和相对限制两种情形。实践中,该种情形并不常见。

## 二、关于承包人放弃或限制其优先受偿权之效力的主要观点

### (一)预先放弃或限制之效力的主要观点

关于承包人预先放弃或限制其优先受偿权的效力,我国学者有有效说、无效说和区别效力说等多种观点。

1. 有效说

该说认为,承包人享有的优先权虽然是法律规定的权利,不是当事人约定的权利,但不论是法定还是约定,对承包人而言都是一项民事权利,当事人既可以行使也可以放弃。只要出于权利人的真实意思表示,法律都不可干预,这是当事人意思自治原则的体现。因此,如没有导致承包人不能正确表示意思的情形,约定承包人在工程价款未按时清偿时,不得对建设工程折价或依法拍卖所得款项优先受偿的,应认定该约定有效。在遇有发包人不能支付工程款时,承包人不能行使优先权,也

---

① 参见最高人民法院民事审判第一庭编著:《最高人民法院建设工程施工合同司法解释(二)理解与适用》,人民法院出版社 2019 年版,第 474 ~ 475 页。

② 参见王旭光:《建筑工程优先受偿权制度研究——合同法第 286 条的理论与实务》,人民法院出版社 2010 年版,第 230 页。

③ 参见王旭光:《建筑工程优先受偿权制度研究——合同法第 286 条的理论与实务》,人民法院出版社 2010 年版,第 229 页。

不能事后反悔以优先权是法定为由主张合同约定无效。[①]

2. 无效说

该说认为,《合同法》第286条[②]的立法目的在于保护劳动者获得劳动报酬的权利,维护社会的稳定,同时有效保证建筑企业的流动资金迅速回笼,从而形成健康有序的建筑市场运行机制。承包人放弃优先受偿权则与此立法目的相违背,其直接后果是损害了劳工的利益,扰乱了建筑市场和社会秩序,违反了诚实信用原则。如果允许承包人事先放弃优先受偿权,发包人就极有可能在合同签订阶段,利用自己的优势地位强迫承包人违心地放弃优先受偿权,从而造成发承包关系中实质正义的落空,有违公平和正义原则,是对意思自治和自由原则的滥用。[③]

3. 区别效力说

该说认为,建设工程价款优先受偿权的放弃应以有效为原则,以无效为例外。在符合一般合同有效特征的情况下,应肯定建设工程价款优先受偿权放弃的合法有效性,除非存在明显侵害第三人利益、社会公共利益的情况。以牺牲意思自治为代价而认定民事法律行为无效,必须具有高于该项原则价值的理由。这个理由只能是社会公共利益。在个案中,只有放弃该权利的行为对建筑工人的报酬取得权或其他利益主体存在明显而必然的损害时,才可以认定该放弃权利的行为无效,以避免严重偏离实质公平。[④]

### (二)嗣后放弃或限制之效力的观点

关于嗣后放弃或限制优先受偿权的效力,有观点认为,建设工程价款的优先受偿权是一种物权,其放弃要以物权行使的规则予以规范。一般而言,在不损害第三人利益的前提下,权利人可以放弃自己的权利。除法律另有规定外,物权因抛弃而消灭。因此,对于既得的建设工程价款优先受偿权,承包人有权予以放弃。但如果承包人放弃或限制优先受偿权的行为损害了第三人的利益,比如影响到其自身债

---

① 参见张铁锋:《我看建设工程承包人的优先权》,载《中国律师》2001年第10期。

② 参见《民法典》第807条。

③ 参见何红锋、张璐、马俊达:《建设工程款优先受偿权放弃的效力探讨》,载《建筑经济》2005年第6期。类似观点参见陈广华、王逸萍:《建设工程价款优先受偿权预先放弃之效力研究》,载《西部法学评论》2015年第4期。

④ 参见王涛、俞悦:《建设工程价款优先受偿权放弃的法律效力》,载《人民司法(应用)》2016年第16期。类似观点参见陈信勇:《建设工程价款优先受偿权放弃行为的效力分析》,载《浙江社会科学》2016年第2期。

务的清偿从而有损于其债权人的利益，则应为法律所否定。[①]

## 三、放弃或限制优先受偿权原则有效的理由

本条采纳了区别效力说的观点，即承包人放弃或限制优先受偿权的行为原则有效，但因此损害建筑工人利益的无效。同时，由本条规定可以看出，司法解释未对预先放弃和嗣后放弃进行区分。否定预先放弃效力的一个理由在于，承发包人在优先受偿权成立之前市场地位不平等，从而导致承包人的意思表示瑕疵。在优先受偿权成立之后，由于承包人的地位通常会有所上升，一般认为其嗣后放弃的意思表示无瑕疵之虞。因此，既然司法解释原则上未否定承包人预先放弃优先受偿权的效力，则对嗣后放弃的效力同样也不会否定了。

笔者认为，承包人放弃或限制优先受偿权的行为原则上有效的理由，主要有以下几个方面：

第一，承包人的工程价款优先受偿权是一种法定的担保物权，虽然其是法律规定的权利，但不管是法定的权利还是约定的权利，在不违反法律、行政法规的强制性规定和公序良俗的情况下，都应当允许放弃。我国法律并未禁止担保物权的放弃。《民法典》第393条第3项规定，债权人放弃担保物权的，担保物权消灭。同时，《民法典》第449条也规定："法律规定或者当事人约定不得留置的动产，不得留置。"由此可见，我国法律承认放弃担保物权包括法定留置权的效力。承包人的优先受偿权作为类似于留置权的一种法定担保物权，上述规定也应参照适用。

第二，关于承认放弃优先受偿权的效力是否显失公平，笔者认为，虽然承包人在建筑市场中相对于发包人处于弱势地位，但其毕竟是具有丰富工程经验的市场主体，应当具备自我保护意识。如果仅仅由于其弱势的市场地位就否认其意思表示的效力，那么，承包人在与发包人交易中的意思表示岂不都有被否定的可能？如此一来，稳定的交易秩序将无法得到保护，也违背了诚实信用的原则。而且，如果交易中存在显失公平的情形，当事人完全可以依据法律的有关规定，通过行使撤销权来救济，自无直接否定当事人意思表示的必要。

第三，有学者认为，承包人基于自身取得工程或筹措资金的需要，向发包人或贷款银行承诺放弃优先受偿权，发包人、贷款银行亦以此作为是否同意其承揽工程或取得融资的重要考量。之后，承包人又主张其优先受偿权存在，对交易相对人及

---

① 参见王旭光：《建筑工程优先受偿权制度研究——合同法第286条的理论与实务》，人民法院出版社2010年版，第229～232页。

第三人造成错误预期,实有违诚信原则,有害交易安全。[①] 上述观点可资赞同。

第四,至于有观点称,若允许该权利可以预先放弃,则会“导致工人的基本生存权无法获得保障,引发社会不稳定因素,同该制度设计初衷不符”[②],笔者认为,优先受偿权立法的主要基础在于保护承包人利益,保护工人工资不过是其衍生的社会功能。而且,承包人内部职工的利益可以利用《劳动法》及《劳动合同法》的有关规定予以保护,农民工的工资则既可以由其向劳务公司追偿,也可以通过实际施工人向承包人、发包人主张权利。建筑市场信用管理制度、农民工工资支付担保制度、农民工工资专用账户制度、总包单位先行清偿制度、总包单位代发农民工工资制度等的建立,也标志着我国保障建筑行业农民工工资支付的“立体措施”已基本形成。[③] 由此可见,承包人能否享有工程价款的优先受偿权与建筑工人能否拿到工资之间并不存在必然的联系。

## 四、“损害建筑工人利益”的理解与适用

本条规定,当承包人因放弃或限制优先受偿权而导致建筑工人的利益受到损害的,其放弃或限制优先受偿权的行为无效。最高人民法院认为,建设工程价款优先受偿权要保护的就是建筑工人的工资权益,如果承包人与发包人约定放弃或限制建设工程价款优先受偿权,导致其工程价款债权不能实现,进而造成其资产负债状况恶化,以至于不能支付建筑工人的工资,则该放弃或限制建设工程价款优先受偿权的行为就违背了设立建设工程价款优先受偿权制度的本意。[④]

关于该条规定的法律依据是否充分,将在本条的【深度研讨】中专门分析。此处仅对其理解与适用进行讨论。

关于对“损害建筑工人利益”的理解与适用,应注意以下几个方面的问题:

### (一)关于“建筑工人”的范围和外延

由于完成建设工程的主体既包括与发包人签订合同的承包人,也包括与承包

---

① 参见陈旻、孙盈:《建设工程承包人优先权之审判实务若干问题研究》,载最高人民法院民事审判第一庭编:《民事审判指导与参考》(总第37集),法律出版社2009年版。

② 仲伟珩:《建设工程价款优先受偿权若干疑难问题分析》,载最高人民法院民事审判第一庭编:《民事审判指导与参考》(总第43集),法律出版社2011年版,第104页。

③ 《建筑市场信用管理暂行办法》(建市〔2017〕241号)、《保障农民工工资支付条例》均有相应规定,具体可参见本书《新建设工程司法解释(一)》第38条条文精解的内容。

④ 参见最高人民法院民事审判第一庭编著:《最高人民法院建设工程施工合同司法解释(二)理解与适用》,人民法院出版社2019年版,第475页。

人存在合同关系的分包人、实际施工人，因此，本条中的“建筑工人”并不仅指承包人的建筑工人，还应当包括分包人、实际施工人的建筑工人。也就是说，即使承包人的经营状况尚不影响其建筑工人的工资支付，但若因其无法向分包人或实际施工人支付款项，从而损害分包人或实际施工人的建筑工人利益的，也应当认定承包人放弃或限制优先受偿权的行为无效。

（二）关于因果关系的认定

承包人放弃或限制优先受偿权与建筑工人的利益受损之间存在因果关系，是其放弃或限制行为无效的构成要件。承包人虽然放弃了优先受偿权，但其尚有能力支付其建筑工人工资的，不能适用本条的规定。同样，如果因承包人放弃或限制了优先受偿权，导致其没有能力向分包人或实际施工人支付工程款，但分包人或实际施工人有能力支付其建筑工人工资却未予支付的，也不能适用本条的规定。

（三）关于举证责任

从证据法的角度来看，发包人提出证据证明存在承包人放弃或限制优先受偿权的约定，主张承包人不享有优先受偿权的，相应证据属于本证。若承包人并未否认该约定，但提出其损害了建筑工人的利益，主张该约定无效，则承包人应当就其主张提供证据。该证据在性质上也属于本证，承包人对此应当承担举证责任。

（四）关于是否损害建筑工人利益的时间标准

实践中，对此存在两个时间节点：承包人事先放弃或限制的意思表示作出之时、承包人事后反悔而又主张行使优先受偿权之时。有观点认为，无效的法律行为当然、自始、确定不发生效力，故对于损害时点的判断，必须以放弃或者限制优先受偿权的约定作出之时为判断时点，否则会使该约定的效力始终处于一种悬而未决的状态，从而违背民事法律行为效力的基本理论。① 也有观点认为，如果以事先放弃或限制优先受偿权之时没有损害建筑工人利益为由，而对最终出现的损害后果坐视不理，不能真正保护建筑工人的合法权益，与法律的追求目标相悖，故从司法解释的本意和保护建筑工人利益的角度出发，应当以承包人事后又主张优先受偿

① 参见朱永超：《关于〈施工合同司法解释二〉第二十三条中“损害建筑工人利益”的认定》，载微信公众号“马鞍山仲裁委员会”2020 年 8 月 27 日，https://mp.weixin.qq.com/s/6uDHVohlxSV4y979-ke3Cw。

权之时即损害建筑工人利益实际发生之时为准。[①]

笔者认为,无效的民事法律行为当然无效,不能附条件,即其不能在某种情形下无效,而在另一种情况下有效。从这个意义上看,第一种观点更符合无效民事法律行为的基本理论,第二种观点则在理论上存在缺陷。但从本条规定的目的来看,第二种观点更能满足司法实践的要求,也可以实现保护建筑工人利益的衍生功能。在“中国华融资产管理股份有限公司福建省分公司与苏州市凤凰建筑安装工程有限公司合同纠纷案”中,苏州凤凰公司于2013年7月27日向浦发银行福州分行出具了放弃建设工程价款优先受偿权的《承诺书》,最高人民法院认为:“直到2018年7月27日福建省宁德市中级人民法院作出执行分配方案,苏州凤凰公司在调解书中确定的工程价款通过行使优先受偿权仅实际获得分配68,939,365元。后经法院裁定,苏州凤凰公司亦进入破产清算程序。以上事实足以说明,在本案中,若还允许苏州凤凰公司基于意思自治放弃建设工程价款优先受偿权,必然使其整体清偿能力恶化影响正常支付建筑工人工资,从而导致侵犯建筑工人利益。”[②]这表明,法院并未将承包人事先放弃优先受偿权的意思表示作出之时认定为损害建筑工人工资的时点。

## 深度研讨

根据本条的规定,承包人因放弃或限制优先受偿权而损害建筑工人利益的,其放弃或限制优先受偿权的行为无效。由此可见,“损害建筑工人利益”构成了承包人放弃或限制优先受偿权行为无效的理由。笔者认为,该理由有值得讨论的余地。

第一,根据《民法典》第154条的规定,行为人与相对人恶意串通,损害他人合法权益的民事法律行为无效。[③] 所谓恶意串通,是指双方当事人均有实施法律行为的真实意思表示,唯此真实意思表示,是为了损害他人(行为人以外之人)的合法权益。[④] 显然,本条并未将当事人恶意串通作为放弃或限制行为无效的构成要件,因此,上述法律规定并非本条规定的来源。

---

① 参见吴宁:《建设工程司法解释二第23条中“损害建筑工人利益”的理解与把握》,载微信公众号“审判研究”2019年2月14日,https://mp.weixin.qq.com/s/hiJJ-I5ygOvjsl7N9itlpw。

② 参见最高人民法院(2019)最高法民终1951号民事判决书。

③ 《民法典》第154条规定:“行为人与相对人恶意串通,损害他人合法权益的民事法律行为无效。”

④ 参见李宇:《民法总则要义:规范释论与判解集注》,法律出版社2017年版,第701页。

第二，根据《民法典》第153条第2款的规定，违背公序良俗的民事法律行为无效。所谓公序良俗即公共秩序和善良风俗，依学者通说，所谓“社会公共利益”及“社会公德”在性质和作用上与公序良俗原则相当，“社会公共利益”相当于“公共秩序”，“社会公德”相当于“善良风俗”。① 公序良俗原则及“违背公序良俗的法律行为无效”规则所保护的客体，是全体社会成员共享的利益，不同于特定主体的利益。②

在“深圳市新世纪投资发展有限公司与东北石油大学合同纠纷案”中，最高人民法院即认为，社会公共利益一般是指关系到全体社会成员或者社会不特定多数人的利益，主要包括社会公共秩序以及社会善良风俗等。本案中，东北石油大学处分其安达校区固定资产，虽属国有资产和社会公共教育资源，但该资产的转让系东北石油大学与深圳新世纪投资发展有限公司作为平等的民事主体在平等协商的基础上自愿进行的有偿转让。就东北石油大学处分案涉资产本身而言，并没有损害全体社会成员或者社会不特定多数人的利益，也没有证据证明案涉资产的处分损害了东北石油大学的正常教学管理秩序或者学生正常接受学校教育的权利，案涉资产的处分既未损害社会公共秩序，也未损害社会的善良风俗。③ 由此可见，损害建筑工人这一特定主体的利益并不违反公序良俗，上述法律规定并非本条规定的依据。

第三，如前所述，有观点认为，本条规定的原因在于如果承包人与发包人约定放弃或限制建设工程价款优先受偿权，进而造成不能支付建筑工人的工资，则该放弃或限制建设工程价款优先受偿权的行为就违背了设立建设工程价款优先受偿权制度的本意。④ 但笔者认为，如笔者在本书《新建设工程司法解释（一）》第35条条文精解中所述，承包人建设工程价款优先受偿权的立法目的在于保护承包人的利益保护，而非建筑工人的工资。优先受偿权制度对建筑工人的利益保护是间接的，其对建筑工人工资的保障作用至多是该制度衍生的一个功能。因此，允许承包人放弃或限制优先受偿权就违背了该制度本意的说法略有牵强。

---

① 梁慧星先生将违反公序良俗的行为划分为十个类型，包括：（1）危害国家公序行为；（2）危害家庭关系行为；（3）违反性道德行为；（4）射幸行为；（5）违反人权和人格尊重行为；（6）限制经济自由行为；（7）违反公正竞争行为；（8）违反消费者保护行为；（9）违反劳动者保护行为；（10）暴利行为。参见梁慧星：《民法总论》（第3版），法律出版社2007年版，第49、207～209页。

② 参见李宇：《民法总则要义：规范释论与判解集注》，法律出版社2017年版，第678页。

③ 参见最高人民法院（2015）民二终字第129号民事判决书。

④ 参见最高人民法院民事审判第一庭编著：《最高人民法院建设工程施工合同司法解释（二）理解与适用》，人民法院出版社2019年版，第475页。

第四,任何一个法人、社会团体均由职工组成,其与他人进行交易时的相关工作也由职工完成,但一般来说,并不会将损害其职工利益作为当事人放弃其权利无效的理由。比如,在买卖合同中,当事人可以对出卖的动产约定所有权保留,而出卖人事后放弃所有权保留的约定有效,并不以该约定损害其生产工人的利益为例外;在承揽合同中,承揽人预先放弃对其加工设备留置权的效力也为法律所肯定,亦不以损害其加工工人的利益为例外。因此,在建设工程合同中,将损害建筑工人利益作为承包人放弃或限制优先受偿权的行为无效的理由,在逻辑上似并不周延。

第五,有观点认为,本条将"损害建筑工人利益"作为承包人放弃或限制优先受偿权的行为无效的理由,是因为建筑工人是工程的建设者和完成者,建设工程是建筑工人劳务的物化。[①] 但如前所述,在买卖合同、承揽合同中,生产、加工的产品都是劳动者物化的结果,为何独对建设工程合同承包人的权利放弃作出例外规定?况且,按此观点,被损害利益的建筑工人应当是特定的。这就意味着,只有承包人的行为损害到参与相应工程建设的工人利益时,才能认定承包人的行为无效。如何甄别被特定化的建筑工人恐怕也是实践中的一个难题。

第六,从性质上看,承包人放弃或限制建设工程价款优先受偿权的行为是一种无偿处分行为,如果该行为损害了建筑工人的利益,就应当推定其主观上具有恶意,从而构成了诈害行为。根据《民法典》第538条的规定,债务人放弃债权担保影响债权人的债权实现的,债权人可以请求人民法院撤销债务人的行为。[②] 因此,将承包人放弃或限制优先受偿权的行为解释为可撤销的法律行为似更符合法律规定。有学者就从规范属性、构成要件、程序机制及法律效果上对此进行了分析,并认为债权人撤销权制度可以实现该条保护建筑工人利益的规范意旨。[③]

综上所述,笔者认为,以损害建筑工人利益作为承包人放弃或限制优先受偿权的行为无效的理由似不够充分;特别是在我国已经建立保护建筑工人利益的多层次法律制度体系的背景下,本条规定的无效理由的必要性和合理性,值得商榷。

---

① 参见最高人民法院民事审判第一庭编著:《最高人民法院建设工程施工合同司法解释(二)理解与适用》,人民法院出版社2019年版,第475页。

② 《民法典》第538条规定:"债务人以放弃其债权、放弃债权担保、无偿转让财产等方式无偿处分财产权益,或者恶意延长其到期债权的履行期限,影响债权人的债权实现的,债权人可以请求人民法院撤销债务人的行为。"

③ 参见张保华:《论建设工程价款优先受偿权的放弃与限制》,载《人民司法》2020年第13期。

## 实务判例

### 【判例】当事人之间关于放弃优先受偿权的约定有效①

2010年10月12日，源天公司与大兴公司签订《周田水电站土建工程施工合同》（以下简称《施工合同》），合同约定源天公司承包施工图内所有土建项目，并约定了双方其他的权利和义务。

2013年12月10日，双方签订《周田水电站土建二期工程施工补充协议》（以下简称《补充协议》），源天公司进行二期工程施工，后因大兴公司投资资金问题停工。该补充协议第5.5条约定，源天公司同意放弃其所负责的一期、二期工程的优先受偿权。

2013年12月18日，源天公司向仁化农信社出具一份《承诺书》，载明："我公司自愿放弃所承建项目工程的全部优先受偿权，贵社上述抵押受偿权为第一权利人，不对抗贵社的抵押权。"

2014年9月30日，为了保证施工能够顺利开展，源天公司与大兴公司以《补充协议》为基础，又签订了《补充协议二》。源天公司继续进行工程施工，2015年8月该工程停工。2018年8月25日，源天公司与大兴公司确认未付工程款为450万元。

源天公司向法院提起诉讼，请求判令解除源天公司与大兴公司签订的《施工合同》、《补充协议》及《补充协议二》，并确认源天公司就大兴公司的工程欠款享有优先受偿权。

一审法院另查明，2017年12月28日，仁化县人民法院判决大兴公司偿还仁化农信社、始兴农信社、南雄农信社、新丰农信社、翁源农商行（以下简称五大联社，为本案第三人）借款本金8950万元及利息，同时确认五大联社有权在上述借款本息范围内以抵押物的折价、拍卖或变卖价款优先受偿。

本案中，源天公司是否就涉案工程欠款享有优先受偿权成为争议焦点。

一审法院认为，由于涉案工程因大兴公司建设资金原因未能竣工，源天公司行使优先受偿权的期限应自合同解除或终止履行之日起计算，故源天公司在诉求解除合同时主张工程款的优先受偿权没有超过6个月除斥期间。

关于源天公司辩解优先受偿权属于法定权利，不能由承包人单方放弃或发包人单方剥夺，更不能由承包人向第三方表示予以放弃的意见，一审法院认为，源天

① 参见广东省韶关市中级人民法院（2019）粤02民终290号民事判决书。

公司已经放弃涉案工程的优先受偿权，理由如下：

第一，源天公司与大兴签订的《补充协议》明确约定，源天公司同意放弃其所负责的一期、二期工程的优先受偿权，源天公司出具给仁化农信社的《承诺书》也明确载明，源天公司自愿放弃所承建项目工程的全部优先受偿权。这是源天公司的真实意思表示，不违反法律、行政法规的强制性规定，合法有效。

第二，根据《民事诉讼法》第13条的规定，当事人有权在法律规定的范围内处分自己的民事权利和诉讼权利。而建设工程款优先受偿权是法律赋予的法定权利，属于具有担保性质的民事财产权利。作为民事财产权利，权利人可以自由选择是否行使，当然也应当允许其通过约定放弃，且放弃优先受偿权并不必然侵害建设工程承包人或建设实际施工人的合法权益，承包人或建设实际施工人的合法权益还可通过其他的途径保障予以实现。同时，源天公司向大兴公司明确放弃涉案工程的优先受偿权，即便源天公司没有向始兴农信社、南雄农信社、新丰农信社、翁源农商行作出放弃承诺，但其优先受偿权亦已不复存在，也不存在是否能对抗五大联社债权问题。

二审中，当事人围绕上诉请求提交了新的证据。源天公司提交了多份《劳务施工结算汇总表》，拟证明源天公司拖欠建筑工人劳务费用。

二审法院认为，《建设工程司法解释（二）》第23条规定："发包人与承包人约定放弃或者限制建设工程价款优先受偿权，损害建筑工人利益，发包人根据该约定主张承包人不享有建设工程价款优先受偿权的，人民法院不予支持。"①根据该条文的规定，分析如下：

第一，该规定尊重意思自治。承包人与发包人有权就包括建设工程价款优先受偿权在内的各项权利进行讨价还价，建设工程价款作为私权，原则上允许当事人依法处分。同时，该规定维护了《合同法》第286条的立法目的，即承包人与发包人有权就事先放弃或限制建设价款优先受偿权的约定，不得损害农民工等建筑工人的合法权益，不能导致建筑工人的工资权益受到损害。

第二，本案中，源天公司作为承包人，其可以与发包人大兴公司约定放弃建设工程价款的优先受偿权，这是其对自身权利的处分。虽然承包人与发包人之间的市场地位可能不平等，导致缔约地位不平等。但对于此种不平等，只要不超出一定的范围和界限，法律和司法应当予以尊重。而且，承包人和发包人主要是商事主体，

---

① 《建设工程司法解释（二）》废止后，《新建设工程司法解释（一）》第42条作了同样的规定。

在商事交易中,应着重维护契约自由、市场秩序、交易效率和交易安全,这与民事交易中的价值取向有所区别。因此,对于源天公司事先与大兴公司约定及向仁化农信社承诺放弃建设工程价款优先受偿权的行为,应予尊重。

第三,源天公司所提交的结算汇总表只是其单方提供的剩余工程结算尾款的汇总材料,反映的是与有关单位和个人的结算,但不能据此证明源天公司拖欠了建筑工人的工资,也没有其他证据佐证源天公司至今仍拖欠上述剩余工程结算尾款。故源天公司提交的证据不足以证明其放弃涉案工程价款的优先受偿权会损害建筑工人的利益。

综上,二审法院认为,一审法院对源天公司关于其对涉案工程价款享有优先受偿权的诉讼请求不予支持并无不当,本院予以维持。

**第四十三条 【实际施工人的权利保护】**

实际施工人以转包人、违法分包人为被告起诉的，人民法院应当依法受理。

实际施工人以发包人为被告主张权利的，人民法院应当追加转包人或者违法分包人为本案第三人，在查明发包人欠付转包人或者违法分包人建设工程价款的数额后，判决发包人在欠付建设工程价款范围内对实际施工人承担责任。

## 条文主旨

本条是关于实际施工人向与其没有合同关系的发包人主张权利的规定，条款内容延续了《建设工程司法解释》第26条第2款的精神，并将该条款与《建设工程司法解释(二)》第24条进行了整合。本条对合同相对性原则进行了突破，即允许实际施工人直接向发包人主张权利。

## 条文精解

### 一、实际施工人的概念

#### (一)"实际施工人"一词的来源

建设工程领域，挂靠、转包、违法分包行为屡见不鲜。在这种情况下，与建设方(发包人)签订建设工程施工合同的承包人并未亲自履行合同义务，实际履行义务人为其他民事主体，由此产生了实际施工人的概念。"实际施工人"一词源于《建设工程司法解释》的规定，该司法解释第1条、第4条、第25条和第26条均使用了"实际施工人"的概念。[1] 该司法解释废止后，《新建设工程司法解释(一)》也同样沿用

---

[1] 《建设工程司法解释》第1条规定："建设工程施工合同具有下列情形之一的，应当根据合同法第五十二条第(五)项的规定，认定无效：(一)承包人未取得建筑施工企业资质或者超越资质等级的；(二)没有资质的实际施工人借用有资质的建筑施工企业名义的；(三)建设工程必须进行招标而未招标或者中标无效的。"第4条规定："承包人非法转包、违法分包建设工程或者没有资质的实际施工人借用有资质的建筑施工企业名义与他人签订建设工程施工合同的行为无效。人民法院可以根据民法通则第一百三十四条规定，收缴当事人已经取得的非法所得。"第25条规定："因建设工程质量发生争议的，发包人可以以总承包人、分包人和实际施工人为共同被告提起诉讼。"第26条规定："实际施工人以转包人、违法分包人为被告起诉的，人民法院应当依法受理。实际施工人以发包人为被告主张权利的，人民法院可以追加转包人或者违法分包人为本案当事人。发包人只在欠付工程价款范围内对实际施工人承担责任。"

了实际施工人的概念,但相关司法解释均未对实际施工人的外延进行界定。

## (二)实际施工人的主体界定

理论界和实务界对实际施工人的界定有不同的观点。有观点认为,实际施工人是指接受施工任务并组织施工作业的组织或者个人,而不是指具体进行施工作业的组织内的工作人员或受雇于施工人的雇工。一般情况下,实际施工人是承包他人工程进行实际施工的承揽人,包括自然人与法人。① 也有观点认为,实际施工人是指无效建设工程合同的承包人,包括转承包人、违法分包合同的承包人、借用资质的承包人、挂靠施工人,不包括承包人的履行辅助人、合法专业分包工程承包人、劳务作业承包人;农民工个人不能以实际施工人身份、以发包人为被告,提起追讨工资的诉讼。② 还有观点认为,实际施工人指转承包人和违法分包的承包人。③

我们可以从以下几个方面来理解实际施工人的内涵和外延:

### 1. 实际施工人特指转包合同和违法分包合同的承包人及借用资质签订施工合同的挂靠人

"实际施工人"这一概念与《民法典》中的"施工人"概念是相对应的。《民法典》第791条规定:"发包人可以与总承包人订立建设工程合同,也可以分别与勘察人、设计人、施工人订立勘察、设计、施工承包合同。发包人不得将应当由一个承包人完成的建设工程支解成若干部分发包给数个承包人。"这里的"施工人"与勘察人、设计人并列,其含义为建设工程施工合同的承包人,是指"有效建设工程合同主体,不应包括转包、违法分包合同的施工人"④。综合《建设工程司法解释》及《新建设工程司法解释(一)》关于实际施工人的规定可知,实际施工人均为无效合同的承包人,包括转包合同和违法分包合同的承包人以及借用资质签订施工合同的挂靠人。当然,并非无效建设工程施工合同的承包人均为实际施工人,实际施工人特指转包合同和违法分包合同的承包人以及借用资质签订施工合同的挂靠人。有观点认为,实际施工人除包括上述主体外,还包括不具有建筑资质的承包人。⑤ 笔者认

---

① 参见林镥海:《〈建设工程施工合同司法解释〉操作指南》,法律出版社2005年版,第87页。

② 参见史琦:《如何正确理解建设工程案件中"实际施工人"》,载《人民法院报》2009年12月8日。

③ 参见潘福仁主编:《建设工程合同纠纷》,法律出版社2007年版,第36页。

④ 最高人民法院民事审判第一庭:《最高人民法院建设工程施工合同司法解释的理解与适用》,人民法院出版社2004年版,第218页。

⑤ 参见最高人民法院民事审判第一庭编著:《最高人民法院建设工程施工合同司法解释(二)理解与适用》,人民法院出版社2019年版,第369页。

为,该观点并不妥当,因为实际施工人是《建设工程司法解释》创设、《新建设工程司法解释(一)》沿用的特定概念,其外延不应随意扩大。

2. 包工头可以成为实际施工人

由上述实际施工人的概念可知,实际施工人可以是法人、非法人团体、个人合伙,也可以是自然人。[①] 实际施工人为自然人的情形即无资质的包工头,更确切地说,包工头所带领的是临时组织的施工队伍,既没有资质也没有企业建制。[②] 该施工队伍未经法定程序设立、没有相对独立的财产和经费,没有固定的办公场所,不是合格的民事主体,无独立承担民事责任的能力。实践中,作为自然人的包工头尽管个人不能独立完成工程施工工作,但其作为实际的工程承包人,按其与转包人、违法分包人或资质出借人的约定,享有所承包工程的收益。因此,可以认为这类施工队伍是由作为自然人的包工头和与其具有劳务合同关系的农民工共同组成的。那么,作为享有所承包工程收益的包工头,可以作为对外承担施工责任的主体。从这个意义上看,包工头作为自然人可以成为实际施工人的主体。

3. 实际施工人不包括农民工个人

虽然自然人可以成为实际施工人,但实际施工人并不包括农民工。理由如下:

(1)二者概念不同。从司法解释制定的本意上看,"有的承包人将工程转包收取一定的管理费用后,没有进行工程结算或者对工程结算不主张权利,由于实际施工人与发包人没有合同关系,这样导致实际施工人没有办法取得工程款,而实际施工人不能得到工程款则直接影响到农民工工资的发放"[③]。"本条赋予实际施工人向发包人追索工程欠款的诉讼权利,其目的在于保护农民工的利益。"[④]由此可见,实际施工人与农民工这两个词语是分别使用的,实际施工人与提供劳务的农民工个人是两个不同的概念。[⑤]

(2)二者主体地位不同。作为建设工程的实际承揽者,实际施工人是发包人与承包人之间建设工程施工合同全部或部分工作的实际履行主体。《新建设工程司

---

① 参见冯小光:《中国建设工程施工合同纠纷若干问题谈》,载《中国建设工程法律评论》(第1辑),法律出版社2010年版,第137页。

② 参见最高人民法院民事审判第一庭编著:《最高人民法院建设工程施工合同司法解释的理解与适用》,人民法院出版社2004年版,第224页。

③ 冯小光:《〈关于审理建设工程施工合同纠纷案件适用法律问题的解释〉的理解与适用》,载《建筑经济》2005年第1期。

④ 最高人民法院民事审判第一庭编著:《最高人民法院建设工程施工合同司法解释的理解与适用》,人民法院出版社2004年版,第225页。

⑤ 参见姚建军:《实际施工人司法保护若干问题的探析》,载《人民法院报》2010年10月20日。

法解释(一)》第15条[①]和本条的规定就证明了这一点。提供劳务的农民工与实际施工人之间形成劳动合同关系或劳务合同关系,故其不是建设工程施工合同的履行主体,其与转包人、违法分包人、资质出借人及发包人之间也不存在直接的合同关系。

## 二、本条规定的实际施工人不包括借用资质的挂靠人

根据实际施工人的内涵,其范围既包括转包合同和违法分包合同的承包人,也包括借用他人资质承包工程的挂靠人。那么,本条规定是否适用所有实际施工人呢?

笔者认为,作为实际施工人的挂靠人不应适用本条规定。[②]

第一,从文义解释的角度看,本条规定的实际施工人不包括挂靠人。

本条第1款规定:“实际施工人以转包人、违法分包人为被告起诉的,人民法院应当依法受理。”第2款规定“实际施工人以发包人为被告主张权利的,人民法院应当追加转包人或者违法分包人为本案第三人”。由此可见,本条规定的实际施工人为转包合同的承包人和违法分包合同的承包人,并未包括借用资质承包工程的挂靠人。

第二,在实际施工人、转包人或违法分包人、发包人的法律关系中,由于合同无效,实际施工人直接向发包人主张权利的基础,是转包人或违法分包人对其完成建设工程的折价补偿。挂靠人与被挂靠人之间不是基于挂靠人完成建设工程的折价补偿关系,而是双方为借用名义而发生的“借名”合同关系。在这种关系中,尽管形式上与发包人成立发承包法律关系的是被挂靠人,但实际控制人则是挂靠人,被挂靠人的义务仅是配合出具相应的文件和手续,并在收到发包人的工程款后扣除管理费,将剩余款项支付给挂靠人。可见,从性质上看,挂靠人向被挂靠人主张的债权并非因工程施工行为而产生的建设工程折价补偿债权,而是借名合同项下的工程款转付债权。而且,该债权一般在被挂靠人收到发包人工程款时才能主张,即除可归责于被挂靠人的原因外,发包人尚未向被挂靠人支付工程款时,挂靠人向被挂靠人主张权利的基础并不存在。因此,本条的规定不能适用于借用资质的挂靠人。

---

① 《新建设工程司法解释(一)》第15条规定:“因建设工程质量发生争议的,发包人可以以总承包人、分包人和实际施工人为共同被告提起诉讼。”

② 参见高印立、黄丽芳:《实际施工人都享有特殊诉权吗?》,载《建筑时报》2011年4月4日;高印立:《论实际施工人的特殊诉权》,载《北京仲裁》2012年第2辑。

第三,挂靠人与被挂靠人之间的挂靠行为是一种借名行为。有学者认为,基于不同的借名行为类型,其法律效果有所不同。若第三人不知道或不应知道借名人乃假借他人名义,且只愿意与出名人实施法律行为,由于出名人事先同意借名人使用其名义,应当类推适用法律关于表见代理的规定,①由出名人作为借名人实施法律行为的主体;若第三人知道借名人乃假借他人名义,且第三人与借名人均具有受其意思表示拘束的意思,则该行为在第三人与借名人之间成立。② 可见,在发包人不知道或不应知道挂靠人借用资质情形的,挂靠人不能直接向被挂靠人主张工程款债权,但在发包人订立合同时明知挂靠人借用资质的,则在挂靠人和发包人之间成立事实合同关系。因此,挂靠人享有的权利性质与本条所规定的实际施工人享有的权利性质并不相同。《广东高院关于建设工程合同纠纷问题的解答》第 23 条对此也有相应规定:“因发包人欠付工程款,挂靠人主张被挂靠人和发包人承担欠付工程款的连带责任的,不予支持,但挂靠人和被挂靠人之间的合同明确约定被挂靠人承担支付工程款义务的除外。挂靠人主张被挂靠人支付已收取但尚未转付工程款的,应予支持。”

第四,从司法实践来看,最高人民法院在具体案件中也持同样的观点。在“天津建邦地基基础工程有限公司与中冶建工集团有限公司等建设工程施工合同纠纷案”中,最高人民法院即认为:在挂靠施工情形中,存在两个不同性质、不同内容的法律关系,一为建设工程法律关系,二为挂靠法律关系;根据合同相对性原则,各方的权利义务关系应当根据相关合同分别处理;实际施工人向发包人主张权利适用于建设工程非法转包和违法分包情况,不适用于挂靠情形;挂靠人主张挂靠情形下实际施工人可越过被挂靠单位直接向合同相对方主张工程款,依据不足。③最高人民法院民事审判第一庭在《最高人民法院建设工程施工合同司法解释(二)理解与

---

① 有学者认为:虽然现行法律对直接借名行为并无明文规定,但比较而言,直接借名行为与表见代理构成相同。其一,在前者,出名人事先允许借名人使用其名义,相当于出名人给借名人制造了积极的权利外观;其二,在前者,借名人需要出示出名人的资质、营业执照以及公章等,以使第三人相信其就是出名人,相当于使第三人相信其具有代理权;其三,前者中的借名人以出名人的名义与第三人实施法律行为,相当于无权代理人以本人的名义与第三人实施法律行为。所不同的是,在前者,依据当事人的约定,法律效果归属于借名人;在后者,无权代理人与本人通常不存在这样的约定。比较而言,由于两者的相异之处属于当事人之间的内部约定,这对外部行为的效果评判并不具有关键意义。因此,应当将直接借名行为的案件类推适用表见代理的规定。司法实践中将直接借名行为判定为表见代理,从结果上看是合理的,但在方法论上并非直接适用,而应为类推适用。参见冉克平:《论借名实施法律行为的效果》,载《法学》2014 年第 2 期。

② 参见冉克平:《论借名实施法律行为的效果》,载《法学》2014 年第 2 期。

③ 参见最高人民法院(2017)最高法民申 3613 号民事判决书。

适用》一书中也持相同观点。①

## 三、对实际施工人的权利进行限制的努力

合同相对性是合同法的基本原则,准许当事人突破合同相对性向不具有合同关系的其他当事人主张权利,从法理和法律规定上讲是有缺陷的。为弥补突破合同相对性带来的法理上的缺陷,曾有多种观点认为,应当对实际施工人的该项权利进行严格限制。

有观点认为,只有实际施工人不提起以发包人或总承包人为被告的诉讼就难以保障权利实现的情形下,如实际施工人的合同相对方破产、下落不明等,才准许实际施工人向发包人主张权利。②《浙江高院民一庭关于施工合同纠纷问题的解答》第23条即将"实际施工人的合同相对人破产、下落不明或资信状况严重恶化"作为其向发包人提起诉讼的条件之一。③

2015年12月24日,最高人民法院民事审判第一庭庭长程新文在《最高人民法院关于当前民事审判工作中的若干具体问题》中着重指出,"对于《建设工程司法解释》第二十六条规定,目前实践中执行得比较混乱,我特别强调一下,要根据该条第一款规定严守合同相对性原则,不能随意扩大该条第二款规定的适用范围,只有在欠付劳务分包工程款导致无法支付劳务分包关系中农民工工资时,才可以要求发包人在欠付工程价款范围内对实际施工人承担责任,不能随意扩大发包人责任范围"。由该讲话可以看出,最高人民法院曾意图将实际施工人向发包人主张权利的条件,限制在存在转包、违法分包情形的劳务分包合同范围内。

然而,遗憾的是,本条并未对实际施工人向发包人主张权利的条件进行上述限制。

## 四、如何理解"查明发包人欠付的工程价款数额"

根据本条的规定,人民法院应当在"查明发包人欠付转包人或者违法分包人建

---

① 参见最高人民法院民事审判第一庭编著:《最高人民法院建设工程施工合同司法解释(二)理解与适用》,人民法院出版社2019年版,第499页。

② 参见冯小光:《中国建设工程施工合同纠纷若干问题解读》,载《中国建设工程法律评论》(第1辑),法律出版社2010年版,第135~136页。

③ 该解答第23条规定:"实际施工人的合同相对人破产、下落不明或资信状况严重恶化,或实际施工人至承包人(总承包人)之间的合同均为无效的,可以依照最高人民法院《关于审理建设工程施工合同纠纷案件适用法律问题的解释》第二十六条第二款的规定,提起包括发包人在内为被告的诉讼。"

设工程价款的数额后”，判决发包人在欠付建设工程价款范围内对实际施工人承担责任。由此可见，发包人欠付转包人或违法分包人工程价款是本条适用的前提。但实践中，对于如何理解“查明发包人欠付的工程价款”存在分歧。笔者对此讨论如下：

### （一）发包人与其合同相对人未完成结算不宜作为无法查明的理由

实践中，有观点认为，若发包人与其合同相对人之间的建设工程施工合同未进行工程结算，工程价款无法确定，则不具备查明具体欠付金额的条件，应当驳回实际施工人关于发包人承担责任的诉讼请求。在“宁夏建设投资集团房地产开发有限公司与李某和、河南天河建设工程有限公司等建设工程施工合同纠纷案”中，一审法院即持上述观点。①

笔者认为，上述观点值得商榷。由于建设工程施工合同履行的长期性和复杂性，工程价款需要结算是一个常态，发包人和承包人之间在较长时期内未完成工程结算也较为常见。如果简单地将“发包人和转包人或违法分包人之间未完成结算”作为法院不能查明发包人欠款数额的情形，从而驳回实际施工人对发包人的诉讼请求，则司法解释赋予实际施工人的特殊权利就会面临落空的危险。尽管笔者并不赞同本条的规定，但从解释论的角度看，既然上述规定的目的在于保护农民工权益，就应当尽量发挥其功能。因此，法院不应仅以发包人与转包人或违法分包人未办理工程结算为由，驳回实际施工人对发包人的诉讼请求。

### （二）“查明”并非指法院依职权调查取证

本条规定的“查明”是指法院经审理查明，并非指法院依职权收集证据以查明事实。根据《民事诉讼法》第 64 条第 2 款的规定，只有当事人及其诉讼代理人因客观原因不能自行收集的证据，或者人民法院认为审理案件需要的证据，人民法院才能依职权调查收集。②《民事诉讼法司法解释》第 94 条对当事人及其诉讼代理人因客观原因不能自行收集的证据作了规定，包括：（1）证据由国家有关部门保存，当事人及其诉讼代理人无权查阅调取的；（2）涉及国家秘密、商业秘密或者个人隐私的；

---

① 参见宁夏回族自治区银川市中级人民法院（2019）宁 01 民终 3042 号民事判决书。

② 《民事诉讼法》第 64 条规定：“当事人对自己提出的主张，有责任提供证据。当事人及其诉讼代理人因客观原因不能自行收集的证据，或者人民法院认为审理案件需要的证据，人民法院应当调查收集。人民法院应当按照法定程序，全面地、客观地审查核实证据。”

(3)当事人及其诉讼代理人因客观原因不能自行收集的其他证据。该解释第96条对"审理案件需要的证据"进行了进一步明确,包括:(1)涉及可能损害国家利益、社会公共利益的;(2)涉及身份关系的;(3)涉及公益诉讼的;[①](4)当事人有恶意串通损害他人合法权益可能的;(5)涉及依职权追加当事人、中止诉讼、终结诉讼、回避等程序性事项的。因此,对于发包人欠付转包人或违法分包人工程价款数额不明确而需要进行造价鉴定的,除涉及上述规定的情形外,法院不能依职权委托鉴定,而应当由当事人提出鉴定申请。

### (三)对发包人欠付工程款数额的举证责任

实践中,在实际施工人向发包人提起诉讼时,发包人和转包人或违法分包人就欠付的工程价款可能存在争议。在这种情况下,法院应当如何"查明"发包人欠付工程款的数额?在不能查明欠付工程款数额时应当由谁承担举证责任?

对此,司法实践中的做法并不一致。在"唐山荣盛房地产开发有限公司、勾某山建设工程施工合同纠纷案"中,法院认为,因发包人与转包人就诉争工程尚未结算,且双方对已完工程造价及已付款数额争议巨大,实际施工人不能证明转包人与发包人之间存在确定的到期债权,故驳回了实际施工人关于判令发包人对转包人所负债务承担连带给付责任的诉讼请求。[②] 在"宁夏建设投资集团房地产开发有限公司与李某和、河南天河建设工程有限公司等建设工程施工合同纠纷案"中,终审法院认为,当事人对发包人是否欠付违法分包人工程款及欠付的工程款数额不能确定,发包人未能有效举证证实其不应承担欠付款责任,因此发包人应承担举证不能的不利后果,其应在违法分包人欠付实际施工人工程款49,047.68元范围内承担付款责任。[③]

笔者认为,对于发包人欠付工程款数额的举证责任应当由实际施工人承担,具体讨论如下:

---

① 《民事诉讼法》第55条规定:"对污染环境、侵害众多消费者合法权益等损害社会公共利益的行为,法律规定的机关和有关组织可以向人民法院提起诉讼。人民检察院在履行职责中发现破坏生态环境和资源保护、食品药品安全领域侵害众多消费者合法权益等损害社会公共利益的行为,在没有前款规定的机关和组织或者前款规定的机关和组织不提起诉讼的情况下,可以向人民法院提起诉讼。前款规定的机关或者组织提起诉讼的,人民检察院可以支持起诉。"

② 参见河北省高级人民法院(2018)冀民终950号民事判决书。

③ 本案中,实际施工人的诉讼请求为请求判决发包人和违法分包人给付工程质量保证金49,047.68元。参见宁夏回族自治区银川市中级人民法院(2019)宁01民终3042号民事判决书、宁夏回族自治区高级人民法院(2020)宁民申564号民事裁定书。

第一,若实际施工人知悉合同履行情况,实际施工人应承担举证责任。实际施工人是全部或部分建设工程的实际完成者,其对发包人与转包人或违法分包人之间的合同履行情况极有可能是知悉的。特别是在常见的发包人—总承包人(转包人)—实际施工人模式下,实际施工人所完成的工程内容与转包人的合同范围一致,若转包人仅收取转包管理费时,两份合同的价款也仅有计取管理费的差异。在此类情形下,由于实际施工人主张发包人在其对转包人或违法分包人的欠款范围内承担责任,且实际施工人能够掌握其所主张事实的证据,根据《民事诉讼法司法解释》第 90 条、第 91 条的规定,[①]实际施工人应当就发包人欠付转包人或违法分包人工程款的事实承担举证责任。

第二,即使实际施工人不知悉合同履行情况,也不能免除实际施工人的举证责任。在诉讼中,实际施工人可能主张,其不是发包人与转包人、违法分包人之间合同的当事人,其对于发包人与转包人、违法分包人之间的变更、签证、付款等合同履行情况不知情。实践中,特别是在实际施工人所完成工程仅是总承包合同的一部分、实际施工人所签合同的计价方式与总承包合同不同或存在多层转包或违法分包的情形下,实际施工人不掌握总承包合同履行情况的可能性较大,相应证据也可能不为实际施工人所控制。这就会形成“证据偏在”的情形。在这种情况下,掌握相应证据的当事人则负有如实陈述事实、提出相关证据材料和忍受勘验的义务,学理上对此称为当事人的事案解明义务。[②] 在“证据偏在”情形下,控制、掌握证据的当事人无正当理由不提供相应证据的,法院可以推定实际施工人所主张的事实是真实的。但需要注意的是,即使一方当事人存在事案解明义务,但另一方当事人的举证责任并不能因此而发生转移。在对方当事人履行了证据提出义务,但仍然不能查清案件事实的,实际施工人仍应负有举证责任。

第三,在发包人与转包人或违法分包人之间因未办理结算而无法查明欠款数额的,法院应当就工程造价鉴定向负有举证责任的实际施工人释明。如果实际施工人或其他当事人提出了工程造价鉴定的申请,法院应予准许。

---

① 《民事诉讼法司法解释》第 90 条规定:“当事人对自己提出的诉讼请求所依据的事实或者反驳对方诉讼请求所依据的事实,应当提供证据加以证明,但法律另有规定的除外。在作出判决前,当事人未能提供证据或者证据不足以证明其事实主张的,由负有举证证明责任的当事人承担不利的后果。”第 91 条规定:“人民法院应当依照下列原则确定举证证明责任的承担,但法律另有规定的除外:(一)主张法律关系存在的当事人,应当对产生该法律关系的基本事实承担举证证明责任;(二)主张法律关系变更、消灭或者权利受到妨害的当事人,应当对该法律关系变更、消灭或者权利受到妨害的基本事实承担举证证明责任。”

② 参见吴泽勇:《不负证明责任当事人的事案解明义务》,载《中外法学》2018 年第 5 期。

### （四）发包人欠款数额无法查明的处理

在发包人欠付转包人或违法分包人的工程款数额无法查明时，应当根据以下不同情形分别进行处理：

1. 实际施工人不申请造价鉴定的，应当承担举证不能的法律后果

由于实际施工人对发包人欠付转包人或违法分包人的工程款数额承担举证责任，如果经释明，实际施工人不申请造价鉴定，从而导致无法查明发包人的欠款数额的，应当由实际施工人承担举证不能的法律后果。法院应当驳回实际施工人对发包人的诉讼请求。

2. 当事人不配合进行造价鉴定的，应当承担不利后果

在法院委托鉴定机构对发包人与转包人或违法分包人之间的工程价款进行造价鉴定的情况下，如果当事人以不提交图纸、签证等资料或其他方式不配合进行鉴定的，其应当承担相应的不利后果。如果因该当事人持有有关资料而不提供导致鉴定无法进行，从而使法院无法查明发包人欠付工程款数额的，根据《民事诉讼证据规定》（2019 年修正）第 48 条的规定，[①]法院可以推定实际施工人所主张的书证内容是真实的。

3. 当事人不履行证据提出义务的，应当承担不利后果

在实际施工人所主张的事实证据（如发包人的已付款数额等），由发包人或其他当事人掌握的情况下，发包人或其他当事人不履行证据提出义务的，法院可以根据《民事诉讼证据规定》（2019 年修正）第48 条的规定，推定实际施工人所主张的书证内容是真实的。

---

① 《民事诉讼证据规定》（2019 年修正）第 47 条第 1 款规定："下列情形，控制书证的当事人应当提交书证：（一）控制书证的当事人在诉讼中曾经引用过的书证；（二）为对方当事人的利益制作的书证；（三）对方当事人依照法律规定有权查阅、获取的书证；（四）账簿、记账原始凭证；（五）人民法院认为应当提交书证的其他情形。"第 48 条规定："控制书证的当事人无正当理由拒不提交书证的，人民法院可以认定对方当事人所主张的书证内容为真实。控制书证的当事人存在《最高人民法院关于适用〈中华人民共和国民事诉讼法〉的解释》第一百一十三条规定情形的，人民法院可以认定对方当事人主张以该书证证明的事实为真实。"《民事诉讼法司法解释》第 113 条规定："持有书证的当事人以妨碍对方当事人使用为目的，毁灭有关书证或者实施其他致使书证不能使用行为的，人民法院可以依照民事诉讼法第一百一十一条规定，对其处以罚款、拘留。"

## 深度研讨

### 一、发包人欠付转包人或违法分包人的债务已由生效判决确定时的处理

如果转包人或违法分包人已经通过诉讼向发包人主张了工程价款，并取得了生效的裁判文书，但该债务尚未履行。此时，实际施工人为防止发包人向承包人履行义务而损害其债权，从而依据本条规定向发包人主张权利。此时应如何处理？

实践中对此有不同观点。有观点认为，应当驳回实际施工人相应的诉讼请求；也有观点认为，由于尚未履行的生效判决表明，发包人欠付转包人或违法分包人的工程款，实际施工人有向发包人主张工程价款的权利。至于两个判决的关系，则可以在判决执行中协调处理。

笔者认为，法院宜驳回实际施工人向发包人主张权利的诉讼请求，主要理由如下：

第一，如前所述，司法解释赋予实际施工人向发包人主张权利的目的，在于“避免转包人、违法分包人在发包人欠付工程款时不积极主张权利，而使实际施工人投诉无门，从而切实保护农民工利益”①，在上述情形中，既然转包人、违法分包人已经以提起诉讼的方式向发包人主张了权利，其当然不存在怠于主张权利的问题。

第二，由于发包人欠付转包人或违法分包人的债务已经被生效判决确定，该债务随时可能因发包人的主动履行或法院的强制执行而消灭，由此，发包人是否欠付转包人或违法分包人工程款处于一个不确定的状态，随时可能发生变化。特别是在支持实际施工人请求的判决作出后，若发包人欠付转包人或违法分包人的债务已经消灭，则该判决的基础就不复存在。

第三，如果实际施工人向发包人主张权利的请求得到支持，在发包人对转包人或违法分包人的债务尚未消灭的情况下，就会出现发包人需就同一债务，基于不同判决而向不同当事人作出履行的情形。

第四，在转包人或违法分包人资不抵债的情况下，驳回实际施工人向发包人主张权利的请求，虽然对实际施工人极为不利，但这是其作为一个从事商事活动的主体应当承担的商业风险。而且，实际施工人的债权并不具有优先性，在转包人或违法分包人进入了破产程序的情况下，判决发包人直接向实际施工人支付工程款，对

---

① 参见最高人民法院民事审判第一庭编著：《最高人民法院建设工程施工合同司法解释的理解与适用》，人民法院出版社2004年版，第230页。

转包人或违法分包人的其他债权人也是不公平的。

## 二、多层转包和违法分包情形下实际施工人的权利行使

### (一)实际施工人向发包人主张权利的条件

无论从文义还是解释的目的上看,本条规定都没有明确要规范多层转包和分包中的法律关系,但也并未排除对多层转包和分包情形的适用。① 基于上述规定保护农民工权益的立法意图,笔者认为,其应当适用多层转包和违法分包的情形。

既然本条规定的实际施工人是转包合同或违法分包合同的承包人,那么,对于仅有一个转包或违法分包合同的简单情形,实际施工人可以起诉发包人的条件之一是其与相对人的合同为转包或违法分包合同。那么,可以推定,在多层转包、违法分包的情形中,若第一手总承包合同以下所有承包合同均为转包或违法分包合同时,实际施工人当然可以向发包人主张权利。该种情形下的实际施工人是指最终实际完成工程的主体,中间各层的转包人、违法分包人若未实际完成工程,则其并非实际施工人。

在实践中需要注意如下两种情形:

第一,在多层转包或违法分包关系中,中间各层可能存在合法的承包合同,比如,发包人—总承包人—合法专业承包人—转承包人—违法分包人(实际施工人)。有观点认为,在适用实际施工人向发包人主张权利的条款时,原则上第一手总承包合同与下手的所有转包、违法分包合同均应当无效,这样才符合债权合同相对性弱化的原理。② 笔者赞成这一观点。实际施工人突破合同相对性的情形应当受到适当限制,不应任意扩张。在合同有效的情况下,应当坚持合同的相对性,即由当事人仅向合同相对人履行义务。因此,在存在合法承包合同的情况下,实际施工人仅可以向连续无效合同当事人的上一手主张权利。比如,在上例中,实际施工人不能向发包人主张权利,仅能向转承包人和合法专业承包人主张权利。

第二,在多层转包或违法分包关系中,中间各层可能存在借用资质挂靠合同关系,比如,发包人—总承包人—借用资质的挂靠人—违法分包人—转承包人(实际施工人)。在此类多层转包、违法分包及挂靠关系中,如果借用资质的挂靠人是以

① 参见最高人民法院民事审判第一庭编著:《最高人民法院建设工程施工合同司法解释(二)理解与适用》,人民法院出版社 2019 年版,第 487 ~ 488 页。

② 参见冯小光:《中国建设工程施工合同纠纷若干问题解读》,载《中国建设工程法律评论》(第 1 辑),法律出版社 2010 年版,第 135 ~ 136 页。

自己的名义进行转包或违法分包,且不能构成表见代理(不构成总承包人的代理人),那么,该转承包人或违法分包人只能向挂靠人主张工程价款,无法向总承包人主张权利,由此,下一手的实际施工人也无法向总承包人主张权利。在这种情况下,也就无法查明发包人欠付总承包人的工程价款,可以认为实际施工人向发包人主张权利的通道被阻断,因此,实际施工人不能根据本条规定向发包人主张权利。《山东高院关于施工合同问题的解答》第15条对此也作了相应的规定。①

(二)民事责任的承担主体

关于多层转包、违法分包情形中的民事责任应如何确定,司法解释并未作出规定。最高人民法院民事审判第一庭的观点认为,发包人是劳务物化成果的享有者,故原则上实际施工人不能向既不是发包人又与其无合同关系的转包人或违法分包人主张权利;但在发包人已经向转包人或违法分包人支付全部工程价款的情况下,实际施工人有权向与其无合同关系的转包人或违法分包人主张权利。② 从司法实践来看,法院大多会将"发包人"定义为建设工程的第一手发包单位。③ 在《广东高院关于建设工程合同纠纷问题的解答》中,广东省高级人民法院也仅将发包人界定为与总承包人签订合同的"发包人",不包括总承包人及其余转包人、违法分包人。④

笔者对此讨论如下:

第一,从最高人民法院民事审判第一庭的观点来看,其并未将"发包人"限定为第一手发包单位,即在第一手发包单位已按约付款的情况下,实际施工人有权向第二手发包单位主张权利。从这个意义上看,其并未否定"发包人"是一个相对的概念。⑤

---

① 该解答第15条规定:"没有施工资质的施工主体借用有资质的建筑施工企业名义签订的建设工程施工合同无效,借用资质人以自己名义将工程分包、转包他人施工,实际施工人原则上仅可以向借用资质人主张工程价款。"

② 参见最高人民法院民事审判第一庭编著:《最高人民法院建设工程施工合同司法解释(二)理解与适用》,人民法院出版社2019年版,第504页。

③ 参见王勇:《建设工程施工合同案件中合同相对性的坚持》,载《人民法院报》2011年5月5日。广东省深圳市中级人民法院(2019)粤03民终8652号民事判决书也持同样观点。

④ 该解答第25条规定:"对于工程项目多次分包或转包的,实际施工人起诉合同相对方、发包人支付工程款的,为查明发包人欠付工程款的数额,应追加总承包人作为第三人。其余违法分包人、转包人如未参与实际施工,不影响案件事实查明的,可以不追加为案件诉讼主体。"

⑤ 具体来说,对于由以业主、总承包人、实际施工人为主体形成的系列合同来说,业主即为发包人,总承包人同时也是转包人或违法分包人;对于以业主、总承包人、专业承包人、实际施工人为主体形成的系列合同来说,业主是发包人,而总承包人在其与业主的合同中是承包人,在其与专业承包人的合同中又是发包人。因此,有观点认为,发包人这一概念是相对的。参见高印立编著:《建设工程施工合同法律实务与解析》(第2版),中国建筑工业出版社2018年版,第125页。

第二,实际施工人向其合同相对人及发包人主张欠付工程款的权利是一种债权请求权,其应当遵守债权的相对性原则。从合同相对性的角度来看,多层转包、违法分包合同中离实际施工人越近的主体,对于欠付工程款的过错也越大。因此,以发包人是劳务物化成果的享有者作为实际施工人原则上应当仅向其主张权利的理由,理论依据似并不充分。

第三,将发包人仅限定为建设工程的第一手发包单位可能会造成利益失衡。比如,在发包人—总承包人—专业承包人(转包人)—二次转包人—实际施工人的系列合同中,专业承包人(转包人)为发包人的指定分包商,或其承包的工程为基坑开挖、桩基施工等前期工作。在建设工程竣工后,若发包人已经按约支付了上述专业工程的工程款,其欠付总承包人的仅为其他分部工程的工程款,且总承包人也已按约向专业承包人(转包人)支付了工程款,造成拖欠实际施工人工程款的原因在于专业承包人(转包人)未向二次转包人付款。在这种情况下,如果仅判决发包人在欠付工程款的范围内向实际施工人承担责任,则相应款项势必会从其应付总承包人的工程价款中扣除,从而给没有任何过错的总承包人造成损失,而欠款的始作俑者专业承包人(转包人)则不承担任何责任。由此,会造成当事人之间的利益失衡。

综上,笔者认为,更合理的做法是将“发包人”解释为相对概念,除由实际施工人的合同相对人承担偿付责任外,由其上手合同的各转包人或违法分包人以及第一手的发包人,在其欠付合同相对人工程款的范围内承担责任。实际施工人之合同相对人的行为对其转包人或违法分包人构成表见代理的,则应当按照表见代理的有关规定认定该转包人或违法分包人的责任。这样既有利于实际施工人的债权实现,又不会加重上述各转包人、违法分包人及第一手发包人的责任,符合民法的公平原则。

当然,从实用主义的角度出发,由于允许实际施工人向非合同相对人主张权利突破了合同的相对性原则,存在理论缺陷,如将所有转包人、违法分包人及总承包人均纳入实际施工人可以起诉的“发包人”范围,确实可能会使案件的解决更加复杂。因此,对“发包人”界定的限制在某种程度上适应了司法实践的要求。对此,笔者建议,不宜将本条规定的“发包人”限定为建设工程的第一手发包单位,也不宜仅在发包人不欠付工程款的情况下才将“发包人”解释为相对概念,而宜根据“发包人”对实际施工人欠付工程款的过错程度,并结合具体个案情况,对“发包人”的概念作适当解释,从而保证裁判结果更加公平。

## 三、本条是否适用于合法的劳务分包人

赋予实际施工人突破合同相对性向发包人主张工程款的权利，是司法解释基于保护农民工权益的目的而作出的规定，其不是债权行使的常态，不能适用于其他情形下的合同。这基本已成业界的共识。

然而，《最高人民法院建设工程施工合同司法解释（二）理解与适用》一书认为：在起草《建设工程司法解释》时，市场上还没有获得劳务分包资质的企业，故《建设工程司法解释》第 26 条采用了实际施工人的概念，因此，该条第 2 款规定的本意是调整劳务分包关系，本款所规定的实际施工人实际上应为劳务分包企业，其宗旨是赋予劳务分包企业以直接向发包人主张工程价款的权利；劳务分包人的违法或合法不是决定是否保护农民工权益的标准，举重以明轻，本条规定也适用于合法的劳务分包合同的承包人。①

笔者认为该观点值得商榷，理由如下：

第一，从前述实际施工人的概念来看，其与正常情形下的“施工人”一词相对应，二者的内涵和外延没有交叉，因此，实际施工人不包括合法的“施工人”，当然也就不包括合法的劳务分包人。

第二，根据本条规定，实际施工人以转包人、违法分包人为被告起诉的，人民法院应当依法受理；实际施工人以发包人为被告主张权利的，人民法院应当追加转包人或者违法分包人为本案第三人。因此，从司法解释的文义上看，实际施工人应当为转包合同或违法分包合同的承包人，并不包括合法劳务分包合同的承包人，将本条的适用扩张至合法劳务分包人没有依据。

第三，《建设工程司法解释》的起草始于 2002 年 3 月，②于 2004 年 9 月 29 日由最高人民法院审判委员会第 1327 次会议通过，同年 10 月 25 日公布，并自 2005 年 1 月 1 日起施行。而早在 2001 年 4 月 18 日，当时的建设部就发布了《建筑业企业资质管理规定实施细则》，其中第 2 条就规定，建筑业企业资质分为施工总承包、专业承包和劳务分包三个序列。2001 年 7 月 1 日起施行的《建筑业企业资质管理规定》（建设部令第 87 号）第 5 条也有同样的规定，同日施行的《建筑业企业资质等级标

---

① 参见最高人民法院民事审判第一庭编著：《最高人民法院建设工程施工合同司法解释（二）理解与适用》，人民法院出版社 2019 年版，第 481、493～494、509 页。

② 参见冯小光：《〈关于审理建设工程施工合同纠纷案件适用法律问题的解释〉的理解与适用》，载《建筑经济》2005 年第 1 期。

准》(建建〔2001〕82 号)还规定了劳务分包企业资质的具体标准。即使在起草《建设工程司法解释》时,市场上获得劳务分包资质的企业还不多,但在该司法解释通过之前,市场应当已经存在大量的具有劳务分包资质的企业。因此,笔者认为,以该司法解释起草时还没有具有资质的劳务分包企业作为扩张适用本条规定的理由,与实际情况不符。

第四,本条规定违反了合同的相对性原则,且有违反《民法典》第 465 条第 2 款规定之嫌。[①] 在《民法典》施行后,尽管上述规定仍然沿用,但也应当严格限制在司法解释规定的范围内,不应扩张适用。根据法律解释的一般原则,对于法律进行扩张解释后形成的规则,不得再进行扩张解释。而且,如果将本条规定的适用扩张至合法的劳务分包人,明显违反了《民法典》第 465 条第 2 款的规定。

综上,笔者认为,本条规定适用的主体范围应当作严格限制,不能扩张至合法的劳务分包人。

## 四、本条适用时的管辖问题

由于实际施工人直接向发包人主张权利,突破了合同的相对性原则,如果在三方民事主体中有两方当事人约定了仲裁协议,如何确定管辖值得讨论。具体来说有如下两种情形:

### (一)实际施工人与转包人或违法分包人之间约定了仲裁协议

在实际施工人与转包人或违法分包人之间约定了仲裁协议的情况下,实际施工人能否向法院提起诉讼向发包人主张权利,实践中存在争议。

在"福建省隧道工程有限公司、中铁建大桥工程局集团第一工程有限公司等建设工程施工合同纠纷案"中,一审法院认为,实际施工人与承包人之间已有合法有效的仲裁条款,其向发包人主张权利也应当受到上述仲裁条款的约束,故认为法院对本案起诉不享有管辖权,驳回了实际施工人的起诉。终审法院则认为,虽然承包人与实际施工人约定有仲裁条款,但根据合同相对性原则,此仲裁条款只能约束合同当事人,不能约束发包人。因此,撤销了一审法院的民事裁定,指令由一审法院审理该案。[②] 在"葛某魁、安徽古洲酒业有限公司建设工程施工合同纠纷案"中,法院

---

① 《民法典》第 465 条第 2 款规定:"依法成立的合同,仅对当事人具有法律约束力,但是法律另有规定的除外。"

② 参见福建省高级人民法院(2017)闽民终 1052 号民事裁定书。

则认为,实际施工人与承包人签订的《项目管理目标责任书》约定有仲裁条款,致原审法院难以将两个诉合并处理,原裁定以本案不属于人民法院主管为由,驳回实际施工人的起诉,有事实和法律依据。①

笔者认为,《民事诉讼法》第124条第2项规定:"依照法律规定,双方当事人达成书面仲裁协议申请仲裁、不得向人民法院起诉的,告知原告向仲裁机构申请仲裁。"实际施工人与转包人或违法分包人约定了有效的仲裁协议,其向转包人或违法分包人主张权利的,应当向相应的仲裁机构申请仲裁,法院对此没有管辖权。如果实际施工人向法院提起诉讼,仅向发包人主张工程价款的,根据本条规定,人民法院应当追加转包人或者违法分包人为本案第三人。然而,实际施工人能否向发包人主张权利,取决于其与转包人或违法分包人之间的合同关系及发包人欠付承包人工程款的事实,而非承包人与发包人之间的合同关系。可见,实际施工人主张工程价款的基础法律关系,是其与转包人或违法分包人之间的承包合同。在该合同排除了法院管辖权的情况下,法院无法对实际施工人与转包人或违法分包人之间的合同争议进行审理,因此,应当驳回实际施工人的起诉。

在"甘肃杰出建筑工程有限公司与中交第二公路工程局有限公司建设工程施工合同纠纷案"中,最高人民法院即认为,实际施工人主张工程价款的基础法律关系是其与承包人间的合同关系,而双方在合同中约定了仲裁条款,排除了法院管辖权,故实际施工人将承包人、发包人作为共同被告起诉至人民法院,违背了实际施工人与承包人通过仲裁处理双方争议的约定。② 在"江西博文建筑劳务分包有限公司与中铁十五局集团有限公司铁路修建合同纠纷案"中,法院也认为,实际施工人起诉与其没有合同关系的发包人,应受到其与转包人或违法分包人所签订的施工劳务承包合同的限制,因此,驳回了实际施工人的起诉。③

此外,需要讨论的问题是,在仲裁机构对实际施工人与转包人或违法分包人之间的纠纷有管辖权的情况下,仲裁机构或仲裁庭能否将发包人追加为仲裁当事人?

笔者认为,由于发包人与实际施工人、转包人或违法分包人没有仲裁协议,除非所有当事人达成仲裁协议,同意受该仲裁机构管辖,否则,不能追加发包人为仲裁当事人。例如,2019年9月1日起施行的《北京仲裁委员会仲裁规则》第14条就

① 参见安徽省高级人民法院(2019)皖民申808号民事裁定书。

② 参见最高人民法院(2014)民申字第1591号民事裁定书。

③ 参见江西省高级人民法院(2020)赣民终146号民事裁定书。

规定，追加当事人的条件是存在相同的仲裁协议。[①]《中国国际经济贸易仲裁委员会仲裁规则》（2015 版）第 18 条[②]、《深圳国际仲裁院仲裁规则》（2020 年修正版）第 20 条[③]也有类似规定。

### （二）发包人与转包人或违法分包人之间约定了仲裁协议

对于发包人与转包人或违法分包人之间约定了仲裁协议，而实际施工人与转包人或违法分包人没有仲裁协议的情形，如何处理实际施工人向发包人主张工程价款的诉讼请求，实践中存在三种不同观点。第一种观点认为，实际施工人受发包人与转包人或违法分包人间仲裁协议的约束，应当驳回起诉；[④]第二种观点认为，实际施工人不受发包人与转包人或违法分包人间仲裁协议的约束，该案应当由具有管辖权的法院管辖；[⑤]第三种观点认为，因发包人与转包人或违法分包人间存在仲裁协议，实际施工人起诉发包人不属法院管辖，但其可以在有管辖权的法院起诉转包人或违法分包人。[⑥]

笔者认为，法院原则上应当受理实际施工人的诉讼案件，但若发包人与转包人或违法分包人就其工程欠款存在争议的，应当驳回实际施工人对发包人的起诉。

首先，由于实际施工人与发包人、转包人或违法分包人之间没有仲裁协议，因此，原则上其不应受发包人与转包人或违法分包人之间的仲裁协议约束。但是，在某些情况下，实际施工人可能会受该仲裁协议约束。比如，实际施工人在发包人与

---

① 《北京仲裁委员会仲裁规则》（2019 年 9 月 1 日施行）第 14 条规定："（一）仲裁庭组成前，经本会同意，当事人可以依据相同仲裁协议在案件中申请追加当事人。（二）申请追加当事人应当提交追加当事人申请书，申请书的内容及受理、答辩等事项，参照本规则第七条、第九条至第十一条的规定办理。（三）仲裁庭组成后，除非申请人、被申请人及被追加的当事人均同意，否则不再接受追加当事人的申请。"

② 《中国国际经济贸易仲裁委员会仲裁规则》（2015 版）第 18 条第 1 项规定："在仲裁程序中，一方当事人依据表面上约束被追加当事人的案涉仲裁协议可以向仲裁委员会申请追加当事人。在仲裁庭组成后申请追加当事人的，如果仲裁庭认为确有必要，应在征求包括被追加当事人在内的各方当事人的意见后，由仲裁委员会作出决定。"

③ 《深圳国际仲裁院仲裁规则》（2020 年修正版）第 20 条第 1、2 项规定："（一）已经进入仲裁程序的任何一方当事人可以依据相同仲裁协议书面申请追加当事人。是否接受，由仲裁庭作出决定；仲裁庭尚未组成的，由仲裁院作出决定。（二）经当事人和案外人一致同意后，案外人可以书面申请加入仲裁程序。是否接受，由仲裁庭作出决定；仲裁庭尚未组成的，由仲裁院作出决定。"

④ 参见最高人民法院（2015）民一终字第 366 号民事裁定书、江西省高级人民法院（2020）赣民终 17 号民事裁定书。

⑤ 参见最高人民法院（2006）民一终字第 69 号民事裁定书、河北省高级人民法院（2017）冀民辖终 113 号民事裁定书、山东省高级人民法院（2019）鲁民终 2713 号民事裁定书。

⑥ 参见青海高级人民法院（2017）青民终 98 号民事裁定书。

转包人、违法分包人之间的合同中签字确认等。

其次，既然实际施工人原则上不受发包人与转包人或违法分包人之间的仲裁协议约束，其向转包人或违法分包人以及发包人主张权利就应当由法院管辖，法院不能因此径直驳回实际施工人的起诉。

最后，根据本条的规定，实际施工人向发包人主张权利的条件是，须查明发包人欠付转包人或违法分包人的工程价款数额。但由于发包人与转包人或违法分包人间有仲裁协议，法院无法对其之间的合同争议进行审理，因此，除非发包人与转包人或违法分包人对其间的工程欠款没有争议，或仲裁机构已经就相关欠款数额作出了裁决，法院应当驳回实际施工人对发包人的起诉。当然，发包人与转包人或违法分包人之间的债权数额确定后，实际施工人仍有权向法院提起诉讼，这不构成对"一事不再理"的违反。此外，对于发包人与转包人或违法分包人已经就其欠款争议提交仲裁机构审理的，法院可以中止审理，待仲裁机构作出裁决后再根据发包人的欠款数额作出裁判。

## 五、实际施工人制度的存废

合同相对性是合同法的基本原则，《民法典》第 465 条第 2 款对此作了明确规定："依法成立的合同，仅对当事人具有法律约束力，但是法律另有规定的除外。"由此可见，"合同相对性原则只有一个例外，即'法律另有规定'"①。但如何理解此处的"法律"？其是仅指全国人民代表大会和全国人民代表大会常务委员会制定的法律，还是包括法律、行政法规、司法解释等广义的法律？

笔者注意到，《民法典》中"法律另有规定"的表述有四十余处，但"法律"的外延语焉不详。值得注意的是，《中华人民共和国民法典合同编释义》一书在对第 682 条释义时说明，"此处的'法律'采广义理解，包含法律、行政法规、司法解释等"②。因此，《民法典》第 465 条第 2 款"法律另有规定"中的"法律"仍有被作广义解释的可能，这取决于立法、司法机关对于本条保护农民工权益目的的态度是否会发生转变。事实上，《新建设工程司法解释(一)》仍保留了实际施工人的特殊权利，这表明立法、司法机关的态度并未发生变化。

---

① 黄薇主编：《中华人民共和国民法典合同编释义》，法律出版社 2020 年版，第 14 页。

② 《民法典》第 682 条第 1 款规定："保证合同是主债权债务合同的从合同。主债权债务合同无效的，保证合同无效，但是法律另有规定的除外。"黄薇主编：《中华人民共和国民法典合同编释义》，法律出版社 2020 年版，第 485 页。

笔者认为，正如笔者在第38条条文精解中所述，随着建筑市场信用管理制度、农民工工资支付担保制度、农民工工资专用账户制度、总包单位先行清偿制度、总包单位代发农民工工资制度等的建立，我国保障建筑行业农民工工资支付的"立体措施"已基本形成。[①] 由于行政管理手段的介入，上述措施已经起到了较好的效果。实际施工人突破合同相对性向发包人主张权利，导致法律关系人为复杂化，也给法律适用和司法实践带来了许多难题。依笔者所见，随着农民工权益保护的逐步加强，宜逐步弱化直至废除本条的规定。

## 实务判例

### 【判例一】发包人在欠付工程款范围内对实际施工人承担连带责任[②]

2012年11月14日，国宸公司与福星公司签订了一份《建筑工程施工合同》，约定福星公司包工包料承建国宸公司新厂区建设工程。

2013年3月25日，福星公司与蒋某西签订了一份《劳务工程内部承包协议书》，约定福星公司将其承建的国宸公司新厂区建设工程中的部分工程分包给蒋某西进行施工，合同内容为全部劳务及设备周转材料等及工具（水、暖、电除外）。合同为一次性包干价，按福星公司恒源分公司承包结算总价的38%计算工资及设备费。

蒋某西向法院提起诉讼，请求判令福星公司向其支付欠款67.1万元，国宸公司在未支付福星公司款项范围内承担连带责任。

庭审中，蒋某西提供了《劳务欠款结算单》一份，内容为：(1)国宸公司新厂区建设项目，劳务分包人蒋某西实际完成工程工作量合计122.1万元；(2)截止到2014年12月20日，国宸公司及福星公司合计支付蒋某西工程款55万元；(3)目前福星公司恒源分公司尚欠蒋某西劳务费67.1万元；(4)以上蒋某西实际完成工程工作量已由发包方国宸公司签字确认。该劳务欠款结算单下方欠款人处加盖有福星公司的公章。国宸公司、福星公司对该《劳务欠款结算单》的真实性、合法性、关联性均不认可。经福星公司申请，一审法院委托司法机构对该《劳务欠款结算单》上所

---

① 《建筑市场信用管理暂行办法》（建市〔2017〕241号）、《保障农民工工资支付条例》对农民工的权益保护均有相应规定。

② 参见新疆维吾尔自治区高级人民法院伊犁哈萨克自治州分院（2019）新40民终900号。

加盖福星公司公章的真实性进行司法鉴定。鉴定机构的鉴定意见为:福星公司印文与样本印文不是同一枚印章盖印形成。

庭审中,国宸公司陈述涉案工程总决算价款为330万元,其已支付工程款218.92万元,该工程已实际使用。

一审法院认为,福星公司承建了国宸公司的新厂区建设工程,之后福星公司又将全部劳务及机械设备等工程内容分包给蒋某西进行施工,因此,可以认定蒋某西为涉案工程的实际施工人。

关于本案是否存在欠付劳务费的事实以及福星公司、国宸公司是否应承担付款责任,一审法院认为,福星公司承包涉案工程后,又将劳务工程分包给蒋某西施工,国宸公司认可其已实际使用涉案工程,因此蒋某西主张欠付劳务费,符合法律规定。蒋某西提供《劳务欠款结算单》以证实其劳务费数额,虽然该结算单上加盖的福星公司印章与该公司在工商行政管理部门登记备案的印章不一致,但根据国宸公司认可工程决算价为330万元的事实,以及《劳务工程内部承包协议书》中约定的38%的计价方式,结算单中反映的工程量价款122.1万元不违反蒋某西与福星公司的约定,故对该结算单中载明的蒋某西完成工程量122.1万元的事实予以确认。蒋某西自认已支付劳务费为55万元,剩余67.1万元劳务费未付,故对蒋某西要求福星公司支付劳务费67.1万元的诉讼请求予以支持。根据国宸公司自认的已付工程款数额,其尚未支付完工程款,因此,国宸公司应在欠付工程款范围内对蒋某西承担付款责任。一审判决:(1)福星公司支付蒋某西劳务费67.1万元;(2)国宸公司在欠付工程款的范围内对本判决第1项内容向蒋某西承担付款责任。

二审法院另查明,国宸公司、福星公司及案外人鑫恒源公司于2013年10月12日签订了一份《工程变更协议》(该协议中无福星公司的签字认可),约定:福星公司施工的涉案工程人员、材料不到位,严重拖延工期,现国宸公司决定清退福星公司,由鑫恒源公司进场继续施工。同日,国宸公司与鑫恒源公司签订了一份《建筑工程施工合同协议书》,约定国宸公司将施工图纸包括的所有一期工程内容交由鑫恒源公司施工。2014年8月26日,国宸公司与鑫恒源公司签订了《结算审核结果》,确认上述项目工程总决算价款为330万元。此外,国宸公司、福星公司及案外人鑫恒源公司签订《工程变更协议》后,国宸公司陆续向福星公司支付工程款,直至2015年10月13日。经二审法院释明,国宸公司未提交其向鑫恒源公司支付工程款的任何证据。

二审法院认为:国宸公司既未提供证据证实鑫恒源公司实际参与施工,也未提供任何证据证实其向鑫恒源公司支付过工程款，且2013年10月12日至2015年10月13日，国宸公司仍然向福星公司支付大量工程款，即继续履行其与福星公司之间的合同义务，故国宸公司提交的证据不足以证实其与福星公司、鑫恒源公司签订的《工程变更协议》，以及其与鑫恒源公司签订的《建筑工程施工合同协议书》已实际履行。根据《建设工程司法解释》第26条、《建设工程司法解释(二)》第24条的规定，[①]国宸公司作为发包人应在欠付工程款的范围内对实际施工人蒋某西承担责任。

关于责任形式，二审法院认为，蒋某西诉请国宸公司承担连带付款责任，一审法院判决国宸公司承担直接付款义务不当，应予纠正。同时，国宸公司作为发包方和付款一方，应对其向福星公司的付款和欠款事实承担举证责任。现国宸公司未能举证证实其已向福星公司付清工程款，也未能证明其与福星公司之间的欠款数额，应承担举证不能的不利后果，故本院认定其对福星公司欠付蒋某西的全部工程款承担连带责任。因此，判决维持一审法院判决第1项，变更一审判决第2项为"国宸公司对本判决第1项内容承担连带付款责任。"

## 【判例二】在欠付工程款范围内对实际施工人承担责任的发包人是指业主[②]

中建华腾公司承包了汇源九龙公司的汇源农业育苗车间的二次结构、屋面、门窗、外墙保温、涂料、水电及室内装饰等工程，工程价款1680万元。

2014年9月10日，总包方中建华腾公司与分包方星瑞环保公司签订了工程施工分包合同，约定由星瑞环保公司承包汇源农业育苗车间的室内装修及机电工程，包工包料，工程价款504万元。

星瑞环保公司承包工程后，又将其承包的育苗车间的二次砌筑抹灰、刮腻子及地砖铺设等部分劳务工程分包给了张某清进行施工。但双方未签订书面合同。

2015年4月，张某清组织人员进行了施工。工程完工后，星瑞环保公司的项目经理唐某、预算员郭某于2018年1月21日为张某清出具了结算单。结算单记载：工程款为181万元，扣除饮料费5000元，扣除维修费1.5万元后，工程款为179万元(借支149.69万元)。

---

① 《建设工程司法解释》《建设工程司法解释(二)》废止后，《新建设工程司法解释(一)》第43条作了类似的规定。

② 参见北京市第三中级人民法院(2019)京03民终3496号民事判决书。

张某清以未得到全部工程款为由提起诉讼，要求星瑞环保公司支付工程款，并要求中建华腾公司在欠付工程款范围内承担垫付义务。

张某清称，星瑞环保公司的法定代表人廖某平已给付其工程款149.69万元，尚欠工程款29.3万元未支付。

中建华腾公司称，中建华腾公司与星瑞环保公司之间为承发包关系，中建华腾公司与星瑞环保公司之间已经结清了工程款，并向一审法院提交了已向星瑞环保公司付清工程款的银行付款回单若干。付款回单记载，中建华腾公司已向星瑞环保公司支付工程款共计562.5万元。

一审法院认为：星瑞环保公司与中建华腾公司签订汇源农业育苗车间工程施工分包合同后，星瑞环保公司又将部分装修工程的劳务施工内容分包给张某清进行施工。张某清完成劳务施工内容后，星瑞环保公司的项目经理及预算员也为张某清出具了结算单，且星瑞环保公司的法定代表人廖某平也已向张某清支付了部分工程款。故此，张某清要求星瑞环保公司支付尚欠的工程款，并无不当，一审法院予以支持。

同时，一审法院认为，中建华腾公司将工程分包给了星瑞环保公司，并已提供了相应证据，证明该公司已向星瑞环保公司支付的工程款数额并不低于双方签订的合同价款。故此，张某清要求中建华腾公司承担垫付义务，一审法院不予支持。

二审法院认为：根据《建设工程司法解释（二）》第24条之规定，实际施工人以发包人为被告主张权利的，人民法院应当追加转包人或者违法分包人为本案第三人，在查明发包人欠付转包人或者违法分包人建设工程价款的数额后，判决发包人在欠付建设工程价款范围内对实际施工人承担责任。本案中，根据已查明的事实，汇源九龙公司以发包人的身份将汇源农业育苗车间的工程发包给了中建华腾公司，中建华腾公司将汇源农业育苗车间的部分工程分包给了星瑞环保公司，星瑞环保公司又将汇源农业育苗车间的部分劳务工程分包给了张某清进行施工。张某清施工完成后，星瑞环保公司与张某清进行了工程款结算，确认尚欠张某清工程款29.3万元。一审法院依据双方的结算证据，判决星瑞环保公司支付张某清剩余工程款并无不妥，本院予以确认。

同时，二审法院认为：张某清上诉主张要求中建华腾公司在对星瑞环保公司未支付的工程款范围内承担连带责任，理由是中建华腾公司将涉案工程发包给了星瑞环保公司，在星瑞环保公司向张某清未付清款的情况下，中建华腾公司应承担相应支付责任。对此，根据合同相对性原则，张某清应向其合同相对方即星瑞环保公司主张相应工程款,而不能直接向中建华腾公司主张相应权利。另外,根据司法解释规定,张某清作为涉案工程实际施工人,亦可以向涉案工程的发包人主张相应权利。但本案涉案工程的发包人为汇源九龙公司,并非中建华腾公司。张某清直接向总承包人中建华腾公司主张相应权利既不符合合同相对性原则,亦不符合司法解释规定,故本院对其该项主张不予采纳。

## 【判例三】法院判决总承包人在欠付工程款范围内对实际施工人承担责任[①]

2012 年 11 月 20 日,华坤公司(承包人)与案外人高林小学(发包人)签订《中心幼儿园工程施工合同》,约定华坤公司承包建设高林小学发包的中心幼儿园工程(以下简称涉案工程),工程内容为土建及安装工程施工总承包。合同采用可调价格合同形式,签约合同价为 4,924,594.80 元。

2012 年 12 月,华坤公司与鑫亿通公司签订《中心幼儿园工程内部承包合同书》,约定由鑫亿通公司承包涉案工程,施工承包总价为 4,924,594.80 元(以实际结算价为准),鑫亿通公司须按工程结算总造价的 1.5% 向华坤公司上缴管理费用。后鑫亿通公司将涉案工程转包给案外人庄某,但双方并未签订书面合同。

2014 年 6 月 12 日,涉案工程经建设、监理和施工单位评定为工程质量合格,并已交付使用。

2016 年 12 月 12 日,某工程造价咨询公司就涉案工程出具《工程造价咨询报告》,载明该工程审核造价为 4,955,936.18 元。李某作为华坤公司的代表在《工程结算审计书》上签名。

李某、王某六向法院提起诉讼,请求判令华坤公司、鑫亿通公司、南建公司、南建海南分公司共同向其支付工程欠款元及利息。

经法院审理查明:在前述施工合同履行过程中,南建海南分公司为涉案工程分别向建材加工店、给排水公司及李某、王某六等代付过款项。同时,案外人庄某出具过《收据》,载明其收到鑫亿通公司支付的三笔款项。庄某为李某、王某六介绍涉案工程,并代李某、王某六签收了上述三笔款项,但均已支付给李某、王某六。庄某未参与涉案工程的施工。

2018 年 3 月 5 日,高林小学出具《实际施工人证明书》,证明李某、王某六系涉

① 参见海南省海口市中级人民法院(2019)琼 01 民终 5201 号民事判决书。

案工程的实际施工人。

一审法院的裁判意见如下:

1. 关于实际施工人及其权利。华坤公司与高林小学签订了施工合同,但其后又将涉案工程转包给了鑫亿通公司进行施工,鑫亿通公司并未实际施工,而是由庄某介绍的李某、王某六进行实际施工。根据李某、王某六提供的证据并结合庭审查明的事实,可以认定涉案工程的实际施工人为李某、王某六。涉案工程已竣工验收完毕,根据《建设工程司法解释》第26条的规定,李某、王某六作为实际施工人可以请求支付工程价款。

2. 关于南建公司及南建海南分公司是否应当支付涉案工程款。李某、王某六以南建公司及其海南分公司向其转账为由,要求其支付涉案工程款,但并未提供充足证据证明南建公司及其海南分公司与涉案工程存在任何关联性。本案现有证据无法证明南建公司及其海南分公司同涉案工程有任何法律关系,故李某、王某六主张南建公司及其海南分公司承担支付工程款,于法无据,不予支持。

3. 关于华坤公司及鑫亿通公司的责任承担。根据工程造价咨询公司出具的《工程造价咨询报告》,涉案工程的造价为4,955,936.18元,而华坤公司与鑫亿通公司签订的《内部承包合同书》约定了1.5%的管理费用,故鑫亿通公司实际应得工程款为4,881,597.14元。根据行业习惯,实际施工人也应当向转包人支付相应的管理费,故一审法院依法酌定管理费为1.5%。经查明李某、王某六收到的工程款,认定鑫亿通公司尚欠1,805,258.31元工程款未支付,故鑫亿通公司应当向李某、王某六支付工程款1,805,258.31元。另外,在华坤公司与鑫亿通公司签订的《内部承包合同书》中,华坤公司作为涉案工程的发包人,应当向鑫亿通公司足额支付工程款,但华坤公司尚欠鑫亿通公司1,150,282.30元未支付,故华坤公司应当在欠付工程款1,150,282.30元的范围内承担付款义务。

二审法院的裁判意见如下:

1. 关于本案是否应当追加庄某参与诉讼。因鑫亿通公司称其并未与庄某签订过合同,其与庄某之间的约定都是口头约定,而口头约定的具体内容又未能有证据证实,但各方当事人均予以确认李某、王某六是涉案工程的实际施工人,考虑到庄某在本案中也已经出庭说明相关的情况并称自己仅是介绍人,因此本案的处理结果并不会影响到庄某的权利,故本案无须追加庄某作为第三人参加诉讼。

2. 关于南建公司、南建海南分公司是否应当支付涉案工程款,同意一审法院的意见,本院予以维持。

3. 关于华坤公司及鑫亿通公司的责任承担。李某、王某六虽未与鑫亿通公司签订过合同约定管理费,但一审法院参照鑫亿通公司向华坤公司支付管理费的标准认定实际施工人李某、王某六也应当向鑫亿通公司支付1.5%的管理费符合行业惯例,本院予以确认。但一审法院在认定具体工程款数额时存在不当,最终认定鑫亿通公司应支付的工程款为1,655,258.31元,华坤公司仍在欠付工程款1,150,282.30元的范围内承担付款义务。

## 【判例四】多重挂靠、转包情形下的责任承担(之一)①

2014年9月18日,升和房地产公司与中建六局公司、住总装饰公司签订某住宅小区样板间及会所户内精装修深化设计、供应及安装专业分包工程(以下简称涉案工程)《合同协议书》,约定将上述工程分包给住总装饰公司。

住总装饰公司于2014年8月1日出具授权委托书,委托金某平作为代理人全权处理涉案工程投标文件的准备,包括参加各种标签会议;投标文件的签署;进行合同及价格谈判;签订分包合同;执行分包合同。授权期限自2014年8月1日起至2014年9月30日止。

2014年12月17日,延平装饰公司(甲方)与朱某金(乙方)签订《联合合作协议》,约定甲方作为主体与发包方(建设单位)签订工程施工合同、设计合同,甲乙双方共同组建项目部履行工程施工合同、设计合同。乙方按照甲乙双方协商的费率向甲方交纳工程管理费。该协议约定,本协议未尽事宜甲乙双方友好协商解决,若协商不成,可通过北京仲裁委员会仲裁解决。同日,双方签订了《补充协议》,约定管理费按合同价的11.5%(不含营业税)收取。

朱某金于2014年9月12日进场施工。工程竣工后,升和房地产公司、中建六局公司、住总装饰公司进行了最终结算。朱某金对结算金额予以认可。

后朱某金向法院提起诉讼,请求判令住总装饰公司支付工程欠款,升和房地产公司、中建六局公司、延平装饰公司对工程欠款承担连带给付责任。

关于住总装饰公司、延平装饰公司与朱某金之间的关系,三方存在争议。朱某金称,住总装饰公司将涉案工程发包给其个人,金某平为住总装饰公司的项目负责人;住总装饰公司称,其承包涉案工程后寻求与延平装饰公司合作,住总装饰公司收取管理费,提供人员管理、技术支持、安全管理等,具体施工由延平装饰公司负责,

① 参见北京市第一中级人民法院(2019)京01民终10615号民事判决书。

延平装饰公司与朱某金个人之间进行结算;延平装饰公司称,认可与住总装饰公司之间的合作关系,认可其与朱某金签订的《联合合作协议》及《补充协议》。

经法院审理查明,除剩余质保金未付外,升和房地产公司已向住总装饰公司付清全部应付工程款。施工过程中,由住总装饰公司向延平装饰公司支付工程款,由延平装饰公司向朱某金支付工程款,但均有欠款未付清。

一审法院的裁判意见如下:

1. 住总装饰公司承包涉案工程后,将工程全部交给其内部人员金某平名下的延平装饰公司施工,延平装饰公司(实际为朱某金)以住总装饰公司的名义施工,住总装饰公司扣除税金和管理费后将工程款支付给延平装饰公司,由此,认定两者所称的合作实为"挂靠"关系。

2. 延平装饰公司与朱某金签订《联合合作协议》及《补充协议》,约定由延平装饰公司承揽工程,朱某金个人负责施工,延平装饰公司收取11.5%的管理费,朱某金存在借用施工资质的行为,其与延平装饰公司之间亦形成挂靠关系。没有资质的实际施工人借用有资质的建筑施工企业名义的,建设施工合同无效。建设工程施工合同无效,但建设工程经竣工验收合格,承包人请求参照合同约定支付工程价款的,应予支持。朱某金在涉案工程中实际投入资金、材料和劳动力进行工程施工,为实际施工人。现工程已竣工,其有权收取相应的工程款。故对其诉求的工程款,法院在合理范围内予以支持。

3. 合同相对人同时起诉挂靠者和被挂靠者的,如果合同相对人对于挂靠事实不明知,由挂靠者与被挂靠者承担连带民事责任;如果合同相对人对于挂靠事实明知,首先由挂靠者承担责任,被挂靠者承担补充的民事责任。从朱某金与延平装饰公司签订《联合合作协议》及《补充协议》的事实,以及朱某金从延平装饰公司领取工程款的情况来看,其对延平装饰公司与住总装饰公司之间的挂靠关系明知。住总装饰公司对朱某金主张的工程款应承担补充责任。鉴于升和房地产公司、中建六局公司已按照约定足额支付工程款,朱某金要求其承担连带给付责任无法律依据,法院不予支持。

4. 关于延平装饰公司及住总装饰公司应支付朱某金工程款的金额,法院认为住总装饰公司及延平装饰公司为取得本案合同项下工程,投入了人力、物力参加投标工作,中标后又组成施工项目部,参与工程施工管理,且工程完工后,作为承包方还要承担工程质量的质保责任,并配合发包方办理各种手续工作,其收取一定的管理费并无不妥,但收取的标准明显过高,法院根据上述事实,结合北京市建筑工程市场行业习惯酌情调整为5%。扣除税金及5%的管理费后,延平装饰公司尚欠朱某金工程款1,996,404.61元。

综上,一审法院判决:延平装饰公司支付朱某金工程欠款1,996,404.61元;住总装饰公司对上述欠款承担补充给付责任;驳回朱某金的其他诉讼请求。

延平装饰公司提起上诉,请求撤销一审判决。事实和理由:(1)本案应由北京仲裁委员会仲裁解决,法院应驳回朱某金的起诉;(2)协议约定的11.5%"管理费"是双方意思自治的结果,一审判决仅支持5%管理成本费用不符合项目施工实施情况。

二审法院经审理查明,延平装饰公司没有涉案工程的施工资质。

二审法院的裁判意见如下:

1.本案是朱某金以实际施工人的身份向发包人、总包人、分包人、转包人主张欠付工程款,该诉权并非基于合同,故延平装饰公司与朱某金之间的仲裁条款并不适用本案。况且,仲裁条款约定的是"可通过仲裁解决",而非"应当通过仲裁解决",申请仲裁的事项是"本协议未尽事宜",属约定不明。延平装饰公司主张本案应驳回起诉,由北京仲裁委员会仲裁解决,没有事实和法律依据,本院不予采信。

2.延平装饰公司以住总装饰公司的名义取得涉案工程后,自己并没有实际施工,而是将全部建设工程转包给朱某金,延平装饰公司与朱某金为此签订的《联合合作协议》及其《补充协议》无效。延平装饰公司并没有涉案工程的施工资质,朱某金也没有借用延平装饰公司的名义签订建设工程施工合同,故朱某金与延平装饰公司之间并非挂靠关系,一审判决对此认定错误,本院予以纠正。

3.建设工程施工合同无效,但建设工程经竣工验收合格,承包人请求参照合同约定支付工程价款的,应予支持。现查明,住总装饰公司欠付延平装饰公司工程款1,899,393.16元,延平装饰公司欠付朱某金工程款1,930,854.21元。实际施工人以发包人、总包人、名义分包人(被挂靠人)、转包人为共同被告,向名义分包人主张权利,要求发包人、总包人、转包人承担连带给付责任。参照《建设工程司法解释(二)》第24条的规定,[①]住总装饰公司应对欠付延平装饰公司建设工程价款1,899,393.16元对朱某金承担给付责任。延平装饰公司与朱某金约定的管理费明显偏高,一审法院酌减为5%正确,本院予以确认。

4.因延平装饰公司欠付朱某金1,930,854.21元,再扣除本院确定由住总装饰

---

① 《建设工程司法解释(二)》废止后,《新建设工程司法解释(一)》第43条第2款作了同样的规定。

公司直接给付朱某金的1,899,393.16元后,延平装饰公司应支付朱某金31,461.05元。升和房地产公司、中建六局公司均没有欠付工程价款,故朱某金起诉要求升和房地产公司、中建六局公司对住总装饰公司的给付承担连带责任,没有事实根据,本院不予支持。合同相对人同时起诉挂靠人和被挂靠人的,如果合同相对人对于挂靠事实不明知,由挂靠人与被挂靠人承担连带民事责任;如果合同相对人对于挂靠事实明知,首先由挂靠人承担责任,被挂靠人承担补充民事责任。朱某金明知延平装饰公司与住总装饰公司之间系挂靠关系,对于延平装饰公司应支付朱某金的31,461.05元,住总装饰公司应承担补充给付责任。

综上,二审法院判决:撤销一审判决;住总装饰公司给付朱某金工程欠款1,899,393.16元;延平装饰公司支付朱某金工程款31,461.05元;住总装饰公司对延平装饰公司的给付责任承担补充给付责任;驳回朱某金的其他诉讼请求。

**【判例点评】**

根据二审法院查明的事实,延平装饰公司并无承揽涉案工程的相应资质,其借用住总装饰公司的资质承接涉案工程,又将涉案工程转包给朱某金施工,朱某金为涉案工程的实际施工人。朱某金与延平装饰公司签订有《联合合作协议》和《补充协议》,根据《建设工程司法解释(二)》第24条的规定,朱某金有权向转包人延平装饰公司主张工程款。

关于住总装饰公司承担何种责任,笔者认为,从本案判决书反映的案情看,住总装饰公司与朱某金并无合同关系,其与延平装饰公司之间是资质借用关系,而非发包和承包关系,故二审判决参照《建设工程司法解释(二)》第24条确定住总装饰公司的责任值得商榷。况且,根据该解释的规定,发包人也仅是在其欠付的工程价款范围内对实际施工人承担责任。因此,本案二审直接判决由住总装饰公司向朱某金支付1,899,393.16元似欠妥当。

关于挂靠人和被挂靠人的责任承担,《北京市高级人民法院审理民商事案件若干问题的解答之五(试行)》(京高法发〔2007〕168号)第47条作了规定:"合同相对人同时起诉挂靠者和被挂靠者的,如果合同相对人对于挂靠事实不明知,由挂靠者与被挂靠者承担连带民事责任;如果合同相对人对于挂靠事实明知,首先由挂靠者承担责任,被挂靠者承担补充的民事责任。"本案中,法院认定朱某金明知延平装饰公司与住总装饰公司之间系挂靠关系,因此,即使按照上述解答的规定,法院也应判决首先由延平装饰公司向朱某金支付工程款,住总装饰公司仅应对延平装饰公司应支付的工程款1,930,854.21元承担补充责任。因此,笔者认为,从判决结果上看,一审法院的判决似更妥当。

当然,也有观点认为,对于挂靠人和被挂靠人的责任承担,应当按照表见代理的规则予以确定。按此观点,本案中,尽管金某平既是住总装饰公司的项目负责人,又是延平装饰公司的法定代表人和唯一自然人股东,①但延平装饰公司是一个独立的法人,其以自己的名义与朱某金签订《联合合作协议》和《补充协议》,朱某金亦明知住总装饰公司与延平装饰公司之间的挂靠关系,故延平装饰公司的行为对住总装饰公司并不构成表见代理。因此,住总装饰公司不应向朱某金承担责任。

## 【判例五】多重挂靠、转包情形下的责任承担(之二)②

2011年11月29日,郑某武(甲方)与简某寿(乙方)签订《工程内部施工承包协议》,约定甲方将某商住楼以包工包料的方式发包给乙方承建,乙方承包的施工范围主要为土方、桩承台及以上主体结构、装修工程、水电安装工程、住宅公共区域的装修工程等(以下简称涉案工程)。该协议还约定了固定单价及付款方式。

2012年6月28日,发包人东二公司(甲方)与承包人湛江十建深圳分公司(乙方)签订《建筑工程承包合同》,约定甲方将涉案工程以包工包料的方式发包给乙方承建。

2012年9月29日,郑某武(甲方)与简某寿(乙方)签订《建筑工程承包补充协议》,对固定单价及付款方式进行了调整。同时约定,乙方不准干涉甲方与湛江十建深圳分公司的挂靠关系,由甲方独立执行,否则按乙方违约处理。

涉案工程于2011年年底开工,后因缺乏报建手续被政府责令停工。

此后,简某寿向法院提起诉讼,请求判令郑某武向简某寿支付工程款及利息,同时判令湛江十建深圳分公司、湛江十建公司和东二公司对上述款项承担连带清偿义务。

庭审中,东二公司和湛江十建深圳分公司明确,双方并未进行最终的结算;简某寿亦未提交东二公司和湛江十建深圳分公司之间的结算资料,以证明双方的工程款结算数额。

一审法院认为:简某寿没有建筑施工企业资质,且涉案工程缺乏报建手续,违反了相关法律规定,郑某武和简某寿签订的《工程内部施工承包协议》《建筑工程承

① 经查北京市企业信用信息网,金某平为延平装饰公司的法定代表人和唯一自然人股东。

② 参见广东省深圳市中级人民法院(2019)粤03民终8652号民事判决书。

包补充协议》无效。虽然上述合同无效，但在郑某武未提交证据证明涉案工程存在质量问题的情况下，简某寿有权向郑某武主张已经完工部分的工程款。

关于东二公司是否应当承担责任，一审法院认为：涉案工程的发包人为东二公司，根据《建设工程司法解释》第26条第2款的规定，①东二公司应当在欠付工程价款范围内对简某寿承担责任。但东二公司和湛江十建深圳分公司在庭审中明确，双方并未进行最终的结算。因本案为简某寿和郑某武之间的建设工程施工合同纠纷，不宜直接对东二公司和湛江十建深圳分公司在本案中进行结算。在简某寿未提交东二公司和湛江十建深圳分公司之间的结算资料，证明双方的工程款结算数额，即法院无法根据现有证据核算欠付工程款数额的情况下，对简某寿关于东二公司承担连带责任的主张不予支持。根据合同相对性原则，在缺乏法律明确规定的情况下，简某寿主张湛江十建深圳分公司、湛江十建公司承担连带责任，缺乏法律依据，一审法院不予支持。

二审法院的裁判意见如下：

1. 简某寿没有建筑施工资质，一审法院认定简某寿与郑某武签订的《工程内部施工承包协议》与《建筑工程承包补充协议》无效，符合《建设工程司法解释》第1条的规定，②认定正确。

2. 涉案工程的发包人是东二公司，东二公司将涉案工程发包给湛江十建深圳分公司后，湛江十建深圳分公司又将工程内部承包给郑某武，郑某武又将涉案工程转包给简某寿，简某寿是涉案工程的实际施工人。

3. 郑某武与湛江十建深圳分公司系挂靠关系。挂靠人以被挂靠人的名义承接工程后，又将工程进行分包或转包，实际施工人主张挂靠人和被挂靠人承担欠付工程款连带责任的，应当区分情形处理：挂靠人以被挂靠人名义对外签订分包或转包合同的，挂靠人和被挂靠人承担连带付款责任；挂靠人以自己名义对外签订分包或转包合同的，挂靠人承担付款责任。本案中，郑某武系以自己而不是湛江十建深圳分公司的名义与简某寿签订合同，一审法院认定由郑某武承担付款责任，湛江十建深圳分公司和湛江十建公司无须承担连带责任，处理正确。

4. 关于东二公司是否应当承担责任，《建设工程司法解释（二）》第24条规定，③

---

① 《建设工程司法解释》废止后，《新建设工程司法解释（一）》第43条第2款作了类似的规定。

② 《建设工程司法解释》废止后，《新建设工程司法解释（一）》第1条作了类似的规定。

③ 《建设工程司法解释（二）》废止后，《新建设工程司法解释（一）》第43条第2款作了同样的规定。

实际施工人以发包人为被告主张权利的，人民法院应当追加转包人或者违法分包人为本案第三人，在查明发包人欠付转包人或者违法分包人建设工程价款的数额后，判决发包人在欠付建设工程价款范围内对实际施工人承担责任。本院(2019)粤03民终22485号案件已查明，东二公司尚欠郑某武工程款9,278,738.02元。因此，东二公司应当在上述欠付工程款范围内对简某寿承担责任。因此，判决东二公司在欠付的9,278,738.02元范围内，对郑某武应付的工程款及利息承担连带付款责任。

## 【判例六】无法查明发包人欠付金额的，驳回实际施工人对发包人的诉讼请求[①]

2012年7月17日，淮矿地产公司与中力公司签订协议书，约定淮矿地产公司将某工程发包给中力公司。工程内容为：10－12号楼、14－15号楼、20号楼、23－25号楼、28－29号楼、幼儿园、1号楼地下室、2号楼地下室土建、装饰安装工程。

2013年2月20日，周某斌作为甲方代表人与孙某华（乙方）签订《劳务分包合同》，约定分包工程为前述工程10－12号楼、14－15号楼、25号楼、幼儿园、2号楼地下车库。承包范围为瓦工，主体砼、砌体、二次结构内外墙粉刷部分工程，木工包工包料，钢筋工制作及绑扎，直至竣工验收的所有工程量。

劳务分包合同签订后，孙某华实施了25号楼及负一层钢筋工、瓦工、木工、水电工及12号楼负一层钢筋工、瓦工、木工、水电工。工程于2015年12月交付。

孙某华向法院提起诉讼，称涉案工程的发包人为淮矿地产公司，总承包人为中力公司，中力公司承包后又转包给张某新，张某新又转包给周某斌、梁某、张某三人，最后由周某斌作为代表违法分包给孙某华。因此，请求判令张某、梁某、周某斌给付其劳务费及利息，中力公司、张某新、淮矿地产公司在上述欠款范围内承担连带给付责任。

一审法院认为，周某斌与孙某华签订书面合同，将涉案工程分包给不具备相应资质的个人孙某华，系违法分包，双方之间的施工合同应为无效合同。根据《建设工程司法解释》第2条的规定，[②]周某斌与孙某华之间签订的工程承包合同虽然无效，但孙某华已按约定履行了工程施工义务，且该工程已经交付，故对孙某华请求

① 参见安徽省淮北市中级人民法院(2019)皖06民终357号民事判决书。

② 《建设工程司法解释》废止后，《民法典》第793条及《新建设工程司法解释(一)》第24条均作了类似的规定。

周某斌支付工程款的诉讼请求，予以支持。关于孙某华请求中力公司、梁某、张某、张某新、淮矿地产公司承担责任，因上述被告均不是涉案合同当事人，其请求无事实依据，故不予支持。

二审法院认为：周某斌与孙某华签订《劳务分包合同》，将涉案劳务分包给孙某华，双方建立建设工程分包合同关系，虽然双方合同因违反法律规定而无效，但孙某华已经投入劳务，作为合同相对方的周某斌应当对孙某华承担付款责任。双方签订的合同均系周某斌和孙某华个人签名，周某斌上诉称其签订合同的行为系代表中力公司，只是中力公司的代理人、经办人的上诉理由与事实不符，本院不予支持。

关于淮矿地产公司作为发包方是否尚欠中力公司工程款以及如欠付具体数额如何确定的问题，二审法院认为，根据《建设工程司法解释（二）》第 24 条的规定，[①]法院在查明发包人欠付转包人或者违法分包人建设工程价款的数额后，才能判决发包人在欠付建设工程价款范围内对实际施工人承担责任。具体本案而言，孙某华作为劳务分包的实际施工人，其可以向发包人主张付款责任。淮矿地产公司作为涉案工程的发包人，如能查明其尚欠中力公司的工程款数额，应当判决淮矿地产公司在欠付中力公司的工程款范围内向孙某华承担付款责任。一审判决以淮矿地产公司不是涉案合同的当事人为由驳回孙某华的该项诉讼请求，属于适用法律不当。同时，淮矿地产公司在庭审中主张其已超付中力公司工程进度款，其与中力公司尚未进行最后结算。而中力公司经本院公告传票传唤，未到庭参加本案诉讼。本案中，本院无法查清淮矿地产公司是否尚欠中力公司工程款以及欠付的数额，孙某华也未提供证据证明淮矿地产公司欠付中力公司工程款数额，因此，对孙某华要求淮矿地产公司在欠付工程款范围内向其承担付款责任的上诉请求，本院不予支持。

关于中力公司、张某、梁某、张某新应否承担连带责任的问题，二审法院认为：合同相对性是合同一方当事人向合同相对方承担合同责任的法律前提。一般情形下，没有合同关系即缺乏承担合同义务的前提和基础。突破合同相对性必须有法律、行政法规等明确规定。连带责任同样需要法律明确规定。本案中，中力公司、张某新、张某、梁某与孙某华不存在合同关系，孙某华主张上述中力公司、张某新、张某、梁某承担连带付款责任既无合同依据，也无法律依据，故对其该上诉请求不予支持。

---

① 《建设工程司法解释（二）》废止后，《新建设工程司法解释（一）》第 43 条第 2 款作了类似的规定。

## 【判例七】发包人不能提供其欠付工程款数额的证据，法院判决其承担举证不能的法律后果[①]

2017年6月10日，西南能矿公司（承包人）与三都城投公司（发包人）签订《水书广场工程施工合同》，约定由西南能矿公司承建水书广场工程。

2017年4月19日及同年5月5日，西南能矿公司"水书广场工程项目部"代表曾某（甲方）与部某元（乙方）分别签订施工合同，约定甲方将水书广场工程土建部分的人工挖孔桩施工及地下室桩头至底板面劳务工作发包给乙方施工。

合同签订后，部某元进场施工，在施工过程中，由于西南能矿公司资金不足，导致该工程停工。双方对钢管、塔吊租赁误工事宜协商后，西南能矿公司（甲方）与部某元（乙方）于2018年1月5日签订《合同补充协议》，约定：由于工期延长，自2017年10月15日起至工程完工，外架（钢管、扣件）与塔吊（3台）租赁费由甲方承担，每月5日前支付上月租金。租期完毕，结清全部租金费用。

2018年1月31日，西南能矿公司"水书广场工程项目部"盖章确认，每月应补偿部某元塔吊、钢管租赁费用97,200元。

2018年2月1日，西南能矿公司"水书广场工程项目部"代表曾某与部某元进行工程结算。

后因西南能矿公司未支付工程劳务款，部某元向法院提起诉讼，请求判令西南能矿公司支付部某元工程款（劳务费）及停工期间产生的租赁费用，同时判令三都城投公司在欠付西南能矿公司的工程价款范围内对上述款项承担连带责任。

本案中，三都城投公司是否应当承担责任成为争议焦点之一。

一审法院认为：三都城投公司作为"水书广场工程"项目的发包人，在该工程建设过程中，有义务对涉案工程进行监管，由于三都城投公司疏于监管，导致西南能矿公司违法将涉案工程分包给没有相应建筑资质的部某元。根据《建设工程司法解释》第26条的规定，[②]因三都城投公司至今未与西南能矿公司进行工程款的结算，部某元主张三都城投公司在欠付工程款范围内承担连带支付工程劳务款的责任，于法有据，应当予以支持。但部某元主张的设备租赁费损失不应在三都城投公司承担连带责任的范围内。

二审过程中，三都城投公司称：西南能矿公司与三都城投公司未就工程进行清

---

① 参见贵州省高级人民法院(2019)黔民终537号民事判决书。

② 《建设工程司法解释》废止后，《新建设工程司法解释(一)》第43条作了类似的规定。

理结算,无法确定三都城投公司是否拖欠西南能矿公司工程款及相应数额,一审法院在没有查清和释明的情况下,直接判决三都城投公司在欠付西南能矿公司工程款范围内向部某元承担支付责任是错误的。

二审法院认为:根据《建设工程司法解释(二)》第24条的规定,①三都城投公司作为"水书广场工程"项目的发包人,应当在欠付西南能矿公司工程款的范围内对部某元承担付款责任。一审过程中,三都城投公司与西南能矿公司表示没有对涉案工程进行结算。本院二审期间,依法向三都城投公司释明,要求其举证证明是否欠付西南能矿公司工程款及欠付金额,但三都城投公司并未提供证据证明。三都城投公司作为发包人具备提供是否欠付工程款等证据的客观条件,有义务举证证明其是否欠付西南能矿公司工程款,三都城投公司与西南能矿公司未进行结算,亦未提供证据证明是否欠付工程款等情况,三都城投公司应当承担举证不能的不利后果。因法院认定西南能矿公司应向部某元支付8,380,796.09元劳务工程款,故三都城投公司应在欠付西南能矿公司8,380,796.09元的范围内向部某元承担责任。

### 【判例八】发包人不对承包人的合法劳务分包人承担工程款给付责任②

2013年2月,发包人斌鑫公司与承包人桓大公司签订《斌鑫·中央公园城一期一标段土建及水电安装工程施工合同》及《施工合同补充协议》,约定斌鑫公司将其中央公园城一期一标段工程(以下简称涉案工程)发包给桓大公司,承包方式为包工包料,结算方式暂定总造价约为6000万元,最终以双方认定的结算金额为准。双方还对施工进度和工程工期、质量标准、计价标准及工程竣工结算价款、工程款支付等进行了约定。

2013年7月30日,桓大公司与锐鑫劳务签订了《建筑工程劳务承包合同》,约定桓大公司将涉案工程的劳务发包给锐鑫劳务,采用包工包辅料的承包形式。

合同签订后,锐鑫劳务按照合同约定进场施工。

2016年2月2日,锐鑫劳务、桓大公司、斌鑫公司三方达成《专题会议纪要》,载明:(1)斌鑫公司本次向桓大公司支付进度款400万元,其中桓大公司支付锐鑫劳务90万元,由桓大公司和锐鑫劳务安排各自劳务人员工资,不得再有农民工因工资

---

① 《建设工程司法解释(二)》废止后,《新建设工程司法解释(一)》第43条第2款作了同样的规定。

② 参见贵州省遵义市中级人民法院(2019)黔03民终4680号民事判决书。

闹事;(2)锐鑫劳务与桓大公司关于一标段的劳务结算必须于3月25日前办理完成,双方认可后,由斌鑫公司直接支付给锐鑫劳务。其后,锐鑫劳务与桓大公司就工程结算并未达成一致。

2016年8月22日,涉案工程通过综合验收。

锐鑫劳务向法院提起诉讼,请求判令桓大公司向其支付工程欠款及利息,并判令斌鑫公司对桓大公司所负债务负连带清偿责任。

一审法院认为:斌鑫公司与桓大公司于2013年2月签订了《斌鑫·中央公园城一期一标段土建及水电安装工程施工合同》及《施工合同补充协议》,将涉案工程发包给桓大公司施工;2013年7月30日,桓大公司与锐鑫劳务签订了《建筑工程劳务承包合同》,将其承建涉案工程的部分劳务分包给锐鑫劳务。上述协议系双方真实意思表示,合法有效。桓大公司应当向锐鑫劳务支付欠付的工程款项,并承担利息损失。

关于斌鑫公司应否承担责任,一审法院认为:斌鑫公司、桓大公司及锐鑫劳务达成的《专题会议纪要》第2条载明,锐鑫劳务与桓大公司的劳务结算必须于3月25日前办理完成,双方认可后,由斌鑫公司直接支付锐鑫劳务费。锐鑫劳务以斌鑫公司在《专题会议纪要》上签字确认直接向其支付工程价款为由,请求斌鑫公司对本案负连带责任的诉讼主张,因锐鑫劳务并未与桓大公司结算,斌鑫公司直接向锐鑫劳务支付工程款的前提是斌鑫公司欠桓大公司工程款,故由斌鑫公司承担支付责任的理由不能成立,对其请求不予支持。

二审法院维持了原判。

## 【判例九】发包人在欠付承包人的工程款范围内对合法劳务分包人承担责任①

2013年9月11日,舞钢闽商公司与新长城公司签订建设工程施工合同一份,约定由新长城公司承建舞钢闽商高新科技园工程(以下简称涉案工程)。

2013年12月22日,新长城公司舞钢项目部与腾骏公司签订《建设工程施工劳务合同》,约定腾骏公司承包涉案工程的劳务分包。承包方式为大清包,合同价款按"实际建筑面积"乘以承包单价计算。

2015年10月9日,新长城公司舞钢项目部向腾骏公司出具《工程结算单》,该

---

① 参见河南省平顶山市中级人民法院(2019)豫04民终3584号民事判决书。

《工程结算单》载明欠付腾骏公司1,551,507元。《工程结算单》加盖有新长城公司舞钢项目部印章,并由翁某强签字确认。

腾骏公司向法院提起诉讼,请求判令新长城公司、翁某强共同向其支付劳务工程款1,551,507元及利息,并判令舞钢闽商公司在欠付工程款范围内对上述款项承担连带付款责任。

经一审法院审理查明,生效的(2016)豫0481民初1568号民事判决书判决:舞钢闽商公司支付新长城公司工程进度款14,498,242元及利息1,212,640元,剩余15%工程款4,744,984元,停工期间工地看护费用11,200元,并返还新长城公司保证金100万元及利息82,998元,以上共计21,550,064元。

一审法院认为:新长城公司舞钢项目部与腾骏公司签订的《建设工程施工劳务合同》,系双方当事人真实意思表示,且不违背法律法规的强制性规定,合法有效。新长城公司舞钢项目部系新长城公司为完成某一具体项目施工而成立的临时性职能部门,是企业内部的组织机构,不具有法人资格,其以项目部名义对外发生的法律关系应由设立该项目部的公司承担法律责任。故《建设工程施工劳务合同》所产生的责任应由新长城公司承担。同时,《工程结算单》加盖有新长城公司舞钢项目部印章,并由翁某强签字确认,而翁某强系新长城公司工作人员,其在《工程结算单》中的签字行为应属职务行为。因此,对腾骏公司主张新长城公司向其支付工程款1,551,507元的请求予以支持。

关于舞钢闽商公司应否承担责任,一审法院认为,舞钢闽商公司作为发包人欠付建设工程价款的数额已经生效法律文书确定,舞钢闽商公司并未举证证明其已履行完毕生效法律文书所确定的义务,故根据《建设工程司法解释(二)》第24条的规定,①其仍应在欠付工程价款范围内对腾骏公司承担责任。

综上,一审法院判决:新长城公司向腾骏公司支付工程款1,551,507元及逾期付款利息;舞钢闽商公司在欠付工程款范围内对腾骏公司承担责任;驳回腾骏公司的其他诉讼请求。

二审法院维持了原判。

---

① 《建设工程司法解释(二)》废止后,《新建设工程司法解释(一)》第43条第2款作了同样的规定。

**第四十四条 【实际施工人的代位诉讼权】**

实际施工人依据民法典第五百三十五条规定，以转包人或者违法分包人怠于向发包人行使到期债权或者与该债权有关的从权利，影响其到期债权实现，提起代位权诉讼的，人民法院应予支持。

## 条文主旨

本条规定了实际施工人可以根据法律的有关规定向发包人提起代位权诉讼。

## 条文精解

### 一、实际施工人代位权的构成要件

债权人的代位权，是指债权人为了保全自己的债权，以自己的名义行使属于债务人权利的权利。[①]《民法典》第535条规定："因债务人怠于行使其债权或者与该债权有关的从权利，影响债权人的到期债权实现的，债权人可以向人民法院请求以自己的名义代位行使债务人对相对人的权利，但是该权利专属于债务人自身的除外。"根据该规定及代位权的一般理论，实际施工人提起代位权诉讼应具备以下条件。[②]

#### (一)实际施工人对转包人或违法分包人的债权合法

所谓债权合法可以从以下几个方面进行理解：

第一，债权只有合法才能受法律保护，不合法的债权，如赌债、枪支买卖形成的债权等，不受法律保护，故债权人不享有代位权。这里的"债权合法"既包括债权人对债务人的债权合法，也包括债务人对其相对人的债权合法。

第二，合同无效不等于债权不合法。实际施工人与转包人或违法分包人之间

---

① 参见韩世远：《合同法总论》（第4版），法律出版社2018年版，第433页。

② 参见高印立：《实际施工人的代位权若干问题研究》，载《商事仲裁与调解》2021年第2期。

的合同虽然无效,但由此而产生的“折价补偿”的不当得利之债是合法的。[①] 同样,在存在多重转包或违法分包的场合,转包人或违法分包人与其上一手的转包人或违法分包人的合同无效,也不影响实际施工人代位权的行使。

第三,关于自然债权的债权人是否享有代位权,理论上有不同观点。[②] 有观点认为,自然债权的债权人不享有代位权,因为“债权人”对“债务人”并不享有债权,当然也就无所谓享有代位权。[③] 也有观点认为,债权人尽管对债务人无胜诉权,但债权并未消灭,且债权人虽无法强制债务人将代位权行使的成果转归自己,但毕竟存在债务人向自己主动履行的可能性,故自然债权可以成为代位权的来源。[④]

笔者认为,实际施工人不能基于自然债权向发包人行使代位权,具体分析如下:

首先,债权具有保护请求权能,债权人依此权能可在债务人不履行债务以及第三人侵害债权时,请求国家机关予以保护。债权人的代位权是依据该债权保护请求权能而产生的。[⑤] 由此可见,对于丧失国家强制力保护的自然债权,债权人代位权的来源存在障碍。

其次,即使债务人对其相对人的权利未过诉讼时效,但根据《民法典》第 537 条的规定,[⑥]代位权行使的结果是债务人的相对人直接向债权人履行债务,从而使债权人与债务人、债务人与其相对人之间相应的权利义务终止。显然,这里存在债权人依靠国家强制力使债务人的相对人直接向其履行债务的情形,而自然债权并不具有该项权能。

最后,从国外的法律制度来看,有的国家明确规定,自然债权的债权人不享有

---

① “折价补偿”作为合同无效的一项法律后果,原则上对其性质可以认定为不当得利。参见韩世远:《合同法总论》(第 4 版),法律出版社 2018 年版,第 322 页。

② 所谓自然债权,是指虽然具有法律意义,但却不享有诉讼保护的债权。其具有两个方面的特点:一是债务人如不履行,债权人不能请求强制履行,法律亦不加以制裁;二是债务人自愿履行时,债权人可以领受,并非为不当得利,债务人不得请求返还。典型的自然债权就是超过诉讼时效的债权。参见李玉林:《论自然债务》,载《山东法官培训学院学报(山东审判)》2000 年第 4 期。

③ 参见王利明:《论代位权的行使要件》,载《法学论坛》2001 年第 1 期;洪学军:《债权人代位权的性质及其构成研究》,载《现代法学》2002 年第 4 期。

④ 参见佟强:《代位权制度研究》,载《中外法学》2002 年第 2 期。

⑤ 参见王家福:《中国民法学 · 民法债权》,法律出版社 1999 年版,第 131 页。转引自洪学军:《债权人代位权的性质及其构成研究》,载《现代法学》2002 年第 4 期。

⑥ 《民法典》第 537 条规定:“人民法院认定代位权成立的,由债务人的相对人向债权人履行义务,债权人接受履行后,债权人与债务人、债务人与相对人之间相应的权利义务终止。债务人对相对人的债权或者与该债权有关的从权利被采取保全、执行措施,或者债务人破产的,依照相关法律的规定处理。”

代位权。比如,《日本民法典》第 424 条第 3 项规定:“债权人在其债权不能依强制执行实现时,不得行使被代位权利。”这里的“被代位权利”即指债务人的权利。①

由上述分析可知,自然债权的债权人不享有代位权。同样,在债务人对其相对人的债权为自然债权的情形下,债权人也不享有代位权。因此,无论是实际施工人对转包人或违法分包人的债权,还是转包人或违法分包人对发包人的债权,其中任意一项因超过诉讼时效等原因而成为自然债权的,实际施工人均不得向发包人行使代位权。

### (二)原则上实际施工人的债权应已经到期

代位权针对的是债务人消极损害债权的行为,原则上债权人应在履行期届满前方可行使代位权。② 而且,在债权人对债务人的债权到期之前,其债权能否实现无法预料,如果在债务人发生迟延履行债务之前就允许债权人行使代位权,则会对债务人的经济活动自由造成过分干预。③ 从我国的法律规定来看,《民法典》第 535 条则将“影响债权人的到期债权实现”作为债权人行使代位权的条件,因此,债权人的债权到期是其代位权成立的要件之一。

同时,债权人的债权到期作为债权人行使代位权的要件是一般原则,防止债务人权利消灭、变更,使其财产价值维持原状的保存行为则为例外,如中断诉讼时效、申请破产债权等。在例外情况下,应允许债权人在履行期届满前行使代位权。《民法典》第 536 条即规定,在债权人的债权到期前,若债务人的债权存在诉讼时效期间即将届满或者未及时申报破产债权等情形,影响债权人的债权实现的,债权人可以提前代位向债务人的相对人请求其向债务人履行或者向破产管理人申报等。④ 由于该条所规定的权利行使结果归属于债务人,与《民法典》第 535 条所规定的代位权行使结果归属有区别,所以有观点认为,将其称为代位保存权更为妥当。⑤

综上,基于代位权的行使要件,原则上实际施工人只有在其债权到期时才能向

---

① 参见刘士国、牟宪魁、杨瑞贺译:《日本民法典》,中国法制出版社 2018 年版,第 92 页。

② 参见王利明:《论代位权的行使要件》,载《法学论坛》2001 年第 1 期。

③ 参见陈协平:《论我国债权人代位权的成立要件》,载《北华大学学报(社会科学版)》2012 年第 4 期。

④ 《民法典》第 536 条规定:“债权人的债权到期前,债务人的债权或者与该债权有关的从权利存在诉讼时效期间即将届满或者未及时申报破产债权等情形,影响债权人的债权实现的,债权人可以代位向债务人的相对人请求其向债务人履行、向破产管理人申报或者作出其他必要的行为。”

⑤ 参见最高人民法院民法典贯彻实施工作领导小组主编:《中华人民共和国民法典合同编理解与适用(一)》,人民法院出版社 2020 年版,第 509 页。

发包人行使代位权。如果实际施工人的债权存在诉讼时效期间即将届满或者未及时申报破产债权等情形而影响其债权实现的，实际施工人也可以在其债权到期前行使代位保存权。

### （三）转包人或违法分包人怠于行使其到期债权，影响实际施工人到期债权的实现

关于代位权的规定，《民法典》第535条对《合同法》第73条的表述作了修改，即将“对债权人造成损害”修改为“影响债权人的到期债权实现”，加大了对债权保护的力度。关于怠于行使到期债权的认定标准，根据《合同法司法解释（一）》第13条的规定，是指债务人不履行其对债权人的到期债务，又不以诉讼方式或者仲裁方式向其债务人主张。① 虽然该司法解释已于2021年1月1日废止，但后续最高人民法院在制定《民法典》司法解释时，仍可能沿用该观点。

也有学者认为，把诉讼外一切积极行使权利的手段均归于怠于行使权利，势必会严重地干预他人行使权利的自由，且会迫使债务人对其相对人的债权一到期就马上提起诉讼，从而大量增加本不必要的诉讼。这将使人们在正常的商业往来中产生人人自危的不安全感，对于社会经济秩序的稳定不利。②

笔者认为，从理论上看，将“怠于行使”的标准界定为不以“诉讼”或“仲裁”方式主张债权，似乎过于狭窄，但该标准在实践中也确实有客观、明确的优点，有利于避免债权人的代位权落空。

关于债务人怠于行使债权的证明责任，有观点认为，其应当由债权人举证，即债权人必须证明债务人能够通过诉讼或者仲裁的方式向其相对人提出请求却没有及时提出。在债权人作出这种举证以后，债务人的相对人不认为债务人有怠于行使其到期债权情况的，也应当承担举证责任。③ 但笔者认为，对于“债务人能够通过诉讼或者仲裁的方式向其相对人提出请求却没有及时提出”这一事项，债权人实际上只能举证证明债务人对其相对人的债权已经到期，而无法证明债务人未通过诉讼或者仲裁的方式向其相对人提出请求。根据《民事诉讼法司法解释》第91条的

---

① 《合同法司法解释（一）》第13条第1款规定：“合同法第七十三条规定的‘债务人怠于行使其到期债权，对债权人造成损害的’，是指债务人不履行其对债权人的到期债务，又不以诉讼方式或者仲裁方式向其债务人主张其享有的具有金钱给付内容的到期债权，致使债权人的到期债权未能实现。”

② 参见佟强：《代位权制度研究》，载《中外法学》2002年第2期。

③ 参见王利明：《论代位权的行使要件》，载《法学论坛》2001年第1期。

规定，[1]代位权没有受到妨碍的事实（债务人已经通过诉讼或仲裁方式实现权利），应当由债务人或债务人的相对人举证证明。

对于实际施工人提起的代位权诉讼，实际施工人应当对以下事实承担举证责任：(1)举证证明其为建设工程项目的实际施工人，其与转包人或违法分包人之间存在债权债务关系；(2)举证证明转包人或违法分包人对发包人享有到期债权，即该债权所附条件已经成就、履行期限届满或债权已过履行期。

### （四）转包人或违法分包人对发包人的债权不是专属于其自身的债权

《民法典》第535条规定，债权人对债务人之相对人的代位权不包括专属于债务人自身的权利，即代位权的客体必须是非专属于债务人的债权。一般认为，上述专属于债务人自身的债权，是指基于扶养关系、抚养关系、赡养关系、继承关系产生的给付请求权和劳动报酬、退休金、养老金、抚恤金、安置费、人寿保险、人身损害赔偿请求权等权利。

由于实际施工人主张的是工程款债权，不具有人格和身份属性，因此，其向发包人主张工程价款债权的代位权时，债权的专属性不会构成其行使代位权的障碍。

### （五）实际施工人对转包人或违法分包人的债权确定

所谓债权必须确定，是指债务人对于债权的存在以及内容并没有异议，或者该债权已经经过法院和仲裁机构的裁判确定。关于债权确定是否为债权人行使代位权的要件，实践中存在争议。

有观点认为，债权人对债务人的债权应当确定，因为如果债权不确定，债权人向债务人的相对人提出请求时，相对人可能很难知道债权人与债务人之间的债务情况，从而难以提出抗辩。[2] 而且，即使债务人加入诉讼且其抗辩成立并导致债权人不能提出请求，对相对人也有可能造成损害，包括参加诉讼的费用和时间，增加了其诉累。[3] 债务人对其相对人的债权则不一定要求债权确定。债权人可能只知道在债务人与其相对人之间存在债的关系，但未必一定了解债权的具体数额，如果

---

① 《民事诉讼法司法解释》第91条规定："人民法院应当依照下列原则确定举证证明责任的承担，但法律另有规定的除外：（一）主张法律关系存在的当事人，应当对产生该法律关系的基本事实承担举证证明责任；（二）主张法律关系变更、消灭或者权利受到妨害的当事人，应当对该法律关系变更、消灭或者权利受到妨害的基本事实承担举证证明责任。"

② 参见王利明：《论代位权的行使要件》，载《法学论坛》2001年第1期。

③ 参见任悦：《次债务未确定不影响代位权的行使》，载《人民司法（案例）》2017年第5期。

要求其必须在此种债的关系确定之后才行使代位权，这必然使债权人很难行使代位权。①

也有观点认为，相关法律法规并未规定必须数额确定、双方没有争议才可以提起代位权之诉，对于存有争议的债权债务关系，如果经法院审理查明，债权人没有证据证明债务人欠其到期债权，法院可裁定驳回债权人的起诉。② 实际施工人依据本条向发包人行使代位权，不以实际施工人与转包人或违法分包人已进行结算为前提，以避免加强保护实际施工人所代表的农民工权利的目的被弱化。③

笔者原则上赞成第一种观点，即债权人对债务人的债权应当确定，但债务人对其相对人的债权则不一定要求债权确定。笔者认为，除了上述观点所提出的理由之外，还可以从以下几个方面作出解释：

第一，要判断债权确定是否为代位权诉讼的构成要件，首先需要考察代位权诉讼的诉讼标的。所谓诉讼标的，是指当事人之间争议的、请求法院审判的民事实体法律关系或者民事实体权利。④ 关于代位权诉讼的诉讼标的，学理上存在三种观点：(1)二诉讼标的说，即认为代位权诉讼中存在两个诉讼标的，一个是债权人的代位权主张，另一个是债权人所提出的债务人对其相对人享有权利的主张；(2)一诉讼标的说，即认为代位权诉讼之诉讼标的，应仅为债务人和其相对人的权利义务关系，而不包括代位权本身；(3)一个诉讼标的、两个基础法律关系说，即认为代位权诉讼的诉讼标的系债权人以自己的名义，依据债务人的权利对第三人所主张的权利，该诉讼标的包括债权人自己对债务人的权利与债务人对其相对人的债权两个基础法律关系，但此基础法律关系并非诉讼标的。⑤

由上述观点可以看出，前两种观点均认为，债务人和其相对人的权利义务关系是代位权诉讼的诉讼标的；第三种观点也认为，债务人对其相对人的权利是代位权诉讼标的的来源。因此，在代位权诉讼中，法院应当对债务人和其相对人的权利义务关系进行实质审查，并作出裁判。由此，代位权诉讼也就并不要求债务人对其相对人的债权确定。

---

① 参见王利明：《论代位权的行使要件》，载《法学论坛》2001 年第 1 期。

② 参见徐向东、张玉芝：《浅析代位权的成立要件》，载《山东法官培训学院学报（山东审判）》2005 年第 6 期。

③ 参见肖峰、严慧勇、徐宽宝：《〈关于审理建设工程施工合同纠纷案件适用法律问题的解释（二）〉解读与探索》，载《法律适用》2019 年第 7 期。

④ 参见江伟、肖建国主编：《民事诉讼法》，中国人民大学出版社 2015 年版，第 25 页。

⑤ 参见赵钢、刘学在：《论代位权诉讼》，载《法学研究》2000 年第 6 期。

第二，代位权是债权人为保全其债权而代债务人行使其权利的权利，该权利在性质上属于债权的保全权能，其本质上是对债务人与其相对人之间权利义务的干预。[①] 虽然根据《民法典》第537条的规定，代位权行使的结果及于债权人，但代位权诉讼的实质是债权人代债务人提起的诉讼。即使按照“二诉讼标的说”的观点，债权人主张的代位权也是一种替代债务人对其相对人行使债权的权利，并非债权人对债务人的直接权利，故债权人与债务人之间的权利义务关系不是代位权诉讼的诉讼标的，法院也就不宜对债权人和债务人的权利义务关系作出裁判。然而，代位权成立又以债权人和债务人之间存在债权债务关系为条件，因此，债权人对债务人的债权确定就成为债权人启动代位权诉讼的必要条件。

第三，债权人的代位权诉讼与债权人对债务人的债的诉讼可以并存。而且，在二者并存的情况下，不论哪一个诉讼先提起，受理代位权诉讼的法院都应中止代位权诉讼的审理。这是因为债权人对债务人的债权是否得到法院的确认以及确认的数额、范围等，直接决定着代位权诉讼的结果。[②] 由此可以推论，法院在代位权诉讼中不能对债权人与债务人之间的债权债务关系进行实体审理。如前所述，债权人对债务人的债权确定就顺理成章了。

具体到实际施工人的代位权诉讼中，如果实际施工人与转包人或违法分包人之间的工程价款尚未办理结算，实际施工人的工程款债权尚未确定，原则上法院应当驳回其代位权起诉。在“葛某魁与安徽古洲酒业有限公司债权人代位权纠纷案”中，原告葛某魁申请对涉案工程量进行鉴定，以确定其与债务人的工程款金额。对此，法院认为，原告与债务人之间的债务数额不明确，而对涉案工程量及工程款的鉴定不是代位权诉讼案件的审理范围，故原告的起诉不符合代位权诉讼的条件，从而驳回了原告的起诉。[③]

---

① 基于《民法典》第537条关于债务人的相对人向债权人履行义务的规定，有观点认为，代位权是一种特殊的请求权。参见最高人民法院民法典贯彻实施工作领导小组主编：《中华人民共和国民法典合同编理解与适用(一)》，人民法院出版社2020年版，第499页。

② 参见曹守晔等：《〈关于适用合同法若干问题的解释(一)〉的理解和适用》，载《人民司法》2000年第3期。《合同法司法解释(一)》第15条规定：“债权人向人民法院起诉债务人以后，又向同一人民法院对次债务人提起代位权诉讼，符合本解释第十四条的规定和《中华人民共和国民事诉讼法》第一百零八条规定的起诉条件的，应当立案受理；不符合本解释第十四条规定的，告知债权人向次债务人住所地人民法院另行起诉。受理代位权诉讼的人民法院在债权人起诉债务人的诉讼裁决发生法律效力以前，应当依照《中华人民共和国民事诉讼法》第一百三十六条第(五)项的规定中止代位权诉讼。”虽然该司法解释已经废止，但后续最高人民法院在制定《民法典》司法解释时仍可能继续沿用该观点。

③ 参见安徽省合肥市中级人民法院(2019)皖01民终9850号民事裁定书。

在实际施工人对转包人或违法分包人的债权确定的情况下，法院则应当查明发包人是否欠付转包人或违法分包人工程价款以及欠付工程价款的数额。因涉及工程造价专门知识难以查清的，法院应当依当事人的申请委托鉴定机构进行工程造价鉴定。

需要注意的是，如果转包人或违法分包人将工程交由实际施工人施工时仅收取一定比例的管理费，且当事人对此亦无异议，则在法院查明转包人或违法分包人与发包人之间结算价款的情况下，实际施工人对转包人或违法分包人的债权实际上已经确定。笔者认为，在这种情况下，法院不应驳回实际施工人的代位权起诉。

## 二、实际施工人可否代位行使工程价款优先受偿权

《新建设工程司法解释(一)》第 35 条未赋予实际施工人就建设工程价款优先受偿的权利，而本条规定了实际施工人的代位权。由此就产生一个问题：实际施工人能否代位行使转包人或违法分包人的工程价款优先受偿权？理论上和实践中对此有不同观点。

有观点认为，违法分包和转包合同中的实际施工人也可以向发包人提起代位权诉讼，主张享有建设工程价款优先受偿权，在此制度下，实际施工人就建设工程优先受偿的权益将得到延伸。① 也有观点认为，建设工程价款优先受偿权具有人身依附性。《河北高院施工合同案件审理指南》第 37 条规定："建设工程价款优先受偿权与建设工程价款请求权具有人身依附性，承包人将建设工程价款债权转让，建设工程价款的优先受偿权消灭。"在"张某芳、芜湖市金鼎房地产开发有限公司建设工程施工合同纠纷案"中，法院也认为，建设工程价款优先受偿权系专属于承包人自身的权利。② 按此观点，则实际施工人无法就建设工程价款优先受偿权向发包人行使代位权。

笔者认为，本条规定的实际施工人的代位权应当包括建设工程价款优先受偿权，具体理由如下：

### (一)代位权并不限于金钱债权

《合同法司法解释(一)》第 13 条曾规定，债务人怠于行使其到期债权是指"具

① 参见唐倩：《实际施工人的建设工程价款优先受偿权实证研究》，载《中国政法大学学报》2019 年第 4 期。

② 参见安徽省芜湖市中级人民法院(2019)皖 02 民终 2629 号民事判决书。

有金钱给付内容的到期债权”,即该解释将代位权制度的适用范围限定在具有金钱给付内容的债权范畴。但有学者认为,该司法解释进一步缩小了代位权制度的适用空间,难谓合理,所有适用于债权人共同担保的保全的权利,包括物权及物上请求权、形成权、诉讼法上的权利或公法上的权利等都应成为代位权的标的。① 从比较法上看,《法国民法典》规定的债权人的代位权包括一切权利和诉权;②日本和我国台湾地区的民事立法及理论也认为,可代位行使的权利十分广泛,概括为“属于债务人的权利”③,其范围包括不动产移转登记请求权、基于不动产租赁权代位行使排除妨碍请求权等。④

随着《民法典》的颁布,代位权客体被适度扩张。根据《民法典》第535条的规定,债权人行使代位权的客体由金钱债权扩张至债权及与该债权有关的从权利,本条也作出相应规定。这使建设工程价款优先受偿权成为代位权的客体变为可能。

### (二)建设工程价款优先受偿权属于工程款债权的从权利

所谓从权利,是指以主权利为存在前提的权利,例如,以抵押权担保债权,则债权为主权利,抵押权为从权利。⑤《民法典》第535条规定的“与债权有关的从权利”主要是指担保权利(包括担保物权和保证)。⑥ 基于建设工程价款优先受偿权的担保物权性质,本条规定的从权利也应当包括建设工程价款优先受偿权,有关《民法典》理解与适用的论述中也持这一观点。⑦

### (三)建设工程价款优先受偿权不是专属于承包人自身的权利

专属于债务人自身的债权主要包括基于扶养关系、抚养关系、赡养关系、继承关系产生的给付请求权和劳动报酬、退休金、养老金、抚恤金、安置费、人寿保险、人身损害赔偿请求权等权利。这些都是与债务人的人格权、身份权相关的债权,具有强烈的人身属性,其与债务人的生活密切相关,不可分离,具有专有性和不可转让

---

① 参见韩世远:《合同法总论》(第4版),法律出版社2018年版,第443页。

② 《法国民法典》第1166条规定:“债权人得行使其债务人的一切权利与诉权,专与人身相关联的权利除外。”参见罗结珍译:《法国民法典》,北京大学出版社2010年版,第310页。

③ 韩世远:《合同法总论》(第4版),法律出版社2018年版,第444页。

④ 参见史文才、宋迎春:《债权人代位权制度比较研究》,载《南京大学法律评论》2005年春季号。

⑤ 参见龙卫球:《民法总论》,中国法制出版社2002年版,第132页。

⑥ 参见黄薇主编:《中华人民共和国民法典合同编释义》,法律出版社2020年版,第167页。

⑦ 参见最高人民法院民法典贯彻实施工作领导小组主编:《中华人民共和国民法典合同编理解与适用(一)》,人民法院出版社2020年版,第502页。

性，必须由债务人亲自行使才产生法律效力，故对这些债权不能由债权人代位行使。[①]

建设工程价款的优先受偿权是基于建设工程的不动产特性和建设工程合同的承揽特征，以承包人的建设工程成果对其债权进行担保的权利。从性质上看，建设工程价款优先受偿权本质上是一种担保物权，可以与其担保的债权一并转让，[②]并不具有人身属性，不是《民法典》第535条规定的专属于承包人自身的权利。况且，在存在实际施工人的场合，建设工程成果的实际完成者是实际施工人，而并非作为承包人的转包人或违法分包人。从这个意义上看，建设工程价款优先受偿权也不能专属于转包人或违法分包人。因此，实际施工人代位行使建设工程价款优先受偿权并无人身专属性的障碍。

## 三、实际施工人行使代位权的法律后果

### （一）工程款债权

实际施工人代位行使工程款债权的法律后果因具体情形不同而有所不同。

1. 原则上发包人应当向实际施工人履行工程款支付义务

根据《民法典》第537条的规定，实际施工人的代位权成立且其接受发包人履行后，实际施工人与转包人或违法分包人、发包人之间相应的权利义务终止。由此可见，《民法典》原则上并未采用“入库规则”[③]，而是采用了“直接受偿规则”。有观点认为，这实质上是采用了“优先受偿说”，即由债务人的相对人向行使代位权的债权人履行义务，产生了优先受偿效力，其理论基础在于债权人对于债务人的债权保全有提供财产担保和诉讼付出上的贡献。[④] 也有观点认为，债权人的直接受偿与债的相对性、平等性及合同保全制度目的不符，故其是代位权诉讼的债权人基于代理

---

① 参见陈协平：《论我国债权人代位权的成立要件》，载《北华大学学报（社会科学版）》2012年第4期。

② 《民法典》第407条规定：“抵押权不得与债权分离而单独转让或者作为其他债权的担保。债权转让的，担保该债权的抵押权一并转让，但是法律另有规定或者当事人另有约定的除外。”

③ 依传统的债权人代位法理，行使代位权取得的财产应先加入债务人的责任财产，然后再依债之清偿的规则清偿债权人债权，这一规则称为“入库规则”。参见崔建远、韩世远：《合同法中的债权人代位权制度》，载《中国法学》1999年第3期。

④ 参见最高人民法院民法典贯彻实施工作领导小组主编：《中华人民共和国民法典合同编理解与适用（一）》，人民法院出版社2020年版，第537页。

受领与法定抵销权，使其在事实上具有了优先受偿的效果。①

实际上，无论采用哪种观点，在实际施工人的代位权诉讼中，我国《民法典》都将代位权行使的效果原则上直接归属于实际施工人，从而使其代位行使的债权具有了优先性。因此，实际施工人的代位权诉讼成立的，法院应当判决发包人向实际施工人支付工程价款。

2. 工程款债权被采取保全、执行措施的，应执行相关法律规定

对于转包人或违法分包人对发包人的工程款债权被采取保全、执行措施的，执行法院应就执行变价所得财产，在扣除执行费用及清偿优先受偿的债权后，对于普通债权，按照财产保全和执行中查封、扣押、冻结财产的先后顺序清偿。这实际上是采用了"入库规则"，即实际施工人通过代位权取得的工程款债权并不具有优先性，其应在执行程序中被平等对待，按照比例受偿。

3. 转包人或违法分包人已经进入破产程序的，应当适用《企业破产法》的有关规定

《企业破产法》第2条第1款规定："企业法人不能清偿到期债务，并且资产不足以清偿全部债务或者明显缺乏清偿能力的，按照本法规定清理债务。"《企业破产法》第32条规定："人民法院受理破产申请前六个月内，债务人有本法第二条第一款规定的情形，仍对个别债权人进行清偿的，管理人有权请求人民法院予以撤销。但是，个别清偿使债务人财产受益的除外。"根据上述规定，在法院受理转包人或违法分包人破产申请前6个月内，发包人已经向实际施工人清偿了其代位行使的工程款债权的，管理人有权撤销发包人对实际施工人的清偿。

### （二）建设工程价款优先受偿权

关于实际施工人代位行使建设工程价款优先受偿权的法律后果，有观点认为，其仅能产生权利人已经行使优先受偿权的效果，因行使建设工程价款优先受偿权而取得的财产，应当归属于有效施工合同的承包人。实际施工人因工程建设享有的折价补偿请求权，并不由此直接受偿，仍需依普通债权另行主张。我国债权代位制度下的直接清偿规则，不应当适用于由实际施工人代位行使的建设工程价款优

① 参见江必新主编：《民法典重点修改及新条文解读》（上册），中国法制出版社2020年版，第198页。

先受偿权中。[①]

笔者认为，如前所述，我国《民法典》的规定使实际施工人代位行使的债权具有了优先性。对于建设工程价款优先受偿权来说，其本来就具有法定的优先性，在代位权成立的情况下，由实际施工人直接向发包人主张优先受偿权就顺理成章了。对于建设工程被采取保全、执行措施的，也应采用"入库规则"，按照有关查封、扣押、冻结财产等法律规定的清偿顺序进行清偿。关于建设工程价款优先受偿权与其他权利的清偿顺位，请参见本书《新建设工程司法解释(一)》第36条的条文精解和深度研讨的内容。

(三)实际施工人的代位保存权

在实际施工人对转包人或违法分包人的工程款债权到期前，若转包人或违法分包人对发包人的工程款债权存在诉讼时效即将届满或者未及时申报破产债权等情形，影响实际施工人的工程款债权实现的，实际施工人可以行使代位保存权。根据《民法典》第536条的规定，实际施工人行使代位保存权有两种典型类型：一是实际施工人可以代位向发包人主张权利，以使诉讼时效中断；二是当发包人进入破产程序而转包人或违法分包人未及时申报破产债权的，实际施工人可以代位向破产管理人申报破产债权。上述代位保存权行使的结果归属于转包人或违法分包人，即应由发包人向转包人或违法分包人履行，这与代位权的行使结果明显不同。

## 深度研讨

### 一、关于实际施工人行使代位权的管辖问题

由于代位权制度突破了合同的相对性，不可避免地会带来管辖权的冲突。特别是当债权人与债务人或债务人与其相对人之间存在仲裁协议时，如何确定代位权争议的管辖问题，在理论上和实践中都有不同观点。

(一)实际施工人与转包人或违法分包人之间存在仲裁协议

有观点认为，尽管代位权诉讼的被告不是债务人，但法官首先应审查的却是债

① 参见唐倩：《实际施工人的建设工程价款优先受偿权实证研究》，载《中国政法大学学报》2019年第4期。

权人与债务人之间的法律关系，若二者之间订有仲裁协议，法律应当保护当事人的合理预期。因此，应先将债权人与债务人之间的争议提交仲裁，待仲裁程序结束后，债权人仍有权向法院提起代位权诉讼。①

笔者不赞成上述观点。如前所述，代位权诉讼的诉讼标的并不包括债权人与债务人之间的权利义务关系，债权人对债务人的债权确定是其行使代位权的构成要件，即法院不能审查债权人与债务人之间的实体法律关系。由此可见，无论二者之间如何约定管辖，均不影响法院对代位权诉讼的审理。因此，对于实际施工人的代位权诉讼来说，其与转包人或违法分包人之间的仲裁协议并不影响有管辖权法院对案件的审理。

### （二）转包人或违法分包人与发包人之间存在仲裁协议

当债务人与其相对人之间约定有合法有效的仲裁协议时，如何确定债权人代位权诉讼的管辖，主要有以下几种不同观点。

1. 代位权诉讼不受仲裁协议约束

该种观点认为，即使债务人与其相对人之间的合同订有有效的仲裁条款，债务人的相对人也不得以有仲裁协议为由对债权人提起的代位权诉讼提出管辖异议。②代位权诉讼只能由相对人住所地法院管辖，既排除其他法院的地域管辖，也排除债权人与债务人之间、债务人与其相对人之间的管辖协议和仲裁协议，债务人、相对人不得以此进行管辖抗辩。③

在"湘电风能有限公司、弈成新材料科技（上海）有限公司债权人代位权纠纷案"中，最高人民法院也认为，虽然本案债务人的相对人主张其与债务人所签订的合同明确约定了仲裁条款，应由湘潭仲裁委员会审理，但由于债权人既非该仲裁条款所涉合同的一方当事人，亦非该仲裁条款所涉合同权利义务的受让人，且该约定管辖与代位权诉讼特殊地域管辖的规定相冲突，故债权人不应受该仲裁条款的约束，相对人的管辖权异议应予驳回。④

---

① 参见周煜恒、赖之初：《代位权制度之反思与出路——兼论与仲裁协议的弥合》，载《浙江万里学院学报》2014年第5期。

② 参见曹守晔等：《〈关于适用合同法若干问题的解释（一）〉的理解和适用》，载《人民司法》2000年第3期。

③ 参见最高人民法院民法典贯彻实施工作领导小组主编：《中华人民共和国民法典合同编理解与适用（一）》，人民法院出版社2020年版，第504页。

④ 参见最高人民法院（2019）最高法民辖终73号民事裁定书。

2. 代位权诉讼应受仲裁协议约束

该种观点认为，代位权本质上是代位行使属于债务人的债权，其不应获得被代位的债权之外更多利益。因此，代位权诉讼中债务人的相对人可以向代位权人主张的抗辩，应当既包括实体抗辩，也包括程序抗辩。只要相对人可以举证证明其与债务人在代位权人行使代位权之前就存在仲裁协议，则代位权人应当接受该仲裁协议的约束。[①] 也有观点认为，债权人向债务人的相对人主张的权利具有代位请求的性质，债权人与相对人之间的法律关系是债务人与其相对人之间法律关系的承继，故债权人的起诉须受债务人和其相对人之间达成的管辖条款约束。[②]

在“中国信达资产管理股份有限公司浙江省分公司、大唐（青岛）风力发电有限公司债权人代位权纠纷案”中，法院也认为，在代位权诉讼中，债务人的相对人对债务人的抗辩，可以向债权人主张，因此，该案中债权人虽然并非合同当事人，但其系代债务人提起本案诉讼，故仍应受该合同仲裁条款的约束，故裁定驳回了债权人的起诉。[③]

值得注意的是，《广东高院关于代位权的指导意见》第 3 条规定：“债权人提起代位权诉讼，如债务人与次债务人之间订立有效仲裁条款，法院应裁定不予受理。但该仲裁条款在债权人提起代位权诉讼后订立的或者次债务人放弃仲裁的除外。”尽管存在上述规定，但广东高院的有关裁定却持相反立场。[④]

3. 折中观点

最高人民法院在〔2013〕民二他字第 19 号对安徽省高级人民法院的答复文件中指出：“债权人提起的代位权诉讼与债务人、次债务人之间的合同纠纷属于不同的法律关系，债务人和次债务人之间事先订有仲裁条款的，债务人或次债务人有权依据仲裁条款就双方之间的合同争议申请仲裁，债权人并非该合同法律关系的一方当事人，无权对此提出异议。审理代位权诉讼的人民法院可依照民事诉讼法的相关规定中止代位权诉讼。待仲裁裁决发生法律效力后再恢复审理。”由该答复可以看出，最高人民法院一方面强调债权人无权提出异议，另一方面又提出可中止代位权诉讼。因此，这似乎提出了一个折中处理的观点。

---

① 参见孔金萍：《论被代位债权的仲裁协议对代位权人的效力》，载《北京仲裁》2018 年第 3 辑。

② 参见羊芙蓉：《代位仲裁的可行性研究——以债务人与次债务人合同仲裁条款对代位权人的效力为中心》，载《广东开放大学学报》2019 年第 6 期。

③ 参见山东省高级人民法院（2019）鲁民终 597 号民事裁定书。北京市高级人民法院（2020）京民终 94 号民事裁定书、上海市高级人民法院（2017）沪民辖终 29 号民事裁定书也持相同立场。

④ 参见广东省高级人民法院（2019）粤民辖终 207 号民事裁定书。

笔者原则上赞成折中观点,另外两种观点均存在不同程度的缺陷。

第一,代位权是债权人以自己的名义代债务人向相对人行使权利,其在性质上属于债权的保全权能,本质上是对债务人与其相对人之间权利义务的干预。在代位权诉讼中,债权人并未取代债务人成为其与相对人之间合同的当事人,这与债权转让并不相同,不能类推适用《仲裁法司法解释》第9条的规定。① 因此,不能认为债权人取代了债务人的当事人地位而受仲裁协议的约束。

第二,根据《民法典》第535条第3款的规定,相对人对债务人的抗辩,可以向债权人主张。但笔者认为,该规定的主要理由在于,债务人与其相对人之间的权利义务关系是代位权诉讼的诉讼标的。该诉讼标的一般指的是具有给付内容的实体法律关系。② 因此,该规定中相对人向债权人主张的抗辩应指实体抗辩,不应包括管辖权异议等程序抗辩,债权人也就不能承继债务人与其相对人之间关于管辖等的程序性利益。

第三,仲裁管辖的基础在于当事人的合意,债务人与其相对人选择仲裁这一纠纷解决机制,体现了其对所选择仲裁机构公正性的信任,这种意思自治应当被充分尊重。如果债务人与其相对人就合同债权存在争议,代位权诉讼的管理必然会涉及债务人与其相对人之间的实体法律关系,此时由法院直接审理上述实体问题,有违背当事人意思自治之嫌。

因此,笔者认为,法院应当受理债权人的代位权诉讼,但同时也应当尊重当事人约定的仲裁协议,不宜直接对债务人与其相对人之间权利义务关系进行实体审查。如果债务人与其相对人此后进入了仲裁程序,法院宜中止代位权诉讼,待相应仲裁裁决发生法律效力后再恢复审理。

然而,更多的情况可能是,债务人并未向其相对人提起仲裁。在这种情况下,如果相对人恶意拖延提起仲裁,则代位权诉讼的程序就会受制于相对人,从而直接影响代位权人的实体权益,甚至导致债权人的代位权落空。

为化解上述矛盾,笔者赞成如下思路,即由法院裁定中止代位权诉讼,并向债务人或其相对人释明,要求其在合理期限内提请仲裁机构仲裁,并根据申请仲裁的不同情形推进审判程序:

其一,若合理期限届满,债务人或其相对人无正当理由未提出仲裁或仲裁申请

① 《仲裁法司法解释》第9条规定:"债权债务全部或者部分转让的,仲裁协议对受让人有效,但当事人另有约定、在受让债权债务时受让人明确反对或者不知有单独仲裁协议的除外。"

② 参见江伟、肖建国主编:《民事诉讼法》,中国人民大学出版社2015年版,第26页。

被驳回，则法院应恢复该案的审理，并依法作出裁判；

其二，若仲裁机构审理后未支持债务人的相应债权，则应驳回债权人的诉讼请求；

其三，若仲裁机构审理后支持了债务人的全部或部分债权，则法院应恢复该案的审理，并依据仲裁机构的裁决结果作出裁判。①

虽然上述思路程序上相对烦琐，司法实践中采用较少，但其既较大程度地尊重了当事人的意思自治，也保障了代位权制度的落实，维护了债权人的合法权益，具有合理性。当然，从现实的角度出发，如果一定要在另外两种处理方法中作出选择，采取前述"代位权诉讼不受仲裁协议约束"的观点，更有利于债权人的利益保护。

## 二、多重转包或违法分包情形下的再代位问题

在建设工程领域，多重转包、违法分包的情形十分常见，那么，实际施工人能否越过两个以上的被代位人向发包人行使代位权？这涉及代位权的再代位问题。

关于代位权的再代位，学术界存在不同观点。支持者认为，代位权旨在保全债权，债权人既然可以越过一个债务人向其相对人行使代位权以达到保全债权的目的，那么当若干个中间环节均怠于行使权利时，亦没有理由禁止债权人为同样目的行使代位权；反对者则认为，代位权产生于债权，因而也属于相对权，虽然其可以突破债的相对性原则使效力及于债务人的相对人，但其并不是物权，该效力随着不断远离债权人而日益降低，如果只要中间环节具备行使代位权的条件就可以行使代位权，那么可能出现债权人越过若干债务人向最后的债务人行使代位权的情形，此时，代位权似乎具有了与物权一样的效力，这种使代位权混同于物权的做法是不可取的。②

笔者认为，代位权制度本身就是对合同相对性的突破，而对合同相对性的突破必须有法律的明确规定。《民法典》第465条第2款对此予以了明确："依法成立的合同，仅对当事人具有法律约束力，但是法律另有规定的除外。"由于法律并未对再代位权作出规定，故在多重转包或违法分包情形下，实际施工人越过两个转包人或违法分包人向发包人行使代位权没有法律依据。同时，若允许实际施工人行使再代位权，还会使得本身就存在诸多争议的管辖权问题、诉讼标的问题、代位权行使

① 参见曲昇霞、朱愈明：《仲裁协议抗辩能否对抗债权人代位权之诉？——以矛盾裁判为视角的分析》，载《扬州大学学报（人文社会科学版）》2018年第6期。

② 参见佟强：《代位权制度研究》，载《中外法学》2002年第2期。

效果归属问题变得更加复杂，且极易因代位权人对代位债权的优先性而损害其他债权人的利益。因此，实际施工人不应享有再代位权。

### 三、借用资质的挂靠人是否适用本条规定

实际施工人的范围既包括转包合同、违法分包合同的承包人，也包括借用资质的挂靠人。由本条规定的文义可以看出，本条仅规定了转包合同和违法分包合同中承包人的代位权，并未规定挂靠人的代位权。那么作为挂靠人的实际施工人是否适用本条的规定呢？实践中对此存在争议。

有观点认为，本条规定同样适用于挂靠人。《山东高院民一庭关于施工合同问题的解答》第5条即规定："通常情况下，借用资质的施工人只有在出借资质人怠于履行权利时，才能提起代位权诉讼。但发包人明知借用资质事实存在的，借用资质的施工人可以直接向发包人主张权利。"在"颍上县黄坝乡人民政府、郑某启建设工程施工合同纠纷案"中，法院认为，原告作为涉案工程的实际施工人、挂靠人，有权提起代位权诉讼，是适格的当事人，因此支持了原告的诉讼请求。①

也有观点认为，本条规定仅限于转包和违法分包两种情形，不包括挂靠情形。因此，挂靠人不能向发包人行使代位权。在"刘某与中国电建集团重庆工程有限公司等建设工程施工合同纠纷案"中，法院就认为，本条规定的"实际施工人"，仅指在工程转包或分包情形下以自己的名义承包工程的人，并不包括借用建筑施工企业资质并以该公司名义承揽工程的人，因此，原告以该条为法律依据提起本案代位诉讼的理由不能成立。②

笔者认为，实际施工人的代位权并非司法解释的创制，而是源于法律的明确规定。只要满足法律关于代位权的行使要件，债权人就可以依法行使代位权。在挂靠人、被挂靠人及发包人的法律关系中，如果发包人在签订合同时"不明知"挂靠人借用资质的事实，则挂靠人无法基于事实合同直接向发包人主张权利。在这种情况下，若被挂靠人怠于向发包人行使权利，则挂靠人的利益可能受到损害。因此，借用资质的挂靠人也可以成为代位权的行使主体。但实践中需要注意以下几个方面的问题：

第一，这里的"发包人明知"是指发包人在签订合同时"明知"，不包括发包人在签订合同之后知道。这是因为只有发包人在订立合同时"明知"，发包人和挂靠人

---

① 参见安徽省阜阳市中级人民法院(2020)皖12民终2181号民事判决书。

② 参见重庆市第四中级人民法院(2020)渝04民终153号民事判决书。

才能基于意思表示的一致而形成事实合同关系。

第二,一般来说,在实际施工人是挂靠人的情况下,只有发包人向被挂靠人支付工程款后,挂靠人才能向被挂靠人主张转付相应款项。因此,要同时满足被挂靠人怠于行使到期债权、挂靠人对被挂靠人的债权到期两个构成要件较为困难。但在因可归责于被挂靠人的原因导致的发包人无法与其办理结算、无法向其支付工程款等情形下,如被挂靠人下落不明等,可以认为被挂靠人不正当地阻止了挂靠人债权的到期,从而认定挂靠人的债权已经到期。

第三,在被挂靠人对发包人的债权存在诉讼时效期间即将届满或者未及时申报破产债权等情形,影响债权人的债权实现的,挂靠人可以根据《民法典》第536条的规定行使代位保存权。

## 实务判例

### 【判例一】转包人怠于行使到期债权的,实际施工人可以主张代位权[①]

2016年7月21日,蔡家公司与渝集公司签订了《建设工程承包合同》,约定由渝集公司承建蔡家公司的安置房光纤进户工程(以下简称涉案工程),固定合同总金额为576,853.89元。合同约定,工程施工完毕,通过"重庆市电信协会通信建设委员会"现场验收合格,蔡家公司取得《重庆市驻地网通信设施建设达标确认书》后10日内,支付全部工程款95%,预留5%为质保金,质保金在验收合格1年后无遗留问题付清。保修期为取得《重庆市驻地网通信设施建设达标确认书》之日起1年。

2016年9月13日,黄某春与渝集公司签订了《内部项目风险责任合同》,约定黄某春承包涉案工程,自主经营、上缴包干、自负盈亏,并承担所有相关规费、保险及税费。本合同签订时,黄某春须一次性缴纳主合同额576,853.89元的3%作为管理费,最终结算时超出该金额部分的管理费据实结算。

2016年12月23日,蔡家公司支付渝集公司工程款548,011.20元。2017年9月10日,涉案工程质保期届满,质保金金额为28,842.69元。蔡家公司尚未支付渝集公司质保金。

2019年4月16日,黄某春向法院提起诉讼,请求判令蔡家公司支付其工程质

① 参见重庆市北碚区人民法院(2017)渝0109民初2830号民事判决书、重庆市第一中级人民法院(2019)渝01民终3002号民事判决书。

保金28,842.69元。

一审法院认为,经已生效的重庆市北碚区人民法院(2017)渝0109民初2830号民事判决书认定,黄某春、渝集公司签订的《内部项目风险责任合同》为转包合同,合同无效。根据《建设工程司法解释》第2条的规定,[①]该合同虽为无效合同,但工程已经竣工验收合格,黄某春可以参照合同约定主张支付质保金。黄某春主张质保金的金额为28,842.69元,对此蔡家公司予以认可,渝集公司未到庭抗辩,一审法院予以采信。

关于渝集公司是否对蔡家公司享有到期债权,一审法院认为,涉案工程质保期已经届满,蔡家公司陈述工程不存在质量问题,也未举证证明存在其他遗留问题。故一审法院认为质保金28,842.69元的支付条件已经成就,该质保金属于到期债权。根据《合同法》第73条、[②]《建设工程司法解释(二)》第25条的规定,[③]蔡家公司与渝集公司约定的质保金的支付条件已经成就,渝集公司怠于向蔡家公司主张支付质保金的权利,黄某春提起代位权诉讼,要求蔡家公司支付质保金28,842.69元,符合法律规定,一审法院予以支持。

二审法院认为:《内部项目风险责任合同》虽为无效合同,但工程已经竣工验收合格,黄某春可以参照合同约定主张支付质保金。黄某春、蔡家公司对质保金金额28,842.69元、质保期2017年9月10日到期及涉案工程暂无质量问题等事实均无异议,渝集公司未到庭应诉,视为放弃抗辩权利,本院予以确认。现蔡家公司支付渝集公司质保金的条件已经成就,该质保金就属于渝集公司的到期债权。相应地,黄某春与渝集公司合同对应的质保金也已达付款条件,该相同金额质保金也属黄某春对渝集公司的到期债权。因渝集公司怠于向蔡家公司行使该质保金到期债权的权利,致使黄某春对渝集公司的质保金到期债权也无法实现,现黄某春提起代位权诉讼,要求蔡家公司支付相应的质保金到期债权,符合《合同法》第73条、《合同法司法解释(一)》第11条、第13条之规定,本院予以支持。因此,判决驳回上诉,维持原判。

---

① 《建设工程司法解释》废止后,《民法典》第793条及《新建设工程司法解释(一)》第24条均作了类似的规定。

② 《合同法》废止后,《民法典》第535条作了类似的规定。

③ 《建设工程司法解释(二)》废止后,《新建设工程司法解释(一)》第44条作了类似的规定。

## 【判例二】优先受偿权不是实际施工人所行使代位权的客体①

2015 年 3 月 20 日，发包人新腾公司与承包人久隆公司签订了《建设工程施工合同》，约定由久隆公司承建某定销房 1～8 号楼及一期人防地下室工程。

2015 年 5 月 5 日，久隆公司与天许公司就前述定销房签订《定销房项目施工合同》，合同约定的承包范围为该定销房 4 号楼和 8 号楼工程。

2017 年 10 月 31 日，天许公司与久隆公司就该定销房 4 号楼、8 号楼工程签订了《工程结算造价审定表》，载明工程结算额总计为 25,963,652.4 元。

2017 年 11 月 21 日，久隆公司将该定销房 4 号楼、8 号楼工程移交给新腾公司。

2017 年 11 月 27 日，天许公司与久隆公司签订了《补充协议》，双方确认工程总结算价为 25,963,652.4 元。

后天许公司向法院提出诉讼，请求判令久隆公司支付工程款及逾期利息，并确认其享有优先受偿权。同时，请求判令新腾公司在欠付久隆公司的工程款范围内承担连带责任。

久隆公司辩称：因新腾公司没有按照合同约定支付节点工程款，导致我公司没有能力将剩余款项向原告支付。

新腾公司辩称：(1) 原告起诉新腾公司没有法律依据，因新腾公司不是原告主张合同中的合同相对人；(2) 该项目价款经核算为 13,673,307.53 元，其在支付工程款时应扣除已交市建设局的社会保障费 5,988,444 元。同时，认可新腾公司已支付工程款的比例为 76.61%。

一审法院认为，本案中，被告久隆公司承建某定销房 1～8 号楼及一期人防地下室工程后，将其中的 4 号楼、8 号楼工程整体分包给原告天许公司，实质上系将其承包的全部建筑工程支解后以分包的名义转包他人，②故原告天许公司与被告久隆公司签订的《定销房项目施工合同》因违反法律、行政法规的强制性规定而无效。但因建设工程经竣工验收合格，承包人请求参照合同约定支付工程价款的，应予支持。一审法院根据合同约定、已付款金额及结算金额，认定久隆公司应向天许公司支付工程款 8,417,272.96 元。

---

① 参见江苏省徐州市鼓楼区人民法院(2018)苏 0302 民初 2549 号民事判决书、江苏省徐州市中级人民法院(2019)苏 03 民终 2223 号民事判决书。

② 笔者认为，本案中久隆公司将其承包工程中的 4 号楼和 8 号楼分包给天许公司，并非以支解的名义进行的转包，而是构成违法分包。

关于天许公司主张的优先受偿权，一审法院认为，根据相关法律规定，与发包人订立建设工程施工合同的承包人，根据《合同法》第286条的规定，请求其承建工程的价款就工程折价或拍卖的价款优先受偿的，人民法院应予支持。本案中，天许公司并非与发包人新腾公司订立建设工程施工合同的承包人，故原告请求判令对涉案工程的折价或拍卖款享有优先受偿权的诉请，无法律依据，本院不予支持。

关于原告主张新腾公司在欠付久隆公司工程款范围内承担连带责任的诉请，一审法院认为，依据相关法律规定，实际施工人以转包人、违法分包人为被告起诉的，人民法院应当依法受理，发包人只在欠付工程价款范围内对实际施工人承担责任。现新腾公司作为涉案工程的发包人，其自认工程款并未向久隆公司付清，但对于新腾公司实际支付久隆公司的工程款比例，新腾公司主张已支付76.61%，而久隆公司对于新腾公司主张已支付的社保和甩项部分款项不予认可。本院认为，对于新腾公司已支付久隆公司工程款的数额问题双方可另行解决，①现新腾公司欠付久隆公司的工程款未付清的事实清楚，故原告请求判令其在欠付久隆公司工程价款范围内承担连带责任的诉请，有事实和法律依据，本院予以支持。因此，判决：(1)久隆公司向天许公司支付工程款8,417,272.96元及利息；(2)新腾公司在欠付久隆公司工程款的范围内对天许公司承担连带责任；(3)驳回天许公司的其他诉讼请求。

天许公司上诉请求撤销一审判决第3项，并依法改判确认天许公司就涉案工程享有优先受偿权。事实和理由如下：(1)涉案工程为久隆公司分包给天许公司，新腾公司知晓实际履行方为天许公司。因此，天许公司就是《建设工程司法解释(二)》第17条规定的享有优先受偿权的承包人。② (2)久隆公司在涉案工程验收合格的情况下有权主张工程价款优先受偿权，但久隆公司怠于主张。天许公司是工程的实际施工人，完成了合同约定的施工义务且工程质量合格。因此，根据《建设工程司法解释(二)》第25条"实际施工人根据合同法第七十三条规定，以转包人或者违法分包人怠于向发包人行使到期债权，对其造成损害为由，提起代位权诉讼的，人民法院应予支持"的规定，③在久隆公司怠于行使工程价款优先受偿权的情况

---

① 根据本案判决书，笔者未能得出新腾公司欠付久隆公司工程款的具体金额。根据《建设工程司法解释(二)》第24条的规定，法院应查明发包人欠付转包人或者违法分包人建设工程价款的数额，否则，因发包人欠付工程款的数额不能确定，则其承担责任的范围也难以确定。因此，一审法院关于"对于新腾公司已支付久隆公司工程款的数额问题双方可另行解决"的观点，值得商榷。

② 《建设工程司法解释(二)》废止后，《新建设工程司法解释(一)》第35条作了类似的规定。

③ 《建设工程司法解释(二)》废止后，《新建设工程司法解释(一)》第44条作了类似的规定。

下，天许公司有权就其承建的工程在新腾公司欠付工程款的范围内主张工程价款优先受偿权。(3)江苏省高级人民法院(2018)3号的会议纪要第15条明确规定，实际施工人可以直接主张建设工程价款的优先权，且2019年3月20日下发的《执行异议及执行异议之诉案件审理指南(三)》第30条规定也认可，实际施工人在符合相应条件的情况下可以主张建设工程价款优先权。

二审法院认为，天许公司的主张不能成立。理由如下：

第一，从《建设工程司法解释(二)》中有关承包人与实际施工人条款的表述来看，承包人与实际施工人二者分列，内涵不同。

第二，工程价款优先受偿权是《合同法》第286条规定的权利，赋予承包人，专属于承包人，不属于合同法代位权规定的可以代位行使的债权。

第三，从立法精神来看，法律具有惩恶扬善的功能。实际施工人是违法承建工程的主体，本应受到规制。如实际施工人享有与合法承包人一样的权利，则无法体现法律的引导作用，与立法精神相背离。

因此，在现行法律未明文规定实际施工人享有工程价款优先受偿权的情况下，本院对天许公司的上诉主张不予采纳。

### 【判例三】实际施工人可向发包人代位行使优先受偿权①

2010年4月9日，张某平和久隆建安公司签订建设工程施工合同一份，约定久隆建安公司将凤凰城工程发包给张某平，工程内容为施工图上所有的土建项目(不含车库门等)和施工图上所有水电安装施工项目。

2017年8月20日，张某平和久隆建安公司签订了《工程结算说明》，内容为：鉴于凤凰城已经全部完工，双方确认，久隆建安公司就凤凰城工程欠付其工程款2,411,774.70元。

2019年1月10日，张某平和开腾公司签订债权转让协议，张某平将2017年8月20日《工程结算说明》中涉及的未付工程款债权转让给开腾公司。

2019年1月25日，开腾公司向法院提出诉讼，请求判令久隆投资公司给付凤凰城项目工程款2,411,774.70元及逾期付款利息，同时确认其就凤凰城工程享有优先受偿权。

经法院审理查明，凤凰城工程系由久隆投资公司发包给久隆建安公司，久隆建

① 参见江苏省徐州市铜山区人民法院(2019)苏0312民初1627号民事判决书。

安公司将部分工程分包给案外人张某平。

法院认为，根据《建设工程司法解释（二）》第25条的规定，[①]实际施工人以转包人或者违法分包人怠于向发包人行使到期债权，对其造成损害为由提起代位权诉讼的，人民法院应予支持。久隆建安公司怠于向发包人久隆投资公司行使到期债权，损害了实际施工人张某平的权利，张某平有权提起代位权诉讼。案外人张某平将债权转让给原告，不违反法律、行政法规的强制性规定，故原告开腾公司亦有权向发包方即被告久隆投资公司主张债权。同时，根据《建设工程司法解释（二）》第22条的规定，[②]原告主张优先受偿权未超过法律规定的期限，故法院确认原告对凤凰城工程享有优先受偿权。

### 【判例四】实际施工人与转包人或违法分包人之间的债权不确定且有仲裁协议的，法院裁定驳回其代位权起诉[③]

2014年9月10日，古洲酒业公司与长乐建安公司签订了一份《合同协议书》，约定由长乐建安公司承包古洲酒业公司的综合楼工程（以下简称涉案工程），签约合同预算价约为871.84万元。

2014年11月13日，葛某魁以“古洲酒业公司综合楼工程项目部”的名义与长乐建安公司签订了一份《项目管理目标责任书》，规定由葛某魁自筹资金承包涉案工程，一切债权债务由葛某魁承担并负责处理。同时，该责任书第5条第3项中约定，违约争议原则上双方应实事求是协商解决，协商不成提交合肥市仲裁委员会仲裁。

2014年12月8日，长乐建安公司与古洲酒业公司又签订了一份补充协议，对涉案工程的结算依据、人工及材料调差、付款方式等进行了约定。

2017年11月2日，葛某魁向法院提起诉讼，请求判令古洲酒业公司支付工程款700万元，并判令葛某魁对涉案工程享有优先受偿权。

一审法院认为：葛某魁是本案的实际施工人，根据《建设工程司法解释（二）》第25条的规定，其有权提起代位权诉讼。但提起代位权诉讼，债权人与债务人的债务数额必须明确。本案中，葛某魁与债务人长乐建安公司的债务数额不明确，葛某魁申请对涉案工程量进行鉴定，以确定工程款金额。而对涉案工程量及工程款的鉴

---

① 《建设工程司法解释（二）》废止后，《新建设工程司法解释（一）》第44条作了类似的规定。

② 《新建设工程司法解释（一）》第41条将建设工程价款优先受偿权的行使期限修改为18个月。

③ 参见安徽省合肥市中级人民法院（2019）皖01民终9850号民事裁定书。

定不是代位权诉讼案件的审理范围,且葛某魁与长乐建安公司签订的《项目管理目标责任书》中约定了仲裁条款。鉴于本案实际情况,葛某魁应就工程量及工程款数额申请仲裁后,再行代位权诉讼。综上,葛某魁的起诉不符合代位权诉讼的条件,故裁定驳回葛某魁的起诉。

二审法院判决驳回上诉,维持原裁定。

# 参考文献


**一、图书类**

1. [德]卡尔·拉伦茨:《德国民法通论》(上册),王晓晔等译,法律出版社2003年版。

2. Lukas Klee, *International Construction Contract Law*, John Wiley &Sons, Ltd, 2015。

3. 卞耀武主编:《中华人民共和国建筑法释义》,法律出版社1998年版。

4. 曹艳芝:《优先权论》,湖南人民出版社2005年版。

5. 常怡:《民事诉讼法学》,中国政法大学出版社2002年版。

6. 陈卫佐译:《德国民法典》,法律出版社2015年版。

7. 程春华:《裁判思维与证明方法》,法律出版社2016年版。

8. 崔建远:《合同法》(第五版),法律出版社2010年版。

9. 杜万华主编:《〈第八次全国法院民事商事审判工作会议(民事部分)纪要〉理解与适用》,人民法院出版社2017年版。

10. 高印立:《建设工程施工合同法律实务与解析》(第二版),中国建筑工业出版社2018年版。

11. 国际咨询工程师联合会、中国工程咨询协会编译:《设计采购施工(EPC)/交钥匙工程合同条件》(1999年第1版),机械工业出版社2013年版。

12. 国家发展和改革委员会法规司、国务院法制办公室财金司、监察部执法监察司编著:《中华人民共和国招标投标法实施条例释义》,中国计划出版社2012年版。

13. 国家计委政策法规司、国务院法制办财政金融法制司:《〈中华人民共和国招标投标法〉释义》,中国计划出版社1999年版。

14. 国务院法制办、建设部编著:《建设工程质量管理条例释义》,中国城市出版社2000年版。

15. 国务院法制局、建设部编著:《〈中华人民共和国建筑法〉释义》,中国建筑工业出版社1997年版。

16. 韩世远:《合同法总论(第四版)》,法律出版社2018年版。

17. 何家弘、刘品新:《证据法学》,法律出版社2013年版。

18. 胡康生主编:《中华人民共和国合同法释义》,法律出版社2009年版。

19. 黄达、刘鸿儒、张肖主编:《中国金融百科全书(下)》,经济管理出版社 1990 年版。
20. 黄薇主编:《中华人民共和国民法典合同编释义》,法律出版社 2020 年版。
21. 江必新、刘贵祥主编:《最高人民法院关于人民法院办理执行异议和复议案件若干问题规定理解与适用》,人民法院出版社 2015 年版。
22. 江必新主编:《〈中华人民共和国民事诉讼法〉修改条文解读与应用》,法律出版社 2012 年版。
23. 江必新主编:《民法典重点修改及新条文解读(上册)》,中国法制出版社 2020 年版。
24. 江平主编:《中华人民共和国合同法精解》,中国政法大学出版社 1999 年版。
25. 江伟、肖建国:《民事诉讼法》,中国人民大学出版社 2015 年版。
26. 李宇:《民法总则要义:规范释论与判解集注》,法律出版社 2017 年版。
27. 梁慧星、陈华彬:《物权法(第六版)》,法律出版社 2016 年版。
28. 梁慧星:《民法总论》(第三版),法律出版社 2007 年版。
29. 林立:《工程合同法律、规则与实践》,北京大学出版社 2016 年版。
30. 林镥海:《〈建设工程施工合同司法解释〉操作指南》,法律出版社 2005 年版。
31. 林善谋:《招标投标法适用与案例评析》,机械工业出版社 2004 年版。
32. 刘士国、牟宪魁、杨瑞贺译:《日本民法典》,中国法制出版社 2018 年版。
33. 龙卫球:《民法总论》,中国法制出版社 2002 年版。
34. 罗结珍译:《法国民法典》,北京大学出版社 2010 年版。
35. 潘福仁主编:《建设工程合同纠纷》,法律出版社 2007 年版。
36. 齐康主编:《中国土木建筑百科辞典》(建筑卷),中国建筑工业出版社 1999 年版。
37. 全国人大常委会法制工作委员会民法室编:《中华人民共和国物权法条文说明、立法理由及相关规定》,北京大学出版社 2017 年版。
38. 任超奇主编:《新华汉语词典》,崇文书局 2006 年版,第 153 页。
39. 沈德咏主编:《最高人民法院民事诉讼法司法解释理解与适用》,人民法院出版社 2015 年版。
40. 苏青:《鉴定意见证据规则研究》,法律出版社 2016 年版。
41. 隋彭生:《合同法要义》,中国政法大学出版社 2005 年版。
42. 王建东:《建设工程合同法律制度研究》,中国法制出版社 2004 年版。
43. 王利明:《合同法研究》(第一卷),中国人民大学出版社 2002 年版。
44. 王利明:《物权法》,中国人民大学出版社 2007 年版。
45. 王利明主编:《中国民法典学者建议稿及立法理由》,法律出版社 2005 年版。
46. 王旭光:《建筑工程优先受偿权制度研究——合同法第 286 条的理论与实务》,人民法院出版社 2010 年版。

47. 王泽鉴:《民法学说与判例研究》(第一册),中国政法大学出版社2005年版。
48. 王泽鉴:《民法总则》,中国政法大学出版社2001年版。
49. 王泽鉴:《债法原理(第一册)》,中国政法大学出版社2001年版。
50. 温世扬、廖焕国:《物权法通论》,人民法院出版社2005年版。
51. 吴佐民主编:《工程造价概论》,中国建筑工业出版社2019年版。
52. 最高人民法院民事审判第二庭编著:《最高人民法院关于买卖合同司法解释理解与适用》,人民法院出版社2012年版。
53. 于海涌:《法国不动产担保物权研究——兼论法国的物权变动模式》,法律出版社2004年版。
54. 余秉坚主编:《中国会计百科全书》,辽宁人民出版社1999年版。
55. 余能斌主编:《现代物权法专论》,法律出版社2002年版。
56. 张俊浩:《民法学原理》,中国政法大学出版社2000年版。
57. 张水波、陈勇强:《国际工程总承包EPC交钥匙合同与管理》,中国电力出版社2009年版。
58. 中国建设工程法律评论第四工作组编著:《建设工程优先受偿权》,法律出版社2017年版。
59. 中国社会科学院经济研究所编,刘树成主编:《现代经济词典》,凤凰出版社,江苏人民出版社2005年版。
60. 中国社会科学院语言研究所词典编辑室编:《现代汉语词典》,商务印书馆1989年版。
61. 周林彬:《物权法新论》,北京大学出版社2002年版。
62. 周枏:《罗马法原论》,商务印书馆1994年版。
63. 最高人民法院民法典贯彻实施工作领导小组主编:《中华人民共和国民法典合同编理解与适用(一)》,人民法院出版社2020年版。
64. 最高人民法院民事审判第二庭编著:《〈全国法院民商事审判工作会议纪要〉理解与适用》,人民法院出版社2019年版。
65. 最高人民法院民事审判第一庭编著:《最高人民法院建设工程施工合同司法解释的理解与适用》,人民法院出版社2004年版。
66. 最高人民法院民事审判第一庭编:《民事审判指导与参考》(总第53辑),人民法院出版社2013年版。
67. 最高人民法院民事审判第一庭编:《民事审判指导与参考》(总第49辑),人民法院出版社2012年版。
68. 最高人民法院民事审判第一庭编著:《最高人民法院建设工程施工合同司法解释的理解与适用》,人民法院出版社2015年版。
69. 最高人民法院民事审判第一庭编著:《最高人民法院物权法司法解释(一)理解与适用》,

人民法院出版社 2016 年版。
70. 最高人民法院民一庭编著:《最高人民法院建设工程施工合同司法解释(二)理解与适用》,人民法院出版社 2019 年版。

## 二、论文类

1. GaoYinli, Huang Lifang, *Theoretical Basis of Construction Project Priority of Compensation*, Proceedings of 2010 International Symposium on Construction Economy and Management (IS-CEM 2010), May 21 - 22, 2010.
2. 毕玉谦:《辨识与解析: 民事诉讼专家辅助人制度定位的经纬范畴》,载《比较法研究》2016 年第 2 期。
3. 佟强:《代位权制度研究》,载《中外法学》2002 年第 2 期。
4. 曹诗权:《对合同法第 286 条的定位》,载《法制日报》2000 年 10 月 22 日。
5. 曹士兵:《我国〈物权法〉关于抵押权实现的规定》,载《法律适用》2008 年第 1 期。
6. 曹守晔等:《〈关于适用合同法若干问题的解释(一)〉的理解和适用》,载《人民司法》2000 年第 3 期。
7. 陈川生、王倩、李显冬:《关于中标通知书法律效力的研究——预约合同的成立和生效》,载《北京仲裁》2012 年第 2 辑。
8. 陈东强:《建设工程价款优先受偿权的行使与规制》,载《山东法官培训学院学报》2018 年第 5 期。
9. 陈广华、王逸萍:《建设工程价款优先受偿权预先放弃之效力研究》,载《西部法学评论》2015 年第 4 期。
10. 陈浩:《再论民事诉讼证明责任的转移》,载《政法论丛》2011 年第 4 期。
11. 陈旻、孙盈:《建设工程承包人优先权之审判实务若干问题研究》,载最高人民法院民事审判第一庭编:《民事审判指导与参考》(总第 37 集),法律出版社 2009 年版。
12. 陈涛:《施工合同索赔期限的法律效力辨析》,载《建筑经济》2016 年第 7 期。
13. 陈协平:《论我国债权人代位权的成立要件》,载《北华大学学报(社会科学版)》2012 年第 4 期。
14. 陈信勇:《建设工程价款优先受偿权放弃行为的效力分析》,载《浙江社会科学》2016 年第 2 期。
15. 程啸:《担保物权人物上代位权实现程序的建构》,载《比较法研究》2015 年第 2 期。
16. 程新文、刘敏、谢勇:《〈关于审理建设工程施工合同纠纷案件适用法律问题的解释(二)〉的理解与适用》,载《人民司法(应用)》2019 年第 4 期。
17. 崔建远、韩世远:《合同法中的债权人代位权制度》,载《中国法学》1999 年第 3 期。

18. 崔军:《工程项目的工期延误分析技术》,载《项目管理技术》2011 年第 10 期。
19. 崔俊贵、白晨航:《违法建筑的权利归属及买卖合同的效力》,载《法学杂志》2013 年第 6 期。
20. 单平基:《添附入典的立法表达——〈民法典物权编(草案)〉第 117 条检讨》,载《现代法学》2019 年第 6 期。
21. 杜景林:《民商事往来中沉默的法律责任》,载《法学》2014 年第 2 期。
22. 杜颖,谢鸿飞:《论权利失效原则》,载《河北法学》1998 年第 5 期。
23. 冯小光:《〈关于审理建设工程施工合同纠纷案件适用法律问题的解释〉的理解与适用》,载《建筑经济》2005 年第 1 期。
24. 冯小光:《中国建设工程施工合同纠纷若干问题谈》,载《中国建设工程法律评论》(第一辑),法律出版社 2010 年版。
25. 傅郁林:《民事诉讼法修改的价值取向论评》,载《华东政法大学学报》2012 年第 4 期。
26. 高飞:《略论建设工程承包人之优先受偿权》,载《安徽警官职业学院学报》2003 年第 4 期。
27. 高圣平、叶冬影:《民法典动产抵押物转让规则的解释论》,载《比较法研究》2020 年第 4 期。
28. 高印立、石伟:《"沉默"在建设工程结算中的法律责任的类型化分析——兼论〈民法总则〉第 140 条》,载《北京仲裁》2019 年第 2 辑。
29. 高印立、石伟:《比较法视野下的建设工程合同索赔期限条款的适用——兼评〈建设工程施工合同司法解释二〉第六条第二款》,载《北京仲裁》2019 年第 3 辑。
30. 高印立、石伟:《工期延误中的总部管理费及利润损失索赔在中国法下的适用研究》,载《中国建设工程法律评论》(第十一辑),法律出版社 2020 年版。
31. 高印立:《定标后擅自变更招投标条件的性质和后果》,载《建筑经济》2006 年第 12 期。
32. 高印立:《建立我国建设工程优先受偿权登记制度的思考》,载《中国房地产》2007 年第 3 期。
33. 高印立:《建设工程价款优先受偿权行使期限之起算日的类型化分析——兼论〈建设工程施工合同司法解释(二)〉第二十二条》,载《北京仲裁》2020 年第 3 辑。
34. 高印立:《论建设工程案件中鉴定的释明及举证责任——〈建设工程施工合同司法解释(二)〉第 14 条释评》,载《北京仲裁》2020 年第 1 辑。
35. 高印立:《论建设工程价款优先受偿权的清偿顺位》,载《北京仲裁》2021 年第 1 辑。
36. 高印立:《论实际施工人的特殊诉权》,载《北京仲裁》2012 年第 2 辑。
37. 高印立:《论中标通知书发出后建设工程合同的本约属性》,载《建筑经济》2015 年第 1 期。

38. 高印立:《实际施工人的代位权若干问题研究》,载《商事仲裁与调解》2021 年第 2 期。
39. 耿林:《论除斥期间》,载《中外法学》2016 年第 3 期。
40. 何红锋、华心萌:《关于国际工程招标中合同成立时间的研究》,载《国际经济合作》2008 年第 2 期。
41. 何红锋、张璐、马俊达:《建设工程优先受偿权放弃的效力探讨》,载《建筑经济》2005 年第 6 期。
42. 何姣:《买受人物权期待权认定及阻却执行的条件》,载《人民司法(案例)》2018 年第 11 期。
43. 何畔、葛玲:《关于我国债权人代位权制度的思考——实体法与程序法双重视野下的观察与分析》,载《北京仲裁》2004 年第 3 期。
44. 何维:《国际工程合同法的涉案研究》,载《郑州航空工业管理学院学报(社会科学版)》2013 年第 5 期。
45. 洪学军:《债权人代位权的性质及其构成研究》,载《现代法学》2002 年第 4 期。
46. 胡绪雨:《船舶优先权消灭效力研究》,载《法学评论》2012 年第 3 期。
47. 坚会新:《案外人异议所涉权利冲突的实务化解》,载《人民司法》2019 年第 31 期。
48. 江苏省高级人民法院民一庭课题组:《建设工程司法鉴定疑难问题研究》,载《法律适用》2016 年第 4 期。
49. 蒋陆军:"民事证明责任概念再探究——兼论我国证明责任概念的科学定位》,载《重庆理工大学学报(社会科学)》2016 年第 11 期。
50. 金可可:"预告登记之性质——从德国法的有关规定说起》,载《法学》2007 年第 7 期。
51. 金震华:《专家意见书的法律性质》,载《华东政法学院学报》2004 年第 1 期。
52. 孔金萍:《论被代位债权的仲裁协议对代位权人的效力》,载《北京仲裁》2018 年第 3 辑。
53. 雷运龙、黄锋:《建设工程优先权若干问题辨析》,载《法律适用》2005 年第 10 期。
54. 李后龙、潘军锋:《建设工程价款优先受偿权审判疑难问题研究》,载《法律适用》2016 年第 10 期。
55. 李建华、董彪:《论我国法定抵押权制度的立法模式》,载《法学研究》2004 年第 4 期。
56. 李永军:《论破产管理人合同解除权的限制》,载《中国政法大学学报》2012 年第 6 期。
57. 李玉林:《论自然债务》,载《山东法官培训学院学报(山东审判)》2000 年第 4 期。
58. 李祖军,吕辉:《个案举证释明研究——兼评 2012 年〈民事诉讼法〉第 65 条》,载《现代法学》2014 年第 1 期。
59. 梁慧星:《合同法第二百八十六条的权利性质及其适用》,载《山西大学学报》2001 年第 3 期。
60. 梁阳升:《浅谈承揽人法定抵押权顺位之问题》,载郑玉波主编:《民法物权论文选辑》,台湾地区五南图书出版公司 1984 年版。
61. 林雪:《〈关于建设工程价款优先受偿权问题的批复〉第 2 条的解释与适用——以利益衡量为视角》,载《研究生法学》2017 年第 5 期。
62. 刘承韪:《预约合同层次论》,载《法学论坛》2013 年第 6 期。
63. 刘丹:《公共利益的法律解读与界定》,载《行政法学研究》2005 年第 2 期。
64. 刘武元:《论建设工程承包人的优先受偿权的性质》,载《西南民族学院学报(哲学社会科学版)》2003 年第 5 期。
65. 刘学在、倪培根:《关于民事诉讼中抗辩与反诉的辨别标准》,载《理论探索》2016 年第 6 期。
66. 马永龙、李燕:《建筑工程款优先受偿权法律适用问题探析——从担保法的视角出发》,载《现代法学》2003 年第 6 期。
67. 马玉峰、吴天宇、任军霞、李会来:《工程赶工费用索赔处理的实践与探讨》,载《建筑经济》2017 年第 2 期。
68. 梅夏英、方春晖:《优先权制度的理论和立法问题》,载《法商研究》2004 年第 3 期。
69. 梅夏英:《对留置权概念的立法比较及对其实质的思考》,载《法学研究》2004 年第 2 期。
70. 宁教铭、张礼慧:《按揭与抵押》,载《河北法学》2001 年第 2 期。
71. 宁教铭、郑翔、张礼慧:《预售商品房能否成为房地产按揭担保的标的》,载《河北法学》2001 年第 4 期。
72. 潘定春、李文一:《各地审理施工合同纠纷指导意见之特殊规定比较(二)》,载《建筑时报》2010 年 12 月 9 日。
73. 潘军峰:《建设工程价款结算审判疑难问题研究》,载《法律适用》2019 年第 5 期。
74. 潘顺:《建筑工程纠纷证据略要及证据收集运用》,载《当代经济》2014 年第 23 期。
75. 庞小菊:《论抗辩与反诉的界定》,载《南京师大学报(社会科学版)》2009 年第 1 期。
76. 曲昇霞、朱愈明:《仲裁协议抗辩能否对抗债权人代位权之诉?——以矛盾裁判为视角的分析》,载《扬州大学学报(人文社会科学版)》2018 年第 6 期。
77. 冉克平:《论借名实施法律行为的效果》,载《法学》2014 年第 2 期。
78. 任悦:《次债务未确定不影响代位权的行使》,载《人民司法(案例)》2017 年第 5 期。
79. 申卫星:《我国优先权制度立法研究》,载《法学评论》1997 年第 6 期。
80. 深圳市中级人民法院民七庭:《民办学校终止清算案件审理中存在的法律问题》,载《中国审判》2009 年第 2 期。
81. 史琦:《如何正确理解建设工程案件中"实际施工人"》,载《人民法院报》,2009 年 12 月 8 日。
82. 史文才、宋迎春:《债权人代位权制度比较研究》,载《南京大学法律评论》2005 年春季号。

83. 司伟:《预告登记排除金钱债权执行中的几个问题——以房屋所有权预告登记为例》,载《法律适用》2017 年第 21 期。
84. 宋宗宇、王热:《情势变更的类型化分析》,载《“情势变更制度在建设工程施工合同中的运用”学术研讨会论文集》。
85. 宋宗宇:《建设工程优先受偿权——兼评〈中华人民共和国合同法〉第 286 条》,载《重庆大学学报(社会科学版)》2001 年第 4 期。
86. 苏青:《司法鉴定启动条件研究》,载《证据科学》2016 年第 4 期。
87. 孙华璞:《关于适用合同法第二百八十六条若干问题的思考》,载《人民司法》2019 年第 13 期。
88. 孙新强:《我国法律移植中的败笔——优先权》,载《中国法学》2011 年第 1 期。
89. 唐倩:《实际施工人的建设工程价款优先受偿权实证研究》,载《中国政法大学学报》2019 年第 4 期。
90. 万静:《建筑工程“黑白合同”的效力之辩”,载《法制日报》2005 年 7 月 19 日。
91. 万挺、冯小光、张闻:《论附着建设工程价款优先受偿权建筑转让规则》,载《法律适用》2018 年第 21 期。
92. 汪建成:《司法鉴定基础理论研究》,载《法学家》2009 年第 4 期。
93. 汪治平:《建设工程价款优先受偿权的若干问题》,载《人民司法》2002 年第 8 期。
94. 王宏、王道昌:《不动产预告登记制度初探》,《法学论坛》2000 年第 6 期。
95. 王洪平:《论权利失效规则及其法典化》,载《法学论坛》2015 年第 2 期。
96. 王利明:《抵押权若干问题的探讨》,载《法学》2000 年第 11 期。
97. 王利明:《对〈合同法〉格式条款规定的评析》,载《政法论坛》1999 年第 6 期。
98. 王利明:《论代位权的行使要件》,载《法学论坛》2000 年第 1 期。
99. 王利明:《预约合同若干问题研究——我国司法解释相关规定述评》,载《法商研究》2014 年第 1 期。
100. 王全弟、丁洁:《物权法应确立优先权制度——围绕合同法第 286 条之争议》,载《法学》2001 年第 4 期。
101. 王涛、俞悦:《建设工程价款优先受偿权放弃的法律效力》,载《人民司法》2016 年第 16 期。
102. 王欣新:《破产别除权理论与实务研究》,载《政法论坛(中国政法大学学报)》2007 年第 1 期。
103. 王欣新:《破产费用、共益债务与物权担保债权间的清偿关系》,载《人民法院报》2015 年 9 月 2 日。
104. 王欣新:《破产立法中永远的痛——谈债权人保护与对破产企业职工保护的关系》,载

《证券时报》2004 年 11 月 8 日。
105. 王轶:《民法总则之期间立法研究》,载《法学家》2016 年第 5 期。
106. 王轶:《诉讼时效制度三论》,载《法律适用》2008 年第 11 期。
107. 王瑛:《工程款的优先受偿是一种法定优先权——对合同法第 286 条的理解》,载《人民法院报》2001 年 8 月 6 日。
108. 王勇:《建设工程施工合同案件中合同相对性的坚持》,载《人民法院报》2011 年 5 月 5 日。
109. 王炤、李多如:《情事变更的界定—兼论情事变更与商业风险之比较》,载《安徽工业大学学报(社会科学版)》2003 年第 1 期。
110. 王竹琳、张水波:《工期延误分析方法的国际研究动态》,载《工程管理学报》2011 年第 6 期。
111. 温世扬、廖焕国:《论抵押权物上代位性与物上追及力之共容》,载《法学》2001 年第 6 期。
112. 吴丹红:《论英美法的意见证据》,载《江苏警官学院学报》2003 年第 1 期。
113. 吴明场:《关于对违法建设定性问题的比较分析》,载《城市规划》2014 年第 5 期。
114. 吴泽勇:《不负证明责任当事人的事案解明义务》,载《中外法学》2018 年第 5 期。
115. 吴泽勇:《民间借贷诉讼中的证明责任问题》,载《中国法学》2017 年第 5 期。
116. 夏正芳、李荐:《房地产开发企业破产债权的清偿顺序》,载《人民司法(应用)》2016 年第 7 期。
117. 肖峰、严慧勇、徐宽宝:《〈关于审理建设工程施工合同纠纷案件适用法律问题的解释二)〉解读与探索》,载《法律适用》2019 年第 7 期。
118. 熊伟、王宗涛:《中国税收优先权制度的存废之辩》,载《法学评论》2013 年第 2 期。
119. 徐守文、盛继亮:《浅谈国际工程索赔》,载《人民黄河》2000 年第 12 期。
120. 徐向东、张玉芝:《浅析代位权的成立要件》,载《山东法官培训学院学报(山东审判)》2005 年第 6 期。
121. 徐燕飞、郑宏帜:《破产程序中的税收债权受偿》,载《人民司法(应用)》2019 年第 34 期。
122. 徐阳光:《破产法视野中的担保物权问题》,载《中国人民大学学报》2017 年 2 期。
123. 羊芙蓉:《代位仲裁的可行性研究——以债务人与次债务人合同仲裁条款对代位权人的效力为中心》,载《广东开放大学学报》2019 年第 6 期。
124. 杨立新、刘宗胜:《论抗辩与抗辩权》,载《河北法学》2004 年第 10 期。
125. 杨永清:《建设工程价款优先受偿权司法解释的理解与适用——兼谈与权利有关的几个重要问题》,载《判解研究》2002 年第 3 辑。
126. 杨与龄:《承揽人法定抵押权之成立与登记》,载苏永钦主编:《民法物权实例问题分析》,

清华大学出版社 2004 年版。
127. 姚建军:《实际施工人司法保护若干问题探析》,载《人民法院报》2010 年 10 月 20 日。
128. 余能斌、范中超:《论法定抵押权》,载《法学评论》2002 第 1 期。
129. 占善刚:《民事诉讼中的抗辩论析》,载《烟台大学学报》(哲学社会科学版)2010 年第 3 期。
130. 张静:《诉讼时效和除斥期间之区分标准再辨析》,载《研究生法学》2013 年第 1 期。
131. 张明峰:《国际工程合同索赔时效的挽救》,载《国际工程与劳务》2015 年第 1 期。
132. 张鹏:《诉讼时效与除斥期间区分标准之再探索》,载《南昌高专学报》2006 年第 2 期。
133. 张铁锋:《我看建设工程承包人的优先权》,载《中国律师》2001 年第 10 期。
134. 张卫平:《〈民事诉讼法〉修改中效率与公正的价值博弈》,载《中国司法》2012 年第 6 期。
135. 张卫平:《民事诉讼"释明"概念的展开》,载《中外法学》2006 年第 2 期。
136. 张学文:《建设工程承包人优先受偿权若干问题探讨》,载《法商研究》2000 年第 3 期。
137. 赵钢、刘学在:《论代位权诉讼》,载《法学研究》2000 年第 6 期。
138. 仲伟珩:《建设工程价款优先受偿权若干疑难问题分析》,载最高人民法院民事审判第一庭编:《民事审判指导与参考》(总第 43 集),法律出版社 2011 年版。
139. 周煜恒、赖之初:《代位权制度之反思与出路——兼论与仲裁协议的弥合》,载《浙江万里学院学报》2014 年第 5 期。
140. 周子文、周柯生:《建设工程司法鉴定程序规范解读与行业展望》,载《中国司法鉴定》2014 年第 6 期。
141. 朱树英:《因违法招投标导致施工合同无效与黑白合同的区别及应注意的法律问题》,载《建筑经济》2010 年第 11 期。
142. 庄加园:《预告登记的破产保护效力》,载《南京大学学报·哲学·人文科学·社会科学》2014 年第 6 期。

## 三、研究生论文

1. 曹梦倩:《建设工程价款优先受偿范围研究》,浙江大学 2019 年硕士学位论文。
2. 唐倩:《无效建设工程施工合同研究》,对外经济贸易大学 2019 年博士学位论文。
3. 赵兰明:《论建设工程的优先受偿权》,中国政法大学 2003 年硕士学位论文。

# 后　　记

工程法是我工作的领域，所以在《最高人民法院关于审理建设工程施工合同纠纷案件适用法律问题的解释（二）》颁布之初，我就对其给予了很大的关注。而在学习该解释的过程中，对有的条文规定又有许多感受，于是就生出“点评一下、蹭个热度”的想法来。

然而，随着点评写作的不断深入，我发现该解释的条文虽然看似“平淡”，但其仍存在一些问题让人困惑，实践中也不乏争议；不少条文规定仍有进一步探讨的余地，其背后还有值得拓展的空间。就这样，一条条写下去，从每条5000字到10000字、15000字……这便是本书的缘起。

写作并不容易，但也自有乐趣。我需要在不同观点的碰撞中激发灵感，还需要为自己的灵感寻找依据。这其中，有思考—学习—再思考—提炼的理性分析，也有自我说服的纠结、痛苦和寝食难安，更有发现“逻辑自洽”的兴奋、快乐和自我满足……

时间就这样一点一滴地流逝，而《最高人民法院关于审理建设工程施工合同纠纷案件适用法律问题的解释（二）》的热度却早已褪去。但这丝毫不影响我的写作热情。因为坚持，只是为了给自己一个交代，无关名利；因为写作，最终已化作一种过程，结果随缘而已。从这个意义上讲，写作也是一种修行吧。

工作的第一目的是为了谋生，解决了生存问题就要寻找生活的乐趣。毕竟人生短暂，快乐才是真谛。物欲横流只会带来更多的焦虑，心系远方才会给生活增添更多的诗意。“我不想出人头地，我就想快乐地生活。”儿子的话虽然说得有些过早，但我也不得不认同他的价值观可能更接近生命的本真。

贝多芬说：“我要扼住命运的咽喉！”可我知道，人生的道路与时代背景、社会环境、人生际遇、个人性格、智力状况、努力程度、规则意识、道德水准等多种因素有关，而无常变化是这个世界的本质。所以，“成功”的喧嚣误导了大众，以名利为导向的成功学更是一个伪命题。我们无非是大海中的一叶小舟，无论面对岁月静好还是暴风巨浪，也许调整、适应、接纳、拥有更为重要！

感恩自己所拥有的一切，感恩父母、家人、朋友，是他们给予我爱的温暖！感恩我遇见的每一个人，因为每一次遇见都会让我成长！